国际能源大视角丛书

国际石油政治

[美] 托伊·法罗拉 安妮·杰诺娃 著
王大锐 王 蕭 译
马 宏 审校

石油工业出版社

图书在版编目（CIP）数据

国际石油政治/（美）法罗拉等著；王大锐等译.
北京：石油工业出版社，2008.7
（国际能源大视角丛书）
书名原文：The Politics of the Global Oil Industry
ISBN 978 – 7 – 5021 – 6595 – 6

Ⅰ.国…
Ⅱ.①法…②王…
Ⅲ.石油政治 – 研究 – 世界
Ⅳ. F407.22

中国版本图书馆 CIP 数据核字（2008）第 069335 号

Copyright © 2005 by Toyin Falola and Ann Genova
All rights reserved. No portion of this book may be reproduced, by any process or technique, without the express written consent of the publisher.

本书经 Greenwood Publishing Group, Inc. 授权出版，中文版权归石油工业出版社所有，侵权必究。
著作权合同登记号图字：01 – 2008 – 1469

出版发行：石油工业出版社
　　　　　（北京安定门外安华里2区1号　100011）
　　　网　址：www.petropub.com.cn
　　　发行部：（010）64210392
经　销：全国新华书店
印　刷：石油工业出版社印刷厂

2008 年 7 月第 1 版　2009 年 9 月第 2 次印刷
787×960 毫米　开本：1/16　印张：14
字数：246 千字

定价：35.00 元
（如出现印装质量问题，我社发行部负责调换）
版权所有，翻印必究

《国际能源大视角丛书》编委会

主　　任：李润生

副 主 任：温青山　张来斌　刘显法　白泽生

主　　编：刘显法　王　震

编　　委：（按姓氏笔画排列）

　　　　　　王　震　车长波　刘　岩　刘克雨

　　　　　　齐　晔　孙旭东　李文乐　李　辉

　　　　　　吴力波　张卫国　张海滨　张　镇

　　　　　　林伯强　周家尧　霍国庆　戴　锭

丛 书 序

　　能源是人类生存和社会发展的主要物质基础之一。煤炭、石油的开发和电力技术的发明应用，决定性地推动了工业社会和现代文明的形成与发展，使全球数十亿人经过短短 300 年的时间，就享受到了我们的祖先难以想象的幸福生活。但是，由于可供利用的煤炭、石油、天然气、铀等化石能源资源是有限的，而可再生能源在可预见的未来还难以成为主要能源，因此化石能源的开发使用已经成为国际经济、政治、外交乃至军事的焦点。

　　作为世界上最大的发展中国家，建国以来特别是改革开放以来，我国经济社会发展取得了举世瞩目的成就。进入 21 世纪，我国经济发展加速，工业化、城镇化步伐加快，能源消费随之迅猛增长。2007 年煤炭消费 25.8 亿吨，占全球 38%；石油消费 3.4 亿吨，占全球 6%。由于资源禀赋的影响，自 1993 年我国成为石油净进口国以来，进口比例不断提高，2007 年我国石油消费的 50% 已经来自国际市场；一批大型进口液化天然气和管道天然气项目已经和正在建设。为了满足不断增长的石油和天然气需求，经过十几年来的艰苦努力，国内石油公司通过加大国内石油天然气勘探开发技术和资金投入、扩大海外油气田合作开发、积极发展国际油气贸易、与油气资源国合资建设大型炼油和石化项目等多种方式，拓宽了油气供应的渠道，取得了非常显著的成效。我国已经比较深入地介入了国际能源市场特别是石油市场。国际石油市场的变化已经成为我国经济决策的重要晴雨表，我国的石油生产与消费也开始成为国际石油市场天平上一个重要砝码。石油与政治、外交、社会发展的关系越来越密切。

　　2005 年 8 月中海油竞购尤尼克铩羽而归，解释国际石油价格高涨原因的"中国因素论"，解读中非深入合作的"谋求石油说"，都引发了我们对石油这一特殊资源特殊属性的重新思索；国际石油价格的跌宕变化，特别是最近一年来奇迹般地飙升，让全世界为之瞩目。石油，这一全球贸易额最大的商品，这一影响地缘政治、国际关系的敏感商品，这一时刻触动经济社会发展神经的一次性资源，从来没有像今天这样受到政治家、外交家、军事家、企业家、金融家和经济学家以及各类机构的关注。进入新世纪，石油带给了我们太多的课题。

对我们而言，有三件事情确定无疑，也必须坚定不移：第一，中国要发展，中国需要石油；第二，中国必须走科学发展、和谐发展、节约发展之路；第三，中国一定要融入世界、扩大合作，谋求与资源国互利双赢。这一切，都需要我们具有全球的视角。在这个充满变数的世界上，没有人能借给我们把国际石油市场"看得清清楚楚、明明白白、真真切切"的那双"慧眼"。这双至关重要的"慧眼"必须、也只能靠我们自己练就。

正是朝着这一目标，2006年底，我们开始策划编著出版《国际能源大视角丛书》，致力于研究解读国际能源市场的结构和主体，特别是石油输出国组织（OPEC）、国际能源署（IEA）、石油公司、石油交易所的历史演变、功能和机制，美国能源政策的架构和形成机制，同时翻译推介优秀的国外能源经济理论著作。

经过一年多的艰辛劳作，第一批六本译作已经完成。《国际石油政治》比较系统全面地介绍了国际石油基础知识、重大事件、重要角色和发展趋势；在《美国能源政策：历史、过程与博弈》一书中，前美国能源部助理副部长以亲身经历讲述了美国能源政策的历史、美国能源政策制定过程中各利益方错综复杂的博弈故事；《国际能源市场：价格、政策与利润》作为一本优秀的大学教科书，对能源价格形成的宏观和微观因素进行了静态和动态分析，并探讨了民族心理和文化等非经济技术因素对价格的影响；《美国的石油战争》从政治、经济、宗教、历史、地理等多个角度，分析了中东这一动荡地区的不安定因素以及能源问题对世界的影响；《能源价格风险管理》详解了期货、期权等金融工具对规避能源价格风险的作用机理，讨论了如何把握国际能源市场的脉搏；《油气资产购买和出售：成功运作策略》则详细阐述了石油资产买卖的程序，探讨了油气资产评估、谈判策略、时机把握等实务技巧。

目前，《OPEC：历史、功能与机制》、《IEA：历史、功能与机制》、《石油交易所》、《国际石油公司》、《能源经济学》（均为暂定名）等第二批书籍的编译工作正在紧张进行中，计划明年与读者见面。

在第一批丛书出版之际，我们要感谢为此付出辛勤劳动的中国石油大学（北京）、中国石油天然气股份有限公司石油化工研究院、石油工业出版社等单位的专家和老师们，感谢中国石油天然气集团公司有关领导的关心和支持。

我们深知，国际能源市场研究是一项复杂、艰巨的任务，而练就那双慧眼则需要更多的有识之士躬身其中。

我们期待着。

编委会主任：

二〇〇八年六月二十八日

译 者 的 话

石油，再度成为全世界人们关注的焦点——油价从 2001 年的每桶不到 20 美元，到 2008 年达到每桶 140 美元以上，引发全球对未来经济的担忧。

但是，您了解石油吗？您知道"石油七姐妹"吗？您知道 OPEC 的来龙去脉吗？两伊战争打了多长时间？"海湾战争"是什么原因引起的？当前的油价暴涨是什么原因造成的？高油价对经济的增长会产生怎样的影响？

要想弄清楚这些问题，首先就需要了解全球石油的分布。

从全球来看，世界石油储量主要集中在北海、北非、中东、里海地区和俄罗斯的西伯利亚及南美洲的委内瑞拉。如果把这些地区在地图上用一条线连起来，就会发现，世界石油的绝大部分储量主要分布在从北非的马格里布到波斯湾、里海、俄罗斯的西伯利亚和远东地区的带状区域。全球石油的带状分布，决定了石油分布的不均衡性。

其次，需要了解全球石油的消费格局。

全球绝大部分的石油是被西方发达国家消耗掉的，而这些发达国家本身的石油产量是远远不能满足本国的社会和经济发展需要的，这必然形成全球石油贸易。

再者，从地缘政治的角度来看，石油是影响国际关系的最重要因素之一，突出表现在石油生产国和石油消费国的关系及其对国际政治和经济的影响上。

作为一个中国人，笔者非常希望自己的祖国能够积极地参与全球石油贸易，尽快完善中国的能源战略储备，将主动权抓在自己的手中，降低潜在的能源危机对中国经济的影响。

前　言

自发现以来，石油就成为世界上最赚钱且最重要的行业了。"黑金"被认为是全球最重要的资源之一。石油工业吸引了形形色色的人物参与其中，促进了各种文明的接触与相互交融，在短短的几十年内就从一个区域性的商务活动发展成为全球性的行业。

写作本书的目的是为了综合分析国际政治与石油关系——这两大要素影响着地球上的每个人，但却仅仅被极少数人意识到。本书多角度全方位地向读者介绍了石油工业全球化，阐述了全球石油工业的多样性与复杂性。要讨论所有产油国是不切实际的，因此，我们着力研究了世界石油工业的重要角色。为了使本书便于阅读，所列举的实例仅限于7个主要的产油国（伊拉克、墨西哥、尼日利亚、挪威、俄罗斯、沙特阿拉伯和委内瑞拉），但同时介绍了所有产油国面临的共同挑战。我们希望本书能够让那些希望了解国际石油基础知识、大事件和发展趋势的读者有所受益。

如果没有同事、家庭和朋友的支持是不可能实现上述目标的。在此，特别感谢 Jacquelynne McLellan，她为本书的各种绘图提供了极为宝贵的建议和大量的、有帮助的支持。感谢热情关心本书写作的 Lawrence Moore 和 Akin Alao。若没有得克萨斯大学的同事的帮助和支持，本书也不可能完成。我们感谢本书的出版者，尤其是编辑 Hilary Claggett，她与我们进行了愉快的合作。我们感谢自己的家人和朋友们给予的支持，他们是 Ademola Babalola, Jonathan Brown, Peggy Brunache, Tyler Fleming, Matthew Heaton, Sander Kedich, Brandon Marsh, Jennifer Moore, Fehintola Mosadomi, Anne Turnbull 和 Anne Webb。

托伊·法罗拉

安妮·杰诺娃

于美国奥斯汀得克萨斯大学

目 录

上篇　国际石油参与者

1　石油工业要素 …………………………………………………（3）
　1.1　从油田到消费者 ……………………………………………（6）
　1.2　勘探开发 ……………………………………………………（7）
　1.3　储存 …………………………………………………………（9）
　1.4　管道 …………………………………………………………（10）
　1.5　炼制 …………………………………………………………（11）
　1.6　运输 …………………………………………………………（12）
　1.7　贸易 …………………………………………………………（13）
　1.8　石油的力量 …………………………………………………（15）
　推荐阅读 …………………………………………………………（19）

2　石油公司 ………………………………………………………（20）
　2.1　洛克菲勒的故事 ……………………………………………（22）
　2.2　巨头石油公司 ………………………………………………（23）
　2.3　次级石油公司 ………………………………………………（28）
　2.4　石油公司：下战书还是求共存 ……………………………（34）
　推荐阅读 …………………………………………………………（37）

3　石油生产国 ……………………………………………………（39）
　3.1　石油开采协议 ………………………………………………（40）
　3.2　双重的累积 …………………………………………………（41）
　3.3　掌控：没收财产与国有化 …………………………………（44）
　3.4　实施控制：谈判 ……………………………………………（47）
　3.5　国有公司的益处 ……………………………………………（51）
　3.6　国有公司的弊端 ……………………………………………（52）
　3.7　追求平衡 ……………………………………………………（54）

推荐阅读 ·· （54）

4　OPEC 与国际石油组织 ································· （56）
  4.1　委内瑞拉与沙特阿拉伯 ·· （57）
  4.2　石油输出国组织 ·· （58）
  4.3　阿拉伯石油输出国组织 ·· （61）
  4.4　第一次石油危机 ·· （62）
  4.5　油价革命 ·· （63）
  4.6　1973 年石油禁运 ··· （66）
  4.7　经济合作与发展组织 ··· （70）
  4.8　产业的分裂 ·· （72）
  推荐阅读 ·· （72）

中篇　国际石油政治内涵

5　国际政治 ·· （77）
  5.1　国际社会的建立 ·· （77）
  5.2　慈善事业还是权势 ··· （80）
  5.3　国内冲突 ·· （82）
  5.4　国际争端 ·· （83）
  5.5　经济制裁 ·· （87）
  5.6　祸害外溢 ·· （90）
  推荐阅读 ·· （91）

6　环境问题 ·· （92）
  6.1　对环境的影响 ··· （93）
  6.2　土地污染 ·· （95）
  6.3　空气污染 ·· （96）
  6.4　水污染 ··· （97）
  6.5　迟缓的环保行动 ·· （98）
  6.6　国际组织 ··· （100）
  6.7　各国对环保的响应 ·· （101）
  6.8　企业的环保行动 ··· （102）
  6.9　国际组织的作用与国际法 ··································· （103）

6.10　可再生能源 ············· (107)
推荐阅读 ············· (107)

7　人权问题 ············· (109)
7.1　居民搬迁事件 ············· (111)
7.2　工人的权利 ············· (114)
7.3　对违反人权事件的反应 ············· (119)
7.4　人权组织 ············· (121)
7.5　慈善事业与石油公司 ············· (122)
7.6　人权的未来 ············· (123)
推荐阅读 ············· (124)

8　石油与经济发展 ············· (126)
8.1　第二次和第三次石油危机 ············· (127)
8.2　石油美元的利用 ············· (129)
8.3　国际援助组织 ············· (131)
8.4　OPEC 国际发展基金 ············· (131)
8.5　世界银行与国际货币基金 ············· (132)
8.6　补贴 ············· (134)
8.7　私有化 ············· (136)
8.8　石油促进发展 ············· (139)
推荐阅读 ············· (140)

9　石油政治及其全球影响 ············· (142)
9.1　世界石油消费 ············· (143)
9.2　天然气生产 ············· (145)
9.3　枯竭 ············· (147)
9.4　有限还是无限 ············· (150)
9.5　油价与国际政治 ············· (150)
推荐阅读 ············· (153)

下篇　产油国分析

10　伊拉克 ············· (157)
10.1　萨达姆·侯赛因统治下的伊拉克 ············· (159)

  10.2 萨达姆·侯赛因之后的伊拉克 ························ (160)
  10.3 伊拉克的石油工业 ···································· (161)
  推荐阅读 ·· (164)
11 墨西哥 ··· (165)
  11.1 早期石油工业 ··· (168)
  11.2 石油工业现状 ··· (169)
  推荐阅读 ·· (170)
12 尼日利亚 ·· (172)
  12.1 早期石油工业 ··· (174)
  12.2 石油工业现状 ··· (175)
  推荐阅读 ·· (177)
13 挪威 ·· (178)
  13.1 早期石油工业 ··· (180)
  13.2 石油工业现状 ··· (181)
  推荐阅读 ·· (183)
14 俄罗斯 ··· (184)
  14.1 早期石油工业 ··· (187)
  14.2 石油工业现状 ··· (188)
  推荐阅读 ·· (192)
15 沙特阿拉伯 ··· (193)
  15.1 早期石油工业 ··· (196)
  15.2 石油工业现状 ··· (196)
  推荐阅读 ·· (199)
16 委内瑞拉 ·· (200)
  16.1 早期石油工业 ··· (202)
  16.2 石油工业现状 ··· (203)
  推荐阅读 ·· (206)
附录 缩略词 ··· (207)

上篇　国际石油参与者

1 石油工业要素

> 能源已成为政治与经济发展的动力,甚至决定了一个国家在国际上的地位。获取能源已成为 21 世纪压倒一切的使命。
>
> ——Paul Roberts 2004❶

什么是石油?为什么石油有价值?石油与政治之间的联系是什么?这些正是我们试图解答的关键性问题。在本书中,我们剖析了全球石油工业及其对主要石油出口国的经济与政治的影响情况。这是一本入门性的书,指出了石油工业的重要性所在,提供了与世界石油工业密切相关的人物、公司和国家的令人信服的资料。本章为全书的绪言,简要地介绍了有关的组织与事件。在每章的最后,对进一步的专门讨论提出了话题建议。

本书中的三个重点将先给以简要的介绍。首先,最显著的是石油代表着高度复杂的国际问题。其次,石油与政治有着盘根错节的关系。再者,不论区域、历史或文化背景如何,石油都代表着所有产油国所获得的上帝赐福与灾难的根源。这些主题将贯穿本书的始终。

本书在国家和国际层面上介绍了石油与政治的关系,讨论了一些全球经营业务的石油公司和围绕着石油公司而成立的国际化组织。在介绍了这些基础知识之后,我们将针对一些特殊实例展开关于石油与政治关系的更为深入的讨论。

我们用了七个产油国(伊拉克、墨西哥、尼日利亚、挪威、俄罗斯、沙特阿拉伯和委内瑞拉)作为研究实例,侧重于这些国家由于拥有丰富的石油资源而面临的机遇和挑战。世界上有着众多的石油生产国和出口国,我们将集中分析世界上最大的石油生产与出口国,尤其是那些向美国出口石油产品的国家(图 1.1)。这些国家以多种方式扮演着一种先行者的角色,从而走上了造福一方或祸害众生的道路。许多石油生产和输出国被认为是"发展中国家",因为它们最近才刚刚独立,存在着导致生活水平下降的许多经济问题。另外,它们的经济往往依附于

---

❶ Paul Roberts, *End of Oil on the Edge of a Perilous New World* (New York: Houghton Mifflin, 2004), 6.

国外的市场。对这些国家来说，经济与政治的稳定性也受到了像石油这样既赚钱而又变幻无常的工业的挑战。

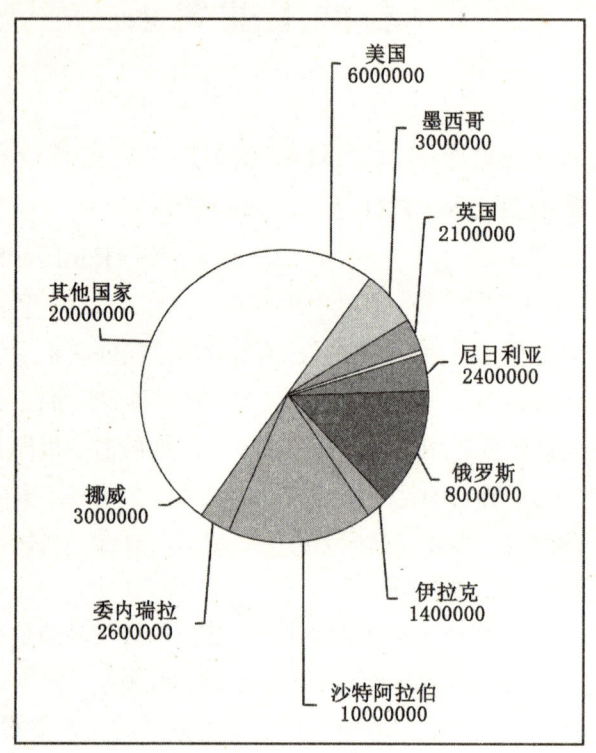

图1.1　2003年世界石油产量

资料来源：欧佩克（OPEC）2003年度统计报告（委内瑞拉：2004年石油输出国组织），14；www.opec.org/library/Annual%20stastical1%20Bulletin/asb2003.htm

为了认识在每个选定的产油国已经逐渐显露出的事件，重要的就在于回答本章开始就提出的三个基本问题。第一，什么是石油？许多地质学家相信石油（petroleum）或油（oil）（这两个词交替使用，以免过于单调）是动物和植物经过一些未知的分解过程而形成的。然而，另一些学者则认为生物体与石油的形成根本无关。不管其成因如何，这些所谓的"黑色金子"的开采已成为世界上最为赚钱而重要的工业。

石油蕴藏在地下岩石内微细的裂隙和空隙内，它们可以用放大镜观察到。这些可以抽提出石油的岩石层被定义为"石油储层"。这一名称常常会被混淆，因为一套石油储层并不是一种大型的像岩石洞穴那样的充满石油的空间。这类岩石

层系所起的作用就像海绵一样,吸收了石油和天然气。由于地质构造的力量和压力的作用,石油会发生移动,通常会向上运移到地表。通过这种运移作用,石油可以大量聚积,尤其是当石油和天然气被岩石褶皱或断层圈闭时,就会形成油气藏。这种圈闭具有一定的规模和形状。如果石油的运移未被阻止,它就会继续向上运移,直到在地表形成油苗才可终止❶。

第二,为什么石油如此有价值?由于种种原因,人类使用石油的历史已经超过2000余年,所以石油被认为是世界上最重要的资源之一。同时,石油新的用途还正在不断地被发现着。此外,石油还是一种原材料性质的商品,它将世界联系成一个我们今天所看到的复杂的全球化市场。这种以区域性商品交易活动开始的贸易,并曾经是石油勘探家奉献给特权阶层的礼品的行为,在今天已经成为一项拥有数千亿美元的产业了。与石油相关的交易已经渗透到世界各个遥远的角落,使得那里的人们与我们彼此相连。石油贸易还把石油变成了一种政治上具有战略意义和经济上最赚钱的商品。

人们通常认为石油是在19世纪被"发现"的,因为在那之前石油还根本不被社会大众所了解。人们在古代第一次发现的石油是以油苗形式出现在地表的。油苗常常以沥青的状态出现,是一种固体或粘稠状的烃类。现在,这类油苗常常会被加工成沥青,主要用于铺路和修筑建筑物的顶部。大约在公元前3000年左右,现在中东一带的古人们就开始了沥青交易,用它来做建筑灰浆、药材和照明材料。现在的墨西哥一带的古阿兹台克人(墨西哥印第安人)把沥青作为药材使用,并将它和其他一些溶剂混合用作染料。他们还把沥青铺到自己居住的房顶和独木舟的底部,作为防水材料。公元16世纪,西班牙人开始用船从南美洲运回沥青❷。

到19世纪后期,石油产品已经成为世界上广泛进行交易的商品,当时煤油是主要的照明燃料。石油工业的第二次大发展发生在汽车大量普及的时期。交通工具燃料的需求增加促使石油公司在将原油提炼为汽油方面付出了比煤油提炼更多的努力。

今天,石油被认为是最具适应性的燃料资源。它可以被用作有效的加热源、交通工具的燃料以及发电的燃料。除了用作燃料之外,石油产品还几乎渗入我们

---

❶ Kate Van Dyke, *Fundamentals of the Petroleum Industry*, 4thed. (Austin: University of Texas at Austin, 1997), 1.

❷ George W. Grayson, "Oil and U.S. - Mexican Relations," *Journal of Interamerican Studies and World Affairs* 21, no. 4 (November, 1979), 437.

所有的日常活动中。除了汽车和加热器这些最明显的例子之外，我们的居室内还有大量的石油产品。它们出现在我们所穿着的衣物（比如衬衫和鞋子等）以及其他塑料与橡胶制品中。

第三，石油与政治之间的关联是什么？石油已经成为我们日常生活中的一个基本组成部分。很难设想，如果我们不使用石油产品时会是个什么状态。石油的用途非常广泛，它最广泛的用途是用作燃料，而正是这种特性也使得社会学家意识到它在世界上无处不在，石油很快就成为重要的贸易商品并构成了国家的经济与政治格局。纵观历史，石油在发生战争时期曾有力地支援了国家——拥有石油资源的国家会依靠它而获得战略优势。从经济上讲，那些有油可卖的国家变得更加富有。从19世纪后期以来，国际上对石油产品的需求量大增，以至于那些产油国终于发现自己因丰富的石油资源——这种如此有价值的商品而获得国际认可。

1.1 从油田到消费者

要认识石油政治，关键要了解其生产的阶段。许多政治冲突都与不同的社会发展进程有关，所以认识石油工业的生产过程是十分重要的。不论是国家还是公司开发石油，其工作程序都是相似的。石油工业主要分为四个阶段：生产（包括石油的勘探与开发）、炼制、运输和销售。原油与天然气之间略有差别，主要表现在炼制加工与运输方面。

在任何关于生产流程的讨论中，仅有少数几个概念和阶段是必须了解的。人们用两个概念来区别石油工业不同的生产阶段——上游与下游。"上游"是指石油勘探、钻井和开发；"下游"则是指石油的运输、炼制、化工——这些过程是将石油输送给消费者。对于上游而言，"原油"一词出现的频率最高。原油是指从地下抽出的石油。在自然状态下，原油的实际用处并不大，因为它可能含有杂质，比如硫、氧和金属等，在成为可向用户提供的最终产品之前，这些杂质必须被除去。构成原油的两种主要元素是氢和碳，这就是人们用"碳水化合物"（烃）来代表原油的原因。无论人们从什么角度谈论原油或是已准备销售的最终石油产品，你都将会听到一些更为常用的术语。当石油被从地下抽提上来时，人们称它来自"油田"——这是一个地理区域概念，在油田下面有石油或天然气储层。

油田之间的区别不仅限于它们的地理位置，还在于各自所含的石油类型。有些国家沾了地理位置的光，所产出的石油远远多于其他国家。人们用一些术语来描述直接产自石油钻井的原油，用来描述石油粘度和重量的是"重质油"、

"中质油"和"轻质油"。对于石油重量的确定,许多石油公司采用 API 单位(一种美国石油公司[API]指标)。这是一种国际通用单位,用来对石油进行分类并以"度(°)"表示。达到商业化标准的石油一般为 20°～50°API。该指标越高,所代表的原油就越轻。比如,大量产自墨西哥的原油(销售标号为玛雅-22),其分类为 22°API,就是一种较重的原油。沙特阿拉伯的 Hawtah 陆上油田所产的原油为 45°～50°API,则可以分类为"阿拉伯超轻质原油",是世界上最轻的原油。

我们用"酸"和"甜"来描述那些必须被除去的硫和其他杂质的含量。"酸"指石油内的硫含量高,而"甜"指石油内硫的含量较低而且不需要特殊处理。对石油所含硫的测量是直接进行的——直接对其进行定量测量并以百分比表示。通常,原油的含硫量为 0.1%～1.0%。甜石油的硫含量为 0.5% 或更少;酸石油的硫含量为 0.6% 或更高。北海油田所产的布伦特原油的含硫量为 0.37%,是甜石油。石油的市场价值部分地取决于它可获得的提炼量和所含的杂质量。石油的重量越大且"酸"性越重,则抽出地面并从中除去杂质所需的时间和资金就越多。

对石油工业的下游来说,"计量"这个术语使用得十分频繁,但也可能产生一些误解。关于石油的计量有两个术语——桶和吨。桶是一个容积计量单位,是一种大型的金属圆柱体状容器,是一个国际通用的容积单位。吨是英国人用来测量重量的标准单位。1 吨原油等于 7.33 桶。然而,自从将重量与价值联系起来以后,石油的类型就成为一个重要的因素。比如,采自沙特阿拉伯的 8 桶轻质原油相当于 1 吨,而采自北海油田的布伦特原油只要 7.5 桶就大致相当于 1 吨。在国际市场上讨论原油的价格时,常用的单位是桶。

1.2 勘探开发

石油的勘探与开发从来就不是可以预测的,也不是一门精确的科学。绝大部分石油工业是建立在试验与过失的基础上的。一位石油工程师用自己认为最贴切的语言对石油勘探进行了描述,"石油勘探本质上是一项令人沮丧的活动"。即使经过了大量的地质学研究,但每 10 口探井中只有一口能够见到石油,每 100 口探井才能有一口控制商业油流。一旦发现一个大型油田,一般需要好几年时间才能投产开发❶。

---

❶ Kenneth S. Deffeyes, Hubbert's Peak: The Impending World Oil Shortage (Princeton, NJ: Princeton University Press, 2001), 7, 10.

由于石油储藏的地理位置和在地下难以预测的性质，勘探初期的原油开采需要投入大量的时间和资金，那些拥有石油的国家政治局势常常会遇到挑战。石油勘探人员的足迹遍及沼泽、丛林、山川和沙漠，他们艰难地寻找着可能的产油地。一旦找到了合适的井位，就必须修筑公路，一边把设备运送到位，一边为设备的运转发电，所以这些都需要大量投资。除了这些投资之外，一口新井的发现总是会面临一些技术的挑战。在陆上与海上钻井，为了避免事故和浪费宝贵的石油资源，石油工作者在进行商业化开采之前，必须确定井下的压力。19世纪，当石油工人第一次开始钻探石油时，他们并不能控制井下的压力。在美国，人们用大量的照片记录了当时石油喷出井口时的情景。在Spindletop，第一个重要的油田是在得克萨斯海湾发现的，油井的压力使得地下的石油和天然气足足喷了9天才被石油工人控制住。另一方面，当今的石油已经实现了人为控制压力，以保证地下的石油流出地面。很不幸，对于一个富产石油的国家来说，找到了石油并不能保证就有足够的资金去开发油田。在俄罗斯，发现了许多新的油田，但所需资金的缺口却非常大。俄罗斯政府正在寻求外国石油公司的帮助，而外国石油公司则认为当事国的税收政策和司法制度未能达到令人满意的程度。石油公司从本质上讲就是一位冒险家，而且原油的价格往往也是不确定的。

石油开采，或者抽提，一般都是在陆地和海上进行的。绝大多数石油是从陆地油田开采出来的，目前，海上油田的石油产量正在日益增长。"海上钻探"特指在深海中开采石油。过去，石油公司仅仅拥有在200英尺水深范围内钻探的技术；现在，石油公司可以在更深的水域内进行钻探作业，在距岸数百英里处的2000英尺以上深水区域完成钻探。许多石油工业始于陆地钻井的国家濒临大海，它们的海上钻井设备十分简陋。这些国家是非常不幸的，比如玻利维亚或者其他一些相对较小的国家，如喀麦隆等，它们的海上石油钻探能力弱小得可怜。

天然气可以采自纯天然气储层或者采自既产石油又产天然气的储层。产自不含石油的气田的天然气称为"非伴生气"。比如在俄罗斯东部就有多个这类天然气田。绝大多数天然气是产自开采石油的过程中的，这种天然气称为"伴生气"。即使在现阶段，也没有多少石油公司能够实现在钻探石油的同时收集并利用伴生气。许多石油公司通常将天然气点燃烧掉，这意味着要浪费大量的天然气。由于天然气燃烧所导致的环境污染问题以及天然气产量的日益增加，石油公司和政府联手力求在未来消除这种点燃天然气的现象。一些国家，比如挪威，就已经对减少点燃天然气的技术进行了大量投资。世界银行减少全球天然气燃烧（GGFR）合作组织已经提出了关于扩大国际天然气市场和全球性天

然气工业合作的建议。

国家和石油公司在讨论油田和天然气田的规模和价值时,会用到"储量"这个术语。这个词的意思是一个油气田(可以包括多口钻井)是将石油以桶(吨)或者天然气以立方英尺(立方米)的储量来进行计算的。比如,俄罗斯拥有世界上天然气储量最大的气田,其总储量约达1700万亿立方英尺,沙特阿拉伯拥有世界上储量最大的油田,可达2600亿桶。人们在讨论储量时的麻烦在于计量的方法是变动的。从法律上讲,石油公司(包括私人和国有的公司)是不能拥有其尚无资金进行钻探的那部分储量的。地下石油的开采可能会过于昂贵,而且还会冒着无利可图的风险。这类油田在计算储量时不能被包括在内。

当然,所有的石油公司都遵守这种计量法,但常常会把它们的储量多算一些。对于世界上绝大多数石油公司来说,都会涉及政治因素。多年来,产油国和石油公司大多收到了对自己的资金夸大其词的指控。产油国不得不伪造其控制的油气储量,它们希望自己国内的经济形势要比其实际情况更加稳定,因为许多产油国极大程度地依赖其石油所获利润。石油公司也夸大其所拥有的石油储量,以便更多地吸引合作伙伴加大对其投资的力度。油气储量标志着一个石油公司在未来赚钱的能力。石油储量的下降会对石油的生产和交易产生直接的影响,因此可能失去石油销售的合作伙伴,也因此会削弱石油公司的价值。2004年,美国律师将Shell公司(皇家荷兰/壳牌石油公司)送上法庭,指控其在1999—2004年以夸大自己油气储量的手段误导投资者。Shell公司则认为,它们夸大自己在尼日利亚的石油储量是为了保护这个国家所采取的一种方式❶。然而,石油公司、政府以及国防机构在很大程度上依赖于油气储量的报告。这些部门用石油储量去对一个石油公司或一个国家的石油工业进行可靠性分析与评价。

1.3 储存

当石油被从地下开采出来以后,就会从油井输送到油罐中。在那里,对来自多口产油井的石油和天然气进行输往炼油厂或天然气加工厂前的计量、检测和分离。在这种生产性的油罐内,将完成对产出石油和天然气的数量与质量的检测,并将结果向生产者、财产拥有者和购买者提交检测报告。政府的执法与税收部门也对所产石油进行评估。石油和天然气从油罐被输往三个地方:通过管线输送到

---

❶ Jeft Gerth and Stephen Labaton, "Shell Withheld Reserves Data to Aid Nigeria," *New York Times*, March 19, 2004, 1.

港口的外国油轮、炼油厂或储存用的油罐。那些大量储存石油的油罐比生产性油罐大得多，是当石油需求量低于生产量时用来储存和保管石油的有利场所之一。一些石油生产国会开采出一些额外的石油，在正常情况下，这些石油会被储存在此类油罐内，并被返注回地下。这种储备方式不仅可大量储存剩余的石油，而且这种将石油回注地下所产生的压力还可以使更多的石油流出地表。这种储备有助于规范一个国家的石油工业，以防止过多的石油涌入国际石油市场从而导致油价下跌。天然气的计量与储存方式与原油略有不同。一旦把天然气从原油中分离出来，就需要做进一步的处理，以除去其中的水分。这一过程被称为"脱水"。一些杂质，比如 CO_2 和硫也要被除去，这一过程称为天然气的"甜化"。在甜化之后，液态的烃类就会从天然气中分离出来并被储存在低压的储存罐内。通常，这一加工过程在油田附近就可完成。然而，把几口井的天然气汇集到一个集中地点然后建造一座加工厂的做法是比较经济的。这种加工厂相当于一座石油的炼制厂。

1.4 管道

　　管道代表着石油工业的一个关键组成部分，因为这是一种把石油从一地运输到另一地的最快、最经济有效的方式。管道是一种集储集、运输和分配于一体的复杂系统，由数百到数千英里长的钢管构成。大型的管道不仅在一个国家内输送石油或天然气，而且还可进行跨国输送。比如，始于俄罗斯，穿过白俄罗斯、波兰和德国的管道。管道可以铺设在地表或地下。在那些有着严酷的天气变化的地区或永久冻土带，管道铺设在地面。这种铺设方式可以在管道之间预留出受热膨胀的空间。在那些政治局势不稳定的国家里，管道铺设在地下，这种管道系统将能够有效地避免对财产的故意毁坏或者有人用虹吸原理盗窃原油的行为。对于海上石油开采，管道常常会在海底挖沟铺设，所以不会被捕鱼或其他海洋作业活动破坏。

　　从油井到生产性油罐，天然气和石油通过管道会聚。经过分离后，它们进入各自的管道网中。石油通过有泵站的管道输送，而天然气的管道则在沿途有一套加压系统。石油和天然气既可经管道输送至加工厂，也可送至停靠在海岸边的港口装上油轮。在海洋钻探中，石油与天然气在一个中央钻井平台上会聚，然后通过水下管道输往陆上加工厂。在少数情况下，这种海上钻井平台具有将会聚的石油和天然气直接输送给油轮的能力。

1.5 炼制

那些没有通过管道输送到港口的原油和天然气就被输往炼油厂。产油国和非产油国内都可以建设炼油厂。炼油厂通常坐落在港口附近，主要是便于油轮运输。炼油厂的加工包括将原油转化为石油产品，比如汽油、煤油和航空燃料等，这些产品的质量是由炼油厂控制的。用来"炼制"天然气的加工厂与炼油厂并不一样。除去天然气中的水分、杂质并将其转化为液化天然气的加工过程既可以在油气田也可以在天然气加工厂进行。经过炼制以后，绝大多数炼制产品就可以出售给消费者了。炼油以后的剩余物就被送往石油化工厂，在那里被转化为其他产品，比如橡胶、化学纤维和塑料。"石油化工产品"包括了所有石油炼制与天然气加工的产品。

石油炼制始于 19 世纪早期，当时是以"石油气"的制造专利开始的❶。从那以后，人们取得了重大的进步，能够在同一个炼油厂内炼制原油并制造出各种石油产品。当代的炼油厂需要大量的资金投入，而且由训练有素的工作人员操作着高科技设备进行生产。

炼油厂的能力各不相同，小型炼油厂仅仅从事少数几个加工处理工序，而大型炼油厂则可将原油加工成多种产品。一座炼油厂的加工能力代表着每天或每年进入的石油流量，这个流量以桶或吨为单位统计。一般来看，有经济效益的一座炼油厂其加工能力最少也应在每天 4000~10000 桶，而且仅仅以燃料油的加工为主。一座炼油厂在经济上获利往往取决于该炼厂的目的及它所提供服务对象的规模。石油公司或政府机构并不喜欢小型炼厂，因为炼油厂的规模越小，所需要的运行费用就越高。大型炼油厂是指具备每天从 10000 桶到几十万桶处理能力的炼厂。譬如墨西哥的每座炼油厂的加工处理能力都可达 20000~300000 桶/天；沙特阿拉伯的最大炼油厂并不仅仅包括一座加工厂，它还有一块自己的储油场地。绝大多数炼油厂具有较强大的储存能力，这种能力所起到的作用就相当于一个经济"压力阀"，使得炼厂可以应对价格与需求的波动。对于像沙特阿拉伯这样重要的产油国来说，这些能力可以起到一种维护国家宝贵资源的作用。

产油国与非产油国都希望在自己的国家内拥有并经营炼油厂。通过一座炼油厂，一个非产油国可以融入世界的石油工业。而且，从长远的和经济的利益来

---

❶ Marie E. Williams, "Choices in Oil Refining: The case of BP 1900—1960," *Business History* 26, no. 3（November 1984），308.

看,一个非产油国自己炼制石油要比直接进口石油产品更为有利。

首先,对产油国和非产油国而言,拥有一座炼油厂将会有许多获益。一个有着"软通货"或者其他类型资金而并没有广泛用途或贸易的国家,有自己的炼油厂是非常重要的,因为这样就可以减少"硬通货"(比如美元和欧元)的支付并将其留在自己国内。这是因为最终的石油产品要远比原油的价值高,而且还因为当地的炼油厂可以用当地货币向自己的职工支付工资。

其次,这样可以加强对国家货币流通的控制力度。炼油厂的拥有者允许对本国的原油进口量、国家的原油加工量以及是何人将炼好的成品油分配给何处等进行控制和计量。拥有炼厂的国家能够保证自己的需求,并为未来储备石油资源。

再次,产油与非产油国建造并运营炼油厂代表着一种积极的国家发展规划。拥有一座像炼油厂这样大型而重要的工业化系统可以大大提高自己的声望,尤其是对一个发展中国家而言,意义将更加重大。拥有一座炼油厂标志着该国向着经济发展和现代化迈出了一大步。一个有战略眼光的国家领导人可以将炼厂建在境内任何地方,但现在有一种趋势,是将炼厂建在港口附近,而此举并不是绝对的,境内任何区域都应具备经济发展的机遇。

国家在设计与建造炼油厂时,可以先建一座小型炼油厂吸引投资,然后扩大自己的需求,当然也可以建成现代化的工厂,并能适应各种需求。拥有一座炼油厂可以使一个国家拥有自己的石油化工产品。当前石油化工产品已经成为人们生活的重要组成部分,所以应该考虑建造一套复杂的现代化石油化工系统,以满足人们生活的需要。

1.6 运输

当石油产品离开炼油厂时,就由管线输往分配中心供给当地的用户消费,或者输往港口装上油轮输往国外。海上运输石油所用的是一种特殊的船——"油轮"。大型油轮可以承担起越洋石油运输任务,而小型油轮则仅负责沿海岸一带或沿河流的运输。运输原油油轮的体积庞大,其载货量可达 300 万桶,而小型油轮的运输量仅为 15 万桶。油轮还可运载液化天然气。这需要给包装容器加压并降温。这种油轮被设计为可以承受高压和低温的能力,以保证运输途中天然气液化的状态。

油轮已经成为运输石油最有效的方式,但它们也是主要的环境污染源。1989年 3 月,埃克森石油公司的瓦尔德兹号油轮在阿拉斯加的 Prince William Sound

附近撞上了礁石，导致 30 万桶原油泄漏。2002 年 11 月，已有 26 年服役史的独立运营的油轮 Prestige 号运载着 11000 桶原油在航行中突然断裂为两截，将所有原油泄漏在西班牙沿岸。该油轮沉没后依然残存大量原油污染着海岸线。

另一种形式的运油船叫做驳船，它不仅像油轮一样运送原油，而且还运送石油化工产品、沥青和工业燃料。驳船是一种平底的自身没有动力的船，需要拖轮拖拽才可行进。驳船运载着石油产品穿梭于河流、湖泊与海峡的水网之间。

油轮与驳船从具有石油终端站的港口城市采购原油或液化天然气。在这个终端站，油品被装船运往世界各地的炼油厂，然后再进行炼制、配送及销售。在这个终端站，常常有储存点，这可以让国家更好地控制自己的石油供应。在油轮出发前，将进行最后的检查，以保证原油或石油产品的质量。

1.7 贸易

石油是国际市场上最重要且最具政治意义的商品。石油的价格最终取决于市场的供应与需求量，但是，国际政治也将对石油的价格产生相当大的作用。石油的短期与中期价格反映着国际市场的政治与经济形势，对石油生产者和非石油生产者都是如此。罢工、联合抵制、禁运、环境问题以及一个石油公司的财政情况都会影响到石油市场。

石油以桶计量销售并以美元计价。所有的石油交易的记录和报告都以英语写成，英语是国际石油市场的通用语言。这是因为来自美国和英国的石油公司是当今国际石油市场的主角，它们控制着石油产品的购买与销售。

从一开始，国际石油市场的价格波动就比较大。几乎所有的石油公司都试图由自己控制国际石油的价格，但石油勘探的性质决定了无法对此进行计划和日程安排。全世界的石油开采几乎都没有什么规律。人们已经为控制石油市场的价格付出了多年的努力，但石油市场通常都是由供应短缺然后在一个很短的时期内变成供给过量。那些确定石油价格的主角自从早期的世界石油市场开张以来已经变得大不相同。

历史上，控制世界石油价格的主角发生了三次主要的变化。从 19 世纪后期到 1960 年石油输出国组织（Organization of the Petroleum Exporting Countries, OPEC）成立之前，石油的价格是由一些主要的石油公司控制的。八个跨国石油公司埃克森（Exxon）、美孚（Mobil）、加利福尼亚标准石油（Standard Oil of California, SOCAL）、德士古（Texaco）、海湾石油公司（Gulf）、英国石油公司（British Petroleum, BP）、皇家荷兰/壳牌石油公司（Royal Dutch/Shell）以及

法国石油公司（Compagnie Francaise des Petroles，CFP），通过联合投资的一个复杂网络系统在中东地区众多油田基础上建立并发展起来。到20世纪50年代，这些大型石油公司几乎控制了除原苏联、中国和北美大陆之外的所有油田的石油勘探与开采，甚至整个国际石油工业。自从OPEC成立以后，这种强有力的结构被动摇了。OPEC试图控制这些主要的石油公司并在一些产油国中建立自己的势力。在OPEC成立的初期，该组织试图控制全球的石油生产。OPEC的成员决定着其所控制的石油价格。然而，一旦它的目的达到，而且非OPEC的石油生产国开始以极具竞争力的价格进入国际石油市场，那么，OPEC的控制就失灵了[1]。在20世纪90年代石油的价格控制者发生了第三次变化。今天，石油的定价极大程度上取决于交易的现场情况，数千位交易商和经纪人在确定石油价格中扮演着重要的角色。绝大部分石油和天然气都会被出售并购买，或者进入交易市场，而这种交易多在一些最大的市场上进行——美国纽约商品交易所（NYMEX）和英国伦敦的国际石油交易市场（IPE）。

在交易现场，有许多购买与销售石油产品的方式，包括传统的合同式市场、货到付款式市场以及期货交易市场。各石油公司根据其长期的销售合同提供自己所产的石油，其中还包括短期或一次性交易合同。"传统的合同市场"是一种最古老的石油交易方式。在这种方式中，石油公司会签订一个保障合同，供一个特定的时间段使用。石油的价格在销售时是固定的，而合同的期限通常为几个月到一年。然而，最常用的交易方式是货到付款的方式。在这种方式中，石油产品是以当时的市场价格用"货到付款"的方式进行交易的。有利益关系的商人参与了全球范围内的这种交易。一般的，经纪人精于某种形式的石油交易方式。在"期货交易市场"上，购买者根据当时的市场价格同意输送或购买一定量的石油（最少为1000桶），通常在接下来的月份进行。

至此，我们已经初步论述了原油或石油产品的交易方式。天然气也要进行交易，但与石油有所不同。天然气作为一种国际化的交易商品仅仅是近些年的事，大约不会早于20世纪60年代。即使在当代，天然气交易也并不是完全国际化的。它并不能像石油那样可以运往世界每个国家。实际上，天然气仅在某一地区内进行买卖，而且主要以管线的方式进行输送。比如，产自墨西哥的天然气输入美国，产自北非的天然气输入西欧等。

---

[1] Steven A. Schneider, *The Oil Price Revolution* (Baltimore: Johns Hopkins University Press, 1983), 39.

当天然气、原油和石油产品被购买、出售和交易以后，它们就被分配并上市了。石油产品（如汽油）基本上是以两种方式销售的，即综合石油公司和独立经销商。综合石油公司是一种大型石油公司，它包含了石油工业的所有过程——从石油的开采到市场营销。这些石油公司常常在自己所服务的国家销售石油产品。然而，一个"独立的市场经销商"则仅从事分配与市场营销活动。独立的市场经销商常常从一些跨国石油公司或独立经营的炼油厂购买其富余的石油产品。在一些情况下，独立的市场经销商用自己所属的油罐车把石油产品从炼油厂直接运到交货地点或零售市场。他们还拥有一些石油产品的储存库。石油公司可与炼油厂签订长期或短期的销售合同。

石油化工产品的市场营销与常规的石油产品的销售略有不同。对石油化工产品的需求会随着石油工业其他部门的运行有所波动。差别在于石油化工产品中的绝大多数并不是终端产品，但却是用于制造其他石油化工产品的中间物资。这些石油化工产品被销往制造商并被制成一些家用产品。由于石油化工产品要多次倒手，所以许多纵向联合的石油公司都已退出石油化工产品市场。这些石油公司把自己的炼厂产品直接出售给化工公司或者一些制造商，而由他们将其转化为供应消费者的产品。

石油工业的生产过程高度复杂，需要最好的设备、经验丰富的石油工人以及所有相关的石油公司、国家通力合作。没有这些必要条件，石油工业和相关国家是难以成功的。对绝大多数产油国来说，石油工业本身就面临着在政治稳定与经济扩展之间保持平衡的挑战。石油工业所面临的挑战非常复杂，因为它的运营涉及整个世界的形势，而石油工业所有涉及的繁杂的合同与协议恰恰又增加了挑战性。许多产油国都面临着或者走向辉煌或者受到毁灭性打击的局面。石油的威力可以把一个国家推向国际政治舞台，也可以迫使它采取政治行动，这将取决于对其所拥有的石油资源的预测。

1.8 石油的力量

石油的力量在于它不仅可以促使一个国家进入国际政治圈内，而且还可使一个富产石油的国家变得强大。许多石油生产国在过去的70年里就经历了这种过程。一些国家仅仅在过去的40年中控制着自己的石油工业。如前面的讨论，从一个国家发现石油到回收投资至少需要10年时间。对许多国家来说，当它们成为重要的产油国时将会产生许多变化。这些国家迎来了大量身份尊贵的到访来宾，并提高了在联合国中的地位。

产油国的威望与日俱增。这些国家觉得自己能够与全世界分享石油产品，并与其非产油的邻国分享财富。同时，这些产油国也希望融入世界政治活动中去，一边捍卫自己的石油产品，维持自己进入国际市场的能力，一边可以在石油价格方面有发言权。产油国有两个主要目标：扩大自己的石油工业并尽可能地从中获得回报。这些目标看似简单，但所有产油国并不是生存在真空中的，一个国家糟糕的内部经济与动荡的政局加上周边恶劣的局势可能会推迟这种进程。在许多情况下，一个石油公司的存在会加速已经存在的恶劣局势，比如贫穷和腐败。石油的波动几乎可以影响到一个国家的各个层面。一个国家的当前形势和它所拥有的石油工业的未来将会影响自身的发展规划、对外政策、环境保护、人权、法律以及政府与公司之间的关系。

一个产油国内经常变动着的政治与经济形势将会使本来就波动的世界石油市场的变化更加剧烈。比如，产油国中的挪威并没有政治腐败、大范围的贫穷或区域争端等难题，但在与石油相关的全球变化面前依然显得十分脆弱。国际石油工业内部的波动是由于新油田的发现、老油田的枯竭、战争，以及产油国内的政治格局改变或动荡所引起的。比如，由于海湾战争的爆发，伊拉克的石油生产就从1989年的2.8百万桶/天猛跌到1991年的0.28百万桶/天。在过去的几年中，委内瑞拉、伊拉克和尼日利亚国内的政治问题已经促使沙特阿拉伯把石油产量提高到了800万桶/天。

石油进口国与石油生产国之间的贸易关系常常会随着国际政治格局的变化而变化。在过去的几年，美国就增加了从原苏联各国的石油进口量。由于一些重要的石油公司都属于美国，所以许多产油国都会按照美国的贸易模式行事。中东已成为多年来世界的热点地区，但是这种趋势可能发生变动。在里海周边的国家中发现了许多新油田，那里已经成为一些重要的石油公司目前关注的热点。

石油生产的崩溃所造成的冲击在国与国之间是不同的。这是因为并不是所有的石油进口国与出口国之间都是直接发生联系的。原油的进口取决于出口国复杂的各方联络工作与物资准备，出于此因，一个主要的石油生产国的石油可能并不会出口给每一个石油进口国。比如，沙特阿拉伯是世界上最大的石油生产国和出口国，是美国进口石油的最大供应国，然而，沙特阿拉伯却基本上不向南美洲国家出口石油。中国也向美国及其他太平洋国家出口石油产品，但却不向欧洲出口。

虽然产油国可能每天生产数百万桶原油，但这并不意味着该国的石油就能自给自足。绝大多数产油国都会保留一些重点的油井，并将其炼油产品主要供给自

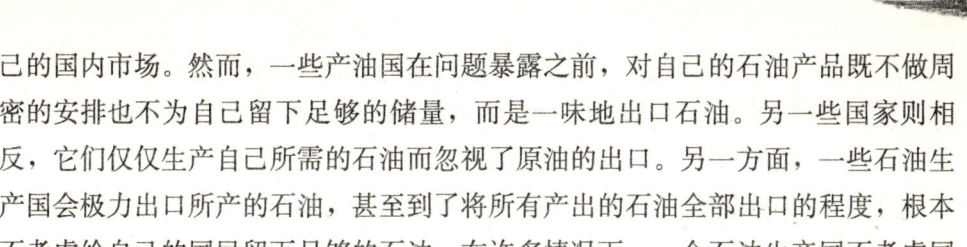

己的国内市场。然而，一些产油国在问题暴露之前，对自己的石油产品既不做周密的安排也不为自己留下足够的储量，而是一味地出口石油。另一些国家则相反，它们仅仅生产自己所需的石油而忽视了原油的出口。另一方面，一些石油生产国会极力出口所产的石油，甚至到了将所有产出的石油全部出口的程度，根本不考虑给自己的国民留下足够的石油。在许多情况下，一个石油生产国不考虑国内可能出现的能源危机的做法是根本行不通的。

一些产油国发现自己的国民买不起石油产品，这种现象特别出现在那些原油生产投资过高的国家。在俄罗斯，当地石油公司宁肯出口也不愿在国内市场出售，因为同样的原油在国际市场上能赚到更多的钱。很多国家已经注意到这种现象并加大了向国内供应的力度。这意味着如果在国际市场上一种石油产品的单位价格为5美元，则产油国内的消费者仅需付3美元，其余的2美元将由政府支付，这是一种特殊的情况。而且，一些国家即使将它们的石油产品的市场价格做了调整，也会继续维持多年的。这意味着政府对此项补贴将继续增加，而对消费者来说，石油产品的价格并未改变。这已成为一个产油国所面临的严重问题。

石油生产国以多种方式用自己的石油构建了区域性的和国际性的联盟，援助、军事结盟和跨国间的管线就是为数不多的例子。援助有多种形式，包括出于人道主义的现金资助，以衣物、食品和药物等方式提供的紧急救援以及技术支持等。OPEC成员国还以间接援助的方式向其邻国提供资助，这些资助主要提供给非西方的发展中国家。

产油国还用自己的石油保障自己国家社会制度的正常运转并在全世界范围内支持其他国家的民族主义运动。把石油作为一种用来保障自己国家利益的武器的最著名例子是20世纪60年代OPEC的成立。该组织主要由5个产油国构成（伊朗、伊拉克、科威特、沙特阿拉伯和委内瑞拉），它们决定控制自己的石油工业，并不受一些大型跨国石油公司的指挥而要自己决定石油价格。OPEC实现了自己的目的，保障了自己的国家利益。每个OPEC成员国都同意将所生产的原油的50%留在国内。此外，产油国通过提供军事援助而对一些国家的解放运动进行帮助。在20世纪70年代，阿拉伯高峰会议通过了为津巴布韦和南非反抗殖民与独裁统治的解放运动提供经济援助的决议。

许多产油国都使用过"禁运"的手段，而且这一政治手段也被其他国家用来反对这些产油国。在历史上，许多组织和政治战略家都曾呼吁政府使用石油去谋求政治改革。在过去十年中，这种国际禁运方式已被用于伊拉克和尼日利亚，以图对其军事行动施加压力。从1990年开始美国和联合国就对伊拉克进行了经济

制裁。美国自己充当了一个彻底的贸易禁运国,从法律上绝对禁止从伊拉克进口或对其出口货物。2003年5月,美国与联合国的禁运令撤销了,以便为美国入侵后厌倦了战争的伊拉克人民提供援助。

在20世纪90年代中期,由于尼日尔河三角洲流域的人权状况恶化,导致国际社会的关注,进而对该国实施了国际经济制裁。参与此次国际制裁的有美国、加拿大和欧洲共同体,这意味着尼日利亚与这些国家和组织之间的商务活动被大大地减少了。

正如在海湾战争期间的伊拉克那样,石油也引起了战争。边境争端、邻国为争夺石油而发动入侵以及海域划界的争端等,都给世界石油工业造成了灾难,尤其是了解了资源量以后,边境争端变得更加激烈。20世纪30年代,由于政治斗争,英国建立了"沙特—科威特中立带"。在30年代后期发现石油以后,这两个国家同意分享石油资源,各得一半。沙特—科威特中立带很快就变得繁荣起来,在一个主力油田,每天的石油产量可以达到60万桶。

对海上油田的争夺也成为一个严重问题。国际法允许一个国家拥有从自己的海岸线向海洋延伸200海里作为自己的专属经济区,大约合230英里。在20世纪70年代,尼日利亚与喀麦隆的海上划界争端因海上石油资源的发现而爆发,那些资源是沿着几内亚湾的Bakassi半岛的南部界线分布的。国际法庭于2000年裁定,该岛屿隶属于喀麦隆。在南中国海的部分海域,一些拥有石油资源的区域迄今依然保持着未勘探状态,因为有6个国家在争夺该海域的钻探权。沙特阿拉伯和巴林对海上油气的争夺问题已经解决,双方采取了联合开采的合作方式。此外,一个属于沙特阿拉伯的油田由沙特政府作为礼物送给了巴林,以换得区域和平。

石油生产国还通过修建管线来保证自己国家的需求和与其他地区的合作。管线为内陆产油国提供了一个将自己所生产的石油输送到港口和邻国的途径。在委内瑞拉,由于该国与特立尼达和多巴哥对天然气的共同关注,它们同意共同修建一条管线,以便共同获得天然气资源。管线,尤其是天然气管线,在过去的几年里发生了合并,因为对天然气来说,这种输送方式更加有效。

石油在产油国国内起着两种作用。石油的经济和政治作用能够使一个国家变得更加富庶,同时也会使一个坚持不懈的产油国政府将自己的利益最大化,并保持石油工业的繁荣。同时,这也往往会导致一系列的国内外的矛盾爆发。换言之,对产油国来说,石油既是福音也是咒语。那些在发展自己石油工业之前尚未建立稳定的政治框架的国家中,要实现国内的经济增长和政局稳定就往往会受到腐败、穷困与文化等方面压力的困扰，要达到目的是非常困难的。

但是，作为一个产油国，为什么会面临如此重大的问题？为了最好地了解石油的这种影响力，就需要深入地分析这些相关国家的石油工业发展历程。出于此目的，我们将以深入分析那些为国家带来巨大经济发展动力的石油公司为切入点。

推荐阅读

为了更好地了解全球石油工业的技术发展史，可参阅 Kate Van Dyke 所著《Fundamentals of Petroleum》（奥斯丁：得克萨斯大学出版社，1997）和 Robert Anderson 的《Fundamentals of the Petroleum Industry》（Norman：俄克拉荷马大学出版社，1984）。也可参阅 OPEC 的《Basic Oil Industry Information》（维也纳：OPEC，1983）。

2 石油公司

我有几种你所不知道的赚钱方式

——洛克菲勒，1872❶

在本章，我们将分析一些石油公司所扮演的角色，它们不仅操纵着国际石油工业，多年来一直是该领域的龙头老大，而且还起着其他的作用。我们先来介绍著名石油公司的发展史，并不是所有的石油公司的规模、宗旨和运营都是一样的。这在它们彼此之间的联系和在石油生产国中的作业方式就可以很清楚地表现出来。在过去多年中，石油公司已经学会了如何去平衡彼此之间的竞争与合作关系，并保证一个产油国能够成为外国石油公司的合作伙伴。为达此目的，石油公司会将自己以下列方式进行组合。

最常见的是"控股公司"模式。埃克森—美孚和BP就是两个鲜明的例子，它们是一种人为的合成体，其拥有的产权直接来自组成它的各原公司。对埃克森—美孚来说，美孚、埃克森和它们的分支机构在埃克森—美孚内部享有相同的自主权。在很多情况下，像埃克森—美孚这种大型石油公司都会与其他石油公司保持着一种长期的商务合作关系。这些"合股公司"可以包括多个石油公司（国有的和独立的石油公司），它们分担自己投资的股份。在这些合股公司里，每个公司都可参与合股公司的经营，但也可以在合同允许的范围内出售自己的股份。当伊拉克石油的商业化开采开始时，来自美国的石油公司就从伊拉克石油公司撤出了，那是一家在伊拉克境内经营的合股公司。直到1922年，BP同意向埃克森出售自己20％的股份，情况才有所改变。但是在合股几年后，埃克森公司决定从伊拉克抽身。随着结构和商务活动的改变，石油公司的所有权和规模也将随着发生变化。

国际石油工业主要由三种类型的石油公司构成：巨头石油公司和它们的子公司、次级石油公司以及国有公司。巨头石油公司（如埃克森—美孚、BP和壳牌）常常会纵向联合，在世界各地从事经营活动。其子公司以大型母公司所属的半独立公司的角色活动。譬如Esso就是埃克森—美孚在美国境外的作业与市场营销

---

❶ Jules Abels, *The Rockefeller Billions* (New York: Macmillan, 1965), 1.

公司。在福布斯公布的全球500强企业中，这些大型石油公司都排在前10位：BP第二，埃克森—美孚第三，皇家荷兰/壳牌第四❶。

次级的石油公司，如康菲（ConocoPhillips）、雪佛龙—德士古（Chevron-Texaco）和埃尼（Ente Nazinale Idrocarburi，ENI）与那些巨头石油公司十分相似，但它们的经营规模从整体上看要略逊色一些。这些较小的石油公司紧随上述巨头石油公司，也名列世界上最大型石油公司之列。道达尔—芬纳—埃尔夫（TotalFinaElf）为世界上第四大石油公司，雪佛龙—德士古第五位，康菲列第六位，ENI列第七位。这些石油公司常常把精力集中在石油产品的市场营销方面，部分地拥有石油开采公司。那些国有石油公司不在它们国家以外从事石油作业与经营活动，而且会被其本国政府占有50％～100％的资本。这些石油公司常常是独立的生产者，并为自己的国家提供石油保障，如墨西哥的PEMEX公司；它们有时也与跨国公司结为一个合股公司，如委内瑞拉的PDVSA。石油公司的这些不同形式可使人们对它们的复杂性与易变性有所了解。

虽然石油公司的结构和它们的商务活动方式可能有所不同，但它们也有几点共同之处。第一，这些石油公司在一个国际化的水平上运营，但由于它们的兴趣在石油，就促使它们不论是在美国俄克拉荷马的陆地还是在尼日利亚的湿地作业，都将致力于对资源的控制。所以，石油公司就成为跨国公司，以便积累财富、获取资源。第二，石油公司必须具有承担风险的能力，并明确地表达出对投资的渴望。这些石油公司对石油的勘探与开发将需要大量投资，而其结果也是不可预测的。第三，石油公司不仅需要了解自己作业国家的政府法律与政策，还需要了解与石油开发和贸易相关的国际法。出于这些原因，石油公司常常与其他行业进行较大的合作，并且自己也拥有大量的可动用资金。这些因素使得石油公司成为国际商务领域中独一无二的企业❷。

绝大多数石油公司的历史就是它们彼此竞争的发展史。这些石油公司从历史上来看是充满矛盾的，相似的竞争把每家公司推向世界更远的角落去寻找石油，进而又迫使石油公司彼此协商相关的合同并结成联盟。这种竞争又合作的结果导致了石油公司不断地以合并、合资、派生新的公司的方式进行重组。美国石油公司都经历过一系列的名称更替——这反映着其经营的重组经历。比如，当实现了合并之后，一些天然气的零售站就可能反映这些变化。另一方面，出于市场营销

---

❶ "Global 500: World's Largest Corporations," *Fortune*, July 26, 2004, 163.

❷ Ernest Smith, John S. Dzienkauski, Owen L. Anderson, Gary B. Conine John S. Love, *International Petroleum Transactions* (Denver: Rocky Mountain Mineral Law Foundation, 1993), 25.

的目的，石油公司大都愿意保留原来的商标，以期继续吸引以前购买自己石油产品的顾客。正因如此，石油公司的发展史就变得相当复杂。

认识石油公司的最简单的方法就是了解它们成立时期的情况，当时各石油公司的经营都相对独立，以便开展彼此之间的竞争。为了认识世界上最大的石油公司之一的埃克森—美孚，我们从洛克菲勒（John D. Rockefeller）和他创立的标准石油公司（Standard Oil Company）说起。

2.1 洛克菲勒的故事

在19世纪中叶，一位名叫洛克菲勒的人掀起了美国石油工业的一场革命。在他创立自己庞大的标准石油公司（Standard Oil Company）之前，美国的石油产品都是由一些小而独立的油公司生产、运输并销售的，而且仅仅停留在一个区域性水平上。1865年，洛克菲勒与两个在Cleveland拥有自己炼油厂的人联合。在收购了他们俩的资产之后，洛克菲勒认识到炼油厂的运行能够使自己在石油工业中称雄。他当时并没有从事石油的开采作业，认为那是一种要冒风险的投资。洛克菲勒经常设想在美国国内进行下一步的"横向联合"，因为在他与炼油厂的竞争中得手以后，在石油工业领域就几乎没有什么对手了。接下来，洛克菲勒又与铁路部门秘密结盟，这样就可以比其他炼油厂用更少的投资而将自己的石油产品运往更远的地区。对于竞争的对手，洛克菲勒提出两点要求：出售他们的公司，或者等待着被逐出市场！如果对方同意出售自己的公司，洛克菲勒将允许其继续经营自己的业务，那当然是在标准石油公司（总部设在美国俄亥俄州）的控制下的经营。

在1890年之后，洛克菲勒通过收购更多的炼油厂和管线系统在美国境内继续扩大自己的石油公司，他为此花费了数百万美元投资。标准石油公司继续在美国东部发展，成了美国最大的石油公司。1882年，洛克菲勒将自己所有与石油工业相关的业务都合并为标准石油托拉斯（Standard Oil Trust），这个公司创立了由9个财产与业务托管代理人组成的董事会，他们把Standard Oil Trust石油公司所获得的利润统一分配给公司的持股人。洛克菲勒的最大成功之处在于他对Standard Oil Trust公司出色的管理方式，他巧妙地利用了美国各州之间对公司的一些法律空子与优惠政策，购买了公司的全部资产而并没有违法。特别重要的是Esso公司的成立，它是标准石油公司在美国境内担任石油分配销售的一个新的分公司，而且这个名称在海外使用得更多。这个名称取自原来的Eastern States Standard Oil Company，洛克菲勒将其缩写为Esso，用来与成立于1932年的"(Standard Oil)（标准石油）"相区别。州与联邦政府对标准石油公司钻法律空子的行为的追究都被洛克菲勒凭借着与政府方面的良好关系与其精干的律师团队化解了。

由于没有什么违反法律的出格行为，美国政府认为洛克菲勒有能力控制石油的价格。标准石油公司强大的能力不仅控制了竞争对手，而且还控制了石油运输业，从油田到消费者的每种运输方式似乎都在标准石油公司的掌控之下！这样，它就获得了对石油价格的控制权。民众对用于照明的煤油的需求增加导致消费者对石油公司的不满并纷纷要求州和联邦政府做出抵制标准石油公司的举措。

为了对民众的呼声给出答复，美国州与联邦政府在标准石油公司成立以后不久就对其展开了调查。在该公司成立10年之后，设在俄亥俄州的一家法庭根据1890年颁布的谢尔曼（Sherman）反托拉斯法判定标准石油公司解散。谢尔曼议员的目的在于打破垄断并保护独立的企业。1888年，洛克菲勒真是交了好运，新泽西州通过法律，允许在其州内注册登记的公司收购州外的公司。洛克菲勒在新泽西州将标准石油托拉斯重组为新泽西标准石油公司，这样就可以成为在俄亥俄州之外运营的公司了。从根本上讲，这个公司除了名称与注册地点之外并无大的改变。然而，这种变更并没有使美国联邦政府减少对其进行的调查，政府对打破一家公司在国内的垄断的兴趣也随之增加了，民众的不满迫使该公司进入了司法程序。1911年，联邦大法院下令该公司分解为几个独立的公司。这一司法命令将标准石油公司分解为多个分布在各州的分公司，但这些分公司依然由洛克菲勒的合伙人掌控。洛克菲勒于1897年退休，联邦法院决定标准石油公司不得再次重组，迫于压力标准石油公司分解为34个分公司，其中3个成为大型跨国石油公司。虽然美国政府在1911年试图再次分解标准石油公司，但来自标准石油公司的埃克森和美孚的最新合并表明法庭的这种努力是徒劳的。而且，法律并不禁止公司扩张实力并称雄于海外石油界（图2.1）。

2.2 巨头石油公司

在埃克森—美孚、BP和雪佛龙—德士古合并之前，全球的几个大型而重要的石油公司被称为"七姊妹"。它们是埃克森、美孚、雪佛龙、德士古、海湾、英国石油（British Petroleum）和皇家荷兰/壳牌（Royal Dutch/Shell）。埃克森、美孚和雪佛龙都是从其母公司标准石油公司分化而来的，这七个重要的公司就像七个真正的姊妹，但它们彼此之间又是一种爱恨交加的关系，在相互竞争的同时又

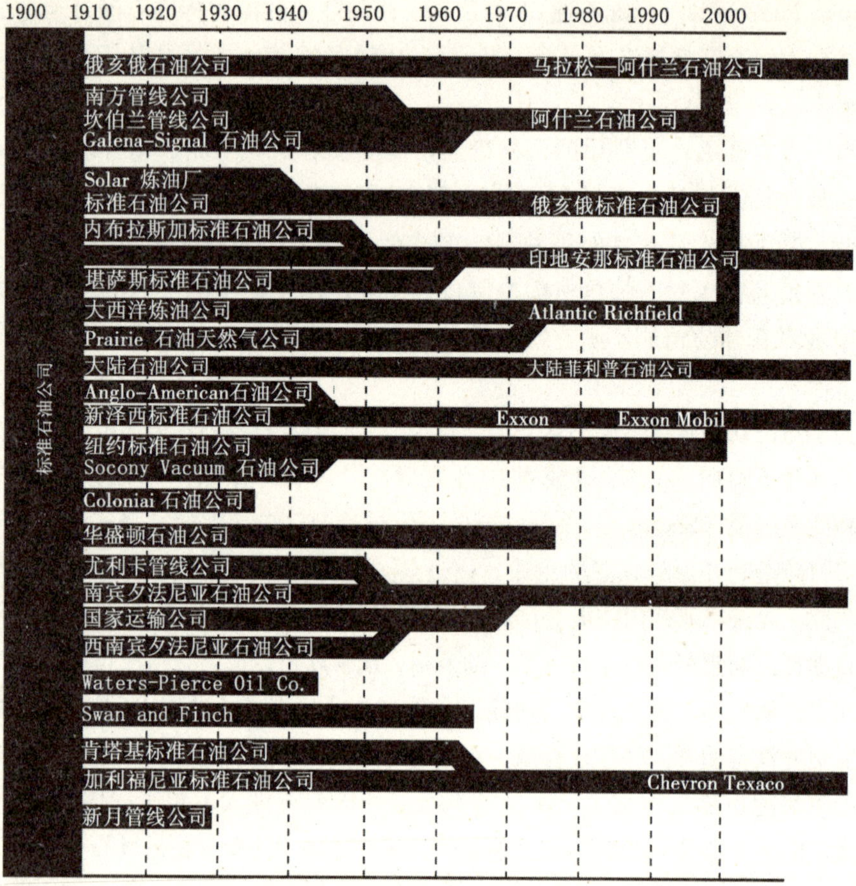

图 2.1　标准石油公司的演化史❶

彼此结成联盟，尤其在受到外来威胁时❷。

美国国内石油公司的发展方式与它们在欧洲的竞争对手略有不同。美国的石油公司在一个受保护且没有面临进口石油冲击风险的环境下发展壮大。因此，它们建立了一个强有力的市场基础并在向海外扩张势力之前就已在国内积累了大量的财富。在第一次世界大战爆发之际，美国出于国土防卫防止外敌入侵的目的，实施了闭关锁国的政策，而在此之前，美国的石油公司在国内得到了长足的进

---

❶ Portions of chart from Angela Clarke, *Bahrain Oil and Development*, 1929—1989 (London: Immel, 1991), 49.

❷ The name first emerges in 1952 because of a U. S. government investigation into the possibility of the companies forming a global oil cartel. See Anthony Sampson, *The Seven Sisters: The Great Oil companies and the World They Shaped* (New York: Viking Press, 1975), 59.

步。另一方面，英国与荷兰的石油公司在本国内并未找到石油，所以就不得不从一开始就迈出国门到海外去寻求发展。在19世纪，来自欧洲的贸易公司就已经开始在中东、非洲和亚洲等地寻找石油了。这些石油公司越过太平洋或地中海长途奔波开展贸易活动，而当时美国的石油公司却仅仅开展着区域性的石油交易，然后随着管线技术的进步和铁路的发展才进一步展开的。换言之，这些欧洲的石油公司的运营一直在冒着风险，因为它们不仅需要在远离国土的地域寻找石油，还不得不去开展谈判以便将开采出来的石油运输回国。然而，并不需要考虑这些公司的成立过程，这些以美国本土和欧洲为基地的石油公司很快就成为平起平坐的竞争对手。

公众对美国与欧洲的石油公司的看法也是不同的。当被拆分了的标准石油公司在海外投资时，该公司与它以前的各分公司都被州和联邦政府的法庭和令人讨厌的新闻媒体缠上了。就绝大多数人而言，公众认为洛克菲勒和标准石油公司并不是一种必须存在的独裁者，它们以一种不公平的、漠视民众的方式对待消费者，而在欧洲则不存在这些问题。没有什么力量或市场挫折会影响到已经进入法律保护的石油价格问题。政府和石油公司的合作更为密切，而且它们已经认识到各自所需的目标，出于此因，这些石油公司并没有将已经存在于美国国内的相同的利害关系向外扩展。一些石油公司，尤其是在英国的石油公司，向英国皇家承担了商务责任❶。这并不是说政府就不会顾及与石油公司的关系。石油是一种价值极高的商品，因此政府可能会认为，不应把这种宝贵的资源全部留给石油公司。美国政府，当然还有那些欧洲国家的政府提出质疑——这些石油公司是否应该受到控制，否则就会任其膨胀。这种担心来自这些石油公司极大地扩展自己的业务以及它们对日益发展的石油工业的控制能力。在第二次世界大战后的几十年中，这些为数不多的大型石油公司几乎控制了全世界的石油工业。

2.2.1 埃克森—美孚石油公司

为了给读者一个关于标准石油公司的完整概念，我们开始讨论这个最大的石油公司的发展与分化过程。美国新泽西标准石油公司（Standard Oil of New Jersey，SONJ）是最大的石油公司，它掌握着标准石油公司的所有分公司。这种情况一直延续到1911年，当时美国联邦大法院下令标准石油托拉斯解散。1954年，SONJ转向持有它自己的一个成功的分公司——Humble石油与炼制公司的股份。五年之后，SONJ又收购了所有Humble公司的资产，使得SONJ的资产

---

❶ Sampson, 43-44.

翻番。该公司在新泽西标准石油公司名下一直运营到1972年，然后更名为Exxon。与其他新的标准石油公司一样，Exxon不接收其他公司生产的石油，实行独立的勘探作业。认识到问题的所在以后，该公司以埃克森的名称到海外发展，勘探活动主要集中在墨西哥、委内瑞拉和挪威。到20世纪初期，SONJ成为世界上最大的石油生产公司之一。

与此同时，它的近亲——另外一个标准石油公司的后裔——纽约标准石油公司以Socony的名称于19世纪80年代后期成立。该公司作为一家市场营销公司占据着极大的市场份额，它于1931年与Vaccum石油公司合并，成为Socony-Vaccum石油公司。Vaccum石油公司也曾经是洛克菲勒的标准石油托拉斯的一部分。Socony-Vaccum公司将市场营销推广到整个亚洲地区，但却没有可靠的石油资源。

SONJ与Socony-Vaccum公司认识到彼此之间的相互需要，于是在1933年对双方在亚洲的业务进行了整合。SONJ在印度尼西亚生产原油并进行炼制但没有销售网络，而Socony-Vaccum则拥有大量的市场，于是这两家公司签署协议，双方各投资50%，组成了一家新的公司Standard Vaccum石油公司，通常称为Stanvac，该公司于1962年解散。到1966年，Socony-Vaccum与Mobil石油公司合并。同样，SONJ也在变更名称，成为Exxon。1999年，Exxon与Mobil合并为ExxonMobil（埃克森—美孚）。今天，ExxonMobil和它的一些附属公司的业务已遍布全球200多个国家。两年之后，另外一家前身属于标准石油公司的加利福尼亚标准石油公司（SOCAL）也加入了史无前例的公司大合并。

2.2.2 皇家荷兰/壳牌石油公司

皇家荷兰/壳牌成立于19世纪，当时是两家公司——皇家荷兰与壳牌运输贸易公司。Henri Deterding在荷兰创立了皇家荷兰公司，当时该公司从荷兰政府手中拿到了19世纪90年代开发亚洲的特权。塞缪尔（Marcus Samuel）于1833年创立了Marcus Samuel公司，在英国出售各地的贝壳。1890年，塞缪尔把自己的经营方向扩展到发展中的俄罗斯煤油的销售领域。1891年，塞缪尔与强大的Rothschild家族合作❶。Rothschild家族是德国人后裔，但却在法国开展他们的经营活动，从此，Samuel开始从俄罗斯向亚洲运输煤油。1897年，他成立了壳牌公司的运输与贸易公司。凭借着自己的船队、市场和资金，壳牌公司显然要比皇家荷兰更强大。为了巩固自己的地位，壳牌石油公司的老板Marcus Samuel与海湾石油公司签订了一项特别的合同，合同规定壳牌石油公司可以购买该公司

---

❶ E. B. Brossard, *Petroleum: Politics and Power* (Tulsa, OK: PennWell Books, 1983), 12.

的一半产品并输往欧洲。但对壳牌石油公司非常不幸的是，Spindletop 油田宣布破产，海湾石油公司再也无法保证给壳牌公司的供应了。失去自己的原油供应之后，壳牌认识到应该以合作取代与皇家荷兰/壳牌的竞争，所以，两家公司于1907 年合并。从此，皇家荷兰/壳牌就发展成为一个令世人震惊的成功的石油公司，其作业区遍布全球。在 20 世纪后半叶壳牌石油公司通过在北海和尼日利亚等地发现众多的大油田而将自己的经营区域进一步扩大。20 世纪 90 年代后期，壳牌、德士古、沙特 Aramco 公司同意把在美国的东部和南部的炼油厂与市场营销业务合并。到 2004 年，壳牌石油公司已将德士古的大约 500 家加油站纳入自己的麾下。随着这种迅速的扩张，壳牌石油公司已成为当今全球石油供应的领头羊之一。

皇家荷兰/壳牌的建立使壳牌公司摆脱了经济崩溃的威胁，而且与一家荷兰公司的结盟也使得壳牌公司与英国政府疏远了。壳牌公司采取的措施对英国政府来说，已不可能再体现英国的利益了。荷兰与德国之间的这样一种令人担忧的联盟使英国政府感到十分不快，因为那些供给壳牌公司的大量石油来自荷兰远东地区的殖民地。从 19 世纪后期以来，塞缪尔采取了一系列措施试图让英国皇家海军用石油取代煤炭做燃料，但被海军拒绝了。到了 20 世纪初，壳牌公司企图成为英国皇家海军的主要燃油供应者的希望彻底破灭。在第一次世界大战期间，邱吉尔（Winston Churchill）为英国皇家海军提供了大量质优价廉的石油，BP公司成为皇家军队的首选供油公司。BP 公司充分体现了英国人的民族主义情愫。当然，这并不意味着英国与壳牌公司完全脱离了关系，只是在与 BP 关系非常牢固的同时与壳牌公司保持着一种若即若离的关系。即使如此，壳牌公司还是把自己发展壮大成为世界上最大的石油公司之一，而且这种地位几乎从创立之日就确定并一直保持至今。目前，皇家荷兰/壳牌公司已在全球 145 个国家从事石油作业并占有大量的市场份额。

2.2.3 英国石油公司

在皇家荷兰/壳牌成立的同时，英国石油公司（British Petroleum，BP）也涉足于国际石油界。与其他巨头石油公司一样，BP 公司也是多阶段发展的。该公司的首创者 William D'Arcy 是一位有头脑的英国商业冒险家，他于 1901 年开始到波斯（今天的伊朗境内）寻找石油。他的公司于 1909 年成为盎格鲁—波斯石油公司，几乎控制了波斯的所有油田。1914 年，邱吉尔作为大不列颠王国战争委员会的成员，购买了该公司一半的股份以保证向英国皇家海军供应油料，并保证其分享中东地区的采矿权。1935 年，波斯改名为伊朗，相应地，盎格鲁—

波斯石油公司更名为盎格鲁—伊朗石油公司。

到20世纪60年代之前，盎格鲁—伊朗石油公司的作业仅限于中东地区，伊朗是该公司从事石油作业的主要地域。然而，到了20世纪50年代，盎格鲁—伊朗石油公司由于伊朗国内兴起的强烈的民族主义浪潮而开始走上了下坡路。为了在这次伊朗危机之后提高自己的形象，该公司于1954年更名为英国石油公司。一年以后，它再次重组，成为一个控股公司，BP贸易有限责任公司成为该公司从事贸易活动的分公司。1987年，英国政府将所持有的该公司的股票出售，该公司获得了美国俄亥俄标准石油公司和英国一家石油公司Britoil的股票。1998年，阿莫科（Amoco，即标准石油托拉斯解体之前的美国印第安纳标准石油公司）与英国石油公司合并。2001年，英国石油公司更名，变得更为简单——BP，以"B"和"P"分别代表Beyond Petroleum（超越石油）之意。

当今，BP，包括它的分公司，已在全世界100多个国家开展石油勘探与开发作业。2003年，BP拥有了刚刚成立的俄罗斯石油公司TNK的50%的股份，并将其他几家俄罗斯石油公司（Tyumen石油公司和Sidanko石油公司）收归BP的旗下。在公司成立之后，BP声称自己压过皇家荷兰/壳牌成为世界第二大私人拥有的石油生产公司。BP还拥有另一家俄罗斯石油公司（Slavneft）25%的股份。BP从成立之后就以一个完整的石油公司的形象出现在全球石油工业中了。

这些举足轻重的巨无霸石油公司从它们诞生之日起就成为石油工业中强有力的生力军。它们中每一家的纵向合并都可能达到控制石油工业各领域的目的。然而，这种自我完善的目标若没有其他次级石油公司的辅佐是不可能实现的。

2.3 次级石油公司

次级石油公司，也就是那些独立经营的公司，它们没有全球性的市场营销、生产、运输或炼制加工系统，但是它们在国际石油工业的发展中也扮演着重要的角色。这些石油公司总共有20~30家，在20世纪50—60年代跻身于国际石油工业，它们主要是美国和欧洲的石油公司。将这些分类为"次级"的石油公司放在任何其他行业似乎都有讽刺的意味，实际上，这些公司的规模和财产足以使它们跨入世界大型石油公司的行列。作为"次级"石油公司，它们依然位于世纪顶级20家最大石油公司之列。在这些石油公司中，一些是从洛克菲勒创立的标准石油公司分化出来的，比如加利福尼亚标准石油公司（SOCAL）、印第安纳标准

石油公司（Amoco）和大陆石油公司（Continental，Conoco）❶。美国境外的次级石油公司有埃尼集团（ENI）和道达尔—芬纳—埃尔夫（TotalFinaElf）。虽然这些公司的资源与经济立足点已经遍布全球，但他们依然在全力扩展，使自己做得更大。然而，这并不意味着巨头石油公司与次级石油公司之间的勘探开发作业有什么不同。

次级石油公司往往可以满足国内供应，而巨头公司则致力于海外作业。巨头与次级公司经过多年的经营，都已形成了合股公司，它们在全球石油市场上相互兼并并且彼此承认对方的存在。在此，我们要介绍几家次级石油公司，不仅是列举，而且还要介绍它们与一些巨头石油公司的关系以及彼此之间的联系。

2.3.1 雪佛龙—德士古石油公司

雪佛龙—德士古公司是雪佛龙和德士古以及加利福尼亚—得克萨斯石油公司（Caltex）于2001年联合而成的，但每个公司都有可以上溯几十年甚至上百年的历史。雪佛龙公司在1977年之前为SOCAL，于1879年在美国洛杉矶北部发现石油并创立。这一发现导致了太平洋海岸（Pacific Coast Oil）石油公司的创立。此时，洛克菲勒已经于1878年建立了一个分配石油的办公室，专门用于旧金山的石油经营。19世纪80年代，他用自己惯用的手法将太平洋海岸公司收为自己标准石油公司的一部分。合并协议表明，太平洋海岸石油公司可以把自己的名称一直保持到1906年，然后成为加利福尼亚标准石油公司的一部分。该公司作为标准石油公司的一部分仅仅存在了5年，在1911年又被谢尔曼的反对标准石油公司的垄断法案从其母公司中分离出来。SOCAL延续了洛克菲勒的传统，又分化出几个区域性公司，比如Murphy Oil公司（1913年创立）和Pacific Oil公司（1926年创立）。在巴拿马运河于1914年开始运营以后，SOCAL迅速涌入美国和欧洲市场。该公司作为加利福尼亚标准石油公司的重要组成之一仅在洛克菲勒的旗下存在了11年。一旦获得了自己的资产，SOCAL就迅速地扩张了自己的作业范围。20世纪初，当SOCAL在美国加利福尼亚扩张时，它的未来合作伙伴德士古也在得克萨斯大获成功。

1901年，来自宾夕法尼亚州与来自纽约州的两位先生走到一起，建立了得克萨斯燃料公司，他们在得克萨斯博蒙特（Beaumont）设立了第一家办公室。1902年，得克萨斯燃料公司扩大成为得克萨斯石油公司，于1926年成为得克萨斯有限公司并将总部迁移至Delaware。到1904年，该公司设立了自己的全国销

---

❶ Sampson，143-187.

售中心，以求与标准石油公司展开竞争，最终，它们大获成功。1941年，该公司在全美境内设立了自己的分公司，并再次恢复了得克萨斯公司的名称。1959年，得克萨斯有限公司又成为得克萨斯联合体。从它们建立之初，该公司就致力于竞争，尤其是与前标准石油公司各公司的竞争。

在德士古公司极力扩展自己的势力范围时，SOCAL也没闲着。它把自己的海外作业区扩展到菲律宾、巴林、沙特阿拉伯和墨西哥。1936年，两家公司在巴哈马联合成立了"加利福尼亚—得克萨斯石油有限公司"，而该公司名气更大的就是Caltex，它在中东、澳大利亚、欧洲和新西兰开发了潜在的市场。1946年，Caltex将自己的总部迁至Delaware并改名为"加利福尼亚—得克萨斯有限公司"。又经过一系列更名后，该公司于1968年定名为Caltex石油有限公司。SOCAL和德士古依然与它们的母公司保持着相对独立状态，各自发展、扩张。1961年，SOCAL与肯塔基标准石油公司合并，后者也是标准石油公司的"后裔"。在西欧，SOCAL和德士古同意解散Caltex并将其经营的项目分给两个母公司——SOCAL与德士古。为了管理Caltex在欧洲的作业任务，SOCAL于1967年成立了雪佛龙（Chevron）石油公司，从事市场营销方面的业务。

1984年，SOCAL成为雪佛龙有限公司，以便更好地整合它的市场经营。2001年，雪佛龙与德士古合并，成为雪佛龙—德士古（ChevronTexaco）。今天，雪佛龙—德士古的作业区遍及全球180多个国家。20世纪早期，德士古代表着独立于标准石油公司之外的一家公司，但当时它并不是在得克萨斯州唯一如此的公司。与此同时，还有海湾（Gulf）石油公司比德士古更成功，因为它是所有从标准石油公司分离出来的公司中最早独立运营的公司。

2.3.2　海湾石油公司

1901年，海湾石油公司（Gulf Oil）因美国得克萨斯州海湾一带的Spindletop油田的发现而创立。该公司的创立还是从美国宾夕法尼亚的Pittsburgh的Mellon和Sons银行借来的资金。Spindletop油田的发现使得克萨斯州一举成为重要的石油生产地，但那儿并不是一个主要的石油消费市场。得克萨斯州的石油工业发展遇到了来自石油勘探人员不足的挑战，因为该州的人口分布十分稀疏而且当地对石油产品的需求量也非常有限。当地的煤油供大于求，甚至连从Spindletop油田刚刚抽出的石油都无法消耗完❶。直到1904年，该油田的原油生产似

---

❶ Sidney Swensrud, *Gulf Oil: The First Fifty years, 1901—1951* (New York: Newcomen Society in North America, 1951), 7-10.

乎一直没有大的起色，当时的原油产量从每天大约 1700 万桶猛降到 1 万桶。所幸的是，另外一些勘探人员在俄克拉荷马州又找到了石油，这才保证了石油工业的持续发展。

1907 年，海湾石油公司注册成立，当时海湾得克萨斯的管线公司和海湾炼油厂与 J. M. Guffey 石油公司合并。1910—1920 年，海湾石油公司扩展自己的几个分公司，把石油作业区扩展到墨西哥、委内瑞拉和科威特。科技进步使得 Spindletop 油田老树开新花，进入 20 世纪 80 年代，油田的产量达到了每天 1000 万桶。在经历了 20 世纪 30 年代的经济大衰退后，海湾石油公司把自己的石油作业区扩展到一些高风险国家，如安哥拉和古巴等❶。几年后，海湾石油公司与雪佛龙有限公司于 1984 年完成合并，成为其一个分公司。

2.3.3 康菲石油公司

康菲石油公司（Conoco Phillips）总部设在美国得克萨斯州的休斯敦，在全球 40 多个国家中开展石油天然气勘探与开发的作业与商务活动。该公司成立于 2002 年，由大陆（Conoco）石油公司与菲利普（Phillips）石油公司合并而成。大陆石油公司成立于 1875 年，当时是大陆石油与运输公司。这个以美国犹他州为基地的公司是通过在整个美国西部从事煤炭和煤油运输而聚积财富的。1885 年，标准石油公司收购了该公司。到 1911 年之前，它依然在洛克菲勒的旗下。1928 年，大陆石油公司收购了美国宾夕法尼亚的 Marland 石油公司，这标志着大陆石油公司的成立，主要从事炼油和石油零售的业务。第二次世界大战之后，大陆石油公司把自己的石油作业扩展到海外，在全欧洲都建立了自己的服务站。

菲利普石油公司于 1905 年在俄克拉荷马州创立，当时弗兰克·菲利普（Frank Phillips）和他的兄弟从事石油的买卖。该公司于 1917 年正式注册，并于 1927 年在多处开展了汽油的经销。1952 年，菲利普公司应美国政府之邀在阿拉斯加钻探石油。在 20 世纪 40—50 年代，菲利普公司开始在海上钻探作业，1955 年，该公司创下了距离岸边最远（40 英里）的海上钻井记录。在 20 世纪 60 年代到 2002 年之间，菲利普公司参与了北海、帝汶海（Timor）以及中国的石油与天然气的开发。自从康菲石油公司成立以后，该公司已经成为全球最获利的公司之一。

2.3.4 埃尼石油公司

1953 年，作为一家意大利国有公司，埃尼石油公司（Ente Nazionale Idro-

---

❶ Craig Thompson, *Since Spindletop*: *A Human Story of Gulf's First Half Century* (Pittsburgh: Gulf Oil, 1950), 14, 16.

carburi，ENI）把自己在本国内的勘探作业延伸到国际石油工业领域。它是一家控股公司，包括了原意大利国家石油公司（Azienda General Italiana Petroli，AGIP）。该公司创立于1926年，当时为一家石油炼制和天然气加工公司。1970—1975年，ENI与所有其他石油公司都不同，因为它支持非洲各国的民族主义情绪，并与其所从事勘探开发的当事国以25%～75%的比例分成。公司认识到自己是合作者而不是开拓者。它经常从原苏联购买并低价销售石油，这表明该公司在冷战期间并没与美国和欧洲结盟。毫无疑问，那些巨头石油公司认为ENI在国际石油工业中所扮演的是一个穷弱的角色。ENI拒绝依从并加入巨头石油公司的行列，尽力地勘探开采意大利本国内的资源，并在那些不稳定的、殖民地的非洲国家里从事石油勘探开发作业❶。有人认为，从理论上讲，这么做是能够带来公司扩张并繁荣的。1992年，ENI把自己变成了一家合股公司。1997年，AGIP与ENI合并，公司在2000年的名称为Snamprogetti，2003年更名为Agip-Petroli。今天，ENI已经在全球60多个国家中开展油气作业，使自己成为世界最成功和独具特色的石油公司之一。

2.3.5 道达尔—芬纳—埃尔夫石油公司

道达尔—芬纳—埃尔夫（TotalFinaElf）石油公司是经过几十年合并而成的一家石油公司。从其名称就可以反映出来，该公司是由三个主要部分构成的，它们于2000年完成合并，成为一家大型石油公司。其中最大的一部分是Compagnie Francaise des Petroles（CFP），于1924年在法国成立。为了达到政府的政治目的并保证其海外的石油供应，在该公司成立4年之后，法国政府成为其主要的资产拥有者，控股30%。该公司的海外石油作业主要集中在中东地区，尤其集中在伊拉克。多年来，CFP代表着欧洲最大的国有石油公司。该公司于1927年在伊拉克发现了第一个油田，当时该公司是伊朗石油公司的一部分。1954年，CFP创立了自己的市场营销分公司——Total。6年之后，CFP吸收了另一家法国市场营销公司Omnium Francais des Petroles。在20世纪80年代，CFP扩张并更名为TotalCFP，1991年，简化为Total。到20世纪90年代中期，法国政府继续对该公司控股，直到这种控股减少为10%。Total找到了自己新的合作伙伴，它收购了比利时的石油公司PetroFina并于1999年创立了TotalFina石油公司。一年之后，TotalFina与另一家法国石油公司Elf Aquitine S. A. 合并成立了今天我们所认识的TotalFinaElf。TotalFinaElf目前在全世界130多个国家从事着石油勘探开发作业。

---

❶ Charles R. Dechert, *Ente Nazionale Idrocarburi* (Leiden: E. J. Brill, 1963), 5.

2.3.6 卢克石油公司

卢克（Lukoil）是俄罗斯最大的石油公司，居世界第12位。卢克的创立得益于俄罗斯的私有化政策，这种政策是将国有化的企业转型为私有化企业。1995年，根据俄罗斯的总统法令，成立了数个石油公司，卢克是其中之一。这种由俄罗斯政府创立的石油公司都扮演着一种特殊的角色：Yuko公司的主要任务包括了石油和天然气的勘探、开采、炼制加工及市场营销；卢克自从成立以后就一直与康菲石油公司密切合作，在俄罗斯的北部地区从事石油勘探作业。总体上讲，卢克所产的石油约占俄罗斯原油总产量的20%。卢克所控制的油气田主要在西西伯利亚的Timano-Pechora和Yamal地区，总储量大约为160亿桶油和24万亿立方英尺以上的天然气。卢克还参加了在东欧、非洲甚至南非的油气勘探作业。该公司在俄罗斯境内有4座炼油厂，在罗马尼亚、保加利亚和乌克兰也有几座炼油厂。卢克向全世界推销自己的石油产品，它拥有100000多名工作人员，以维持公司的作业与运营。卢克成名的原因就在于它以创立仅9年的运营就跻身于世界最大石油公司行列的出色业绩。此外，该公司还起到了将俄罗斯转变为一个极具竞争力的产油国的作用。

经过上述对全世界巨头与次级石油公司的创立与现状的分析，就可以得出清晰的认识了。在每家石油公司里，政府所起的积极作用就是提供经济与政治的辅佐。这种作用并不随石油公司的起源或存在时期而改变。在英国的BP和法国的CFP的发展历程中，政府都曾部分地拥有石油公司的股份并迫使石油公司追随政府的经济利益。在一些情况下，这些石油公司开始成为著名的国有公司，比如ENI就是由国家的政府部门指令从事勘探作业与市场营销的。石油代表着一个国家良好的状态与经济基础，政府不会把石油的生产与贸易交给那些四处从事风险勘探的私人企业的。

在绝大多数情况下，石油公司的运营独立于政府的管控。石油公司几乎不与政府发生什么冲突。事实上，绝大多数石油公司都与本国政府保持着一种良好而和睦的关系，因为它们彼此之间存在着相互依赖的关系。政府需要石油公司为自己国家提供充足的石油保障，而石油公司的作业又需要政府的保护。特别是当发现了油气田之后，政府往往会敦促石油公司尽快投入开发，以便使自己的国家获得在国际政治舞台上的立足点。比如，美国政府在第一次世界大战之后就力推自己的石油公司进入中东从事油气勘探开发作业。通过满足政府的需要，石油公司也会得到回报。在殖民主义时期，英国政府只允许本国的石油公司在其殖民地领域内进行石油勘探作业。英国政府给以BP的利益远远大于其竞争对手的。美国

政府通过相同的手法在过去的几年中也进入了一些因美国的入侵而政治上产生敌意的国家，如伊拉克和阿富汗等国，美国的石油公司已经在那里开展了石油作业。然而，这种公司与政府的关系并不总是正面的。在20世纪70年代的石油危机时期，美国政府就曾威胁要对埃克森等石油公司实现国有化，这是因为据信埃克森伙同其他公司推高石油价格。人们相信，自从全球石油工业开始发展以来，许多石油公司已经多次共谋操纵石油价格与石油供应，此举常常会损伤政府和消费者的利益。然而，与此同时，这些石油公司依然保持着公平竞争的公众形象。

2.4 石油公司：下战书还是求共存

20世纪60年代，在OPEC创立与产油国内的大型石油公司出现之前，人们普遍认为大型石油公司的生存基础就是一种为采取共同行动而组成的政治联盟，也就是一种为达到垄断目的而联合其他公司结成的联盟，当时，少数几家大型石油公司控制着全世界绝大多数的石油资源。而且，这些大型石油公司都是从洛克菲勒的标准石油公司分化出来的，而民众一直怀疑它们从来就没有真正分化成为独立的企业。更有甚者，这些大型石油公司不仅控制着石油的生产，而且还控制着全世界的石油炼制、运输与市场营销。只是在当今时期，石油的生产才没有全部或绝大多数被大型石油公司所垄断。石油勘探是一种高风险，甚至带有赌博性质的商业活动，为了减少风险，各石油公司都力求减少自己所面临的激烈竞争。它们通过合股公司和签订关于区块、价格以及生产能力等方面的协议的形式来实现这一目的。这样，就会造成一些不平等的竞争，在这个过程中，一些大型石油公司就可能结成一种结盟从而控制全球石油与天然气，使得其他石油公司根本无法参与竞争。

那些注意到石油公司结盟的人们认为，如果在各石油公司之间真正存在公平竞争的话，那么一些大型的合股公司（比如沙特阿拉伯的Aramco石油公司）就不会再成立了。人们有理由相信，这些结盟的石油公司通常会使用一些在无关公司的名义下并不违法的做法去产生一些所谓的"竞争"的假象，以蒙骗公众和法律。关于这种合股公司的做法已有不少实践，Aramco就是唯一的一家由几家大型石油公司组合为一个公司运营的公司实例。

Aramco公司成立于1930年，当时在沙特阿拉伯发现了石油，该公司主要从事石油的预测研究。沙特国王对以前的英国统治者不抱有任何幻想，但却联合了SONJ、海湾和SOCAL石油公司开始了本国的石油生产。Exxon与海湾石油公司从沙特阿拉伯撤出了，它们并没有认识到该国潜在的石油资源。1934年，

SOCAL以50000磅黄金的代价作为交易，接收并获得了在66个国家独家从事石油勘探与开发的授权。然后，SOCAL把合同转给了自己的新公司——加利福尼亚—阿拉伯标准石油公司（CASOC）。沙特阿拉伯表现出对此同意的意思，SOCAL意识到它并没有满足该国资源需求的能力或市场营销的能力。1936年，已经开发了大量市场的德士古石油公司买下了SOCAL的股份。1946年，CASOC投资了三家石油公司，以扩展自己在沙特阿拉伯的作业能力。接着，该公司更名为沙特阿拉伯—美国石油公司（Aramco）。这是一家合股公司，由四部分组成，SOCAL占30%的股份，SONJ占30%，Texaco占30%，Mobil占10%❶。Aramco公司一直在这种合股公司的控制下运行，直到1979年被沙特阿拉伯国有化。这四家公司中，有三家来自洛克菲勒的标准石油公司。结盟的特点之一就是"闭门"之后的合作！

结盟有一些不好的名声，因为它们常常会召开一些秘密的协议，使它们躲开公众的注意。因此，公众常常受到不可预测的冲击。两个著名的协议在签订之后被保密了多年，这证实在这些大型石油公司之间是有一些秘密协议（合同）的。1928年，SONJ、皇家荷兰/壳牌和盎格鲁—波斯（BP）开始举行一系列秘密会议。一次特殊的会议标志着它们在早期就试图控制石油工业了。这些石油公司的负责人在英格兰的Achnacarry Castle开会，寻找机遇并进行谈判。他们讨论过度开采的问题，这样会导致油价的下跌。在这次会议上，这些石油巨头们的声明被称为"Achnacarry协议"。这项协议的主要内容包括将生产水平保持到谈判所规定的水准，在可能的情况下，各方共用设备，只有在绝对需要的情况下才可添置新的设备，将富余的石油炼制加工。1930年，这些石油公司再次复核了此项协议的落实情况，并为欧洲的市场营销增加了新公司章程和新的规定。这项协议要求建立生产的日程表和销售配额的标准。这三家石油公司还同意制定亚洲石油销售的价格。一旦达成协议，每个石油公司就制定自己的合同，这样就导致了"Achnacarry协议"的名存实亡。结果，该协议从来就没有被真正执行过，并大约在1939年被迫终止❷。

然而，随着越来越多的石油公司试图以结盟的方式一同运行，它们就遇到了作为一个整体而产生的麻烦。学者们认为这种因利益而形成的结盟从根本上讲是

---

❶ Smith, 303.

❷ Henrietta M. Larson, Evelyn H. Knowlton, and Charles S. Popple, *History of standard Oil Company* (*New Jersey*), Vol. 3 (New York: Harper and Brothers, 1955—1971); *New Horizons*, 1927—1950 (New York: Harper and Row, 1971), 308-314.

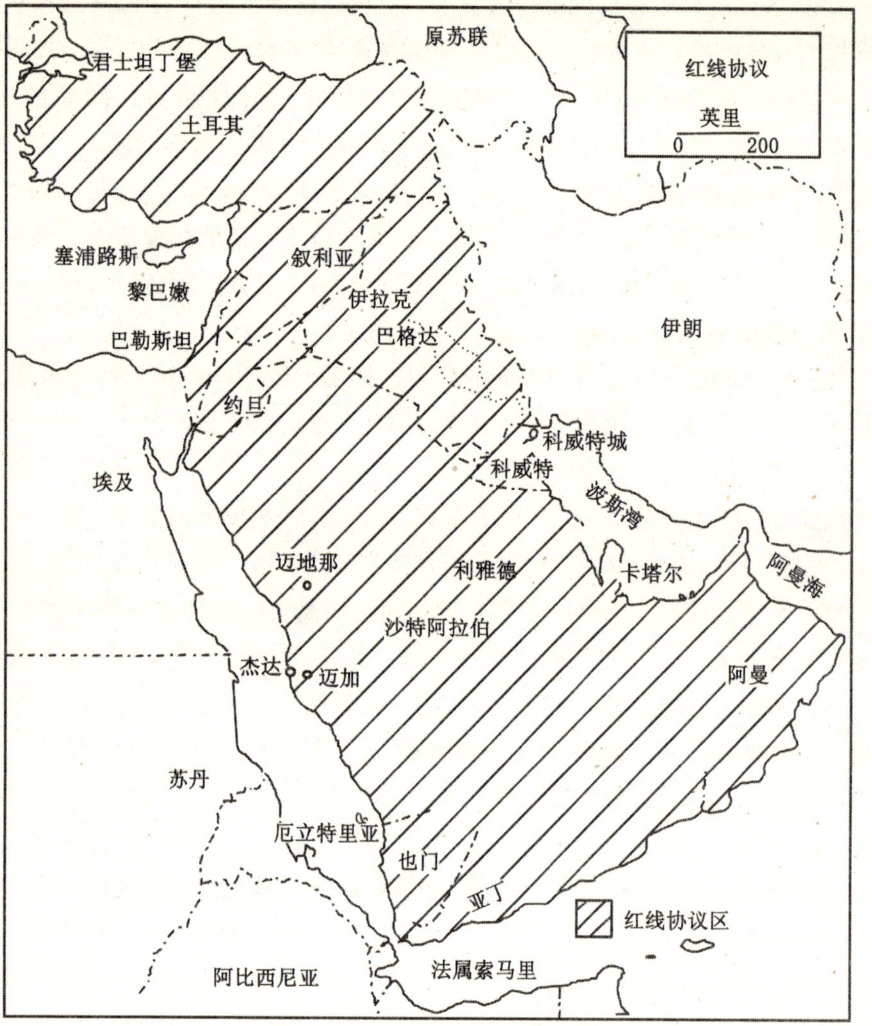

图 2.2 "红线协议"划定的区域

有缺陷和裂隙的。每个结盟的成员都将不会顾及前期所同意的规则和所指定的时间规范,因为它们并没有什么法律约束,尤其是在这些协议中包含了削减原油产量或一些地域性限制的条款时更是如此。这种协议违背了商业界的基本性质——获得成功的基础是竞争而不是合作!关于公司进行相互削价抢生意的例子举不胜举。再也没有比在以前没有石油的地域发现石油更能说明此问题了。比如,土耳其奥斯曼帝国在中东地区衰落之后,大型石油公司坐在一起商议,同意他们对找油地盘的划分方案并用红色标出了各自的区域。土耳其石油公司的成员(TPC:

皇家荷兰/壳牌、BP 和 CFP）决定在未经允许之前不得在地图上用红色标出的地域内实施石油勘探作业。这一区域几乎包括了全部奥斯曼帝国（除埃及与科威特之外）的所有地盘。在红色划出的区域内，来自美国的几家石油公司投标转租了一块区域，但它们不得不在获得许可证方面下工夫，或者就得采取将 TPC 纳入自己合作伙伴的做法。1928 年 7 月，"红线协议"正式签署。该协议授权在未来的某一时间内将这一世界上最大的石油勘探区域（主要在沙特阿拉伯和伊朗境内）交给非美国的石油公司开展勘探作业。只有在美国政府出面干涉之后，这些公司才允许埃克森公司进入它们的作业区。

作为结盟的一分子，石油公司无论是否从事勘探开发作业或者继续作业，这些公司所获得的成功在很大程度上取决于它们平衡彼此之间竞争与合作的能力。而且，它们在将政府作为密切的同盟时，还能非常良好地保持自己的独立性。这些石油公司的历史是一个矛盾体，竞争贯穿始终，促使每家石油公司都极力把自己的势力扩展到世界每个最远的角落，并迫使它们彼此签订商业协议并结盟。在大型与小型石油公司之间存在着明显的差别。巨头石油公司可以在全世界从事它们的石油勘探作业，但次级石油公司则仅仅在国际石油工业中只能够扮演着一个重要角色而已。今天，这种巨头与次级石油公司之间的区别随着它们之间的竞争和为自己利益最大化所做的努力而被淡化了。

推 荐 阅 读

关于石油公司与政治历史有关的著作并不多，而且仅仅是近 20 年才出版的。为了对 20 世纪 70 年代以来的石油公司有个更好的认识，可以参阅 Anthony Sampson 的《The Seven Sisters：The Great Oil Companies and the World They Made》（纽约：Viking 出版社，1975）和 Edith Penrose 的《The Large International Firm in Developing Countries：The International Petroleum Industry》（伦敦：George Allen 与 Unwin，1968）。为了从公司的立场了解皇家荷兰/壳牌的历史，可参阅 Stephen Howarth 的《A Century of Oil：The "Shell" Transport and Trading Company，1897—1997》（伦敦：Weidenfeld 与 Nicolson，1997）和 F. C. Gerreston 的《The History of Royal Dutch》（Hague：皇家荷兰/壳牌石油公司，1955），涵盖了 1914 年前该公司的运营分析。关于 BP 的历史可参考 Ronald W. Ferrier 的《The History of British Petroleum Company》（两卷）（纽约：剑桥大学出版社，1982），包含了该公司创立到 20 世纪 40 年代的发展史。James Bamberg 的《British Petroleum and，1950—1975：The Challenge of Nationalism》（剑桥：剑桥大学出版社，2000），介绍了英国石油公司面对民族主义挑战的岁月，尤其是在中东地区遇到的挑战。关于标准石油公司到 20 世纪 50 年代中期详细的发展史，可参见 Ralph W. Hidy 和 Muriel E. Hidy 的《History of Standard Oil Company（New Jersey）》（卷 1）：

《Pioneering in Big Business, 1882—1911》(纽约: Harper 与 Brothers, 1955); George S. Gibb 与 Evelyn H. Knowlton 的《History of Standard Oil Company (New Jersey)》(卷 2):《The Resurgent years, 1911—1927》(纽约: Harper 与 Brothers, 1956); Henrietta M. Lawson, Evelyn H. Knowlton, Charles S. Popple 的《History of Standard Oil Company (New Jersey)》(卷 3):《New Horizons, 1927—1950》(纽约: Harper 与 Row, 1971); Bennett H. Wall 的《History of Standard Oil Company (New Jersey)》(卷 4):《Growth in a Changing Environment》(纽约: McGraw Hill, 1988)。关于埃尼公司到 1963 年前的创业与经营, 可参阅 Charles R. Dechert 的《Ente Nazionale Indrocarburi》(Leiden: E. J. Brill, 1963)。

3 石油生产国

> 国家的潜在财富、低廉的本国劳工、免税、经济的特权和政府的宽容，这就是墨西哥石油工业兴旺发达的原因。
>
> ——Lazaro Cardenas 总统
> 1938年3月18日 ❶

一个产油国与它的石油工业之间的关系是复杂的。国际威望和石油所带来的巨大财富为一个国家的经济与政治的发展做出了极大的贡献。另一方面，它们也可能给一些长期不稳定的国家带来一系列灾难性的问题。在许多情况下，石油的发现与开采会导致政局的动荡与边境争端。一些重要的产油国被认为是发展中国家（当然也有例外，比如挪威），这意味着这些国家正在着力解决自己国内的社会冲突、经济动荡和政治骚乱等问题，以求进入像美国、欧洲各国及英联邦国家等一样的发达国家的行列。人们普遍相信，有了国家承担义务、英明的领导以及政府的政策等，一个发展中国家就可以提高自己的国际地位。那些发展中国家的特征是曾被外国占领、低下的经济增长率、软弱的政府领导能力，这些往往会产生军事独裁政府。发展中国家也常常会存在一些道德的冲突和恶劣的社会福利条件等常见的社会问题。在许多实例中，这些国家中的民众蒙受着贫穷的折磨和政府的镇压。发展中国家在石油的刺激下，它们的痛苦将会更为深刻。

基本上讲，一个产油国可以通过三个阶段控制自己的石油工业。第一阶段是外国石油公司的进入。在绝大多数情况下，发展中国家看到了出现在地表的油苗，但却没有意识到可以开采石油或者没有将石油从地下采出的能力。这些发展中国家没有意识到石油未来的作用，他们就接受了外国石油公司的要求与资助。这些国家几乎没有或仅有很少的关于土地与地下资源所有权、矿山使用费、税收等方面的法律条款，而这些则正是保证本国工业免受重大损失的基本条件。从历史角度来看，这个阶段发生在19世纪80年代到20世纪50年代之间。当产油国

---

❶ Lázaro Cárdenas, "The President's Message to the Mexican Nation," in *Messages to the Mexican Nation on the Oil Question* (Mexico, no pub, 1938), 5.

意识到自己的石油工业可以产生巨大的利润,而且更为重要的是这将会使本国受到石油公司的掌控——这就进入了第二阶段。在这一阶段,富油国对控制本国石油工业的欲望大增。这一阶段比较典型的为20世纪60—70年代。而墨西哥是个例外,该国的这一阶段出现在20世纪30年代。第三阶段是进退维谷阶段。在此阶段,一个国家意识到自己在短期内不可能实现对本国石油工业的完全控制。这就是许多富油的发展中国家今天所见到的自己的处境。

引起一个富油的发展中国家产生这些问题的原因并不在于石油本身,但石油却是一个关键的因素。在发展中国家,石油的发现与开采不管发生在20世纪初还是20世纪50年代,其发展经历都极为相似,但挪威是个例外。一个政治体系虚弱的农业国往往会被一个希望在该国从事勘探与生产的跨国石油公司所掌控。石油公司会与该国签订一些开采石油的合同,允许双方(从理论上讲应该如此)共同获利。

3.1 石油开采协议

石油开采协议就是由富油国与外国石油公司签订的合同。这项协议允许外国石油公司拥有一块土地或水域进行石油勘探作业。多年之后,这些开采协议就会被修改。直到20世纪60年代左右,石油公司才能够在一个所在国政府极少干涉的环境下开展石油作业。外国石油公司可以得到一种特许权,据此,它们可以开发新的油田。通过一项"特许权",石油公司往往可以长期拥有大面积的土地,并可以获得免税权。比如,在20世纪上半叶,委内瑞拉政府就曾给一些石油公司以99年的开采特许权❶。作为交换,石油公司按比例将盈利交给该国政府,即"矿山使用费"。当事国的政府接收一定比例的石油公司所交的利润(通常为12%~20%),这是根据"交易价格"或者是由石油公司所预测的价格来确定的。一旦协议被签署,当事国政府就可能发现"市场价格"——国际市场上实际销售的石油价格是比较高的,而且那将会给它们带来更高的"矿山使用费"的收入。这已成为石油公司和当事国政府之间矛盾的主要根源。因为后者会有"上当受骗"的感觉。

从20世纪60年代以来,特许权的古老形式已经被一种带有开采协议内容的更为现代化的特许权代替了。征用土地一般被分为按照经纬线划分的"区块"。区块最常用的是界定海上石油和天然气田。一项特许权协议所规定的时间范围已

---

❶ Laura Randall, *The Political Economy of Venezuelan Oil* (New York: Praeger, 1987), 210.

被明显地缩短了。比如在委内瑞拉，从20世纪50年代后期开始，矿山使用费的额度提高了，而特许权的有效期限则被缩短了。由委内瑞拉政府发放的特许权允许石油公司有6年的勘探和30年的开采权。任何在勘探期间未能使用的土地将会被政府收回❶。适用于委内瑞拉的特许权都符合当时一些特许权的标准。今天，有3种基本类型的开采协议，允许石油公司在一个特定的区域和特定的时间内拥有勘探、开发、运输和销售的权力。

当事国开发协议的最重要的内容就是征税及征取矿区使用费。第一种类型是"现代特许权协议"，为外国石油公司提供专有的、适用其本国石油行业各方面的特许权的时间范围（一般为20~40年）。在这一协议框架下，国家的机构主要履行法律的执行，保护环境与工人。特许权协议包含一种"放弃条款"，迫使外国石油公司将已开发了的土地退还给当事国政府。比如在挪威，一项特许权的有效时间为6年，而且有可能更新（变得更短）。"放弃条款（relinquishment clause）"要求在特许权过期后将50%的区块面积归还政府❷。石油公司在当事国划定的范围内进行石油作业，则该国政府不会干涉。"共同分享协议"包括了石油公司与当事国之间的共同投资。这可按多种形式进行，但都是以合同方式执行的。最后一种类型为"承包合同协议"或者"服务合同"，主要由那些不情愿让外国石油公司在其本国石油工业中从事大规模投资的国家使用。通过这种合同，外国公司同意为当事国的国有石油公司提供一种直接付费的特殊服务。这些服务常常包括需要高级熟练技术工人的石油作业以及与相关地球物理研究或从事高难度开发的配套技术。石油开采合同一般由石油公司与当事国政府签订，而且，这类合同并不总是令双方都满意的。通常的情况是，当事国往往会感到失望和不满。

3.2 双重的累积

通常会有两种情况同时发生：一个国家的石油工业的累积与该国对外国石油公司的抱怨的累积。产油国将挫折归因于石油公司的原因来源于期望与投资方面的冲突。石油公司在产油国进行石油作业的期望是十分简单的。石油公司的主要关注点与其他的商业活动一样，都是将利益最大化并将勘探与开发过程中的风险降低到最小。除了在开发油气田中常见的风险（如所面临的气候与地域方面的挑战）之外，石油公司还将面临政治方面的风险。每家石油公司都希望自己的石油

---

❶ Ibid., 93-94.

❷ Ernest Smith, John S. Dzienkowski, Owen L. Anderson, Gary B. Conine, John S. Love, International Petroleum Transactions (Penver: Rocky Mountain Mineral Law Foundation, 1993), 332.

勘探与开发作业不受当地社会团体和政府的干涉。一旦发现了石油并进行了石油交易，石油公司就会留下来，可一旦一个油田枯竭了，石油公司就会觉得没有留在当事国的必要了。直到现在，石油公司依然不认为除了自己的需求之外还有义务对当事国进行其他方面的投资。然而，当事国的期望可能远不止如此。根据所发现的石油，当事国会期望自己的石油将可以给自己的国民带来廉价的燃料和就业机会，而且政府的收入也会大大增加。此外，当事国还希望石油公司将承担起对环境的责任。更重要的是，当事国政府希望石油公司将能忠实地履行利益分享合同的规定并准确地报告石油价格、生产水平和所获利润。当事国还期望一旦石油公司到达，它们的政府就会认识到这些。

产油国并不总是希望由石油公司的到来而引发社会与政治变动。从公众的观点来看，本国内一种高利润的工业的出现，是由外国人主导的，从绝大多数方面来讲，是不会给当地社会带来什么正面影响的。当事国抱怨发生的大量社会改变，包括传统价值观与生活方式的混乱。在许多实例中，当地的居民部落看到了建设得非常好的营地与道路，而这些人从来没有见过现代化技术以及随之而来的营地中大量的酒精饮品、当地环境的破坏、大量的人为的和工业垃圾的堆积等等。油田并不都是在人迹罕至的地方发现的。这些当地部落就会被迫搬迁，而且居民也会被迫疏散。阿拉伯的土地上就从事着石油的开发。石油工业的诞生往往会给当地创建一座新的城市。而且，石油公司往往也会为自己开辟一座属于公司的"石油城"，在一座城市内，外国石油工人生活在与当地人决然不同的"物质的和社会的公寓内"。在墨西哥重要的炼油中心塔姆皮科，外国技术人员生活在可以观赏大海的山顶别墅区内，墨西哥的移民工人们却生活在城市外面沿着一个潟湖滨岸修建的拥挤的贫民窟区❶。

从重点产油区迁出的许多人蜂拥至城市的中心，以寻找新的居住地，但却只能生活在拥挤的、没有卫生条件的环境中，而且找不到工作，这必然会导致各种犯罪的增加。石油工业也并不可能给许多人带来就业机会，但是，当带来这种机会时，是要付出代价的。为了到这些石油公司工作，人们就不得不去学习英文，到国外去接受他们所需的培训，并适应这些石油公司的生活方式。面对这些因就业而带来的改变，当地人也常常抱怨石油公司的做法是种族歧视。

民众还抱怨石油公司助长了当地的政局动荡。在产油国中存在着两种相反的

---

❶ Jonathan Brown, *Oil and Revolution in Mexico* (Berkeley: University of California Press, 1993), 311.

趋势：共谋与怨恨。有证据显示，当地的社会精英团体与石油公司一起为他们的利益开采石油，而并没有将其国家视为一个整体。独裁者用石油公司的财富与能力来巩固自己的地位。由此而导致的后果就是民众对石油公司产生严重的不满情绪，而他们的统治者则与石油公司纠缠不清。与此同时，那些没有从石油公司获利的人们就会认为自己受到了极大的伤害和羞辱。在许多实例中，外国石油公司被诅咒为"没有心肝的统治者"，而且常常被描绘成政治卡通——外国石油公司被描绘成攫取别人财富的八爪章鱼身上的触手。

这些印象与观念深刻地留在当事国的民众心目中。任何外国公司，不论好与坏，很容易就成为当事国民众攻击的对象。石油公司在国外的区域内作业常常会受到攻击——它们应当承担当地经济滑坡与政局混乱的责任，而实际上这些责任可能与他们有关，也可能无关。这是因为每个国家都希望依靠自己的经济发展，而不是依赖外国的投资、贷款和技术专家。

促使石油公司开展石油勘探作业的主要动力之一就是利益分配。石油公司是一个国家石油工业的重要组成部分，其主要目的就在于出口石油，这意味着石油公司的运作取决于市场的情况。石油公司将根据自己的决定来消减或增加产量，而并不会考虑当事国的意见。如前所述，当事国将根据市场预测价格从石油公司收取一定比例的利润。这意味着即使市场发生了波动，油价上涨或下降，石油公司向当事国政府缴纳的矿山使用费却是相同的。当事国常常发现市场价格要高于预测价格，因此就失去了一些潜在的利润。随着新油田的发现与全世界新市场的开发，这将会成为一个严重的问题。随着石油产量的增加，当事国会向石油公司施加压力，以求获得更大的收益。

在实现彻底的国有化之前，那些产油国将会采取各种立法形式，以保证更多地介入到本国的石油工业的运营中，并保证从石油工业获得更多的利润。它们采取了更改已有合同条款的手段，或者坚持设立一些为未来的合同有利于自己的新条款。比如我们将要详述的20世纪50年代委内瑞拉和沙特阿拉伯政府就要求石油公司支付更多的矿山使用费或税收。它们要求缩短石油勘探合同的期限并缩小陆地作业区块的范围。比如，在委内瑞拉石油勘探的早期，该国政府于1907年批准的特许权至少有125000英亩。到了1943年，这种特许权就将面积缩小为25000英亩。如果一家石油公司在规定的时间段内没有找到石油则须将区块归还当事国政府。产油国将开辟新的区块供自己从事勘探作业，以寻找油气资源，而这些地域是不向外国石油公司提供特许权的。对于当事国来说，最困难和最不利的因素就是认识并控制那些石油公司是如何计算自己的开采水平的，他们据此才

能确定总的费用、税收和价格。石油公司很自然地会将自己的记录保密,不对外公开,并开发出高度复杂的公式用于确定何时及如何进行计算。比如沙特阿拉伯看到 Aramco 在井口测量石油的流量,所以溢出量就不会被计入所生产的石油量,避免将所得的税收交给当事国政府。自从发现了这一情况,沙特阿拉伯政府就通过了一项法律,以保证所有石油(溢出与否)都被纳入所计算的石油产量。即使付出了这些努力,产油国依然不会信任石油公司,而且从来就没有对这些石油公司在它们的石油工业中的所作所为完全满意过。

3.3 掌控:没收财产与国有化

对外国石油公司的国有化主要发生在 20 世纪 70 年代,但墨西哥与俄罗斯是例外(表 3.1)。各国之间的国有化方法表现得不尽相同。每个国家都会选择最适合于自己的方法,主要反映在经济、社会和政治等领域中。比如墨西哥采用的是调解与大幅度改革的方法,而沙特阿拉伯则是渐变与一次次谈判后实现的。这些国家石油工业的国有化就意味着以前由外国石油公司控制的全部或者绝大多部分石油收入收归本国政府控制。在许多国有化的实例中,经常会出现外国的设备、人员以及勘探开发作业被当事国一一对应地取代,那些不能被替代的设备就会被卖掉。国有化还包括构建一个国家石油公司,由它们来从事本国石油资源的勘探与开发。然而,墨西哥的石油工业国有化则表现为"财产没收"的方式,因为它在一夜间就很快没收了外国资产并且也不给任何赔偿就很快地将外国技术人员和工人驱逐出境。墨西哥并不是世界上第一个采用财产没收措施的国家,但却是最重要的一次。外国石油公司的投资第一次完全彻底地被征收是 1937 年 3 月发生在玻利维亚的标准石油公司。但相比之下,墨西哥的国有化更为出名,因为它发生在一个产油国重要的发展时期。在国有化时期,玻利维亚每年大约生产 2500 桶石油,而墨西哥在 20 世纪 30 年代中期每天的石油产量就比以前翻了

表 3.1 石油公司国有化时间

国　　家	年　　份
俄罗斯	1920
墨西哥	1938
伊拉克	1972
沙特阿拉伯	1976
委内瑞拉	1976
尼日利亚	1978

5倍❶。墨西哥的实践证明国有化是可行的,这一观点在20世纪50—70年代在世界产油国中曾经引起过巨大反响。

墨西哥 墨西哥的国有化是从四位重要的人物和他们的石油公司开始的,他们主导过墨西哥早期的石油工业。首先是19世纪80年代的William H. Waters和Hencry Clary Peirce,他们来自美国,是标准石油公司的分公司——Waters-Pierce的老板。该公司并没有致力于石油的开采,而是修建了多个炼油厂并向标准石油公司提供石油。其次是Edward L. Deheny,他于1901年从美国来到墨西哥并组建了墨西哥石油公司和Hausteca石油公司。最后一位是英国人Weetman Pearson爵士(后来成为Cowdray勋爵),他于前两家石油公司成立的同时被墨西哥总统特邀来到墨西哥。1903年,墨西哥就成为一个工业化的产油国。1908年,Pearson石油公司在墨西哥东部的一个名为"金色航线(Golden Lane)"的地方发现了油田,并创立了他的Compañía Mexicane de Petróleo el Ayuila(即El Auguila)石油公司。由于Pearson与墨西哥总统有着不同寻常的关系,所以他能够创建一家可以吸收墨西哥社会名流的石油公司。正因如此,他的公司在公众面前就是一家国有公司,他可以使用墨西哥的国有资金。实际上,墨西哥国内的舆论已经开始要求对Waters-Pierce公司展开强烈的竞争措施。在这三家公司之间开始的竞争一直持续到"墨西哥石油公司"这一大型石油公司的成立。

在代表着墨西哥石油经营黄金时代的墨西哥革命时期,石油的产量翻番,每年都有大量的石油公司涌入墨西哥。在众多的公司中,皇家荷兰/壳牌于1919年买下了Pearson的El Aguila公司,SONJ于1917年收购了独立的British Compañía Petrolera de Transcontinental石油公司。海湾石油公司和德士古公司也进入墨西哥,但墨西哥的石油工业却很快被皇家荷兰/壳牌和SONJ所掌控。1920年,外国石油公司几乎占有或控制了墨西哥国内所有具有石油开采潜力的地域。该国也很快在全世界石油供应市场上占到了25%的份额。

在发现石油的时期,墨西哥的政局也处于崩溃的边缘。Porfrio Diaz总统获得了"冷酷的独裁者"的恶名,反对他的浪潮汹涌澎湃。然而,对于外国石油公司来说,他仅仅为参与他们投资并支持他们石油作业的人提供服务。墨西哥的财富都高度集中在外国人手中,这当然引起本国人民的强烈不满。民众的不满引发了1910—1920年的墨西哥革命。虽然这场革命是以推翻独裁统治为目的开始的,但

---

❶ Herkert klein, "American Oil Companies in Latin America: The Bolivian Experience," *Inter-American Economic Affairs* 18, no. 2(Autumn 1964): 55; George Philip, *Oil and Politics in latin America*(Cambridge: Cambridge University Press, 1982), 47.

却演变成一场残暴的宣泄运动。与此同时，墨西哥的石油工业迅速发展，一些石油公司成为大型公司。到了1920年，几乎所有的墨西哥石油都被用于出口，并被掌控在外国石油公司手中。墨西哥政府急切地需要建立相应的法律与税收保障。墨西哥政府曾于1917年和1921年两次提高了税收额度，但遭到了外国石油公司的强烈抵制。作为墨西哥新革命运动内容的一部分，所有的石油资源都归国家所有，并且要求石油公司对其所实施的石油勘探作业进行登记注册，同时要求石油公司将所拥有的特许权必须在3个月内交回政府。因此，石油公司不再拥有自己的土地，仅仅具有在一个特定时间段内的石油开采权。墨西哥人成了土地的主人，而石油公司则不干了。墨西哥政府于1925年通过了石油法，要求各石油公司在12个月内进行登记注册，并要求它们交回特许权，但对此并没有时间限制。石油公司同意了，但石油公司与政府之间还有两个紧张因素——劳动力与石油的持有权。

墨西哥出口了大量的石油，但国内的石油消费也迅速增长，这引起了当局的关注。为了保证国内的石油供应，墨西哥政府于1933年成立了Petromex石油公司。Petromex是一个由墨西哥政府和墨西哥私有石油公司合资的公司，但后来还是被政府完全控制了。该公司的目标包括开拓由政府拥有的新的油气区，减少石油的出口，以合适的价格向国内提供石油。1936年，Petromex成为在国内集石油生产、炼制和分配于一体的完全国家控制的石油公司。Petromex成立不久，就实现了自己的目标——成为一家国家级的石油公司。

Petromex公司雇用数千工人去清理场地并从事一些新油田开发所必须的人工劳动。到20世纪30年代中期，墨西哥的石油工人总数已达10000人。这些工人由自己的工会组织起来，该组织受成立于1936年的墨西哥联邦议会保护。1937年，石油工人大罢工，要求提高工资并改善生活条件。工人们要求政府作为第三方去要求石油公司满足他们的条件。墨西哥的首脑们并不认为这些工人的要求应该得到满足，但他们又不愿冒失去工人的政治支持的风险。在石油公司拒绝了工人的要求后，墨西哥总统Lazaro Caradenas签署了关于没收财产的法令，依据该法令，墨西哥政府于1938年将17家外国石油公司收归国有❶。政府认为这些石油公司的投资与墨西哥本国利益背道而驰。几乎在一夜之间，外国石油工人就离开了，但没有带走任何公司记录——这些都被墨西哥政府没收了。墨西哥政府为这些石油公司支付了1.3亿美元的财产损失补偿费。这一决定成为一个新的独立标志。墨西哥对外国石油公司作业者的财产没收震动了世界，尤其是外国

---

❶ Cárdens, "The President's Message," 5–12.

石油公司。直到今天，世界上依然没有人能够相信这种做法是可行的。然而，这一决定是很容易实施的。墨西哥政府很快就补上了因外国石油公司的撤离而出现的真空，墨西哥石油工业的发展并没有出现大的停滞。三个月后，墨西哥政府成立了自己的国有石油公司 Petróleos Mexicanos（PEMEX），以控制自己本国的石油工业，但财产没收和 PEMEX 的成立并没有被外国石油公司所接受。

一些大型跨国石油公司和它们所属的国家坚定地相信墨西哥的工业，包括整个经济将在一个月内全面崩溃。然而，所有这些可怕的预测都没有实现。后来，墨西哥政府的举措也并未给外国石油公司造成太大的麻烦，因为委内瑞拉国内巨大的石油资源弥补了这些石油公司在墨西哥的损失。无疑，财产没收与 PEMEX 的成立使墨西哥的国家威信大大提高。墨西哥依然在庆贺自己创立的"财产没收日"，PEMEX 继续是墨西哥独一无二的国有石油公司，控制着本国全部石油工业。在实施了对外国石油公司的财产没收之后，外国石油公司纷纷涌入委内瑞拉这个拉丁美洲的世界第二大产油国。石油公司并没有将国有化看作是一种国际性的威胁，相反，它们认为那仅仅是发生在墨西哥的一个独立事件。它们并没有料到与委内瑞拉和沙特阿拉伯等这些产油国之间的谈判会是个旷日持久的漫长历程。

3.4 实施控制：谈判

并不是所有的国家都认为自己需要冒像墨西哥国有化运动一样的风险。一些国家，如委内瑞拉和沙特阿拉伯，坚持与石油公司谈判以求建立其更好的经济合作关系。委内瑞拉在国有化实现之前一直与外国石油公司进行谈判。经过数年的探索与讨价还价，才达成了创建一家国有石油公司的协议，以实现控制本国石油工业的目的。当委内瑞拉决定实施国有化时，它是以渐进的方式开展的。

委内瑞拉 委内瑞拉的工业化始于 20 世纪 20 年代。自从发现石油以后，委内瑞拉的石油生产就连续增加，到了 20 世纪 40 年代中期，委内瑞拉成为美国本土之外世界上最大的石油生产国。在 1924—1947 年间，委内瑞拉的石油出口量远大于中东地区。在第二次世界大战期间，委内瑞拉成为世界上最重要的石油生产国。一些大型石油公司，比如埃克森、海湾、皇家荷兰/壳牌率先进入委内瑞拉，它们受到了委内瑞拉独裁者 Juan Vicente Gomez 将军的热烈欢迎。在 20 世纪 60 年代之前，几乎全部委内瑞拉的石油工业都被掌控在外国石油公司手中。SONJ 石油公司在委内瑞拉的分公司 Creole 石油公司获得了最大面积的特许石油开采地域，皇家荷兰/壳牌次之。1936—1940 年，委内瑞拉两次领导权的更迭，

使得外国石油公司因为掌控着庞大的资产和对开采石油基地的不良经营受到了委内瑞拉国人的攻击,就像在墨西哥发生的情况一样。1941—1945 年,委内瑞拉总统 Isaias Medina Angarita 要求对外国石油公司提高矿山使用费的征收并提高税收。迫于对石油的急切需求,这些外国石油公司同意了,但这并不代表着委内瑞拉与外国石油公司之间牢不可破的关系的终结。

委内瑞拉的一位民族主义者成立了一个新政党,并于 1945 年推翻了 Medina Angarita 总统。当 Accion Democratica（AD）掌握了政权以后释放了经济学家 Juan Pablo Perez Alfonzo,他是新一届政府反对外国石油公司的最重磅武器,他对石油工业有着深刻的认识。作为开发部的部长（即后来的矿产与石油天然气部长）,他签发了一项关于石油利润 50—50 分成的文件。他希望增加委内瑞拉对本国石油工业的控制力度并增加委内瑞拉在世界石油市场上的分量。1948 年,委内瑞拉通过了一项法律,允许政府成为所有大型石油公司开展石油勘探作业的合作伙伴。这些石油公司同意了,因为它们认识到依靠委内瑞拉石油的重要性,所以,这些石油公司并不把委内瑞拉国有化看成什么大的威胁。这种情况,被称作"50—50 协议",引起了全世界产油国的共鸣。1949 年,委内瑞拉成为与中东地区齐名的著名产油国,并在世界产油国内确立了自己的先锋地位。对于委内瑞拉来说,更为重要的是阻止这些外国石油公司将自己的资产从委内瑞拉转移到中东去❶。

1960 年,委内瑞拉成立了自己的石油公司 Corporación Venezolana del Petroleo（CVP）,这是一个完全国有的石油公司。令委内瑞拉政府失望的是,CVP 自从成立以来并没有成为一个原来所寄予厚望的国家级石油公司。它饱受过度政治化及自己的运营过于单一化的困扰。在 CVP 成立的当年,OPEC 创下了杰出的业绩。随着 OPEC 成员的确定,委内瑞拉很快就成为外国石油公司和支持它们的政府的对立面了。而且,随着 OPEC 实力的逐年增强,委内瑞拉对大型石油公司的依赖程度也就下降了。众石油公司看到,国有化正在向自己逼近,它们希望能够通过简单谈判就签订合同。1974 年,委内瑞拉通过成立国有化委员会而启动了迈向国有化的官方实施阶段——研究并制定了一项计划。

在起草了多个特殊的财产没收方案之后,委内瑞拉继续向前。1975 年,委内瑞拉将本国的石油与天然气工业国有化,并将其置于 PDVSA 的控制之下,也包括了 CVP。AD 组建 PDVSA 国有石油公司,并用来监督 14 家被国有化了的

---

❶ Gustave Coronel, *The Nationalization of the Venezuelan Oil Industry* (Lexington, MA: Lexington Books, 1983), 23 - 33.

大型石油公司。这些石油公司收到了4.75亿美元的补偿金。在接下来的10年中，14家公司得到了巩固。今天，PDVSA几乎成为全世界范围内顶级的国家级石油公司，它的石油勘探开发作业延伸到委内瑞拉境外并与外国石油公司合作进行海上石油作业。

沙特阿拉伯 沙特阿拉伯的商业化石油勘探始于20世纪。1933年，沙特阿拉伯国王为Major Frank Holmes这位新西兰工程师签发了第一份特许证书。Holmes和SOCAL密切合作与沙特阿拉伯进行谈判，直到该公司扩张并成为合作伙伴，在Holmes接到特许权证书后不久，加利福尼亚—沙特阿拉伯标准石油公司（CASOC）成立并接收了这个特许权。1936年，德士古加盟该公司。自CASOC成立到1940年之间所发生的事是十分怪异的，尽管CASCO在法律意义上是存在的，但实际开发沙特阿拉伯油田的却是SOCAL。在合同签订后5年内的所有项目中，SOCAL都找到了工业性石油。它找到的第一个油田是位于波斯湾附近的Dhahran油田，这是一个已载入教科书的勘探实例。1939年5月，第一艘油轮驶离沙特阿拉伯。从20世纪30年代以来，SONJ与美孚就一直在沙特阿拉伯从事着石油勘探作业。1944年，SONJ和美孚与CASOC联合，成立了阿拉伯—美孚石油公司（Aramco），该公司在沙特阿拉伯的石油工业中从事了数十年的作业。

随着沙特阿拉伯的石油产量增加与Aramco的利润稳步上升，沙特阿拉伯决定要重新确立自己在石油工业中的地位。引起沙特阿拉伯采取行动的导火索是1949年的一份报告，该报告称，Aramco向美国缴纳的税额要远大于向沙特阿拉伯所缴的矿山使用费。沙特阿拉伯政府对开采的石油收到的费用仅为21美分/桶，而当时每桶石油的实际售价则为2美元/桶。1950年，沙特阿拉伯针对Aramco开始实施自己的第一个利益分享计划，虽然遭到了Aramco的反对，但最终还是同意签署了一份以20—80分成的合同。随后的几年中，沙特阿拉伯一直坚持要求有一份50—50分成的合同❶。从理论上讲，该合同直到1976年之前是有效的。虽然签署了这么一份合同，但沙特阿拉伯的石油部长还是抱怨Aramco在20世纪60年代初一直折价出售石油，使得该合同更像32—68分成。石油公司否认它们的做法，这就促使沙特阿拉伯加紧国有化的进程。

在委内瑞拉实施国有化的同时，沙特阿拉伯的国有化步伐放慢了一些，它们

---

❶ Ernest Smith, John S. Dzienkowski, Owen L. Anderson, Gary B. Conine, and John S. Lowe, *International Petroleum Transactions* (Penver, CO: Rocky Mountain Mineral Law Foundation, 1993), 305.

要顾及美国石油公司和美国政府的态度。20世纪70年代后期,沙特阿拉伯成立了 Saudi Aramco 石油公司,并逐渐取代了被外国人控制的 Aramco 公司。尽管没有采用没收财产的措施,沙特阿拉伯国王于1980年还是完成了自己的计划。1988年,该公司定名为 Saudi Aramco,这一名称反映了公司的拥有者。原来的 Aramco 依然在沙特阿拉伯从事石油勘探作业,但仅仅从事设备的供应和技术支持。通过这条皇家法令,沙特阿拉伯的王室也分享了德士古的石油勘探作业。沙特阿拉伯的渐进式取代举措被认为是更成功的国有化方式,因为它没有将外国石油公司转变为自己的敌人。

直接的国有化(就像在墨西哥与委内瑞拉发生的那样),出于各种原因,似乎并不适应于沙特阿拉伯。首先,沙特阿拉伯与美国的政治关系要比与其他产油国与美国的关系更为密切。而且,沙特阿拉伯的石油占全世界石油的一半以上,由国有化及与 Aramco 谈判所引起的任何石油生产的延误或者停顿都将对沙特阿拉伯的经济和全球石油供应产生巨大的冲击。此外,与委内瑞拉不同,沙特阿拉伯缺乏受到过良好训练的本国石油技术人员和商务人员。再者,沙特阿拉伯的石油出口量远大于市场需求。出于此因,沙特阿拉伯就不得不与 Aramco 公司保持良好的关系。沙特阿拉伯必须在自己的国有资产和大型石油公司之间保持平衡。

至此,我们讨论了实施国有化的国家。而挪威代表着在自己的石油工业完全发展之前就经历了国有化冲击的一个唯一特例。

挪威 挪威的国家体制、法律与规章都十分健全。甚至在发现本国的石油之前,挪威就已成为一个勘探石油的积极行动者。挪威的石油工业始于20世纪50年代,当时发现了北海靠近荷兰一侧的海上格罗宁根(Groningen)天然气田。这一发现使挪威的研究人员得出一个结论:北海是一个非圈闭型的富油区。从一开始,挪威就严格执行勘探开发的法律,以图减少石油开发对挪威经济的冲击。1963年,挪威政府给 Phillips 石油公司颁发了从事石油勘探作业的许可证,同时与埃克森、皇家荷兰/壳牌、BP 和 CFP 签署了国际合作协议。挪威通过先颁发勘探许可证再颁发开采许可证的方式使自己的石油工业走上了发展的道路。1969年,Phillips 发现了一个名为 Ekofisk 的大型油气田。该油气田的开采始于1971年。自从该油田投产以来,石油就成了一种主要的财政来源,1972年,挪威对本国的石油勘探作业进行了重组,成立了 Den Norke Stats Oljeselskap A/S(或称为 Statoil)公司,这是一家国有石油公司。挪威并不认为必须将已有石油勘探开发实施国有化,但也重新修订了相关的合同,使国有石油公司与外国石油公司成为伙伴关系。不管一家国有公司是如何成立的,国有公司肯定同时存在着利弊两个方面。

3.5 国有公司的益处

如前所述，建立一个国有石油公司可使本国政府完全或至少部分地掌控自己的石油工业。从理论上讲，国有石油公司具有独立地与其他外国石油公司竞争的能力，它与政府的密切关系有助于对国有石油公司的保护。那些富油国发展并继续拥有国有石油公司，因为本国政府和人民可以从中获得巨大的利益。

从感情上讲，一个国家将自己的石油工业实现国有化可以激发出巨大的民族自豪感和成就感，尤其是那些经历了几十年殖民统治和战火蹂躏从而寻求独立的国家来说更是如此。这一点在那些实施了没收财产政策的国家尤为突出。在墨西哥，这一点表现为政府全力以赴地支持自己的工人，对外国石油公司长期的社会不满等负面影响也会因此而云消雾散。这些问题是否真的得到了解决还值得怀疑，但至少当事国表现出了对自己的人民和文化的支持与保护的态度。这一点在沙特阿拉伯和伊拉克等这些伊斯兰国家格外明显，这些国家坚持要保护自己的生活方式。这种国家自豪感会对政府带来正面的影响，这将使得当事国提出关于优先权的要求。

从经济学的角度来讲，国内的需要应优先于国际需求，而且石油所获得的利润也集中于国家的开发项目之中。国家石油公司的任务就是国内市场需求优先由国家石油公司来保证，因为它不能像外国石油公司那样首先将自己所产的石油用于出口。五十多年来，PEMEX 公司为墨西哥人民对石油产品的需求提供了保障。国有石油公司可以从世界任何地区以可能最低的价格寻求自己的石油资源，并通过其母公司的措施来避免运输价格的改变对炼油成本的影响。在石油工业内部，国家石油公司更倾向于优先雇用本国的员工和使用国产物资装备及国内服务。由于考虑到这些，国家石油公司在本国内建设并运行自己的炼油厂、管线泵站和终端分配系统，以求将自己的社会回报最大化并为当地的发展注入活力。比如，1980 年尼日利亚国家石油公司（NNPC）在本国的北部建造了 Kaduna 炼油厂，该炼厂与一些油田相距甚远，但目的在于开发北部并满足尼日利亚当地人们的需求。与此同时，该国有石油公司可密切监控并缓解自己的油气储层的枯竭速率。Saudi Aramco 石油公司密切监控着自己的储层，以保障不发生过度开采并防止油田受到损伤。作为一家国有石油公司，它的运营条件往往要好于私人企业，因为它的纳税少并可得到政府的大量优惠政策。

拥有本国的国有石油公司的优点是显而易见的，在近 10 年内，一些富油国

声称已经实现了自己的经济战略目标。这些国家发现了自己潜在的石油生产能力、技术、资金储备后,一些本国的国有石油公司也慢慢地向外国石油公司敞开了自己的石油工业大门。在过去的几年中,PEMEX 就邀请了外国石油公司开发自己的海上石油与天然气田。虽然墨西哥政府在 1938 年就禁止颁发石油和天然气特许权了,但是墨西哥政府还是认识到随着需求的增加,应该颁布关于天然气勘探与开发的特许权❶。PEMEX 并不是唯一这样做的,委内瑞拉也渐渐地对外开放了自己石油工业的大门。2003 年,至少有 6 个位于委内瑞拉与特立尼达之间的石油区块向外国石油公司开放❷。为什么这两个重要的石油工业国有化的国家会向着私有化发展呢?

3.6 国有公司的弊端

虽然对于一个发展中国家的国有公司来说,它具有非常多的潜在优势,但在它通往成功的道路上也存在着不少弊端。在实现了国有化之后,国有石油公司往往会发现自己所面临的三大问题:资金短缺、管理与技术专家不足、常常受到与政府之间关系的种种制约。

国有公司成功的最大障碍纯粹是由于其与政府之间最基本关系所致。如前所述,国有公司与政府的关系十分密切。国有公司各个部门的部门成员与在政府内负责该公司的人员有着十分密切的关系,而政府管理人员与公司部门成员各自的管理权限没有很清晰的厘定。由于这些国有公司操纵着一个国家内大量资金的运转,而通过政府控制石油公司似乎就成了衡量该国政府控制本国经济系统能力的一个标志,这就是政府要非常密切地监控石油勘探运作的原因。因此,政府就会阻止国有公司之间激烈的竞争并保证其不会成为私有化企业。石油公司常常被迫接受由政府控制的价格,并不得不从一些地方供应者手中购买原油,同时支付员工高额工资,并且以劳动力密集型的方式去提高就业率。所以,这些都迫使国有石油公司不得不从政府那里申请资助才能继续自己的勘探开发作业。在许多情况下,资助国有石油公司就成为政府最为昂贵的支出。资金的短缺很快就会影响到国营石油工业的其他领域。

首先,最重要的是资金的短缺很快就会影响到现有的石油设施(比如炼油厂

---

❶ Anthony Harrup, "Chinese Oil Companies Bid for Mexican Natural Gas Block," *Wall Street Journal*, November 18, 2003, WWW.Wsj.com.

❷ *Wall Street Journal*, "Venezuela to Offer 2 Gas Blocks by End of Nov," November 20, 2003, WWW.Wsj.com.

和管线系统)以及未来的发展规划。当一个国家将自己的石油工业实现国有化时,国有石油公司就会获得国家实施财产没收措施时的各种状况的设施。在许多情况下,这意味着国有石油公司所接收的是过时的、破旧不堪的和被腐蚀了的设备。在绝大多数情况下,国有石油公司将继续使用这些设施,以便积累石油资本并投资到国家的发展规划中去。为了使石油工业与本国人民生活关系更为密切,国家投资建设更多的炼油厂并扩建更多的管线系统,如果没有更多的来自石油的收入,这些是无法保证的。在尼日利亚,NNPC 对 Port Harcourt 炼油厂实现了国有化,并用一些自己的资金建成了第二座炼油厂(1975 年)和第三座位于 Warri 的炼油厂(1978 年)。到 20 世纪 80 年代后期,这些炼油厂显出衰败的趋势,并开始走向破产,但它们依然处在可以运转的状态。2004 年,这些炼油厂的加工处理量达到了 300000 桶/天。由于没有保持这些炼油厂有效而安全运行的资金来源,NNPC 从 2002 年开始向私人企业出售自己的炼油厂。作为公共财产,却已无产品可售,使得这些炼油厂也无未来可言。2005 年,尼日利亚开始寻找独立的石油公司来建造 10~15 座小型炼油厂,以求在 2008 年投产。

  类似的问题也出现在石油工业中的雇员方面。发展中国家的石油工业从开始发展(当时是外国公司为主导的),当事国就极力与外国石油公司的雇员政策进行抗争,这些情况也反映在国有石油公司。这些外国石油公司不在所作业的当事国内雇用职工,它们仅使用自己的技术与工程人员。当它们从当地雇用工作人员时,却常常不能摆脱民众的谴责。这些石油公司所雇用的当地人多是从事非专业技术工作的,如保安等。那些被下游业务雇用的人员则从事场地清洁和石油工程建筑的活,这些人员住在远离外国职员的、毫无安全保证的帐篷里。许多外国石油公司宣称"本地化"而对当地人进行培训时,其实他们从来就没有把那些当地人放在有影响的或者起决定性作用的岗位上。

  石油公司抵制建设一个成功的石油工业的想法,也不愿传播可以达到此目的的知识与技能。石油公司极少雇用当地人,除非把这些人用在一些不起眼的岗位上,比如厨师、保洁员或搬运工。石油公司拒绝进行技术培训或者技术交流,因为这种交流并不是他们未来的主要目标——开采石油并用其换取利润。当外国石油公司离开时,他们会带走自己的工程师和技术人员,使当事国的国有石油公司人才短缺,留下一些没有经过培训的人员和无法替代的"烂尾工程"。在国有化之后,国有石油公司发现自己所缺乏的不仅仅是技术专家,还有新的培训项目和新岗位所必需的资金方面的短缺。

  国有公司大量进口设备并引进技术专家,这将对他们的财政预算产生负面影

响。总体来看,技术的转让是比较缓慢的,因此越来越多的学生被派往国外去学习石油工业所必需的知识与技能。BP 的一位历史学家说过:"国有化可能解决本国劳动力的就业问题,但能够胜任石油工业日常操作的高素质员工却很短缺❶。"绝大多数国有公司不得不签署一些允许自己国有化,但同时也允许从外国石油公司那里获得优秀的专业技术人员的合同。

在伊拉克,原苏联就曾提供了大量的技术援助,使其石油工业实现了国有化。1961 年,伊拉克通过了第 80 号公共法案,据此,伊拉克将境内拥有伊拉克石油公司颁发了特许权中的 95% 的外国石油公司收回了。拥有了大量国有油田后,伊拉克在 1964 年宣布决定成立伊拉克国家石油公司(INOC),完全控制了本国的石油工业。当然,伊拉克知道外国的援助是完全必要的。1967 年,伊拉克与苏联签订了伊拉克—苏联石油合作协议(Iraq-Soviet Protocol),据此,苏联将为 INOC 提供技术与经济援助。更为重要的是,苏联同意帮助伊拉克开发伊拉克最大的油田——Rumaila 油田。作为交换,伊拉克为苏联提供原油。1972 年,伊拉克国有化完成❷。伊拉克的领导人知道,能够达到如此满意的结果完全是苏联援助的结果。伊拉克和其他产油国都认识到采取可行的措施平衡民族主义的重要性。创立一家国家石油公司具有明显的优点与弊端,产油国必须找到一条适合自己的发展之路。

3.7 追求平衡

各国都希望找到自己的经济发展利益与外国石油公司在该国最先发现石油从而获得低风险收益之间的平衡。然而,许多产油国都认为它们的需求根本没有被外国石油公司所满足。为了改善这一情况,这些产油国采取各种措施实现对自己最有利的国有化。在国有化之后,许多国有石油公司却发现自己被资金短缺和技术落后的问题所困扰。出于此因,产油国就需要互相支持与援助。

推 荐 阅 读

关于外国石油公司与产油国之间的争端,已有不少著作和文章论及。著作有 Michael Tazer 的《The Political Economy of Internation Oil and the Undeveloped Countries》(波士顿:Beacon

---

❶ James Bamberg, *British Petroleum and Global Oil*, 1950—1975. *The Challenge of Nationalism* (Cambridge:Cambridge University Press, 2000), 68.

❷ Michael Brown, "The Nationalization of the Iraq Oil Company," *International Journal of Middle Eastern Studies* 10, No. 1 (February, 1979), 121.

出版社，1969），Edith Penrose 的《The Large International Firm in Developing Countries：The International Petroleum Industry》（伦敦：George Allen 与 Unwin，1968），论述了外国石油公司与其作业国之间的关系。关于墨西哥石油工业的国有化问题，可参阅 Antonio J. Bermudez 的《The Mexican National Petroleum Industry：A Case Study in Nationalization》（圣何塞：斯坦福大学出版社，1963），Laura Randall 的《The Political Economy of Mexican Oil》（纽约：Praeger，1989）。关于委内瑞拉石油工业的国有化，可参阅 Gustavo Coronel 的《The Nationlization of the Venezuelan Oil Industry》（Lexington，MA：Lexington Books，1983）和 aura Randall 的《The Political Economy of Venezuelan Oil》（纽约：Praeger，1989）。

4　OPEC 与国际石油组织

> 有两件事非同一般：一个具有政治含义，那就是战争与作为政治工具的石油的关系问题；另一个则是石油的价格问题。麻烦的是这两个问题往往纠缠交错在一起，很容易混为一谈。
>
> ——S. A. Z. 亚马尼，1988[1]

一些产油国将本国的石油工业实现了国有化，也有效地降低了外国石油公司的影响，此时，一些其他事件使这些国家的做法更加凸显。最重要的事件就是1960年OPEC的成立，它是诞生在外国石油公司与国有石油公司关系紧张时期的一种新型组织，OPEC是发展中国家和产油国统一发表看法的组织。20世纪60—70年代，OPEC得到了有力的发展，当时，中东地区国际关系骤然紧张，全世界的石油供应也发生了巨大变化。石油产品的短缺加上价格的巨大波动，对此，产油国也感到无奈。20世纪70年代末，在中东爆发了几次大的战争，油价也发生了巨大变化，世界上第一次"半"成功的石油禁运随之发生了。为了对付OPEC以及在中东地区成立的阿拉伯石油出口国的区域性组织（OAPEC），一些发达国家（它们是那些外国石油公司的所属国和世界上最主要的石油进口国）也成立了一个自己的组织——经济合作与发展组织（OECD）。20世纪60年代和70年代是全球石油政治历史上的两个转折点，当时发生了许多重大事件。在本章，我们将通过这两个重要的十年介绍这些重要的国际组织并回顾引发第一次世界石油危机的一系列重要事件，它们给世界造成了重要的影响。

在前面的章节中，我们讨论了重要的产油国与一些外国石油公司关系恶化的实例。它们通过多年隐瞒石油产量与价格等方面的信息而导致当事国的利益受损。当事国要求完全控制本国的石油工业，要求对原油的价格确定有发言权，要求制定与外国石油公司分享利润的政策法规。虽然有些国家（比如墨西哥等）已将自己的石油工业国有化并成立了一些国有石油公司，但要实现上述目标还仅仅

---

[1] Yamani commenting on the first oil shock in Jeffery Robinson, *Yamani: The Inside Story* (London: simon and schuster, 1988), 82.

是希望而已。到20世纪50年代末期,绝大多数产油国还没有成立自己的国有石油公司,也没有完全控制本国的石油工业。所以,当1959年发生油价下跌时,石油生产国开始意识到它们不仅需要联合,也需要拥有控制本国石油工业的决定权。20世纪60—70年代,产油国的挫败感达到高潮,导致了外国石油公司与当事国之间的权力发生了戏剧性的转变。

1960年,一些大型石油公司开始在全世界石油市场上过量供应石油,导致了全球油价下跌。这些石油公司在1959年实施了降价措施,并准备以后继续降价。这个问题由于冷战而被凸显,导致两极世界的出现,对此,石油公司也被迫做出自己的选择。俄国人在非洲和亚洲国家中开辟了自己的石油市场,在那里他们以大大低于大型美国石油公司的价格出售石油。美国石油公司认为有必要降价,以求与俄国石油公司的竞争,它们制定了"50—50分成协议",该协议保证在外国石油公司与作业国之间的合同为50—50分成。这项协议意味着石油公司必须忠实于协议所制定的石油价格,当石油价格低于该协议的规定值时,石油公司要给以补偿。当时世界上最大且最重要的石油公司是埃克森。埃克森坚持在所有地区实行较低的油价,但委内瑞拉除外。因为它希望保持在委内瑞拉与该国政府的已经十分脆弱的关系。当这一决定宣布时,遭到了中东地区石油生产国的坚决反对。在几个月内,阿拉伯的产油国在开罗开会,也有委内瑞拉的观察员出席。它们要求这些外国石油公司在未经政府同意的情况下不要削减现有的油价。在会上,来自石油工业界的两位重要人物的几次谈话导致了OPEC的创立,其中一位来自委内瑞拉,另一位来自沙特阿拉伯。

4.1 委内瑞拉与沙特阿拉伯

如前所述,委内瑞拉于1948年接受了50—50分成协议并逐渐地实施了国有化的进程。到1960年,Accion Democratia(AD)已经连续执政近20年,更重要的是,委内瑞拉经济学家Juan Pablo Perez Alfonzo正在极力推进更加激烈的措施。Perez Alfonzo于1903年诞生在加拉加斯,学生时代就是一位政治活动家。1939年他进入政界并于1945年成为发展部部长。通过Perez Alfonzo的工作,委内瑞拉成为OPEC的发起国。

Perez Alfonzo作为发展部部长(后来为矿产与油气工业部长),希望委内瑞拉能够控制本国的整个石油工业并将自己的国家推向国际石油市场。1960年,委内瑞拉所面临的油价下跌局面促使他更加迫切地认识到与中东地区产油国联合

的重要性。委内瑞拉在 20 世纪 50 年代后期的国际地位是独一无二的,这是因为委内瑞拉巨大的石油产量(当时,它的产量远大于科威特与沙特阿拉伯这两个中东地区最大的产油国产量的总和),而不是因为 Perez Alfonzo 所具有的政治魅力❶。Perez Alfonzo 多年来一直相信在产油国之间可以采用"产量配额"的方式来实现对市场的控制。"产量配额"的概念基本上属于一种定量系统,通过它,石油生产商同意每个国家根据市场的波动而决定生产的石油量,换言之,就是控制油价。然而,直到 20 世纪 60 年代,他的这一观点才得到了委内瑞拉之外的支持。

与委内瑞拉的 Perez Alfonzo 相似,沙特阿拉伯也有自己新的石油顾问——Abdullah Tariki,他也持相同的观点。两人都看到了联合石油生产国的需要。Tariki 于 1919 年生于沙特阿拉伯,在美国得克萨斯大学学习石油地质学并为德士古石油公司短期工作过。他于 1948 年带着从美国石油公司学到的知识和技能回到了沙特阿拉伯,并于 1957 年成为石油与矿产部门的负责人。1960 年,他成为石油与矿产部长。Perez Alfonzo 的观点鼓励了 Tariki。1962 年,Sheikh Zaki Yamani 成为沙特阿拉伯石油部部长,并一直担任此职到 1986 年,他非常好地发扬了 Perez Alfonzo 的理念。他认为产油国应该积极地参与到大型石油公司的活动中去而不是跟它们作对。1959 年 4 月,伊朗、科威特、沙特阿拉伯、埃及、叙利亚和委内瑞拉开会并制定了"迈哈迪公约"。虽然在初期这个组织仅仅是象征性的,但此公约也代表了在创立国家石油公司过程中多方利益,接收了大量的来自石油的基金,在油价的制定中所起的作用也越来越大了。这个公约并没有引起多少民众注意,而且也没有什么法律的约束力。❷ 然而,可惜的是该公约被 6 个月之后成立的 OPEC 轻而易举地取代了。

4.2 石油输出国组织

OPEC 成立于 1960 年,当时的 5 个产油国——伊朗、伊拉克、科威特、沙特阿拉伯和委内瑞拉在伊拉克的巴格达开会,评估"石油七姊妹"对世界石油工业的控制情况。OPEC 成员国同意加强合作以达到能够控制本国石油工业的目的,并且可以提高它们在外国石油公司利润中的份额。当今,OPEC 几乎包括了世界上所有最大的石油生产国。OPEC 的总部设在奥地利的维也纳,它位于所有

---

❶ Francisco Parra, *Oil Politics* (New York: I. B. Tauris, 2004), 91, 94.
❷ Ibid, 93 - 94.

OPEC 成员国的地理位置的中间部位。该组织每年举行两次会议，但在需要时还会临时增加一些会议。OPEC 的每个成员国都有一位代表，通常是该国的石油部长。OPEC 曝光度最高的是秘书长，他负责该组织在维也纳总部的日常工作，负责组织 OPEC 会议。现任秘书长是 Purnomo Yusgiantoro，他也是印度尼西亚能源与矿产部长。该组织的目标是控制原油价格并控制石油产量。这一目标通过为每个成员国制定价格标准和原油产量指标而为石油生产者和消费者创立稳定的石油市场。每一年，OPEC 的成员国都要开会并达成一些协议，这种会议可能是私人聚会，主要讨论石油的产量和价格问题。

原油的定价是一个非常复杂的问题，因为并不是所有原油的市场价格都是一样的，但所有的原油都会受到市场波动的影响。为了发展一个较为简化的石油价格制定系统，经销商制定了一些参考值，被称为基准价格，适用于所有的原油价格的制定。对于国际原油贸易来讲，以北海布伦特原油价格作为基准价格；在美国，以西得克萨斯的中质油价作为基准（WTI）；其他的原油根据其品质而定价。除了已有的复杂的交易系统之外，OPEC 也拥有根据其成员国的原油产量而制定的参考价格体系。一般而言，布伦特、WTI 和 OPEC 的基准价格之间的差异是很小的。"OPEC 基准价"指征着在 OPEC 所产的不同类型的原油基础上制定的一个平均价格。根据这一"基准价"，OPEC 监控并保持原油价格的稳定。自从 2003 年以来，原油价格涨到了 50 美元/桶，这促使 OPEC 重新评估其价格范围。OPEC 保持这一价格范围的最重要方法是控制原油的产量，所以在原油市场上从来不会出现原油供应过量或过少的情况，因为那样将会直接影响市场价格（表 4.1）。

表 4.1 OPEC 成员国

发起国	其他成员国	
伊朗 沙特阿拉伯 伊拉克 科威特 委内瑞拉	阿尔及利亚（1969）	利比亚（1962）
	厄瓜多尔（1973—1992）	尼日利亚（1971）
	加蓬（1975—1994）	卡塔尔（1961）
	印度尼西亚（1962）	阿拉伯联合酋长国（1967）

OPEC 通过调整自己成员国每天开采的石油量来控制油价。40 多年来，OPEC 一直在一个整体框架内为每个成员国制定产量标准。每个成员的产油量取决于该国的生产能力和其资源储量的水平。沙特阿拉伯在 OPEC 中起着关键性的作用，是一个"浮动的产油国"角色。这是因为沙特阿拉伯是世界上最大的产油

国,它能够在自己国内迅速地增加或减少自己的原油产量而不会引发任何国内的经济问题。不论 OPEC 何时需要对市场进行调整,都要取决于沙特阿拉伯的作用。在这一系统中对绝大多数国家产生影响时,却不一定包括它们成员国的原油产量。然而,实际上,OPEC 的成员国经常不遵守它们的产量定额。这就是作为一种卡特尔组织的 OPEC 本质上的缺陷。

OPEC 的一个特点就是它是为数不多的国际化"卡特尔"(指各公司为减少竞争增加利润而结成的联盟),整个组织是按照每个成员的良好意愿与希望运行的。换言之,如果其中的一个成员不同意某项协议,就不会签署具有法律效益的协议,也不会有什么法律影响的。世界石油"卡特尔"的成立并不是件新鲜事。事实上,许多外国石油公司在绝大多数产油国内的所作所为就是"卡特尔"的角色,对 OPEC 产生了巨大影响。人们认为,一些大型石油公司起到了"卡特尔"的作用,因为仅仅几个石油公司就控制了世界上绝大部分油气资源和国际石油勘探开发作业。

这些大型石油公司不仅控制着全球石油的上游工业,而且也控制着下游工业的各个部门。它们成立了合股公司,并签订了含有地域、价格和开采程度的合同,以求减少竞争。OPEC 的行为与此极为相似,只是它能更加保护自己成员的投资不被用于彼此竞争。然而,与任何"卡特尔"的性质一样,它的影响力只能限于各成员国允许的范围内。

OPEC 作为"卡特尔"所产生的问题之一是所有的产量计划都是根据成员国的意愿而制定的(也就是"卡特尔"成员国的边缘价格),而在很大程度上是一种欺骗行为。OPEC 的成员通过制定一些秘密协议而欺骗他人。对外,它们以彬彬有礼的外交礼节对待石油的品质与价格的变化。这些成员国按照协议所规定的定额去实现 OPEC 的要求。但是,那些真正在欺骗的人们并没有被揭露出来。石油消费国和石油公司都希望看到正在形成的"卡特尔"能够促使 OPEC 的解体,但目前的情况依然使它们失望了。实际上,在过去的岁月中,削弱 OPEC 的原因就是其内讧。中东地区国家之间的区域性紧张关系已经削弱了 OPEC 的凝聚力,它已经不能吸引并联合中东之外的一些重要产油国。

OPEC 的缺陷还在于它不能接纳三个主要的产油国和中东之外的一些小型产油国,而只有把他们拉进来才能使 OPEC 具有一种真正的国际化的感觉。在 20 世纪 90 年代,OPEC 组织中的厄瓜多尔于 1992 年退出,加蓬于 1994 年退出,因为这两个国家想让自己的原油产量远远高于 OPEC 所规定的限额。出于相似的原因,OPEC 无法将墨西哥、俄罗斯和挪威——这三个世界上最大的石

油生产国和出口国拉入自己的组织。墨西哥就没有加入 OPEC，因为它在 1938 年就切断了与外国石油公司的密切关系，所以没有必要再去加入"OPEC 革命"了。此外，自从 20 世纪 90 年代以后，墨西哥就基本上遵循了 OPEC 的定价原则和石油开采的限额，也没必要非要成为其成员国。挪威从 1998 年以来在国际石油市场上所扮演的角色与墨西哥一样。挪威认为自己没有必要加入 OPEC，因为在 OPEC 成立之前，自己本国也不存在值得关注的石油工业。挪威能够从 OPEC 成员所经历的痛苦中学到不少东西。俄罗斯在不同时期或者与 OPEC 共事，或者从事与其相悖的事情。从 2000 年以来，俄罗斯的石油产量大幅增长。2003 年 9 月，俄罗斯的原油出口量超过了沙特阿拉伯，这使俄罗斯一跃成为一个非常重要的产油国。它的石油产量常常会与 OPEC 所要求保持良好而稳定市场的额度不符。2003 年，OPEC 为俄罗斯制定了在国际市场上原油的出售价，但遭到了俄罗斯的坚决反对，俄罗斯针锋相对地在国际市场上低价销售石油。一些国家做出努力，希望俄罗斯利用 OPEC 的资金一同保持一个稳定的国际石油市场，但俄罗斯明确地表示自己对成为 OPEC 的成员毫无兴趣❶。这些国家认为没有必要加入 OPEC 的很大一部分原因在于它们无论是否为其成员国，都可以从 OPEC 获利。然而，对于那些早期加入 OPEC 的产油国来说，作为其成员，就意味着成为"OPEC 革命"的一个组成部分。

OPEC 鼓励自己的成员国实施明显的结构与政治方面的变革，以推动一场革命。对于加入 OPEC 的国家来说，它们就具备了会员的权力。该组织给产油国提供了一个讨论本国石油工业并与外国石油公司分担挫折的平台。也有人认为 OPEC 无法完成使命，进而希望阿拉伯的产油国能够创立自己更大的联盟。

4.3 阿拉伯石油输出国组织

OPEC 在中东地区的一些成员国决定创立一个名为阿拉伯石油输出国组织（OAPEC）的特别组织，把总部设在了科威特。OAPEC 于 1968 年 1 月 9 日在贝鲁特召开会议，当时仅有 3 个发起国——沙特阿拉伯、科威特和利比亚。成立 OAPEC 的决定是 1967 年的阿—以（阿拉伯—以色列）战争之后做出的。这几个发起国成立该组织的目的在于创建一个区域性联盟（因此该组织欢迎所有阿拉伯国家参加），并试图将石油作为一种政治武器与全球政治中的一个筹码。出于此

---

❶ "Russia Criticizes OPEC," Weekly Petroleum Argus 33, no. 41, October 20, 2003, 8; "Russia, Saudi Arabia Sign Oil Pact," Wall Street Journal Europe, September 3, 2003, 1.

因,发起国特别邀请埃及和叙利亚这两个阿—以战争中的主角加盟。在 OAPEC 成立不久,中东地区的政治格局就发生了变化,促使该组织将成员国发展到了埃及、伊拉克、土耳其、卡塔尔、巴林、阿尔及利亚、叙利亚和阿拉伯联合酋长国。1979 年,埃及宣布临时退出该组织,1986 年宣布永久退出该组织。OAPEC 由每个成员国的石油部长或相应的政府官员运转。在秘书长的主持下,该组织每年至少召开两次会议。OAPEC 直到今天依然是一个有影响的组织,特别是在阿拉伯的产油国中(表 4.2)。

表 4.2 OAPEC 成员国

发起国	其他成员国	
科威特 沙特阿拉伯 利比亚	阿尔及利亚(1970)	卡塔尔(1970)
	巴林(1970)	沙特阿拉伯(1968)
	埃及(1973)	阿尔及利亚(1972)
	伊拉克(1972)	土耳其(1982—1986)
	科威特(1968)	阿拉伯联合酋长国(1970)
	利比亚(1968)	

OAPEC 通过创建阿拉伯油轮、港口和服务公司而为中东地区的石油工业创造了财富与成功。该组织还鼓励对阿拉伯国家的石油工业进行联合,建立固定的援助资金。该组织对阿拉伯石油生产国的壮大起到了积极的作用,它的成立也被认为是通过建立阿拉伯联盟而对 OPEC 的挑战,当然,也是对全球石油生产国联盟的一种对峙。在 20 世纪 70 年代,OAPEC 变得重要的原因就在于那些在第一次全球石油危机中的主角都是它的成员,在那一次危机中,石油第一次真正地成为全球关注的焦点并第一次被用作政治武器。

4.4 第一次石油危机

在 20 世纪 70 年代和 80 年代,全球发生了三次与石油有关的重大危机事件,它们都被称为"石油危机"。这是因为它们都以极快地、不可预见地、极大程度地影响了石油的价格。这次影响波及全球,几乎无一地区幸免。第一次石油危机始于 1973 年,起因有三个。首先,一些石油生产国,尤其是 OPEC 极力要求在世界石油工业中占有更大的比重。第二,石油短缺的迹象已经日益增加。第三,阿—以之争再次走到了战争的边缘。这三个因素相互叠加,加速了石油价格的革命和石油禁运的发生。即使全世界各地的石油消费者与中东的政治格局并没有太

大的关系，但当石油价格超过了人们的预期值时，消费者还是感到了压力。比如沙特阿拉伯的原油价格从 1973 年的 3 美元/桶上涨到 1980 年的 36 美元/桶。20 世纪 80 年代，又发生了两次大的石油危机。第一次石油危机代表着政治与石油同处在一个国际问题范畴中的历史时期，使得美国的消费者都感到了冲击，这种情况是其他商业部门所无法产生的。

第一次石油危机可以用同时发生的两个事件来进行最好的认识。第一个事件是石油价格的高升，发生在 20 世纪 70 年代，即 1973 年之前。这次价格攀升是由产油国与外国石油公司之间的争斗所导致的，其结果被认为是一场石油价格的革命，因为那是 OPEC 第一次试图控制国际石油市场价格。第二，几个阿拉伯国家用石油禁运来将石油作为一种政治武器。由美国支持的以色列受到重创，这些阿拉伯国家在 1973 年停止了所有石油销售和外运。石油禁运仅仅包括阿拉伯国家（OAPEC 成员），即厄瓜多尔、伊朗、尼日利亚和委内瑞拉并没有参加这次石油禁运。甚至连伊拉克也不认为此次石油禁运能够解决以色列的问题。最终，作为 OPEC 所有的成员国都被卷入这场石油价格的革命。其他两个原因并不完全相关，它们是同时发生的，引发了第一次石油危机。为了更好地分析，我们将对其分别讨论。

4.5 油价革命

当 OPEC 于 1960 年成立时，该组织成员的目标就是要对国际市场上本国的石油产品的价格有发言权。但在 20 世纪 70 年代之前，它们并没有成功，因为它们需要收集数据，制定价格战略，以及确定限制石油产量的最佳方案。与此同时，外国石油公司也在不断地将自己的商务活动渗透到每个产油国中。它们并不认为 OPEC 的成立会立刻给自己带来什么威胁。事实上，最终在 70 年代发生的是一场革命，因为那种变化是永久性的。在这 20 年中，OPEC 在国际石油市场上规范并且制定了石油价格。20 世纪 60 年代，OPEC 的成员国通过与在它们国内从事石油勘探作业的外国石油公司进行各种谈判而实现对石油工业更多的控制与价格制定方面的发言权。到 20 世纪 70 年代，OPEC 不仅对自己的使命十分明确，而且也在计划着实现自己目标的措施。

20 世纪 60 年代代表着 OPEC 的成员国和外国大石油公司之间"进一退"争斗的 10 年。石油公司致力于提高全球对石油的需求并保持不受干扰，而产油国则致力于进行关于石油价格的革命。在 20 世纪 60 年代，由 OPEC 通过的决议案在很大程度上是在每个国家之间开展的。1962 年，OPEC 通过了三个决议案。第

一个要求 OPEC 成员国与石油公司展开谈判，力求将石油的预测价格控制在 1960 年以前的水平。如前所述，在 20 世纪 50 年代，石油价格发生了迅速的下降，在各产油国之间也没有达到平衡。第二个决议案要求各成员国把矿山使用费从 50—50 分成的协议中更加明确。在这种方式下，矿山使用费将取决于石油的总产量而不是部分产量。第三个决议案与第二个相似，向那些把自己的支出强加给产油国的外国石油公司提出挑战。石油公司被要求在确定税收之前禁止扣除各种支出，这将会增加由外国石油公司为产油国所上交的税收。这些决议案标志着多年的谈判和压力的开始。

当 OPEC 成员国将这些决议案施加给外国石油公司时，它们并没有收到任何正面的反应——遭到了石油公司的拒绝，因为这种变化意味着石油公司利益的减少。谈判开始两年后，石油公司同意了第二个决议案，从 1964 年开始，据此可以为产油国增加 0.35 美元/桶的额外收入。1968 年，石油公司与 OPEC 成员同意到 1972 年逐步停止扣除各种支出（通过德黑兰协议，这一目标实际要比这个时间表提前一年实现）。当这些谈判实现了双赢时，就出现了特别明显的缺陷。OPEC 依然没有实现对油价的掌控，石油价格依然一路下跌，这个势头一直延续到 1969 年。20 世纪 70 年代的经济形势使得油价已经上涨到 OPEC 成员国无法掉以轻心的程度。

20 世纪 70 年代，全球经济危机所造成的影响异常强烈。油价的下跌迫使美国决定不再按照 1944 年的布雷顿森林（Bretton Woods）体系框架下继续沿用美元赎回黄金的做法，这使得美元相对其他货币就贬值了。这是 OPEC 最为关心的问题，因为美元是用以计算石油价格和为产油国计算石油利润的主要货币。结果，OPEC 又回过头向石油公司讨教关于石油价格的问题，并计算用美元作为购买方面的损失量。每天，石油价格若保持在一个过低的水平上就意味着产油国在矿山使用费和向石油公司收取税收方面的重大损失。由于美国处于世界经济中心地位的原因，它的问题就会影响全球的国家。同理，发生在美国之外的一些事件也会使美国的经济增长减缓并在美国国内引发通货膨胀。

20 世纪 70 年代出现了三次全球性危机，它们对稳定的石油价格造成了冲击。第一次，石油公司低估了全球的石油需求量，它们面临着石油短缺的威胁。在 20 世纪 70 年代早期，这些问题引起人们的严重关切。如果所有的油田都出现了潜在的石油短缺，则石油的开采与运输都会出现严重的短缺。在 1975 年，这一担忧成为现实，当时从沙特阿拉伯向西北方向铺设到地中海靠黎巴嫩一侧的横贯阿拉伯的输油管被关闭。这是黎巴嫩和叙利亚及以色列之间的政治纠纷与经济

形势所导致的。从20世纪80年代开始到1990年的海湾战争期间，沙特阿拉伯一直利用这条管线向约旦输送石油。然而，由于约旦支持伊拉克，沙特阿拉伯就完全关闭了这条管线。这条通往黎巴嫩的横贯阿拉伯的输油管线是通往欧洲的石油生命线。代替这条管线的其他石油输送形式导致了油价的上涨，最终这一影响波及到了消费者。委内瑞拉于1970年通过了一项法律，要求在各产油国之间维持统一的油价。此举还将石油公司的税率增加到60%。这标志着OPEC成员国之间真正的单方制定石油价格时期的开始。从此，OPEC真正成为一个强有力的组织。

作为一种合作的力量，OPEC通过与石油公司签订的两个重要协议控制了石油工业和石油价格。产生这些协议的会议具有里程碑的意义，因为此举不仅使OPEC成为一个整体，也使得石油公司能够采取统一行动。所有的重要产油国的石油部门和石油公司的负责人都出席了这些会议。与会代表承诺将会满足美国和西方国家对石油的需求，而且所有的大型石油公司也不必再做出什么鲁莽地决定了。换言之，这样就保证了石油公司可能参与谈判。石油公司绝对不希望自己的油源被切断，而这正是OPEC提出的威胁——一旦协议未能签署就将实施此手段！这两次会议其中一次在伊朗的德黑兰召开，在那里签署了"德黑兰协议"；另一次在利比亚的里波黎召开，所签署的协议称为"的黎波里协议"。这两次会议标志着世界石油工业两大阵营长期而艰苦的谈判的开始。OPEC一方设定了最后期限，用实现国有化来向外国石油公司施加压力。

1970年12月，OPEC在委内瑞拉的加拉加斯开会，向世界宣布了自己的决心和要求。OPEC要求一揽子增加市场预测价格和石油工业的总费用，对此，与会各方计划于1972年开始实施。此外，这次会议要求在所有OPEC成员国的外国石油公司以至少55%的比例向当事国交税。许多成员国，比如委内瑞拉则要求把外国石油公司的税增加到60%，此前的税收为50%。一个月后，一些石油公司向OPEC发了一条信息，要求对此进行"面对面"的谈判。这次会议的最终目的是达成近5年的关于市场预测价格与税收比例的协议。当时OPEC的成员国代表着两种人员类型，他们推动着这些协议的实施。所以，这些人也分为两大阵营与石油公司一道为达到自己的目的而努力。在德黑兰，沙特阿拉伯的Sheikh Zaki Yamani作为OPEC的强有力代言人出现，而在的黎波里，利比亚的代表则仅限于纸上谈兵，因为利比亚领导人M.卡扎菲上校曾经坚定不移地做出了承诺。

德黑兰会议于1971年1月召开，给出了谈判的最后期限为当年的2月15

日。来自海湾国家的 OPEC 成员国代表都出席了会议。Yamani 为大会执行主席。谈判以 OPEC 提出要求而开始——要求每桶原油的价格增加 0.54 美元。对此，石油公司认为每桶原油增加 0.15 美元足矣。2 月 14 日，石油公司与海湾国家签署了一项为期 5 年的协议，规定海湾国家的原油价格每桶增加 0.35 美元，每年的增长率为 0.05 美元。此外，重质油的价格（已在委内瑞拉发现）也应该增加，但这种增加要根据重质油的品质决定。作为交换，OPEC 承诺附加一个协议，不再实施石油禁运。一个月后，在的黎波里签署了有利于 OPEC 的另一份协议。

在签署了德黑兰协议之后，OPEC 的实力大增，它又召集了一些反对西方的成员国在利比亚的的黎波里与石油公司开会，提出谈判的最后期限为 1971 年 3 月 10 日。这些 OPEC 成员国是环地中海的石油出口国（利比亚、阿尔及利亚和伊拉克）。虽然 OPEC 成员提出的许多要求与德黑兰协议的要求相似，但这次谈判在最后期限还是没有进行。当年 4 月，的黎波里协议签署，据此，市场预测价格增加了，税收比例增加到 55%。在这两个协议中，长期石油的 50—50 分成协议变成了 55—45 比例分成，并通过增加税收使当事国满意。这两项协议都直接宣称 OPEC 应该控制石油的价格，而且，这些协议赋予 OPEC 成员国对本国石油工业更大的控制力，因此，通过开采量与税收的控制也就提高了对石油价格的控制。这就使 OPEC 处在了一个在随后的年代中能够提高石油价格的有利地位。

4.6 1973 年石油禁运

多次有冲击力的事件引发了 1973 年的石油禁运。然而，最主要的原因就是中东地区各国与以色列之间紧张关系的总爆发。1973 年的石油禁运代表着阿拉伯国家与西方支持的以色列之间关系的破裂点。因为 20 世纪 70 年代的绝大多数危机在很大程度上被中东地区各国与以色列的紧张关系所掩盖着，了解这一点，对于认识这次石油禁运是有用的。

这种阿—以之间争斗的起源可以上溯到很多年以前。中东地区的犹太教与穆斯林教派的区域争端已有数千年的历史，有着深刻的宗教渊源。3000 多年前，这一地区被认为属于犹太人的，是"以色列的土地"同样，这一地区也被穆斯林称为巴勒斯坦，有大量的非力士人（地中海的古代居民）居住在那里。那里也是伊斯兰的圣地——先知穆罕默德诞生的地方。以色列国的建立始于犹太复国运动。

犹太复国运动是一场与宗教有关的运动，旨在将犹太人的居民点迁回他们历史上曾经居住过但当时由巴勒斯坦人居住的地方。在第一次世界大战中，这一运动获得了契机,在第二次世界大战后则得到了西方世界的广泛承认。1948年,联合国确立了以色列国并鼓励犹太人向该国移民。与此同时,700000阿拉伯人拒绝离开被以色列人占领的地域。

这一地区的紧张引发了5次阿拉伯与以色列之间的战争,阿拉伯国家的斗争内容包括反对以色列的建国并支持巴勒斯坦人民的政治权利。每次战争的焦点都是边境之争。西岸是约旦河与死海的西部区域,并且包括历史名城东耶路撒冷、伯利恒、杰里科、希伯伦和那布鲁斯,这块地域一直属于巴勒斯坦,第三次阿—以战争后被以色列占领。1993年签署的一项协议允许这一区域归还巴勒斯坦人。加沙是另一个争议地区,自第一次阿—以战争后到1967年,它是埃及西奈半岛的一部分,之后被以色列人占领到1994年。今天,加沙地带属于巴勒斯坦的领土。这些区域在多年的战火中多次易手。

第一次阿—以战争爆发于1948年,因以色列人的建国而引发,当时埃及人派兵从两个方向进入巴勒斯坦。以色列人以突然袭击的方式击退了埃及军队。第二次阿—以战争爆发于1956年,以色列入侵了埃及的西奈半岛。第三次阿—以战争爆发于1967年6月,延续了6天。战争的起因是埃及人封锁了蒂郎海峡,扣留了以色列的船只。与此同时,伊拉克军队进入了约旦,做好了进攻以色列的准备,以色列军队以巧妙的战术攻占了东耶路撒冷、西岸地带、戈兰高地和西奈半岛(后于1979年归还了埃及)。第四次阿—从战争给全球的冲击力远大于前几次的,因为它直接导致了1973年的石油禁运。由于它对全世界的影响,根据其所造成的政治影响,这场战争就被赋予三个名称。以色列的支持者称之为"赎罪日战争",因为它正好在犹太人日历上的这个日子爆发。巴勒斯坦的支持者称之为"斋月战争",因为这场战争的爆发日正是伊斯兰的斋月。其他人称之为"十月战争",因为这次战争是在阳历的十月爆发的。这场战争是由埃及和叙利亚军队入侵以色列而打响的,这两国要求将国境线恢复到1967年以前的位置上。战争爆发三周后达成了停火协议。第五次也是最后一次阿—以战争于1982年以色列人进入黎巴嫩而爆发。该区域的问题并未得到解决,然而,巴勒斯坦人和以色列人正在向着达成一系列协议建立一个多方合管区域并可能结束长期战争状态的方向前进着。

在对阿—以战争进行了历史回顾之后,让我们再回到1973年的石油禁运话题。这次石油禁运的目标是双重的:直接对以色列和它在西方的最大支持者造成巨大的冲击。首先,阿拉伯国家计划切断输往以色列的石油供应,并在以色列人心中造成心理冲击,使他们反对自己的政府。第二,阿拉伯国家计划向一些西方

国家（主要是美国）施压迫使它们在支持以色列和石油需求之间做出选择。阿拉伯国家预计这些国家的经济需求将比它们对以色列的感情更为重要。这次石油禁运正式开始的时间是1973年10月，于1974年3月结束。基本上来说，所有的OAPEC成员都决定不向那些给以色列经济和军事援助的国家出售石油。这些国家包括美国，还有一些欧洲国家。OAPEC认为，全球对石油的需求量很大，而任何两个阿拉伯国家的石油减产都会给西方国家的消费者造成很大影响。这次石油禁运的目标很简单，就是要引起西方国家对巴勒斯坦—以色列问题的关注。

1973年10月6日，第四次阿—以战争（或称十月战争）爆发，22天后结束。在这场战争中，中东地区一些国家的部长要求美国撤回对以色列的支持。然而，美国却加大了对以色列的支持力度，这迫使阿拉伯国家宣布将停止任何驶往美国的油轮，直到以色列同意在限定的时间内撤回到1967年的边境处，并要求美国人支持这一要求。这样，美国和阿拉伯国家就完全站到了对立面，阿拉伯世界开始形成了一个新的阵营。10月17日，输往美国的石油被完全切断了。

虽然，人们并不知道真相，但美国的消费者却极大地依赖于中东的石油。美国国内每年仅生产极少一部分石油供国内的消费市场，而绝大部分都依靠进口。一些大型跨国石油公司试图用油轮从中东往美国运送石油。为了达到目的，这些石油公司就不得不提高油价，这样才能抵御在那些政局不稳定地区的风险。观察家认为，这些石油公司利用中东地区的政治危机来为自己的提价行为进行辩解。这些大型石油公司无论如何抬价，这些世界上最大的石油生产国就是不向美国输送石油，导致全球石油产品的持续短缺和油价的大幅度上涨。几个月中，石油价格增长了4倍多。在日本和美国，1973—1974年间，石油价格增长了3倍多。在欧洲，这种涨价的冲击不算太大，因为英国和法国等国政府与这些中东地区的产油国的关系比较特殊，可以继续得到石油供应。而且，英国政府还支持阿拉伯国家关于以色列撤回到1967年以前的边境线的要求，还有几个欧洲国家，包括荷兰也公开表态在阿—以冲突中支持阿拉伯一方。对西欧的最大冲击不仅是石油的短缺而且还无法确定这次石油禁运将何时结束，但西欧国家并不是石油禁运的主要目标。美国才是禁运的目标，因为它是以色列的最大支持者，同时，也是中东地区石油的最大消费者。

在这次石油禁运期间，美国面对严重的汽油短缺，交通运输业的失业率大增。一本大众性刊物《时代》报道了1973年石油禁运对美国消费者的冲击：

① 在美国，大型的高耗油的小轿车突然间就停驶了，消费者开始购买小型的更加经济的轿车；

② 一些主要高速公路的限速已经从 70 英里/小时下降到 55 英里/小时；

③ 美国东海岸的一些州减少了汽油加油站，以避免过度消费；

④ 一些个体卡车主开始到公路上抗议（燃油）涨价和柴油供应的匮乏。❶

当美国人正在经历 1973 年漫长而痛苦的冬天时，一些石油公司也感受到了来自各方的敌意。消费者，甚至是美国政府都抱怨石油公司的高价石油和它们与阿拉伯产油国之间结下的怨恨。美国政府走得更远，它可以直接了解石油公司所遭受的损失情况，并曾考虑将埃克森实施国有化。与此同时，这些石油公司也面临着来自石油输出国要求解决自己问题的压力。当然，这些石油公司本身也在考虑自己的未来市场与利益。它们不仅要解决眼下的石油短缺问题，而且还不得不去寻找阻止未来危机发生的战略方针。所幸的是，这些石油公司被困扰的时间并不长。

到 1973 年底，阿拉伯国家撤销了对欧洲的禁运令，几个月后，即 1974 年 3 月，阿拉伯国家增加了对美国的石油禁运力度。一年后，全球石油的需求量大增，OPEC 保证石油价格将会下调并保持在一个合理的水平。这次石油禁运开始不久，就在美国和欧洲产生了效果。美国通过增加本国内的石油产量力求到 1980 年成为一个能源自给的国家并大力发展核能。然而，这一计划并未能实现，美国依然依赖中东的石油，直到今天依然如此。整体来看，这次石油禁运是创伤性的，但也并不像 OPEC 所期望的那么有效。原因在于这次石油禁运的时间还不到一年，而且石油工业过于复杂，以至于石油生产国在自己生产的石油一旦采出地面就不可能控制其流向了。实际上，阿拉伯国家应该认识到这一点，即 1973 年的石油禁运并不是它们第一次采取的这类措施。

1973 年的石油禁运并不是阿拉伯国家第一次将石油作为政治武器。1967 年，在第三次阿—以战争中，阿拉伯国家普遍相信以色列得到了英国和美国的支持❷。阿拉伯领导人在伊拉克的巴格达召开会议，同意共同关闭油井并抵制西方国家。这种抵制是短命的，因为它是无效的，尤其是反对美国，更是如此。实际上，这种抵制可以增加那些非阿拉伯的产油国（如委内瑞拉）的收入。1973 年的石油禁运代表着在国际政治格局内将石油作为政治武器的一个范例。后面，我们将再次讨论这个议题，了解一个国家或组织的对外政策将如何影响世界石油市场。

---

❶ *Time*, various issues from October 1993 to May 1974.

❷ The Arab League formed in 1945 and serves as a regional organization of Arab states. The focus of the organization is to promote political, economic, and cultural interests of the member states.

像未遂的 1967 年的抵制运动一样，石油生产国在 1973 年的禁运中获得了自己的利益。那些非阿拉伯国家的石油生产国，比如墨西哥、尼日利亚、挪威、委内瑞拉和俄罗斯等，也都分享了石油所带来的高额利润，虽然对这些国家来说，加入这次石油禁运并没有什么政治代表性。禁运期间居高不下的油价使新的石油勘探与开发的实施获得了更多的利润。比如，石油利润的增加使得海上钻井——这种非常昂贵的石油开采方式为挪威增加了更多的石油收入。一些小型公司也从这次禁运中获利了。一些大型石油公司一直惧怕并试图阻止那些较小的石油公司在中东之外的地区从事石油的生产作业，借此机会，这些小公司可以填补中东之外地区的真空地带并趁机将自己的石油产品的价格哄抬到一个厚颜无耻的高度。实际上，这种情况在全世界都有发生，在美国亦然。这种结果，唯一的受害人就是消费者。

这两大事件（石油的价格革命与石油禁运）对全球的石油工业产生了巨大的冲击。然而，这两大事件的合并也带有极大的偶然性。石油禁运的目的在于为了引起西方世界各国民众对以色列问题的关注，而石油价格的革命则是产油国为了增强自己对世界石油价格的控制能力并提高自己的影响力的一种尝试。这两大事件没有什么本质的区别。西方国家的反应是应对第一次石油危机的冲击，实施自我保护并防止未来可能发生的石油危机。正是 20 世纪 60 年代的不确定性促进了产油国之间的团结——成立了 OPEC，同时，也促使美国和欧洲的关系更为密切并成立经济合作与发展组织（OECD）。

4.7 经济合作与发展组织

OECD 成立于 1961 年，旨在促进合作、经济发展与贸易交流。该组织目前由 30 个国家组成（表 4.3）。可能受冷战的影响，该组织的成员都表达了要促进民主与自由市场经济的承诺，他们还发誓要保护人权。OECD 的成立被视为西方国家对 OPEC 成立的反应，以便巩固美国和西欧各国之间的关系——这两大阵营的关系自从两次世界大战以后已被削弱了。1960 年 12 月 14 日，20 个国家协商成立了该组织，并且邀请另外一些国家加入该组织。有学者指出，当时该组织的一些主要弱点已被凸显，因为它的成员国政府实现诺言的并不多[1]。到了 1973 年石油禁运才使该组织的重要性变得清晰起来。

---

[1] Miriam Camps, "Fist World" Relationships: The Role of the OECD (New York: Council of Foreign Relations, 1975), 5.

表 4.3　OECD 的成员

成员（加入时间）	成员（加入时间）
澳大利亚（1971）	韩国（1996）
奥地利（1961）	卢森堡（1961）
比利时（1961）	墨西哥（1994）
加拿大（1961）	荷兰（1961）
捷克（1995）	新西兰（1973）
丹麦（1961）	挪威（1961）
芬兰（1969）	波兰（1996）
法国（1961）	葡萄牙（1961）
德国（1961）	斯洛伐克（2000）
希腊（1961）	西班牙（1961）
匈牙利（1996）	瑞典（1961）
冰岛（1961）	瑞士（1961）
爱尔兰（1961）	土耳其（1961）
意大利（1962）	英国（1961）
日本（1964）	美国（1961）

面对世界石油的心脏——中东地区的油价上涨与政局混乱，OECD 于 20 世纪 70 年代初加强了它们的成员关系。该组织致力于这些发达国家将如何发挥自己更大的经济独立性。作为石油禁运的主要目标，美国敦促 OECD 的成员国互相帮助共渡因油价上涨所造成的难关，并建立一个资源的互信协议框架。这些发达国家结成一个整体来对付 OPEC，它们在石油市场上所掌握的讨价还价空间越大，就越有将石油价格降下来的能力。1974 年，美国率领 16 个发达国家在法国巴黎成立了国际能源组织（IEA），目的在于提高各成员国应对石油短缺的能力。在石油禁运期间，IEA 号召通过合作保证成员国的石油供应，并鼓励成员国建立起 90 天的原油储备能力。IEA 一直工作至今，并提供了大量有价值的关于全球能源供应和生产的统计数据。每年积累的大量数据以外，IEA 也受到大量的指责。

OECD 所受到的指责是其增大了发达国家与发展中国家之间的经济差距。该组织还受到谴责——它鼓励富国之间结成伙伴关系并以此作为自我保护的方法❶。也许，OECD 需要重新审视自己的目标，因为现在墨西哥也加入了该组织。

---

❶ Camps，33.

墨西哥于 1994 年加入 OECD，它是第一个加入的拉丁美洲的发展中国家，也是该组织中最大产油国之一。

4.8 产业的分裂

在本章中，我们介绍了活跃在世界石油工业中的三个重要组织——OPEC、OAPEC 和 OECD，简述了它们成立的伦理的、政治的和经济的原因与主线。虽然 20 世纪 60 年代和 70 年代能够被描述为两个联合的 10 年，但通过仔细分析可以看出，这些组织的成立导致了一个更加分裂的世界，石油在其中扮演着主角。OPEC 获得对自己石油工业更大的控制能力，并增加了由外国石油公司创造的石油利润的巨大收益。一些中东的国家成立 OAPEC，增强了在阿拉伯产油国之间的石油生产与炼制合作的关系。为了回应 OPEC 和 OAPEC，一些具有与西方世界相似经济标准的国家成立了 OECD，目的在于加强自己的地位并保护自己的成员能够免受潜在的石油危机的冲击。通过这些组织的活动，石油商务活动和国际政治已变得分不开了。在 20 世纪 70 年代发生的两个重要事件标志着石油政治在同时达到了顶峰：石油价格革命与 1973 年的石油禁运。石油成为市场上更有价值的商品，它也成为强有力的政治武器。在接下来的各章中，我们将讨论石油不仅可用作武器，而且还可用作全世界各石油公司之间与国家之间的"橄榄枝"的作用。

推 荐 阅 读

OPEC 自从成立以来，已成为国际权利与争斗的中心。可参阅 OPEC 的网址：www.opec.org，它可以提供关于该组织和其成员国最新的信息以及该组织的历史简介。它的活动已成为许多学者研究的重要课题，他们的著作提供了该组织的重要分析资料。包括：Mohammed E. Ahrario 的《OPEC：The Failing Giant》（列克星敦：肯塔基大学出版社，1986），Fuad Ruhani 的《AHistory of O. P. E. C.》（纽约：Praeger，1971），Jahangir Amuzegar《Managing the Oil Wealth：OPEC'S Wind falls and Pitfalls》（纽约：I. B. Tauris, 2001）。

关于 1973 年的石油禁运资料虽然已有研究，但可供阅读的著作不多。可参加 Anthony Sampson 的《Seven sisters：The Great Oil Companies and the World They Shaped》（纽约：Viking 出版社，1975），Daniel Yergin 的《The Prize The Epic Quest for Oil，Money，and Power》（纽约：Simon 与 Schuster，1993）. Jeffreg Robinson Yamani 的《The Inside Story》（伦敦：Simon 与 Schuster，1988）。

关于 OAPEC 的资料，可参阅 Abedelkader Machou 的《OAPEC：An International Organization for Economic Cooperation and an Instrament for Rigional Integration》（纽约：St. Martin

出版社，1983）以及 OAPEC 网址：www.oapec.org，可以了解该组织的历史、成员和目标。

关于更多的以色列——巴勒斯坦冲突问题，可参阅 Charles D. Smith：《Palestine and the Arab—Israeli Conflict》（纽约：St. Martin 出版社，1988）。关于伊斯兰国家的著名研究，可见 Thomas W. Lippman 的《Understanding Islam：An Introduction to the Muslim World》（纽约：新美国图书馆，1982）；关于犹太教，可参阅 Nicholas de Lange 的《An Introduction to Judaism》（纽约：剑桥大学出版社，2000）。

关于 OECD，可参阅 OECD 的《The OECD：History，Aims，Structure》（巴黎：OECD，1960），Miriam Camp 的《"Fist Wold" Relationships：The Role of the OECD》（纽约：外国关系委员会，1975）。还可见 www.oecd.org，可了解关于该组织成员国的最近能源统计与信息。

中篇 国际石油政治内涵

5 国际政治

> 在世界经济中，石油扮演着一个非常重要的角色，而我们不能仅仅依靠市场的力量来维持我们所有的繁荣与稳定。
> ——Rilwanu Lukman，1998[1]

自从被发现的那一刻起，石油就迅速地成为一种重要的商品，它在经济与政治两个方面为国家的建设作出了贡献。在20世纪上半叶，石油为拥有它的国家增加了国力，使这些国家在军事行动中比那些没有石油的国家更具优势。在第二次世界大战中，盟军的胜利在很大程度上应归因于它们所拥有的石油资源和破坏轴心国石油供应的能力。今天，这种情况没有多大改变。国际政治已经渗入到石油扮演主要角色的世界的各个角落。

石油所起的作用是激励性的，它可以把一个国家推向或拉回到一条独特而全新的道路上。虽然这种理论难以证实，但很可能的情况是如果没有石油的诱惑，各国就不会接受当代的政治格局，同时，各国在国际政治舞台上所扮演的角色也可能就完全不同了。

对石油的渴求与需要已将一些国家推到了冲突的对立面，如区域冲突或内战、边境争端以及经济制裁。与此同时，石油也将许多国家推上了国际政治舞台，尤其对那些产油国来说更是如此，石油促使这些国家分享自己的资源并从中获得了巨大的财富。那些富油国通过贸易、援助、区域性联盟等方式扩大了对其他国家的援助。这方面的实例数不胜数，其中有获得巨大成功的，也有灾难性的。这些国家代表了为全球地缘政治做出正面或负面贡献的先行者。在了解石油引发战争的恐怖之前，首先让我们认识那些为公众不甚了解的石油的积极作用。

5.1 国际社会的建立

在20世纪60年代，形成了以石油为中心的国际组织。就产油国来说，

---

[1] Rilwanu Lukman, OPEC Bulletin (May 1998), 4.

OPEC（欧佩克）仅代表了这种联盟建设的开始。OPEC建立了不同大陆上石油生产国之间的合作关系，它们还把这种合作关系延伸到区域一级的水平上。在第一次和第二次石油危机时，这一特点尤为突出。当时国际市场上的油价暴涨，各产油国都在享受着国际市场上油价暴涨带来的滚滚利润，享受着这出人意料的石油财富。尤其是那些产油的发展中国家联合其他发展中国家重新制定了自己的对外政策。产油国开始帮助贫油国。

在保证成功与经济安全的新形势下，富油国认识到石油危机时期对外援助的最佳方法之一就是帮助它们控制昂贵的进口油气成本。对外援助通常有两种方式，或者直接提供援助，或者折价出售自己的石油。以委内瑞拉为例，该国在20世纪70年代以投资方式资助中美洲及加勒比地区国家进口石油和天然气。委内瑞拉投资基金（FIV）成立于1974年6月，该组织致力于委内瑞拉国内外的投资。FIV因过多地投资国内的奢侈项目而非资助地区发展和国内发展受到指责。Andres Perez总统因将数百万美元用于地区性援助而受到广泛的赞扬。通过这项基金，委内瑞拉于1977年分别为联合国紧急援助项目和OPEC特别援助基金提供了10亿美元和2.24亿美元的援助。[1] 1980年，委内瑞拉和墨西哥通过"圣约瑟协议"，向11个中美洲和加勒比地区国家提供了原油和成品油产品。

"圣约瑟协议"是一项贸易协议，其操作方式如下：产油国将所产出的原油就近输往邻近的石油进口国，进口国以折价购入原油，炼制并分配石油产品。委内瑞拉和墨西哥每天可以提供80000桶原油。根据此协议，委内瑞拉和墨西哥两国增加了对中美洲和加勒比地区各国的投资。"圣约瑟协议"的目的在于帮助经济实力较弱的国家克服因石油产品价格过高而产生的潜在的不稳定因素。虽然这些国家签署的此协议为行善之举，但其他组织的成立则另有盘算。

20世纪90年代签订了欧洲经济区（EEA）和北美自由贸易协定（NAFTA），目的在于促进各国之间石油产品的贸易与流通。世界上最强大的两大经济区——北美与欧洲，因这两个协议而结成了强有力的联盟，并加强了诸如天然气和粮食的贸易。

两个联盟的成员国数都比较少，总数不超过10个。1992年，EEA在欧盟的保护伞下成立。两年后，加拿大、墨西哥和美国成立了NAFTA。目前，NAF-

---

[1] Markos Mamalakis, "The New International Economic Order: Centerpiece Venezuela," *Journal of Interamerican studies and World Affairs* 20, no. 3 (August 1978): 283.

TA 是世界上最大的自由贸易区，而 EEA 则包含了许多世界上最大的公司。在各协议的框架下，贸易壁垒被放松了，而劳动力和环境保护的标准则提高了。换言之，一个国家易受损伤的部门的关税和税收在一个联盟中被提高了，但该联盟之外的国家在这些方面则保持不变。该协议在那些欧洲的发达国家和美国的实施情况良好，但在墨西哥那脆弱的农业系统中却出现了问题。EEA 和 NAFTA 都鼓励在自己的成员国地域内使用天然气并要求增加天然气的贸易。NAFTA 试图将墨西哥从一个天然气进口国转变为一个出口国。它帮助墨西哥的方式就是加强了对墨西哥石油公司 PEMEX 的工作，动员墨西哥向私人企业开放——敞开私人企业投资的大门。通过加入 NAFTA，墨西哥成为美国在该地区最大的市场，并在自己的政府中重启私人投资的大门。通过这些区域性的联盟，石油与天然气生产国（比如墨西哥与挪威）为自己所产的天然气保住了一个可靠的市场。这种国家之间的关系也促进了跨国天然气管线的发展。

在过去的几年中，世界上建成了两条重要的跨国天然气管线。一条是建成于 2001 年的里海管线系统，它把哈萨克斯坦的里海油田与俄罗斯的黑海新罗西斯克港口连接起来。里海的管线系统是世界上唯一一条连接 6 国的管线——阿塞拜疆、伊朗、哈萨克斯坦、俄罗斯、土库曼斯坦和乌兹别克斯坦。里海本身的边界争端依然没有解决，俄罗斯先行一步，通过这条管线获得巨大的利润。里海代表着世界著名的石油与天然气产区，其预算储量可占全球总储量的 4% 左右。当地的开发主要由俄罗斯出资，无疑，俄罗斯也控制原苏联境内重要的石油资源并从中收益。在西非也正在建设一条跨国管线系统。这条西非管线将长达 600 英里，从尼日尔河三角洲到加纳。2005 年，雪佛龙—德士古宣布这条管线将在 2006 年 12 月开工，于 2008 年竣工。该项目主要由尼日利亚的雪佛龙—德士古和 NNPC 出资。通过该项目，尼日利亚可把自己产出的天然气输往西非的石油进口邻国。

连接石油生产国与进口国的项目是以不同方式进行的。区域性合作一般是根据地理位置进行的，参与的各国之间有着相似的政治与文化背景。通常，相似的语言、历史和文化已将两个区域联系起来了，并形成经济联系。然而，在许多实例中，联盟也并不是一种方便的方式。比如，在过去的几年中，委内瑞拉就与津巴布韦签订了一项能源合作协议，该协议要求双方在石油勘探作业与销售中相互支持。这项协议代表着为数不多的几个非洲国家与南美国家之间的经济合作的例子。津巴布韦要求委内瑞拉作为发展中国家互相帮助的楷模，并取代来自美国和欧洲的大型石油公司。津巴布韦定期地受到石油短缺的困扰，它希望解决这一问

题；该国还经受着社会与政治冲突❶。是什么原因将这两个不同的国家联系到一起的？答案可以从两国的领导人身上得出。

穆加贝（Mugabe）和查韦斯（Chavez）都是平民出身的总统，有着广大的支持者。查韦斯通过1992年的一次军事政变而成为一位重要的政治人物，之后，1998年他赢得了总统大选。穆加贝于1980年成为津巴布韦的总统，并通过一次受到置疑的选举而获得了连任。这两位领导人都致力于提高穷人生活水平的社会改革，而津巴布韦曾经经历了种族歧视。两位领导人认为美国是可耻的侵略者——入侵了伊拉克，而且，两位领导人都已当政近20年。进入21世纪，他们在国内和国际的支持率都在下降。出于这些原因，这两位领导人给以政治上和经济上的互相支持。但这种关系以及其他与之相同的合作关系是否正在发生变化？

在冷战期间，像这两国一样的关系得到了明显的加强，成为自我欣赏的政治体系。在第二次世界大战之后，美国与苏联分划成为两大对峙的政治联盟。英国与其他欧洲帝国在20世纪50年代开始衰退，苏联与美国将整个中东地区、亚洲和非洲分划为两个崭新的互相对峙的独立阵营。这些国家大多都是石油生产国，在互相对峙中都扮演着举足轻重的角色。在美国与苏联的紧张关系中，每个国家都在寻找一条适合自己的发展道路。苏联利用自己手中强有力的武器——石油去支持发展中国家，美国的做法如出一辙，只是它所利用的是自己的大型石油公司。苏联把自己的石油以低价出售给那些需要进口石油的发展中国家，并将自己的专家派往这些发展中国家，帮助它们发展自己本国的石油工业。美国派出自己的大型石油公司不仅去帮助别国发展石油工业，而且还对当事国的公共事业部门进行投资（比如公路、健康服务等）。在冷战期间，最为人知的是"武力竞争"，另外还有"石油竞争"（它们被用来帮助产油国发展自己的石油工业并去争夺石油的进口市场）。冷战是苏联和美国两大阵营用石油实现自己政治目的和新独立国家实现自己发展的最好实例。

5.2 慈善事业还是权势

从建设跨国管线到直接提供帮助可能有两种方式。首先，它们可以被看作是富油国与贫油国之间向着多方合作跨出的第一步。其次，可以肯定地说，没有一个国家会在一无所有的前提下加入到一种经济合作中去。考虑到这一点，这些关系可以

---

❶ Venezuela, Zimbabwe Sign Energy Cooperation Pact. *Wall street Journal* (February 26, 2004), www.wsj.com; for more on Zimbabwe, see Oyekan Owomoyela, *Culture and Customs of Zimbabwe* (West Port, CT: Greenwood Press, 2002).

被解读为获得政治与经济权势的另一种形式。证据就在这些协议与合同的结果中。比如，一些援助项目（如圣约瑟协定）就是在第一次和第二次石油危机中诞生的。当时国际市场上的石油价格暴涨，而世界各地的产油国都在分享这意外的石油之财，结果，导致了许多石油进口国成了债务国。1982年，输往尼加拉瓜的石油被停止了。因为它无法分别向委内瑞拉和墨西哥支付以前购买石油的1800万美元和3亿美元的费用。❶ 这种为平衡富油国与贫油国之间的措施已经转变为一种紧张的债权人与债务人之间的关系。同样的，协调、合作关系的开始也标志着一些跨国管线的建设。

与任何大型合作项目一样，建设一条石油管线将需要大量的资金、委托事项和耐心，这种问题会引起邻国之间的关系紧张。在穿越西非的管线实例中，尼日利亚遇到了许多麻烦，原因在于尼日利亚对此项目的投资过大，而且它是西非地区长期的政治漩涡中心。随着管线项目的进展，也出现了对环境污染以及居民迁移的抱怨，这些指责都落到了尼日利亚的头上。在里海管线项目中，俄罗斯充当着主角，因为它是该项目的最大投资者。在第一次和第二次世界大战中，石油决定着战争的走向。比如，在第二次世界大战中，盟军的胜利就在于其控制了中东地区的石油资源并切断了德国人的石油供应。今天，这种情况也没有发生太大的改变，一个国家的政治力量也取决于其所拥有的石油资源。从第一次世界大战以来，围绕着石油的冲突频发，石油在军事竞争中扮演着重要的角色。这种与石油有关的冲突的逐步升级归因于全球对石油产品需求的增加——这促使各国都在寻求新的石油资源。

这种全球性能源需求的增加导致各国都在拼命地寻找新的石油天然气资源。全世界的人口从1950年的25亿猛增到2004年的65亿。这种人口的增加导致了全球对食物和所有基本生活必需品需求量大增，而且在我们日常生活中，从衣物到塑料制品再到化肥等都是石油产品，人类正在极度依赖石油产品，而且目前的消费趋势表明，这种依赖只会增加。因此，随着石油价格的增加，与能源有关的全球性冲突也愈演愈烈。

与石油有关的冲突既有国内的也有国际性的，既有暴力的，也有和平方式的。在绝大多数情况下，这些冲突可以通过谈判和非暴力方式得到化解。然而，有些冲突则会演化为暴力，导致双方的巨大灾难。一场石油冲突是否会演化为暴力，实际上取决于卷入双方的经济与政治实力。在一些情况下，一些官方的评估

---

❶ Laura Randall, *The Political Economy of Mexican Oil* (New York: Praeger, 1989), 185.

是不成功的。比如，在邻国的边境冲突中的接触，或者是国内一些小型团体没有得到中央政府的支持而不得不诉诸武力，等等。这些冲突通常都会导致内战，就像在尼日利亚和俄罗斯等国的情况一样。诉诸武力在很大程度上将取决于一个国家的政治局势。那些将石油视为自己生存的基本必需品的国家将会面临极高的战争风险，而那些已经拥有丰富石油资源的国家则将不会有这种风险。为了揭示各种类型的与石油相关的冲突，我们首先来分析在那些产油国边境处发生的冲突。

5.3 国内冲突

虽然本章的重点在于讨论国家之间的关系，但简要地介绍石油在国内冲突中的角色也是十分必要的。当然，在绝大多数产油国内，石油并不一定分布在国内的各个角落，也就是说，并不是所有的国民都能从石油工业的发展中受益。对于世界上绝大多数国家来说，经济发展是不均衡的，石油的发现更加重了这一问题的严重性。一个发展中国家，会力争建立一个全国性财政体系以解决区域性石油发展所引起的问题。在一些产油国中，一些区域有着丰富的石油，但却不愿供给全国，这些地区要独享并以此要挟政府要求独立。令这些地区感到沮丧的是，政府对这些要求毫不理会，甚至不惜以战争方式解决问题，政府和国家经济都极度依赖本国的石油工业。在尼日利亚与俄罗斯，这些政治斗争就演变成了内战。

尼日利亚的内战从1967年延续到1970年，起因就是局部的权利与信仰族群之间的争斗。东部地区（包括了富产石油的尼日尔河三角洲地区）要求从尼日利亚独立出来，成立自己的"比夫拉（Biafra）共和国"。这一事件产生了巨大的影响，主要就是东部地区盛产石油。到1970年，比夫拉共和国无法坚持自己的独立重新并入了尼日利亚。俄罗斯也面临着同样的问题——车臣。车臣与俄罗斯的战争可以追溯到19世纪，当时车臣就曾要求实现永久的独立。俄罗斯政府对该地区的反抗行为容忍了许多年，但由于认识到石油管线与铁路的重要性，俄罗斯政府不得不对该地区动用了武力。车臣位于里海地区，是世界上最重要的海上产油区之一，当地人以居住在高加索山区的土耳其穆斯林为主。车臣于1991年独立，1994年，俄罗斯出兵车臣并占领了首都格罗兹尼。5年后，车臣武装攻击了达吉斯坦共和国。莫斯科无情地用武力镇压了这次入侵。2000年，俄罗斯宣布重新控制了车臣。如果车臣独立，俄罗斯将会失去其在里海地区的石油天然气资源。目前从里海的巴库穿过车臣到俄罗斯的黑海新罗西斯克港的管线系统依然控制在俄罗斯手中。在上述两个实例中，国家对本国的产油区控制在政府的手中，从而引发了内战。如果没有石油的因素，这些战争就可能避免。同理，已发现的或潜在的石油天然气资源也会引发边境战争。

5.4 国际争端

5.4.1 陆上争端

当一个国家的现存边境是由一些外国殖民者（比如西班牙、英国和法国等）划定时，关于边境的争端往往都是表面化的。许多产油国在几十年前还被外国人占领着。这些国家以前的殖民统治者确定了一个国家的边境线的起始点，而不考虑当地居民的分布情况。作为自然资源，特别是石油，对于一个国家的经济十分重要，因此，边境问题就显得非常重要了。世界上许多油田分布在边境线尚未划定清楚的地域。在那些以自然界线（比如河流或山脉）划分原始边境的地方更是如此。这种情况主要出现在南美大陆赤道一带。委内瑞拉向自己的邻国圭亚那索要埃塞奎博河的西部流域，该区域由于富饶的热带风光而成为旅游者的天堂，同时，该地区还富含石油、黄金和钻石。2004年，委内瑞拉邀请外国石油公司在该区域钻探石油和天然气，由此点燃了与从19世纪就居住在此地的圭亚那人的战火❶。许多国家乃至联合国出面也无法解决该争端。

在中东，许多国家的边境线是以穿过无人居住的沙漠的经纬线划分的。由于阿拉伯半岛有大范围的沙漠，在地下的石油被发现之前，对于这些在沙漠上划定的国界并无大的争端。当然，沙特阿拉伯现在已成为世界上最大的石油生产国。但世界上绝大多数国家认同了根据历史的延续和几个世纪前就确定了的清晰的国境线时，位于阿拉伯半岛上的一些国家才开始确立自己的边境线。沙特阿拉伯与伊拉克、科威特、阿曼、也门、卡塔尔和阿拉伯联合酋长国接壤，与沙特阿拉伯相关的绝大部分边境线在英国的殖民统治结束之后就划定了。20世纪30年代，沙特阿拉伯与也门的边境争端开始了。1994年，沙特阿拉伯与也门为国境线的划定动了武，2000年，两国的边境争端结束。2002年，沙特阿拉伯与阿拉伯联合酋长国的边境争端又起，这两国的边境争端始于1998年，当时，沙特阿拉伯开始在两国边境附近开采石油，阿拉伯联合酋长国据此向沙特阿拉伯提出领土要求。当然，一旦开始开采石油，阿拉伯联合酋长国就会要求分享石油资源。沙特阿拉伯与委内瑞拉是边境线没有划分清楚的例子，但也有一些渴求石油的国家会

---

❶ "Suit Seeks to Block Drilling in Disputed Venezuela Area", Wall Street Journal (February 25, 2004), www.wsj.com.

越过已经国际认定的边境线。

萨达姆·侯赛因就试图控制自己邻国进而攫取更多的石油。两伊（伊朗—伊拉克）战争（1980—1988年）就是萨达姆贪婪的反映。萨达姆于1979年上台执政，他的残酷统治直到2003年3月才结束。两伊战争爆发一年后，萨达姆成为地区强人，他控制了阿拉伯水道。对于领土的争夺以及政治与宗教信仰的差别使这两个国家的关系紧张了许多年。在伊拉克入侵伊朗前，萨达姆以为伊朗的国力自1979年革命以后被大大削弱，所以战争会很快结束。但事实却完全相反，战争一直拖到了1988年。这场打了8年的战争最终不体面地结束了，交战双方在政治与边境方面都没有什么好处。伊拉克的死伤者更多一些，战争赔偿也要多一些。然而，还远不止这些，仅仅一年多后，在两伊战争中吃了亏的萨达姆·侯赛因又发动了一场侵略战争。

在两伊战争结束后不久，萨达姆·侯赛因再次挑起了边境争端并引发了战争。伊拉克索要的领土一直属于科威特。1961年，科威特赶走了英国殖民者仅仅几天后，伊拉克就扬言要吞并该国。阿拉伯联军和英国军队一直支援科威特，迫使伊拉克收回了自己的要求。1984年，萨达姆·侯赛因再次向科威特提出索要Warba和Bubiyan两个岛屿的要求，科威特当然拒绝了这一要求并在自己的边境处加强了戒备。

伊拉克对科威特的入侵实际上就是对石油的占有欲所致。萨达姆·侯赛因极力倡导一种泛阿拉伯联盟，这包含了一种信仰——财富与自然资源应该由所有阿拉伯国家分享。此外，他坚持认为科威特仅仅是在英国人统治时期的一个人为制造的"产物"，而实际上应该属于伊拉克的。而科威特自己绝不愿意成为一个附属国存在。萨达姆·侯赛因认为科威特这么一个小国家更应允许其他阿拉伯国家分享它的石油资源，而且，伊拉克还需要波斯湾更多的水路，而这正是科威特才能提供的。伊拉克被科威特对自己的蔑视激怒了。

1990年8月，萨达姆·侯赛因以全面武装入侵的形式继续向科威特提出了自己的领土要求——全面控制科威特的油田。伊拉克入侵后不久，联合国就介入了。此时，伊拉克依然赖在这个小国内。由于伊拉克军队出现在沙特阿拉伯—伊朗—科威特交界的边境处，沙特阿拉伯请求美国出兵保护。联合国迅速通过了决议，派遣安全部队进入以防止伊拉克可能的入侵。联合国要求伊拉克撤出科威特并规定了最后的撤军期限。7个月后，在国际军事压力下，伊拉克撤出了科威特。结果，伊拉克并没有增加自己控制的油田数量，反而，因为战争的破坏，它损失了大量的油田。

这次,联合国在处理伊拉克问题上起到了主角作用,但它并不总是扮演这种角色。联合国并不是把一个国家推向战争状态的协调者。由联合国发起的任何行动都需要其成员国的同意。即使得不到联合国的授权也不能阻止某一个成员发动军事侵略。2003年,美国在没有得到联合国授权的情况下就开始实施将萨达姆·侯赛因赶下台的计划。在没有确认伊拉克拥有大规模杀伤性武器之前,联合国不允许美国发动侵略战争,但美国还是联合英国向萨达姆·侯赛因和他的儿子们下了最后通牒:要么48小时内下台离开伊拉克,要么战争打击!2003年3月20日,美国入侵伊拉克。联合国并不支持美国的战争行为,但它依然对萨达姆·侯赛因被赶下台后的未来伊拉克形势表示关注。然而,美国却在伊拉克成立了过渡政府并制定了所有的关于伊拉克未来的决定。有批评认为,联合国应该发挥更大的作用。

美国,尤其是布什政府受到大量的指责——他们心中对石油的关注远大于对人权问题的关注。按照布什的指责,萨达姆·侯赛因对美国石油公司的威胁远大于对世界的威胁。目前的美国政府是由一些以石油为后盾的百万富翁组成的。副总统迪克·切尼在担任一家石油服务公司(哈利伯顿公司)的首席执行官时曾获得数百万美元的收入,这家公司获得了2003年战后重建伊拉克石油工业的合同。在切尼否认与该公司有任何关联时,肯定会引起民众的质疑。萨达姆·侯赛因的下台使得伊拉克政府与许多大型石油公司签订的合同泡汤。据报道,萨达姆曾与一些外国石油公司签下数百亿美元的合同(如法国和俄罗斯的石油公司)。2003年,美国的伊拉克石油工业计划与管理委员会主席 Phillip Carroll 宣布以前签署的合同应该重新评估,看其是否符合伊拉克人民的心愿。世人指责这种行为是为布什政府提供了控制伊拉克石油的机会。比如,那些反对这场战争的国家就不允许获得任何与伊拉克石油有关的合同。因此,法国、俄罗斯和德国就失去了在伊拉克的机会,加拿大也属于这一阵营,但美国修改了自己的政策,允许加拿大在第二轮次中进入伊拉克的石油工业❶。在担任美国的伊拉克石油工业计划与管理委员会主席一职前,Carroll 是皇家荷兰/壳牌美国公部的首席执行官。最后美国没有拿到伊拉克拥有大规模杀伤性武器的证据,同时也没有找出伊拉克与恐怖大亨本·拉登直接联系的证据——而这正是美国入侵伊拉克的借口。虽然没人否认把萨达姆赶下台的好处,但布什政府与伊拉克的石油之间的关系却也昭然若揭了。

---

❶ Gregg Hitt, Nei King Jr., and Jess Bravin, "Bush will Allow Canada to Bid for Iraq Contracts", *Wall Street Journal*, January 14, 2004, www.wsj.com

5.4.2 海上争端

对于那些石油生产国来说,邻近大片水域的重要性已经大增,因为拥有一条海岸线就意味着可以为一个产油国提供一个很容易出口自己石油产品的地方。而且,在过去的 20 年中,靠近海岸线就意味着拥有了潜在的石油和天然气资源。几十年来,石油公司一直认为仅仅在陆地可以进行石油勘探开发,海上石油开采由于技术与经济原因被拖延了多年。出于此因,挪威的石油工业在海上的石油勘探开发技术成熟之前一直没有着手海上油气作业。海上石油与天然气生产为那些面临着自己陆上油气可能减产的产油国提供了一个新的财产来源地。正因如此,控制海岸线已经成为一个日益加剧的国际争端原因。

当海上油田的问题卷进来时,领土争端就变得更加复杂了。相邻国家之间的紧张关系通常包括那些从陆地延伸到大陆架水域的争端。在 1958 年的联合国海洋公约(UN-CLOS)制定之前,国家对海洋的领土权仅限于海岸线附近,通常是从海岸线向海洋延伸 3 英里,其他水域则为"国际性水域",为所有国家所有且不得由某一国独占。由于捕鱼业和石油勘探的利润,许多国家都反对这种对海洋领土的规定。1945 年,美国认定自己的海洋领土应该向海洋延伸 200 海里,或者约 230 英里。

在联合国的授权下,1958 年创立了一项国际公约,认定了海洋权。经过三次会议协商后,联合国 CLOS 于 1973 年签署、1994 年实施新的国际海洋公约。这项公约建立了海上领土的分界原则,一个国家的国土界线向海洋延伸 12 海里(13.75 英里)。在这 12 海里之外是"延伸带",在那里,一个国家在法律上可以行使主权,制止一些如走私之类的违法行为。在从海岸线向海洋延伸的 200 海里范围内,为专属经济区(EEZ),其所属国可以行使主权。这些法律明确了各个分带的权利,但没有定义一个靠海国家明确的海上国境线的位置。

在 20 世纪 70 年代,尼日利亚与喀麦隆两国之间政治冲突的起因就是两国位于几内亚湾巴卡斯(Bakassi)半岛一带的边境争端,而那一带富含油气资源。喀麦隆与尼日利亚都对那一个 400 平方英里的区域提出了领土要求,两国都相信在那里蕴藏着丰富的石油。这场争端导致了武装冲突,双方都有大量战俘。经过几次外交谈判后,双方于 1974 年达成了协议。1994 年,国际法庭受理此案。两年之后,尼日利亚军队与争端地区的喀麦隆警察部队又发生冲突。随后两国交换战俘,以表示双方的和平诚意。那里的局势变得更为复杂了——赤道几内亚也对该水域提出了主权要求。2002 年,法庭判定巴卡斯半岛归喀麦隆所有。很不幸,国际法在里海的争端中并没有起到什么作用。

里海区被认为是世界下一个重要的石油与天然气产区。正因为这一潜力，关于里海的所有权就变得更为重要了。该水域的绝大部分面积被一个或两个国家围绕着，里海与5个国家接壤（阿塞拜疆、俄罗斯、哈萨克斯坦、土库曼斯坦和伊朗）。其中3个国家（阿塞拜疆、哈萨克斯坦和土库曼斯坦）是20世纪90年代才从原苏联独立出去的。出于此因，这些国家与俄罗斯的政治关系格外敏感。在原苏联解体之前，几乎所有的里海区域都属于莫斯科管辖。围绕里海的争端就在这些最近独立的国家之间展开，以表明它们各自的独立性，而俄罗斯对此只能保持忍耐。

里海的所有权尚未解决，那里的石油与天然气开发的问题又浮出水面。在20世纪90年代后期，各国请求 UN-CLOS 讨论关于里海水域的归属问题。这三个国家对里海水域中的国境线的划定得到了 UN-CLOS 的同意，但是却把伊朗和俄罗斯架空了。当然，伊朗与俄罗斯坚决不同意这些划分，而且试图找出一种新的方法去使 UN-CLOS 的决定失效。目前他们起草了一份文件，认为从技术上讲，里海仅仅是一个湖泊，因此联合国的法律不适合它的"领土"划分。里海的局势变得更加复杂化了——石油与天然气的运输已经穿过了一些国家的边境，因此，各方都认为是该签署一份合约的时候了。不论如何争执，这三个国家已经拥有为石油公司授权的权力。在里海四周的国家之间，虽然没有爆发什么战争，但关于边界的争端依然没有得到解决。

当然，这些争端可以友善地以合作的方式得到解决，而且也不会出现由一个国家单独控制有争议地区的局面。然而，这些争端的解决在很大程度上将取决于某个国家对石油的控制欲望。对于一个经济上欠发达、国力不强且拥有油田的国家来说，要从这种争端中抽身是不容易的。比如伊拉克，它从科威特撤出是十分困难而窘迫的，但对于沙特阿拉伯来说，则可以通过一项友善的合作来达到目的。在20世纪30年代，由于政治争端，英国人建立了一个沙特阿拉伯—科威特中立带。由于第一个油田是20世纪50年代在这个中立带内发现的，沙特阿拉伯与科威特同意共享之。沙特阿拉伯—科威特中立带得到了大发展，那里的主力油田的产量已达到了每天近600000桶。

5.5　经济制裁

制裁常常可以作为一种有效的工具来对付那些对地区或全球安全构成威胁的政治团体，还可以引起国际社会对那些恶劣的人权状况的关注。如果要直接将一位首领赶下台或者将一个国家或地区改朝换代，制裁本身不会有太大的帮助。无

论如何，经济制裁的运用为石油与政治的混合提供了最好的例证，把石油加入经济制裁的内容还可以使我们认识到石油对于一个国家的政治与经济地位是多么的重要。"制裁"经常是一种被国际社会认同的形式，通常由联合国实施，是不动用武力而对一个国家施加的压力。这些制裁通常包括国际贸易与金融方面的制裁。制裁的手段有武器禁运、贸易禁运和外交限制。关于石油，一个被制裁的国家一般会面临石油产品的进出口禁运。石油禁运已被用来针对石油的进口和出口。对一个石油出口国实施石油禁运的经典例子是20世纪90年代的伊拉克。历史上最出名的针对石油进口国的石油禁运事件发生在1973年，是由阿拉伯的石油生产国为反对美国和一些支持以色列的欧洲国家而发起的。除了1973年的这次石油禁运，绝大多数制裁是由联合国实施的。

在联合国的历史上，一共实施了14次制裁，其中大多数发生在20世纪90年代。最著名的制裁是针对伊拉克的，因为这次制裁时间最长，经济上也最为严厉。1990年10月，就在伊拉克入侵科威特几个小时后，联合国安理会（UNSC）就做出了谴责并要求伊拉克立即从科威特撤出，在遭到伊拉克拒绝后，安理会就做出了对伊拉克实施制裁的决定，并在伊拉克北部设立了保护带（"禁飞区"），以保护那里的伊拉克库尔德人和什叶派穆斯林。侵入科威特后的第4天，UNSC通过了第665号决议案，将经济制裁变为完全的封锁。在此期间所有进出伊拉克的船只都将被密切地监视。最重要的是，此举切断了伊拉克的原油出口。1991年2月，伊拉克从科威特撤军后，联合国继续实行经济制裁，向伊拉克政府继续施加压力，以迫使其改善与邻国的关系。由于伊拉克政府对本国库尔德人和什叶派穆斯林的镇压，它继续面临联合国的制裁。世人希望这种经济压力能够促使伊拉克人民奋起推翻萨达姆的统治，并由更为合适的领导人取而代之。当然，这种情况从来没有发生。在联合国与伊拉克政府的这种对峙中，联合国对以前的制裁首先做出了妥协。

1995年，UNSC通过了第986号决议案，允许伊拉克从事有限的石油出口——这仅能被用于人道主义援助，比如食品和其他生活必需品。这一决议，就是所谓的"石油换食品计划"，从1995年延续到2003年。1998年，伊拉克宣布停止与联合国武器观察员与监察员的所有合作，除非联合国的禁运全部解除。联合国决定增加伊拉克的石油出口量。然而，联合国依然密切监视伊拉克的贸易往来。虽然实施了制裁，但据报道，伊拉克以卡车通过其邻国大量走私出口石油。虽然伊拉克的输油管线、输油站的终端以及伊拉克位于波斯湾的重要出口基地等都遭到了严重的破坏，但在联合国经济制裁期间，伊拉克依然在大量走私出口石油。这种石油走私使萨达

姆获得了数百亿美元的利润。因此，直到2003年被赶下台之前，他一直在伊拉克维持着自己的统治。这次石油禁运对伊拉克萨达姆政权的打击是值得怀疑的，而且，人们对经济制裁作为政治武器的效果提出了更大的质疑。

有学者认为，石油制裁是无效的，因为其本身就存在问题而且也难以持久。制裁大多出于政治的原因，因此，联合国并不能对世界上每个国家的政府施加自己的影响。对各个国家来说，制裁都有一个经济与情感方面的底线。比如，联合国支持对南非的制裁，使用制裁手段向南非的种族隔离政策施加压力，而尼日利亚成为其中最活跃的国家之一。制裁的力度实际上来自一个国家对被施加国的感情。

在1948—1994年，南非由自认为比占绝大多数黑人优等的少数白人统治着。"种族隔离"一词是一种非洲语，意为"分离"或"分割"，但在南非则意味着一种法律允许的分隔体系。据称，种族隔离直到纳尔逊·曼德拉（Nelson Mandela）被从监狱中释放并于1994年当选为南非总统时才结束。联合国发现南非的种族隔离是一个长期而困难的问题。1962年，联合国通过了第1761号决议，公开谴责南非的种族隔离政策。为了加强效果，联合国要求其成员国停止与南非的军事与经济往来。这次制裁包括禁止出口与进口，并冻结了银行账户。在这种大规模的进口禁运中，包括了石油禁运。一些产油国，比如尼日利亚就严格地执行了这次禁运。1973年，联合国通过决议，确定种族隔离为犯罪行为，这就为实施制裁提供了法律依据。在产油国中，充当制裁的主角就是尼日利亚。

南非的情况代表着在非洲大陆突出的殖民主义现象。当时，尼日利亚是最活跃的争取独立自主的国家之一——在非洲，白人的独裁统治应该停止。因此，尼日利亚正处在为数不多的几个非洲发展中国家的前沿。实际上，尼日利亚是少数几个忠实履行联合国关于南非决议的国家之一。像尼日利亚一样，世界上许多国家都对发生在南非的种族隔离非常愤怒。联合国与种族隔离政策进行了数十年的斗争，在全世界消除种族隔离的斗争中起到了积极的作用。联合国作为一个整体相对迅速地处理南非的事情，而对其他地区的处理则显得过于缓慢。比如在伊拉克，萨达姆的残暴王朝始于1979年，但联合国在他于1990年下令入侵科威特之前则对其无能为力。联合国的选择过程使得问题复杂化了，使得全球的许多人口蒙受了苦难。

经济制裁被认为是无效的，还因为石油工业是全球性的，因此若对某个国家以石油禁运的方式实施制裁几乎是无效的。比如，产自尼日利亚的原油却可能在欧洲炼制，并在纽约期货交易所（NYMEM）交易，最后在美国的加利福尼亚消费。在石油的产品到达消费者时，是很难确定它的原始产地的，也很难确定它是

由哪家石油公司开采出来的。即使经过了广泛的努力,联合国提出的制裁方案与措施也并没有制止南非的种族隔离。南非有着丰富的煤炭资源,所以当时它对石油进口的依赖程度并不太大。而且,独立的石油生产者依然在南非以一种优惠价格出售石油。事实上,在1979年尼日利亚决定将英国石油公司国有化时,就以尼日利亚石油公司的名义在南非生产并出售石油产品了。正如我们在伊拉克的实例中看到的,被制裁的国家将石油走私出境并大肆出售。对于一个石油进口国的石油禁运只能促进其通过那些无视联合国制裁的国家购买石油。这样的结果就是制裁并没有控制石油的进出口或者从石油获得利润,这样常常会直接由残暴的统治者获利,并将这些利润都用来加强自己的军事与统治实力。

石油制裁是无效的,因为它往往会影响无辜的人民。在伊拉克,人民的生活水准明显地下降了,而人口却增加了。为了管理进入这个国家的少量食物,伊拉克采用配给制。人们所获得的食品仅仅是人类身体需要量的下限。结果,伊拉克几乎成了一个饥荒之国。即使在石油换食品期间,大量的必需生活用品根本到不了伊拉克人民手中。到20世纪90年代中期,情况已经很明朗——经济制裁所伤及的是无辜的伊拉克民众,而不是伊拉克政府。所幸的是,萨达姆的下台意味着联合国对伊拉克已经长达10年之久的制裁的撤销。2003年5月,联合国安理会解除了对伊拉克的所有贸易与经济制裁。联合国还要求为伊拉克设立发展基金,它来自伊拉克的石油销售,用于重建萨达姆之后的新伊拉克政府。

在过去的10年中,人们对经济制裁的效果提出了极大的质疑。在绝大多数情况下,这种手段无损于事先设定的目标——那些残暴的政治首脑们。实际上,制裁把区域性问题扩大为国际性问题了。当联合国实施时,那些受到制裁的国家反而会用它们的贸易与金融去巩固自己的政治体系。甚至那些无视这种制裁的国家也会受到这种影响。从根本上讲,与石油有关的争端不但没有好处反而会殃及与此无关的国家。

5.6 祸害外溢

伊拉克的争端已经影响了整个世界。中东地区的政治局势已被改变,导致了石油价格的大幅度波动,并干扰了石油的供应。那些没有卷入这场争端的石油生产国(比如委内瑞拉和墨西哥)开始增加石油产量以弥补因伊拉克石油被破坏所造成的损失。同样,一些在里海地区的看上去远离冲突的输油管线也可能使其四周国家的关系变得更复杂,并可影响全球石油消费者的供应。当今,全球几乎没有一个角落不受到石油的影响。事实上,石油与政治密不可分。

在公众心目中,石油是引起各种争端的根源,而并不是世界新秩序的基础。造成这种印象的原因就在于与石油有关的冲突往往是十分惨烈而且影响力非常大的。这些争端包括领土的纠纷以及由国内战争引发的国际冲突。在每个实例中,石油制造的负面影响体现在经济、政治和战争等几个方面。比如,当伊拉克入侵科威特时,沙特阿拉伯就非常关心自己在科威特和本国境内油田的安全。由于有了"沙特阿拉伯—科威特中立带",沙特阿拉伯对科威特所发生的一起都非常关注。沙特阿拉伯所担心的不仅是会失去石油的利润,而且也会受到伊拉克的侵略。在中东地区,任何由战争引起的损失都是十分严重的——会直接影响到一个国家的经济稳定。那些国家的经济极度依赖石油的利润,所以它们必须全力以赴地保护自己的石油工业——那是它们的最高利益。

然而,日显突出的情况是那些以石油而结盟或因石油而发生冲突的国家有了新的思考——它们对环境的影响。

推 荐 阅 读

关于石油引起的冲突问题,可参阅 Michael T. Klare 的《Resource Wars: The New Landscape of Global Conflict》(Metropolitan Book, 2001)。关于圣约瑟协议,参阅 Markos Mamlakis 的《The New International Economic Order: Centerpiece Venezuela》,见《Journal of Interamerican Studies and World affairs》20, No. 3, 1978 年 8 月号: 265—295。关于伊拉克,已有好几本著作出版: Abbas Alnasrawi 的《Iraq's Burdens: Oil, Sanctions, and Underdevelopment》(Westport, CT Greenwood Press, 2002)。Authoy Arnove 的《Iraq Under Siege: The deadly Impact of Sanctions and War》(Cambridge MA: South End Press, 2002)。关于尼日利亚比夫拉战争的资料,可参阅 Toyin Falola 的《History of Nigeria》(Westport, CT: Greenwood Press, 1998)。关于车臣事件,可参见 Anatol Lieven 的《Chechnya: Tombstone of Russian Power》(New Haven: 耶鲁大学出版社, 1998),Dale R. Herspring 的《Putin's Russia: Past Imperfect Future Uncertain》(Lanham, MD: Rowman 与 Littefield, 2003)。关于南非的石油与种族隔离问题的简介,可参见 Arthur Jay Klinghoffer 的《Oiling the Wheels of Apartheid: Exposing South Africa's secret Oil Trade》(Boulder, CO: L. Rienner, 1989)。Lindsay Michael Eakes 的《The End of Apartheid South Africa》(Westport, CT: Greenwood Press, 1999)。关于墨西哥在 NAFTA 中的作用,见 Peter H. Smith 的 "The Political Impact of Free Trade on Mexico",《Journal of Interamerican Studies and Wold Affairs》. 34, No. 1 (1992 年春季号): 1—25, M. Delal Baer 与 Siney Uleintraub 的《NAFTA Debate: Grappling with unconventional Trade》(Boulder, CO: LyuneRinner, 1994)。

6　环境问题

阿拉斯加石油泄漏并不是埃克森公司瓦尔德兹号油轮的船长造成的，那是你干的。

——绿色和平组织，1990❶

各石油生产国沉浸在由它们的石油工业所带来的巨额利润与国际威望的同时，也经受了因石油工业的发展给本国生态环境所造成的强烈冲击。全球的空气、水体和土地都遭到了污染和损毁。人们已不能再忽视与石油有关的事件或者由于石油设备的受损而造成的环境破坏。现在，各国政府和国际组织已经日益重视石油的泄漏问题，加强了对有价值的赤道热带雨林的保护，并搬迁那些因水、空气和土壤被污染了的居民点。国际组织和产油国政府正在寻找一些在更加关注环保的前提下开采石油的方式。在本章，我们将阐述石油在生产、运输和使用过程中对环境的影响以及各国政府和国际组织通过法律与公约来减少石油工业对环境影响所采取的措施。

因世界石油工业造成的环境损害是一个长期积累性问题，它起因于全世界对这种不可再生能源的大量需求。随着世界人口的增长，人们对以石油为原料的产品的需求也增加了。在过去的几年中，世界人口的增长率变缓了，但人口的膨胀依旧。在过去的50年中，世界人口几乎增长了3倍，使现在的世界人口总数已经超过60亿。当然，人口因素仅仅是全世界对石油产品需求增加的一部分原因。其他因素是工业化与财富的增加，这些都促使人们对石油需求量的增加。越来越多的家庭有了多种交通工具，生活水平也大大提高了，所使用的石油产品也大大多于以前了。实际上，这第二种因素像第一种因素一样是难以控制的。❷ 石油工业，无论人们事先如何警惕，但依然是一种破坏环境的商业活动。要减少世界人口的数量和我们对石油的依赖，这似乎是困难的，但我们至少可以试着把石油生

---

❶　Green Peace advertisement.
❷　Michael Klare, Resource Wars: *The New landscape of Global Conflict* (New York: Metropolitian Books, 2001), 15-16.

产与石油的影响降至最小。

环境具有一种令人难以置信的恢复能力和对许多破坏行为（自然的与人为的）自我清理的能力。虽然一次小小的石油泄漏并不可能改变我们的自然景观并彻底消灭所有的地球生物物种，但严重的石油泄漏、井喷和大量污染物的排放则很可能导致这种严重的后果。世界上许多炼油厂和产油井已经连续运行了50多年，当地环境的破坏，难道都是石油工业造成的吗？在一般情况下并不尽然，而对一些特殊区域的破坏则是当地的石油工业所致，这种破坏在极大程度上是由于环境的脆弱性而造成的，如委内瑞拉的热带雨林，那里数千种珍稀植物与动物，其保护难度就远远大于沙特阿拉伯的沙漠地带——那里几乎没有什么动物和植物生存。然而，全球的空气和水的流通是不会被国境线所限制的，对这些自然资源的破坏则会殃及全球。

对环境破坏进行评估是难以进行的，因为相关的信息必须从那些本身愿意从事这类研究，同时也允许国际机构进入其国内进行研究的国家获得。世界上只有为数不多的国家愿意透露自己的排放物和石油泄漏的信息，尤其是当这两项指标都较高的时候没有一个国家愿意把自己所经受的环境破坏情况印发并公布于世。当一个秘密的环境小组将全世界的注意力吸引到一个当地社团的抱怨时，就会引起国际震动。国家政府的注意力通常也会包括这些内容。简言之，各产油国对环境的破坏程度难以定量地评估。因此，一些特殊的信息在各产油国之间是不能进行比较的。出现在尼日利亚的环境破坏问题，人们已知的原因是该国的一些社团组织把它们的不满向全世界广泛传播，从而导致全世界的环保人士都加入了他们的抵抗运动所造成的。然而，在伊拉克和沙特阿拉伯，这种环境的破坏程度则是不清楚的。其部分原因是由于绝大部分中东地区是没人居住的大沙漠，而这种破坏对人类的直接影响就显得很小了。正因如此，要评估石油工业对环境的影响就难以进行，但这并不意味是不可能进行的。

6.1 对环境的影响

全球的石油工业对环境的影响可以分为两大部分：即时影响和长期影响。即时影响包括每天都可见到的影响，比如水体的污染、土地的污染、土地营养被破坏、工业污水的排放以及空气的污染等。这些破坏包括那些已被当地环保组织注意到的和影响民众日常生活的污染。

在进行石油勘探时，地震研究需要进行地下爆炸，以确定油气藏的位置。在布置这些爆炸点的施工中，需要砍伐一些森林并修筑公路，还要修建一些具备舒

适条件的野营工房。一旦发现了石油并投入生产,则对土地的占有量还会增加。和钻井工程一样,管线和必需的输送泵站也需要大量的土地。还需要建设从遥远的油田通往炼油厂的公路、办公场所以及储油罐等。这些设施一旦建成并投产,则泄漏、外溢等事故就可能发生,其实,这类事故每天都在发生。这种日常发生的小损坏日积月累就会给自然环境造成巨大的灾难。

这种灾难性的破坏是非常严重的,而且通常会导致大量动植物的死亡。这类事故有陆地和海上的"爆炸"事件,就是在炼油厂、钻井场、储油罐和输送管线上发生的爆炸和火灾[1]。有一个著名的案例是1978年发生在墨西哥Campeche湾的事故。一口油井出现了变形,在试图修井时回收的石油进入了钻井内,油井失去了控制,引起了一场长达9个月22天的连续井喷。这次井喷将3000多桶石油泄入了海湾,还破坏了一部钻井平台(平台的残余部分被迫沉入海底)[2]。第二种灾难性破坏就是海上运输过程中的油轮事故。1989年,埃克森公司的油轮瓦尔德兹号在美国阿拉斯加威廉姆斯王子海峡附近触礁。在礁石上撞出的大洞,导致近300000桶原油泄漏。无独有偶,一艘私人船主的油轮Prestige号于2002年12月在西班牙沿岸断裂,导致大量原油泄漏。调查证实,这艘已服役26年的油轮由于年久失修而酿成此次大祸。由于这次油轮事故,数千桶原油涌上了西班牙海岸。这类事故已引起公众和政府的广泛关注,因为它的清理工作要耗费数百万美元。第三种灾难就是故意破坏。

故意破坏的行为有用管子插入输油管线中,用虹吸的原理吸出原油后私自出售,进而引起破坏性事故,还有故意破坏石油设施等。经常有关于民众利用虹吸管从管线中盗窃原油并引起重大事故的报道。用虹吸管盗取石油主要发生在那些人们生活困难的产油国内,民众的盗卖行常常会使石油的黑市火爆异常。虹吸管盗油不仅是违法的,也是非常危险的,一旦在管线上的一个小孔出现一个小火花,就会酿成难以扑灭的大火灾。而且,从内部结构来迅速有效地发现这种灾难几乎是不可能的。这已成为尼日利亚的一个特别严重的问题,导致了惨烈的输油管爆炸事故。1998年,在尼日尔河三角洲内的Jesse城附近发生的一场大爆炸造成500多人死亡,人们花了数周才完成了泄漏石油的回收工作。这一事故,是一辆摩托车发出的火花引起的。

---

[1] Peter Colley, *Reforming Energy: Sustainable Futures and Global Labour* (London: Pluto Press, 1997), 44–45.

[2] Hart Publications, *Fifty years of Offshore Oil and Gas Development* (Houston, TX: Hart Publications, 1997), 95.

除了虹吸管式盗油,民众还以破坏输油管线回应经济与政治的动荡。这第二种情况多为民众对政府或外国石油公司在自己的生活领地的石油开采表示反抗的行为。输油管线往往是盗油的主要目标,因为在许多情况下,输送石油和天然气的管线途径的大都是国内极不安全的偏远地区。输送管线的长度可达数百英里,而且常常会铺设在地面,以便钢铁在温度变化时的热胀冷缩。在沙特阿拉伯与伊拉克等国,这种管线所经之地大多为无人居住的沙漠区。那些破坏分子通过破坏管线就会阻滞本国石油工业的发展并引起国际社会对其所处的困境的关注。对管线的故意破坏行为就像一种经济制裁,会给政府施加压力。人们可以通过破坏管线来切断政府的生命线。2004年,伊拉克境内的石油管线被破坏的事件频发,几乎使该国的石油工业停滞。伊拉克临时政府总理阿拉维说该国至少损失了2亿美元的石油收入。那年,伊拉克的石油工业徘徊在100万桶/天,而战前则高达300万桶/天。在所有的管线遭到破坏的实例中,当事国都发生了石油减少、巨大的环境破坏以及无辜民众大量死亡的情况。

倾倒石油与炸毁石油设施也成为一种战争武器。伊拉克就曾两次将这种手段作为自己的战略措施。两次海湾战争中,都有大量笨重的军用车辆被遗弃在平静的沙漠,并遗留了大量的爆炸物,造成了严重的环境破坏。在战争期间(1980—1988),伊拉克于1987年点燃了伊朗的三口石油与天然气井。在几年之后的海湾战争中(1990—1991),1991年1月,伊拉克以同样的手段施暴于科威特,导致1100万桶原油泄入阿拉伯湾。数英里长的海岸线上布满原油,严重地威胁到了科威特的虾与海鸟等生物种群。此外,在伊拉克和科威特境内的多个油田(600多口油井)被付之一炬。这场大火被称为"科威特油田大火",燃烧了整整数月,直到1991年11月才被完全扑灭。仅在几个月内就有140000多桶原油被燃烧后排入大气层中,污染物不仅落到科威特,也殃及邻国❶。这种影响是惨痛的,这是一场长期的灾难,而且其污染将一直延续到今天。

6.2 土地污染

土地污染已给那些依靠土地从事农业和畜牧业生产的当地居民造成了严重问题,它还给生物圈内的植物和动物造成了致命的伤害。在许多产油国内,人们继续以传统的方式生活着:土地是他们获取食物和药品的主要来源。对于土地来

---

❶ Muhammad Sadiq and John C. McCain, *The Gulf War Aftermath: An Environmental Tragedy* (Boston: Kluwer Academic, 1993), 2-3; Committee on Oil in the Sea National Research Council, *Oil in the Sea Ⅲ: Inputs, Fates, and Effects?* (Washington, DC: National Academies Press, 2003), 135.

说，石油工业对其最大的威胁来自炼油厂。炼油过程中所产生的固体与液体的废物常常会穿过那些建筑质量非常恶劣的储存器渗入地下，这意味着废弃物被储存到了地下。

原油会留下一些难以分解的能够损伤动物的残留物。比较稠的原油会粘住动物的羽毛或皮毛，这样会使动物的体温升高，使动物饱受发热之苦。石油工业的发展会导致一些畸形动物出现，尤其是在热带地区。比如，在委内瑞拉，由于石油工业的大发展，在一些地区畸形动物的出现远高于南美其他地区。石油工人大肆破坏森林以便搬运钻井设备。很不幸的是，那些产油国也鲜有美丽的自然景色。最近，在俄罗斯的中南部地区开始了大规模的石油开采，那里正好靠近贝加尔湖和 Tunka 国家公园。该地区有世界上最大的一块湿地，还有远古的森林和一些珍稀物种。贝加尔湖，通常被认为是"俄罗斯野生动物的天堂"，是珍稀动植物的家园，包括举世罕见的淡水海豹等。贝加尔湖的生态系统正面临着来自这个油田的环境污染的风险，而该油田是俄罗斯最大的油田之一。Tunka 国家公园占地 300 万英亩，那是未被开垦的森林，而且是多种动物的家园，比如雪豹等。不幸的是，俄罗斯多家石油公司已经制定了一项通过该国家公园的输油管线的计划❶。

6.3 空气污染

空气污染来自炼油厂的污染排放物及生产井与炼油厂中天然气的"火炬"以及将石油作为燃料燃烧后的产物。在一些被排放到空气中的污染物中，人们大量关注的是温室气体的排放（比如一氧化碳、二氧化碳、甲烷、氮化物及其他气体）。人们认为，这些气体正在大气层中积累并使地球的温度上升，导致全球变暖。这是迄今最令人困惑和最具挑战性的关于国际环境的议题，因为它被科学家和公众知之甚少。许多人相信，通过人类的日常生活（包括交通工具的使用，制造业和农业生产活动等）所排放的二氧化碳会进入大气层并吸收热量，因此会产生温室效应。这个名词来源于一个花园的温室功能（光线透过玻璃进入室内，加热了植物与土壤，并吸收了热量）。由于这种温室效应，导致地球表面每年的平均温度从 19 世纪后期的工业革命以来已经升高了。全球变暖的速率与进入大气层的二氧化碳量有着直接关系。换言之，石油的消耗量越大，地球表面温度就会

---

❶ Rory Cox, "Russian Big Oil Redraws Pipe Dream", *Washington Free Press* 62 (March 2003) www. washington freepress. org/62/Russian Big Oil. html; Sabrina Tavernise, "Oil Rush in siberia Puts Other Treasures at Risk", *New York Times*, October 5, 2003, 3.

变得越高。这种升温的趋势会引起全球冰川融化，海平面上升，并导致降水模式与全球气候改变。

6.4 水污染

对全球水资源的破坏出现在石油生产过程的几个不同阶段。总体上来看，有统计显示，每年大约有 95000 桶石油进入地球的河流、湖泊及大洋中❶。最近的研究表明，一半以上的这种污染物来源于油轮的清洗产物和石油的泄漏。当油田进入成熟期，产量减少时，石油公司往往采取注水的方法，以便采出更多的石油。在此类作业中，淡水资源可能会被耗尽。每天的这些作业似乎微不足道，但其累积效果却是非常可观的。另外一类破坏发生在炼油加工过程中，此时，石油工业废水会渗入地下，并进入地下水系和饮用水井内。输油管的泄漏也会造成水质的严重污染。一个持续性水污染所产生间接破坏的例子发生在俄罗斯。1994年，在俄罗斯北部科米（Komi）共和国的 Usinsk 城附近的石油管线发生泄漏，产生了一个碟状大坑，直至发展成一个巨大的陷坑。该管线由俄罗斯的 Konineft 石油公司运营，铺设在 Kharyaga 油田与 Usinsk 城。这一碟状塌陷坑中充满了积雪及在西伯利亚半岛上泄漏的大约 750000 桶原油。这些泄漏的石油并没有浮到地表，且发生了长距离的流动，流到了 Kolva 河并最终进入巴伦支海。这类事件对地球水体的影响是长远的。

在石油运输过程中所发生的灾难性石油泄漏已成为最受媒体关注的事件。除了前面所提到的瓦尔德兹和 Prestige 号油轮的漏油事件之外，还有一个相似的实例发生在安哥拉。1992 年，一艘私人船"BT 夏日号"在位于非洲南部的安哥拉沿岸泄漏了 35000 桶原油。除了与油轮有关的泄漏之外，在陆上与海上的石油开采也会污染水体，像这样的石油泄漏会造成可供海湾生物食用的大量的海洋浮游生物的死亡。

关于石油污染对土地和水域所造成的影响的时限依然存在不少争议。许多研究人员强调，随着时间的推移，水体中的原油会在生物与化学作用下发生组分的改变，从而改变其对环境的影响程度与方式。在陆地，泄漏的原油最终会被蒸发、溶解、消散。这种观点认为泄漏的原油最终会被分解成其形成时的原始物质。但是，这种"返璞归真"的过程将需要多长时间呢？一些反对的意见认为，

---

❶ James A. Fay and Dan S. Golomb, *Energy and the Environment* (New York: Oxford University Press, 2002), 258.

这种情况虽然可能发生,但无人知道这一过程需要多长时间,或者会导致别的什么后果。此外,这种分解、消散的过程对减轻环境污染也并不能起到什么积极的作用。正如由全球石油工业所导致的各种污染的证据所揭示的那样,这种影响是可以量化的——所泄漏的原油桶数、被毒害的动植物的数量、排入大气层的二氧化碳量。目前,石油工业对环境污染与伤害程度都还是未解之谜,那么,为什么那些产油国的政府在环境保护方面会如此迟缓?

6.5 迟缓的环保行动

20世纪代表着人类已意识到工业对自然环境产生了巨大危害。人们开始认识到工业烟尘与废弃物已经对自己的饮用水和日常生活产生了影响。开始,人们认为这种影响将不会发生在一个偏远地区和非工业区。但随着一些大型工厂和石油开采活动进入偏远地区时,那里也就不能幸免了。事实上,我们现在已经知道,那些所受威胁最大的区域就是那些居民人数并不多的地域。大量的工业废物进入河流、湖泊,直接威胁人类的饮用水和水生生物。随着全球工业化的进展与扩张,许多国家的政府已经开展对工业污染物排放量的监控与限制。不幸的是,在绝大多数情况下,许多产油国对此举仅仅是"纸上谈兵"。而且,公众对全球变暖之类的问题的认识也仅仅停留在表面水平上。

许多产油国的首脑常常忽视一些来自国际组织(官方与非官方的)关于环境污染的警告。主要有四个原因导致发展中国家对这些警告的反感。

第一,绝大部分的批评和警告来自西方国家,而这些国家有许多曾经是富产石油的发展中国家的殖民统治者。比如伊拉克与尼日利亚经过艰苦的抗争才推翻了英国人的殖民统治,而美国从来没有对任何国家进行过殖民统治,所以一些产油国目前感到与美国的合作与其他过去的殖民统治者的合作有所不同。

第二,许多产油国认为对环境的关注是一个富国的奢侈行为,那些正在努力发展自己经济的国家往往认为这种对环境的关注是西方国家妄图操纵自己或者是对本国环境问题的一种指责行为。发展中国家认为西方国家才是环境破坏的元凶,因为它们在19世纪初的发展与工业化才造成了空气和水的污染和对环境的破坏。这些国家认为,西方国家实际上是为了保护它们自己的土地。他们相信,因为环境问题所造成的对各种工业发展的限制将无助于本国经济的发展。实际上,一些人相信,所谓的"环境标准"是阻碍发展中国家发展自己经济的一个重要原因。

第三,绝大多数发展中国家对自己的食品保障和就业率的关心远重于对石油工业所造成的环境危害的关心。对经济增长和社会需求的渴望常常与环保问题发

生冲突。许多国家的政府极度依赖石油收益并将一些资金投入到环保工作中。与衣食住行相比，环保所需的高昂费用很可能会使投资者望而却步。一个不幸的事实是许多国家因为淡漠环保观念而影响了外国投资者。那些西方国家是按照自己的标准行事的。正因如此，许多发展中国家没有签署那一系列关于减少二氧化碳排放或减少水污染的国际议定书。2003 年 12 月，OPEC 前任秘书长 Alvaro Silva－Caderon 博士清楚地表示了自己对联合国关于气候变化框架协议的看法❶：

"我们对那些需要由发展中国家来负担的新约束的要求感到不快，此举将会影响独立自主的国家保持自己经济增长、发展它们的社会功能以及根除贫穷的能力。我们再三阐明那些生产石油的发展中国家不会关闭关于气候变化谈判的大门。即使这些措施已被写入联合国的《框架协议》和《京都议定书》中，我们依然对那些冲击以石油天然气为基础的经济措施感到不满。"

第四，许多产油国认识到这些问题从本质上讲也与它们有关。对许多产油国来说，它们是真正的石油生产者，他们也会造成石油的泄漏，但他们能使用一些安全的方法去清理工业废物吗？石油公司自己就能做到这一点。总的说来，石油公司已经受到了严格地舆论谴责，因为它们在石油的生产中，没有起到安全带头作用。这不仅因为它们拥有世界绝大部分的石油生产，而且还因为它们拥有足够的专业技能、研究机构以及足够的资金去从事这些工作。最近，石油公司正在承受着越来越大的压力。由于法律条款的增加，国际石油公司可能会面临着承担控制石油泄漏的责任，而且还可能不得不支付清洁费。2004 年，环境组织开始搜集关于埃克森—美孚应对全球变暖承担责任的证据，这标志着环境保护工作的一个里程碑。环保组织指责该公司导致了二氧化碳排放量的明显增加——主要由过去 120 多年中石油的消费者所排放的❷。换言之，石油公司所作出的努力至今还未被世人充分认识到。

产油国还认为，这一问题的根源在于西方国家，因为它们消耗了世界上绝大部分石油。产油国抱怨它们每年必须提高自己的石油产量才能保障西方国家的需求。根据美国能源信息署（EIA）的资料，2004 年，全球石油消费量增加了 190 万桶/天。在这些全球石油消费量中，工业化国家（比如美国等）的消费就占到

---

❶ Alvaro Silva－Caldevon, "OPEL statement to the Conference of the Parties" (Speech, Ninth Conference of the Parties to the UN Framework Convention on Climate Change, Milan, Italy, December 1－12, 2003). www.opec.org/NewsInfo/Speeches.

❷ Silmon Collins, "Oil Giant in Environmental Gun," New Zealand Herald, February 18, 2004, www.nzherald.w.n2.

了总消费量的55%。发展中国家的石油需求量则仅增加了70万桶/天。拉丁美洲与原苏联的石油消费仅仅比以前略有增加。总的说来,专家预测,到2025年,全球的石油消费量将达近1.2亿桶/天❶。基于这些预测,环保组织认为,全世界应该通过一系列法律与条约来完善环保措施。

6.6 国际组织

联合国仅仅代表着国际法律的制定者,但一些正在兴起的组织对联合国的影响是不能忽视的。正是这些组织的存在,才使得世界上一些遥远的角落发生的严重的环境破坏情况才能被公布于世。由于它们的"草根"性,处于基层,这些组织对环境每天所收到的破坏情况的了解要远甚于许多国家的政府,包括美国政府。它们以许多方式表达了那些缺少国际交往的弱小群体的意愿。由于这些组织都是独立行事的,所以它们可以自由行动,四处安营扎寨进行自己的调查。许多这类组织活动的目的是要引起国际上对它们所研究的地区遭受的与石油有关的破坏的关注,而其他的则是集中于对环境的破坏方面(包括与石油有关的原因)。这些组织常常会以多重努力来向石油公司和政府施加压力,并通过一些国际机构制定一些相关法律。目前,已有数百个这类组织,它们在地区、国家和国际化等层面上开展工作。下面就是一些通过它们的工作所揭露的国际著名的案例。

6.6.1 石油观察国际

石油观察国际(Oilwatch International)是一种致力于结束石油公司在赤道国家从事破坏活动的组织。该组织于1996年成立,总部设在厄瓜多尔首都基多。该组织的目标包括制定一项计划,反对那些正在对一个国家的生态造成破坏或者有潜在的破坏性的石油公司的作业行为。该组织的成员有来自巴西、喀麦隆、哥伦比亚、刚果、危地马拉、墨西哥、尼日利亚、秘鲁、南非、斯里兰卡和泰国的积极分子。该组织已经建成了一套网络系统,供关心这项事业的积极分子们发现最新的关于石油公司运作的信息,并在赤道国家内掀起反对它们的运动。

6.6.2 绿色和平组织

绿色和平组织(Greenpeace International)是最著名的国际环境保护组织,因为它反对所有形式的环境破坏行为,其中并不仅仅是石油所造成的破坏,它因此而享誉全球。该组织成立于1971年,并迅速全球闻名。该组织的主要目标是

---

❶ Energy Information Administration, "International Energy Out look, World Oil Markets," April 2004, www.eia.doe/gov/Oiaf/ieo/Oil.html.

增加可再生能源的应用并保护十分脆弱的生态系统。对待石油工业，绿色和平组织始终扮演着一个决定性的角色。该组织将同费 50 年时间来阻止在南极地区进行石油勘探作业。

6.6.3 地下项目

地下项目（Project Underground）成立于 1966 年，致力于揭露全球石油勘探作业中的破坏环境与践踏人权的行为。该组织的主要目标是为那些受到工业污染与破坏威胁的部族提供法律援助。它们的一个主要关注点已经转向在国际法的框架下为这些部族的人们提供法律援助。

6.6.4 国际地球之友

国际地球之友（Friends of the Earth International，FOEI）是一个国际环保组织的全球化联盟。该组织成立于 1971 年，由分别代表法国、瑞典、英格兰和美国的四个组织构成。当今，该组织大致有 68 个小组，总部设在荷兰的阿姆斯特丹。该组织主要致力于地球环境保护，修复环境的破坏，并在全球范围内大力提倡环保型发展模式。该组织的成员由一个常务委员会联合起来从事各项活动，包括以一个 FOEI 的整体以及各独立的组织开展工作。

6.6.5 环境权利行动

环境权利行动（Environmental Rights Action，ERA）是尼日利亚国内的一个主要活动组织。1993 年该组织成立，开展反对在尼日尔河三角洲地区出现的环境与社会危机的工作。出于此因，该组织把总部设在位于尼日利亚石油生产区的中心地带 Harcourt 港口。除了在尼日利亚大力倡导环境保护之外，ERA 也参与了国际地球之友和石油观察国际的活动。这个成绩出众的组织于 1998 年获得了 Sophile 奖，用于表彰其对人权与环保所作出的杰出贡献。

上述各组织常常代表着国家和国际上对环境保护的态度。通过反对破坏、保护环境以及在国际上进行揭露等措施，这些国际性组织的工作使得一些国家的政府、石油公司和国际组织处在一个"非常不爽"的地位。他们都坚决反对对饮用水的污染和对原始森林的破坏。这些组织认识到这一点，并付诸行动。

6.7 各国对环保的响应

许多国家都已对来自这些组织的压力做出了反应并开始了行动，在这些国家中作业的石油公司通过应用现代化的技术和法律也开始行动。对于污染所采取的法律行动，各国、各地区和各国际组织之间是不同的。许多发展中国家在这个工业化的世界上无论是政策制定还是实际行动都落后了足足 20 年，因为它们缺少

专家、专门的政府机构，而且可能也缺乏资金。

一些产油的发展中国家通过对环境质量、排放物以及相关的技术标准进行定期的监测，已经在提高空气质量、减少环境破坏等方面做出了努力。许多国家还使用了燃料质量控制手段，包括限制汽油中的铅含量等。这些国家对小轿车进行了使用时间和地带的限制，并鼓励人们转变交通工具的概念。比如，墨西哥政府通过在首都墨西哥城指定时间内限制小轿车的数量（以限制汽车牌照的发放为基础）来减少化石燃料的排放，该城市是墨西哥人口密度最大、污染最严重的区域。在墨西哥城的空气污染物中，由交通工具所产生的排放物就达到 70%。在委内瑞拉，政府已经启动了多项减少汽车铅含量以及控制公共交通工具排放量的计划。国有石油公司已经开始担负起因其石油勘探开发所导致的环境破坏的责任。2004 年，墨西哥的环境保护机构 Profepa 收到了 700 万美元用于修复因石油勘探所造成的环境破坏。这项计划由 PEMEX 资助，内容包括种植数千棵树并建立新的环保标准❶。绝大多数发展中国家，包括俄罗斯，都已认识到天然气是一种有价值的、更加清洁的能源。

天然气的重要性已经发生了变化。在过去的 10~20 年中，一些产油国已经发现自己的油田进入成熟期，石油的产量开始下降，而且没有找到什么新的油田。它们终于认识到天然气的潜力。可以在油田内找到丰富的天然气，也可以找到纯的天然气田。直到最近，许多石油公司还在采取将石油开采过程中产生的天然气烧掉的做法，而没有考虑到将其回收利用。多年来，作为一种新的能源，这些石油公司开发出了将天然气注入老油井提高石油产量的技术，同时，还开发了用天然气作为燃料的技术。环保人士大力提倡使用天然气，因为它是更加清洁的石油产品。天然气的确是一种可贵的燃料，它即使与空气混合也易于燃烧，而且它所产生的二氧化碳仅为石油所产生的 3/4。在一些国家，已经有使用天然气的小轿车投入使用，在这种小轿车内，有一个高压缸，可以存储压缩天然气。天然气的价格低，它的投入使用可以明显地提高空气质量。一些国家（如墨西哥）正在推广这种天然气燃料汽车。为了适应人们的环保意识增强的趋势，与石油工业有关的各公司已在努力实验提供新型的环保产品。

6.8 企业的环保行动

任何公司的存在都取决于它的用户对其产品的认知与需求。各公司每年都花

---

❶ "Petróleos Mexicanxos (Pemex), Mexicós State – Owned Oil Company," *Latin Trade* 12, no. 3 (March 2003), 14.

费数十亿美元进行市场调研,以确定最新的消费趋势。对于 20 世纪 90 年代的石油公司与小轿车制造公司,其广大消费者已更为关注环保问题。汽车公司通过开发新技术减少二氧化碳的排放并减少对石油产品的依赖。在最近几年内,电动小轿车和混合燃料汽车(一种使用电池和燃料的混合动力汽车)已经由丰田和本田汽车公司研制成功并上市。为了适应人们尤其是美国人对运动汽车的狂热追求,福特与凌志公司已于 2004 年底投产混合燃料动力汽车。通过开发这些新型交通工具,这些公司可能在竞争中获胜。在当代,消费者几乎可以在全世界广泛地选择自己喜欢的产品。但实际上,所有的消费者并没有离开石油公司。

全世界所有的人都在根据其能力、方便性、质量以及社会与政治方面的信誉购买某些品牌的石油产品。而石油公司则只关注上述前三项,经常不考虑最后一项。20 世纪 90 年代,石油公司开始意识到自己在社会与环境友好方面声誉的重要。保护名誉。只有如此,才能使消费者认同。因此,石油公司开始更加关注自己的行为并借助自己的名声在市场上推销自己的产品。这些石油公司试图使自己成为更好的管线经营者,使自己的石油开采与加工过程更为环保。它们已经开发了一些不仅可以减少工业废物排放而且可以再利用的新方法。科学家已经接受了用于一些特殊类型微生物研究的资助,这些微生物可以将石油消化并将其分解为烃类分子。

一些发展中国家已经行动起来,努力提高环保的标准,许多国家的政府与组织都认为这并不是单个国家行为。许多对环保的关注,尤其是环境变暖和水质的污染已成为国际性问题,它们几乎与所有国家有关。这些污染常常会迁移,在邻国以及那些并没有产生污染的国家里扩散。虽然环境问题在国际关系中并不是新鲜事,但世界各国的领导人也都增加了对该问题的关注,因为这也涉及他们的政治地位的稳定与否。他们认识到,这是一个全球性问题,并已增强了他们对相关国际法的支持。

6.9 国际组织的作用与国际法

国际组织与国际立法机构已经逐步认识到它们三种角色的重要性:首先,对富油的发展中国家和发达国家施加压力,以促使它们提高自己的环保标准;第二,对石油公司(包括跨国的和国有公司)施加压力;第三,提高对国际水域的保护与立法水平。认识到行动的必要性,联合国与世界银行于 1991 年设立了全球环境机构(Global Environmental Facility, GEF),这是一个致力于国际环境保护的组织。GEF 的目标包括致力于生物变异与气候变化的研究。1992 年,GEF 组织召开了最大的国际会议——联合国环境与发展大会(United Nations Conference of Environment and Development, UNCED)——更为人熟知的叫法

是地球峰会（Earth Summit）。

在地球峰会上，来自179个国家的代表（包括各国首脑和非官方组织的负责人）在巴西的里约热内卢开会。这次会议之后，发表了关于环境发展的《里约环境与发展宣言》（又称《地球宪章》），该宣言包含了27个不具法律效力的协议。宣言要求建立一种以质量与可操作性为基础的新型全球合作伙伴关系。通过该宣言的签署，成员国同意履行关于保护环境促进发展的协议。虽然该宣言看上去雄心勃勃，但却存在一个非常关键的问题：几个关键而重要的产油国没有签字！此外，这次地球首脑会议的代表提出了关于气候变化的联合国框架公约（United Nations Framework Convention）。该公约与里约大会有关，但是在会后提出的。此举建立了一种旨在结束全球变暖的全球性行动方案。在地球峰会之后，又开展了若干旨在促进环保与经济发展的全球性活动。

《气候变化公约》和《京都议定书》代表着环境保护历史上的几个重要的里程碑。1992年诞生的关于气候变化的公约提出了一个到2000年减少温室气体排放的国际性义务行动，但是由于该公约仅仅是一个非约束性的"目标"性公约，有些国家，比如美国和加拿大等，就声称它们无法履行相关的义务。由于1992年会议的目标未能实现，联合国随后又召开了一系列会议。1997年，联合国再次在日本京都召开了以环境为主题的大会。这次是关于气候变化的会议。这次会议上确定了《京都议定书》框架公约，如果此公约得到批准，将对其签约的成员国具备了法律效力——要求各签约国从2008—2012年减少自己的温室气体的排放。大会要求所有国家都必须将自己的温室气体排放量减少5％。该议定书的困难在于所设定的减排量的水平对各国来说怎样才能是可行的。比如，全欧洲的减排量为8％，美国为7％。《京都议定书》还提出了一些关于如何促使各国和石油公司"走向绿化"的设想❶。

在留下一点讨价还价空间的同时，《京都议定书》为各国各公司设定了两个重要的鼓励性条款。替代以往对违规者进行惩罚的法律与办法的是联合国预设了两个正面的、积极的战略。一个战略是"排放量交易（Emissions Trading）"。每个国家或公司都拥有一定的排放量允许范围。比如，一家公司提出自己如果将排放量减少到公约规定的标准之下，则它就可以将自己节省下来的"允许量"出售给别的公司。当然，对于国家亦可如法炮制。目前，这种"排放量交易"已在英

---

❶ United Nations Environment Programmes, *Understanding Climate Change: A Beginners Guide to the UN Framework Convention to Its Kyoto Protocol* (Chatelaine, Switz: United Nations, 2002).

国等发达国家之间开展了。在现阶段，排放量交易的进行仅仅是非正式的，而且是小规模的。《京都议定书》提出的另一战略是如果一个国家或公司对诸如植树之类项目的投资，就可以抵销其排放量，这样来激励他们实现分担减少排放量的目标。这一点同样也还没有完全奏效。

许多发展中国家反对制定正式的官方条款，所以，人们希望这些国家以志愿者的身份行事，而不必设定特殊的时间表或目标要求。为了将《京都议定书》付诸实施，55个国家必须执行它。也就是说，那些二氧化碳排放量达全世界总量55％的国家（比如美国、加拿大、澳大利亚、俄罗斯、欧共体国家和中欧国家等）必须执行这一协议。美国于2002年退出了这一框架组织，澳大利亚迄今没有签署这一协议，俄罗斯直到2004年9月间还没有决定是否加入该组织。2005年2月，《京都议定书》的签约国已达到141个。

在联合国大会上，提出了许多观点与目标，它们都与温室气体大量排放有关，但针对水污染的问题则更多一些。这在很大程度上是由于被石油泄漏造成的水污染比较容易被发现，因此也就比较容易地追究相关肇事者的法律责任。迄今，关于保护全球海洋的努力已经集中于一些较大的石油泄漏事件而不是小规模的泄漏，因为后者更难以定量分析。总的说来，石油公司目前还难以对自己泄漏到水域中的原油进行定量统计。大型石油公司并不总是用自己的油轮从事向海外石油运输的。

一般而言，石油公司会雇用一些独立的运输公司为自己运输石油，但他们并不能保证其操作不冒风险——这种情况与其他商业运作是一样的。主要的问题是油轮大多是在一些发展中国家注册的，而这些国家的相关立法与实施能力都欠佳。利比亚和巴拿马就是两个典型的例子——它们所注册的油轮在全球油轮数量中占有很大的比例。2001年，利比亚拥有的油轮达到了全球油轮数量的35％，泄漏原油的油轮为Prestige号，是一艘属于利比亚的船，船长为希腊人，船员为菲律宾人。这艘油轮的情况更为复杂——它还在巴拿马注册了。石油运输公司双重注册油轮的目的在于降低它们的运输成本并可在发展中国家内尽量少受法律的约束。而且，遇险的灾难只会伤及肇事的船只而不是石油公司。在西班牙海岸线附近的石油泄漏就使全世界认识到了在海运工作中双重注册的复杂性与大量的违法行为。近来，一些重要的石油公司和它们的保险公司（人）在签订合同时，已经开始调查了解对方的油轮和船员的情况，这一措施可以保证它们避免石油泄漏的风险。

如果一艘油轮在某个国家境内发生了泄漏，则该国具有追究肇事石油公司的

法律权力。近年来，美国和西班牙等国已经强化了保护本国水域的法律，尤其是从20世纪90年代发生大量的漏油事件以后。1958年，联合国成立了"政府间海事顾问组织"（Intergovernmental Maritime Consultative Organization），以加强关于石油泄漏处罚的法律力度。当今，该组织成为"国际海事机构"，是承担确定油轮泄漏责任的唯一国际性组织，其任务包括确定肇事油轮的责任方船主。肇事的公司就负有赔偿损失的原油和清理被污染海域的责任。这是在某个国家领海内发生原油泄漏的情况。在国际水域，就应依照国际法行事。出于此目的，有关方面正在制定可以适用于世界各国的法律。然而，到2004年为止，这还仅仅停留在酝酿阶段。

石油公司也开始承担减少勘探开发中对环境污染和破坏的责任。1974年，多家世界顶级的石油公司成立了国际石油与天然气生产者协会（OGP）。OGP有59个成员，包括挪威国家石油公司、BP、PEMEX、PDVSA、埃克森—美孚、雪佛龙—德士古和沙特阿拉伯国家石油公司。总体上看，OGP代表着全世界一半以上石油产量和三分之一以上的天然气产量。该组织的总部设在英国伦敦和比利时的布鲁塞尔。该组织成员的石油作业区遍及70多个国家，旨在促使石油与天然气生产生产过程中更加关注环保问题。OGP是一个非官方组织，联合了在联合国内工作的地区性与国际性立法组织。在过去的几年中，对环保的责任不仅落在石油公司的肩上，而且也落到了那些通过贸易合同从事采矿作业的组织上。

环保专家认为，推进环保进程的最好方式就是由世界银行和世界贸易组织这样的国际机构加强其规则，以间接地促进提高环境保护的标准。一些民间组织认为，在国际机构拒绝为那些具有破坏性项目提供资助而且不允许其产品进行交易之前，那些相关的国家和公司是不会改变自己有损环境的操作方式的。环保专家认为，世界银行必须停止对那些破坏环境项目的资助，世界银行照办了。然而，许多来自发展中国家的强烈反对已经阻止了具体政策的实施。2004年2月，世界银行审查了一种油气消费高峰期提出的建议——要求世界银行以每年20%的增长率对能源类项目进行资助。WTO也受到了相似的压力。

WTO于1995年成立，取代关税与贸易总协定（GATT）。其总部设在瑞士的日内瓦，是唯一的寻求将全世界的贸易活动统一化管理并监督的国际性组织。该组织目前有146个成员（俄罗斯与沙特阿拉伯目前还不是成员），各成员需要经过一致讨论来决定一个政府是否可以成为该组织的成员。迄今，WTO尚未签署与石油和环境有关的任何条约，但已提出了许多关于环保的规定。这些规定包括了对某些产品的限制与禁止生产。目前，WTO的贸易与环境委员会对于那些对环境产生破坏的国家的关注远大于对那些能较好地采取环保措施的国家。环境保护专家认为，WTO 是一个介绍环境法律的逻辑性组织，因为许多与环境有关的规章与产品和服务有关。尤其是，这些政策法规能够限制或扩大有关能源的贸易。通过这些法规，该组织能够促进可再生能源的使用。

6.10　可再生能源

多年来，环保人士一直敦促各国政府和公司接受可再替代能源或者是可再生资源的使用。这些可再生资源包括那些可以被再次利用的，或者不能被彻底消耗完的能源，比如太阳能、风能、波浪能等。太阳能是最好的可替代能源，因为它不会被消耗完。整体看来，全世界的可再生能源要比石油和天然气更加分散，比如世界大多数国家拥有的水资源要比所拥有的油田更多。这些能源的分配使得能源可以被广大消费者广泛地使用。世界许多地方都使用了可再生能源，但在工业化国家中使用得并不普遍。虽然石油与天然气是应用得最广泛的能源，但其两者都是不可再生的。当一个石油或天然气田被耗尽时，就没有可以将其恢复到初期状态的技术了。可再生能源能够在全世界广泛应用的两个主要障碍是所需要的费用过高和技术难度过大，因此它们的利用都不如化石燃料更加经济且技术成熟。环保专家面对当前的技术现状希望可替代（再生）能源在不久的将来能够真正代替石油和天然气。

推 荐 阅 读

在过去的几十年中，已有多部著作出版，它们将有助于我们了解政治、石油与环境之间的复杂关系。为了了解关于环境保护的理论，可参见 Ken Cole 的《Economy – Enviroment – Development – Knowledge 》(New York：Routlege，1999)。关于海湾战争对环境影响的更多信息，见 Muhamad Sadiq 和 John C. McCain 的《The Gulf War Aftermath：An Tragedy Landscape of Global Conflict》(New York：Metropolitan Books，2001)。关于《京都议定书》的讨论，参见 Ulrich Bartsch 和 Benito Muller 的《Fossil Fuels in a Changing Climate：Impacts of the Kyoto Protocol and Developing Country Participation》(Oxford University Press，2000)。关于联合国会议的信息，参见 Michael Grubb 的《The "Earth Summit" Agreements：A Guide and Assessment：An Analysis of the Rio'92 UN Conference on Environment and Development》(London：Earthscan Publications，1993) 及 Richard N. Gardner 的《Negotiating Survival：Four Priorities After Rio》(New York：Council on Foreign Relations，1992)。关于 WTO 的框架信息，参见《the WTO's Understanding the WTO, 4th ed. 》(Geneva：WTO，2003) 及其网址 (www.wto.org)。关于全球环境发展大会的资料，参见其网站 www.gefweb.org。关于与石油

的破坏作用相关的著作,参见 Sven Wunder 的《Oil Wealth and the Fate of the Forest》(London: Routledge, 2003)。欲了解更多的关于本文提及的环保组织,请访问它们的网站:

环境权利行动 (www.essentialaction.org/shell/era/era)

国际地球之友 (www.foei.org)

绿色和平组织 (www.greenpeace.org)

石油观察国际 (www.oilwatch.org.ec)

地下项目 (www.moles.org)

7 人权问题

上帝塑造了我的灵魂，可斗争依然继续。
——Ken Saro-Wiwa，1995年11月10日❶

与石油相关的人权问题从世界上第一口油井钻成时就存在了。当石油公司第一次在海外生产石油时，他们很少会顾及这些作业将给当地的居民带来巨大的负面影响。这些石油公司虽然遵守当地政府制定的各种法律，但这些法律往往很少或不具备什么强制性，他们并不关心自己本身的情况。在20世纪初期，实际上并没有关于劳工的法律，没有任何关于工业排放、废弃物或者关于环境保护的法律。对石油公司来说，这是一种绝佳的机遇——不仅可以扩展自己的石油作业，还可以试验新的石油开采技术，并且可以在没有伦理或政治约束的前提下开发新的公司管理方式。

在各国政府一方，国内石油开发的需求常常会使当地居民的利益显得微不足道。而且，民族主义政治和当地种族的抗争也在起着重要的作用。油田经常位于少数民族居住的边远地区，这些少数族裔往往被主体民族统治的政府视为落后、封闭和不可理喻，因此，各国政府都把石油公司的到来视为一个开发新区的机遇。在绝大多数情况下，石油公司和富油国的政府直到现在还一直是这样认为。然而，在一些国家中，那些人口稀少的部族和外部的观察员相信，这种观点依然存在着。而他们则看到了石油公司的到来所带来的负面影响。

为了论述这一观点，我们可以看看墨西哥在19世纪后期的情况，因为它是世界上第一个来自美国的石油技师进入他国寻找石油的国家。当时，墨西哥政府支持石油公司并疏远了本国内的少数民族。在墨西哥，有一个名叫Haustecs的民族一直以农业为生，他们非常的孤立，与发展中的墨西哥没有来往。对墨西哥政府来说，Haustecs是少数民族，他们占据着有价值的土地，正处在现代化发展的萌芽阶段。当墨西哥政府在1900年得知此处有着丰富的石油资源时，对土

---

❶ Ken Saro-Wiwa's last words before he was hanged, *Daily Times* (Nigeria), November 13, 1995，1.

地的争夺战就打响了。石油公司需要大量的土地,这无疑就在逼迫 Haustecs 人不得不出卖土地。石油公司雇佣了一些机构,用狡诈而且常常是残忍的手段去攫取土地。据报道,这些机构曾经采用谋杀土地拥有者且"找到"该土地拥有者长期失踪的"继承人",而该"继承人"又恰好要"出售"这块土地等手段去获得土地。1906 年,石油公司开始在该地区进行钻探作业。几乎一夜之间,Haustecs 人就看到石油公司在他们富饶的土地上竖起了井架,涌入了大批没日没夜工作的石油工人。然而,在这一区域的石油工业并没有兴旺多久,因为第一次世界大战的爆发使得石油钻探几乎停顿,而且这个油田被海水淹没了。随着石油公司的离去,Haustecs 人又回到了自己的家园,他们发现那里已被石油覆盖,河流也遭到了污染。Haustecs 人并没有得到墨西哥政府给予的重建家园的任何帮助❶。墨西哥的这个情况是史无前例的,是第一个人权因石油而遭受践踏的例子。与 Haustecs 人的境遇相似,在世界范围内,在石油开采地区的当地人都反对他们的社会结构与经济状况遭受破坏、蹂躏。人们抱怨在自己的住地或者是自己的国家内因石油工业的到来引起了他们传统生活方式和价值体系的混乱与颠覆,导致了腐败的领导人的出现。石油公司引入了种族歧视,引发了人们对物质财富积累的困惑,造成了农村人口向城市的迁移,使得盗窃和不道德的邪恶事件大增,降低了生活质量,而且,也使得供石油勘探作业的土地的价格大幅度上涨❷。在每种情况中,当地的人们都相信,他们的权利不仅被政府,而且也被在当地作业的国有的或私人的石油公司践踏了。但是,从政府和石油公司的立场来说,并没有发生践踏人权的事件。为什么对人权的态度会有如此大的分歧?我们所认为的"人"是什么?答案就产生于对"人权"这个词的含义进行深入分析和这些权利是如何实施的。

"人权"这个术语也具有欺骗性。作为"人类",我们应具有某些人类社会的权利。人们希望他们能够具有实现个人意愿的权利,并且此权利也能得到他人的协助与尊重。这一认识从人类诞生之日起就萌生了。今天,绝大部分人权的内容就是我们该如何在法庭上行事,而且,最重要的是,我们的政府该如何行事。我们希望,我们的政府与法律保障应该包括言论自由、选举权、私有权以及工作权等。问题是当人们希望得到这些保证时,而他们的政府并不总是可以使他们满

---

❶ Myrna Santiago, "Rejecting Progress in Paradise: Huastecs, the Environment, and the Oil Industry in Veracruz, Mexico, 1900—1935," *Environmental History* 3, no. 2 (1998), 169-88.

❷ Gustavo Coronel, *The Nationalization of the Venezuelan Oil Industry* Clexington, MA: Lexington Books, 1983. 11.

意。许多国家并没有清晰的关于保障人权的法律，而且即使有，也没有什么实施的保障。没有监督与平衡政府权力的体系，政府是不能保证其民众的人权的。腐败的政府领导人和无法无天的当权者觉得他们能够置于法律之上。第二次世界大战结束之后，一些国际组织就一直活跃在敦促各国政府关注本国的人权状况的舞台上。

最近，关于加强人权保障的工作已经受到了政府的重视，但还没有建立起一个广泛适用的国际化人权标准。这意味着一旦政府压迫了本国人民，将没有任何国际组织能够制止该国政府的行为。在第二次世界大战之后，在大屠杀的觉醒中，美国和获胜的欧洲发起成立了联合国，旨在保证世界和平并保证人权。1948年，联合国通过了《世界人权宣言》，宣布"每个人的基本人权必须得到保障"，建立了关于侵犯人权受到惩罚的法律条款。从此，民众的人权受到践踏的情况已经大为减少了。就石油工业而言，在过去的几十年中，保护个人的权益而爆发的罢工、怠工事件层出不穷，就是人权受到侵犯的证明。

在一些重要的产油国中，践踏人权的事件表现为多种形式，因各国和各种情况而异，但仅有少数事件得以曝光。最常见的事例就是我们称之为"居住地强制搬迁"，表现为当石油公司的作业破坏了当地民众的人权时，当事国政府不能对其人民提供支持。这方面的案例是20世纪90年代发生的尼日利亚奥戈尼（Ogoni）人事件。第二个实例是工作环境对人权的践踏。这些事件包括石油公司雇工与工作的安全标准以及工人的工资与福利等方面。

7.1 居民搬迁事件

最常见的践踏人权的行为就是当石油公司制造了破坏人权事件时，当事国政府没有支持本国的人民（比如墨西哥的Haustecs事件）。20世纪90年代，尼日利亚政府就是一个更为严重的例子——政府不但不理会当地民众请求帮助的要求，而且还一味地迎合壳牌公司进行石油作业而强占土地的无情要求。

从20世纪90年代至今，在尼日利亚，与石油工业有关的人权践踏事件和环境破坏事件已得到联合国和欧洲的关注。随后，一些外国石油公司（如壳牌等）就受到了破坏环境和破坏当地居民住地的指责。国际团体的焦点集中于尼日尔河三角洲的奥戈尼人生存状况。当然，在该区域内的许多其他团体也提出了自己的申诉。

对尼日利亚人，尤其是尼日尔河三角洲地区的居民来说，居住问题与人权问题是不能分开的，因为它们的生活在很大程度上取决于土地品质的优劣。当人们

用于耕作的土地和捕鱼的水域因石油的泄漏和污染被破坏时,他们的人权就受到了伤害。面对这一问题,经济发展就会放慢,人们的生活水平也降低了。尼日尔河三角洲地区的人民生活水平下降是因中央政府对该地区的忽视所造成的。比如,奥戈尼人的语言和文化与尼日利亚的政治体系格格不入,并据此分庭抗礼。在尼日尔河三角洲与尼日利亚政府之间的这种紧张关系因石油公司的存在而加剧了。

石油工业对环境和社会造成冲击而引起国际关注的一个实例就是尼日尔河三角洲奥戈尼人的情况。奥戈尼人是一个小部落,大约 50 万人,生活在哈科特港一带,他们的生活区域约 406 平方英里。这些人抱怨石油公司开采的石油已经达到了尼日利亚石油利润的一半以上,他们多次要求真正分享石油财富并阻止环境的进一步被破坏。他们抱怨说,即使别人从自己的土地上获得了巨大的利益,但他们的部落依然十分贫穷。他们公开声称,尼日利亚政府并没有遵守本国的环境保护法律。

一些奥戈尼人参与了政治活动,通过一个名为奥戈尼人民生存运动(MOSOP)的政治运动来表达自己的声音。Kan Saro-Wiwa 是作家和政治活动家,他是 MOSOP 组织和奥戈尼人的发言人,他通过与绿色和平组织联盟的形式使自己的组织成为一个国际化组织。Saro-Wiwa 和 MOSOP 用来反对壳牌的一个重要论点是环境破坏引起的奥戈尼人土地被破坏的行为应该被认为是一种种族灭绝行为[1]。

Saro-Wiwa 最惹人争议的就是据说他宽恕了奥戈尼人对壳牌石油公司的破坏。壳牌公司则指责奥戈尼人仅在 1992 年就使公司损失了 350 万桶原油和数百万美元的设备。由于利益受损,壳牌公司与尼日利亚军方联合起来为军队提供武器和资金支持,用于镇压奥戈尼人。壳牌对自己的这些行径一直否认,直到 1993 年,该公司向尼日利亚军方直接付款时,他们的做法才昭然天下。当然,石油公司有权保护自己的利益不受破坏,而且在必要时请求政府方面的援助,尤其是自从 1975 年的"石油开采与分配"(反对破坏)的第 35 号法令颁布以来,就授权军方镇压一切阻碍石油生产与分配的行为。奥戈尼人提出的绝大多数要求都是和平性的,而且,那些受损的设备和工作事故虽然是破坏的结果,但这些破坏并不是奥戈尼人的要求所引起的。由于壳牌这类石油公司需要良好的社会声

---

[1] Jedrzej Georg Frynas, *Oil Nigeria: Conflict and Litigation Between Oil Companies and Village Communities* (Berlin: Lit Verlag, 2000), 46

誉，所以许多人即使发现了问题也不敢告发。

当壳牌转而向尼日利亚政府残暴的军方领导人 Sani Abacha 求助时，镇压就变得更加残酷了。尼日利亚政府无耻地站到了壳牌公司一边，坚决与尼日尔河三角洲地区的人们为敌。军方无情地逮捕了许多政治活动家，尤其是 MOSOP 的成员。Abacha 于 1994 年逮捕了 Saro－Wiwa 和其他 8 位 MOSOP 的领导成员（后来被称为"奥戈尼九人组"）。政府称有四位奥戈尼政治家由于不同意 Saro－Wiwa 的政策，被"九人组"杀害了。这九个人在 1994 年中期到 1995 年 6 月间被捕。1995 年秋天，他们被送上了军方设立的特别法庭。整个审判过程严重地践踏了国际法准则。这 9 个人被判有罪并于 1995 年 11 月 10 日在尼日利亚的哈科特港被绞死。

在尼日利亚政府的操纵下，环境破坏和令人震惊的人权践踏现象及其石油工业的所作所为已经引起了一些国际组织的关注，比如 ERA 的尼日利亚分部、人权观察组织和绿色和平组织。世界银行经过审查，宣布停止对有关项目的资助，以示惩罚。Saro－Wiwa 和 MOSOP 一举成名并得到了国际支持。为此，Saro－Wiwa 获得了诺贝尔和平奖提名。然而，尼日利亚国内的法律和国际社会并没能阻止血腥的屠杀。针对这种丑行，尼日利亚民众已对自己的国家失去了信任并公开指责他们的政府。这也表明，尼日利亚政府对它的石油工业的关心远大于本国民众。这样，就使得尼日利亚多数族群掌权的强权政治与军方在尼日尔河三角洲对少数民族的做法被钉上了耻辱柱。

"奥戈尼九人组"事件并不是孤立的。从此，涌现出更多的政治团体，它们要求石油公司要么对当地的人权负起责来，要么就离开！比如自从 1996 年以来，尼日尔河三角洲的艾卓（Ijaw）青年成立了艾卓青年理事会，坚持反抗外来入侵，他们要求尼日利亚的军队和雪佛龙—德士古石油公司从他们的居住地撤走。1998 年和 1999 年的抗议活动证明，非暴力的抗议活动一直在与官方的暴力行为进行着抗争。尼日利亚的保安部队在当地杀害抗议者，强奸妇女，烧毁民房的罪行也被曝光。

人们已经提出了解决尼日利亚人权现状的多种方式，而且近年来石油公司与政府也为此做出了积极的努力。石油公司已经提出了更为严格的在当地的开发项目中安全与投资的标准。尼日利亚国内的石油公司通过更加密切地监测自己的设备，提高环保标准等措施来进一步减少因自己的石油作业所造成的影响。在尼日利亚，石油泄漏受到了比其他地区更为严格的控制。到 20 世纪 80 年代，由于尼日利亚政府忽视了由科学家和技术人员早就发出的警告，进而导致了严重的原油

泄漏，而且，石油的泄漏在未来还将进一步加重。令环保专家感到不快的一种解决方式是石油公司将它们的石油勘探作业延伸到几内亚湾。虽然此举对环境的破坏并不太大，而且也不会立即影响附近的居民，但这仅仅会推延而不能完全防止在石油的采集、运输和储存过程中污染的发生。

尼日利亚政府已经表现出对尼日尔河三角洲地区居民的关注。在20世纪90年代后期，尼日利亚政府成立了专门委员会，处理石油生产区的社会经济与环境问题。比如，成立了"尼日尔河三角洲地区发展小组与石油矿产生产发展委员会"（OMPADEC）。OMPADEC的任务是将石油所获利润在产油地区进行保护与分配，并处理与污染有关的问题[1]。不幸的是，该委员会的管理运行出现了问题，诈骗案层出不穷。在尼日利亚石油工人中也出现了相似的未能解决的问题。

7.2 工人的权利

不公正与不安全的工作环境也是践踏人权的一种表现形式。在生产者看来，石油既为上游领域（石油的勘探与开发），也为下游领域（石油的炼制与运输）创造了就业机会。绝大部分石油工人的权利受损的情况已引起国际关注，尤其是石油开采与炼制领域的工人——因为这两个工作流程中具有较高的风险性。产油国内的石油工人目前受雇于外国的或本国国有的石油公司。他们所受的培训和教育在国内各种行业的职工中都是最好的。这些工人几乎都是有文化且受过多种职业培训，并以英语为工作语言。这些工人常常使用着世界上最复杂的技术，因为石油是一种连续流动着的挥发性液体，生产过程中所发生的任何事故都会影响一个国家的整个石油工业。正因为产油国内的石油工人在他们的石油工业中承担重任，所以他们手中掌握着极大的权力。既然如此重要，但令人不解的是石油工人的权利为什么也常常受到破坏——主要表现在工资、安全条件、雇佣关系和福利等方面。

石油工人一般都是石油工会的成员。比如，尼日利亚的石油工人就可以加入1977—1978年间由一些大型石油公司组织的工会。这些工会组织是在区域间、国家间和国际上开展合作与活动的。在尼日利亚，石油工会被分为高级与低级两类，前者为"尼日利亚石油与天然气部门职员协会"（PENGASSAN），低级的是"石油与天然气工人国家工会"（NUPENG）。全世界的石油工会的宗旨都是为了维持公司与工人之间的一种开放式与正面的良好关系，并且保障工人的一些

---

[1] Frynas, 95.

基本权利——公正的工资、安全的工作条件以及工人之间平等的待遇等。然而，这些工会组织对大局的影响能力实在小得可怜。

当外国石油公司拥有对一个产油国石油工业的上、下游领域绝对的控制力时，它们就几乎不会雇用当地人工作。这些石油公司让外国工人作业区内独立地工作并生活在与外界隔绝的营地内。然而从20世纪60年代后期以来，许多国家的政府已经要求石油公司雇用当地人。但是，石油工人对自己不安全的工作条件和低工资以及从来不受重视的职位等问题怨声载道。在20世纪70年代之前，BP一直执行仅雇用英国人的政策。像BP这类石油公司坚定地认为石油商务不应有女性参与，除非她们有特殊的专业技能，否则不应雇用❶。虽然石油公司最终不得不培训并雇用当地人，但在当地人眼中，这也仅仅是装装样子而已，并没有解决实际问题。

在好几个产油国中，政府已经认识到，要制定相应的雇用法律才能保证外国石油公司雇人的本土化。1969年，尼日利亚政府通过了一项法律，规定了在外国石油公司中，位于管理和技术层的尼日利亚人所应有的比例。该法律要求在10年内，尼日利亚的劳工至少要达到75%以上。此外，有矿业开采许可证的公司所雇用的熟练工人也必须有尼日利亚人。由于制定了这些基本的政策条款，一些石油公司，尤其是壳牌已在这些方面取得了一些进步，特别是在非技术的领域。然而，在一些关键的高层有决定权的职位上，却鲜有改变。这种情况不仅发生在尼日利亚，也出现在绝大多数富产石油的发展中国家内。

开展石油勘探或开发业务的一些产油国目前相信，它们的居民应该享有被外国石油公司优先雇用的权利。石油公司的看法却不同。这些外国石油公司依然仅雇用少数当地人，而且与它们作业区的人所签署的合同也很少。它们认为，给当地人较高的权利将可能影响石油公司作为一个整体而进行的勘探作业。进入这些石油公司的当地人常常从事一些与安保有关的工作，这就使得这些当地人实际上根本无法进入该石油公司。然而，与此同时，石油工业并不是一种劳动力短缺的工业。那些受雇从事全日制工作的当地人可以从它们熟练的工作中获得高薪，但他们仅仅是很小的一部分人，而且也不是石油生产部门所必需的人才。尤其是在发展中国家，与石油公司有关的工资问题同当事国的政治稳定有着高度密切的关系，同时也与石油公司本身的收入有着直接的关系。

---

❶ James Bamberg, *British Petroleum and Global Oil*, 1950—1975: *The Challenge of Nationalism* (Cambridge: Cambridge University Press, 2000), 41.

在伊拉克，石油工业部门极为不稳定。从1972年的国有化以后，伊拉克国家石油公司（INOC）就操纵了该国的石油工业。在INOC内，北方石油公司与南方石油公司（SOC）分别控制着它们各自所代表的地区内的石油生产。在这两家公司中，SOC更大一些且获利更多，因为它控制着伊拉克一个最大的油田——Rumaila油田。自从2003年3月萨达姆·侯赛因倒台以后，石油就代表了伊拉克的经济生命线。经济制裁已被解除，石油公司已成为政府重建国家的最重要资金来源。在2003年5月到2004年6月之间，伊拉克被一个过渡政府所控制——由美国和英国领导的伊拉克管理委员会。作为该过渡政府重建项目的一部分，成立了"占领管理委员会（OA）"。该机构负责评估国家工作人员的工作条件。该机构决定推出一个新的、较低的工资发放额度——这是以石油产品的价格、食品供应和该行业的风险程度为基础而制定的。石油工人对OA的决定感到失望，因为这种工资制度没有考虑人们的家庭成员多少与工作地点的差别。

这些新工资制度影响了伊拉克的所有石油工人，也极大地影响了SOC的工作。据报道。从20世纪90年代以来，伊拉克北部地区60％的油田与设施遭到了破坏，只有由SOC控制的南部油田还在继续为国家生产着石油。SOC联合工人对这种新的工资制度做出了反应——如果他们的要求不能得到满足，就会实施武力反抗。伊拉克石油部长与SOC石油工会代表谈判并结束了罢工。2004年2月，SOC提出了一种新的工资模式，该模式包括提高工资额度并根据工作的危险程度与地点提高工资待遇。很不幸，在后萨达姆时代，这种情况并不是唯一的。全世界的石油工人都面临着被暗中克扣工资和工作中的风险与相应的工资待遇脱节的问题。

石油工业也是一种高风险的职业。在石油的开采区，无论对外国石油公司还是本国的石油公司来说，都是高风险的。虽然有保护工人利益的工会和其他组织，但也不能消除日常工作中的危险因素——比如极易燃品和易挥发物质，都会发生危险事故。然而，在石油工业中，发生事故常常是相当危险的，可以导致设备爆炸和大批石油工人丧生。石油与天然气工业的每个生产阶段都有发生火灾和爆炸事故的危险。在极为笨重的设备（比如管线）的操作中，也可使工人的健康受到损伤。石油工业中的极强噪声也可能伤害工人的听力。在伊拉克的Rumaila油田，石油工人还要冒着海湾战争中铀废弃物伤害的危险。现在，绝大多数技术，尤其是炼油厂中的技术都已实现了计算机化，这可以排除许多人工操作所遇到的危险，相反，人为的操作失误却无法得到有效的监控。比如在挪威，位于北海区块的一艘钻井船意外被毁，导致123人死亡。挪威是一个政局非常稳定的国家还会发生这种事故,那么在世界上不稳定的地区和国家,石油工人们将会遇到什么呢?

政局不稳定和意外发生的战争威胁着石油工人的生命安全。在战争时期,国家极度地依赖石油工人开采的石油,用连续获得的石油利润资助自己的军队。无论如何,石油工人都不可能是局外人,因此,也常常会受到各派冲突的伤害。在尼日利亚的尼日尔河三角洲地区的各派冲突就使得在这个富油的沼泽地开发油田成为极为危险的工作。2003—2004年,该区域的Ijaw与Iteskiri部族青年之间就爆发了冲突。Ijaw的军事人员袭击了雪佛龙—德士古的石油工人和设施。2003年,英国的石油工人被Ijaw青年绑架,2004年受雇于雪佛龙—德士古的石油工人在乘船通过尼日尔河三角洲地带时遭到了绑架并惨遭杀害。在尼日尔河三角洲地区的部族冲突结束之前,在这一富产石油的地区进行工作将依然是极其危险的。

当伊拉克的石油工人们回到油田工作,他们也面临着极大的危险。仅从20世纪80年代以来,伊拉克就成为战争之地,这不仅严重地损伤了伊拉克的石油工业,也威胁到石油工人的安全。在尼日利亚,虽然石油工人并不像在伊拉克那样成为被直接攻击的目标,但也难逃厄运。正如前面所述,油田与设施常常会成为战争中敌方直接的攻击目标,因为这些都可伤及一个国家的经济。在进攻伊拉克推翻萨达姆·侯赛因的战争中,美国下令自己的军队攻击了伊拉克的石油设施。2002年,美国和英国的轰炸机袭击了SOC的石油设施,造成多名雇员丧生❶。伊拉克的石油工人在工作中的风险性极大,由于在石油这种高风险的行业中工作,石油工人强烈要求对自己和自己的家庭给予更多的补贴。

石油工人对自己的基本利益的要求包括:在发生事故时给工人的赔偿,合适的养老金方案,一份健康保证方案,安全的工作环境等。石油工业的一个特点是油田工作的工人常常在偏远的地区,远离他们的家人。比如,在海上油田作业中,石油工人要在海洋钻井平台上一连工作数周。而且,由于石油工作的艰险性,石油工人往往会因健康问题而比其他行业的工人提前退休。在挪威,石油工人要求提高福利待遇,从而较好地反映石油工业的特点。2000年,石油工人要求将领取退休金的时间段从62~67岁减少到57~62岁,因为石油工业的工作对身体的损伤很大。2004年6月,石油工人发动了罢工。挪威石油工人联合会因

---

❶ Bill Vann, "US, British Air Strikes Kill Iraqi Oil Workers," *Wall Street Journal*, December 3, 2002, http://www.wsj.com.

为退休金和工作的安全条件没有得到满足而罢工一周。在此期间,挪威的石油利润损失了大约40万桶/天。挪威石油工人每年的收入为70000美元。挪威政府以要求封闭工厂和利用司法程序的手段来对付石油工人的罢工。几周以后,政府下令罢工工人返回工作岗位并直接与罢工工人代表谈判。罢工的结果并不明显,但总的看来,政府的反应是积极的——允许工人获得该国工党的政治遗产。挪威石油工人的收入不仅在世界石油工业中是最多的,而且据说他们的工作条件也是最安全且最环保的。

近年内,石油公司似乎不太愿意与环保专家合作,因为环保专家要求石油工业中减少向土地、水域和空气中有毒物质的排放来实现更为环保的作业。石油界对环保专家的许多观点是赞同的,因为这些措施可以使得他们的工作环境更为安全。此外,一个行业内的环境状况就是其外部世界的一个缩影。工会和环保专家曾经坚定地反对一些政治纲领,环保人士也曾猛烈地抨击一些大型工业,同时,一些民众也批评并恐惧石油作业。生态环保人士常常修筑一些障碍物,用来阻止石油工人的作业并动员工人消极怠工。与商务活动相关的政策法规限制了一些大型工业的发展,他们被要求保护环境,减少有毒物质的排放并经济有效地清除可能对工人健康造成损伤的污染。消除污染的费用颇高,这笔资金来自工人的工资,而并不在公司的账单上显示出来。当这些问题还在各方无休止地争论时,经济学家表示了反对意见:人们普遍认为,这种标准越高,工人的失业率也就越高。研究人员认为,严格的环境保护法与安全的工作条件所创造的工作职位将远多于被取消的职位。当然,职业的安全保障是一个敏感的话题,对此,工人无法过分挑明,而在一种工业体系内,任何合作关系的改变往往会被认为是对职业的一种潜在威胁。

除与工作岗位相关的健康风险之外,石油工人还不得不面对他们工作的安全性问题。石油工人作为最大的工人群体,石油公司也是世界上最具竞争性的公司,都对自己在全球经济中将如何发展的问题感到十分敏感。为了保障公司股东的利益,这些公司从来没有停止对自己的竞争对手的评估,结果,职员的临时解雇、公司的合并、私有化以及管理层和所有权都可能发生变化。在过去的5年中,全世界的石油工人都感受到了几个世界顶级石油公司之间的合并所带来的冲击。1998年,BP与阿莫科的合并拉开了这场合并的序幕,随后,1999年是埃克森与美孚,2000年道达尔—芬纳与埃尔夫,然后是2001年的雪佛龙与德士古。每一次合并都会导致数千个职位的丧失。比如,1998年BP与阿莫科合并时,就减少了大约5000个职位。当然这些大型跨国石油公司的合并也不仅仅是削减石

油职工的职位。

国有石油公司的私有化也造成了石油工人的大量失业。这些国家所有的公司的改制目的在于加强其在国际市场上的竞争。它们的私有化做法是邀请咨询公司与外国投资商来制定改制方案，或者将公司的一部分实施私有化。在尼日利亚，NNPC 的第一次私有化措施就将其所属的 4 座不令人喜欢的炼油厂转让给私人了。多年来，这些炼油厂如全部开动就会亏本。这项改制方案于 2001 年颁布，尼日利亚的两个石油工人组织 NUPENG 和 PENGASSAN 表示强烈的反对，因为此举常常会使它们的成员失掉自己的工作。这种情况是一把双刃剑。如有些措施来得过猛（比如私有化），则这些工人无疑就会失去工作。而石油公司和政府都不希望这种大量损失利润的情况会继续发展，双方都认为尼日利亚所发生的情况需要被改变。然而，在关于哪一方应做出让步的问题上，双方的意见不一致。

在石油工人作为一个团体用罢工的手段来对付不安全的工作条件和失业的恐惧时，他们往往并不是孤立的。这些工人常常是较大的一种社会结构的一部分。在产油地区内，石油工人与当地民众已经发展了一种多重的支持体系，成为当地民众的一个组成部分而且常常会引发社会动荡。

7.3 对违反人权事件的反应

全世界的社会运动都与一些特殊的经济和社会发展有关。在一个国家，石油工业的发展不仅与社会的构成而且也与经济的、社会的环境一道发生戏剧性变化。当然，这些因素的影响程度也是大相径庭的。比如，在挪威，一家石油公司的出现所造成的影响就与它出现在沙特阿拉伯所造成的影响不尽相同。这不仅由于挪威的文化背景与那些前来开发其国内油田的外国石油公司的相似，还因为挪威人与这些外国石油公司打交道的方式与许多发展中国家的人大不相同。如前所述，在 19 世纪后期和 20 世纪上半叶，一些大型石油公司在它们的信仰、文化和在外国投资等方面已逐渐被世人所接受，但也并不是所有的社会都能接受这些变化，对此，最著名的一个实例就是近来伊斯兰教义的抬头。

伊斯兰教义对于绝大多数生活在中东地区的人们来说，已经不仅仅是一种宗教的含义，这已经成为了其生活的方式。学者认为伊斯兰教是一种综合性特权——它已成为信仰伊斯兰教的人们的生活指南。它向人们灌输均贫富的价值观，反对贪婪，喜欢过"小富即安"的悠闲生活。通过石油工业来发财致富的做法挑战着这些价值观，也挑起了伊斯兰国家之间的矛盾与争端。

伊斯兰教义的出现代表着中东地区对石油工业的发展所带来的经济与社会变

化的反应。这些变化始于西方石油公司的到来——它们不仅带来了新的文化,而且带来了先进的科技与管理理念。这些石油公司形成了自己的现代化"飞地"。这些举措动摇了周围传统的社会格局,因为它创立了一个按西方方式生活的由精英分子构成的小团体。另一方面,绝大多数人则缺少正规教育,而且他们拒绝这种新的生活方式。因此,就会发生与经济因素有关的社会动荡❶。

这种与20世纪70年代和80年代初期石油工业大萧条相伴的运动在很大程度上是因政府在油价大跌以后没有能力维持与以前相同的生活水准而导致的。石油工业繁荣的副作用就是引发了社会的不稳定和经济受挫。这些副作用又反过来引发了对西方世界的反抗,尤其是那些近期未能从石油工业直接获利的国家。

在萨达姆倒台之后,伊拉克由临时管理委员会控制。它的主要目的是监督议会的成立并保证萨达姆倒台以后的全国性选举工作的顺利进行。西方军队和公司(如哈利伯顿公司)的存在是为了重建伊拉克的经济(当然也包括石油工业的重建),这都与该国整体的政治与经济巨变有着密切的关系,也就势必导致了伊拉克国内的各种破坏活动的剧增。据悉,利益受到损害的石油工人是政治破坏活动的主角,包括放火烧毁重要的输油管线和输油站,这些大火可持续燃烧几个小时,浪费的原油可达数千桶。在伊拉克临时政府总理阿拉维走马上任时,这种袭击事件还在不时发生。2004年7月,由于美国哈利伯顿公司进入伊拉克的工厂和油田,石油工人的境遇变得更糟了。这位总理报告说,自从2003年12月以来,破坏分子对伊拉克输油管线的破坏事件已超过了100次。伊拉克的遭遇非常不幸,石油工人进行的政治活动只是将伊拉克的局势变得越来越糟。

相似的情况还发生在委内瑞拉,只是没有发生什么破坏事件。与伊拉克的情况一样,委内瑞拉的石油工人的力量成为国家财政收入的生命线,他们迫使全世界都来关注他们的现状并攻击政府。委内瑞拉的石油工人成立了反对党,2002年12月几乎使该国的石油工业瘫痪。他们试图以此向政府施压,以图尽早控制大选,进而推翻查韦斯总统。这些抗议者认为查韦斯总统通过精心策划的征税政策粗暴地践踏了人权,并使国家的资源枯竭。

反对派要求全民大罢工,要求查韦斯总统下台或重新举行大选。查韦斯宣布罢工者的行为违法并下令委内瑞拉警卫队保护石油工业以防这些民主人士的破坏。国家警卫队动用了武力,向示威者施放了催泪瓦斯和橡皮子弹,打伤多人。这次罢工开始8天以后,查韦斯下令解雇了大约17000名石油工人。该国的石油

---

❶ Øystein Noreng, *Oil and Islam: Social and Economic Issues* (New York: wiley, 1997), 5-6.

产量一下子就从罢工前的 200 万桶/天下跌到 60 万桶/天。到 2004 年 2 月，反对派征集了 340 万份签名，要求罢免查韦斯总统。2004 年 8 月，官方选举委员会允许委内瑞拉人民选举表决查韦斯是否应该继续担任两年半总统或者被立刻罢免。结果对查韦斯有利，对他的起诉被撤销了❶。

反对派处心积虑的用这些反抗和破坏行动引起世人对他们的关注，那些感到在石油勘探开发作业中受到压迫的人们也行动起来，他们希望国际人权组织能够听到他们的声音并通过这些组织把自己的声音传遍全世界。

7.4 人权组织

多数人权组织，其工作所涉及的范围很宽——从妇女儿童受压迫到受害的政治人士。它们是非官方的非营利性组织，而且不受任何政治势力的控制。它们的主要工作是促使国际上对这些虐待行为的关注并利用民众作为向政府和公司施加压力的筹码。当发生人权受到践踏的事件时，一般来说，受害人会因自己的利益受损而求助于这些组织。另一方面，该组织也会派出自己的研究队伍去从事相关的调查研究，而这些研究往往是科学的、切合实际的。该组织的绝大多数成员为志愿者，他们利用收集到的资料以法律为准绳去评估受害者的情况。

1948 年，联合国通过了《人权宣言》，清楚地宣告"每个人都具有生命、自由和个人安全的权利"。根据国际法的规定，任何践踏这些权利的行为都可以被送交法庭。人权组织将《人权宣言》作为他们最有力的武器用来反对对人权的践踏行为。虽然世界上有多种形式的人权组织，但其中仅有极少数在与石油有关的践踏人权的事件打交道。

7.4.1 大赦国际

这是世界上最大、最为活跃的组织，大赦国际以出色的工作业绩扬名天下。该组织成立于 1961 年，是由一位英国律师为《观察家》杂志撰写的一篇关于违反人权事件的社论发起的。在 6 个月内，这一小小的努力就发展成为一个持续性的国际运动，进而催生了该组织。今天，"大赦国际"已成为全世界保护人权的非凡的国际性组织。该组织的绝大部分工作与石油工业有关，尤其与石油公司践踏工人的人权事件有关。该组织的工作除了与 20 世纪 90 年代后期发生在尼日利亚的两个石油团体成员被迫害有关之外，它还深深地卷入了与苏丹和哥伦比亚的

---

❶ David Luhnow and José de Códoba, "Academics' Study Backs Fraud Claim in chávez Election," *Wall Street Journal*, September 7, 2004, 18.

石油相关事件。

7.4.2 地球权利国际

地球权利国际（EarthRight International，ERI）是一个强调人权与环境之间纽带的组织。通过国际支持与法律行动，ERI 正在为减少环境与人权遭到破坏而努力工作。该组织有两个总部，分别设在美国和泰国。它的绝大部分工作集中在发生在尼日利亚、缅甸和厄瓜多尔等国开采石油所导致的人权被践踏事件与环境受破坏事件。

7.4.3 人权观察组织

人权观察组织的基地设在美国，从其 1978 年成立以来就致力于全世界的人权保护工作。该组织最早在芬兰首都赫尔辛基创建，目的在于监视原苏联对《赫尔辛基协议》的执行情况。该组织成立后不久就将其工作范围扩展到美洲和非洲，从此在全球名气大振。在 20 世纪 90 年代，该组织以极力维护人权的姿态大力声援生活在尼日利亚产油区的奥戈尼人。

7.5 慈善事业与石油公司

至此，我们已集中阐述了人权被践踏事件和解决这些问题的一些政治活动。但是，并不是所有的发展都会给人权造成负面的影响。在 19 世纪后期和 20 世纪初期，石油公司的到来所引发的一系列社会的与经济的变动中，绝大多数是有益的。而且，在对石油公司实施了国有化以后，这种情况继续延续着。私人的和国有的石油公司已经自愿地在一些发展项目中投下了数百亿美元。这些石油公司常常会优先使产油国受益。他们会提供一些基础设施，比如铺设公路、电线，改善石油工人的居住条件等。在许多实例中，这些石油公司开发了许多国产化的适用于妇女和石油公司培训的课程。他们还在偏远地区建起了学校和医院。在一些地区，一些私人石油公司为社会的投资甚至超过了国家政府的投资。

20 世纪初，慈善事业成为美国社会一种高尚境界的表现，这也影响到了外国石油公司。一些如 Andrew Carnegie 之类的富人将自己的财富与美国国内分享时，标准石油公司的尼尔森·洛克菲勒（Nelson Rockefeller）也将自己的资金捐给了委内瑞拉等产油国。他们投资的部分动机是出于这一逻辑———家公司拥有健康的工人远比其拥有生病的工人更能获利！所以，他们最感兴趣的就是改善生活条件和提供健康服务。此外，这些公司认识到为了继续从事自己的石油作业，重要的是要与当事国建立一种和谐而稳定的关系。在 20 世纪初，世界上再也没有什么公司比标准石油公司对此有更深刻的认识了。

在委内瑞拉，尼尔森·洛克菲勒，这位标准石油公司的创始人——约翰·D·洛克菲勒之孙创立了"克里奥尔基金会（Creole Foundation）"。当时，克里奥尔石油公司是委内瑞拉附属于标准石油公司的一家公司。1937年，尼尔森·洛克菲勒访问了石油工人的驻地，他被那里的生活条件震惊了，他看到石油工人的生活条件十分恶劣，因此就萌发了创立该组织的念头。当然并不仅仅是这些工人的生活条件打动了他，他看到了四周的居民生活都非常贫穷。在与 Eleazar Lopez Contreras 讨论了当地的情况后，尼尔森·洛克菲勒将自己的慈善事业集中在委内瑞拉的公众领域。克里奥尔基金会通过一些组织为委内瑞拉的发展提供资助。到20世纪50年代后期，洛克菲勒在这一领域的资助总额已达500万美元❶。克里奥尔基金会对慈善事业的贡献是创立了一种伦理观——包括全世界的私有的和国有的石油公司都具有极大的社会投资潜力。

7.6 人权的未来

关于人权，目前有两种相互矛盾的发展趋势。一方面，对人权的关注已明显地增加了；另一方面，与石油工业发展相关的人权受践踏事件也明显地增多了。随着互联网和其他类型的全球通讯手段的发展，关于人权被践踏的信息和国际上对此类事件的反映等信息的传播速度较以前有了突飞猛进的提高。互联网的普及使信息几乎可以被地球上的每个人知晓。出于此因，许多国家和公司不得不提高自己的工作效率——或者去掩盖事情的真相，或者去尽快地解决问题。

在尼日利亚，当人们反对壳牌和雪佛龙—德士古进入他们的生活区时，这两家石油公司以比其他石油公司注入更多资金用来发展当地经济的做法化解了矛盾。1996年，壳牌的投资已达3600万美元。该公司还设立了专项奖学金，每年投资可达2100万美元。2004年，尼日利亚国会要求壳牌的尼日利亚子公司壳牌石油开发公司向 Ijaw 人支付10亿美元，作为对当地人健康受损的赔偿。壳牌承认，它们的行为"加剧了尼尔河三角洲当地人的矛盾"❷。目前，雪佛龙—德士古发现自己处在一个矛盾的中心——它所雇用的当地人中，没有在各个部族之间保持人数上的平衡。同时，这些公司在发展项目的投资方面也没有做到"一碗水端平"——有时会出现厚此薄彼的现象。雪佛龙—德士古从壳牌的错误中吸取了教训，在发展投资项目中谨慎从事并将在未来的计划中加大投

---

❶ Laura Randall，*The Political Economy of Venezuelan Oil*（New York：Praeger 1987），6-7.

❷ Mark Long，"Nigeria's Senate Wants to Fine Shell $1.5Billion"，*Wall Street Journal*，August 26，2004，A2.

资的力度。这些公司在尼日利亚国内的发展项目中将进行整体规划,并在投资方面小心翼翼,以求减少冲突。因此,外国石油公司的角色也不仅仅是在人权方面起到负面作用。

在过去的几年中,越来越多国家的政府在人权保护方面采取了措施,因为它们并不想重复 20 世纪中期外国石油公司忽视人权的历史。一些富油国已经将其国有的石油公司私有化,以便吸引投资,它们承诺立法保护人民和土地。比如,俄罗斯于 1991 年对其石油工业实施了国有化,但对土地却实施保护。1993 年,俄罗斯出台的一项法律条款规定保障联邦内当地人合法权利。政府与石油公司签订了协议,申明政府将保障位于俄罗斯产油区心脏地带 Khanty-Mansi 自治区本地居民的权利。俄罗斯的举措可以表征新一轮的社会共识。

全世界的人权组织都认为 20 世纪 90 年代标志着国际上对石油的关注与人权尊重的一个新开端。很可能,石油公司与政府已经认识到为作业区当地居民与石油工人长期经济投入的价值。在油田设施附近生活的危险从来没有改变,在石油行业内工作的风险也将不会发生任何改变。然而,石油公司与政府则可以向着减少对人们和土地的影响与破坏方面努力。

推荐阅读

人权已经成为过去 30 年中一个研究的重点领域。从这点出发,大量的关于人权的研究不仅停留在理论的层面上,而且也体现在全世界的实例研究方面,而且两种已经结合起来了。关于人权的伦理与社会反应等方面的著作,参见 Fergus MacKay 的《The Rights of Indigenous Peoples in International Law》以及 Lyuba Zarsky 的《Global Reach: Human Rights and Environment in the Framework of Corporate Accountability》,Lyuba Zarsky 的《Human Rights and the Environment》(Sterling, VA: Earthscan, 2002)。

关于"大赦国际"的资料,可访问其网站 www.amnesty.org 并参见《Amnesty International Report》的年刊,从中可以了解关于世界人权的现状以及解决人权问题的工作。关于"人权观察组织"的资料,参见其网站 www.hrw.org。关于"地球权利国际"的资料,可访问其网站 www.earthrights.org。关于更多的人权组织的信息,见"大赦国际"的《Nigeria, Repression of Women's Protests in Oil-Producing Delta Region》(London: International Secretariat, 2003)。关于 2002 年在委内瑞拉进行的人权问题解决的一个杰出实例,参见 Kim Bartley 和 Donnacha O'Brian 的《This Revolution Will Not Be Televised》(Dublin: Irish Film Boaed, 2002)。关于尼日利亚更多的信息,参见 Browen Manby 的《The Price of Oil: Corporate Responsibility and Human Rights Violations in Nigeria's Oil Producing Communities》(New York: Human Right Watch, 1999)以及 Ken Saro-Wiwa 的《Genocide in Nigeria: The Ogoni Trage-

dy》(London: Saros International, 1992)。关于在勘探之前的墨西哥石油工人的更多信息,参见 Jonathan Brown 的《Oil and Revolution in Mexico》 (Berkeley: University of California Press, 1993)。关于 2003 年尼日利亚妇女发动的罢工运动,参见 Terisa Turner 和 Leigh S. Brownhill 的《Why Are at War with Chevron: Nigerian Subsistence Struggles Against the International Oil Industry》(New York: International Working Group, 2003)。

8　石油与经济发展

> 国际性的伪善有一个名称——援助。它将永远不会成为促进发展的一种必需的资金来源——它仅仅是交易的代名词。
> ——Andrés Pérez 总统，1976❶

在本章，我们将通过了解富油国的经济发展历程来审视国际的关注点。我们从分析第二和第三次石油危机切入，并将在随后的章节中逐一介绍。我们将集中分析过去的石油危机，因为它们可以帮助我们提供了解石油生产国如何处置自己所获得的高额利润。我们所探讨的主要问题是揭示这些国家是如何有效地聚敛财富并建立自己的发展规划。这些国家把自己的财富花费在购买奢侈品、扩充军备，还是本国人民的健康与教育方面呢？这些国家对本国的发展项目进行投资时，它们最终却没能在自己的经济持续发展中获得成功。实际上，在20世纪70年代的石油价格上升之后，许多富油的发展中国家发现它们可以从世界银行、OPEC基金和国际货币基金（IMP）那里获得资助。但是一个富油国将如何在环保压力、国际压力和政局不稳定的情况下实现自己的可持续增长呢？

世界上几乎每个政府和个人都希望经济的发展，因为他们认识到经济发展会使每个人的生活条件更好。这种惠及所有人的经济变革战略称为"经济发展"，但为什么只有少数国家实现了呢？"经济发展"是与减少贫困和发展经济的多样性相关的，而且是以收入总数计算的❷。与经济发展相关的问题是它将引起社会的变动，而这并不容易控制，因此，怎样才能实现经济发展没有一个统一的观点。此外，经济发展不一定能提高一个国家经济的整体增长。产油国常常会获得大笔的石油财产，但其国民的收入却不可能全面提高。在绝大多数实例中，由于从石油获得的财富大多落入政府或外国石油公司的手中，从来没有落实到当事国的国民身上。

---

❶ Markos Mamalakis, "The New International Economic Order: Centerpiece Venezuela," *Journal of Interamerica Studies and World Affairs* 20, no. 3 (August 1978): 283.

❷ *Sustainable* meaning that a country can meet its population's need in the present without compromising future generations' needs.

在关于发展的讨论中,首要的问题是一个国家是如何使用其石油财富的。如前所述,全球石油工业是一个巨大的商业系统。对任何发达与发展中国家来说,石油都可为该国提供最直接的财富来源。虽然油气资源正在被大量消耗,但在短期内它的利润依然是非常巨大的。产油国最大的获利时期就是20世纪70年代的石油危机时期。当时,产自沙特阿拉伯的原油每桶价格从1973年的7美元猛涨到1974年的25美元!委内瑞拉、挪威和尼日利亚等国并没有直接卷入1973年的石油禁运,但也因阿拉伯国家切断石油供应后美国对其石油进口的高度依赖而大获其利。

历史上共计发生过3次石油危机:20世纪70年代、80年代和90年代初期。这些事件所以被称为"石油危机",原因在于它们在波及全球的石油价格动荡中表现出快速和不可预测的特征,从而导致全球各地无一幸免。第一次石油危机发生于20世纪70年代初期,它起因于石油的短缺和中东地区的政治冲突,进而导致1973年的石油禁运,以及各产油国与外国石油公司之间因矿山开采权的矛盾的爆发。第一次石油危机将石油价格推到了一个前所未有的高度。OPEC一直未曾有效地控制过油价,但在这次石油危机中实现了对油价的控制,并将油价控制在它认为无论是对其本身还是消费者都是最佳的水准。全世界都第一次认识到了OPEC的能力和对全球石油价格的控制力量。到1975年前后,石油价格开始回到一个新的框架下。接下来的一次石油价格危机发生在1979年,油价一直上扬到1985年,再次导致了中东地区的政局动荡。第三次石油危机发生在1985—1990年,导致石油价格的下降。总之,这三次石油危机极大地影响了世界经济的发展。

8.1 第二次和第三次石油危机

第二次石油危机因1979年的伊朗革命而触发。在这次革命中,伊朗的最高统治者被推翻,一位新伊斯兰领导人霍梅尼(Khomeini)上台执政。当时,伊朗的产油量在全球石油产量中所占的比重相当高。虽然当时伊朗的石油生产并未停止,但生产速度却慢了下来。因此,就对国际石油市场产生了一股未能预测的冲击波。伊朗革命之后紧接着就爆发了伊朗与伊拉克的"两伊战争"——它始于1980年并一直持续了8年之久,而且双方打到最后并没有分出胜负。这场战争的起因是对"阿拉伯水道"控制权的争夺,为此,双方的关系紧张了多年。

对地区霸权的争夺及政治与宗教方面的差异使得两国处于一种奇怪的状态。两伊战争对全球的石油工业产生两个重要的冲击——大量油田被焚烧,同时许多

设施被毁坏，结果导致伊朗和伊拉克的石油出口量锐减（伊朗减少了200万桶/天，伊拉克减少了近100万桶/天），影响了全球的石油供应和油价。在两伊战争的最初几年中，石油价格从1978年的每桶13美元增加到了1981年的每桶近35美元。与第一次石油危机的情况相似，油价的上涨意味着其他石油出口国享受到了石油利润增加的甜头。然而，这一次，消费者却早就做好了准备。

在两伊战争爆发时，全世界的石油消费者都迅速做好了准备。对石油进口国来说，它们并没有足够的时间开发新的可替代能源。虽然一些国家（如美国等）在1973年的石油禁运后已努力减少了对中东地区石油的依赖，但它们并未成功。面对这次石油危机，消费者所采取的措施是大量购进额外的石油产品以备不时之需。OECD制定了相关的紧急预案，要求它的成员至少有90天的石油储备。这些成员完成了相互间的评估，以求避免石油供应短缺的出现。而且，世界范围内的经济衰退也减少了对石油的需求。OPEC没有预料到这种反应，它错误地估算了全球石油需求量和储备量。与此同时，OPEC的成员国虽然减少石油的生产量但却因油价的上涨而继续从中获利。OPEC开始将石油保在地下而不开采出来。全球对石油需求的下降迫使石油减产，进而导致油价的下跌——第三次石油危机到来了。

第三次石油危机与前两次的危机不同——石油价格发生了戏剧性的下跌，而与前两次石油危机一样，全世界也没有完全做好准备，仅仅是凭直觉行事。到1985年，一些关键的石油生产国开始感到自己的危机，并认为已到了开始行动起来控制油价的时候了。由于沙特阿拉伯是世界上最大的产油国，沙特阿拉伯在OPEC中扮演着举足轻重的角色，它能做到在不考虑本国国内经济问题的前提下决定增加或减少石油的产量。即使在当代，沙特阿拉伯依然是世界一流的产油大国。实际上，当油价开始下跌时，就促使沙特阿拉伯马上采取行动制止了。OPEC试图将油价定在每桶18美元左右，但没能成功。1990年，随着海湾战争的爆发，油价再次应声下跌。在这一时期，石油价格大约下跌了1/3。在这种情况下，若继续勘探新油田，石油公司已无利可图，已发现的油田惜产了。1994年，国际油价处于一种混乱的状态，争执发生在OPEC国家与非OPEC国家（如墨西哥、挪威和俄罗斯等）之间，它们各执一方，不分伯仲。在这次石油危机结束之后，各方对产油国如何控制石油危机的爆发提出了对策。

前两次石油危机为石油生产国在短期内就带来了始料不及的巨大财富。同时，它们也将全球经济拖入了衰退阶段。经济学家认为，如果控制的好，则产油国能够通过协调与交流提高自己的经济地位，但实际情况并非如此。以前就存在

的政治与经济的不稳定等因素交织在一起,阻碍了这些国家的领导人对这笔财富的聪明、理智地利用。

8.2 石油美元的利用

石油财富,或称"石油美元"(petrodollars)的利用,对于任何石油生产国或出口国来说都是必须认真考虑的。石油财富有别于其他任何形式的收入,因为它们代表着"租金",这是从一种工业所接受的财富,而这种工业的收入是不用直接投入的。比如,当一个人租用一套单元房居住时,房东会收到一笔为该人提供生活空间的报酬。同理,政府可以收到其国民上缴的收入税金,而并不涉及纳税人是如何得到自己收入的信息。在石油工业中,石油财富就是一种租金。它们代表着很容易获得的财富,因为政府并不必经历建设地方工业才能获得硬通货的阵痛。随着大量的资金涌入当事国,开发当地工业就成为水到渠成的事了。石油财富常常会成为一种其他形式的国家收入的替代,问题在于这种巨额财富取决于强势油价持续的时间和石油开采的连续性。理想的情况是,石油生产国应该用这些石油财富去弥补其他的收入,比如地方工业等。委内瑞拉的石油部长 Juan Pablo Perez 在石油危机时就提出要用石油去补贴本国的农业部门❶。

在发现石油之前,世界上绝大多数产油国是农业国。自从发现了石油,这些国家就停止了对农业工业化的资助。这一结果是灾难性的。那些没有从政府获得资金支持的农民就不得不使用过时的农具设备。大批农业人口要么离开自己的家园到城市去寻找工作机会,要么把自己的注意力转向挣钱多的农产品上去。一个典型的实例就是伊拉克——那里的人们从事面包制作的历史已有数千年,并以此扬名天下。但到了 20 世纪 80 年代,那里的人们就很难满足自己的需求了。伊拉克除了石油之外,失去了农业这个经济安全的保障就无法承受第三次石油危机的冲击了。

在石油危机期间,那些极度依赖石油美元而且缺乏长远发展规划的石油生产国就尝到了苦头。在第一次和第二次石油危机中,这些产油的发展中国家几乎在一夜间就成了"暴发户"。这些国家并没有将这次机遇中所获得的资金投资到工业和农业的发展中去,反之,它们往往是将资金花费到一些奢侈的或者是不可能成功的项目上去。比如,委内瑞拉的石油价格在 1972 年至 1974 年间一跃从每桶

---

❶ Øystein Noreng, *Oil and Islam: Social and Economic Issues* (New York: Wiley, 1997), 135, 130–140; *Mamalakis*, 288.

2.50美元冲到了10.50美元。1974年,委内瑞拉政府将这笔石油财富中的一半投资到一个名为"委内瑞拉投资基金会"。该基金会的目的是资助委内瑞拉及境外的公共事业投资项目,这是提高委内瑞拉经济水平的重要的、可持续发展的规划。但该基金会真正的作用在其成立后不久即显示出来,政府非但没有将所获得的收入投资到发展项目中,反而使用到奢侈品的消费领域中,包括进口高价食品、衣物和小轿车等,以及建造各种豪华会议中心和其他所谓的"国家财富的象征"等建筑物上,比如总统官邸和国家庆典场所等等。与委内瑞拉相似,尼日利亚对自己的石油财富的使用也不理想,导致其经济下滑。除了进口大量的奢侈品外(尤其是昂贵的欧洲产小轿车),尼日利亚政府还将自己的石油财富用于供养其政治官僚阶层❶。

石油的繁荣实际上降低了尼日利亚大多数人的生活水准。这是因为该国的政治领导层实施的是服务于少数人的政策。这样一来,石油财富就往往会流向很少的地方,而大部分区域则很少惠及。在1973年的石油禁运期间(1973年10月—1974年3月),由于高油价导致生产增加,税收提高和皇家的收入增加等缘故,尼日利亚的石油财富几乎翻了5倍。尼日利亚在1966—1975年处于Yakubu Gowon将军的军人政权统治之下;1975—1979年的统治者为Murtala Mohammed和Olusegum Obansanio陆军准将。作为维持统治的手段,该国的石油财富被用于提高军人和公务员的待遇。这难道就是石油财富的最终结果吗?这些资金被用于资助因发动军事政变推翻了Gowon政府而上台的军人政府,目的在于清除Gowon政府腐败与糟糕透顶的经济政策。发动军事政变后上台的军人政府掌权以后掌控石油财富的真正目的是维持其统治。结果,尼日利亚的石油财富导致了政局的动荡和经济的衰退❷。

统治者除了将石油财富用于提高政府的权威之外,他们还将大批资金用于军事和安全以及武器购买等方面。这些领域的大肆购买仅仅表明了这些统治者所处的地位与相关的态度,尼日利亚与伊拉克更是如此。这两国的统治者几乎将石油换到的资金全部用于购买武器。20世纪70年代,当油价开始攀升时,这些政局不稳定的产油国的武器进口量大增。这种石油财富的错误使用强化了独裁统治者的地位。

---

❶ James H. Street, "Coping with Energy Shocks in Latin America: Three Responses," *Latin American Research Review* 17, no. 3 (1982), 136–37.

❷ Alan Gelb and Associates, *Oil Windfalls: Blessing or Curse?* (Oxford: Oxford University Press, 1988), 241.

这一问题的一个典型实例就是萨达姆·侯赛因于20世纪80年代在伊拉克实施的残暴统治。研究认为,两伊战争以及伊拉克随后对石油财富的错误使用,原因就在于一个独裁统治者随心所欲的独裁作风。有证据表明,伊拉克经济崩溃的根源就在于政治腐败。萨达姆·侯赛因与霍梅尼的个人恩怨起源于1978年霍梅尼上台之日。有证据显示,萨达姆所制定的发展计划就是在两伊战争期间利用伊拉克的石油财富换取武器装备。在两伊战争之前,伊拉克制定了发展多样化经济的方针,力图减少其对石油工业的高度依赖。然而,自从战争爆发,伊拉克对石油工业的依赖比以前更强了❶。伊拉克的这种情况愈演愈烈,正如我们所看到的那样,这导致了20世纪90年代的冲突。

对石油财富的错误使用导致那些石油生产国没有预测到第二次和第三次石油危机,也没能促进自己的经济发展。第三次石油危机使得事情变得更糟了——它是在前两次石油危机获得极大利润时,在有关国家实施自己的经济发展规划之前就到来了,许多项目尚处于实施的早期阶段,而且政府还无法收集到足够的石油财富去完成这些项目。20世纪90年代,许多产油国花费了大量资金,为一些国际机构提供经济援助。

8.3 国际援助组织

国际上有许多提供援助的组织,而被产油国利用得最多的组织有OPEC基金组织、世界银行和IMF。这些组织世人已耳熟能详,它们的工作在满足发展中国家的需求时彼此能够相互补充。在第5章中,简要地介绍了一些发展中国家联合制定了一项新的援助发展中国家的对外政策的计划。这些产油国出于对财富的敏感和经济安全性的考虑认为,援助自己邻国最好的方法之一就是在第一次和第二次石油危机中与它们分享自己的石油财富。自从第三次石油危机以来,这些捐助的国家已经转而通过这些援助组织去帮助那些穷国摆脱财政困难。

8.4 OPEC 国际发展基金

"OPEC国际发展基金"是一个小型的财政机构。OPEC成员国于1976年成立了该组织,旨在促进其成员国之间的经济合作,同时也为那些非OPEC成员的发展中国家提供援助。该组织由13个成员构成,以自己的石油收入按一定比例

---

❶ Abbas Alnasrawi, *The Economy of Iraq*: Oil, Wars, *Destruction of Development and Prospects*, 1950—2010 (Westport, CT: Greenwood Press, 1994), 71.

作为活动基金。2003 年，OPEC 国际发展基金组织资助了 600 多个项目，总计达 3 亿美元。OPEC 是世界上唯一的改变了人们对"援助"认识的组织。

OPEC 证明，发展性援助并不是只能由富有的和工业化国家承担的举措。这是有史以来的第一次——一个发展中国家的组织分担了相似的发展问题，它们决定为其他发展中国家提供援助。这些借款者常常会感到从 OPEC 获得援助要比从世界银行获得贷款舒服得多，原因就在于其原动力。从本质上讲，OPEC 基金会可以被认为是对那些面对高额油价的石油进口国的一种补偿，因为该组织是在 20 世纪 70 年代的几次石油危机时期成立的。为了防范这方面的指责，OPEC 很快就申明，虽然正式的 OPEC 国际发展基金成立于 1976 年，但它早在 1973 年第一次石油危机到来之前就提供援助了❶。OPEC 国际发展基金引以为豪的是它可以根据自己的兴趣来发放贷款，而不用看西方国家的颜色行事。OPEC 的成员国并不试图通过 OPEC 国际发展基金来保卫自己的战略目标或者试图使用这些财政资助去维护它们的石油产品市场。实际上，OPEC 的资助与 IMF 和世界银行并不矛盾。事实上，OPEC 的成员对世界银行做出了许多贡献。许多发展中国家发现，它们从 OPEC 基金会获得资助要比从世界银行或 IMF 容易一些。

8.5 世界银行与国际货币基金

世界银行是联合国的一个下属机构，它为发展中国家提供建设性意见与建议，提供贷款和技术支持，以便它们减少负担并加速发展。该组织于 1944 年在新罕布什尔州的布雷顿森林大会上成立，当时拥有 44 个成员国。虽然该组织以"银行"冠名，但实际上并不像其名称那样是一家银行，它由 5 个不同的金融机构联合而成，为发展中国家提供长期低息贷款。世界银行就像一个公司，它的成员就像股东，美国是该组织最大的股东。2003 年，世界银行为 100 多个国家的发展项目提供了 180.5 亿美元的贷款资助，其中也有石油和天然气项目。

在世界银行内，分别设有石油、天然气、矿产和化工部，负责能源的开发。该组织为发展中国家提供法律与技术方面的建议，以供这些国家创立并全面加强其石油与天然气工业。20 世纪 90 年代苏联解体后，俄罗斯就得到了来自世界银行开发新油田的经济援助。1991 年，俄罗斯的石油勘探与开发领域向外国投资者开放。最早向俄罗斯开发新油田进行重要投资的有大陆石油公司。1992 年 1

---

❶ Sheikh Mohammed Ab-Alkhail,"OPEC Aid: A Question of Solidarity," in *OPEC AID and the Challenge of Development* ed. Abdelkader Benamara and Sam Ifeagwu (London: Croom Helm, 1987), 10.

月,大陆石油公司成立了"极地之光公司(Polar Lights Company, PLC)",以50—50分成的方式与俄罗斯的石油公司合资开发位于莫斯科东北部的阿达林(Ardalin)油田。虽然俄罗斯的政局并不稳定,还是得到了2亿美元的资助,使该国得以合资进行石油生产。

国际货币基金(EMF)成立于第二次世界大战结束后的1945年。虽然IMF并不直接为某个发展中国家提供发展与扩大本国石油与天然气生产的支持,但它对于一个国家如何掌握本国的石油财富却兴趣十足。IMF与其他的专门机构一样,为发展中国家提供短期贷款与开发建议。该组织试图通过鼓励一些发展中国家接受优惠的经济政策来防止国际金融系统出现危机。当一个国家向IMF提出经济援助的要求时,该组织就会要求其提交关于发展经济的规划设计方案,以便该国有效地使用这笔贷款。IMF要求提供一份严谨的"结构性评估报告"。这是一份减少公共支出的报告,比如津贴、国家公司私有化等,并增加全球自由贸易中国家的比重。大量发展中国家,尤其是产油国,已经从IMF得到了资助。

世界银行与IMF常常联手向一些国家的政府提供援助,因为这两个组织中的专业领域各有侧重,可以互相补充。IMF侧重于金融领域,而世界银行则更多地资助那些发展中国家。换言之,世界银行更关心社会政治的层面,而IMF则注重敏感的经济层面。通过联手,这两大机构从整体上提高了它们工作的成功率。由于世界银行与IMF的合作关系十分密切,以至于它们常常被误认为是同一个组织。

接近世界银行和IMF对于一个富油的发展中国家来说并不是一件容易的事。这些国家最先实施国有化的重要原因就是要排除那些富裕的西方国家的影响。在中东和非洲,国有化就意味着除掉殖民统治最后的痕迹。对拉丁美洲各国来说,这意味着从西方国家对它们经济的极度影响与掌控中挣脱出来。对这些国家来说,自从实现了它们的政治与经济独立以后,若再回到受制于西方国家的状态将会使局面变得更糟而且更加困难。因此,任何希望从世界银行和IMF得到帮助的国家都知道,即使能够得到少量的贷款帮助也要以对本国的社会结构做出变革而付出重大代价。

在第二次石油危机之后,委内瑞拉等国面临着严重的财政与政治困境。在20世纪80年代,一些未被关注的国家的政府就经历了一段紧张而忙碌的时期。1987年,委内瑞拉向IMF提出求助的要求。IMF提出了一项"震撼性"的社会结构变革的建议,对此,委内瑞拉试图迎合之。这项改革方案包括恢复对外债的偿还能力并使国家减少对国家财政的依赖。这些措施实施的结果并不明朗——委

内瑞拉反而比以前更加依赖石油的收入了❶。不幸的是，委内瑞拉的例子并不是独一无二的。经济学家认为，IMF 的工作并不是招招都灵的。

IMF 已经专门为不同的社会顽疾制定了一些基本的处理方式。它们认为所有的发展中国家都会受到来自其国内的错误管理的影响。据此，IMF 对所有的借款者都提出了相同的要求：将其本国的货币贬值、减少公共开支、减少工资的支出尤其是公共部门的开支。此外，IMF 一直鼓励各国减少政府的干涉，该组织建议废除政府对贸易的控制权并淘汰政府补贴❷。

通常，那些接受了 IMF 建议的国家并没有得到贷款，但却被要求能够获得贷款的信任。而且，许多希望遵守 IMF 建议的国家也没有得到该组织的财政资助。IMF 提出的最基本的要求是以两种方式去减少政府的干涉：停止对燃料油之类的产品价格的补贴；对国家拥有的工业实施私有化。这两种巨大的改变已经极大地影响了一个富油国家的石油工业。

8.6 补贴

基于石油的补贴提出来容易维持下去难，再想撤除更难。补贴所起的作用是降低产品的价格，就石油和天然气而言，补贴将会促使消费者的购买。简言之，补贴是政府为产品的出口价格与国产价格的差价所补贴的费用。那些选择了补贴的国家都希望加速自己的经济发展。石油的补贴是比较容易获得的，因为这显然是一个促进发展的简单易行的举措。产油国希望自己的石油产品价值更高，这样就可以促进本国石油工业的发展。比如，墨西哥在 20 世纪 70 年代就一种保持了这种发展态势。在石油储量和石油财富增长的中期阶段，墨西哥政府制定了加速本国发展的规划，包括设立国内石油产品的低价位销售政策，这样，就可以通过吸引大量消费者来使石油产品增值。产油国的许多人相信作为本国的居民，使用自己国产的石油产品是他们的权利。同时，鼓励人们用石油产品（比如柴油）做饭就可以减少对森林的破坏。

政府使用补贴可以使偏远地区的油价保持同样水平。例如，尼日利亚政府的补贴不仅可以降低石油产品的价格，而且还可以统一全国各地的石油价格。尼日利亚政府停止了对油罐车长途运油或者向偏远的、几乎不通车的地区运油的高额

---

❶ Edgardo Lander, "The Impact of Neolikeral Adjustment in Venezuela, 1989—1993," *Latin American Perspectives* 23, no. 3 (Summer 1996): 50–56.

❷ Manuel Pastor, "Latin America, The Debt Crisis, and the International Monetary Fund," *Latin American Perspectives* 16, no. 1 (Winter, 1998), 91–92.

运费的补贴。事实上，大范围的推广补贴金体系几乎可以立即见效，因为这可以代表一种国家的荣誉感和人民对政府的信任——政府真正是在为人民工作的。1978年，一位尼日利亚人以社论的形式赞美道：

"我们知道，政府为人民而存在，政府正在努力使人民的生活更有意义……，这就是政府为如此多的事务提供补贴的原因——让人民不再生活在痛苦中。政府并不是每时每刻都能顾及民众的利益。"❶

在广大民众看来，补贴的最大的争议之一就是产油国的所有人都应该受益。他们认为总是将大量石油产品出口而不顾及国内消费的做法是一种犯罪行为。很不幸的是，对发展中国家来说，要坚持这种政策是十分困难的。石油的补贴是难以维持的，它们是政府财政支出中除军费之外最为昂贵的一部分，因为能从该项支出中获得的回报几乎为零。政府用军事支出与补贴来赢得公众的好感，或者以此作为维持自己统治的手段。这两种方法仅仅可以在短时期内解决困难，但它们无助于一个国家的长期稳定与发展。那些选择了补贴的政府树立了正确的观念——使自己的石油与天然气增值，帮助每个人的发展。但是，它们并没有料到此举将会给整个石油工业带来什么冲击。在20世纪70年代的委内瑞拉，政府从来不考虑这种做法的缺陷，但补贴的做法却促进了国内石油产品需求量的大增。为了保障出口与国内需求，委内瑞拉不得不采取扩张它的石油工业或者将出口的石油产品转而用于国内的销售，这样，就削弱了石油财富。委内瑞拉的炼油能力已达到了它们的使用极限，而扩建计划也已做好。然而，实际的情况却是用于国内消费的有限石油资源并没有保持多久❷。

当一个国家的石油价格低于国际市场的价格时，它的邻国就占据了有利地位。比如，尼日利亚的石油价格低于其北部的尼日尔和西部的贝宁，导致了与这些国家接壤的边界处汽油走私活动甚嚣尘上。这还造成了尼日利亚的石油储存量的明显下降，而且从来没有满足国内供应。与此同时，正在对石油实施补贴的政府就很容易地与国际石油市场进行比较，并且意识到如果它的所有石油产品都以国际市场价格出售的话自己就将大大获利。

出于几个原因，石油的补贴是难以被解除的。首先，民众从来没有意识到政府究竟为保证这种国家消费付出了多少代价，因此，他们就不容易接受取消这种

---

❶ Editorial, "Rescind This Decision," *Daily Standard* (Nigeria) October, 5, 1978, 3.
❷ Laura Randall, *The Political Economy of Venezuelan Oil* (New York: Praeger, 1987), 197 - 198.

补贴的决策。对于一个国家的人们来说，通常会期望本国政府维持大家都认为是"正确的"东西。当墨西哥的石油繁盛时期结束时，该国政府很快就意识到是应该停止对石油补贴的时候了，但顾及民众对石油价格上涨的反应就推迟了这项政策的实施。然而，民众的这种反应并不仅仅是与燃料价格上涨有关。

提高补贴的决定通常有两个困难：严重的经济问题及做出向外国求助的决定。当经济处于困难时期，大量民众失业或拖欠工资以及人民生活水平下降时，燃料的价格不能满足消费者的期待。无论是以私人交通工具还是公共交通工具出行的人们发现，撤销燃料补贴的措施是难以承受的。与燃料价格确定有关的最重要的问题就是此举不仅会影响到石油产品，而且还能影响到国内各种货物的价格。第二个困难就是向外国求助，这意味着许多富油国承认了自己的失败。如前所述，世界银行和IMF的第一个要求就是发展中国家通过停止石油燃料补贴的措施来减少政府的支出。那些富油的发展中国家在与世界银行和IMF打交道时也面临着相同的问题——它们必须将大量的公共事业部门私有化。

8.7 私有化

如第3章所述，创立一个国有公司有大量的益处，但也有许多缺陷。在国有化之后，国有石油公司常常会发现自己陷入资金短缺、管理与技术专家缺乏的窘境，而且常常会有损于和政府之间的关系。这些问题和更多的问题很快就会浮现，而且随着时间段推移会更加凸显。在国有化之后，腐败问题、设备老化问题以及无法满足国内需求等问题都会出现。当然，所有这些问题都会在一个较大的经济不稳定的框架下迅速发酵、膨胀。到20世纪90年代，许多产油国已经认识到需要做一些改变了。

"私有化"在国有企业进行改制时就出现了，而且私有化的方法就象国有化一样也是多种多样的。然而，在私有化的进程中，究竟采取何种方法将取决于政府对欲改制部门的控制情况。而且，政府必须决定它们是将股份卖给私有公司或者个人股东。私有化并不意味着对企业的整体出售，有可能只是私人投资者进入公司的管理事务中，或者只是简单地将国家公司重组为私人公司。逐渐地，国有公司就会被私有化的观念所影响，但政府知道它不能轻易地做出决定，人们依然相信发展国有石油公司的重要性。国家的自豪感与独立自主的观点依然很有市场。

国有石油公司在继续着本国人民的自豪感，尤其是那些经受过多年殖民统治并经过浴血奋斗才获得独立的国家更是如此。这些国家认为，在理想的情况下，国有公司正在通过降低能源价格而惠及全体民众的方式来打造最佳的国家荣誉。要使产油国摆脱、放弃这种荣誉感不是件易事，尤其是在接到世界银行和IMF

的建议时，要实现这一点更为困难。随着补贴金的取消，民众对来自世界银行与IMF建议的反应使政府有一种失落感和挫败感。当然，产生这些荣誉感的原因与国有石油公司产生的问题相比就显得微不足道了。

各国之间关于国家石油公司的成功与失败的情况各不相同，因此最终的结果就表明，私有化并不是唯一的出路。许多国有公司发现自己处于一种困惑的状态，它们在平衡石油生产与国内需求方面遇到了麻烦，这样，公司的利润就会下降。这些国家的政府依赖石油收入，而石油工业中的任何小小失误都会使下一步的资金来源遇到困难。面对这种不稳定的状态，私有化企业的负责人则表现出较高的自信心。为了吸引所需的资金，私有化就成为最佳之选。现今，一个很重要的问题就是发展石油工业的花费远远超过了以前。

在许多国家，已经发现了一些可开采的油气田，但因为高昂的开采费用，许多国家（如沙特阿拉伯）就不希望在自己的境内发现更多的油气资源。在委内瑞拉和挪威，大量的石油与天然气是在海上发现的，这是一种更为昂贵的开发方式。海上油气生产的设备和技术专家的费用都是极为昂贵的。石油生产国最近的发展趋势是开发天然气。由于天然气的燃烧更加清洁而且运输更为方便，它已在石油进口国中迅速普及。在不久的将来，天然气的资源量将会很容易地就超过石油，各石油生产国为了紧跟这种变化正在努力发展其天然气工业。科技专家的工资、设备的投资以及勘探所需的投资等都远高于产油国所能承受的负担。即使在经济模式最佳的挪威，也需要外国石油公司对其石油工业进行投资。

从20世纪60年代后期以来，挪威国家石油公司（Statoil）已经实现了对其石油工业的全面控制。除了Statoil之外，议会还拥有Norsk Hydro公司的绝大部分控制权，这是挪威的第二大石油公司。挪威的石油工业一直以这种方式运行，直到最近议会开始接受私有化。这一决定与北海的原油产量下降相关。在过去的几年中，原油生产已经下降了约20万桶/天。由于油田已经进入衰退期，这些油田的产量将会持续下降。2001年，挪威计划将Statoil 25%的股份出售给私人投资者。2002年5月，Statoil将自己的一部分原油资产以大约1.3亿美元的价格出售给丹麦石油公司，用于新项目的开发。此外，Statoil公司控制着该国直接的经济收入（SDFI）——它代表国家控制着100多个油田和气田的经济收入。2001年，该公司试图在纽约和奥斯陆股票交易市场上出售自己的股票。2004年，挪威政府将Statoil的股份减少至77%。挪威议会成立了一个新的国家石油公司——Petroro。该公司的目的是增加Statoil的竞争力并参与非洲与南美的海上油气勘探。为了在财政上实现自己的目标，挪威不得不将自己的国有石油公司的

一部分进行重组和私有化❶。与挪威的情况相反的是那些正在寻求私有化的大量发展中国家——它们正在将此举作为一种扫清政治顽疾的方法。

对许多国有公司来说，公司内部及中央政府的腐败已成为一个严重的问题。政府将来自国有公司的资金挪为私用并以此维持自己的统治。通过私有化措施，那些反腐败的领导人就能够解除国有公司与中央政府之间的密切关系。社会已对腐败现象进行了广泛的谴责，关于石油财富与政治家相关的事件也频频出现在各种媒体报道中，比如墨西哥国家石油公司受到的腐败事件的纠缠。据《纽约时报》报道，该公司每年因腐败事件就至少损失10亿美元。自从福克斯（Vicente Fox）总统2000年执政以来，他将私有化作为一项消除腐败的积极措施。

然而，私有化并不能保证就可以清除腐败，甚至无法保证腐败现象的减少。以俄罗斯为例，2004年，腐败已成为其石油工业的头号问题。俄罗斯的第二大石油公司尤科斯（Yukos）面临着来自政府关于犯罪的指控。该公司总裁米哈伊·科多科夫斯基（Mikhail Khodorkovsky）就因偷税漏税与欺诈行为受到法律指控而且可能会受到10年监禁的惩罚。许多人相信，科多科夫斯基在1997年创立的是一个合法企业，他的遭遇是普京（Putin）总统权力与政治斗争的一个牺牲品。俄罗斯政府宣称科多科夫斯基有犯罪前科❷，在1998年的金融危机中，他涉嫌通过俄罗斯的黑手党组织保护自己的利益。他的一些行为以及尤科斯公司的一些股东已经构成犯罪，一些民众要求普京总统以资助反对党的罪名将科多科夫斯基绳之以法。2004年12月，俄罗斯政府迫使尤科斯石油公司将部分资产出售，用于补偿所拖欠的税金。这一措施给俄罗斯的石油工业造成了巨大损害。

尤科斯公司的影响还在延续，俄罗斯的石油工业遇到了石油减产和投资者信心动摇的窘境。从2003年秋季的丑行暴露开始，俄罗斯政府掌控了该公司一半的资产，尤科斯公司的油气产量开始下滑。这次指控还阻止了尤科斯公司于2003年春季用150亿美元兼并西伯利亚石油公司（Sibneft）的计划。2003年4月，尤科斯公司与西伯利亚公司达成兼并协议，但西伯利亚公司于当年的12月反悔❸。如果兼并成功，新组建的石油公司就将成为世界上第四大私有化石油公

---

❶ Energy Znformation Administration, "Country Analysis Briefs, Norway," December 2004, www.eia.doe.gov/emeu/cabs/norway.html.

❷ Marshall I. Goldman, *The Piratization of Russia* (New York: Routledge, 2003), 148.

❸ "Roman Abroamovich, Head of Russian Oil Company Sibneft, Called Off His Company's Planned Merger with Yukos," *Corporate Financing week*, December 15, 2003, 7.

司。政治斗争与腐败给俄罗斯造成了重大的负面冲击，而且也极大地影响了俄罗斯从本国最有价值的资源获得经济收益的愿望。

在许多情况下，一些发展中国家为自己设立了发展的障碍——国内的罢工、对法律的践踏等，这些显然都是一些破坏性行为。那些国有石油公司的创始人也要先明确在实施国有化之前他们与外国石油公司打交道的方式。在墨西哥，宪法明确禁止国家石油公司实施私有化。墨西哥的法律还赋予墨西哥石油公司在墨西哥境内独一无二的油气开采权。为了发展本国的天然气工业，墨西哥不得不进行一些法律方面的工作。1995年通过的《天然气法》允许私人企业介入墨西哥天然气工业的下游部门。与此同时，该法律还禁止一家公司独立控制石油工业中一个以上的部门。福克斯总统在墨西哥石油公司和一些私人投资者之间创立了一份合同，即多方服务合同。根据这一合同，私人公司就可以与墨西哥石油公司合作从事天然气工业的工作，但却不能拥有天然气资源的所有权。墨西哥的情况并不是唯一的，越来越多的国有石油公司正在实施私有化的进程。

随着私有化在产油国内的发展，人们对石油工业的未来越发关注了。分析家质疑20世纪90年代的私有化趋势是否可以等同于70年代的国有化，后者的发展势头在前者中并未出现。难道石油生产国实现了私有化以后能比国有化更加成功吗？如果果真如此，原因何在？而且，产油国真的能改变全球石油工业的力量平衡吗？如这些国家的控制力能延续20～30年，则OPEC的革命就可能不会对其成员国产生长期的影响。换言之，这些产油国在全球所拥有的力量能够使它们回到OPEC成立之前的状态吗？

产油国对这些关于社会结构变革的建议十分关注，在它们与外国石油公司打交道时，将会遇到相同的问题，比如文化入侵和政治控制等。他们害怕自己的石油财富离开本国流向西方国家。此外，一些环境保护组织，比如委内瑞拉的奥里诺科（Orinoco）石油观察组织就反对委内瑞拉石油公司的私有化和它的补贴金，因为这将会降低该组织向有关方面施加压力的能力。国外的跨国石油公司可能不易被委内瑞拉的组织左右。过去十年的证据表明，私有化是石油与经济发展之间紧张关系的一个重大的问题。

8.8 石油促进发展

在经济发展的讨论中，即使不考虑地理位置、历史或文化背景等因素，石油能否保佑产油国都是不明确的。在许多情况下，石油导致了经济的动荡。在第二次石油危机中，高油价之后就是第三次石油危机中的油价下跌。在20世纪70年

代和 80 年代，许多产油国都比以前愈发依赖它们的石油财富，它们的国民却变得更加贫穷。在民众的眼中，政府极少帮助他们，所以他们要求把财富掌握在自己的手中。从 80 年代后期开始，在富油的发展中国家中，石油的走私与盗窃活动大增。在尼日利亚，随着尼日利亚人以非法手段谋取更多的钱财，每天大约有数千桶石油被非法运出国。经管线非法盗窃燃料也是一个严重的问题，而这种行为是与石油产品繁荣的黑市交易相辅相成的。

认识到了情况的严重性，多国政府转而向国际社会求助。当它们听从并获得了来自世界银行和 IMF 的建议与支持时，它们并没有改变什么。许多富油的发展中国家认识到外国的援助是根本不起什么作用的。但这种判断准确吗？实际上，国外的援助对于一个已经十分脆弱的经济体系来说，所造成的损害远大于获得的益处，因为与石油财富一样，任何所借到的钱常常会促进独裁统治者奢靡生活与腐败的蔓延。当然，这并不是放贷者的错误。在找到解决方法之前，石油与经济发展之间的关系将会依然是一个乱局。

推 荐 阅 读

已有大量的关于经济发展的文献出版发行，尤其是关于发展中国家研究的著作。作为一个开端，Ken Cole 的《Economy Environment Development Knowledge》（New York：Routledge：1999）提供了一个关于发展的相关理论的杰出的概述。还可参见 Stuart Lynn 的《Economic Development：Theory and Practice for a Divided World》（Upper Saddle River，NJ：Prentice Hall，2003）。关于 IMF 更多的信息，可参见其网站 www.imf.org。虽然世界银行和 IMF 已经资助过许多国家，但它们也受到大量的指责。关于 IMF 的政策如何伤害了发展中国家的讨论，见 Robert Weissman 的《Why We Protest》，（Washington Post，September 10，2001，21）和 Manuel Pastor 的《Latin America, the Debt Crisis, and the International Monetary Fund》，（Latin American Perspectives 16 no.1，Winter 1989.79-110）。关于世界银行在产油国的经济发展中所起作用的赞誉与批评，可参阅 Cheryl Payer 的《The World Bank：A Critical Analysis》（New York：Monthly Review Press，1982）。关于 OPEC 基金更多的信息，参见其网站 www.opecfund.org。

关于产油国在 20 世纪 70 年代如何使用或错误地使用其石油财富的比较，见 Ragaei El Mallakh 的《Petroleum and economic Development：The Cases of Mexico and Norway》（Lexington，MA：Lexington Books，1984），Alan Gelb 和 Associate 的《Oil Windfalls：Blessing or Curse?》（Oxford：Oxford University Press，1988）和 Jahangir Amusegar 的《Managing the Oil Wealth：OPEC's Windfall and Pitfalls》（New York：I. B. Tauris，2001）。John Bacher 的《Petrotyranny》（Toronto：Dunburn Press，2000）分析了石油、战争与专政之间的关系。关于

在尼日利亚石油价格影响的讨论，见 Nereus I. Nwosu 的《The Politics of Oil Subsidy in Nigeria》(Africa (Italy)，1996！80 - 94)，关于拉丁美洲实施私有化，见 Ravi Ramamurti 的《The Impact of Privatization of the Latin American Debt Problem》(Journal of Inter american Studies and World Affairs 34，no. 2，Summer 1992：93 - 125)。

9　石油政治及其全球影响

> OPEC 成员是因石油即将枯竭而走到一起的，但油田正在得到补充，油气藏层层叠叠，远不会枯竭。
>
> ——Thomas Gold，2000❶

石油是世界上功能最为多样化的一种矿产资源之一。在2000多年的历史长河中，石油在引发全球事件，引领技术与社会变革中都扮演了重要的角色。当今，石油与全球政治和经济密切相关，可使这两者变得更好，亦可使其变得更糟。绝大多数人将石油视为燃料的主要来源，它的形形色色的产品与我们的日常生活息息相关。在众多的石油产品中，人们对橡胶或塑料制品的依赖程度最高——从房屋内的设施到衣物都少不了它们。简言之，石油已成为我们日常生活中不可或缺的一部分。认识到石油的重要性，再看看全世界对石油工业的重视及石油与政治的关系也就不足为奇了。

本书介绍了许多石油与国际政治相关的实例。从19世纪80年代人们开始工业化地开采石油，一些大型石油公司于20世纪初就在全球开展了它们的石油勘探开发作业，并在20世纪前50年不断扩张以求新的石油与天然气资源。对于这些石油公司来说，那些富油国不一定都采取手段来控制自己珍贵的资源。结果，当事国与这些大型石油公司之间的关系就越发突出，在20世纪70年代，双方之间爆发了长期的抗争。正是在这一动荡而混乱的时期，产油国控制了它们的石油工业，并且通过国际联盟和国有石油公司等形式控制了国际石油市场。这样一来，产油国虽然解决了国家控制的问题，但还遗留了一些问题，而且还出现了新问题。

由于石油带给产油国的影响是多重性的，无论其地理位置、历史和文化背景如何，这些国家都不得不面对这些问题。将它们的石油工业实施国有化并没有解决诸如环境破坏、人权受到践踏或者经济动荡等问题。实际上，这些问题已经演变得越发难以解决。这些国家从整体上来说都缺乏用于保持它们经济增长或者石油工业发展所必需的资金和社会结构。在许多实例中，石油的发现与开发往往伴

---

❶　Thomas Gold in Oliver Morton's "Fuel's Paradise", *Wired*, July, 2000, 170.

随着政局的动荡与边境争端，挪威是为数不多的例外。大多数的产油国是发展中国家，而发展中国家则常常会受到当地部族争斗与社会顽疾等问题的影响，社会中的许多阶层正在经受贫穷及政府的压迫。因此，环境与人权问题并没有受到高度重视。社会的骚乱、罢工以及与石油工业相关的破坏行为在世界各地都存在着。这些经济与政治动荡在边境四周蔓延并导致一些与石油有关的冲突。对油田控制权的争夺甚至可能引发战争，这只会加剧这些国家面临着政治与经济危机。不论这些事件是区域性的还是国家层面的，它们都会影响全世界的消费者。

今天，几乎世界的每个角落都受到了石油与国际政治的影响，消费者都感受到了石油工业动荡和国际性事件的冲击。即使石油的供应量没有什么改变，但石油的价格反映了消费者与生产者对待石油安全的态度。在一个重要的产油区内，战争的威胁能够提高油价，这就会使消费者和生产者感到恐慌。前面已经介绍了许多影响原油价格的因素，本章将介绍两个更为重要的因素：当前与未来的石油消费与生产水平。

关于消费与生产的讨论几乎是不可分开的，因为它们彼此影响。事实上，这两者都极大地影响着消费者所面对的石油价格，这两个因素对全球石油工业的影响都是巨大的。如果这两者都不存在，则石油的重要性也就丧失了。更重要的是，这些因素确定了石油的未来及其价格。如果全球的石油需求量减少，则油价就会跟着下降；相反，如果需求量增加，油价也必然会上涨。当需求量大于产量时，或者当产量大于需求量时，石油的价格都会反映这些变化。因此，石油公司、股票交易者以及 OPEC 的成员国等都在密切地关注着全球石油的消费与生产水平，都在试图预测全球的石油需求量与供应能力，进而预测世界石油市场的走势。

9.1 世界石油消费

世界石油消费最大的决定因素就是当时及将来的全球人口数量。世界人口在 2004 年已超过 60 亿，而且还将以每年 1.3％的速度增长。据此推算，全球人口数量到 2050 年将达到 90 亿❶。人口的增加直接影响着石油的消费量，因为人类对石油和石油产品等重要物资的需求量将随人口的增加而增加。但是，人口的增加仅仅是石油需求增加的部分原因。

石油消费的第二大增加因素是经济增长和国家的发展。总体讲来，绝大多数

---

❶ "Nine Billion People by 2050"，*BBC Online*，February. 28, 2001, http: //news. bbc. co. uk/1/world/1194030. html.

人的生活水准已经提高了。在过去的几年中,全世界各地实现工业化的地区越来越多,而且世界上个人的财富也增加了,结果,消费能源的人口比重也增加了,即石油和石油产品的消费量增加了。过去的典型情况是美国的一个家庭成员共用一辆小轿车,而在今天,每个家庭成员不分男女老少可能都有自己的小轿车。当今的汽车消费趋势表明,美国的消费者普遍相信汽车的个头越大越好。美国的汽车体积一直在增加而燃料的消耗却下降了。SUV 型汽车于 20 世纪 90 年代开始流行并将在 21 世纪盛行,这将成为美国销售量最大的汽车种类。不久,人们就会看到曾经是美国标准的军用汽车的"悍马"也会成为大众汽车奔驰在城市的街道上。SUV 汽车的耗油量为 15～20 英里/加仑无铅汽油(目前已经上市的一些混合型燃料小汽车的耗油量为 40 多英里/加仑)❶。正是这种整体的生活质量的提高,全球的石油消费水平就增加了。

2004 年,全球石油的消费量为 8100.7 万桶/天,预计每年将以 1.3% 的速率增长(图 9.1)。根据 EIA 的《国际能源展望》预测,全球石油消费到 2025 年将会增加到约 1.21 亿桶/天。世界上仅有少数几个地区能够为全球的这种高额需求提供石油产品。迅速的工业化加上人口的爆炸式增长使中国和印度跻身于世界石

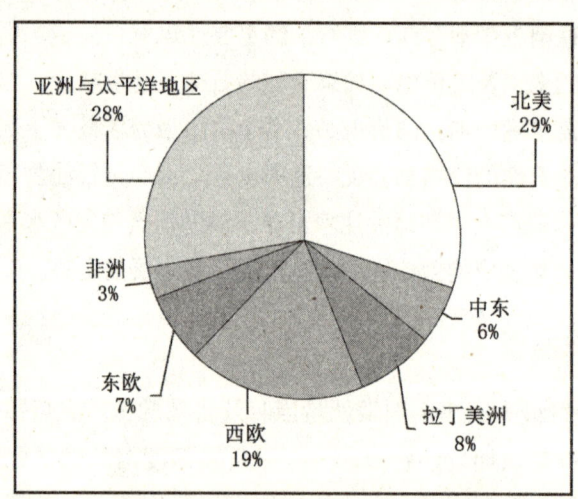

图 9.1 2003 年世界石油产品消费量❷
资料来源:2003 年 OPEC 年度统计(维也纳:OPEC,2004) http://www.opec.org

---

❶ Maggie Shiels, "Environment Drives Hummer vs Hybrid Row", *BBC Online*, June 1, 2004, http://news.bbc.co.uk/1/hi/business/3749377.html.

❷ Energy Information Administration, "International Energy Outlook 2004, World Oil Markets" April 2004, www.eia.doe.gov/oiaf/ieo/oil.html.

油高消费集团之列——在这个集团中，有美国和西欧。

几乎从石油刚被发现开始，美国就成为世界上最大的石油消费国。根据EIA的统计，美国的需求量以每年1.5%的速率增长。根据这一统计，到2025年，美国的石油消费量将达到3000万桶/天。然而，在2004年，消费的增长率就达到了3.5%❶。据此，可以预测今后美国依然是实际上最大的石油消费国。

除了人口增长之外，人类的需求增加也凸显了节能政策的匮乏。相反，在西欧，由于人口增长缓慢和能源运输税金的增加，石油的实际消费就比预测的减少了0.3%。面对全球石油消费的整体增加形势，石油公司与产油国已经认识到寻找新的石油资源与增加天然气在能源中的比重已迫在眉睫。

9.2 天然气生产

天然气的生产与使用已成为全世界能源界的最新发展趋势。虽然人们早已认识到天然气的潜力，但直到20世纪90年代，天然气才成为生产者与消费者关注的一种重要能源。当代，天然气有望成为世界上发展得最快的能源，尤其是在工业化国家中发展尤为迅速。目前全球每年的天然气消费量约为100万亿立方英尺，预计还将以每年2.2%的速率增加。到2025年，天然气的消费量将达到每年151万亿立方英尺。这一飞跃表明，自从2001年以来，天然气的消费量增加了近70%❶。天然气使用的普及不仅来自人类对未来石油消费能力的关注，而且也是民众对环境关注增加的反映。通过使用天然气，温室气体和有害气体的排放量会大大减少。虽然有很多原因促使人们选择天然气，但天然气工业才刚起步，还有许多困难有待克服。

天然气的发展，最重要的是需要实现供需平衡。比如，目前全球天然气资源中仅有20%得到了开发。据2004年的统计，全球探明的天然气资源量大约为6000万亿立方英尺，要获得精确的数据是非常困难的，因为在开采出来之前，没有人能确切地知道天然气的资源量。专家应用一些估算的数据认为世界天然气资源量最大的国家应该是俄罗斯，约为1680万亿立方英尺。沙特阿拉伯是世界第四大天然气蕴藏国，约为225万亿立方英尺，美国为第六，为187万亿立方英尺，尼日利亚第七，约为157万亿立方英尺。未来满足全球需求量，天然气生产必须有重大进展，而且天然气的运输也应在全球展开。然而，不幸的是，这就是

---

❶ Greg Ip and Bhushan Bahree, "High Demand for Oil Could Mean High Prices are Here for Long Run", *Wall Street Journal*, August 20, 2004, 1.

问题的症结所在。

对于绝大多数情况而言,石油生产国就是未来的天然气生产国。天然气开采遇到的问题与石油开采所遇的问题是相似的:油田到市场的距离远,运输、投资的力度大以及专业技术人员的缺乏等。在石油生产的早期阶段,当石油从地下开采出来时,所伴生的天然气都是被烧掉后排放到大气中的,即使到了天然气的储存能力已大大进步的今天,也还有约10%的石油伴生气被烧掉。各国将依然这样处理,直到这类能源找到合适的市场。

导致天然气工业发展滞后的原因是那些天然气生产国正在重复外国石油公司在20世纪中期的做法——为它们的产品打造各级市场。对石油来说,外国石油公司早已开拓好了市场,当那些重要的产油国获得对本国石油工业的控制权时,许多市场已准备就绪了。总体说来,这些国家只需要将自己的注意力集中到石油的开采、炼制与分配方面就可以了。就天然气而言,这些国家也必须面对这些问题并且促进天然气在本国国内和国际上的应用。正如良好的市场营销公司所了解的,天然气的应用将具有价格低、环境友好以及便捷等优点。然而,不足之处在于当天然气的需求量增加时,它的应用并不像石油那样普及且广泛。当全球的小汽车都用上压缩天然气时,全球对石油的依赖程度就会下降,天然气生产国将面临与产油国相似的情况。

全球需求并不是石油与天然气生产国面临的唯一挑战。天然气生产需要大量的资金投入和专业技术。石油生产可以不再把天然气烧掉,并开始收集起来,但这需要设备和存储空间等方面的大量投资。天然气不是仅仅产自油田,地质学家已经发现了没有石油的纯天然气田。天然气田与油田一样,需要在勘探方面大力投入,而且在全球仅存于一些特殊的区域。全世界已探明的天然气资源量中,几乎一半赋存于原苏联境内。中东地区的天然气资源量约占全球的25%,北美(墨西哥、美国和加拿大)的天然气资源量不到10%。发展天然气工业的一个主要障碍是所有的天然气资源都分布在那些产油国偏远的地域。在墨西哥,主要的天然气田位于海上。在原苏联境内,绝大多数天然气田位于俄罗斯东西伯利亚北极圈的北部。北极圈内的恶劣气候、艰险的环境以及糟糕的道路等使得那里的天然气开采成为极大的挑战。即使投入开采,石油公司在将天然气输往配送中心和市场的过程中也会遇到很大的麻烦。

天然气田常常远离合适的市场,在输送过程中也存在不少问题。开采出来的天然气的输送需要数千英里长的管线和道路以及大量的储存罐。在现阶段,天然气的输送主要以油罐车输送液化天然气或天然气管线输送气态天然气进行。这将

是油轮运输价格的4～5倍。目前，这笔运输费用使得这些区域内的天然气生产没法达到良好的性价比。当然，这并不意味着将不再开采与石油伴生的天然气了，但是这需要石油公司和生产国更多的资金与技术的投入。

很不幸，发展天然气工业与石油生产国或石油公司进行石油生产时所面临的挑战是相同的。换言之，这些国家与公司所面临的困难也是资金和技术的缺乏。比如，委内瑞拉拥有150万亿立方英尺，占到了南美天然气资源量的一半以上，但是却缺乏开采天然气的资金和技术。结果，委内瑞拉只能将一些与石油伴生的天然气点燃后排放到大气中去，而且每年将数十亿立方英尺的天然气回注到油田内。与石油一样，石油和天然气生产国都知道天然气生产的经济潜力，因此需要引进外国石油公司的投资。近来，墨西哥邀请多家外国石油公司签署了服务合同，以在该国的天然气运输、储存与销售中提供帮助。除了生产和运输的费用之外，与石油一样，天然气的加工也需要非常先进的设备和专业技术。

天然气从地下开采出来之后，就可以被加工成液化的或汽化的形式。液化天然气（LNG）是最常见的，因为它易于运输。液化天然气是将天然气在极低的温度（$-260°F$，$-160°C$）下加工而成的。LNG的生产需要特殊的设备，这些设备可以安装在炼油厂内。一些石油生产国目前正在建设LNG加工厂。挪威已计划在Melkoye岛上建造一座LNG加工厂，那是Snohvit计划的一部分。挪威计划加工液化天然气并向西班牙、法国和美国出口。发展天然气工业最大的挑战就是其产品的运输。当前，天然气是一种极度依赖管线与短途油罐车运输的区域性交易商品。因此，天然气的价值就不像石油那样明显。未来，随着天然气生产国将它们的市场全球化，这种情况将会改变。比如，俄罗斯现在已经向西欧出口本国生产的天然气，成为那里最大的天然气供应商之一。

全球的天然气工业也将面临资源枯竭的困境，虽然目前尚未到讨论这一问题的时候，但有关国家却需要讨论天然气枯竭的可能性。世界上绝大多数天然气产自产油国。这意味着一旦一个油田枯竭，天然气枯竭的问题就会随之发生，或者至少使那里的天然气开采失去了经济效益。所以，石油与天然气的枯竭正在一并探讨着。天然气并不被认为是完全可以替代石油的资源，反之，它被看作是石油的一种补充品，而且可能枯竭——它在社会中的作用就是如此。

9.3 枯竭

对全球石油与天然气资源枯竭的探讨并不新鲜。对此，最早的观点是1972年出现的，它来自一个名为"罗马俱乐部"（Club of Rome）的组织。该组织由

一些关注此议题的专家组成,当时,他们在意大利的罗马讨论全球的石油生产和供需形势。这次会议之后,该组织出版了一本名为《发展的局限》的刊物,从对石油与天然气资源可能枯竭展开科学预测。根据当时的消费水平,这些学者估算后认为,石油资源将在大约30年后枯竭。他们的计算并没有包括一些新发现的油田,这些人断言,国际上将会极度关注这种不可再生的能源。

自然,谈到油气资源枯竭,重要的问题就是什么时候枯竭。确定哪一年完全枯竭非常困难,因为定义储量很困难。在石油与天然气资源的开采过程中,产油国与石油公司会以其"资源量"来讨论油气田的价值与面积大小。这一术语意味着一个油田(可以包括多口油井和气井)是根据其所含石油的桶数或天然气的立方英尺数进行预测的。这种讨论资源量的麻烦在于计算的方法是多样性的。从法律角度来讲,石油公司(包括私人的和国有的公司)是不能计算那些已经拥有了矿产使用权却没有资金钻探的资源量的。流到地表的石油的收集可能过于昂贵,而且即使收集起来也没有送到国际石油市场的价值了。在计算资源量时这类原油不应被包含在内。

然而,并不是所有的石油公司和产油国家都会接受这种计算方法,而且它们常常会改变以前计算的资源量。绝大多数国家的石油工业都渗入了政治因素。各产油国和石油公司都花费了多年时间来增加自己所拥有的资源量。由于许多产油国极度依赖自己的石油财富,它们在认识到资源量重要性的同时,也意识到寻求经济稳定的重要性。这些公司努力使其股东相信它们的投资是可靠的。出于此因,确定油气枯竭的时间就显得十分重要。

许多石油公司及与石油相关的组织已对石油和天然气的枯竭进行了预测。其中绝大多数人的观点认为,鉴于当前迅速增长的消费水平,石油与天然气的枯竭将会发生在石油与天然气需求量增长的21世纪中叶。根据目前全球探明的油气资源量(12000亿桶石油和5500万亿立方英尺天然气),我们可以预期全球的石油天然气供应将可以延续40年。关于这些油气资源,OPEC拥有8910亿桶。若按地区拥有量划分,全球的石油资源量可以分为:北美272亿桶;拉丁美洲1164.375亿桶;西欧184亿桶;中东7359亿桶;非洲1055亿桶[1]。这些数据所涉及的许多油田已进入成熟期。在天然气领域,全球探明的天然气可采储量可能在不远的将来随着更多的油田的开发而得到大幅度增加。现阶段,如果没有出现新的阻碍全球天然气工业发展的政治障碍的话,天然气的生产与消费量将基本持

---

[1] *OPEC Annual Statistical Bulletin* 2003 (Vienna: OPEC, 2004), 10.

平。当然，如果消费量增加或下降，则这种资源量枯竭的时间也就会相应的提前或推后。能够提高石油供给量的新发现和科学技术的进步也将会影响所预测的枯竭时间。

当前，沙特阿拉伯是全球最大的石油生产者。然而，它的石油已经减产。今天，沙特阿拉伯生产的石油大约为1000万桶/天，但是，为了满足预测的消费水平，在不久的将来，它将把自己的石油产量提高到1400万桶/天。沙特阿拉伯的石油资源目前并未枯竭，但它的油田都已进入了成熟期——即石油的生产成本大大提高了。此外，该国也没有发现新的油田。沙特阿拉伯油田的衰减在很大程度上是全球需求量增加所造成的。鉴于对油气资源枯竭的恐惧，全世界都在关注着美国的动向，因为它消费的石油占到了全世界石油产量的1/4，因此，美国对全球油气资源的枯竭速度起到了至关重要的作用。

如我们在第8章中讨论的那样，许多产油国除了石油工业以外再没有什么可靠的财富来源。在石油的繁荣时期，这些国家的农业就受到了冷落和打击。与此同时，世界人口的增加也成为一个重要的因素。产油国发现它们正处在一个进退两难的境地。如果这些国家仅仅关注它们已经采出的石油和天然气而没有找到任何新的资源，则它们还能拥有多少油气资源？当全球油气资源枯竭期临近时，这些国家就很容易遭受本国资源枯竭和丧失油气高额价值所获得利润的机会。另一方面，如果这些国家过久地储备已经开采出来的石油，而且如果人类找到了一种可替代能源，则就可能使自己的资源失去价值❶。在许多实例中，许多国家都需要制定应对油气枯竭冲击的战略预警机制。

许多产油国已经开始制定未来在没有石油的情况下也依然能够保证本国经济安全的政策。迄今，挪威是这些国家的一个楷模。挪威的石油预测在21世纪上半叶就会枯竭，这要比预测的全球油气资源枯竭期早些。为了防患于未然，挪威建立了石油基金，用于石油减少时所造成的冲击。从1990年开始，挪威政府每年向该基金会注入资金。迄今，仅此项基金，挪威就积累了大约1310亿美元，预计到2010年这笔资金将可达到4000亿美元❷。其他产油国并没有像挪威那样行动起来为自己的未来"储备"。很不幸，防止枯竭的办法仅有一个，即去寻找更多的石油与天然气资源。

---

❶ Øystein Noreng, *Oil and Islam: Social and Economic Issues* (New York: Wiley, 1997), 119-120.

❷ Norges Bank, Petroleum Fund (2005), www.norgesbank.no/english/petroleum-fund/html.

9.4 有限还是无限

石油自发现之日起，关于它的成因的争论就从来没有停止过。绝大多数地质家主张石油的"有机成因"，这意味着石油产自远古时期的生物遗体。根据这些科学家的观点，烃类（油气）是深埋在地壳内的有机质在高温高压作用下分解后形成的。这些有机质一旦被"烹煮"，石油和天然气就会生成，然后在地壳内运移并在沉积岩层内聚积。这就是石油地质家只在沉积盆地内勘探石油和天然气的原因。但是，也有一些地质学家并不认同石油的有机成因学说。

20世纪50年代初期，有一批地质家（尤其是俄罗斯的地质学家）提出了石油的"无机成因学说"，即石油是一系列与有机质无关的化学反应形成的。他们认为，油气是在高温高压下，在地球形成时聚积在地幔内的氢和碳演化而成的。这些烃类分子通过岩石内的裂缝逐渐运移到近地表处。这就解释了油气显示主要都发生在全世界各地的沉积岩盆地内的原因。由于烃类不是生物成因的，所以它们可以广泛分布于世界各地。根据这一理论，石油不但丰富而且几乎不可能枯竭。为了支持这一理论，俄罗斯的工程师在西西伯利亚钻探井寻找石油与天然气，就在俄罗斯的科学家已经摒弃这种理论几十年后的今天，Thomas Gold（美国康奈尔大学的一位退休教授）又使石油的"无机成因论"在美国和西欧死灰复燃。他认为，这一理论在西方盛行的部分原因在于那些石油公司要造成对石油短缺的恐惧，这样就会导致国际石油市场上的高油价现象[1]。

近年来，关于石油成因的争论再起，因为确定石油的成因就可能在资源枯竭之前找到更多的油气。如果石油无机成因理论是正确的，就将影响对地壳中剩余油气资源量的计算。如果石油是无机成因的，则地壳中的石油就不会枯竭，将会为消费者提供取之不尽用之不竭的资源，这样，也就不必寻找什么替代能源了。然而，对于环境保护主义者来说，依然需要继续寻找更加环保的新能源。但是，石油无机成因论受到了绝大多数地质学家的否认。无论如何，消费量、生产能力以及枯竭——这些都是石油公司和产油国正在考虑的因素。当然，消费者更为关心的是燃料价格所造成的冲击。

9.5 油价与国际政治

虽然并不是所有的国家都能生产石油，但每个国家都需要使用石油。因此，

---

[1] Morton，160 - 172.

全世界的石油消费者都能感受到油气价格的影响。石油价格通过持有者的交易成为消费者最终的指标，而且表征着石油工业未来的稳定与否，同时也是国际政治的"晴雨表"。

石油价格在两个阶段会引起我们的关注：国际市场上的价格和井口的价格。国际市场上的石油价格是由纽约期货交易所（NYMEX）和国际石油交易所（IPE）确定的。在这些交易中，石油产品是以多种方式进行交易的。特别重要的是"期货合同市场"，在这种交易中，交易者是根据当时的市场价格购买未来的石油产品的。期货市场是一种特殊的交易系统，可以为石油产品的购买与销售双方减少风险。由于这种交易合同是以期货方式进行的，而且每天都在变动，它们反映了绝大多数持有者对全球石油工业未来的看法。

通常，OPEC试图将油价保持在22～28美元/桶的水平上，并为其成员国提供产量配额。从1948年到20世纪60年代末，油价维持在2.5～3美元/桶的水准上。从1958—1970年，油价基本保持稳定，大约为3美元/桶。在伊拉克的萨达姆被推翻的过程中，NYMEX的油价高于30美元/桶。

石油的井口价格是原油的市场价格与税收、炼油和运输到特定地区的价格之和。汽油的零售价包括了联邦政府、州和当地的税收。比如，在美国每加仑汽油的价格中，税收就占到了约30%。炼油的费用使市场零售价上涨了约13%，其中包括将原油运送到炼油厂的费用。油价的很大一部分取决于石油市场所在的地理位置。比如，在美国那些远离港口的市场的石油价格就偏高一些。油价还包含了炼油厂运抵市场的运费。季节也会影响石油的零售价格。比如，美国的石油价格在夏季之前通常会有所上涨，因为人们大多会利用那个季节良好的天气和假期开车出门旅游。环境标准也可能影响汽油的价格。比如在美国加利福尼亚，州政府的法律要求使用精炼汽油，这可以减少大气中的有毒物质的排放量。结果，在该州内的汽油价格要比其他州的高几美分。这些就是国与国、州与州及城市与城市之间燃料价格不同的原因。

许多国家专门为满足自己国内的消费以折扣价格提供石油。比如尼日利亚为本国的消费者减价提供石油，以便使人们买得起。尼日利亚政府通过为消费者设定价格，实现了全国石油价格的统一。政府用补贴价格缓解了用卡车从该国偏远地区运油的费用压力。尼日利亚的低油价不仅吸引了尼日利亚人，而且还吸引了它西边邻国贝宁和北部邻国尼日尔的消费者，结果就导致了尼日利亚边境线附近异常猖獗的石油走私活动。反过来问题也一样，只不过流向与现在的相反。

在墨西哥，汽油的价格相对高于北美，其原因是多样的，其中包括税金。结

果,墨西哥人常常越境到美国或伯利兹等地,以较低的价格购买那里的汽油等石油产品。对此,墨西哥政府于2002年5月开始实施一项计划,旨在通过减少该国北部和南部边境试验区位的油价来减少现金的外流量。一些国家(如墨西哥和尼日利亚)对它们境内的石油价格加强了控制。石油价格和国际政治与世界上每个国家都息息相关。

但是,当石油枯竭来临时将会发生什么呢?没有了石油,我们的环境将会变得更清洁,人类将会回到从前吗?在各国边境处会发生争执吗?最后,如果不再有石油和天然气,我们有可替代的能源吗?毕竟,现在天然气的生产一直在上升,而石油也不会在未来的30~40年枯竭,勉强可以维持到可替代能源的出现。当然,现实的情况是这些问题都已经出现了。

2004年,在石油价格领域出现了一种新的现象——对石油的高需求导致油价持续上涨。实际上,关于这一问题的争执是第四次石油危机是否会到来。一些经济学家认为,这不会对油价造成冲击,但对消费者来说,将会有长远的影响。2003年,在萨达姆·侯赛因被推翻时,原油的价格直线攀升,绝大多数人把高油价归因于产油国未能满足全球的石油供应和石油交易中的不安全因素。

但是,伊拉克政权易手到阿拉维担任过渡政府总理之后,油价仍然高居不下,创下了新的纪录。2004年8月每桶原油达到50美元,并一直保持到了2005年中期。根据期货合约是市场价格底线推测,这种油价还会持续。合约定价连续6年走低表明油价将在35美元/桶徘徊。据《经济学家》杂志报道,2004年的需求强劲,供应却不确定,以致交易者开玩笑说每桶原油价格应加上10美元的"风险升水"(加价)。特别是美国,已没有多余的生产能力,换言之,如果出现石油短缺,世界已没有资源来弥补这一短缺。

即使人们已经预测到可能会出现石油危机但石油公司依然没有作出反应。2004年的高油价使石油公司足足地赚了一把。据《华尔街日报》报道,当人们的现金流量增加28%时,他们的花销只有不超过10%的增加❶。石油公司并不担心可能出现的石油枯竭,依然顶住压力维持在世界各地的石油生产。与此同时,OPEC拒绝修改其成员国的石油产量,因为这种涨价并不能伤及它们。OPEC还掌握着迅速控制油价的方法,以应对重大变故的冲击。

2004年的情况与20世纪70年代的极为相似,当时正是导致第一次石油危机

---

❶ "Awash in a Gusher of Cash, Oil Firms are Reluctant Investors," *Wall Street Journal*, August 26, 2004, 1, 2.

的石油禁运发生之前。当然,问题在于当今世界石油消费已经发生了巨大的变化。80年代以来,投入使用的石油钻井平台和炼油厂比以前少了许多。此外,美国对石油进口的依赖已达到了总消费量的55%。新的石油与天然气项目也不是一夜之间就可完成的。新油田或新炼油厂的投产和运转需要几个月、几年甚至更长的时间。如果油价像这样继续走高,对于石油公司来说,投产新的油田或新的炼厂就比较经济划算了。否则,用于炼油厂扩建或新油田投产的应急方案就不可能缓解当前的这种情况。

石油危机在发生之前都可以提前预见,包括产油国如何使用它们的石油财富。这些产油国能够重复它们在前次石油危机过程中采取的措施吗?答案是显而易见的。随着大量财富流入产油国,许多情况就会出现。比如,在委内瑞拉的查韦斯总统于2004年8月在有争议的大选中获胜之后,他把委内瑞拉的石油财富给了自己最大的支持者——贫穷的人们——查韦斯将17亿美元用于为本国的穷人建造住房。然而,这一事件的后续影响将会更大。今天,许多富油国比以前更加依赖其石油资源,在这方面所下的"赌注"也就越多。自从20世纪80年代以来,像尼日利亚这类国家对石油财富的依赖程度从80%增加到90%。产油国的情况从整体上看要比20世纪70年代的情况愈发地不稳定。

2004年的发展使得石油工业未来的形势变得更加严峻,而且将左右石油与国际政治的关系。21世纪,我们将进入一个更加稳定的石油环境还是要重复那些曾经为人类造福或致祸的境况呢?

推荐阅读

关于石油价格对全球市场冲击的更多信息,可参见 Francisco Parra 的《Oil Politics》(New York: I. B. Taruis, 2004)。关于全球石油短缺所导致的问题及解决方法的理论可参见《The End of an Oil Age》(Economist, October, 25, 2003, 11-12) 以及 Kenneth S. Deffeyes 的《Hebbert's Peak: The Impending World Shortage》(Princeton, NJ: Princeton University Press, 2001)。关于石油生成的争论,可参见 Oilver Morton's《Fuel's Paradise》(Wired, July, 2000, 160-72)。关于沙特阿拉伯所扮演的左右石油产量角色的问题,参见《Still Holding Customers over a Barrel》(Economist, October 25, 2003, 61-63)。

下篇　产油国分析

10 伊 拉 克

伊拉克

国名：	伊拉克共和国
地理位置：	波斯湾、伊朗与沙特阿拉伯之间
首都：	巴格达
重要港口城市：	巴士拉
独立日：	1932年10月3日，从英国统治下独立
人口：	2600万
国家货币：	新伊拉克第纳尔（NID）
官方语言：	阿拉伯语
政府：	贾拉尔·塔拉巴尼（Jalal Talabani）总统
OPEC成员：	1960年加入
探明石油储量：	1150亿桶
探明天然气储量：	110万亿立方英尺
国有石油公司：	转型中
石油产量：	200万桶/天
天然气产量：	900亿立方英尺/年
产能排名：	世界第14位（2003年以前为全球第7位）
出口量排名：	2004年以前受联合国制裁无法进行商业性出口

在过去的几十年中，伊拉克共和国的经济与政治形势经历了戏剧性的巨变。随着萨达姆·侯赛因的倒台，国家权力被移交给了新的政府，伊拉克的未来变得更加不确定。新的伊拉克政府要解决以前遗留下来的社会和经济问题非常不易。伊拉克人民经历了痛苦的心灵磨难、信仰危机以及失业、犯罪等巨大痛苦。将美国和英国控制的伊拉克移交给伊拉克政府的道路会非常坎坷。为了认识伊拉克的发展，了解伊拉克的地理位置与历史是十分重要的（图10.1）。

伊拉克位于阿拉伯半岛的顶部，南部与沙特阿拉伯接壤，西部与叙利亚和约

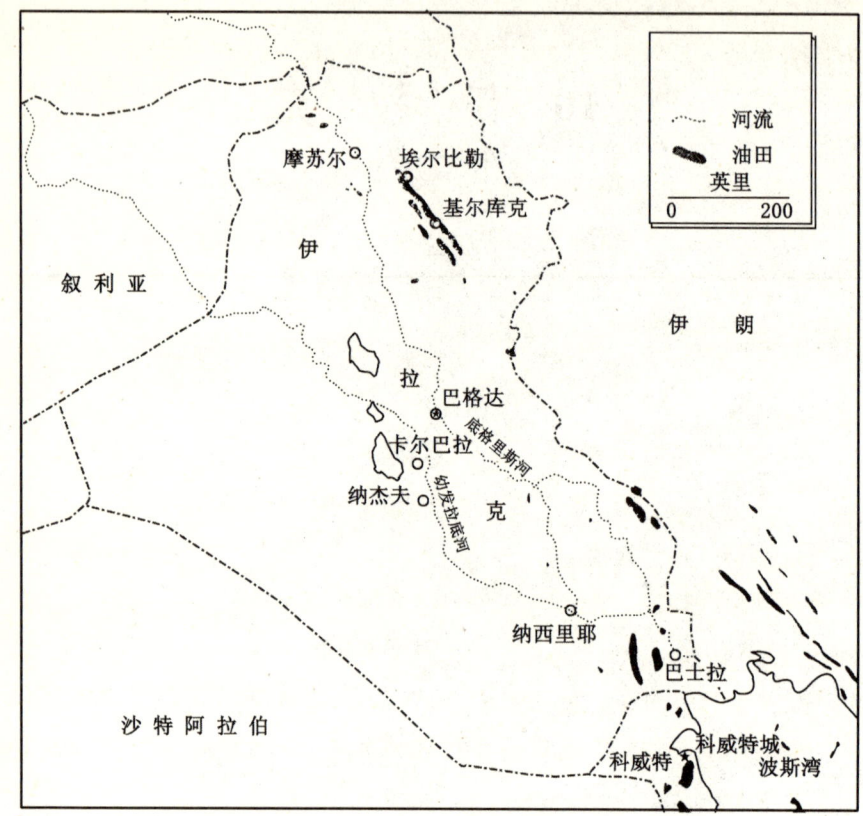

图 10.1 伊拉克地图

旦接壤,东部与伊朗接壤。伊拉克拥有波斯湾的出海口,两条重要的河流——底格里斯河与幼发拉底河流经伊拉克。这两条大河在伊拉克境内以北西走向和东南走向进入波斯湾。伊拉克的地理特点为:沿沙特阿拉伯边境一带为大沙漠,沿伊朗边境为 3000 英尺高的山脉。两条大河之间的美索不达米亚平原长期以来被人们认为是古代城市文明的发源地,因为那里在公元前 4 世纪时就出现了繁荣的城市。这两条大河从东南方向进入波斯湾的区域成为沼泽湿地。在伊拉克境内,绝大部分国土为平原。

伊拉克国土的主体是 1921 年人为划分出来的美索不达米亚地区。奥托曼王朝对美索不达米亚地区的占领从 1638 年一直延续到第一次世界大战,在第一次世界大战中,英国军队从法国人占领的土地上分割出一块土地。英国人首先拿到的是库尔德人居住的摩苏尔地区,然后又将自己的控制范围扩大到了阿拉伯人居住的巴士拉和巴格达地区。这两种文化的融合就形成了当今的伊拉克共和国。从

成立伊始，伊拉克就承受着种族与宗教两方面的压力。该国的居民北部由讲库尔德语的逊尼派穆斯林组成，中部由讲阿拉伯语的逊尼派穆斯林组成，南部由讲阿拉伯语的什叶派穆斯林组成。伊拉克的官方语言是阿拉伯语。中部讲阿拉伯语的逊尼派组成了伊拉克政府并在英国统治时期受到了优待。

自从英国撤出以后，英国人在当地扶持了一位伊拉克君主。在20世纪30年代之前，他一直通过一套实际由英国人控制的托管系统掌管着伊拉克。逐渐地，伊拉克人通过一系列协议和谈判减少了英国人的影响。伊拉克并没有统一起来，也就没有足够的资金去挑战英国人的掌控并宣布独立，因此，伊拉克是以谈判的方式逐步摆脱英国人的控制。1932年，伊拉克成为"国家联盟"的成员，这是伊拉克向独立自由迈出的一大步。但是，这种半解放的状况并没有持续下去。

第二次世界大战为英国人提供了一个转机。英国人看中了伊拉克的石油和其独特的战略地理位置，他们需要伊拉克在大战中保持稳定以获得战争的胜利。出于此因，英国人间接地控制了伊拉克几乎所有的领域——从军队到其教育体系。在第二次世界大战期间，伊拉克对英国非常厌恶，战后民族主义势力占了上风。伊拉克的民族主义者指责该国的君主与英国人狼狈为奸。1958年，伊拉克的君主制被推翻，诞生了一个新的、独立的伊拉克共和国。这是具有战略意义的，这不仅是伊拉克国家的独立，而且也意味着伊拉克军队的独立自主。1963年，伊拉克的阿拉伯社会复兴党（ASBP）统治了伊拉克，并一直持续到2003年。该党最具影响力的一位成员——萨达姆·侯赛因从20世纪70年代后期成为大权在握的统治者。

10.1 萨达姆·侯赛因统治下的伊拉克

萨达姆·侯赛因于1979年开始在伊拉克掌权并一直统治到2003年3月。萨达姆·侯赛因·塔克里提于1937年出生在伊拉克北部的一个贫苦的逊尼派阿拉伯人家中。他于20世纪60年代后期成为ASBP的一名主要成员。他通过伊拉克的政治体系使自己的政治地位逐步上升到党的总书记并于1979年之前担任了副总统，随后登上了总统宝座。当时，伊拉克的政治体制高度军事化，一些少数民族（库尔德人）强烈要求从伊拉克独立，导致了他们与伊拉克的战争。

1980年，伊拉克与伊朗之间的紧张关系升级，导致两伊战争爆发，这场战争持续了8年也没能分出胜负。这场战争的起因是双方为争夺阿拉伯水道的控制权，为此，两国曾经对峙了多年。对疆土的争夺以及政治和宗教信仰的差异，使两国兵戎相见。1980年，伊拉克入侵伊朗，战争爆发。伊朗经过伊斯兰革命之

后，国力已大大削弱，成为伊拉克轻松的攻击目标。萨达姆·侯赛因狂妄地认为战争可以速战速决，但事与愿违，这场战争一直打到了1988年。这场战争是致命的，导致两国都比战前更加贫困且虚弱。然而，伊拉克的战后状态并没有阻止萨达姆·侯赛因发动另一场战争。

1990年，萨达姆·侯赛因发动了对科威特的侵略战争，目的在于控制科威特资源丰富的油田，这场战争被称为"海湾战争"。1991年，以美国为首的多国联军对伊拉克军队发动军事打击，将伊拉克赶出了科威特。在这次"沙漠盾牌"行动中，美国派出50万名军人进入沙漠。针对伊拉克对科威特的侵略，联合国决定对伊拉克进行经济制裁并在伊拉克北部设立了"禁飞区"，以保护那里的库尔德人和什叶派穆斯林人。联合国还向萨达姆·侯赛因施加压力，以阻止他对伊拉克北部的库尔德人和东南部的什叶派穆斯林的迫害。虽然库尔德人不屈不挠地要求独立自治，但萨达姆·侯赛因从来不理会这些独立的要求，因为库尔德人生活在Kirkuk附近，那里的油田是伊拉克最大的油田之一。然而，这种冲击所伤及的仅仅是伊拉克人民而几乎不能触及问题的根源。伊拉克没有理会联合国的压力，向保护区发起了挑战，同时以武力与以美国为首的联军对抗。在20世纪90年代，美军一直待在伊拉克边境附近，以保护科威特和伊拉克境内的反对派。在90年代后期，伊拉克与联合国之间的争斗导致伊拉克被解除了武装并被迫允许联合国武器核查员进入本国进行核查。伊拉克越是拒绝联合国武器核查员进入其化工厂，联合国与萨达姆的关系就越发的恶化。而且，美国人相信，萨达姆与极端组织"基地"有瓜葛。该组织是2001年9月11日对美国发动恐怖袭击的头号嫌疑。由于萨达姆·侯赛因被认为是国际和平的威胁，所以美国率领的联军决定除掉他。

美国与联合国密切配合，认定萨达姆·侯赛因拥有并在继续发展大规模杀伤性武器。这种判读促使联合国安理会（UNSC）于2002年通过了第1441号决议。该决议要求伊拉克要么销毁所有大规模杀伤性武器，要么面对"严重的后果"。2003年2月，联合国依然没能解除伊拉克的武装，美英联军展开了军事行动。一个月后，美英联军取得了推翻萨达姆·侯赛因统治的胜利。萨达姆·侯赛因在伊拉克首都巴格达一直坚持到最后才离开，2003年4月，萨达姆·侯赛因王朝覆灭。此后，萨达姆·侯赛因的下落成为一个谜，2003年12月，美国军人在一个地下小洞穴中将其逮捕。

10.2 萨达姆·侯赛因之后的伊拉克

正如世人所知，自从萨达姆·侯赛因1979年掌权之后，迄今伊拉克人民才

有了一个新的民选政府。在 2003 年 4 月和 2004 年 6 月之间，伊拉克受临时政府的领导，即伊拉克管理委员会，那是在美英联军临时权力机构（CPA）领导下的联合自治政府。它的主要目的是监督议会的成立并准备全国选举。2004 年 6 月，政府正式任命阿拉维为伊拉克临时政府总理。2005 年 1 月，800 万伊拉克人参加的国内选举产生了一个过渡议会。此次选举的结果什叶派占据了议会多数席位。三个月后，该议会选举库尔德领导人贾拉尔·塔拉巴尼（Jalal Talabani）为伊拉克总统。

绝大多数伊拉克人对自己国家的未来没有明确目标。各种派别与宗教团体对新的伊拉克未来的走向的看法大相径庭。伊拉克人较为一致的看法是美国应该尽快从自己的国家撤军。他们急切地需要重建自己的国家并大力恢复、振兴本国的石油工业。

10.3 伊拉克的石油工业

10.3.1 早期石油工业

伊拉克石油工业的创始人是一位亚美尼亚企业家 Caloust Gulbenkian，他于 1914 年成立了土耳其石油公司（TPC）并在伊拉克北部从事石油勘探。TPC 的资金来源由 Gulbenkian 本人、德意志（Deutsche）银行、BP 和盎格鲁撒克逊（Anglo Saxon）石油公司（现在为壳牌公司的一个分公司）提供。1925 年，TPC 接到了伊拉克政府颁发的有效期为 75 年的矿产开采许可证，获得了在伊拉克境内开展石油勘探的保证，当时的伊拉克政府实际上是在君主制下的一个英国傀儡。该矿产开采许可证合同中申明 TPC 主要由英国人控制并获得了伊拉克王室颁发的石油开采特权。在伊拉克北部钻探之后，TPC 于 1927 年在伊拉克发现了工业油流并据此找到了伊拉克最大的油田之一——Kirkuk 油田，该油田成为伊拉克石油生产的基础。

1928 年，TPC 与近东发展公司（是一些美国石油公司的衍生公司：SONJ、Sony 大西洋炼油公司、海湾石油公司、泛美石油与运输公司）同意以一个整体公司进行石油勘探作业。为了反映这一新公司的特点，1929 年，TPC 将自己的公司名称改为"伊拉克石油公司（IPC）"并向其两个分公司摩苏尔（Mosul）石油公司和巴士拉（Basra）石油公司投资，以保证可以获得附加的矿产开采权。1930 年，摩苏尔公司获得了 75 年的矿山开采权，1938 年，巴士拉公司也获得了 75 年的矿山开采权。然而，在 IPC 成立之后，该公司一直没有找到大油田，直到 1949 年在伊拉克的最南部找到了两个重要的油田——Zubair 油田和 Nahr Umr

油田。从20世纪50年代中期到80年代,伊拉克的石油工业随着东部几个新油田的发现而发生了巨大转变。出于对国有化的恐惧,IPC于1950年同意签署一份50—50分成的合同,此举使该公司得以在伊拉克呆到1961年。

10.3.2 石油工业现状

伊拉克的石油工业当前处于一种十分脆弱的状态,因为该国缺乏资金,缺乏安全保障以及必需的修复能力和现代化的作业技术。在萨达姆·侯赛因的统治时期,由于大量设备因战争或者资金的缺乏而被迫关闭或者毁坏了,所以石油工业并没有正常运行,探明的石油资源量没有什么增加,大量的石油设备因长期过度使用而破损、报废。这样一来,伊拉克的石油产量就因一场接一场的战争而逐年下降。在萨达姆·侯赛因的统治时期,伊拉克的石油产量在1990年曾达到峰值的400万桶/天,但到了2003年随着萨达姆·侯赛因的倒台,伊拉克的原油产量大约为100~200万桶/天。与政治体系的大起大落一样,伊拉克的石油工业亦然。

在新的民选政府领导下,伊拉克的石油工业有望很快恢复到正常状态。伊拉克的石油工业是有前途的,因为据说该国的石油生产成本是世界上最低廉的,这足以吸引石油投资者。伊拉克的石油并不是质量最好的,但其所拥有的储量极为丰富,为中质到重质的含硫石油。伊拉克国内的石油消费量较低,几乎所有产出的石油都用于出口。据信,伊拉克的石油资源量可达1150亿桶。至今,在其西部边境一带,还有许多未勘探的区块。

1961年,伊拉克通过了第80号公共法令,据此,伊拉克将IPC矿山开采权所涉及的范围的95%收回,且没有给任何补偿金。拥有了本国众多的油田后,伊拉克于1964年宣布成立了本国的石油公司——伊拉克国家石油公司(INOC),以求完全控制本国的石油工业。1972年,伊拉克完全实现了对石油工业控制的过渡。一年后,伊拉克同意IPC通过其子公司——巴士拉石油公司保留在伊拉克南部的部分矿产开采权。虽然这一决定使IPC留在了伊拉克,但它却失去了伊拉克最大的油田——Kirkuk油田。在INOC内部,北方石油公司和南方石油公司掌管着伊拉克境内所有的石油生产。自从萨达姆·侯赛因倒台后,伊拉克国家石油公司的未来难以预测。

就在2003年萨达姆·侯赛因倒台之前,伊拉克与其他国家又签署了多项合同,其中包括法国、加拿大、俄罗斯的公司。CPA决定重新审核这些合同并确定哪一部分合同是有效的。然而,这并不仅仅是合同的问题,而且关系到伊拉克石油工业的走向。在一个国家中,政局的动荡会使输油管线和其他设备成为阴谋破坏与战争打击的目标。

伊拉克有许多石油管线，其中三条是进入邻国的，但截止2004年没有一条越境管线还在运营中。伊拉克—叙利亚管线于1982年关闭，伊拉克—沙特阿拉伯管线已根本无法运行。在20世纪30年代，有一条从伊拉克北部一些油田通往以色列—海湾的石油管线，但1948年以色列宣布建国时，伊拉克就将其关闭了。伊拉克—土耳其管线（又称Kirkuk—Ceyhan管线），从Kirkuk油田铺设到了土耳其的Ceyhan。这条管线在伊拉克境内多次遭到破坏。2004年，曾设计了一条从伊拉克出发经阿拉伯水道通往伊朗Abadan港的石油管线。在伊拉克境内，由于战乱和破坏行为，有许多从油田通往炼油厂的管线和出口终端都已无法继续使用了。

那么，伊拉克的石油是怎样输往位于波斯湾的四个出口港——巴士拉、Khor al-Amaya、Umm Qaser和Khor al-Zubair呢？巴士拉港是伊拉克在波斯湾重要的出口港，该港口在联合国对伊拉克实施经济制裁期间曾被用于走私石油。Khor al-Amaya是伊拉克第二大港口，但在第一次海湾战争中遭到了严重的破坏。在伊拉克国内，其他炼油厂和管线以及出口终端的状况差不多，一个重要的问题在于伊拉克无法保证管线的安全。

伊拉克的石油工业在满负荷时拥有8座炼油厂，它们都位于伊拉克的东部，那里靠近生产和消费中心。三个最大的炼油厂在海湾战争中都遭到了严重破坏。有意思的是，伊拉克在萨达姆·侯赛因统治时期所生产的原油要远多于其消费和出口的量。为了解决这一问题，伊拉克经常将采出的原油回注到地下用于存储。然而，在今天的伊拉克，国内消费的汽油供应却十分吃紧。

伊拉克已经找到了80多个油田，但仅开发了14个。目前正在进行钻井作业的油田大都位于巴格达以北地区和南部靠近科威特和波斯湾的地区。北部的油田有Kirkuk，Bai Hassan，Jambur，Khabbaz，Ajil（即以前的萨达姆油田）和Ain Zalah Butmah-Safaia油田。南部的油田有南北Rumaila，西Qurnah，Maisan/Buzurgen，Majnoon，Jabal，Fauqi，Abu Ghurab和Luhairs。伊拉克最大的油田是南部的Majnoon和Qurnah，东巴格达油田正好在首都巴格达城的郊外，最高产的油田是Rumaila和Kirkuk。在近期的战争中，Rumaila油田的大量油井被大火焚烧破坏了。对伊拉克来说，所幸的是被破坏的油田数量相对而言（开发与未开发的）还是很少的。除了原油之外，伊拉克的油田还产出天然气。

伊拉克采出的天然气大部分被烧掉，部分用于国内消费少部分用于出口。它的天然气储量为190万亿立方英尺，既有伴生气也有非伴生气。主要产出伴生气的油田是Ain Zalah，Butmah，Kirkuk，Bai Hassan，Rumaila和Zubair。产出非

伴生气的油田是 al-Anfal，是目前唯一的只产天然气的气田。伊拉克目前正在与许多国家进行关于开采石油的谈判。伊拉克已经制定了扩展自己天然气工业的计划——建造一座 LNG 加工厂，铺设多条运输管线。

推 荐 阅 读

从 20 世纪 90 年代以来，关于伊拉克历史与政治的著作大量增加。虽然有许多集中于海湾战争和萨达姆·侯赛因等方面，但其中有许多提供了关于伊拉克历史与文化的非常好的信息。这些著作主要论述了近代发生事件的背景。比如 Toby Dodge 的《The Inventing of Iraq: The Failure of Nation Building and a History Denied》(New York: Columbia University Press, 2003)，Shams C. Inati 编著的《Iraq: Its History, People and Politics》(Amherst, NY: Humanity Books, 2003) 以及 Charles Tripp 的《A History of Iraq》(Cambridge: Cambridge University Press, 2002)。关于 IPC 的国有化情况，参见 Michael Brown 的《The Nationalization of the Iraqi Petroleum Company》(International Journal of Middle Eastern Studies 10, no. 1, February 1979: 107 - 24)。海湾战争之后，也有大量著作出版，如 Hamdi A. Hassan 的《The Iraqi Invasion of Kuwait: Religion, Identity, and Otherness in the Analysis of War and Conflict》(London: Pluto Press, 1999) 和 Phyliss Bennis 及 Michel Moushabeck 的《Beyond the Storm: A Gulf Crisis Reader》(Northampton, MA: Interlink, 1998)。还可参见 Stephen C. Pelletiere 的《The Iran - Iraq War》(Westport, CT: Greenwood Press, 1992)。关于对伊斯兰教的介绍，参见 Thomas W. Lippman 的《Understanding Islam: An Introduction to the Muslim World》(New York: New American Library, 1982)。

11 墨 西 哥

墨西哥

国名：	墨西哥合众国
地理位置：	北美洲，美国以南
首都：	墨西哥城
重要港口城市：	萨林纳克鲁兹和韦拉克鲁兹
独立日：	1810年9月16日，从西班牙人统治下独立
人口：	1.06亿
国家货币：	新墨西哥比索（MXN）
官方语言：	西班牙语
政府：	福克斯总统（2000年执政）
OPEC成员：	非
探明石油储量：	150亿桶
探明天然气储量：	15万亿立方英尺
国有石油公司：	PEMEX
石油产量：	380万桶/天
天然气产量：	1.3万亿立方英尺/年
产能排名：	世界第5位
出口量排名：	世界第9位

墨西哥合众国是拉丁美洲第三大国家，有31个州和1个联邦区（包括墨西哥城）。墨西哥国土的形状像一个巨大的舌头，大部分国土与北美洲和南美洲相连接，将墨西哥湾与太平洋分割开来。墨西哥与美国接壤的边境线有1900英里，其南部有少量边境与伯利兹和危地马拉接壤。墨西哥北部与美国的西南部大沙漠和山脉接壤，在南部为赤道热带雨林区。墨西哥所处的地理位置并不稳定，那里常有火山和地震发生（图11.1）。

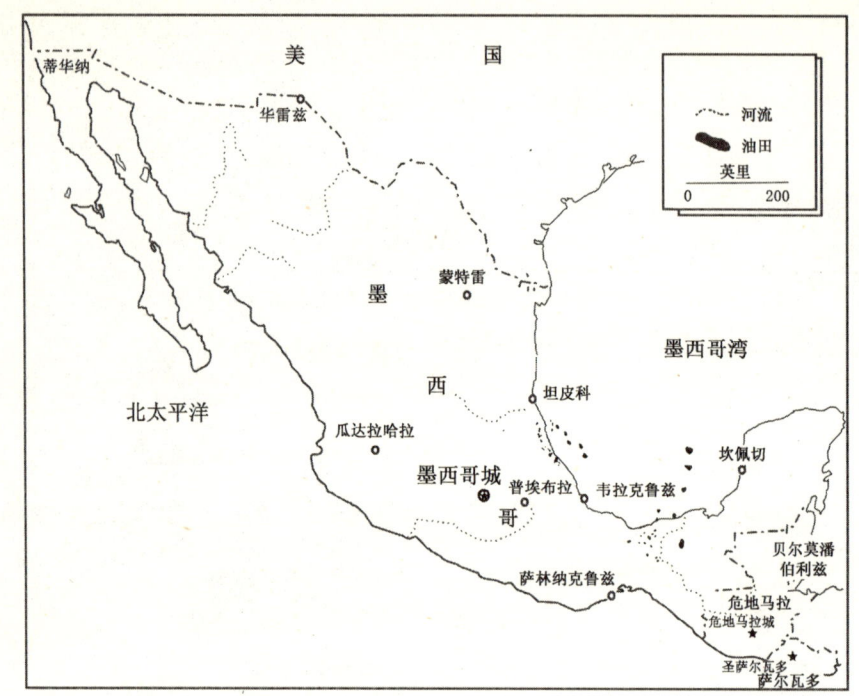

图 11.1　墨西哥地图

1985 年，一场地震袭击了墨西哥城造成巨大的伤害。除了自然灾害之外，墨西哥还面临着许多经济与政治方面的问题。然而，这些问题并不会掩盖住墨西哥多彩的历史和文化。

构成墨西哥的一大特色是该国的各色人种，其中一半人口为"mestizo"（是欧洲与当地土著人的后裔），大约有 30% 的人口是美洲印第安人或其他人种。墨西哥的官方语言为西班牙语，但约有 50% 的人讲美洲印第安语。大多数墨西哥人居住在布达拉哈拉、墨西哥城和蒙特雷或附近地区。虽然政府做了大量努力，但依然有大量的墨西哥人没有工作且缺少住房，导致一些城市的生活标准下降。许多墨西哥人的生活来源靠的是那些在美国工作的家人寄回的钱，墨西哥的可耕土地很少，也没有足够的工业来满足国内就业，结果大量的墨西哥人拥入大城市中或到美国去寻找工作。据统计，每年合法或非法进入美国的墨西哥人大约有 30 万。

墨西哥的历史大体上可以分为四个时期。第一个时期是前哥伦比亚时期——16 世纪西班牙人统治之前印第安人时期，那代表了一个国土扩张与征服时期。墨西哥经历了高度复杂的文明发展时期，比如奥尔梅克文明（公元前 1300—前 400 年）、

玛雅文明（300—900年）和阿兹特克文明（400—1521年）。第二个是殖民经济时期，一直延续到公元19世纪。墨西哥人民于1810年奋起反抗，争取独立，然而，赶走了西班牙统治者后，又过了10年直到1821年墨西哥人才获得了完全的独立。但是，独立之后，墨西哥并没有完全摆脱外国人的占领。1864年，法国皇帝拿破仑三世在墨西哥又建立了一个王朝，墨西哥被奥地利王子Maximilian统治到1867年。1868年，墨西哥人击败了法国人，并于1872年建立了他们新的共和国。

第三个时期是共和时期。这一时期因墨西哥历史上最血腥的一场战争——墨西哥革命而告终。那是一场农民革命，它一开始就形成了全国性运动，旨在推翻总统波费里奥·迪亚兹。在战争与社会动荡时期，由于几乎波及墨西哥每座城市的冲突而导致数百万墨西哥人死亡。虽然1910年开始的那场政治运动旨在推翻独裁者，但它还是一场社会革命。人民要求自己的土地所有权，保护劳工法，将外国公司国有化，并提高公众的健康与教育水平。1917年，根据墨西哥宪法，上述许多要求实现了❶。

在推翻了波费里奥·迪亚兹后，墨西哥从"革命阶段"转变为"发展阶段"。政府政策从"激进的社会主义"转变为"工业化的资本主义"，以便完成该国从农业向工业的转型。墨西哥最近的历史时期为从20世纪20年代迄今的时期，在这一时期，墨西哥迅速转变为一个现代化的国家，其国家特色为全球化、城市化、经济动荡。1940年标志着墨西哥军政王朝的结束以及墨西哥融入全球政治格局。在第二次世界大战中，墨西哥是一个十分活跃的角色，为盟军提供了大量的军用物资——石油。波及发展中国家的国有化的浪潮已影响到了墨西哥，国家控制的经济与能源部门大幅度增加。在20世纪60年代，墨西哥的国内事件引起了国际的关注。比如，1968年，在墨西哥城召开奥林匹克运动会期间发生的学生运动演化为一场动乱，导致数百名保安人员死伤。此外，该国的执政党"社会主义革命党"（又称Partido革命党，或人们所熟知的PRI）为此背上了抹不掉的恶名。虽然许多人因为参与石油工业和国家的政治而获取了大量的财富，但绝大多数墨西哥人依然挣扎在贫困线上。20世纪60年代，墨西哥政府将工业化获得的成就大肆浪费，该国在70年代陷入了严重的经济危机。当时石油工业大发展促使该国石油工业过热，同时也助长了腐败。80年代和90年代墨西哥通过与JMF的合作，同时大力实施土地改革，以包产到户的小型农业取代了联合农业，以此巩固对内的统治并解决经济难题。最近，墨西哥正从20世纪90年代发生的

---

❶ Robert Miller, *Mexico*: *A History* (Norman: University of Oklahoma Press, 1985), 283—308.

比索贬值的衰退中恢复过来，并经历了多次变革以促进国外的投资并发展本国的工业，特别是石油工业。2000年，福克斯赢得大选，福克斯总统努力消除腐败并重振本国的石油工业。

11.1 早期石油工业

墨西哥早期的石油开采始于 Maximilian 皇帝时期，他于1865年给法国和墨西哥企业颁发了38个石油开采证书，随后也有一些不成功的努力，包括南非的 Cecil Rhodes 项目。在美国发现石油后不久，美国的石油技术人员就把眼光瞄准了墨西哥有潜力的地区。19世纪80年代初期，Hency Clary Pierce 和 William H Waters 将他们的标准石油分公司——Waters Pierce 石油公司带到了墨西哥。该公司主要致力于建设一些炼油厂，为标准石油公司提供石油。1901年，Edward L Doheny 来到墨西哥，成立了他的墨西哥石油公司和 Hausteca 石油公司，此人到墨西哥是受 Waterpiece 石油公司的派遣，但他有自己的石油投资项目，他主要在 San luis Potos 一带勘探石油。虽然 Doheny 自称与标准石油公司无关，但他也向该公司出售石油。与 Piece 一样，Waters 和 Doheny 也都获得了成功，不久，他们就与其他石油人联手了。墨西哥政府邀请英国石油大亨 Weetman Pearson 爵士（此人后来成为 Cowdray 勋爵）来发展墨西哥的铁路工业，在完成了此项任务后，他开始在墨西哥寻找石油并于1908年发现了著名的"Gold Lane"（黄金航道）油田群。他成立了他的石油公司——墨西哥石油公司（简称为 EI Aguila）开发这些油田。Pearson 与墨西哥政府保持着密切的关系，他成立了一个有墨西哥社会名流加盟的公司，通过这一战略手段，该公司在墨西哥人人皆知。Waters, Pierce, Pearson 和 Doheny 成为墨西哥石油工业的领军人物，在一些大型石油公司进入墨西哥之前，他们四人展开了激烈的竞争。

在1910—1920年，由于每年都有新的石油公司进入墨西哥，并找到了更多的油田，该国的石油资源量也大幅度地增加。在墨西哥国内从事石油勘探开发的众多的石油公司中，收获最大的是壳牌公司。在进入石油的黄金时期之前，壳牌公司于1919年通过收购 Pearson 和 EI Aguila 公司，在墨西哥扩大了自己的势力范围。1917年，SONJ 公司收购了英国洲际石油公司后也得到了大发展。虽然在墨西哥的石油工业中，壳牌和 SONJ 独立鳌头，但海湾石油公司和德士古公司也正在迎头赶上。到1920年，外国石油公司实际拥有或控制了墨西哥石油工业的各个领域。在10年内，墨西哥的石油产量达到了全世界石油总产量的1/4。

在墨西哥石油工业迅速发展时，一场革命也正在酝酿。在这一关键时期，外

国石油公司的存在成为政治斗争的导火索,对这些外国石油公司的仇恨全面爆发。尤其是那些墨西哥的石油工人,与这些大型石油公司发生了冲突,1938年,墨西哥政府决定将墨西哥的石油工业实行国有化。

11.2 石油工业现状

自从墨西哥发现石油以来,该国的石油工业就一直保持发展态势。当代的墨西哥石油工业拥有西半球第三大探明储量的地位,达到150亿桶。墨西哥石油产量为380万桶/天。在20世纪70年代之前,墨西哥实现了国内原油日需求量充分自给。1971年,墨西哥石油工业对国内国际的需求都不能满足了。墨西哥的整个石油工业的运营与生产由该国的国家石油公司PEMEX控制,该公司于1938年墨西哥石油工业国有化时成立。PEMEX参与了从石油的勘探到零售所有与石油工业有关的项目。它掌控墨西哥境内所有陆地到海上的石油勘探与开采权。但在近几年,该公司开展了与一些外国石油公司在墨西哥国内的一些项目上的合作。除了石油的生产之外,它还做管线、油罐车、储存设施、炼油厂以及零售业的运营。当今,PEMEM为世界第8大石油公司❶。即使已走过了70年的历史,PEMEM依然是墨西哥人自豪的一个重要标志。

现在,墨西哥能够生产不同类型的原油——从极轻质原油到重质原油都有。一般说来,与国际原油市场上的油品比较起来,墨西哥的石油为重质原油。该国的石油交易种类并不多,仅有Isthmus,Maya和Olmeca等。墨西哥北部油田出产轻质油,在南部生产中质和重质原油。几乎所有的墨西哥原油都产自"黄金航道"油区,那是沿该国东部坎佩切湾分布的区域。黄金航道北部的油田于20世纪40年代发现,而南部的油田则是70年代和80年代发现的。

墨西哥的石油工业还包括了始于1963年的海上钻探。这些油田合称为Cantarell(由4个油田构成),位于坎佩切湾内。这些油田日产190万桶,全部为重油。由于担心产量下降,PEMEX不断地寻找新的油田。2003年,PEMEX宣布在格里哈尔瓦河三角洲韦拉布鲁兹的Tabasco和Coatzacoalcos发现了一些新的油田。每个油田都与该国众多的炼油厂和出口终端相连。

墨西哥的绝大多数炼油厂和出口终端都位于该国的东部,沿着坎佩切湾分布,也有少数分布在墨西哥城和萨林纳布鲁斯,在西海岸也有几个(Guayama,Lazaro Cardenas,和Acapalco)。在西海岸,墨西哥的炼油厂和出口终端几乎在

---

❶ "Global 500: World's Largest Corporations," *Fortune*, July 26, 2004, 163.

每个大城市中都有（韦拉布鲁斯、坦皮科、米纳蒂特兰）。一些炼油厂建成于20世纪上半叶，目前正在进行现代化改建，此举可以增加其生产能力。PEMEX也在天然气生产方面取得了大发展。

墨西哥的天然气储量颇为丰厚，达15万亿立方英尺，在世界上排名第6位。从20世纪80年代以来，墨西哥的天然气消费量已超过了其产量，需要从美国进口天然气。在过去的几年内，天然气消费与国内天然气生产已成为墨西哥政府关注的一个重点。墨西哥将天然气的开发作为私有化的一个试点。墨西哥的问题就在于PEMEX独揽了天然气的勘探与开采大权。1995年，墨西哥通过了《天然气法案》，允许私人投资者投资天然气的储备与配气工作，但储量依然归PEMEX所有。2004年，墨西哥邀请外国石油公司进入该国从事天然气开采。PEMEX为这些石油公司在墨西哥东北部的Bargos盆地提供了7个勘探区块。一些公司，如秘鲁的Petrobras得到了有效期为14年的服务合同。墨西哥南部的Chiapas和Tabasco气田也生产天然气。所有的天然气田之间都有管线系统相连接。

墨西哥的天然气管线系统从本国的东南部出发，在境内有多个连接点，并一直延伸到美国。墨西哥的管线总长度大约为6000英里。跨境进入美国的管线有通往得克萨斯的Piedras Negras、Reynosa、Samalayuca、Ciudacl Juarez、Arguelles（两条）及通到加利福尼亚的Mexicali和通往亚利桑那的Naco。在过去几年内，墨西哥铺设了Baja、墨西哥到加利福尼亚的管线，并计划与外国石油公司合作建立几个LNG工厂。总体上看，墨西哥是想通过邀请私人石油公司来替代PEMEX使自己一跃成为产油国中天然气开发的"领头羊"。

在过去几年中，墨西哥政府的腐败蔓延，PEMEX也发生了频繁的变动。政府每年至少将10亿美元的石油财富挪作他用。自从福克斯总统2000年12月执政以来就努力试图减少政府体系内所产生的腐败[1]。墨西哥政府希望在发展石油与天然气工业的同时也减少腐败的现象，墨西哥的经济依然在前进着。

推荐阅读

关于墨西哥的历史，已有多本著作论述。关于墨西哥的历史与文化，参见Peter Standish和Steven M. Bell的《Culture and Customs of Mexico》（Westport, CT: Greenwood Press,

---

[1] Tim Weiner, "Corruption and Waste Bleed Mexico's Corrupt Oil Lifeline", *New York Times*, January 21, 2003, 1.

2004)。关于墨西哥的简史,参见 Robert Miller 的《Mexico: A History》(Norman: University of Oklahoma Press, 1985) 和 Burton Kirkwood 的《History of Mexico》(Westport, CT: Greenwood Press, 2002)。在《The Cambridge History of Latin America》(New York: Cambridge University Press, 1984—1995) 的 8 卷中,有多章很好的内容介绍墨西哥,比如 Freidrich Katz 的《Mexico: Restored Republic and Porfiriato, 1867—1910》(vol. 5, 3 - 78),以及 Jean Meyer 的《Mexico: Revolution and Reconstruction in the 1920's》(vol. 5, 155 - 96)。关于对墨西哥石油工人们的仔细研究,参见 Jonathan Brown 的《Oil and Revolution in Mexico》(Berkeley: University of California Press, 1993)。关于墨西哥石油工业的发展与 PEMEX 的成立,已有多本著作论述。参见 George Phillip 的《Oil and Politics in Latin America: Nationalist Movements and State Companies》(Cambridge: Cambridge University Press, 1982)。关于 20 世纪 70 年代和 80 年代 PEMEX 的情况,参见 Laura Randall 的《The Political Economy of Mexico Oil》(New York: Praeger, 1989)。

12 尼日利亚

尼日利亚

国名：	尼日利亚联邦共和国
地理位置：	非洲西海岸，贝宁与喀麦隆之间
首都：	阿布贾（1991年以后）
重要港口城市：	拉格斯、哈克特港
独立日：	1960年10月1日从英国殖民统治下独立
人口：	1.37亿
国家货币：	奈拉（Naira）
官方语言：	英语
政府：	奥卢塞贡·奥巴桑乔总统（1999年执政）
OPEC成员：	1971年加入
探明石油储量：	350亿桶
探明天然气储量：	176万亿立方英尺
国有石油公司：	尼日利亚国家石油公司（NNPC）
石油产量：	250万桶/天
天然气产量：	5000亿立方英尺/年
产能排名：	世界第13位
出口量排名：	世界第8位

　　尼日利亚是非洲最大的石油出口国，也是美国石油进口的一个重要来源。石油对尼日利亚的影响既有正面的也有负面的。如果管理得当，石油工业可以创造巨大的财富，可以使尼日利亚进入富国之列。虽然尼日利亚每年生产出大量的石油，并得到了丰厚的石油财富，但它依然面临着经济的窘境。尼日利亚的情况是如此的恶劣，以至于被认为是世界上最腐败的和最贫穷的国家之一。虽然存在着政治与经济的动荡，但尼日利亚依然被认为是一个特殊的地域。在全球泛大西洋奴隶交易时期，大量的非洲奴隶被贩卖到美国。这些奴隶也将他们的许多文化带

到了美国，比如宗教信仰与烹饪技术等，这些也成为美国社会的一个重要构成部分（图 12.1）。

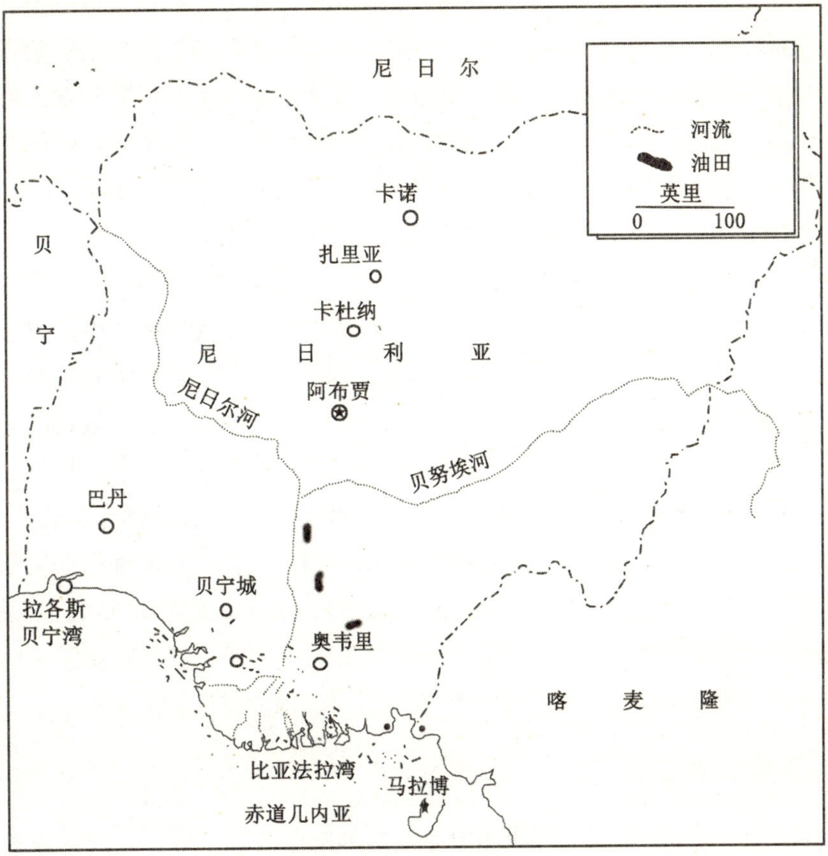

图 12.1　尼日利亚地图

尼日利亚共和国位于非洲西海岸。西部与贝宁接壤，东部与喀麦隆接壤。北部是尼日尔和乍得。尼日利亚因其国土面积、军事实力和人口而被认为是西非诸国中的"大国"。尼日利亚是一个多部族的国家，共有 200 多个操不同语言的部族（包括该国的官方语言英语）。尼日利亚的地形从北到南变化很大。北部主要为草原和半沙漠地区，那里紧挨着撒哈拉大沙漠，而南部则为灌木丛和热带植被区。

尼日利亚于 1914 年正式成为一个政治实体，之前为英国的一个自治区，且被分为两个英国的保护国。作为一个殖民地，尼日利亚对英国来说具有重要的战略意义和经济意义。它的经济来源主要由本国的自然资源向欧洲出口而换取，比

如出口花生和可可等。要让英国人对其殖民地进行投资几乎是不可能的，但英国人却对那里的土地和人民极尽掠夺、压榨之能事。

为了更加有效地统治自己的殖民地，英国人采取了分化和奴役的政策。正因如此，造成了尼日利亚各部族在殖民统治时期没有能够发展成为一个坚强的国家。尼日利亚被分划为代表三个最大部族的三个大区。今天的尼日利亚虽然是由36个州构成的联邦，但依然维持着这种基本的划分状态。北部地区以穆斯林人为主，即Hausa-Fulani人。东部地区为Igbo人为主。西部以Yoruba人为主。尼日利亚的发展史就是由这三个区域复杂的发展关系构成的。

尼日利亚于1960年10月1日独立。独立后仅几年时间就陷入了严重的政治危机，尼日利亚从1960年独立至今的历史可以看作是区域自治与中央控制之间争斗的历史。这种部族——区域性的竞争使得该国一直在探索能够将尼日利亚统一在联邦政府下的方法，这也就导致了因争夺各地区产出财富而爆发的战争，其中绝大多数起因是对出口物资（比如石油等）的争夺。1960—2000年，尼日利亚发生了17次由残暴的军事集团发动的军事政变，有一场内战打了足足3年，起因是北部地区基督教派与穆斯林教派之间的激烈冲突。这些事件的爆发与延续导致了贪得无厌的政治腐败和经济动荡。尼日利亚经历了大约29年的军人统治，而民选政府的时间仅有14年。在这短暂的民主政权时期，尼日利亚国内的欺诈等社会恶习大肆泛滥，使得该国成为世界上第二个最为腐败的国家❶。

12.1 早期石油工业

尼日利亚于1908年开始石油勘探并发展本国的石油工业，当时一家德国公司"尼日利亚沥青公司"开始在尼日利亚沿岸地区寻找沥青。那个年代，尼日利亚依然是英国的殖民地。1937年，壳牌公司和BP公司在获得官方的从事陆上和海上石油勘探授权之后开始了在尼日利亚的石油作业。它们的勘探区就在今天重要的石油生产中心——位于尼日利亚东部的尼日尔河三角洲地区，那里是当代地球上最大的湿地之一。那里因尼日尔河进入大西洋的入海口而得名，该地也是当今从事海上石油勘探的重要区域。为了在那里从事勘探，壳牌公司和BP公司于1946年成立了一个合资公司——尼日利亚壳牌—BP石油开发有限公司。在20世纪60年代之前，一些竞争对手，如埃克森等尚未染指尼日利亚的油田。

除了这些早期的努力之外，20世纪50年代之前尼日利亚并没有开展实际的

---

❶ Sola Odunfa, "Anti-Corruption Lessons for Nigeria," *BBC Online*, Junezz, 2004, news. bbc. co. uk.

石油勘探工作。在英国人资助的基础上，壳牌和BP成为1956年埃及对苏伊士运河实施国有化之后特别活跃的石油勘探公司。英国人获得了在尼日利亚的石油开采权并协助壳牌—BP的勘探作业。英国人极其依赖苏伊士运河——依靠它从中东向欧洲运送石油。在埃及人拒绝了英国人从苏伊士运河通过的请求后，英国人感到了威胁，他们急切地需要扩大自己在别处的石油开采。

在经过多年的陆上勘探之后，壳牌—BP花费的巨额投资终于获得了回报，他们找到了石油，但并没有达到工业化开采的标准。1956年，该公司在Oloibiri和Afam第一次找到了工业油流。随着这一发现，壳牌—BP在尼日利亚最大的海港哈克特港建立了自己的指挥部，在那里建房，通上了水电，建立了石油工人培训学校。公司还建立了石油储备区。两年之后，该公司从尼日利亚出口了第一船原油❶。

虽然很早就在尼日利亚的中西部地区靠近尼日尔河的Ugheli地区发现了石油，然而，该地区的工业化开采直到20世纪60年代中期才开始进行，使得尼日利亚东部成为当时该国唯一的原油供应基地。这种改变发生在尼日利亚内战时期，因为当时联邦政府无法从本国东部得到石油。这场战争从1967年打到1970年，是区域势力与部族争端的极端表现。东部地区以Igbo人为主，从尼日利亚脱离出来成立了比亚法拉共和国。由于尼日利亚的绝大部分石油工业都在东部地区，所以这一分裂给尼日利亚造成了极大的冲击。1970年，战争结束，东部地区重返尼日利亚，中东部地区成为一个重要的石油生产地区。在英国殖民统治近百年之后，尼日利亚发生的这场动乱给该国的石油工业造成了极大的损伤。

12.2 石油工业现状

自从尼日利亚发现石油以后，由于其品质高、储量大以及与欧洲关系密切等原因，尼日利亚的原油在国际市场上十分抢手。尼日利亚所产的原油含硫量低、质轻，品质很高，尼日利亚与欧洲的关系密切，而且美国也给予尼日利亚比中东其他地区更优惠的原油市场待遇。目前，尼日利亚所产的原油仅有约20%在国内消费，美国进口了尼日利亚所产原油的近40%，而且未来的进口量还将增加。

当前，概算的可采原油约为350亿桶，但尼日利亚政府已提出要提高至400亿桶。该国的原油产量大约为250万桶/天。尼日利亚的油田总数约为250个，

---

❶ J. K. Onoh, *The Nigeria Oil Economy：From Prosperity to Glut* (New York：St. Martin's Press, 1983) 43.

大多位于尼日尔河三角洲地区,在尼日尔河西侧有一些矿产沥青。这些油田都分布在深度不到1000英尺的水域内。

在尼日利亚,约95%以上的石油产量掌握在一些大型跨国石油公司与尼日利亚国有公司(NNPC)合资的项目中。尼日利亚于1970年成立了国有石油公司"尼日利亚国家石油公司"并于1971年加入OPEC。除NNPC之外,壳牌也在尼日利亚从事了大量的石油作业。

壳牌是尼日利亚最大的石油生产者,其总产量约占该国产量的一半左右。尼日利亚—壳牌石油开发公司(SPDC)控制着100多个油田和4000英里长的管线系统。SPDC控制着两个沿岸出口港:Forcade和Bonny岛及两家分公司——壳牌—尼日利亚勘探开发有限公司与壳牌—尼日利亚天然气有限公司。尼日利亚代表着壳牌一个最大的石油资源来源。埃克森—美孚是在尼日利亚从事石油作业的第二大石油公司,其主要在海上的浅水区进行石油勘探开发,该公司还经营着Qua Iboe港。雪佛龙—德士古在尼日利亚拥有25个油田,大多是海上油田,近来,该公司又开展了深海区的油气勘探作业。它的原油出口终端在Escravos。尼日利亚的Agip公司拥有146口油井,负责Brass河的终端站运营。埃尔夫—尼日利亚公司拥有12个陆地和海上油田,但没有任何终端站。除了这些大型石油公司之外,还有许多私人公司已在尼日利亚获得从事石油勘探与开发的许可权并已开展了工作。

一些大型石油公司以合资从事出口站管理的方式与NNPC分享石油利润。除了前面所提到的之外,还有两个终端出口站——Penington和Odudu港。尼日利亚的管线非常发达,遍及全国,一直延伸到国境线。近年来,它们成为破坏分子袭击的目标。通过这些管线系统,原油可以输送到炼油厂加工成为各种石油产品。NNPC目前运营的四座炼油厂分别位于Hacourt港,Warri和Kaduna。由于管理不当,遭受破坏等原因,这些炼油厂没有满负荷运行。NNPC所设计的Kaduna炼油厂通过处理重质原油来满足国内消费,这些重质原油含硫高,可以分成沥青、汽油和柴油。尼日利亚还从科威特、沙特阿拉伯或者委内瑞拉进口重质原油。2003年4月,尼日利亚对所有炼油厂进行了维修。自从2000年以来,奥巴桑乔总统就开始推行石油工业下游的私有化。2005年,建成的独立的小型炼油厂投入使用。除了这四座炼油厂之外,尼日利亚的石油化工厂、管线和营销公司都将被出售。尼日利亚政府已致力于大力发展天然气工业。

虽然尼日利亚发展天然气工业的步伐比其他产油国的要晚一些,但它在急起直追,迎头赶上。尼日利亚已经要求在2008年将停止将天然气点火烧掉的做法。

尼日利亚目前的天然气资源量已达 176 万亿立方英尺。据计算，尼日利亚每年生产的 5000 亿立方英尺天然气中，有大约 2000 亿立方英尺的被烧掉了。尼日利亚的天然气采自油田，所以尼日利亚的大量工作是把天然气采集并加工处理。1999 年，尼日利亚在 Bonny 岛建成了第一座 LNG 加工厂，其他加工厂也在筹建中。

自从发现石油以后，尼日利亚努力在保持国家投资与现实经济政策之间的平衡。这些努力的结果尚不得而知，尼日利亚人民拥戴他们新的民选总统，总统表示了通过私有化和减少与宗教有关的暴力冲突等措施来扫除腐败，重振尼日利亚经济的决心。

推荐阅读

关于尼日利亚的历史与文化，参见 Toyin Falola 的《History of Nigeria》(Westport, CT：Greenwood Press, 1999) 和《Culture and Customs of Nigeria》(Westport, CT：Greenwood Press, 2001)。还可见 Eghosu Osaghae 的《Crippled Giant：Nigeria Since Independence》(Bloomington：Indiana University Press, 1998)。关于尼日利亚的政治经济与其石油工业的关系，可参见 Sarah Ahmad Khan 的《Nigeria：The Political Economy of Oil》(New York：Oxford University Press, 1994) 和 Goddy Ikeh 的《Nigeria Oil Industry：The First Three Decades》(1958—1988)(Lagos, Nigeria：Starledger Communications, 1991)。关于尼日尔河三角洲争夺的深度探讨，参见 Jedrej Georg Frynas 的《Oil in Nigeria：Conflict and Litigation Between Oil Companies and Village Communities》(Hamburg, Ger．：Lit Verlag, 2001) 和 Cryril Obi 的《Changing Forms of Identity Politics in Nigeria Under Economic Adjustment：The Case of the Oil Minorities Movement in the Niger Delta》(Uppsada, Swed．：Nordiske Afrikainstitutet, 2001)。关于尼日尔河三角洲地区奥戈尼活动家对该地区争夺的信息，参见 Ken Saro‑Wiwa 的《Genocide in Nigeria：The Ogoni Tragedy》(London：Saros International, 1992)。

13 挪　　威

挪威

国名：	挪威王国
地理位置：	斯堪的纳维亚半岛西部
首都：	奥斯陆
重要港口城市：	奥斯陆
独立日：	1905年10月26日，从瑞典联邦中独立
人口：	500万
国家货币：	挪威克朗（NOK）
官方语言：	挪威语
政府：	邦德维克总理（2001年执政）
OPEC成员：	非
探明石油储量：	104.5亿桶
探明天然气储量：	75万亿立方英尺
国有石油公司：	Statoil
石油产量：	320万桶/天
天然气产量：	2.6万亿立方英尺/年
产能排名：	世界第7位
出口量排名：	世界第3位

挪威王国位于斯堪的纳维亚半岛西部，其南部与芬兰和瑞典接壤，北部为挪威海、北冰洋，跨越北极圈。挪威北部是斯瓦尔巴群岛，意思是"寒冷的海岸"。从1920年以来，挪威称自己是"北极群岛"。挪威的国土有大量的山脉、肥沃的峡谷、海湾和大约120万平方英里的海洋疆域（图13.1）。绝大多数挪威人与他们的斯堪的纳维亚邻居一样，有着共同的宗教信仰，使用相同的语言，挪威的官方语言为挪威语。挪威也是一些少数民族（如萨米人（Sami）和芬尼人（Finns））的家乡，他们使用自己的语言。这些部族主要生活在挪威北部，大约

有 40000 萨米人,他们以饲养和捕猎麋鹿为生。他们常常往返于俄罗斯和挪威之间。整体上看,与其他产油国相比,挪威的历史没有什么大的起伏。

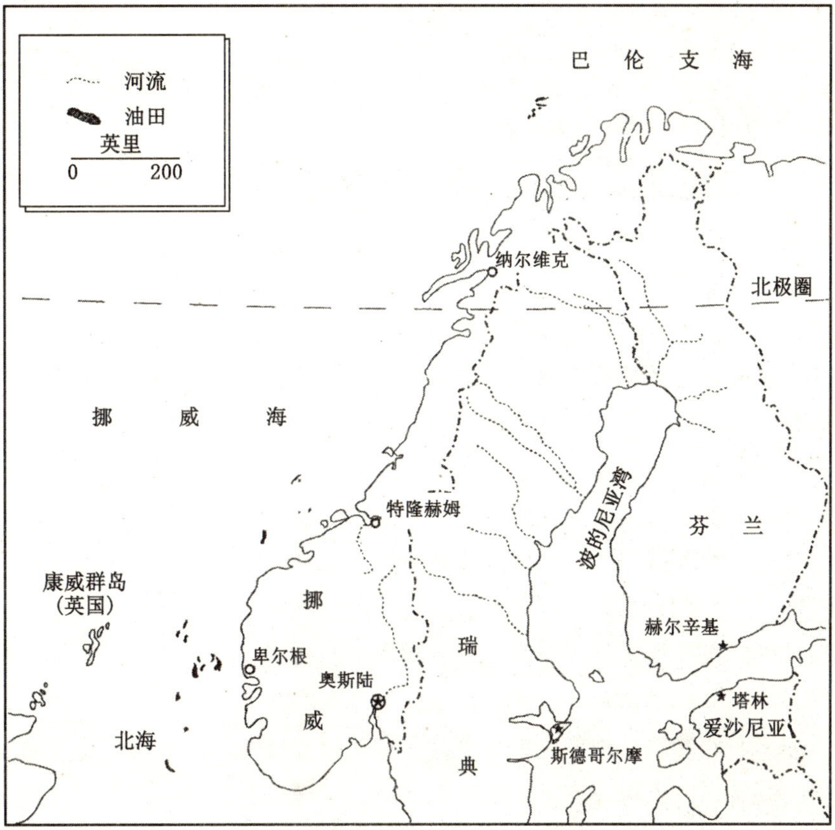

图 13.1 挪威地图

挪威的历史与经济大多和它的近海地理位置及邻国有关。挪威曾有过短暂地被外国占领的历史,瑞典人于 1814 年入侵挪威并统治了整个 19 世纪。1905 年,一场强烈的民族解放运动迫使瑞典人同意了挪威人的独立要求。挪威的可耕地面积不足国土的 5%,挪威的经济来源主要是捕鱼业、矿业和制造业。该国大量的工人成为国家政治的主角。在 20 世纪 20 年代和 30 年代,挪威与经济危机进行了坚决的抗争,工人运动十分猛烈。据估算,在 1919—1939 年间,每年因罢工所导致的损失就达 100 万个工作日,一次罢工持续时间可达数周。工人运动促成了一个重要的政党——工人党的诞生,它在 1981 年之前一直控制着挪威的政府。虽然挪威在第一次世界大战和第二次世界大战期间一直保持中立,但也没能逃脱

纳粹德国的占领。从 20 世纪 40—80 年代，挪威一直是工党执政，该政党提倡一种现代化的社会主义制度。1981 年，工党下台后，挪威政府在保守党与工党政策之间摇摆不定。寻求一个平等的社会一直是挪威政治的一个基本方针❶。为了保护这脆弱的平衡，1994 年，挪威决定加入欧洲联盟（EU）。

13.1 早期石油工业

1959 年，勘探人员在北海靠近芬兰一侧发现了多个天然气田，根据这一发现，挪威政府认为在自己的领海区域也能找到天然气田。然而，在挪威能够成为重要的产油国之前，还必须取得两项重大进展。首先，海上钻井技术尤其是在深海进行钻探的技术必须大大提高。该领域的技术在 20 世纪 50 年代即得到了大发展。第二，关于北海领土的国际法条例需要落实，该法案赋予每个靠近北海的国家都拥有大陆架的权力，这些大陆架可供该国从事天然气资源的勘探与开发。一旦这些得到落实，挪威就可以很快邀请外国石油公司进行石油作业。

挪威认识到要将自己的利益最大化并控制本国的石油工业的关键在于政府要制定一套连续的政策和一些严格的法规。这一政策的目的就是在挪威的经济领域中缓慢地引入一个全新的工业而不破坏整个国家的体制。挪威声称仅仅获得了一项勘探许可证或一项生产许可证就能控制本国的石油工业，而并不是像其他产油国那样必须同时获得这两种许可证。挪威为菲利普石油公司颁发的许可证启动了本国石油工业的发展，该公司曾经申请要求获得独家代理的权力但遭到挪威政府的拒绝。同时，进入挪威的还有埃克森、壳牌、BP 和 CFP 公司。北海的挪威一侧被分成了网格状，每个区块都有几百平方英里。每个区块的作业权有效期为几十年，第一轮开采权始于 1965 年，最近的一轮开采权从 2003 年开始，为期 20 年。到 1965 年末，在挪威的北海已经分出了 257 个区块。1989 年，菲利普公司在 Ekofisk 发现了石油和天然气❷。自从 Ekofisk 投产，挪威就感到了自己的法律条款的欠缺。挪威政府决定设立一个与政府相关的分支机构，以便更加有效地分配利益并规范油气生产。

挪威议会于 1972 年成立了一家国家石油公司，即人们熟知的 Statoil 公司，加入并控制了挪威的石油工业。1975 年，Statoil 获得了 9 个在北海进行油气勘

---

❶ Thomas K. Derry, *A History of Modern Norway*, 1814—1972 (Oxford: Clarendon Press, 1973).

❷ Brent F. Nelsen, The State Offshore: Petroleum, Politics, and State *Intervention on the British and Norwegian Continental Shelves* (Westport, CT: Praeger, 1991), 15.

探作业的区块。1977年发现了一个纯天然气田——Frigg气田。20年后，北海的钻探迎来了技术大发展的时期，到1996年，一座1500英尺高的海上钻井平台在北海建成。这个钻井平台据说可以从月球直接用人的肉眼看到❶。20世纪80—90年代，北海连续的重大发现使得那里的油气产量不断增加。1993年，挪威海的第一个油田投产，一个重要的天然气田——Hulldra气田于2001年投产。

13.2 石油工业现状

从石油发现之日开始，挪威就从与其相邻的欧洲市场和全部位于海上的石油和天然气田开始获利。由于政局稳定，挪威对外国石油公司有着相当大的吸引力。从1975年以来，挪威就实现了石油自给自足。挪威每天的石油产量为320万桶，其资源量可达100亿桶。挪威的天然气资源量达75万亿立方英尺，年产2.6万亿立方英尺天然气。挪威是当今世界第三大石油出口国，紧随沙特阿拉伯和俄罗斯之后。挪威还是全球第九大天然气生产国。绝大部分天然气是伴生气，但最近在挪威海内找到了以天然气为主的气田。迄今，产自挪威的石油都是品质最好的原油——轻质而且含硫量极低。实际上，产自北海的原油被用作伦敦市场交易的所有原油的标准。除了北海之外，挪威还在挪威海开采石油和天然气，而且还有望未来在巴伦支海生产石油。挪威仅在这些海域有部分区域的石油开采权。在北海，有英国的区块，在巴伦支海，有俄罗斯的区块。然而，挪威所控制的石油开采区域已使其跨入世界最大产油国和石油出口国的行列。挪威通过其国家石油公司的精心组织已经能够控制本国的油气资源和石油财富。

与以往的石油生产国不同，挪威已成功地保持了允许外国石油公司进入其石油工业核心部门与实施国家控制之间的平衡、协调关系。在1999年之前，挪威政府拥有Statoil公司的全部和Norsk Hydro石油公司的大部分。2001年，挪威议会将Statoil的21.5%的资产实施私有化。在挪威水域的所有生产合同都是合资形式的，其中Statoil控股50%。随着挪威石油工业融资的扩大，Statoil已经将自己做大，成为世界第十大石油公司❷。挪威的绝大部分财富来源于北海区域。

位于北海挪威一侧海域的石油与天然气田有Ekofisk，Friggs，Sliepner，

---

❶ Hart Publications, *Fifty Years of Offshore Oil and Gas Development* (Houston, Tx: Hart Publications, 1997), 10 - 11, 15.

❷ Energy Information Administration, "Country Analysis Briefs, Norway," December 2004, www.eia.doe.gov/emeu/cabs/norway.html; "Global 500: World's largest Corporations", *Fortune*, July 26, 2004, 163.

Statfjord, Oseberg, Troll Vest, Troll C. Gullfasl 和 Snorre。从 1971 年以来，挪威开采的石油和天然气中约 90％的来自北海海域。据预测，北海的石油资源量可达 9 亿桶。Friggs 和 Heimdal 油气田以产出天然气为主。Troll 气田的天然气资源量为挪威天然气资源量中的主力，所占份额最大。Statfjord 是挪威在北海区域最大的油田，该油田于 1974 年由美孚公司发现。现在，该油田已显示出衰减的趋势。在过去的几年中，挪威海域的石油资源正在赶上北海海域的，共计可达 7 亿桶。挪威海域的石油开采始于 1993 年。挪威海域的油田有 Drangen, Heidrun 和 Norne。这些油田的产量占到了挪威原油产量的 25％。北海与挪威海域的油气田都由管线相连，终端建立在挪威、英国和欧洲大陆。采出的天然气通过一个采油平台经过欧洲 I 号管线输往德国的多纳姆（Dornum），经过欧洲 II 号管线系统从挪威的卡斯特（Karsto）输往德国的多纳姆。这两条管线都于 20 世纪 90 年代中期以前竣工。还需铺设更多的管线，因为在过去的两年中，在挪威海域又发现了两个大气田。目前在巴伦支海从事油气勘探的计划已经制定。

迄今，巴伦支海域的油田仅占挪威石油总产量中的极少部分。挪威对该海域的勘探作业一直十分谨慎，因为那里与俄罗斯的边境接壤，地理环境过于敏感。直到 2003 年，挪威依然拒绝在该海域进行大规模的油气勘探作业。环保专家不允许挪威到巴伦支海进行勘探作业，因为那里脆弱的环境已不能承受石油泄漏的污染破坏了。另一方面，俄罗斯一直都没有什么严格的环保标准，却对那里的油田勘探跃跃欲试。2002 年，挪威与俄罗斯签署了一份协议，讨论关于在巴伦支海进行石油天然气勘探和共享那里潜在的油气资源的事宜，迈出了油气勘探的第一步。两年之后，两国签署了一项关于在巴伦支海防止原油污染和油轮安全的备忘录。在巴伦支海从事石油开采的时机可能尚不成熟，挪威一直将那里作为自己的油气生产衰落时的后备资源产地。

自从 20 世纪 60 年代发现石油和天然气以来，挪威的油气产量一直在增加，为此，挪威已做好了一旦本国的油气资源枯竭就开始实施 预警的方案。北海的油气产能正在衰减，在该区域似乎也没有发现新的油气田。挪威已对本国在 21 世纪上半叶的石油资源进行了预算。对此，挪威已经设立了"石油基金"，政府每年都向该基金注入资金。这批资金将在石油财富出现衰减时供国民经济建设使用。

挪威在开发石油的同时也对环保问题高度重视。1982 年，一位海洋生物学家在挪威的北海进行一条水下管线（Snohvt 线项目）的勘察时发现了一些冷水型珊瑚。挪威政府毫不犹豫地就否决了这条原计划于 2005 年完工的环绕 Tisler

珊瑚礁管线的铺设线路。这个 Snohvt 项目将成为世界上最大的水下 LNG 工程。这条管线可将位于巴伦支海的多个气田的天然气输往 Melkoya 岛上的 Snohvt 加工厂。在这个 LNG 加工厂，天然气将被装船运往欧洲和北美。另一方面，挪威因其捕鲸政策而遭受大量的批评。1986 年，各国通过了一项备忘录，允许挪威继续从事捕鲸业，毕竟多个世纪以来，捕鲸业一直是挪威的支柱产业。随着挪威石油工业可能发生衰退，对该国捕鱼业的许可证的颁发可能只会增加。

推 荐 阅 读

关于挪威历史的英文文献出奇的少。所幸的是，最近出版的《Cambridge History of Scandinavia》丛书提供了该区的历史信息，然而该丛书仅仅出版了第一卷（Cambridge University Press，2003）。还可参见 Thomas K. Derry 的《History of Modern Norway, 1814—1972》（Oxford：Clarendon Press，1973）。相比之下，关于挪威石油工业的论述专著有许多。参见 Oÿstein Noreng 的《The Oil Industry and Government Strategy in the North Sea》（London：Croom Helm，1980）和 Brent F. Nelsen 的《The State Offshore：Petroleum, Politics, and State Intervention of the British and Norway Continental Shelves》（New York：Praeger，1991）。关于 20 世纪 70 年代和 80 年代期间挪威与墨西哥对它们石油工业的控制情况的对比，参见 Ragaei El Mallakh 的《Petroleum and Economic Development：The Cases of Mexico and Norway》（Lexington，MA：Lexington Books，1984）。

14 俄 罗 斯

俄罗斯

国名：	俄罗斯联邦
地理位置：	亚洲北部
首都：	莫斯科
重要的港口城市：	新罗西斯克
独立日：	1991年8月24日（从苏联独立而成）
人口：	1.45亿
国家货币：	卢布（R）
官方语言：	俄罗斯语
政府：	普京总统（1999年上台）
OPEC成员：	非
探明石油储量：	600亿桶
探明天然气储量：	1680万亿立方英尺
国家石油公司：	Rosneft（石油），Gazprom（天然气）
原油产量：	900万桶/天
天然气产量：	22万亿立方英尺/年
产能排名：	世界第3位
出口量排名：	世界第2位

俄罗斯作为世界第一大国，并不仅仅是因为它的疆域而出名。俄罗斯是世界上最大的石油生产国之一，也是世界上一个举足轻重的大国。自从1991年苏联解体以来，俄罗斯向世界敞开了国门，实行了新的政策并大量吸引外国投资（图14.1）。

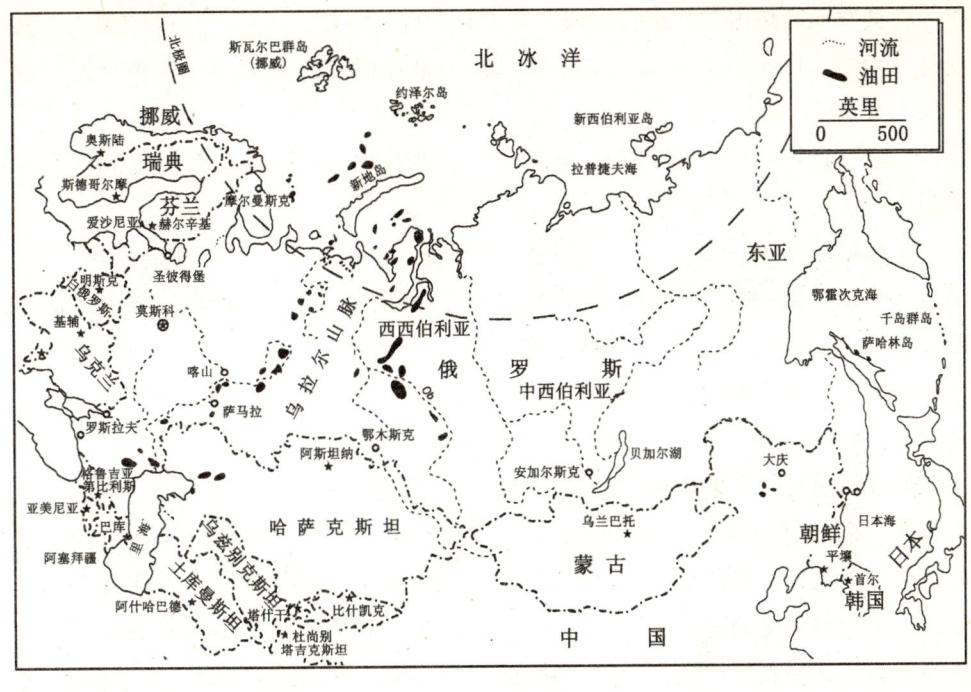

图 14.1 俄罗斯地图

俄罗斯的疆域跨越了半个地球。在乌拉尔山脉的西侧,俄罗斯与乌克兰、芬兰、挪威、爱沙尼亚、立陶宛和白俄罗斯接壤。这一区域的景观与气候和欧洲大陆的相似,伏尔加河和顿河从北向南流动,里海与黑海位于南部。在两海之间,是高加索山脉,成为格鲁吉亚与阿塞拜疆之间的天然分界线。俄罗斯的大多数人口分别在这一区域,以农业为生。在乌拉尔山脉以东,俄罗斯的南部与朝鲜、蒙古、中国、哈萨克斯坦、格鲁吉亚和阿塞拜疆接壤。那里的地形地貌与邻国相似,是高原与山地,俄罗斯的大部分国土是平原区。沿着蒙古边境分布着 Tanna—Ola 山脉、Sayan 和 Yabonovyy 山脉。在北部,俄罗斯的气候和地貌变得十分严酷,向北至北冰洋。该区域为西伯利亚地区,构成了俄罗斯的绝大部分陆地疆域。在东北有 Cherskiy 山脉,它与 Stanover 山脉相连。在这些山脉的东面,就是鄂霍次克海,它与北太平洋相连。由于俄罗斯横跨亚洲北部和部分欧洲地区,所以它的人口成分十分复杂。

俄罗斯联邦拥有 60 个民族,各个民族使用自己的语言,而不用该国的官方语言俄罗斯语。多年来,政治的和宗教的原因困扰了俄罗斯的国民。比如自从 19 世纪以来,车臣的分离主义分子就要求从俄罗斯独立出去。1991 年,他们获

得了在俄罗斯联邦内的特别自治权。车臣是距高加索很近的一个小共和国，以穆斯林人为主。1994年，当车臣要求彻底脱离俄罗斯联邦实施完全的独立时，俄罗斯出兵车臣，爆发了战争。虽然近年来那里的局势有所好转，但平衡依然难以维持。通过保持一种自治状态，今天，车臣依然属于莫斯科政府控制的俄联邦成员。

在俄联邦内，有许多代表各自民族的共和国。整体上看，俄罗斯由87个自治区组成，包括一些自治的共和国（比如车臣和犹太自治省）和联邦城市（比如莫斯科和圣彼得堡）。这些区域通过自由选举选出自己的政府，加入俄联邦。产生这种复杂的政治体制的原因在于俄罗斯疆域的扩张与收缩的复杂历史，这一切都始于20世纪初期。

俄罗斯拥有一个多姿多彩但又相当混乱的历史。在俄国的历史上，曾经涌现出一些著名的领导人和具有戏剧性的经济和政策的巨变。在20世纪的头10年中，俄国的工人阶级的思想十分活跃，该国的社会与经济局势因第一次世界大战而经历了大起大落的变化，导致了1917年10月革命的爆发。这场革命由布尔什维克发起，领导人是弗拉吉米尔·伊里奇·乌亚诺夫（别名"列宁"），定国名为"苏维埃"，这标志着长达75年之久的共产党执政的开始。

在革命发生之后的当年（1917年），俄国就爆发了内战，这场战争一直打到1922年。这场战争中也引发了一系列军事冲突，冲突双方是布尔什维克的红色政权与由英国、法国、美国及日本支持的白色政权战斗。虽然白色政权有列强的支持，但布尔什维克还是在整个俄罗斯及其邻国建立了自己的政权——苏联。在列宁的领导下（1917—1924），该政府承诺结束俄罗斯的内战并实行土地改革。苏维埃社会主义联邦共和国（USSR）成为世界地理范围最大的联邦国家。在列宁去世之后，约瑟夫·斯大林（1924—1953）接过政权并巩固苏联的政权。1928年，他制定了一个五年计划，包括实施大规模的工业化并加强俄罗斯财政集权化。在斯大林时代，有数百万人死于饥饿和政府有计划的清洗措施，包括将大量的人们迁往古拉格劳改营。第二次世界大战之后，俄罗斯卷入和美国的对峙——冷战之中，双方都在策划将对方摧毁。比如，1962年，在尼古拉·赫鲁晓夫时期（执政时期1958—1964），美国要求苏联从古巴撤走先前部署的导弹，双方险些爆发一场大战。这种冷战的压力也传到了苏联的邻国（1979—1989年苏联对阿富汗的占领）和本国的人民，尤其是在列昂德尼·勃列日涅夫时期（执政时期1964—1982），在国际社会尤其是美国人的眼中，当时的苏联几乎没有取得什么进步。

20世纪80年代后期，苏联的经济开始崩溃，其联邦内部的反叛事件也逐渐增

加。在戈尔巴乔夫执政时期（1985—1991），苏联发生了巨变，独立运动风起云涌。1991年8月爆发的一场变革导致苏联的解体。在1990年3月到1991年12月间，亚美尼亚、阿塞拜疆、摩尔多瓦、白俄罗斯、格鲁吉亚、拉脱维亚、哈萨克斯坦、吉尔吉斯斯坦、立陶宛、爱沙尼亚、塔吉克斯坦、土库曼斯坦、乌克兰和乌兹别克斯坦宣布独立。除爱沙尼亚、拉脱维亚、立陶宛和土库曼斯坦之外，其余所有的原苏联的加盟共和国都于1991年加入了"独立国家联合体"。从政府意义上讲，苏联已经解体，但保留了原苏联的结构，成为俄罗斯联邦。作为新的俄联邦总统，鲍里斯·叶利钦（执政时期1992—1999）采取行动结束了至少延续了40年的冷战。1999年底，他下令由总理弗拉基米尔·普京接替自己的总统权力。

自从苏联解体以后，俄罗斯联邦连续发展经济并向外国敞开大门。但是，由于过度的通货膨胀和俄罗斯的强权控制，这种发展速度依然很慢❶。在普京时代，俄罗斯联邦努力提高本国人民的生活水平并扩大自己的工业基础。然而，普京政府目前的注意力在俄罗斯联邦的未来政局上。此外，普京特别关注俄罗斯的石油和天然气工业。辽阔的疆域和严酷的气候条件挑战着俄联邦，但俄罗斯却泰然处之。

14.1 早期石油工业

俄罗斯的石油工业始于19世纪初期几位旅游者在俄罗斯西南部的高加索山脉一带找到的油苗。该地区的石油生产在巴库油田发现之前规模一直是很小的，今天，这些油田位于阿塞拜疆境内的里海地区，但在1991年阿塞拜疆独立之前，这些油田一直在苏联的控制下。在19世纪60年代，Robert和Ludwig Nobel兄弟二人致力于巴库油田的石油开采。与此同时，来自德国的Rothschilds也参与了他们的柴油交易。1891年，Marcus Samuel公司（壳牌运输与贸易公司的前身，后来成为壳牌公司）与Rothschilds签署了购买他们在俄罗斯开采石油的合同。1911年，壳牌公司买下了Rothschilds所拥有的275万卢布的股份❷。1916年，Noble的油田产出的原油达到了俄罗斯全国石油产量的30%以上，并将其所产原油的60%供国内消费❸。他们购买了矿山使用权，并从美国借到了钻探深井

---

❶ Marshall I. Golelman, *The Piratization of Russia* (New York: Routledge, 2003), 13.
❷ E. B. Brossarcl, *Petroleum: Politics and Power* (Tulsa, Ok: PennWell Books, 1983), 13.
❸ George S. Gibb and Evelyn H. Knowlton, *History of Standard Oil Company* (New Jersey), Vol. 2 (New York: Harper and Brothers, 1955—1971); *The Kesurgent Years, 1911—1927* (New York: Harper and Brothers, 1956), 329.

的技术和设备。他们的发现标志着商业化开采石油的开始，到19世纪末20世纪初，俄罗斯的石油产量已达到了全球石油产量的30%，这意味着Nobel兄弟控制着全球1/3的石油生产。在第一次世界大战爆发之前，俄罗斯在全球石油加工技术领域一直处于领先地位❶。壳牌为西方的欧洲提供石油，俄罗斯的石油工业在俄国革命前也一直兴旺地发展着。

1917年10月革命使俄罗斯的石油工人掀起了反对低收入和恶劣工作条件的运动。1919年，阿塞拜疆出现政治动荡，宣布对巴库油田拥有独立主权❷。许多外国石油公司浑水摸鱼纷纷进入俄国，希望获得低税收的矿山开采权。Nobel兄弟将他们的大量开采权和油田出售给了SONJ（即今天的埃克森—美孚），并于1920年建立了一个联盟。然而，也就在这一时期，苏联没收了外资股权，驱赶了一些大型跨国石油公司，并建立了自己的国有化石油工业。这样一来，导致大型石油公司与俄罗斯的关系恶化。苏联的领导人通过新区勘探来加速其石油工业的发展。在20世纪30年代，苏联人在乌拉尔山脉西侧的伏尔加河附件的一个区域发现了石油。在那里建立的第一座炼油厂是Omsk炼厂，是世界上最大的炼油厂之一，它于1955年停产。1959年，俄罗斯取代委内瑞拉成为世界上最大的石油生产国，产量达30万桶/天❸。20世纪60年代，俄罗斯第一次在西西伯利亚找到了石油。1965年，俄罗斯发现最大的油田Samitlor。从此，大量油田，包括新近在北太平洋萨哈林群岛的重大发现奠定了俄罗斯在全球顶级石油生产大国中的地位。

14.2 石油工业现状

从1991年苏联解体以来，俄罗斯的石油工业也经历了一系列变化。在短短的几年中发生过实施私有化、增加产量、实施新的勘探计划以及公司合并等重大事件。俄罗斯目前是世界上最大的非OPEC石油生产国，而且俄罗斯的天然气储量居世界第一位，达1680万亿立方英尺，每年的天然气产量可达22万亿立方英尺。2003年9月，俄罗斯原油出口量超过沙特阿拉伯❹。俄罗斯的石油产量达800万

---

❶ F. C. Gerretson, *The History of Royal Dutch* (The Hague: Royal Dutch Petroleum Company, 1955), 157.

❷ Gibb and Knowlton, *History of Standard Oil Company* (New Jersey), Vol. 2 *The Resurgent Years*, 330.

❸ Bennett H. Wall, *Growth in a Chaning Environment: A History of Standard Oil Company* (New jersey), (New York: McGraw-Hill, 1988), 332.

❹ "Russia Criticizes OPEC", *Weekly Petroleum Argus* October 20, 2003, 8, www.argusonline.com.

桶/天。与此同时，俄罗斯石油工业的发展也是困难的，因为绝大部分俄罗斯的疆域地形复杂，自然环境极为严酷。因此，设备的运输与石油工人的安置以及通讯网络的铺设等费用都十分昂贵。在 20 世纪 70—90 年代，俄罗斯对其工业的规划都是短期性的。条件简陋的开采、加工以及运输引发了严重的设施和环境的破坏。当时，俄罗斯的多家石油公司几乎没有得到长期开采的合同。严酷的气候条件、偏远的地理位置以及资金的短缺，使得俄罗斯，尤其是在西西伯利亚的新区勘探进展十分困难而缓慢。当代俄罗斯的石油公司和政府建立了自己石油工业发展的一个新目标——引进外国投资，稳步发展，增加产量，扩大全球贸易交流。

俄罗斯石油工业的转型包括将国有石油公司分解为私有企业。俄罗斯总统在 1995 年颁发的第 971 号法令中要求将国家拥有的企业和协会等转变为合资控股企业。此举建立了一些巨型石油公司并由其控制了俄罗斯庞大的资源。俄罗斯还邀请了一些外国石油公司，包括 BP、埃克森—美孚、壳牌等参与自己的石油工业中。这些公司通过合资的形式为俄罗斯石油工业的现代化和恢复元气以及一些新油气田的勘探作出了贡献。

当代，俄罗斯的石油工业被一些拥有大量股份的公司控制着，它们是卢克、尤科斯、TNK—BP 和俄罗斯石油。卢克是俄罗斯最大的石油公司，它拥有多个分公司，不仅生产原油，而且还控制着油品市场和零售业。该公司控制着 19% 的俄罗斯石油产量，并且在罗马尼亚、保加利亚和乌克兰从事炼油厂的运营。2000 年，卢克公司据称所拥有的油气资源量已超过了埃克森—美孚❶。

尤科斯是俄罗斯的第二大石油公司。它的主要经营领域有石油和天然气勘探、开发、炼制和在西西伯利亚地区的市场营销。最近，尤科斯的首席执行官（CEO）霍多尔科夫斯基和他的同伴在民众的眼中已成为尤科斯持股人和银行的蛀虫，他们受到了偷逃税款的指控。作为俄罗斯的富人，霍多尔科夫斯基拥有强大的政治权势。据说，霍多尔科夫斯基为俄罗斯的多家反对党提供了经济援助❷。正因如此，霍多尔科夫斯基被投入了监狱。俄罗斯政府的许多指控都要求惩罚霍多尔科夫斯基，要求他出售尤科斯的部分资产并处以 10 年的监禁。

俄罗斯的第三大石油公司是 TNT—BP，成立于 2003 年 9 月，由 OAO TNK，BP 和 SIDANCO 合并而成，由 BP 负责该公司的运营。TNK—BP 运营着西西伯利亚秋明地区、东西伯利亚的伊尔库斯克地区和乌拉尔山区的一些油田。

---

❶ Goldman, The Piratization of Russia, 117.
❷ Conrad De Aenlle, "Russia's Oil Industry, Caught in a Tug of War", *New York Times*, November 9. 2003, 4.

除了俄罗斯独立的合股公司之外，俄罗斯政府还拥有自己的国有公司 Rosneft，该公司在西西伯利亚和萨哈林群岛的油田开采石油。这些石油公司构成了俄罗斯的石油工业。

俄罗斯拥有世界上众多的超大型油田，探明的石油资源量高达600亿桶。俄罗斯有6个重要的产油区，在里海的北部和西北沿岸，即著名的北高加索地区与阿斯特拉罕地区有100多个油田。Timan - Pechoral 油区的油田多达160个以上，它们就位于乌拉尔山脉以西和北冰洋以南的区域。乌拉尔山脉西北也就是伏尔加—乌拉尔和萨拉托夫—伏尔加格勒地区，那里分布着600多个油田。在西西伯利亚的乌拉尔山脉东部，是秋明油区，那里有360多个油田，20世纪80年代，这一区域是俄罗斯的石油工业中心。最后是萨哈林岛，那里有25个油田。萨哈林岛上的石油开采是最近才开始的，并分为两个开发集团。第一个由埃克森—美孚领导，率领着几个较小的公司从事开发作业。该区域的勘探工作始于2003年5月，2005年投产。那里采出的石油将用油轮运往俄罗斯的 De - Kastri 港口。俄罗斯采出的石油不仅供出口，同时也供给国内的炼制加工和消费。第二集团由壳牌领军，三菱和三井公司协助，主要致力于天然气的开采❶。

在6个产油区中，俄罗斯都建有多个炼油厂和广布的管线系统。俄罗斯有42座炼油厂，其中多为老式设备，需要进行大修。最大的炼油厂 Omsk 位于乌拉尔山脉以西的哈萨克斯坦边境附近，俄罗斯的绝大多数炼油厂都在黑海和里海附近的乌拉尔山西部。乌拉尔山脉东部的一些炼油厂沿着该国南部边境延伸的管线网分布。一个特别重要的炼油厂是安加尔斯克（Angarsk）炼油厂，它位于一条管线途径的蒙古边境北部。从整体上看，俄罗斯的管线网铺设得很好，途径之处都有炼油厂。

俄罗斯的管线网将偏远的油气田与中央集束管线网连接起来，把石油和天然气输送到炼厂或出口终端站去。俄罗斯有3条重要的出口路线：南北 Druzhba 和 Adria。两条 Druzhba 管线分别将伏尔加—乌拉尔地区与德国的北部与南部相连接。Adria 管线于1979年完工，但从20世纪90年代以来一直处于维修状态。除了加固已有的管线之外，尤科斯公司又铺设了几条新的管线。波罗的海管线于2001年完工，将西西伯利亚南部的油气田与波罗的海连接起来。俄罗斯已经提出了关于摩尔曼斯克管线的设计方案。这条管线可以把 Timan - Pechora 的油田

---

❶ Energy Information Administration, "Country Analysis Briefs, Sakhalin Fact Sheet", January 2005, www.eia.doe.gov/emeu/cabs/sakhalin.html.

所产出的石油和天然气输往巴伦支海的摩尔曼斯克港口。俄国人还设计了一条从 Druzhba 南部延伸到亚德里亚海的管线。

然而，目前最大的管线计划是将俄罗斯与亚洲的一些市场连接起来。2003 年，中国石油天然气集团公司（CNPC）与尤科斯签署了安加尔斯克—大庆的管线协议，但这条管线尚未开工。俄罗斯虽然对通往中国的管线感兴趣，但同时也对铺设安加尔斯克—纳霍德卡的管线表现出极大的兴趣——这条管线可以将产自东西伯利亚油田的石油输往日本。此外，俄罗斯已经签署了一些用铁路向亚洲增加原油出口的合同。

绝大多数俄罗斯出口港都位于乌拉尔山脉的西部。在黑海也有两个终端站——新罗西斯克和图阿普谢。在波罗的海，是普里梅斯克，位于鄂霍次克海的是 Okha 和 Korsakov 终端站。俄罗斯还使用设在爱沙尼亚、乌克兰和拉脱维亚的终端出口港向海外输送石油和天然气。俄罗斯除了用这些管线和终端站之外，还用来输送天然气。

俄罗斯所生产的天然气在全球占到了很大的比例。俄罗斯的天然气探明储量为 1680 万亿立方英尺，它除了满足国内需要之外，还有大量的可供出口。俄罗斯所产的天然气主要是产自油田的伴生气和产自气田的天然气，这些气田主要分布在西西伯利亚。在东西伯利亚和鄂霍次克海一带，也发现了天然气田。

俄罗斯的天然气是由天然气公司 Gazprom 掌管的。合资公司负责俄罗斯天然气的内销与出口。在该公司中，俄罗斯政府的控股比例为 38%。Gazprom 所产的天然气几乎全部出口欧洲，其出口量达到了欧洲天然气进口量的 25%。Gazprom 控制着 6 条天然气管线（Brastrstov, Soyuz, Northern Lights, Volga/Urals–Uyborg, Yamal 和 Blue Stream），大多数经乌克兰通往欧洲。Gazprom 有多项扩张其管线网的计划。到 2008 年，在萨哈林岛上采出的天然气有望通过管线向南输往日本。壳牌、三菱和三井三大公司已经制定了在萨哈林岛建立 LNG 工程的设计方案。俄罗斯已经和日本签订了贸易合同，天然气的出口交易于 2007 年实施。Gazprom 还与韩国的"韩国天然气公司"和中国的"中国石油天然气集团公司（CNPC）"签订了铺设一条从 Kovyota 气田到韩国和中国的天然气管线的合同，对这两国的天然气出口有望于 2008 年开始。虽然 Gazprom 的大量交易活动是国际化的，但它的运营还算不上国际大型石油公司❶。

---

❶ Energy Information Administration, "Country Analysis Briefs, Russia", February 2005, www.eia.doe.gov/emeu/cabs/russia.html.

在国内供给方面，Gazprom 发现其本身还是受到了政治的束缚。作为一个独立的法人，它必须满足俄罗斯政府的需求。1999 年颁布的一项天然气法律规定 Gazprom 必须以指定的价格向俄罗斯国内的天然气市场供气。因此，该公司必须以低于市场价和生产成本的价格出售天然气。但是，俄罗斯政府已经认识到这一问题，并承诺到 2010 年放开天然气价格。总的说来，俄罗斯政府已经认识到，虽然它的经济领域已经发生了许多变化，但依然还会有更多的改变出现。但是，俄罗斯从不怀疑自己将成为全球最大的石油和天然气生产国的潜力。

推荐阅读

为了更好地了解俄罗斯的历史，参见 Paul Duke 的《A History of Russia: From Nicholas II to Putin》(London: Penguin Book, 2003)。还可参见 Charles E. Ziegler 的《History of Russia》(Westport, CT: Greenwood Press, 1999)。关于俄罗斯的历史和政治以及社会的了解，参见 Nicholas V. Riasanovsky 的《A History Russia, 6th ed.》(New York: Oxford University Press, 2000)。虽然还没有一部关于俄罗斯石油与天然气工业的完整的著作，但 David Lane 的《Political Economy of Russian Oil》(Lanham, MD: Rowman and Littlefield, 1999) 的著作就提供了较为全面的资料。关于俄罗斯自从 20 世纪 90 年代以来的经济信息（强调了俄罗斯的私有化石油公司）参见 Marshall I. Goldman 的《The Privatization of Russia》(New York: Routledge, 2003)。

15 沙特阿拉伯

沙特阿拉伯

	国名：	沙特阿拉伯王国
	地理位置：	阿拉伯半岛
	首都：	利雅得
	重要港口城市：	吉达、达曼、延布
	独立日：	1932年9月23日，从英联邦中独立
	人口：	2600万
	国家货币：	沙特里亚尔（SAR）
	官方语言：	阿拉伯语
	政府：	法赫德国王（1982年执政）
	OPEC成员：	1960年加入
	探明石油储量：	2620亿桶
	探明天然储量：	235万亿立方英尺
	国有石油公司：	沙特Aramco
	石油产量：	1050万桶/天
	天然气产量：	2万亿立方英尺/年
	产能排名：	世界第1位
	出口量排名：	世界第1位

沙特阿拉伯是世界上最大的产油国，它的地理面积也是中东地区最大的。沙特阿拉伯几乎占据了整个阿拉伯半岛，麦加和麦地那是伊斯兰世界的两个圣地。麦加是伊斯兰教创始人穆罕默德的诞生地，也是伊斯兰教的圣地，麦地那则是安葬穆罕默德的地方。沙特阿拉伯与约旦、阿曼和阿拉伯联合酋长国、伊拉克等接壤。沙特阿拉伯的海岸线连接着两条重要的水上通道——红海和波斯湾（图15.1）。

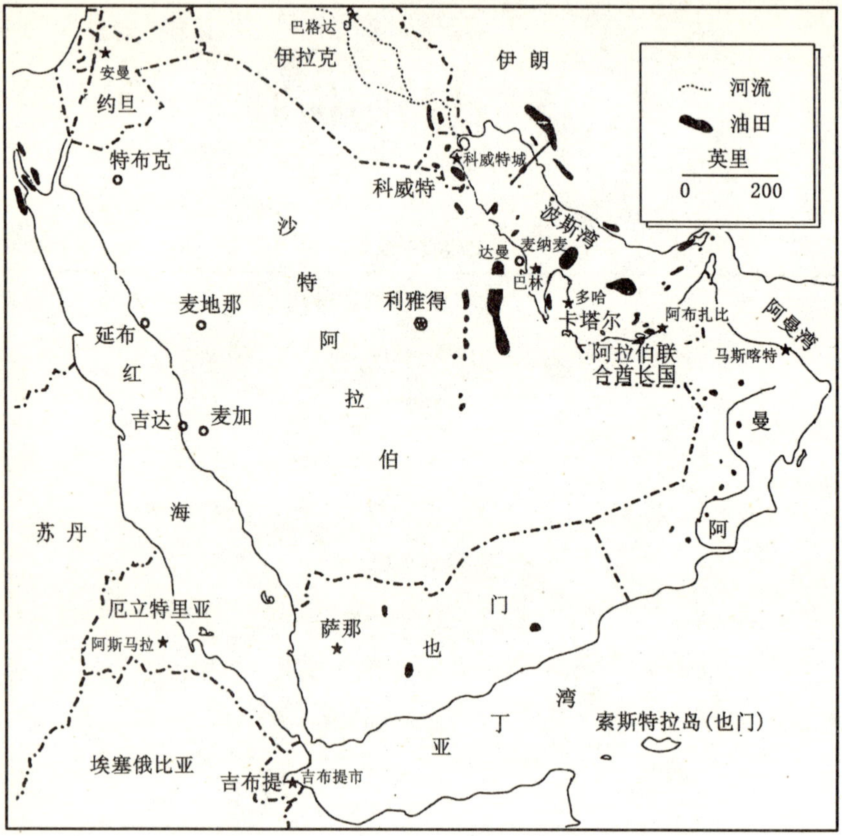

图 15.1 沙特阿拉伯地图

沙特阿拉伯高度依赖其石油工业，看看它的地理环境就会明白这一点了。沙特阿拉伯缺乏永久性河流，其东部和西部都与大范围的咸水相连。沙特阿拉伯仅有的 2% 的可耕地且饱受干旱的威胁。该国内以可流动的大沙丘为主，仅在沿海岸线一带有些草地。在北部，是内夫德大沙漠——红色的沙子形成了巨大的沙丘。沙特阿拉伯的南部是鲁卡哈利沙漠，意思是"渺无人烟的地区"。辽阔的大沙漠中每年的降水量极少。沙特阿拉伯也有一些小型山脉，比如沿红海延伸的阿西尔蒂哈马山脉。虽然地理条件极为严酷，但沙特阿拉伯还是拥有一个由整个阿拉伯半岛上迁移和定居的人们构成的漫长的文明史。

沙特阿拉伯的历史与其地理环境有着密切的关系。与那里稀少的人口相比，阿拉伯半岛的面积实在太大了，沙特阿拉伯的许多部族都相对独立。一些部族居住在沙漠绿洲附近，以农业为生，而其他的部族则是游牧民族，沿海居民从事一些贸易和商业活动。那里的人们的生活方式已经延续了几个世纪，并且没有受到外来势力的入侵。

然而,伊斯兰教的到来和阿萨德家庭的扩张却戏剧性地改变了沙特阿拉伯的历史。伊斯兰教神圣的教义在穆罕默德的传播下,从公元622年开始在沙特阿拉伯全境迅速传播。穆斯林从麦加向北到达麦地那,所到之处就宣传自己的宗教思想。当他于公元630年回到麦加时,他还带回了一支军队并控制了该城。麦加一直是伊斯兰教的权力中心,到了公元661年才转移到伊拉克境内的巴格达城。到公元632年穆罕默德去世时,伊斯兰教成为沙特阿拉伯的主要宗教。与此同时,伊斯兰的教义四处传播并形成了一种凝聚力。在穆斯林人中间,不同地区的人对《古兰经》的理解也不尽相同。在整个中东地区,不同的学说迅速而广泛地传播着。

穆斯林学者穆罕默德·瓦哈比在18世纪发起了瓦哈比运动。这场运动要求人们回到传统的伊斯兰教义上去。面对这一信念,他建立了一个由阿萨德王室统治的区域,该王室人员统治了阿拉伯半岛上的绝大部分疆域。当时,阿拉伯半岛由四个主要区域构成——Asir, Hasa, Hijaz和Nejd。阿萨德家族的控制使其陷入了与奥斯曼帝国和大英帝国的直接对抗之中,后两者也都有强烈的领土扩展欲望。到19世纪后期,奥斯曼帝国获胜,阿萨德家族流亡到科威特一带。

在第一次世界大战结束之际,奥斯曼帝国垮台,沙特阿拉伯被分割为两个王国——东部的阿萨德王国和西部的哈希姆王国。最终,阿萨德家族通过与英国人结盟击败了哈希姆家族,并通过吞并奥斯曼帝国的疆域大大扩张了自己在中东地区的版图。经过与英国人多年的谈判之后,阿萨德家族终于可以不依附于英国人而成为独立的统治者。20世纪20—30年代,王室通过与国内重要的家族成员联姻的手段加强了政治控制力。1932年,沙特阿拉伯宣布成为一个伊斯兰国家,以《古兰经》为本国的宪法,这种做法一直延续至今。沙特阿拉伯采取的这种做法并没有将其与其他邻国或西方世界孤立开来。

今天,沙特阿拉伯占据了独一无二的优势。沙特阿拉伯是世界上最大的石油生产国和出口国,这也使该国获得了丰厚的石油财富。与此同时,沙特阿拉伯也面临着政府的高额花销与民众的高失业率的经济困境。除了石油之外,沙特阿拉伯的经济还来源于外来的朝圣者的花费,每年该国可迎来数百万朝圣者。对石油的依赖使得沙特阿拉伯面临着长期的挑战,因为该国几乎没有其他工业或农业可言。沙特阿拉伯正在推动多项发展计划,希望吸收外国投资。当然,这并不意味着沙特人民正在蒙受痛苦,而是他们享受着高标准的生活。

15.1 早期石油工业

沙特阿拉伯石油的商业化勘探始于19世纪。到20世纪20年代之前，各石油公司对在沙特阿拉伯勘探石油一直持怀疑态度，它们把注意力集中在伊拉克和伊朗。1933年，沙特阿拉伯向来自新西兰的工程师Major Frank Holmes颁发了一份矿山开采许可证。此人同SOCAL公司密切合作，与沙特阿拉伯谈判，一直到SOCAL扩张势力并将其吸收为合作伙伴。

1934年，SOCAL公司获得了在沙特阿拉伯境内独家拥有从事石油生产领域作业的权力，有效期为66年，作为交换，SOCAL以黄金向沙特阿拉伯付款。在SOCAL获得矿山开采权后不久，CASOC公司成立并接管了该开采权。1934年，德士古加入该公司。在合同签署了五年后，CASOC在波斯湾附近的宰赫兰发现了工业油流。该油田是一个典型的教科书式的案例——这是一个含油的地质穹隆构造。1939年，第一艘满载原油的油轮从沙特阿拉伯出发了。1944年，这些公司（包括CASOC）联合成立了一家新的公司——阿拉伯—美国石油公司（Aramco），该公司在20世纪70年代之前一直控制着沙特阿拉伯的石油工业。沙特阿拉伯最大的油田Ghawar油田于1948年发现，原油生产时间已经超过了半个多世纪。

除了本国境内的石油工业之外，沙特阿拉伯还对沙特阿拉伯—科威特中立带提出了开采石油的要求，该中立带是20世纪30年代英国人为解决政治冲突而设立的。1953年，在中立带内发现了第一个油田Wafra油田❶。1969年，该中立带被分割成两个区域，由两国等面积负责各自的石油作业。该中立带内的探明石油储量为500万桶，与那里的面积相比，这个数量是相当可观的。自从开发以来，沙特阿拉伯—科威特中立带得到了大发展，日益繁荣起来，那里的一座大型油田的原油产量近60万桶/天。沙特阿拉伯与巴林也签署了一份相似的合同，两国共同开发Abu Safa油田，日产量可达14万桶。通过其本国的原油生产与合资经营，沙特阿拉伯的石油工业逐渐发展壮大了。

15.2 石油工业现状

凭借着2620亿桶的探明石油储量，沙特阿拉伯一跃成为世界上最大的石油生产国和出口国，而且它还将继续在全球石油界独领风骚。沙特阿拉伯的石油产

---

❶ International Energy Agency, *Middle East Oil and Gas* (Paris：OECD/IEA, 1995), 188.

量已达 1050 万桶/天,这几乎是全球石油总需求量的 1/10。沙特阿拉伯所产的石油一大特色就在于它包含了从重质—轻质的各种品质的原油。沙特阿拉伯的原油中 65% 为轻质油,主要产自该国的陆上油田,中质和重质原油主要产自海上油田。在国际原油市场上,沙特阿拉伯提供了多种重要的原油产品,比如阿拉伯轻质原油、阿拉伯极轻质原油、阿拉伯超轻质原油、阿拉伯中质原油、阿拉伯重质原油。在生产这些原油的各个油田,沙特阿拉伯都与一些外国石油公司有着密切的合作,包括雪佛龙—德士古、BP 和埃克森—美孚。在与这些西方国家保持着密切合作的同时,沙特阿拉伯在 OPEC 中的地位也是至高无上的。作为一个举足轻重的石油生产者,它可以根据全球的石油需求通过削减或增加其国有石油公司的产量来左右国际原油市场的价格。拥有如此丰富的石油资源,与 OPEC 组织中其他较小的和政局不稳定的成员国不同,沙特阿拉伯在面对小幅度石油产量变化时,不会受到任何影响。一个国家拥有如此丰厚的石油资源,就必须经营好自己的石油工业。

沙特阿拉伯的石油工业是由平衡外国投资方与国有公司之间关系的一系列复杂的合同来控制并运营的。沙特阿拉伯的所有石油生产都在本国的控制下进行。由于对石油工业的高度依赖,沙特阿拉伯国王拥有对本国石油工业的最终决定权。在"最高石油委员会"的领导下,许多石油公司进入沙特阿拉伯、沙特阿拉伯—科威特中立带和 Bahrain 地区进行石油勘探作业,三家大型石油公司是沙特沙特阿美(Saudi Aramco)、沙特—德士古和日本阿拉伯石油公司(AOC)。沙特阿美是一家国有公司,沙特阿拉伯产出的石油和天然气中,98% 以上出自该公司的陆地和海上油田。由于是皇家石油公司,所以它被认为是世界上最大的家族商业。沙特阿美公司的成立与外国拥有的 Aramco 公司没有任何关系。1976 年,沙特阿拉伯决定将 Aramco 公司实施国有化,由于考虑到各方面的因素,尤其是外部因素与勘探作业的进程,国王决定采取渐进的方式,使国有化的进程于 1980 年才完成。1988 年更名的沙特阿美反映了新的所有权。原来的 Aramco 公司仍在沙特阿拉伯从事勘探作业,但仅仅是一个设备的提供者和技术合作者而已。通过王室的这一决定,沙特阿拉伯国王还与德士古公司分担了本国境内的石油作业,并成立了沙特—德士古公司。

沙特阿拉伯—科威特中立带的油气勘探由 AOC 和沙特德士古公司负责。在 Bahrain 地区,沙特阿美也是一个主要的石油生产者。除了分享利益之外,沙特阿美也会将其部分收益返回 Bahrain 地区。虽然这些石油对沙特阿拉伯是十分重要的,但国王还是主要依赖其国内众多的油气田。

沙特阿拉伯的绝大多数油田都位于首都利雅得的西部,尤其是沿波斯湾地区。在沙特阿拉伯境内,有8个油气田。该国大约一半以上的油气资源就分布在这8个油气田。沙特阿拉伯最大的(而且也是世界上最大的)陆地油田是贾瓦尔油田。该油田的探明石油储量高达700亿桶,超过了许多产油国的资源量。然而,随着油田迈向成熟,该油田的开采的费用正在增加。Safaniya是世界上最大的海上油田,其地质储量预测可达190亿桶。

虽然沙特阿拉伯是世界上头号产油国,但令人奇怪的是它所运营的油气管线却很少。目前,沙特阿拉伯仅有一条主要将石油从油田输往各炼油厂和出口终端的管线。这条"东—西石油管线",也称"Petroline",是美孚公司在20世纪80年代修建的,并于1987年进行了扩建。这条管线由沙特阿美公司从20世纪80年代开始经营。该管线沿沙特阿拉伯的东—西走向铺设,将轻质原油输往各炼油厂和位于红海的出口港。沙特阿拉伯还有两条管线,但因政局不稳而被迫关闭。

泛阿拉伯管线,又称Tapline,于1952年开通,经波斯湾的多个油田向东北方向延伸到约旦,但该管线从1976年以来就被关闭了。沙特阿拉伯还与伊朗共同经营一条管线,该管线从Petroline开始然后分支,向北延伸跨越红海附近的各国。然而,这条管线自从1990年的海湾战争爆发就关闭了。虽然沙特阿拉伯拥有这条管线的经营权,但并没有任何石油流经它。一条新的从卡塔尔到也门的石油管线正在计划之中,但还没有签署正式的合同。

绝大部分产自沙特阿拉伯的原油经Petroline输往布盖格原油加工厂。沙特阿拉伯还拥有几个石油出口港。在大多数情况下,炼油厂离港口都相当近。在红海海岸,有Jedda和Rabigh炼油厂,它们都由Aramco公司运营。位于红海的延布出口港有两座炼油厂,一座由沙特阿美运营,另一座由沙特阿美和埃克森—美孚联合运营。沙特阿拉伯在波斯湾还有两个炼油厂Zuluf和Ras Tunura,它们是世界上最大的炼油厂。Ras Tunura炼油厂有一部分由沙特阿美负责经营。在首都利雅得,也有沙特阿美的一座炼油厂。在沙特阿拉伯—科威特中立带,ACO运营着Ras al-Khafji炼油厂。当原油从沙特阿拉伯的港口运出以后,依然处于沙特阿拉伯的控制之下,因为该国在亚洲、欧洲和美洲等地拥有或与别国共同经营着一些储油基地和炼油厂。沙特阿拉伯也在美国境内经营着三座炼油厂。在亚洲,沙特阿拉伯在韩国和菲律宾分别拥有一座炼油厂。

对于自己的石油工业来说,沙特阿拉伯正在探寻扩展本国的石油化工和天然气工业的各种途径。国有的沙特阿拉伯基础工业公司通过将一些新的炼油厂与老炼油厂(如延布炼油厂)联合等措施来扩展本国的石油化工工业。2004年,一

座新的石油化工厂在朱拜勒（Jubail）建成投产，成为世界上最大的石油化工厂。沙特阿拉伯已经开始扩展其天然气工业。沙特阿拉伯已经开始实施天然气取代石油产品的前瞻性措施。沙特阿拉伯的天然气资源量达235万亿立方英尺，年产量为2万亿立方英尺。沙特阿拉伯的绝大部分天然气（伴生气和非伴生气）产自贾瓦尔气田。2003年，东部的Ash Sharqiyah省发现了Abqaiq气田并开始开采天然气。在沙特阿拉伯—科威特中立带，AOC计划在Khafji油田附近开发新的气田。为了实施其天然气的规划，沙特阿拉伯成立了"沙特阿拉伯天然气委员会"，负责监控与外国石油公司合作的天然气开发的进展情况。整体上看，沙特阿拉伯试图以天然气发展规划来使其整体依赖石油开采的经济模式多样化，因为目前出口石油所获得的利润已几乎占到了沙特阿拉伯政府总收入的80%左右。

推荐阅读

关于沙特阿拉伯历史的概况，参见James Wynbrandt的《A Brief History of Saudi Arabia》（New York：Checkmark Books，2004）和Madawi Al-Rasheed的《A History of Saudi Arabia》（New York：Cambridge University Press，2002）。关于在石油危机中对沙特阿拉伯石油工业状态的讨论已经有许多著作发表。少数几本有价值的著作是Peter Hobday的《Saudi Arabia Today：An Introduction to the Richest Oil Power》（New York：St. Martin's Press，1978）和William B. Quant的《Saudi Arabia in the 1980's：Foreign Policy，Security，and Oil》（Washington，DC：Brookings Institution，1981）。关于Aramco的发展史，参见沙特阿美《Aramco'Aramco and Its World》（Dhanran，Saudi Arabia：Saudi Arabian Oil Company，1995）。关于对沙特阿拉伯在OPEC组织中的角色的讨论，参见Ali D. Johany的《The Myth of the OPEC Cartel：The Role of Saudi Arabia》（New York：Wiley，1980）。关于伊斯兰教的出色的介绍，参见Thomas W. Lippman的《Understanding Islam：An Introduction to the Muslim World》（New York：New American Library，1982）。

16 委内瑞拉

委内瑞拉

国名：	委内瑞拉玻利瓦尔共和国
地理位置：	南美洲北加勒比海岸
首都：	加拉加斯
重要港口城市：	加拉加斯
独立日：	1811年7月5日，从西班牙人统治下独立
人口：	2500万
国家货币：	玻利瓦尔（B）
官方语言：	西班牙语
政府：	查韦斯总统（1999年执政）
OPEC成员：	1960年加入
探明石油储量：	780亿桶
探明天然气储量：	148万亿立方英尺
国有石油公司：	PDVSA
石油产量：	260万桶/天
天然气产量：	1万亿立方英尺/年
产能排名：	世界第10位
出口量排名：	世界第5位

委内瑞拉是南美洲最大的石油出口国，也是美国第二大原油进口国。在过去的几年内，委内瑞拉经历了政局动荡，这对该国的石油工业产生了巨大的冲击。自从发现石油以来，委内瑞拉的政治就与石油工业密切相关。委内瑞拉的民族主义思潮在石油工业的决策中发挥了巨大的作用，例如在决定实施国有化时，在OPEC成立时以及石油工人大罢工时等，这些思潮都极大地影响了该国的石油生产。

委内瑞拉位于南美洲加勒比海的北部，西部与哥伦比亚接壤，东部与圭亚那接壤，南部与巴西接壤。委内瑞拉的北部海岸线与加勒比海和大西洋相接（图16.1）。委内瑞拉的绝大部分国土是热带区域，气候炎热而潮湿。委内瑞拉拥有南美洲最大的湖泊——马拉开波湖（该湖也被认为是南美大陆上被石油污染了的最大水体）和世界第三大瀑布——安赫尔瀑布（Angel Falls）。委内瑞拉为联邦共和国，有21个州和11个加勒比自治区，官方语言为西班牙语，同时，委内瑞拉还有25种其他语言。委内瑞拉是一个多民族的国家，包括血统复杂的黑人、混血儿和美洲印第安人。

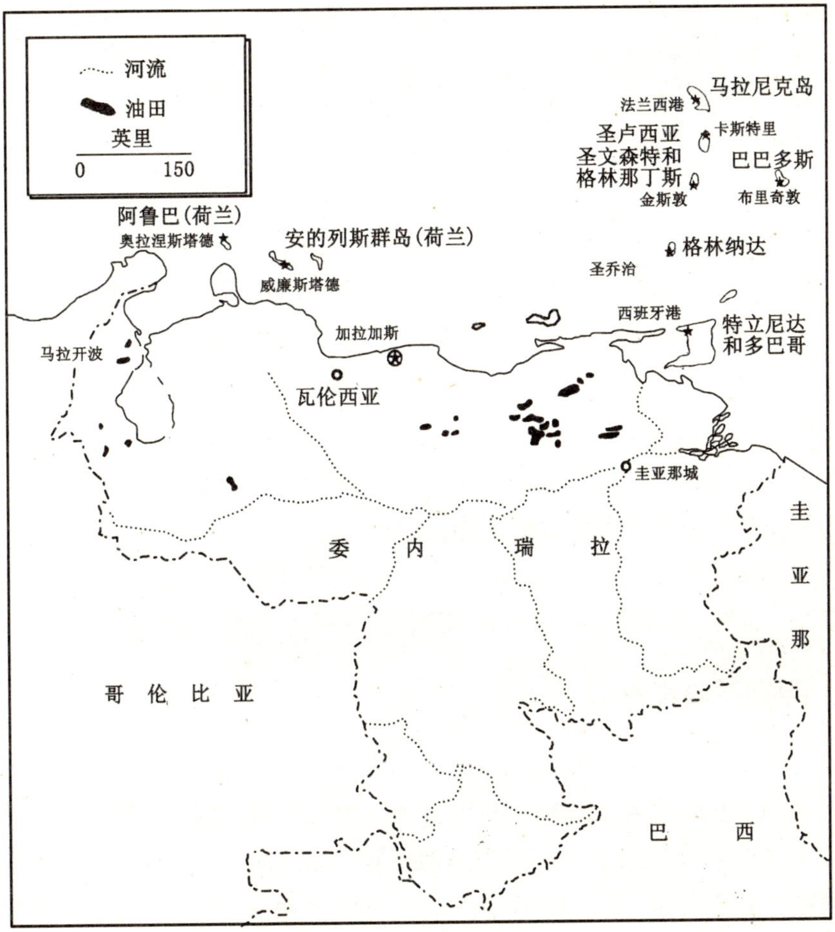

图 16.1 委内瑞拉地图

1830年，大哥伦比亚共和国崩溃，作为大哥伦比亚三个组成部分之一的委内瑞拉独立（另两部分是哥伦比亚和厄瓜多尔）。在16世纪，几乎整个南美洲都被西班牙人统治着。当西班牙人在南美洲的北部地区被西蒙·玻利瓦尔打败之后，委内瑞拉、哥伦比亚与厄瓜多尔于1821年联合成为一个共和国。1829年，委内瑞拉脱离了该联合体并艰难地开始了自己的独立之路。残暴的统治及社会的动荡一直持续到20世纪中期。革命运动与政治团体之间的势力常常会此消彼长，

民主行动党（AD）在20世纪40—70年代成为委内瑞拉国内的执政党。AD的根源可以上溯到20年代后期的学生运动，1941年，AD开始成为一股有影响的政治力量。1945年，AD上台成为执政党，1948年，委内瑞拉发生军事政变，AD被禁止了。1958年的选举使AD再次成为执政党，并在1959—1969年执政。该政党的能力在于成功地把农民、工人和中产阶级组织起来。到1948年，该党的成员已近50万。AD认为石油工业的国有化是一条必由之路，但应是一个长远的目标。在20世纪70—80年代，AD通过有利的选择而获得政治上的优势。在80年代，委内瑞拉出现了高失业率，通货膨胀和大量外债的压力，这些都积累成为一次经济危机而爆发。20世纪80年代后期，委内瑞拉的经济形势使该国的领导阶层的腐败丛生，导致一系列罢工和动乱以及1992年的两次流产的军事政变。其中一次政变的领导人查韦斯于1998年通过选举而成为委内瑞拉的总统，并于2000年再次当选为总统。1999年，查韦斯引入了一种新的理念——强调革命的社会主义方针。

2002年12月，查韦斯的反对派发起大罢工，要求他辞职或否决早期的选举。2003年12月，反对派收集了340万人的签名，要求举行第二次选举，推翻查韦斯的统治。2004年8月，委内瑞拉举行全民公决，以确定查韦斯是否能继续执政。公决的结果对查韦斯有利——他可以继续执政，在此期间，委内瑞拉的经济急剧下滑[1]。对委内瑞拉来说，问题就在于对石油和天然气资源的极度依赖。

16.1　早期石油工业

委内瑞拉最早的石油开采始于1878年的Tachira时期。Don Mannel Antonio Aulido得到了在该区域勘探的许可证，这标志着委内瑞拉最早的商业性石油开采的开始。他的Tachira石油公司是委内瑞拉第一家石油公司。1914年，加勒比石油公司在马拉开波湖东南处的Mene Grande发现了第一个油田。该公司有来自委内瑞拉、欧洲和美国的多位地质学家和勘探家。由于资金短缺，该公司将51％股份出售给了壳牌公司。1917年，加勒比石油公司在San Lorenzo建立了第一个石油出口港。第一次世界大战之后，大批石油公司涌入委内瑞拉并发现几个大型油田。由壳牌控制的委内瑞拉石油开采公司于1922年在马拉开波湖的东岸发现了La Rosa油田。此后不久，多家石油公司（包括标准石油公司）都在马拉开波

---

[1] David Luhnow and José de Córdoba, "Academics Study Backs Fraud Claim in Chávez Election", *Wall Street Journal*, September 7, 2004, 18.

湖东部找到了油田。该区域被称为玻利瓦尔沿岸油区,迄今依然是委内瑞拉最重要的产油区。1928 年,委内瑞拉成为世界著名产油国。连续发现的油田使委内瑞拉一举跨入世界最大的产油国行列❶。

除了马拉开波湖(该湖为一个长约 100 英里,宽约 60 英里的淡水湖)附近的油田之外,委内瑞拉还开发了两个更为重要的产油区。在 20 世纪 20 年代,一些石油公司开始进入因奥里诺科河而得名的奥里诺科地区——那里是今天人们所熟悉的奥里诺克重质油生产带。该区域以产出重质原油而出名。起初,这种石油并没有什么商业吸引力。1920 年,克里奥尔(Creole)石油公司在特拉华(Delaware)成立并在马拉开波湖地区的油田开采石油,该公司通过在纽约出售股票而获得资金。1928 年,当克里奥尔公司发现了具有商业价值的石油以后,SONJ 买下了该公司的大部分股权,从此,委内瑞拉的标准石油公司与克里奥尔石油公司结成联盟,成为一个统一体。1928 年,委内瑞拉的标准石油公司找到了一些石油远景区。在莫纳加斯(Monagas)找到了 Quiriqir 油田,第二个区域是 Barinas - Aqure 盆地。该盆地位于委内瑞拉东南区的奥里诺科河以北,与哥伦比亚接壤。该区域的石油勘探始于 1925 年。在钻探了大量的干井之后,终于在 1965 年发现了石油。在 20 世纪 60 年代之前,委内瑞拉的石油工业几乎完全控制在外国石油公司手中。

克里奥尔石油公司掌握着最大的开采区域,壳牌所控制的面积居第二位。然而,委内瑞拉的外国石油公司的势力并不长久,各产油国迅速展开的国有化对委内瑞拉的冲击格外显著。20 世纪 70 年代,委内瑞拉对本国的石油公司实施了国有化。除了陆上的石油勘探之外,委内瑞拉也进行海上石油勘探。在 20 世纪 30 年代,马拉开波湖的水上油气勘探即已展开,1994 年,PDVSA 的一个分公司在马拉开波湖的已开发多年的成熟区域用现代化的钻井技术获得了巨大成功。

16.2 石油工业现状

自从发现石油以后,委内瑞拉的石油就受到了美国的极度青睐,这是因为委内瑞拉的石油资源非常丰厚,几乎与美国接近。委内瑞拉是世界上仅次于沙特阿拉伯的第二大产油国,而且是 OPEC 的发起成员国之一。按照国际标准,委内瑞拉所产的石油属重质油,需要通过轻化才能提高等级并增加其价值。目前,委内

---

❶ Bernard Mommer, *Global Oil and the Nation State* (Oxford: Oxford University Press, 2002), 109 - 120.

瑞拉所产的石油中约35%在国内消费，其他的用于出口。

委内瑞拉的可采原油资源量约为780亿桶。目前，委内瑞拉的石油产量为260万桶/天，但政府计划到2008年把产量增加到510万桶/天。委内瑞拉有三个重要的产油区：马拉开波湖—法尔孔、巴里纳斯—阿普雷以及奥里诺科，包括Cerro Negro、Machete、Harraca等大型油田。奥里诺科河以东的委内瑞拉南部的油田已在帕里亚湾一带投入开发。委内瑞拉的大部分石油产自奥里诺科地带。委内瑞拉的油田通过一系列矿山许可权和合资方式来控制其运营，其中主要由委内瑞拉的国家石油公司负责。

委内瑞拉的绝大部分石油由一些大型石油公司和政府拥有的PDVSA联合开采。1975—1976年，委内瑞拉将其石油与天然气工业实施了国有化并置于PDVSA的控制之下。当今，PDVSA已是世界第九大石油公司❶。2003年，PDVSA与外国石油公司至少以50—50分成。目前，有五家合资公司在委内瑞拉进行石油作业，它们是康菲、埃克森—美孚、道达尔—芬纳—埃尔夫、挪威石油、雪佛龙—德士古，最大的是埃克森—美孚。PDVSA在委内瑞拉的石油生产占到了近一半。2003年，委内瑞拉利用Deltana钻井平台从事海上5个区块的作业，该平台位于委内瑞拉—特立尼达的交界处。经过钻探，PDVSA分得一个区块，雪佛龙—德士古有两个区块，康菲和挪威石油各有一个区块。

由于政局动荡的原因，委内瑞拉目前的石油产量处于低迷状态。查韦斯与他的反对派之间的冲突在2001年爆发，当时通过的一系列法律有助于该国的穷人。许多改革措施决定了委内瑞拉的石油工业。2002年，查韦斯为PDVSA确定了一系列新的方针，这导致了延续两年的大罢工。在这一时期，石油的产量从320万桶/天猛跌到4万桶/天。委内瑞拉政府为此开除了PDVSA的数千工人。结果，委内瑞拉的石油产量进一步下跌，损失了大量石油财富。

除了发达的石油勘探业之外，委内瑞拉还有世界上名列前茅的炼制系统。委内瑞拉国内的炼油能力达130万桶/天，而且在库拉索群岛、德国、保加利亚、英国以及美国（查尔斯湖、路易斯安那、科珀斯克里斯蒂、得克萨斯和休斯敦）拥有重大股份。委内瑞拉所炼出的石油产品的1/3输往美国并在塔尔萨进行分配——那是PDVSA在美国的炼油与销售分公司，也是美国最大的汽油零售商之一。

在委内瑞拉国内，PDVSA运营着多个炼油厂：EI Palito、Puerto Cabello、

---

❶ "Global 500: World's Largest Corporations", *Fortune*, July 26, 2004, 163.

Puerto de la Cruz、San Roque 和 Anzoategui。巴拉瓜纳炼油中心是当今世界上最大的炼油基地。该中心有多个炼油厂,坐落在巴拉瓜纳半岛上,炼油厂之间彼此由管线相连。PDVSA 在委内瑞拉国内除了运营多个炼油厂之外,它还向这些炼油厂输送公司所生产的原油。在圣克鲁兹岛上的豪文萨(Hovensa)炼油厂由 PDVSA 和 Amerada Hess 公司共同所有。在库拉索岛上,Isla 炼油厂由 PDVSA 运营。这些炼油厂中的绝大部分原油加工以后输往美国。

由于委内瑞拉原油为重质原油,在井口先要加工处理。委内瑞拉的石油工业致力于探索一些将生产出的重质原油和沥青加工的新方法。"奥里油(Orimulsion)"这种最新的产品(以前为发电厂和锅炉燃料)已经在委内瑞拉的石油工业中广泛使用了。这种产品的命名源于它的产地——奥里诺科(Orinoco)。该产品向加拿大、韩国和意大利等国出口。Bitor 是 PDVSA 的一个分公司,负责该地区的上游与下游的运营。

委内瑞拉的天然气探明储量近 150 万亿立方英尺,年产量为 1 万亿立方英尺。在委内瑞拉,绝大部分天然气为伴生气,开采出来以后又被回注地下或烧掉。委内瑞拉的天然气资源大多分布在特立尼达和多巴哥附近的海上。虽然 PDVSA 在天然气工业中独占鳌头,但它依然于 2001 年邀请外国石油公司到本国从事天然气的勘探。委内瑞拉开放的海上天然气田为 Deltana 平台,是位于委内瑞拉加勒比海的天然气生产带,在那里,可供外国石油公司(如雪佛龙—德士古等)开发的天然气至少有 700 亿立方英尺[1]。在巴利亚(Paria)半岛的 LNG 加工厂的计划已经在实施中,并有望在 2008 年投产。此外,"中央—西部国际管线"的铺设将天然气田与巴拉瓜纳的炼油厂连接起来,该项目于 2004 年末开工。委内瑞拉石油工业大发展的绝大多数项目集中于天然气领域。委内瑞拉国内的天然气消费水平很低,政府希望能得到提高。

委内瑞拉的成败都与其石油工业有关。然而,由于政局与政治形势的动荡,使得委内瑞拉难以保持其世界第一大产油国的地位。由于政府能够开发一些新的工业并投资公共事业,所以,石油收入已经解决了许多经济的和社会的问题。另一方面,石油财富也加剧了业已存在的社会和政治的紧张。政府对石油财富错误地使用和管理也成为一个普遍的现象。

---

[1] "Chávez Inauguró Explotación de Gas de ca Chevron Texaco Plataform Deltana" [Chávez Unvailed Chevron Texaco's Gas Production on the Deltana Platform], *EL National*, August7, 2004, www.el-national.com.

推荐阅读

关于委内瑞拉在西班牙人统治下的历史,已有多本著作,但仅有一本是英文的。然而,还有许多出色的论文是阐述委内瑞拉历史的。在《The Cambridge History of Latin America》(Cambridge: Cambridge University Press, 1984—1995) 的 8 卷丛书中,有多个很好的章节论述委内瑞拉的,比如 Malcolm Deas 的《Venezuela, Colombia, and Ecuador: the First Half-Century of Independence》(vol. 3, 507-38) 和《Colombia, Ecuador, and Venezuela: c. 188-1930》(vol. 5, 641-82) 以及 Judith Ewell 的《Venezuela's history and culture》。见 Mark Dinneen 的《Culture and Customs of Venezuela》(Westport, CT: Greenwood Press, 2001)。关于外国石油公司在委内瑞拉的活动,参见 B. S. McBeth 的《Juan Vicente Gomez and the Oil Companies in Venezuela, 1908—1935》(New York: Cambridge University Press, 1983)。关于委内瑞拉石油工业实施国有化的情况,参见 Laura Randall 的《The Political Economy of Venezuela Oil》(New York: Praeger, 1987) 和 Gustavo Coronel 的《The Nationalization of the Venezuelan Oil Industry》(Lexington, MA: Lexington Books, 1983)。还可参见 Anibal R. Martinerz 的《Chronology of Venezuelan Oil》(London: Allen and Unwin, 1969),可以获得 1967 年以来的与石油有关事件的完整的信息。

附录

缩　略　词

AD　民主行动党（委内瑞拉）
AGIP　Azienda Generale di Petrolio
AOC　阿拉伯石油公司
API　美国石油学会
Aramco　阿拉伯—美国石油公司
BP　英国石油公司
Caltex　加利福尼亚得克萨斯石油公司
CASOC　加利福尼亚阿拉伯标准石油公司
CFP　法国石油公司
CVP　委内瑞拉石油公司
EEA　欧洲经济区
EEZ　专属经济区
ENI　埃尼石油公司（意大利）
ERA　环境权利行动
ERI　地球权利行动
GATT　关贸总协定
IEA　国际能源署
IMF　国际货币基金组织
INOC　伊拉克国家石油公司
IPC　伊拉克石油公司
IPE　国际石油交易所
LNG　液化天然气
MOSOI　奥戈尼人权运动
NAFTA　北美自由贸易区
NNPC　尼日利亚国家石油公司
NUPENG　石油与天然气工人工会

NYMEX　纽约商品交易所
OAPEC　阿拉伯石油输出国组织
OECD　经济合作与发展组织
OMPADEC　石油生产地区发展委员会
OPEC　石油输出国组织
PDVSA　委内瑞拉国家石油公司
PEMEX　墨西哥石油公司
SOC　南方石油公司
SOCAL　加利福尼亚标准石油
SONJ　新泽西标准石油
Stanvac　标准真空石油公司
TPC　土耳其石油公司
UAE　阿拉伯联合酋长国
UN　联合国
UNCLOS　联合国海洋法公约
UNSC　联合国安全理事会
WB　世界银行
WTO　世界贸易组织

总序

"分久必合,合久必分",这是中国历史的常态。其实这很好理解,世界总处在不断的运动之中。每次大一统后,随着时间的推移,不同的历史朝代往往出现激烈的矛盾,会出现中央与地方或其他错综复杂的矛盾,从而造成分裂;分裂久了,矛盾解决了,又会整合到一起。

我们中国人比较熟悉的历史朝代,包括秦、汉、隋、唐、宋、元、明、清,万千小说、满屏戏剧,真可谓著述巨万、汗牛充栋。这也很好理解,统一王朝有史官详尽的记述资料,以及野史的补缺,历史脉络清晰可见,作者可以一气呵成,读者也能够轻松理解。长此以往,大众就以为神州只有这些统一的朝代了。

在中国的历史上,"合"是大势所趋、人心所向,但处于分裂的历史也不算短。总体来看,华夏大地经历了三次大分裂时期。大众所不太熟悉的历史,除遥远的夏、商、周外,就是哪些分裂的历史时代。那时,虽然英雄辈出,但朝堂动荡、战火蔓延、哀鸿遍野,一来史官所记有限,二来故事眼花缭乱,更兼正朔之争、华夷之辨,加上书籍被毁、史料不存,随着时间的推移,藏在历史深处的那些人、那些事就在大众的记忆中所剩无几了。

历史是最好的教科书,以史为镜、以史明志,一品再品,常读常新。

分裂的时代有更苦的人民、更熊的战火、更多的英雄、更重的担当、更大的抱负，也伴随有更起伏的计谋、更跌宕的场面、更华丽的人生、更精彩的故事。我们现在犯过的错误，都能在那里寻找到"相同的河流"；我们见过的阴谋，都会在那里发现蛛丝马迹。大一统的历史我们要熟悉，大分裂的脉络我们更要读懂。

自秦始皇一统神州以来，秦汉之后出现了近四百年的较长分裂时期，统称魏晋南北朝。分裂初期，魏、蜀、吴三国因《三国演义》而家喻户晓，之后的东晋南北朝近三百年的历史，大众则相对陌生。

这是一套反映该历史时期的系列历史演义小说，从公元300年到公元581年的近300年时间，讲述了从八王之乱到三国归隋的波澜壮阔的历史事件。全书十二册，包括《共天下》上下册（东晋）、《五胡乱》上下册（十六国）、《女皇记》上下册（北魏）、《下江流》（刘宋）、《立大梁》（南齐）、《斩明月》（北齐）、《哀江南》（南梁）、《三国杀》上下册（后三国时期），让大家以最轻松的心情，熟悉那段朦胧而久远的历史。

本系列小说以不同的历史典籍为主要叙事蓝本，同时参阅了大量的学界研究成果，在此一并致谢！

是为序。

序

江南是个好地方,江南自古鱼米乡。古今多少文人骚客,说江南,唱江南,诗江南,画江南!这里是心灵的归宿,这里是人文的港湾!如花似玉的江南到了547年,经受了一次体无完肤的摧残,导火索就是侯景之乱。

可恨侯景狠奸。古今中外,历史上多的是混世魔王,但没有一个比侯景更为离奇。他不是一个君王,也没有政治号召力,却靠赤裸裸的暴力,给大多数江南人带来惊天祸患。侯景本为东魏叛将,被梁武帝萧衍所收留,对梁朝与东魏通好心怀不满,遂于548年再次起兵叛乱,549年攻占梁朝都城建康,将梁武帝活活饿死,并于551年自立为帝,国号汉。552年湘东王萧绎麾下将领王僧辩收复建康,侯景乘船出逃,被部下杀死,叛乱终于平息。

可叹萧衍昏聩。前二十多年的梁武帝是中国历史上不可多得的有道明君,但"梁武暮年,不以政事为意,君臣唯讲佛经、谈玄而已。朝纲紊乱,令不行,言不从之咎也"。"由是王侯益横,或白昼杀人于都街,或暮夜公行剽掠,有罪亡命者,匿于王家,有司不敢搜捕。上深知其弊,而溺于慈爱,不能禁也。"为了满足"一统河山"的虚伪心理,轻易接纳叛将侯景,终致身亡国破。

可怜萧绎虚伪。萧绎是梁武帝的第七子,都督九州军事,手握精锐重兵。前半生他引领文坛,著述等身,忠孝信义,金玉其外。但大敌当前,他没有看到父皇太子被困,没有看到江山社稷变色,而是看到了夺取龙椅的时机,看到了剿灭同族的际遇。于是在生死攸关之际,一场同室操戈的大戏正式上演。有了他的神助攻,侯景顺利攻取京城,饿死皇帝,推翻南梁。

可惜锦绣江南。侯景叛乱虽然只有五年光景,但却给江南造成严重破坏。侯景初围台城时,城内尚有男女十多万人,城破之日,只剩下两三千人,城里"横尸重沓,血汁漂流,无法行路"。昔日拥有二十八万多户的繁华都城建康,经洗劫后化成一片废墟。侯景攻取建康后,分兵攻略吴郡、会稽、广陵等地,一路烧杀破坏,把这号称"最为富庶"的三吴地区,破坏得残败不堪,长江下游地区"千里绝烟,人迹罕见,白骨成聚,如丘陇焉"。

本书为南梁朝侯景造反的历史故事,主要讲述了在547—552年的短短五年间,东魏、西魏、南梁三国围绕侯景造反这一事件所采取的斗争策略,以及这一事件对华夏局势所产生的深远影响。本书力求以史为实,以时为序,以事为脉,努力探究事件真相,分析成败原因,辅写重点人物,杂以时空对话。不当之处,敬请批评改正。

目录

第一卷　侯景反 ... 1

第一章　高欢崩了 ... 2

第二章　高澄慌了 ... 10

第三章　侯景反了 ... 18

第四章　西魏拒了 ... 24

第五章　南梁收了 ... 32

第二卷　勇平叛 ... 39

第一章　渊明随机应变 ... 40

第二章　绍宗勇往直前 ... 48

第三章　侯景丧家之犬 ... 54

第三卷　一家人 ... 63

第一章　我们现在一家人 ... 64

第二章　他们不是一家人 …………………………………… 70

第三章　我们永远一家人 …………………………………… 74

第四章　确实不是一家人 …………………………………… 79

第四卷　清君侧 …………………………………………… 87

第一章　诛朱异 ……………………………………………… 88

第二章　走单骑 ……………………………………………… 96

第三章　战采石 ……………………………………………… 102

第四章　占外城 ……………………………………………… 107

第五卷　攻内城（上）……………………………………… 115

第一章　有了新指挥 ………………………………………… 116

第二章　有了新皇帝 ………………………………………… 127

第三章　有了新战士 ………………………………………… 135

第六卷　缓勤王（上）……………………………………… 145

第一章　勤不勤王，真是个问题 …………………………… 146

第二章　安内攘外，真是个问题 …………………………… 156

第三章　谁当领导，真是个问题 …………………………… 165

第七卷　攻内城（下） ……………………… 173

第一章　我们和解吧 ……………………… 174
第二章　吃饭要紧啦 ……………………… 182
第三章　毁约时间到 ……………………… 189
第四章　鬼子进城了 ……………………… 196

第八卷　缓勤王（下） ……………………… 203

第一章　就地解散 ………………………… 204
第二章　侯军换防 ………………………… 211
第三章　你争我夺 ………………………… 216
第四章　饿死皇帝 ………………………… 223

第九卷　扩战果 ……………………………… 235

第一章　萧绎安内 ………………………… 236
第二章　侯景扩边 ………………………… 252
第三章　传檄讨贼 ………………………… 263

第十卷　过把瘾 ……………………………… 269

第一章　宇宙大将军侯景 ………………… 270

第二章　平叛大都督僧辩 …………………………………… 282

　　第三章　镇卫大将军霸先 …………………………………… 297

第十一卷　啖其肉 …………………………………… 307

　　第一章　侯景身灭 …………………………………………… 308

　　第二章　萧绎心灭 …………………………………………… 320

　　第三章　南梁国灭 …………………………………………… 338

第十二卷　叹南梁 …………………………………… 349

　　第一章　现象：一言难尽 …………………………………… 350

　　第二章　人事：两败俱伤 …………………………………… 362

　　第三章　大势：三国归隋 …………………………………… 376

　　第四章　趣闻：四方笑谈 …………………………………… 384

参考文献 ……………………………………………… 397

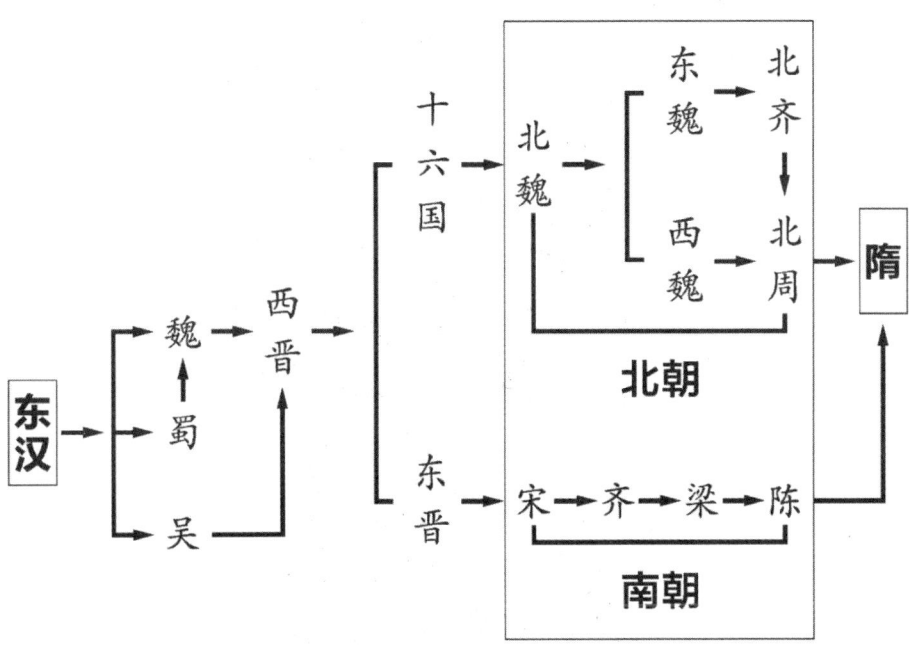

第一卷

侯景反

粤以戊辰之年,建亥之月,大盗移国,金陵瓦解。余乃窜身荒谷,公私涂炭。华阳奔命,有去无归。中兴道销,穷于甲戌。三日哭于都亭,三年囚于别馆。天道周星,物极不反。傅燮之但悲身世,无处求生;袁安之每念王室,自然流涕。

——《哀江南赋》节选 庾信

第一章　高欢崩了

我是谁？我从哪里来？我要到哪里去？这些简单的问题好像还没来得及搞清楚，大丞相高欢就满怀眷念地离开了这个纷争的世界。死亡——其实对于他来说是无足轻重的，因为当他存在时，死亡对于他还没有来，而当死亡时，他已经不存在了。他的死亡，只给活着的人留下了高寒的座椅、权力的真空、无边的财富和满宫的美女，留下了巨大的悲伤、无尽的痛苦或者是恣意的狂欢、宏大的奖赏。

（一）应该是气死的

梁武帝太清元年（547年）正月初八，一如既往的金色阳光穿过云层，透过天龙山山巅，洒向晋阳的街头巷尾。算起来，太阳已经在天空挂了46亿年之久，它每日如常地转动，并不会因为哪个牛人的仙逝而改变，也不会因为晋阳的"天空"似乎已经塌陷而黯然失色，失色的仅仅是晋阳霸府如蚁的大小官员。

"那个韦孝宽太气人了，太可恶了！以前也名不见经传呢！"尚书左仆射慕容绍宗愤愤地说。

"那小子龟缩在城里不敢出来,算什么英雄好汉?他要是敢从玉璧城出来,不需三个回合,我肯定轻取他的项上人头!"咸阳王斛律金也出奇地愤怒。

慕容绍宗:"老哥,来时我们威风凛凛、声势浩大十六万精兵,在那个小小的玉璧城,就牺牲掉了一半。听说韦孝宽那小子只有不到两万人呢,而且五十多天也没有人来救援,看来我们和宇文泰的攻防形势从此就要逆转了?"

斛律金:"兵士可以重练,最关键的是大丞相被气成这样,他在,东魏安,如今他这一撒手,山雨欲来啰!"

慕容绍宗:"还是你的那首《敕勒歌》振奋人心,当时我们这些残兵败将都是心灰意冷,大丞相也躺在病床上奄奄一息,你在阵前当着一众将领和兵士高歌一曲,大家再一起和唱,士气就振奋了!老哥您功高至伟啊!"

斛律金含泪说:"败军之将不言功,来吧,我俩再唱一次《敕勒歌》。"

敕勒川,阴山下。

天似穹庐,笼盖四野。

天苍苍,野茫茫,风吹草低见牛羊。

(二)可能是累死的

"前段时间大丞相太累了,关键是心累!他歇歇也好。"大将军段韶说。

太原王娄昭说:"确实,在五十多天的玉璧攻城战中,大丞相还用了非常多的帽子戏法,什么猛攻法、高城法、孤虚法、撞墙法、陷城法,甚至占卜法和攻心法都用上了，就是攻不下来孤零零的玉璧城，他真的是心力耗尽了！"

段韶："后来听说玉璧的敌军也死伤多半，仅余三千能够守城，城内的粮食也已断绝，那宇文泰才经邙山大败，又逢凉州造反，兵力捉襟见肘，一直都没有任何援军和补给。那时我们真该再坚持坚持！"

娄昭："我看不然，玉璧城似乎就是大丞相的死地，四年前大丞相就被玉璧城拦路数天，最终不得不退兵，天运如此！"

段韶："玉璧确实太重要了，那就是宇文泰伸到我们东魏的触角，总控汾河河谷和涑水河谷的要道，真是大丞相的一块心病呢！"

娄昭："那贼人王思政确有眼光，在梁武帝大同三年（537年）沙苑之役大败，大同四年（538年）金墉之役的间隙，王思政就悄悄亲筑玉璧城，从恒农迁往镇守。那是侯景的范围，他怎么就没看中那块风水宝地？"

段韶："老哥，那个侯景可能早有异心，他带着五万人来参战，结果就像是观战的，出工不出力，大丞相心累啊！"

娄昭："只可惜我姐姐，16岁就力排众议与他私结终身，我们富甲一方的娄家倾尽全部力量帮助大丞相，现在姐姐守寡了，形势一塌糊涂，娄家前景堪忧呢！"

段韶："老哥，我看邺城倒不必多虑，大丞相不在了，高澄资历尚浅，倒是如何拉拢这批与侯景一样的傲骄的老将，才是最棘手的。"

（三）当然是射死的

高欢从玉璧返回邺城的途中，更善于用计的韦孝宽却没忙着打扫战场，而是命人在高欢的军中到处散播传言，说是韦孝宽用定攻弩射杀了

大丞相高欢。从玉壁败退回晋阳的那些天,大丞相确实病得不轻,加上心忧气急,有好多天都在战车的病榻上躺着没法露面。由于军心涣散,逃兵四散,大丞相不得不强撑着出来,命斛律金大将军高歌一首《敕勒歌》,并命众将士和之,才算是消除了流言。

刚到晋阳,高欢病入膏肓。正月初一,恰巧发生日偏食,韦孝宽马上又散布流言:"强劲的弩一射,凶恶的人自然就死掉。"高欢在垂死之时叹道:"日食是为了我吗?死亦何恨!"正月初八,高欢薨逝于晋阳家中,时年五十二。那晋阳城中的百姓,自然都以为大丞相是被射死的。

(四)肯定是累死的

娄昭君一脸痛苦,正襟危坐,大尔朱氏殷勤地帮她按摩,一边垂泪,一边小声对昭君说:"我看大王就是累死的!"

娄昭君:"当然,那么重的军务,死了七万将士,大战五十多天,能轻松吗?"

大尔朱氏:"淑妃郑大车跟过去也就算了,蠕蠕公主也带过去,她可不是个省油的灯!"

娄昭君:"都老头子了,老毛病还是不改,白天有战争,晚上也要鏖战,身体哪里吃得消?"

大尔朱氏:"当初您就不应该让出正妻之位,让那个蠕蠕公主得理不让人,她的那个柔然可汗的特使,天天催着大王去和公主相见,听说这次柔然特使居然都去了晋阳!我们十天半个月都见不了大王之面,现在只有去地下见他了!"

娄昭君:"柔然可汗性子急,要求不生外甥,特使就不准回柔然,他只好天天来督促！外交无小事呢，大王也是身不由己！"

大尔朱氏："您倒是宽宏大量，在玉壁天天打仗，听说蠕蠕公主依然不依不饶，五十多岁的人了，终于油尽灯枯，他就是累死的，您一定要主持公道，让那蠕蠕公主去殉葬！"

（五）牺牲是光荣的

如今人们最爱争抢的是皇宫抛出的乌纱帽，为了争个一官半职，战场上卖命的，朝堂上党争的，送女儿进宫的，弄珠宝进贡的，总是十八般武艺，无所不用其极。倒是秘书监清静得很，没人想到这里来坐冷板凳，不但因为这里是清水衙门，没什么油水可捞，更是因为这里整天要写稿子，"子曰诗云"需要满腹经纶，没几把刷子也混不下去；还由于这里要求极高，上面椅子上坐着的人貌似人五人六，实际大字不识一斗，但对讲稿的要求却奇高，在台上都要海阔天空地史理哲好好讲上一通，有时讲稿错一个字还要杀头的，这么危险的职业不争也罢。

秘书监的主笔祖珽也没啥后台，万般无奈地在这冷板凳上坐着，这几天就愁眉苦脸地盯着公案上一份干部履历表，一看就是两个时辰：

东魏干部履历表

姓名： 高欢（小字贺六浑）

籍贯： 渤海郡蓨县

民族： 汉

出生时间：496年

成分：怀朔镇兵户之家

任职经历：早年参加杜洛周起义军；又投奔葛荣；后叛降尔朱荣，成为亲信都督；尔朱荣死后，高欢收编六镇余部，镇压青州流民起义，任第三镇酋长、晋州刺史；北魏普泰元年（531年）六月起兵于信都，翌年攻入洛阳，推翻尔朱氏，拥立孝武帝元修，以大丞相、渤海王的身份总摄北魏朝政；北魏天平元年（534年）十月，逼走孝武帝，立元善见为孝静帝，迁都邺城，自居晋阳，遥控朝政。

主要家族成员：

妻子：娄昭君、蠕蠕公主（柔然可汗阿那瑰之女）

妾室：大尔朱氏（孝庄帝元子攸皇后）、小尔朱氏（原北魏建明帝元皇后）郑大车、冯翊太妃等20人

儿子：长子高澄、次子高洋、六子高演、九子高湛等15人

这份厚厚的从文林馆送来的履历表放在祖珽的案头已经有些时日了。其实祖珽对大丞相高欢也是非常熟悉的。如今东魏文章写得最好的也就数魔鬼天才祖珽了，为何他迟迟动不了笔？只因文章体裁是最难的——悼文！

悼文之所以不好写，在于时间要求紧。大丞相之死毫无预兆，年龄也不算很大，活着的时候肯定不敢先行准备悼文吧——你是想灭九族了？

死后马上就要交稿，难呢！在于质量要求高，这属于对大丞相的盖棺定论，一大堆他的王公儿孙、忠臣良将竖起耳朵听着，哪一个字没评价到位，哪一点功绩没拔高，哪一点瑕疵没隐藏，哪一种意义没提升，都是要被愤怒的听众砍头的！在于形势不确定，大丞相死了，皇帝形怒实喜，一众部将暗流涌动，对大丞相的死因各种说法都有，这篇不吝赞美之词的美文刻在碑上，如果旦夕变天，那就是撰碑人的罪证。

管他呢，千道口万道关，眼前这关最难过，还是先交卷要紧。于是，祖珽紧赶慢赶，把一篇行云流水般的悼文呈送给了未来的大丞相——高欢的长子高澄。

世道横流，苍生涂炭。赖我献武，拯其将溺，三建元首，再立宗祧，扫绝群凶，芟夷奸宄。德被黔黎，勋光宇宙，无尚光荣，永垂不朽！

时空论坛

祖珽：后生小子，文字功底那么差劲！高欢非帝，岂能用"崩"？

作者：祖师爷原谅，高欢无名有实，后又封帝，为免今人混淆，故曰"崩"。

娄昭：小子，连标题都重复了，"累死的"用了两次！

作者：你姐姐娄昭君可是明白人！

斛律金：那么好的《敕勒歌》，你小子可明白深意？

王夫之：我在《古诗评选》中极力推荐，《敕勒歌》寓目吟成，不知悲凉之何以生！诗歌之妙，原在取景遣韵，不在刻意也。

王国维：我在《人间词话》中将其作为写景之典范，写景如此，方为不隔。在于其写景出于自然，因其中皆存"无我"之境界。

网友：我们都是打工人，没时间唱歌！

第二章　高澄慌了

这一个月中,高澄就是一只鸟——惊弓之鸟。月前他还在东魏帝国首都邺城享受着奢华,一会儿一大群王公大臣围着他,向他禀报帝国的大小事务,请求他的指示;一会儿一大群鲜衣僧尼围着他,向他祷告上天的七彩祥瑞,转诉佛的意愿;一会儿一大群诗仙酒友围着他,向他咏唱千古的人间绝响,添满他的酒杯。可是天有不测风云,两骑快马赶走了浮云,驱散了眼前的虚幻,从晋阳疾驰而来的高洋和段韶给他带来了老爹高欢病危的消息和马上赶赴晋阳的急令!他头上这棵遮天蔽日的大树就要倒下了,一个辽阔帝国的重担就要落在他的肩上,他震惊、迷茫、更慌乱!对于高澄来说,权力这杯毒酒,此时喝下去尚可暂时续命,如果不喝或者喝不到,那肯定就算玩儿完了!

(一)先把名顺了

现在坐在龙椅上的是东魏孝静帝元善见,虽然他只是个傀儡,是高欢的橡皮图章,但他从11岁开始,已经在这个名热实寒的冷板凳上坐了13年,多年的媳妇熬成婆,如今英姿飒爽、力拔山兮顾盼左右的他,看着如山的权力老在眼前晃来晃去，似乎只隔了一层纸，他就时时有捅破这层纸的冲动和努力；一些跪在下面山呼万岁的大臣，一跪十多年似乎也不愿意每天都跪了一个假菩萨，他们红肿的膝盖更希望他名副其实。这不，十一月十八日上殿时，就悄悄有消息来报，天大的喜讯，高欢败了，高欢病了，高欢即将薨了！

元善见手舞足蹈地从龙椅上跳起来，半空中一想不对，立即变脸号啕大哭跌落在龙椅上！并且越哭越来劲儿，还差点背过气去。是啊，如今满堂都是高家的眼线，权力都握在高家人手里。此前权臣废立天子倒是时有发生，但天子被权臣驱逐却是第一次，高家给时人当然更给皇室造成了巨大的心理冲击，元善见还不想被驱逐，当然得把表演的工夫练得炉火纯青。

明明开始好像是笑了，为什么突然悲伤？满眼狐疑不明就里的才赶到邺城的高洋越过宦官，慢慢走到龙椅边，一边假意给皇上揉背一边真心想询问来由。这时，朝堂上一阵骚动混乱，一大群威武雄壮全副武装提刀在手的羽林军逼上殿来，一齐对准龙椅方向的尖锐目光倒把高洋吓了一大跳，啰唆着还以为皇帝要造反，今天要拿他开刀，接着看到同样全副武装提刀在手的大哥款款走上前来，这才定了定神，舒了口气，悄悄回到他的尚书令位置上站好。

这时高澄威严地高声发话了："启奏皇上，臣有家事处理，急需赶赴晋阳，特来辞行。"

惊魂未定的元善见满脸冷汗，头也不敢抬："准奏，爱卿快去快回。"

高澄："大丞相传书，请封高洋为京畿大都督，留守于邺城，并让黄门侍郎高德政为副都督辅佐之。"

挂着鼻涕的高洋一脸木讷:怎么这么快又升官了?

元善见:"照准。"

高澄:"大丞相传书,大丞相因西征无功,请辞都督中外诸军事职务。"

元善见脑瓜高速转动了起来,好累哦,又来试探?"胜败乃兵家常事,不准?"他想也没想就拒绝了,再赶紧抬头看了看高澄一直点头的提示,也不知葫芦里卖的什么药,只好马上改口:"大丞相忠心为国……照准!"

高澄:"大丞相传书,请加封高澄使持节、都督中外诸军事、大行台、渤海王。"

原来是要乾坤大挪移,早说嘛!元善见:"照准。"

高澄眼光移向群臣一阵慢慢扫视,目力所及处,大臣无不背脊发凉,身影乱颤。一直不敢抬头的元善见见高澄久久无请,便再颤抖着说:"渤海王但有所嘱,悉听尊便!"

高澄再回头瞪视了一阵元善见,便带着他的一众羽林军风驰电掣般离去了。

(二)再把权接了

心事重重的高澄坐在老爹高欢的病榻前,嘘寒问暖,盼望奇迹的发生。高欢也无限眷恋自己打下的江山,如今的大齐,可是风头正劲,"观乎有齐盛世,控带遐阻,西苞汾、晋,南极江、淮,东尽海隅,北渐沙漠,六国之地,我获其五,九州之境,彼分其四"。但老天爷可不管你的功劳有多大,对着生命簿只管打钩。高欢知道自己时日不多了,就把一众打天下的兄弟们一一请进来,算是交代后事。

高欢:"库狄干这位鲜卑酋长,斛律金这位敕勒酋长,他们俩都是性格耿直、军功显赫的人，终不会对你负心的。"

两位将军跪在床前含泪谢恩。

高欢轻轻地摆摆手止住众人的言语，继续交代："可朱浑道元、刘丰生他们俩远道前来投奔我，也一定没有背离我们的心意。"

高欢咳了一阵继续说："潘相乐原来是个道人，心地和善厚道，你们兄弟几个人定会得到他的帮助。韩轨有点耿直愚鲁，你们应宽容待他。"

本来他还想继续称赞下去，奈何力气不在，最后高欢慎重地指着高澄对一众将领说："如今高澄已被皇帝任命为都督中外诸军事，希望兄弟们不要辜负我们的情谊，认真效忠帝国，辅佐我儿，一统江山！"

众将领一一表态，海誓山盟。

东魏帝国最重要的权力——军权，在得到这些平时和高欢称兄道弟、骄横跋扈的军头认可之后，总算被高澄接过了权杖，算是名副其实了。

（三）暂把心收了

与一众将领作别后，奄奄一息的高欢晕睡过去。由远及近的嘤嘤唵唵的哭声飘过来了，迈着碎步到病床前的是王妃蠕蠕公主和淑妃郑大车，看到夫君睡着了，她俩便停止了哭声，一左一右地趴在高澄的大腿上抽泣，不时拿着幽怨的眼光瞄向其英俊有力的脸庞。

高澄来晋阳有一个月了，一个月真是太漫长，尤其是在没有美女的情况下。老爹久不在都城，在邺城他就是老大了，身边最不缺的就是美女。可是老爹的急令如山，也不敢带上那些莺莺燕燕。来到冰冷的晋阳，满眼都是铁甲战士和哀痛伤员，孤苦的日子很是难熬。那天，他又去老爹病床前探望，意外看见了满眼秋波的蠕蠕公主和郑大车。

那个人间尤物郑大车，前几年高欢在前线时，就和高澄生米做成了熟饭，正在卿卿我我之际，老爹凯旋了，一个忠心的婢女向老爹告发了，高澄被暴跳如雷的老爹狠狠打了一百军棍，还差点儿失去世子之位。好在那个德高望重巧舌如簧的司马子如一番腾挪周旋，最后以帝国的大局为重，以高家的声誉为重，经过帝国的公开公正审判，一同作证的另两名婢女转而承认那是受诱诬告。那个首告的婢女终于因诬告被斩，郑大车重新被宠，高澄重得世子之位，一家人又其乐融融了。

那个蠕蠕公主，本来就是柔然可汗和亲过来的。可汗前不久和亲了一个女儿给西魏皇帝，他当然以为皇帝是至高无上的，哪知老大还另有其人，那里一切都是宇文泰说了算，可是木已成舟，悔之已晚，两年后女儿难产而死，气得可汗还和西魏兵刃相见。这回可汗学乖了，在东魏做了一番调查后，坚决不再将女儿嫁给皇帝元善见，决定与未来的老大高澄和亲，等女儿到了邺城后他又临时改变主意，决定要将16岁的女儿嫁给50岁的高欢。可汗认为，一是现实最重要，现在是老大最重要，世子能否当上老大那还说不准，这样看似板上钉钉结果竹篮打水一场空的事多着呢；二是女儿嫁给高欢，可汗就是老子高欢就是儿子，辈分上占了便宜。

后来，看到闭月羞花的公主，已经穿上新郎喜妆的高澄简直霉透了！

后来，看到年轻貌美的蠕蠕，马上让娄昭君让出正妻之位的高欢觉得低个辈分简直赚凶了！

后来，拿掉盖帕睁开眼睛看到一个花白胡子一个威武少年，已经脱不掉婚纱的蠕蠕公主简直气疯了！

两个绝色美女使高澄正心猿意马把持不住时，门外大将军兼娘舅娄昭大踏步走了进来，他一把拉起高澄到屋外，一脸严肃地说："让大丞相夫妻们私语，目前大局未定，人心不稳，世子更需心静，少安毋躁，先去喝两杯！"

（四）还把信写了

美女会搅动内心的不安，坏人会搅动世间的不安。目前最可能的坏人，明显是那个侯景。

从534年北魏分裂为东西魏，高欢和宇文泰之间就战争不断，较大的战争有小关之战、沙苑之战、河桥之战、邙山之战，投入兵力都在十万以上，局部战争也在不断发生。在此前的战争中，高欢所倚重的将领窦泰、高敖曹都已阵亡，能够独当一面的似乎就剩下侯景了。

东魏干部履历表

姓名：侯景（本姓侯骨，字万景）

籍贯：朔州

民族：羯族

出生时间：503年

任职经历：初选为兵士，升任怀朔镇功曹吏，后投靠大将军尔朱荣；528年，与葛荣在滏口展开大战，侯景俘虏葛荣，因功升为定州刺史；后归顺高欢，拜吏部尚书，迁河南尹。

爱好特长：剽悍好武，擅长骑射，多行狡算高澄看着简历上侯景的名字咬牙切齿,那个瘸子!那个矮人!他怎么就那么骄横?此前就有暗报,他曾经对司马子如说:"王在,吾不敢有异,王无,吾不能与鲜卑小儿共事。"吓得司马子如马上捂住他的嘴。

那天,高澄和老爹长吁短叹时,高欢也说:"我知道你的忧虑,侯景狡猾多计,反复难知,我死后,必不为汝用。"后来他又说:"景专制河南十四年矣,常有飞扬跋扈志,顾我能养,岂为汝驾御也!"其实高欢早就对侯景有所防备,534年侯景攻陷荆州,战胜西魏名将贺拔胜,便委侯景专治河南,迄今已十三年。但也不是河南全部,却将黄河以南的东郡和濮阳郡,划给邺都为治所的司州所辖,不属于河南大行台,一旦河南有变,此两地可立即进行政治、军事应急。看着焦头烂额的儿子,高欢说:"其实我早想好了,能够击败侯景的,只有慕容绍宗,以前我故意压制他,不肯擢升,留给你对他重用。"最后高欢又心生一计:"我去后你要秘不发丧,以我的名义马上给他修书一封,召他回晋阳商量军务,后边的事就是你的了!"

正月初八,太阳未约也至,绝不因人而异。虽然老爹死了,但无人知道,那堵墙现在还密不透风。那传令的一众军士,带着高澄的紧急公文(当然是让陈元康仿照高欢的笔迹写下的),疾驰而去,只腾起笔直的黄沙。

当然,这几天以高欢名义发出的公文,多如牛毛,和以前一样,没有丝毫差别。同时,高澄让段韶留守晋阳,自己亲自外出巡访安抚各州。

时空论坛

高欢：小子，要注意保护隐私，后宫那点事儿就不要写在纸上！

作者：报告神武，前人要记，后人爱看，你还有什么更神秘的隐私悄悄给我说说？

网友：高澄兄高富帅，听说后来你又双叒娶了蠕蠕公主，还生了个混血女儿？

蠕蠕公主：当初我离开大草原，可是为了寻找爱情的。

网友：女神，和帝王谈爱情，就像打开盲盒一样，都会跌入失望的深渊。

侯景：小子，不要以貌取人，我是很矮，我是右脚稍短，需要你在后人面前揭我的丑？

第三章 侯景反了

造反有理！

当然有理了,哪里有压迫,哪里就有反抗。这世界,不是东风压倒西风,就是西风压倒东风,凡是反动的东西,你不打,他就不倒,侯景深谙此道。

其实东魏的军士最不喜欢造反,造反可是高风险行为,成功可能性极低,付出的成本却极高。但面对高家无视道德、无视人格、无视规则、无视皇族、无视资历、无视社会、无视他人……这些说远了,面对如今上天无路入地无门的境况,除非造反,别无他途。

侯景首先吃了那只送信的军鸽解气。一看那封信就是假的。说好的黑点呢?原来,侯景曾与高欢有过约定,侯景说:"我手握重兵,驻防远方,可能有人用诈术陷害,大王写给我的信,请在特定的地方,加上一个小黑点,作为密记。"高欢同意,以后给他的书信都在特定位置加有一个小黑点,每次都不例外。只这次。也怪高欢走得急,光忙着交代军国大事,至于小黑点这样的细节,早忘到九霄云外了。细节决定成败,大大咧咧的高澄,想用这种小伎俩来算计,那肯定还太嫩。侯景一边令快马去晋阳,和晋阳的暗探仔细探访,一边咬牙切齿地琢磨着一心想成为最高统帅的高澄那些龌龊事。

（一）最癫狂的追女模式

高澄身边最不缺的是什么？当然是美女。可是美女就像女人衣橱里的衣服，永远少一件。四年前那天偶然看见李昌仪，一时觉得惊为天人，马上就要霸王硬上弓。李昌仪哭着跑回去告诉夫君——御史中丞高仲密，高仲密非常愤怒。想起那只狗——高澄豢养的疯狗崔暹——经常来咬自己，想起自己秉公遴选的御史，竟被高澄密报皇上后全被换掉，是可忍孰不可忍？于是高仲密请求高欢，被派遣当北豫州刺史，之后向宇文泰献出虎牢关，投降西魏。

惊天动地的邙山大战开始了。双方各投入十多万精锐兵力，经历大小数十次战斗。一时，高欢军大破宇文泰军，杀三万多人，彭乐追捕宇文泰，宇文泰山穷水尽走投无路，对彭乐说："你真是个痴汉子，今天没了我，明天怎么还有你？为什么不回去数你的金银财宝？"彭乐同意，拿到宇文泰的装满金银的口袋，返回。第二天，宇文泰又大破高欢军，东魏军三万步兵全被俘虏，高欢从马背上栽下，再找匹马逃走，被西魏大军紧追，长矛好几次直抵后背，多亏数人战死护驾，才侥幸逃脱。

当然，侯景是战斗的中坚力量，经过差不多一年的奋勇杀敌，宇文泰完败。侯景包围了虎牢关，宇文泰派间谍暗中进入虎牢，让将军坚守，等待援军。可是间谍被侯景捕获，就把密令改为"迅速撤退"，虎牢关的守将当然连夜逃走！侯景于是把那个惹事的美女李昌仪囚禁到邺城。高澄梳妆打扮一番，穿着整齐，亲自审问囚犯："当初不从，今日如何？"笼中之鸟难道还有别的选择？

终于，花了一年时间，战死十万将士，差点儿搭上老爹性命，美女终于追到了手。花了那么大的代价，也该好好珍惜，从此，李昌仪成了高澄最疼爱的人。

当然，高澄阅人无数，李昌仪早就成了过眼云烟，又经过许多眼花缭乱的美女闪亮登场又快速退场后，琅琊公主元玉仪就成了高澄的新宠，一时真爱如山。为了他俩轰轰烈烈的爱情秀不受打搅，高澄规定没有他的命令，所有侍卫只能在他新建的东柏堂建筑外边，里三层外三层地保卫，不准私进，违令者斩。

（二）最无敌的养"狗"模式

随着老爹的胡子一根根慢慢变白，14岁就做了尚书令的高澄，慢慢接过权柄，开始掌控邺都。高澄知道，现在那些高位上坐着的，都是跟随老爹一起打天下的老面孔，天天跟着老爹勾肩搭背，称兄道弟，对自己正眼都不瞧。要让他们服从，简直比登天还难，自己硬拼显然是玉石俱焚不值得，最好的办法就是养几条忠心的"狗"，可以先去咬咬他们。

让众人敬畏的简捷办法是什么？那就是让他们的老大首先敬畏。高澄决定一直升崔暹的官，现在是御史中丞。有一次，高澄正和一众王公大臣议事，崔暹故意迟到，仆人通报姓名后，崔暹两眼望天，大摇大摆，身后两人为他拿着衣袍，慢慢进来，高澄起身让座，双方各作一揖。酒过两巡，崔暹说："刚接圣旨，有急案要查"。高澄一直送出大门。还有一次，高澄率领王公大臣外出，中途与崔暹相遇，崔暹在卫队的拥护下，用开道棍殴打高澄卫队的前卫，高澄掉转马头躲避一旁！

小孩子那点儿小聪明，怎么躲得过大人的眼睛。心领神会的高欢索性好事做到底。那个因郑大车事件而救过高澄小命的高欢老友司马子如，现在被崔暹倒腾进了监狱，当然贪赃枉法的事一说一大堆。高欢可怜司马子如的憔悴狼狈，亲自写信给崔暹挽救，最终他还是被免除所有官职。高欢亲自去监狱，把司马子如的头放在自己的膝盖上，亲自替他寻找头虱，赏赐他美酒一百瓶，羊五百头，米五百石，让他回乡养老。子如出狱后愤然曰："无事尚被囚几成，若受此，岂有生路邪？"之后高欢朝见皇帝元善见，皇帝给大丞相敬酒，高欢说："只有崔暹才有资格接受敬酒！"并将赏赐所得的绸缎一千匹转送给他。

当然，崔暹整天弹劾和审案很忙碌，该做的正事还是要做。那天他又悄悄来到高澄府上，高澄正在愁眉苦脸不开心，最近他又得到一个美女元玉仪，北魏皇室血统，门第高贵，亭亭玉立，仪态万千，高澄在路上遇到，惊为天仙。可是美女并不受哥哥高阳王元斌一家待见，最后沦落到孙腾家当歌伎，之后又被抛弃，走投无路时才遇到高澄。因名声不太好，左右家臣及心腹都极力反对，对这新来的美女正眼也不瞧。高澄使出各种招数，还封无能的元斌为右仆射，但还是不能改变社论。崔暹进来后，既不理高澄，也不汇报正事，便欲直奔内室，高澄忙问原因，崔暹说："我还没有晋谒玉仪公主呢！"高澄心花怒放，捉住崔暹的手臂，拉到后堂拜见元玉仪。看看，这才是心腹该有的模样。

（三）最霸道的登高模式

现在有了心腹打头阵，收拾这尾大不掉的烂摊子就容易多了。

那天太保孙腾有事拜访高澄，态度不够恭敬，崔暹喝令左右把孙腾从座椅上揪下来，用刀柄殴打，罚他站立门外。有一天，高洋在高澄面前拜见宰相高隆之，称呼叔父，高澄大怒，一边诟骂高洋，一边殴打高隆之。

之后，高澄把看不顺眼的人都搞掉。司马子如之后，崔暹相继弹劾和审查了太师元坦、太保孙腾、宰相高隆之、司空侯景、国务执行官元羡、并州州长可浑道元等元勋，有些被免职，有些被降职，他们的许多助手副官都被抄家斩首。

当然，最应该被收拾的是皇帝，一想着他高高地坐在龙椅上就令人生气，有时还要给他下跪磕头。那就从写奏章开始。以前老爹高欢写的奏章，那都是鸿篇巨制，穿靴戴帽，礼貌恭敬，诚惶诚恐，高澄现在开始写的奏章，纸张从十张逐渐减少到一张，最后就剩一两句话，真是言简意赅。而元善见回答的诏书，却反其道而行之，越来越长，由一张纸慢慢变成了十张。

想着这些往事，侯景大为惊恐，高欢那么细致的人，让他赶快去晋阳这样的大事，肯定不会忘了加上密记。再说，侯景率领五万大军才从晋阳回军一个月，一个月前天天和高欢在一起，该议的大事早就议了，现在突然有什么军国大事？倒是临走时看到奄奄一息的大丞相，加上打了大败仗，当时就预测高欢活不了多久了。五天后，从晋阳赶回的探子密报，说大丞相府可能出了大事，大丞相的几个儿子，还有娄昭君都从邺城去到了晋阳。

如今天下大乱，如果你不坐在餐桌旁，那你就会出现在菜单上，既然高家的餐桌容不下侯景，那侯景肯定不愿意上菜单，只好自己建餐桌。那还等什么，延迟满足也不是侯景的性格。老子反了！

时空论坛

网友： 崔暹老师，千穿万穿，唯马屁不穿，原来马屁可以不露声色地拍到这个份上？

崔暹： 小子什么话呢？这叫说话的艺术，艺术懂不懂？

司马予如： 我辈和高欢在战场上血雨腥风打天下，被那样收拾真的不甘心！

网友： 皇帝和高澄的两个秘书还真难呢，奏章和诏书长短的变化怎么能恰如其分地掌握？

元善见： 那个高澄，他的秘书是他的，我的秘书也是他派的呢！

秘书： 我们都是来"打酱油"的！

第四章　西魏拒了

如今什么最难？当然是找一个人托付终身了。一个纯情的女人，痴心地想找人托付终身，可遇到的人要么是花花公子，要么是采花大盗，他们都始乱终弃，于是天下终有那么多的怨妇。

侯景可不是懵懂的少女，也不愿当怨妇，他是东魏的高官，曾任司空、司徒、河南大行台等职，专治河南十四年，位高权重，他的命运当然要掌握在自己手中。高欢雄才大略，待兄弟们不薄，他当然可以全心托付，如今高欢不在了，那个手无寸功的小娃，急吼吼地就要来杀功臣，这样的人当然应该抛弃。王侯将相宁有种乎？此处不留爷，自有留爷处，那就学习高欢、宇文泰，抓紧开创自己的事业！

（一）兔子先吃窝边草

侯景在河南行台大营喜滋滋地端详着地图。春秋战国时就将黄河以南、襄阳以北之地称为河南，如今河南的十三州已经明明白白是他的了，他的疆域在西边和西魏的陕州、西郢州相接，南边和南梁的徐、南兖、北扬、豫和东荆州与邻，当然东边也与高澄的阳、广、襄、北荆州分界，

相当于东魏版图的三分之一；东魏有人口七百五十九万人，河南之地有一百万人以上，占东魏的百分之十三。除丰富的农产品外，还有青州沿海之地的海盐，这片广袤的疆域足够成就一番大事业！

造反的第一步能否成功，关键在于召开好两个最重要的会议。东魏武定五年（547年）正月十二日，侯景听从心腹高参王伟的建议，首先在河南大行台驻地召开最高军事会议，会议室四周刀剑林立，戒备森严。当然压轴的是侯景的重要讲话。令人诧异的是，以前都是简短传达皇帝的讲话，再着重传达大丞相高欢的讲话和各种指示，之后是如何贯彻好大丞相的讲话精神。这次会议就没有这些穿靴戴帽，只字不提皇帝和大丞相，而是认真总结侯景大行台的功绩，总结他为帝国做出的杰出贡献，总结这些年来他的呕心沥血和不被理解，总结这些年来他的忍辱负重；最后他号召大家，好好地跟他走，他一定给大家带来无限光明的前景。正在众将领面面相觑之际，王伟让侍从拿来纸笔，让大家写下誓死效忠侯景大行台的誓言并签字。之后，侯景骇人听闻地宣读了高澄的十大罪状，决定自任大将军，将帝国的军队化为私有，王伟带领大家，先高呼口号"誓死效忠侯景大将军"之类，之后歃血为盟。当然也有不太服从的将领，不愿意写效忠稿的将军，不愿意喝血酒的先锋，都在随后的酒宴上按名单被一一斩首。

还未放走一众将领，第二天，河南大行台侯景再次召集会议，河南十三州刺史和重要郡长参加，当然议程一样，讲稿也一样，最后结果也一样，豫州、襄州及广州刺史均被斩首，西兖州刺史预先发现这个阴谋才躲过一劫，于是快马加鞭奏报晋阳高澄。

平时反个腐撤个职也没什么，现在有久经沙场的侯景大将军领着十三州造反那可是天大的事。从军事意义上说，河南之地是东魏首都邺都的重要屏障，如果失去河南，邺都就成了黄河边的前线了。从政治意义上说，东魏保有河南，就是保有了"自古之都、王畿之内"，从而保有"得正朔、居天地之中"的优越地位。于是素来独断的高澄紧急召开了集思广益的会议，哪知参会的一众高级干部不是众口一词地谴责侯景，竟然是异口同声地诟骂崔暹，认为是官逼官反。束手无策的高澄众怒难犯，打算斩杀崔暹向侯景道歉。只有高欢的长史陈元康极力反对并劝阻说："崔暹按大齐的律令行事有什么错，西汉景帝腰斩晁错的往事就在前面。"高澄这才打消念头，于是先派遣司空韩轨率军讨伐侯景，再派武卫将军元柱率数万大军南下奇袭侯景。

（二）投降要投死对头

有人领军前来叫阵，自己和东魏硬拼显然还不具备那个实力，还是要赶快找个新主子暂时投靠才行。想来想去，如今最能挡住东魏攻势的，那就只有西魏了，敌人的敌人就是朋友，虽然前不久才和宇文泰打上一仗，前些年也经常和他打仗，杀掉西魏的将士无数，但那是奉命行事，现在是抓紧表忠心的时候了。于是在开完两个重要会议的当天，侯景就赶紧写了一封情真意切的投降信呈报西魏。

如今东西魏的边境主要以黄河为界，主要的边境线为三关——武关、潼关、蒲津关，双方争夺的中间地区即是河东，地处陕、晋、豫交界地带，向北可达晋阳，向西直抵关中，东南过河就是洛阳，这些战略要地目前都在侯景手里。宇文泰当然想要，但他非常慎重，也相当冷静。三年多前，高仲密挟东魏的北豫州及虎牢关来降，于是开启了轰轰烈烈的邙山大战，后来不但西魏一无所获,遭到惨败,三万余人被杀,大都督临洮王宇文柬及蜀郡王荣宗、江夏王升、巨鹿王阐、谯郡王亮,及督将僚佐四十八人被俘,甚至连宇文泰本人也险些被东魏所获。

一朝被蛇咬,十年怕井绳,心潮起伏的宇文泰召开军事会议研究,一致认为得到河南很重要,军事上为四战之地,当取天下之日,河南在所必争;政治上处天下之中,连孟子都说:"中天下而立,定四海之民。"得到河南的十三州当然是很大的收获,但是也有很大的风险,首先就是一再反复的侯景十分不可靠。最后决定接受投降,采取"要地不要人"的方针,敕封擢升侯景当太傅,兼河南道行台,封上谷公,征召其立即前往长安朝拜皇帝;同时派出荆州州长王思政,以及全国武装部队总司令李弼各率军一万人从不同方向前往颍川协防,接收换防侯景的十三州。

侯景当然不敢也不愿去长安,他的根在河南,离开河南他就什么也不是了,长安许多战将都跟他交过手,那些人正眼睁睁地要报仇呢!当然王思政也发觉侯景不对头,在接管守卫侯景交出的四个州和十二个镇的同时,将奇计交与副将韦法保实施。原来侯景对韦法保特别厚待,希望能供自己驱使,在韦法保的军营里轻松往来,携带侍从卫士很少,以示亲密信任。王思政决定将计就计,让韦法保邀请侯景赴宴,同时设下埋伏,打算就地斩杀。但赴宴途中,侯景接到了韦法保手下偏将任约的紧急告密,心惊胆战的侯景赶紧调转马头,才捡回一条命。万般不得已,二月十三日,侯景又派人前往南梁,呈上投降奏折。

其实侯景对梁武帝的评价一直很低,他是一介武夫,虽然对迂腐佞佛的梁武帝很是瞧不上眼,但强敌当前,管他呢,先脚踏两只船。

五月二日,东魏元柱军在颍川北和侯景相遇。如今东魏和南梁的边境线为义阳及三关——武阳关、黄岘关、平靖关，中间地区分布于江淮间。侯景铁了心造反，当然战斗力爆表，经过一天的大战，本就懒心无肠的元柱大败。侯景因各路增援的大军未到，也退回颍川固守。不几日，东魏韩轨军又到，将侯景重重包围在颍川。

六月初四，西魏李弼军即将到达。如今西魏和南梁的边境为南郑、成都及连同两地的剑阁、子午道、褒斜道等巴蜀栈道，其中间地带为益梁地区。东魏统率韩轨一看前有侯景，左有西魏李弼，右有南梁援军，这个仗还怎么打？三十六计，走为上计，那就抓紧班师了。

之后，西魏王思政和李弼虽然是援军，但和侯景军之间多有猜疑，双方不断试探，得知侯景不愿去长安朝拜，在占领四州后撤退，只西魏偏将任约及一千余人归降侯景。宇文泰很生气，把刚加授给侯景的官衔使持节、太傅、都督河南诸军事，全部转授给王思政。

（三）柿子要找软的捏

如今的东魏、西魏、南梁的三国中，军事实力就数南梁最弱小了，天下都是东西魏互掐，南梁只在一边看热闹，反正东西魏哪个当了老大，再顺手收拾南边就只是举手之劳了。

侯景专制河南十三年，早已把梁武帝摸透了，作为南梁的最高机密——梁武帝的经历，侯景当然早就拿到了，现在还摆放在他的案头。

大梁干部履历表

梁武帝

姓名：萧衍（字叔达，小字练儿）

民族：汉

籍贯：南兰陵郡东城里

出生时间：464年

任职经历：南齐时以门荫入仕，齐明帝时担任雍州刺史，参与抵御北魏入侵。500年起兵攻讨东昏侯萧宝卷，拥戴南康王萧宝融称帝，次年攻陷建康。502年，接受萧宝融"禅位"，建立南梁。

工作业绩：统治初期，留心政务，纠正宋、齐以来的弊政。为使各州郡置于自己的控制之下，采取了更换异己、任用亲信，兼以讨伐的方针。他尊崇门阀世族，宽待宗室。军事上抵御北魏南侵，一度在钟离之战取胜，维持了南北均势；后数次发动北伐，但战果不大。

爱好特长：才思敏捷，博通文史，为"竟陵八友"之一。所作千赋百诗，不乏名作。即位后，曾令编《通史》六百卷，并亲自撰写赞序。善音律，精书法，在其倡导下，南梁的文学艺术得到长足发展。后期崇佛，无所不贡其极。

出身：兰陵萧氏（西汉相国萧何的二十五世孙、南齐丹阳尹萧顺之之子）

从这份充满赞誉的履历表中，侯景早就看出了端倪：前20年萧衍还是可以的，励精图治，对阵北方，倡导文学，勤俭爱民，文治武功都还过得去；随着统治时间过长，后20多年，他荒政怠民，放任不管，崇佛佞佛。听说两年前尚书左丞贺琛上书四条，直陈武帝流弊，萧衍大怒若狂，马上下旨严肃批驳，并厉声质问："贪污的是谁？横暴的是谁？"要贺琛指名道姓，这种场景，只会在没落的朝堂反复上演。如今的南梁，只是表面的莺歌燕舞，治定功成，其实就是家家斋戒，人人忏礼，不务农桑，空谈彼岸。

后来王伟再仔细给侯景分析：去了西魏，肯定没有好日子过，提心吊胆的日子倒是天天有，有那么多仇敌在，而且那些人都身居高位，随时都可能包藏祸心。而南梁却大不一样，这十多年来南梁和东魏一直和平相处，双方互派使者，互通有无，没什么敌人。更可贵的是，南梁没什么军事人才，你去了就是老大，有人想要收拾你也未必是你的对手，这就是柿子要找软的捏。侯景深以为然，于是给宇文泰写信说："我以跟高澄站在平等地位为耻，又怎么可能跟老弟你并肩而坐！"从此，侯景不再理会宇文泰，铁心投降南梁。

一看消息再也包不住了，也不再有保密的必要，于是，高澄正式宣布老爹高欢的死讯。之后，东魏把高欢的假灵柩葬在漳水之西，实则把高欢秘密安葬在成安鼓山石窟佛寺之旁，再把开凿墓室的工匠全部屠杀。

时空论坛

晁错：我真是蒙受了千古奇冤，后人一定要以史为鉴，不要再犯。

岳飞：历史的规律是相似的情节一般会多次出现，没有人会去照历史的镜子。

网友：好奇怪哦，韩轨老爷，你和元柱都是武功高强的战将，以前都是攻无不克，在侯景面前为啥一触即溃？看不懂！

胡三省：韩轨老爷不好意思作答。他们和高欢、侯景都是等夷的兄弟，如今高欢已去，他们前不久都被高澄收拾过，都同情侯景，结果都出工不出力了。

王伟：我们那时写讲话都有穿靴戴帽，废话老长，听说现在都信息时代了，就不用讲那么长了嘛。

盗墓贼（现代）：作者哥哥，有地图没？高欢墓一定有好东西。

盗墓贼（隋代）：你来晚了，我就是被屠杀的工匠的儿子，北齐承光元年（577年）正月，北齐刚覆亡，我就盗墓了，报了大仇！

第五章 南梁收了

野心是促使人类进步的第一因子,但超过自己能力的野心,一定闯祸。面对千载难逢的良机,第一件事是必须客观评价自己的能力,自我膨胀会被良机压死,自我萎缩会使良机丧失。在龙椅上已经坐得不耐烦的梁武帝可是一个能力无边的菩萨,以前他的心都平静如水,近来却突然起了波澜,原来他在东魏武定五年(547年)正月十七那晚做了一个梦。

(一)朱公解梦

南梁建康的朝堂上,多年来都是一潭平静的死水,没有什么新鲜议题。几十年如一日,大家围绕英明的梁武帝,朝议的是佛教,是亲亲和善,是吟诗作画,是宴娱之乐。如今,上朝的昏昏欲睡的王公大臣突然精神振奋,梁武帝说了个新鲜议题——解梦。梁武帝绘声绘色地描述了近一个月前的梦中情境:中原黄淮一带所有的刺史、郡长,都献出土地向他投降。

梁武帝:"朕很少做梦,如果有梦,一定应验!"

朱异:"这是天下统一的预兆!"

刚到建康的侯景使者丁和："真是上天旨意！我们河南大行台侯景，正是正月十七日那天，做出回归祖国的决定。"

使者丁和马上拿出奏章阅读："我跟高澄有激烈冲突，请准许我献上函谷关以东、瑕丘以西的豫州、广州、颍州、荆州、襄州、兖州、南兖州、济州、东豫州、洛州、阳州、北荆州、北扬州等十三州，回归祖国。另有青州、徐州等数州，只等我写信召唤，就可以顺服。他们都在黄河以南，全在我管辖之下，取得这几州，也易如反掌。之后就可以进一步讨论黄河以北燕赵事务了！"

使者慢慢地念着十三州，一众王公大臣随着州名的增多，眼睛不断地瞪大，最后都惊奇无比，嘴巴张得合不拢，不敢相信从天而降的巨大馅饼。

清醒过来的梁武帝："我的帝国像一个金盆，没有一个缺口和伤痕，而忽然接受残破的十三州，岂是等闲小事？万一引起麻烦，后悔怎么来得及？"

尚书仆射谢举："自537年以来，我们跟东魏邦交敦睦，双方遣使27次，边境平安，没有事端，而今忽然收容他们的叛徒，并不适宜。"

星相天官周弘正："年前我观察天象，几年之内，帝国似有动乱发生，望帝谨慎。"

梁武帝很不高兴："你们说得很对。可是，收容侯景，塞北就可以肃清，机会难得，怎么可以死脑筋！"

宰相朱异："自从陛下登基，在你英明领导下，无论南北，人民归心，只因没有机会，他们的心愿不能完成。而今，侯景献出东魏一半的土地，如果不是上天改变他的心愿，贤才赞成他的计谋，怎么能发生这种事情！

拒不接受,恐怕断绝以后英雄豪杰的回归道路。利害非常明显,请陛下不要有太多顾虑。"

(二)武帝舍身

其实朱异也摸到了梁武帝最深的心思。对南梁来说,接纳侯景,最大的好处有二:其一,从地理战略上来看,在梁和东西魏之间,梁取得河南地,可东西出击,深入北方腹地,为以后的一统江山奠定坚实基础。其二,从心理意义上看,河南是汉文化的发源地,南朝历代帝王都浴血争夺,刘宋时的刘裕曾短暂夺得,他儿子宋文帝夺之而不得,如果作为天下正朔的梁武帝获取,不正是显示文治武功的最佳例证吗?

有了这样开天辟地的祥瑞事件,梁武帝认为一定是佛的功绩。心诚则灵,金石为开。于是,梁武帝又舍身同泰寺出家了。

在魏晋时期,社会动荡不安,平均五年有四年都在打仗,百姓生活于水深火热之中,需要更好的精神寄托。这种大环境,为佛教在中土的传播发展提供了坚实的土壤。

梁武帝萧衍是一个虔诚的佛教徒。在他统治期间佛教大兴,他广建寺庙,潜心礼佛,僧尼队伍迅速扩大。他精研佛家经文,亲自注释数百卷。他经常在同泰寺开坛讲法,在建康城内的佛寺七百多座,全国佛寺更是有两千八百座,僧尼八万余众。

萧衍提出了著名的"三教同源说",他提出,老子和孔子都是佛祖的弟子,将佛教放在了儒释道三教的首位,并宣称:道有九十六种,只有佛家才是唯一的正道。萧衍的这些言论实际上已经把佛教定义为了国教。

梁武帝信佛不只是真心诚意,而是达到如痴如狂的程度。他受到印度阿育王崇佛行为的启示,并模拟阿育王事迹,以皇帝之尊,开始舍身同泰寺,甘心到寺院为"奴",以现身说教的方式做给臣民们看,起到了很重要的示范作用。这样的"舍身",已有四次之多。按照佛教的说法,舍身有两种做法,一是舍资财,即把个人所有的身资服用无偿交给寺院;二是舍自身,即自愿入寺院为僧众执役。梁武帝前三次舍身,分别在大通元年(527年)、大通三年(529年)、中大通元年(546年),开始是三四天,接下来是十五六天。这次最长,从三月三日开始,到四月十日赎回。国家不可一日无君,在梁武帝的授意下,"公卿以下以钱一亿万奉赎",把他这个"皇帝菩萨"一次次请回宫里,然后他再次舍身让大臣们去赎。这种舍身,不仅使同泰寺发了大财,同时又检验了公卿大臣对自己的忠诚程度,还借以推动了全国性的佛教信仰,一石三鸟,梁武帝很是自鸣得意。

其实,梁武帝现在的心中只有佛教,其他都不重要,至于十三州什么的,都是浮云。

(三)封官出兵

回到现实,还是理理朝堂上的大事。

既然侯景送了那么大的礼,当然要封个大官才行。于是下旨,敕封侯景为大将军、都督河南北诸军事,封河南王,承制。

后来,东荆州、北兖州、荆州、颍州被西魏占领了,只剩九个州,侯景怕梁武帝责备,于是再上书梁武帝:"祖国援助的大军还没有抵达,而东魏攻势甚急,不得已先向关中求援。所割让的四州,不过是垂钓之鱼饵。现有九州土地,请陛下马上驻军接管。"梁武帝也不问群臣意见说:

"将在外军令有所不受,你开创了新的局面,提出奇特计谋,势将建立伟大功业!"

七月二十五日,南梁的三万军队经过140天的艰难跋涉,终于行军两百里,越过了淮河,到达了豫州,与侯景汇合。

这时,侯景又收到了高澄传递友好的书信。高澄可不是一个随便示弱的人,而是向来骄傲自大,待人苛刻,这次形势危急,侯景挟十三州而反,而朝堂上的一众大将,都是昔日和侯景并肩战斗的战友,从他们的态度可知,他们也是和侯景穿一条裤子的,逼急了可要惹出更大的麻烦。前两次轻而易举的败仗就说明了一切,于是一反常态放下身段,让和平的鸽子衔来了橄榄枝。高澄说,侯景的娘亲和妻子儿女都在邺城,如今全家平安,如果侯景改变主意,承诺他终身担任豫州州长,送回他的全家亲人,所有追随他叛变的文武部属,概不追究。侯景和王伟商量后回信说:我已引导两大帝国高举义旗向你讨伐,威武的战士不日克复中原,官位由我自己选择,怎么会靠你赏赐?从前刘邦的老爹被项羽囚禁,刘邦要分吃碗中老爹的肉。何况妻子儿女,有什么值得介意!诛杀他们对我而言毫无损失。

时空论坛

周公:梦怎么可以乱解?《周公解梦》看过没有?

弗洛伊德:梦是无意识欲望和儿时欲望的伪装的满足。

朱异:朝堂上说话,要揣摩皇帝的心情,哪能随时去翻书?

胡三省：史上最著名的梦有六个，庄周梦蝶、黄粱一梦、南柯一梦、罗含梦鸟；还有两个梦集中产生于南梁，南梁刚建立时就有著名的江淹梦笔，结果江郎才尽了；最悲惨的就是梁公梦统了！

网友：舍身还能开玩笑？要舍就舍，为啥每次又回来了？

梁武帝：小子，弘教重点在于弘。就像你们的网络热点，媒体电视网络大V齐上阵，铺天盖地说一个事，结果真相却在十万八千里之外。

网友：作者哥哥，南梁军队百多天走了两百里，似乎也不快啊？

侯景：那群遭天杀的南梁军，救兵如救火，他们却在磨洋工。他们好多年没打过仗，也不敢和北边的军队碰硬的，所以就慢慢来啰！

第二卷

勇平叛

　　呜呼！山岳崩颓，既履危亡之运；春秋迭代，必有去故之悲。天意人事，可以凄怆伤心者矣！况复舟楫路穷，星汉非乘槎可上；风飙道阻，蓬莱无可到之期。穷者欲达其言，劳者须歌其事。陆士衡闻而抚掌，是所甘心；张平子见而陋之，固其宜矣。

——《哀江南赋》节选　庾信

第一章　渊明随机应变

如今,什么样的人会被派到战场当统帅?武功高的?能力强的?带过兵打过仗的?立过功受过勋的?梁武帝敲着小黑板,看着朝堂上一排排的文弱书生:谁可为将?

开弓没有回头箭,梁武帝下达了全国总动员令,正式大规模进攻东魏。虽然一年前,南梁和东魏的和平使者不绝于道,后来,东魏又主动派了散骑常侍来建康,一扫以前的天朝上国桀骜不驯的高姿态,转而带来了丰厚的礼品、亲切的问候、和平的祝愿及永通有无的决心。但形势比人强,此一时彼一时也,踌躇满志的梁武帝觉得,并吞六合一统天下的时机已经到来,现在就差一个前线统帅了。

（一）点兵点将

南梁已久不闻战事,梁武帝站在灰尘尺厚的陌生的军事地图前久久端详,许多边境地名都已经不认识了。南朝守国之整体防线,可分为东中西部。在中部为守汉(江)与守(长)江,在西部为守(秦)岭与守(米仓、大巴)山;如今敌人来自东部,主要为守(黄)河、守淮(河)

与守江。东吴时疆域小,主要为守江;晋末宋初时疆域最大,主要为守河;如今南梁疆域只比晋末稍小,主要为守淮。淮北之本在彭城,淮南之本在寿阳,淮西之本在悬瓠。梁武帝的手指头轻轻地从淮河一线上的众多据点划过,对这些军事重镇他还是比较放心的,目前最缺的是武将。其实清醒地分析局势,目前最合适的将领就是侯景,他已投降并接受了南梁的封赏,当然就是地道的梁将;他身经百战,是公认的勇将,对东魏的地形、朝廷虚实、将帅战法等都了如指掌;并且东魏也是奔着侯景去的,正应该让侯景当主帅,南梁从旁接应就可以了,何况侯景也正想立功。但梁武帝压根就不相信萧姓以外的统帅,他先下了一道圣旨,让侯景去出击河北。迎战东魏的统帅,肯定就在萧姓皇室中挑选了,立功的机会怎么可能让给外人呢?

梁武帝的眼睛扫视过去扫视回来,好不容易看中了萧范,那天他看了萧范的简历后就更满意了。

大梁干部履历表

姓名:萧范(字世仪)

民族:汉

籍贯:南兰陵郡兰陵县

出生时间:499 年

出身:梁文帝萧顺之之孙,梁武帝萧衍之侄,司徒、鄱阳忠烈王萧恢之子。

任职经历：初为益州刺史，在州开通剑道，收复华阳。后召还建康为领军将军、侍中，539年为中书令。

工作业绩：541年任使持节、都督雍梁东益南北秦五州诸军事、镇北将军、雍州刺史，善于抚御将士。547年北伐东魏，萧范为使持节、征北大将军、总督汉北征讨诸军事，进攻穰城。转任安北将军、南豫州刺史。

爱好特长：以筹略自命，爱好收藏古玩，招集文士。

不光是档案漂亮，实际上萧范也打了一些胜仗。两个月前的六月三日，趁西魏穰城军远出援助侯景而城内空虚之际，萧范渡过沔水轻取穰城，为大梁立了大功。其实梁武帝还是很有雄心壮志的，一听说西魏也引军前来相助侯景，西魏王思政出兵向阳翟，梁武帝就派萧范出击穰城；西魏李弼至颍川，梁武帝就派邓鸿到汝水，为的就是要使侯景不得西魏相助，从而大梁独得河南之地的目的。

梁武帝于是正要命侍从下旨，宰相朱异急匆匆地上殿来了。收礼办事，不得不亲自辛苦跑一趟呢！

梁武帝：爱卿正在休假，何苦夙夜为公？

朱异：为国分忧，为帝驱使，当是为臣之道。

梁武帝：朕正要任命征北大元帅，你看萧范合适不？

朱异：鄱阳王萧范英雄盖世，能使人为他牺牲。可是，他所到之处，残忍凶暴，不是解除人民痛苦的人选。

梁武帝：战场上，难道不应该残忍凶暴吗？

朱异：上次帝登北顾楼眺望，曾说长江西岸有谋反迹象，骨肉至亲，会变成凶手。鄱阳王长驻西岸，要特别考虑。

梁武帝：那萧会理如何？

朱异忙说：恭喜圣上得到了理想人选。

萧渊明：会理懦弱卑怯，头脑简单，平时所乘坐的轻便小轿，都用木板围住，外面再蒙上牛皮，怕被射死。

梁武帝：那就这么定了，由你萧渊明当元帅，萧会理当副帅，散朝。

（二）寒山寒水

萧渊明打了一个寒战！他可是什么都会，刚好就只一样不会，那就是打仗！

有些人死就死在一张嘴上，皇帝和宰相好好地说着话，又没征求你的意见，为啥就要凑上去瞎搅和呢？那个胆小如鼠的萧会理为啥买通宰相想去打仗，当然是看到如山的军饷和似海的粮秣了嘛，那么大的金山银山，想不发财都难。而他萧渊明，如今财富不缺，诗酒不缺，美女不缺，最缺少的是时间，去慢慢享用，哪里还有时间去打什么仗？想到这，他恨不得狠抽自己几个嘴巴。

主帅不会打仗也没关系，关键是如今南梁的士兵，那怎么还能叫士兵？他们早已被江南的缠绵烟雨所笼罩，被三吴的莺飞燕舞所包绕，男子汉的伟岸已被软化，大丈夫的豪情早属浮夸，拿武器的双手已没有缚鸡之力，上战场的孤胆早失去冲锋之理。对比北齐如狼似虎的"百保鲜卑"，南梁那些士兵简直就是温柔的小绵羊！

可是圣旨如天，军令如山，不上战场马上掉脑袋，上战场去拼杀肯

定也要掉脑袋。那有没有不掉脑袋又可发财的方法？

当然有！那就是搞基建，挖寒山，修水坝。

小伙伴们没听错，如今我们南梁打仗，大部分都采用筑坝水攻，为的是在没接敌之前就把敌人消灭。江南本就多水，鄱阳湖、洞庭湖、太湖、巢湖等大小湖泊星罗棋布，一众城镇散落其间，许多城市都低于水位线，这就为筑坝淹城提供了方便。当然更重要的是，本来就不敢与"百保鲜卑"直接对阵，如今有既不见面又把事情办了的好方法，何乐而不为？30多年前，英姿飒爽的梁武帝为和北边争夺寿阳城，动用军民二十万人，花光帝国的储蓄，历时两年修成浮山堰。主体为土坝，两岸同时填土进筑，中间用大量铁器垫底，并用巨石大木截流。雄伟高昂的浮山堰坝高二十丈，顶宽四十五丈，底宽一百四十丈，长达九里，坝旁开有两条溢洪道。修成后上游很快形成巨大水库，四百里外的寿阳城被水围困。眼看敌军就将成为湖中之鳖，一众军士正在巍峨的大坝上享受胜利的喜悦，天有不测风云，惊天动地一声巨响，浮山堰溃坝了！随着洪水冲走的，是大坝上的数千士兵，是帝国的巨大财富，是梁武帝的无限雄心，是寿阳城里幸灾乐祸的笑声，是下游南梁数十万百姓的哭声。

其实514年梁武帝决定修建浮山堰的计策出自北魏降臣王足。在兴起工程之前，萧衍也比较谨慎，专门令水工陈承伯、祖暅考察地形，认为"淮内沙土漂轻，不坚实，其功不可就"。但萧衍执意修建，派遣亲信大将康绚主持工事。为了防止北魏守军干扰，萧衍还给驻守在淮堰上游的北魏守将萧宝夤——前南齐皇帝萧宝卷的弟弟，寄了封热情洋溢亲笔信，说明兴修水利为民之目的，策动萧宝夤弃暗投明。但人定不胜天，前车之鉴，之后南梁改走和平之道，就很久没用过水攻了。东魏的彭城是此次最前线来犯之敌的必经之地,由王则固守。交界处有座大山叫寒山,萧渊明这次不得不再次启用水攻,也收到了许多王公大臣的警示,忐忑不安的萧渊明于是找人算了一卦,大仙测字说:"浮者飘也,根基不稳也;寒者沉也,铅重于底也。浮山当然不利于筑坝,寒山坝则极利!"于是萧渊明大喜,给了算卦的大仙百两黄金,赶紧派手下大将羊侃去修筑寒山大坝。

当然火红的劳动场面是一样的,南梁再次动用军民十万人,花去帝国两年的税银,从八月开始日夜兼程,历时三个月,修成寒山堰。

(三)且酒且诗

萧渊明现在天天坐在远离寒山的寿阳城里,水慢慢地蓄着,酒慢慢地喝着,诗慢慢地写着。反正敌人也没有来,能拖一天是一天。

那天萧渊明又正喝着酒,前线筑大坝的大将军羊侃风尘仆仆回来了,他是来请示和东魏作战的战略和战术的。什么?还要有战略?啥叫战术?但在下级面前,可不能说不懂。萧渊明先顾左右而言他,大谈这些天他写的诗,之后再讲几句《孙子兵法》诸如"兵者,国之大事,死生之地,存亡之道,不可不察也"。"故上兵伐谋,其次伐交,其次伐兵,其下攻城……"讲到哪里了?看着羊侃要昏昏欲睡,最后终于慎重地向大将军交代:"这次我们的战略是——随机应变!"

羊侃可是个实在人,一时也没听懂领导的意思。当领导的确实高明,请示一个事情,领导天文地理、国际国内、人文史哲,一讲大半天,好像什么都说到了,又好像什么都没有说,反正做下级的是一头雾水,就是没有听懂。之后如果刚好做对了,那就是上级英明指挥,下级的悟性

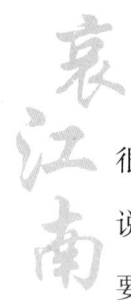

很好；如果做错了，那上级就会严厉批评："我都给你讲了一上午，枝枝说在叶叶上，怎么悟性就那么差？"刚好羊侃就是个悟性很差的人，非要问个水落石出。

羊侃："机在哪？怎么变？"

萧渊明："高澄日蹙月迫，力尽计穷，悬首面缚，翘足可待。北贼远来助虐，粮运阻绝，此是天丧之时。我固寒山，屯军泗水，随机应变，则易为克殄。"

羊侃："江南之地，多为通途，寒水不足为阻。"

萧渊明："先水淹彭城，以丧敌胆。"

羊侃："已至寒冬，雨季已过，固有空坝，欲待水势，还需明年。"

萧渊明："时人就是太浮躁，慢生活正是我们的追求。"

羊侃："目前水位有所上涨，已淹至彭城城门，我们可乘东魏大军未至之机，先行夺取彭城。"

萧渊明："孙子曰，故上兵伐谋，其次伐交，其次伐兵，其下攻城。彭城坚固，攻城不是智者的选项。"

羊侃："慕容绍宗的十万大军已进抵彭城附近的橐驼岘，他们远道而来，官兵疲惫，我们应该抢先发动攻击？"

萧渊明："大将军随机应变！"

还是没听明白的羊侃，只好靠自己的悟性了。于是跨上战马，率领自己的五千精锐，先去攻击边境东魏的碛泉、吕梁两个戍所。羊侃此前早就调查好了，这两个地方守卫空虚，如果大战爆发，这两处地势险要，将来可作守险之地。只两日，均攻克。

之后，羊侃还是感觉到了危险。作为真正的战将，迫近的危险是能够切实感受到的。既然领导说了随机应变，于是他将他率领的五千人离开十万大军的热闹的大集体，去十里远的寒山坝上扎营警戒。准备夺取彭城后，再向北推进，跟侯景互相支援。

时空论坛

网友：真的不理解，为何凶残的不能挂帅，胆小的反而派上战场？

朱异：仁义之师，岂在多杀伤？

萧渊明：上有皇帝管着，左有言官弹劾，右有同僚争位，说句错话可不得了，关键就看下级的悟性了。

网友：那个寒山堰还在不在，是不是现在的寒山湖，或者"独钓寒江雪"那里？我们去"打call"！

司马光：又是豆腐渣工程，和浮山堰一样。

第二章　绍宗勇往直前

这段时间,高澄确实忙,忙着埋葬老爹,忙着分封官员,忙着巩固权力,忙着接收美女。那天和蠕蠕公主饮酒,突然想到还有个叛徒侯景需要收拾,延迟满足也不是高澄的个性,那还等什么,抓紧!

（一）表忠心非常需要

高澄马上也面临着严峻的点兵点将问题。和南梁的无将可点完全相反,如今东魏可是战将如云。就像到街上去吃东西,如果只有一家店,店里只卖一种食品,那根本不用考虑,就它了。但如今的东魏,美食店太多,每个店里待售的东西琳琅满目,美不胜收,顾客就会犯上选择恐惧症,是这也想吃,那也想选,结果选了半天,一样菜也没点。高澄就是这样,可选的战将太多,一时拿不定主意。当然,这只是表象,其实还是没有可选的,那些战将都是老爹的战友,当然也是侯景的战友,目前他们都或多或少地同情侯景,这样的人去当统帅,那这仗还怎么打?前期派出去游山玩水的元柱和韩轨就是如此,而且打了败仗现在还不敢处罚,处罚了就会和侯景同样的局面。思来想去,还是自家人比较稳当,就派高岳当统帅,并派那个平时关系还算处得来但打仗听说不怎么在行的潘乐当副将行了。刚好那个老爹非常信任的长史陈元康在身边,那就征求一下他的意见。

高澄:"潘乐为将,先生以为如何?"

陈元康:"潘乐反应较慢,不如慕容绍宗。"

高澄:"绍宗级别较低,可否担当大任?"

陈元康:"这就是先王的英明之处了。先王临终时就说,他故意不用绍宗,将人才留给你。你只要一片诚心待他,给他升官晋爵,他必定效死力,不必担心侯景。"

高澄:"绍宗远在上党,如贸然召他来邺,又恐他和侯景一样惊疑过度,激成叛变!"

陈元康:"慕容将军知道我特别受你看重,最近曾派人送来金银厚礼,以表忠心。"

前段时间一直反腐的高澄怒眼圆睁:"然后呢?"

陈元康:"我当然要收下了。收下,就意味着大王接受他的忠心,他就安心了;不收,则表示大王和他是两家人,要公事公办,那他只有叛变一途可选。"

高澄有点省悟并诧异:"这么说,你收贿也是为了江山社稷?"

陈元康:"臣一片忠心!有些礼还不得不收。我可以诚恳回复一信,保证他不会有任何意外。"

于是,东魏任命慕容绍宗为东南道行台,率军十万,增援徐州。

（二）先退却非常需要

救人如救火，一阵急行军，慕容绍宗的大军抵达彭城。都知道进攻是最好的防守，他马不停蹄，亲率步骑兵一万人，攻击南梁潼州州长的军营。当时万箭齐发，势如倾盆大雨，南梁将士都吓得胆战心惊。只主帅萧渊明例外，因为他又酩酊大醉，不能起床，反正他已多次吩咐众将领要随机应变。众将领心中畏惧，不敢救援，只北兖州州长说，我们率军北伐，目的是什么？今天遇到敌人，却不作战！于是率部众单独出击，杀东魏军二百人。谯州州长赵伯超有部众五千人，当然不敢救援，他对部将说："蛮虏如此强大，我们出战，一定失败，不如保全实力，早早班师？"部属都说："好极！"遂率军逃走。

侯景可是知道东魏军队作战的规律的，当初他领命出击河北要离开时，就一再给萧渊明和南梁众将领说："乘胜追击时，一定要适可而止，不要超过两公里。"

慕容绍宗知道自己是远道疲惫之师，对手已在此享福一百多天，以逸待劳，本无胜算。要是一触即溃，后果不堪设想。于是反复给众将士说："我们和南梁对阵时，最开始我会下令假装退却，以引诱那些南蛮追击，之后我们再迎头痛击他们。"

果然，最初交锋时，吃得好、玩得好、养得壮的南梁士兵占上风，那些急行军觉都没睡醒的东魏士兵刚交战一会儿就败下阵来逃跑。南梁军队一看，那些东魏士兵的战斗力弱爆了，哪有那么玄乎？那就开足马力紧追。才惊醒过来的东魏将士才想起大元帅的交代，大元帅果然英明，计谋果然了得！现在应该反击了。于是全体将士不再后退，争先恐后反击南梁军,南梁军遂霎时崩溃。大营中还大醉在床的大元帅萧渊明糊里糊涂就做了俘虏,当然,被俘的还有很多人,光将帅就有两百多人,五万人被俘斩,死者"不可胜计"。只有大坝上早有预见的羊侃大将军,率领部队有条不紊地向后撤退。

慕容绍宗不容南梁喘息,又乘胜进兵包围潼州。十二月初一,州长弃城而逃。后来萧渊明被押解到邺城,高澄对他十分优厚,将他养了起来,等待将来的某个时机释放他应有的价值。

(三)笔杆子非常需要

当初,侯景听说高澄派韩轨为将,便说:"这个吃猪肠子的小子能干些什么!"当侯景听说高岳要来,又说:"兵士倒是很精锐,但领兵的人很一般。"各位将领没有不被侯景轻视的。但是,当侯景听说慕容绍宗要来时,便敲打着马鞍,脸上露出恐惧的神色,说:"谁教高澄这个鲜卑小子懂得派遣慕容绍宗来呢!如果这样,高欢大王就一定没有死去!"所以他高度重视,不断派人警告萧渊明,没想到最终南梁还是败得那么快。

前方败仗的消息像瘟疫一样快速传播,一阵风就传到了建康。梁武帝正在睡午觉,宦官禀告说宰相朱异要启奏事情,梁武帝不禁惊恐万分,他马上起床,坐上轿子,来到了文德殿。朱异启奏说:"寒山战事失利,统帅萧渊明下落不明,十万将士灰飞烟灭。"梁武帝听了之后,吓得恍恍惚惚,几乎从坐床上跌下去。宦官忙把他扶着坐下,于是梁武帝感叹道:"我难道也要落到江山被夷狄所夺取的晋朝司马家那样的下场吗?"

慕容绍宗是知道两手抓的战将,大战之前,他就请军师杜弼作了檄文,在南梁各地广为张贴。这不,宦官手上就有一张,赶紧呈给梁武帝看:

哀江南

……皇家垂统，光配彼天，唯彼吴越，独阻声教。侯景以鄙俚之夫，遭风云之会，而周章向背，离披不已。彼乃授之以利器，诲之以慢藏，会应遥望廷尉，不肯为臣，自据淮南，亦欲称帝。但恐楚国亡猿，祸延林木，城门失火，殃及池鱼，横使江、淮士子，荆、扬人物，死亡矢石之下，夭折雾露之中。彼梁主者，操行无闻，轻险有素，射雀论功，荡舟称力，年既老矣，耄又及之，政散民流，礼崩乐坏。加以用舍乖方，废立失所，矫情动俗，饰智惊愚，毒螫满怀，妄敦戒业，躁竞盈胸，谬治清净。灾异降于上，毒怨兴于下，人人厌苦，家家思乱，履霜有渐，坚冰且至……

听说这一檄文如今在南梁铺天盖地，梁武帝几乎气得背过气去。我们南梁的笔杆子呢？平时不是诗文满天飞吗，赶快写几篇讨伐北虏的檄文，一定要从气势上压过他们！

时空论坛

网友：慕容绍宗又懂打仗，还懂送礼，这样的人才为啥不早用？

高欢：这是一门学问，皇帝需要你时不一定会升你官，不需要你时却可能给你晋爵，我晚年故意让一些人吃瘪，等自己百年之后，儿子即位再往回一提拔，这吃瘪的主儿准得感激小皇帝，还不指哪打哪？

网友： 陈元康先生，怎么收礼还那么理直气壮？

陈元康： 时代不同了，伸手必被捉，千万不能学我，要当廉洁的楷模！

网友： 萧老前辈，怎么还没上场您就歇菜了呢？

萧渊明： 喝酒误事啊，之后我天天都在戒酒！是的，就是天天喝了天天戒。

网友： 我太难了，这篇檄文好多字都认不得！

杜弼： 小子，这还是写得最简单易懂的，语文一定要学扎实，国粹！

网友： "凡尔赛"。

第三章　侯景丧家之犬

干什么事都是先易后难，北齐都知道南梁将士的战斗力低下，所以开战之初，慕容绍宗将主要精力都放在消灭南梁之敌上。当然侯景也没闲着，但也没有前来搅和，一是也想趁机观察一下南梁的战斗力，二是也想让他们先拼个你死我活，之后他再来打扫战场。最主要的是南梁还不信任他，并不让他当主帅，反而让他离开主战场去经略河北。结果让侯景大吃一惊，杯中酒还是温的，华雄已被关公斩于马下，没有外围的混混挡着，那就只好亲自出马了。

（一）政治战

打仗是全方位的，并不全是战场上的真刀真枪，这点侯景是懂的。军事是为政治服务的，打仗之前，必须先抓好政治工作，这点侯景也是懂的。

于是，侯景盘算着先在政治上先声夺人。那个高欢，那个宇文泰，为什么能做大？那还不是抓了个拓跋小子在手，也不管人家愿意不愿意，就将其立为皇帝。倒像庙里的泥菩萨，反正先树在那里，让万千民众顶礼膜拜再说。他哥俩再挟天子以令诸侯，将泥菩萨一个放置在邺城，一个放置在长安，他俩却一个将霸府建在晋阳，一个建在同州，从霸府发出的令箭才是正统的。

其实他们也不是原创，这在此前历史上反复出现过多次，三百年前的曹操就熟练地使用过了，他俩不过是有样学样罢了。既然这个没有申请专利，那侯景要成就大事业，就必须学习"榜样"，手里也要有无穷的令箭。干脆以河南的十三州，和高欢宇文泰来个平起平坐。十二月九日，侯景派遣他的行台左丞王伟等人到建康游说梁武帝："邺城中的文武百官们一起谋划，召我与他们一起讨伐高澄，事情泄露了，高澄把元善见囚禁在金墉，杀死了六十多个元氏家族的人。河北的民心所向，都思念他们的主人，请求立元氏一人为主，以便顺应百姓的愿望，这样一来，则陛下有兴亡继绝之美名，我侯景也有立功建勋的成就，黄河的南边和北边，便成为圣朝附属国，那里的男男女女，都成为大梁的臣民。"

梁武帝认为侯景讲的是对的，其实这种事此前就干过多次，北魏永安元年（528年）十月，以魏北海王元颢为魏主，遣东宫直阁将军陈庆之卫送还北；北魏建明元年（530年）六月，遣魏太保汝南王元悦还北为魏主，太子右卫率薛法护为平北将军卫送。"目前，北魏元氏皇族血亲在南朝的还有一些，他们或因参与北魏皇室内部权力斗争，失败后流亡江左，如元树、元略等；或因北魏发生六镇之乱，尔朱荣残杀元族皇室时入梁避祸的，如元悦、元颢等；或因南北战争，南梁沿边攻占北魏城戍时，降附南梁的，如元罗、元愿达等。梁武帝对他们都多加优宠，以示笼络。梁武帝让吏部尚书梳理了一遍在建康的元氏子孙，十二日，颁布诏书封立太子舍人、邺王元树之子元贞为咸阳王，并给他军队，让他回到北方入主魏国，等到元贞渡过了长江，梁武帝就允许他登上王位，按仅次于皇帝的规格配给他仪仗和卫士。

这个元贞，和拓拔氏倒是有些血缘关系，早些年天下大乱时跟随父亲及一帮王公贵族来南方避难。他现在做了个不大不小的官，小日子过得红红火火，什么恢复北魏，什么坐上龙椅，他可从来想都没想过，眼看元室已是一天不如一天，在北边都只能做高欢和宇文泰的傀儡，在南边就更谈不上什么地位了，哪里有那些远大理想？可是形势不由人，正在家里和娘子小儿子逗乐，一对兵士和豪华的皇家仪仗队不由分说地闯进来，让他去北方完成复国大业！他当时只好装晕过去，一时半会儿也想不通这里面的逻辑关系。

（二）短刀战

不管如何做足绣花工夫，最后都得真刀真枪地战场上见。如今慕容绍宗风头正劲，挟完胜南梁萧渊明的余威，统帅十万士兵，旌旗、铠甲在阳光下闪闪发光，敲着战鼓长驱直进。侯景只好暂避锋芒，带着几千辆辎重、几千匹马、四万名兵卒，退守涡阳。

侯景也想探探绍宗的态度，和上次送给元柱和韩轨一样，不断派人给慕容绍宗送最贵重的奇珍异宝，送南梁绝色美女。和上次一样，这些也都被慕容绍宗笑纳了，但每次带去的情真意切的书信都是泥牛入海。但是为何还逼那么紧？为何还不找个台阶班师？打了那么大的胜仗，完全可以交差了嘛，何况还有那么老的交情？于是再次手书一封，派人对慕容绍宗说："你们这是想送客人，还是想决一雌雄？"慕容绍宗笑着说："这么远过来，当然要和你决一胜负。"

这个吃人不吐骨头的恶狼！气愤万分的侯景冷静下来，真正的对手就在眼前，而且敌众我寡，硬拼显然只有死路一条。他认真思考了慕容绍宗以往的战场手段，那些"百保鲜卑，"人高马壮，比河南兵士高出一大头，而且河南的战马也只有数千匹。有了！侯景于是叫来左右二将，各率领两千战士，身披短小铠甲，每人只带短刀，连夜绕道，埋伏在东魏营帐的附近，让他们明天对仗时，从背后进入东魏军队的阵营，只是低头而视，瞧准东魏士兵的小腿和马肚砍去。

第二天，双方整队开战，大刀对长矛，投枪对箭矢，你来我往都是熟悉的套路。第一轮的开胃菜算是打了个平手，因为大家都熟悉对方的战法，更进一步说此前大家都是同一个战壕的朋友，有些还是亲兄弟、是父子、是乡亲、是亲戚，哪里下得了重手？慕容绍宗一看不行，得让他的一万精骑兵隆重出场才行。于是令旗一挥，咦？怎么前边先出现了两队手无寸铁的"路人甲"？管他呢，先放马过来，于是马蹄声震天动地，旁人激动人心地看着雄伟的铁骑飞驰而来，于是神奇地从袖中抽出短刀，埋下身子，专门向马肚子和人腿来一刀。那如风的铁骑如风地翻倒在地，正当慕容绍宗和他的左右将军们目瞪口呆的时候，侯景命令士兵再次冲锋，东魏的军队立即溃败。慌乱中慕容绍宗也从马上坠了下来，好不容易才抢了匹马仓皇逃窜，仪同三司刘丰生被砍伤，显州刺史被侯景擒获。

（三）飞箭战

慕容绍宗率领残兵败将逃往谯城，好在只牺牲了两万人，对付侯景的四万人也还是有胜算的，于是打算好好休整，坚壁清野，对侯景围而不攻。

但是有人不服了，咸阳王斛律金可是一员悍将，在战场上几无对手，但这些老将高澄这次都不敢用，于是大名鼎鼎的"落雕都督"——斛律金的儿子斛律光上场了。真是初生牛犊不怕虎，"落雕都督"还是一年前高澄亲封的，如今可还傲骄着呢。还是裨将的斛律光、张恃显责怪主帅，什么准备不充分、战略不高明、战术不对路等。慕容绍宗才打了败仗，也不好对手下将领生气，只好耐心解释说："我身经多次战斗，没有见到像侯景这样难以对付的敌手。你们试着去斗他一斗吧！"是啊，要给年轻人机会。

早已等得不耐烦的斛律光等人披上铠甲，各带领三千人要去出战，慕容绍宗告诫他们说："不要渡过涡水。"张恃显不听，不屑一顾地渡过涡水寻找决战的机会；斛律光想着自己的霸王弓射程远，在河对岸更能显示威力。斛律光先接敌，乘轻骑用弓箭射河对岸的侯景，侯景在涡水边对斛律光说："你为求取功勋而来，我因害怕死亡而离去。我是你父亲的朋友，你为什么用箭射我？你怎么会懂得不可渡涡水到南面来的道理，一定是慕容绍宗教你的。"面对老爹的战友，斛律光不答，再射，奈何侯景前边的盾牌如山，竟然不中。愤怒的侯景让他专门的强弩战队一齐发射，一箭射中了斛律光的马，箭穿透了马的胸膛。斛律光又换了匹马躲在树后，再与之对射，对岸的箭再次射中了他的马，斛律光只好退回了军营。侯景只一次冲锋就捉住了过河的张恃显，但善于攻心的侯景又很快放了他。

"落雕都督"没射中雕，反而被射死了两匹马，率队退回谯城，慕容绍宗说："今天你们交兵究竟如何？你还责怪我！"从此，斛律光知道了天外有天，人外有人。

（四）后勤战

从另一角度来说，打仗拼的是后勤。如今慕容绍宗围而不攻，坚壁清野，老百姓早就逃得一个不剩，侯景眼见粮食没有了。是啊，打了一年的仗了，河南一下拥进来那么多军队，一会儿西魏的两万人，一会儿东魏元柱、韩轨的五万人，一会儿慕容绍宗的十万人，加上自己的十多万人，前期萧渊明的十万人，当然还有一些州长率领的部属，几十万张嘴吃一年，再厚的家底也架不住呢！被抢过几遍还能侥幸活下来的河南十三州的老百姓，都只好背井离乡逃命去了。那慕容绍宗背靠东魏，有强大的后方供应，而侯景呢，刚投降南梁，虽说以前也是东魏的人，东魏肯定不会再管他的吃喝了，西魏也已经成了敌人，更别想得到他们的接济。而南梁呢，虽然梁武帝答应接收侯景，顶层设计也只划了个框框，如何个接收法就没人管了。库存的粮食吃完了，求粮的信件每天如雪片般地飞到建康，给宰相朱异的贡品也是接二连三，可朱异那是吃定了侯景，和慕容绍宗一样，一边笑纳了侯景的珍宝和美女，一边把他送来的信件连看也不看就扔进火塘烧了，也算是起到了暖手的作用。

十二月十二日，南梁豫州刺史因东魏军队逐渐逼近，声称粮草运输接济不上，舍弃了悬瓠城，逃回义阳；殷州刺史也丢弃了项城逃走，这些地方都被东魏军队占领了。侯景与慕容绍宗相持了几个月，终于把最后一粒粮食吃完了，第一个响应他造反的颍州刺史司马世云也投降了慕容绍宗。万般不得已，侯景也只好弃城逃走。事先掌握情报的斛律光伺机于涡水两岸顺风纵火，侯景只得率领骑步兵一万余人进入水中向后撤退。

（五）攻心战

正月初七，是扫落叶的时候了，慕容绍宗带领精锐骑兵前后夹击侯景的军队。侯景开始战前总动员："兄弟们，我们如此为高欢卖命，结果却得到这样的下场。如今我们自己的皇帝元贞才是真命天子，你们这些人的家属，已经被高澄杀掉了，我们一定要为他们报仇！"侯景手下的士兵群情激愤，都相信了他的话。

慕容绍宗得知症结所在，得知民心所系，于是飞奔战略高地向下高喊："你们的家属都平安无事，那个假皇帝元贞已经被俘被斩。如果你们回归，既往不咎，你们的官职和勋爵会像从前一样封给你们。"说完，他披散着头发面向北斗星发誓。

侯景的士兵们不愿意南渡，他们知道慕容绍宗老实，不会骗他们。于是将领们各自统率自己的部队投降了慕容绍宗。侯景的人马全面溃败，士兵们争相抢渡涡水，河水都被败兵们阻断，不再奔流了。侯景长叹一声，与自己的几个心腹骑马从碛石渡过了淮河。他们逐渐收集了一些溃散的步骑兵共八百人。一会儿却被慕容绍宗追上，侯景对慕容绍宗说："侯景如果被抓，您还有什么用呢？"慕容绍宗便放过了他，不再追赶。

其实"不追赶"也是出发前高澄定的调，毕竟北齐和南梁友好和平十多年，主要敌人西魏陈兵在旁，除夺取本来就是自己的河南之地外，当然就不会轻易入梁。至于抓叛徒侯景，用政治外交手段就可以了。

时空论坛

网友：元贞先生，逻辑关系到底想清楚了没有？

元贞：后来知道，他们想要令箭。世上本没有神，信的人多了，也就有了神。

项羽：斛律小子，拿着我的霸王弓，怎么还不能百发百中？

网友：小鲜肉才出道，欲成大事，必先苦其心志。

网友：那个朱异好坏，收了钱也不办事。

朱异：你小子晓得啥子，侯景的那些东西也都是搜刮老百姓的，来路本就不正，我这算是替百姓出了口恶气。

网友：可惜了，绍宗当时就应该把侯景灭了，也就不会有后面的江南大毁灭了！

萧衍：是啊是啊，想我南梁大美河山，就坏在慕容绍宗的手上！

高澄：深感同意，吃里扒外的东西！

慕容绍宗：躺着也中枪！

第三卷

一家人

　　于时朝野欢娱，池台钟鼓。里为冠盖，门成邹鲁。连茂苑于海陵，跨横塘于江浦。东门则鞭石成桥，南极则铸铜为柱。橘则园植万株，竹则家封千户。西赆浮玉，南琛没羽。吴歈越吟，荆艳楚舞。草木之遇阳春，鱼龙之逢风雨。五十年中，江表无事。王歙为和亲之侯，班超为定远之使。马武无预于甲兵，冯唐不论于将帅。岂知山岳闇然，江湖潜沸，渔阳有闾左戍卒，离石有将兵都尉。

——《哀江南赋》节选　庾信

第一章　我们现在一家人

在国际大舞台上,什么才是一家人?有同一祖先的,讲一种语言的,有相同习惯的,拥相似传承的,肤色相同的,文明一致的,观点相近的,一起进退的。这些固然都有道理,但只重表相,不切核心。如今能成为一家人的,那似乎只有一个因素,那就是——利益。

在这越来越充满铜臭味的世界,孔子以"仁义礼智信"所定义的朋友家人的范畴,经过这么些年战争的实践检验,早已不适用了。于是人们纷纷重拾原始世界的利益之矛,今天向东边陌邻示好,明天向曾经的敌人"卖萌",一会儿联齐抗楚,一会儿合纵拒秦,反正朋友只是短暂的,都是拿来利用的,永远不变的只有——利益。

(一)有人痛恨

侯景现在急需寻找到新家——一个新的能躺下来喘口气的城池。此前他有十三州之地,十万大军,百万百姓,如今只剩下八百人了。这就好比以前是巨富,要什么有什么,当然是"富在深山有远亲",大家都争着想亲近,如果你恰好想去走亲戚,那是大家争着列队欢迎的主。如果这个巨富突然破产,还惹了一身债务和官司,那就会"穷在闹市无人问",大家躲你还来不及。如今的侯景,就是这个刚破产的巨富。

侯景惶惶如丧家之犬,急急如漏网之鱼,率领残兵败将八百人,沿涡水向南逃亡。在感激慕容绍宗放他一条生路的同时,又非常痛恨南梁那帮王八蛋:那个萧渊明,空有十多万人,接敌不过五天,居然就神奇地玩完了!那河南周边的刺史,说好了由他们接济粮食物资,可是敌军一到,要么逃跑,要么投降,反正就没见到什么接济!最气的是那个朱异,那可是如今所见过的最卑鄙的人了,如今在南梁要办成事,也只有求他了,可是他大礼照收,美人照接,就是不办事,这份仇肯定要报,不报也不是我侯景的为人。

侯景正在痛恨南梁,眼前到了一座南梁小城,饥渴难耐的八百人喜出望外,打算在这里休整休整。连忙呐喊开门,城头上一个首领模样的军头一边喝着酒一边大骂:

"什么人敢扰老子的清梦?放箭!"

城下军士大喊:"千万别放箭,我们都是一家人,是河南大行台侯景老爷驾到,还不开门迎接?"

军头喝了一口酒:"兀那瘸子,不在前边好好打仗,跑这里来做甚?放箭!"

城下军士见硬的不行就来软的:"老爷行行好,后有追兵,让我们进来休整休整!"

军头再喝了几口酒:"你们想哄骗我,险恶用心,我可清楚呢!快放箭!"

侯景满肚子气正无处发泄,不想再气上加气,虎落平川被犬欺,一个小军头也敢来撒野，于是下令进攻，先灭了这小子再说。打不过慕容绍宗，打一个南梁的小小军头还是绰绰有余的，一会儿工夫，侯景就攻入城里，将军头大卸八块，尽杀军士一千人，大吃一通后，将所有能带走的物资打包，再往南继续逃跑。

（二）有人引路

带路党，好像什么时候都不缺。当一众军士，置身于茫茫天地，不知道天南地北，没有方向，找不到目标，好像世界末日就要降临，这时，多么期望大慈大悲的神仙指个目标指条道路？果然，天遂人愿，往往这时就神奇地出现了带路党，不但明白方向，清楚路径，还会给你清晰目标，指出对方的弱点，找到走向胜利的最合适的办法。

其实事情是两方面的，带路党永远也不缺，他们可能自己的能力有限，但又期望很高，一直都不满足于现状，希望能奇迹般地改变自己的命运，当然可以不择手段，不计后果，不管名声，只要利益。可惜这种机会太少，尤其是和平年代，只有德才兼备的人才能出头，或者要么有本事，要么有后台，要么出身好。这些条件都不具备的带路党于是整天期盼着天下大乱，好浑水摸鱼。果然，机会来了，于是抓紧背起行囊上路，一看所谓的敌军来了，当然他们需要向导，需要翻译，需要了解对方情况，需要提供战胜对方的方法。当然他们需要的越多，带路党立功就越大。从某种角度来说，双方是一拍即合，利益交换。

对于侯景来说，现在最急需的就是带路党。这个小城太小，离前线太近，慕容绍宗也追得急，找个落脚处真的很难。正走投无路之际，前边来了寿阳戍主刘神茂，他一下拜倒在侯景马前说："寿阳城就在前面，城池坚固，特此前来迎接大将军。"侯景喜出望外，看来天无绝人之路，命不该绝，于是喜滋滋地跟随寿阳戍主前去。

原来，寿阳监州事是韦黯，为人正直，不阿权贵，当然就得不到以朱异把持的南梁朝堂的提升，这个戍主做了韦黯十多年的下属了，台上的领导长期不挪窝，台下的兄弟们望穿秋水也没有用。再说，不升官也就罢了，好歹让兄弟们发下财，偏偏韦黯还管理严格，哪里都以孔圣人的标准严格要求下属，虽然他自己也以身作则。既挡了官路，又断了财路，老百姓是喜出望外，歌功颂德，都说金杯银杯不如老百姓的口碑，但老百姓口小，言语难达圣听，现在混乱中终于来了机会，改朝换代的时候来到了，刘神茂赶紧悄悄溜出城来寻找机会。

侯景知道寿阳的还算有点本事的韦黯，如今寿阳戍主过来，还是有点不放心："我打算去寿阳投靠，不知韦黯会不会收留？"

刘神茂："韦黯虽然代守寿阳，但州长一职是萧范的。大王率军抵达城下，他一定出城迎接，到时乘势把他逮捕，夺取城池，由我代理寿阳，再相机报告建康，朝堂一定庆幸大王脱险南归，不会有任何责怪。"

侯景听出了戍主的诉求，赶忙答应，就让他在前领路。

（三）有人拒绝

夜间，侯景抵达寿阳城下。这一年来都不太平，时刻绷紧备战神经的韦黯以为是贼盗来了，率领士兵，披上铠甲，登城戒备。

侯景派手下人告诉韦黯说："河南大行台侯景战败前来投奔，希望赶快打开城门！"

韦黯："大行台不在前线打仗，跑来寿阳做什么？"

侯景："东魏士气正旺，应先避其锐气。"

韦黯："大行台的十万大军呢？大行台的十三州呢？"

侯景非常气愤，走到哪里都有人欺负。也只得忍气吞声："待我进城休整休整，收复失地，易如反掌！"

韦黯："可我未接到圣旨，不敢放你进城！"

侯景无可奈何，对前边引路的刘神茂说："事情不妙了，我们还是另投他处吧。"

刘神茂可不甘心："韦黯懦弱并且缺少智谋，可以让人劝说他改变主意。"

于是，侯景派寿阳人徐思玉进城拜见韦黯说："河南王是朝廷所器重的人，您是知道的，我们早就是一家人。现在他失利前来投奔你，怎么能不接纳他呢？"

韦黯："我所接受的命令，只知道要守卫寿阳城，河南王战败了，与我有什么相干！"

徐思玉："国家赋予你统兵在外的权力，现在你不肯打开城门，东魏的军队马上追来，河南王被东魏人杀掉，你还有什么脸去见朝廷？你的罪状就大了！"

韦黯询问了手下一众将领的意见，没想到他们全部同意让侯景进城。是啊，他们早就想改朝换代了，不管来一个什么样的领导，总比现在这个没有任何希望的领导强！也不能做得太绝，于是，韦黯打开了城门接纳侯景。如狼似虎的侯景马上露出本来面目，派他的将领分别把守四个城门，他坐在高台，端起大行台的架子，大声斥责韦黯不马上接纳他，就要斩杀韦黯。可是转念一想，和那个小城的军头不一样，韦黯可是朝廷命官，私自斩杀可是死罪，而今立足未稳，还是收买人心最重要。可是斩杀的阵势已经架起，不杀个人也没得面子，于是下令松绑，再把一直跟在刘神茂后边的那个贼头贼脑的助手捆绑起来，一一历数他不服韦黯管束等罪状，之后立即诛杀。那个梦想着紧跟戍主升官发财的副手，还没明白咋回事就掉了脑袋。

于是，侯景就在寿阳城里安心地住了下来，和韦黯成了一家人。而慕容绍宗，他的重点在地不在人，在收复了侯景的九个州失地之后，将矛头转向西魏，去收复被西魏先前占领的四个州去了。

时空论坛

网友甲：小伙伴惊呆了，侯景为何把带路的寿阳戍主的副手杀了？

网友乙：这就是带路党的下场！

网友：那个小城军头好可爱、好可怜呢！

陶渊明：韦黯先生出淤泥而不染，品德高贵，景仰景仰！

韦黯：做人难呢，按孔夫子的准则做人更难，使我的上级恨我，我的下级更恨我！

网友：心痛韦黯一秒钟。

第二章 他们不是一家人

打了败仗后果是什么？胜败乃兵家常事，有胜仗就有败仗，历史上打了败仗的，那结果一般都很惨，被贬官的，被监禁的，被斩首的，被灭族的，不一而足，反正都要被处罚，只是处罚的力度大小不同罢了。侯景深知这个简单的道理，忐忑不安的他，这些天在寿阳认真思考，他那岌岌可危的未来命运。

（一）修书一封

善于思考的侯景决定先下手为强。不是说马上去反攻慕容绍宗，如今他也没这个实力。而是他认真研究分析了梁武帝的心理，认为如今"人为刀俎，我为鱼肉"，必须巩固那个老儿自高自大的心理，否则，等他周边的谋士给他一分析利弊，空无一物的侯景就完了。

于是侯景快书一封，让人送到建康，一定要想方设法呈报给皇上，不能让那个朱异转手。信的大概意思是说，我带领十三州的土地和人民，一片赤胆忠心地被您的光明招引。可是如狼似虎的东魏兵锋太盛，我决定暂避其锋芒，日后一定恢复中原，荡平高澄。如今我打了败仗，请求皇上贬官削爵，接受皇上的任何处罚。

好事多磨，侯景用重金买通了梁武帝信任的一个宦官，梁武帝看了书信，被深深感动。梁武帝想，我的梦是上天的启示，那是不容置疑的；任何伟大的事业都不可能一蹴而就，好事多磨也不奇怪；收留侯景的旨意一旦做出，那就要永远执行，不容更改，于是进一步坚定了收留侯景的意愿。

（二）奏折一本

可是朝堂上清醒的人多着呢，审时度势的人也不少。听说侯景战败，那天再次朝议时，主题自然就到了侯景。

有人说："侯景与他的将士全军覆没了，我们应该为此而担忧。"

太子萧纲："淮河北面又有消息了，侯景一定会免于身亡，并不像人们所传说的那样。"

吏部尚书何敬容："得知侯景终于死了，这实在是朝廷的福分啊。"

梁武帝和太子听完大惊失色，忙问："为什么？"

何敬容："侯景是个反复无常的叛臣，他将会使国家大乱。如果一味袒护侯景，北边的慕容绍宗就在后面，江南恐怕也将成为胡人的天下了！"

站在台下年事已高的光禄大夫萧介，早有准备地抽出奏章，肯定是熬了好多夜才写成的，开始朗读：

"我私下听说侯景在涡阳打了败仗，单枪匹马前来归顺。陛下您不追悔他从前造成的灾难，又赦免并容纳了他。我听说恶人的秉性不会改变，天下的恶人是一样的。昔日吕布杀死了丁原，来侍奉董卓，而最终又杀死了董卓，成为叛贼。刘牢反叛王恭，归附晋朝，但又背弃了晋朝，制造邪恶事端。为什么呢？因为狼子野心，最终也不会有驯服、顺从的秉性。以喂养老虎为例，一定会存在被饥饿的老虎吃掉的祸患。侯景凭借着他的凶狠与狡猾，受高欢的豢养和保护，身居高位独据一方，然而，高欢死后坟土还未干，他就反叛了高氏。只是因为叛逆的力量还不足，他才又逃奔到了关西。宇文泰没有收容他，所以他不得已才投靠了我们。陛下您不拒细流，接纳了侯景，正是为了像汉代在边境上设置属国，安置投降的胡人来对付匈奴那样，欲让侯景来对付东魏，希望他同东魏打仗；而现在侯景既然亡师失地，吃了败仗，那么他便只是边境上的一个平常之人，陛下您舍不得区区一个侯景，却失去了与友好国家的和睦，如果国家还等待他自新之时，晚年效力，我私下认为侯景必定不是晚年效力的臣子。他抛弃家国像脱掉鞋子一样轻率，背弃国君、亲人像丢掉草芥一样容易，他怎么会懂得远慕圣德而来，做我们梁朝的臣子呢！他的所作所为很明显，没有人会感到迷惑。我已经衰老，又受疾病侵扰，本不应该干预朝廷政事。但是楚国令尹子囊在临死时，还叮嘱子庚修筑郢都的城墙，不忘保护社稷。卫国的史鱼将死之时，尚有让儿子置尸窗下进谏卫灵公之举。我身为皇族遗老，怎么敢忘记刘向的一片忠心！"

朝堂众臣都认为德高望重的光禄大夫萧介说得很有道理，我们大梁讲究的是仁义礼智信，讲究的是忠孝，讲究的三纲五常，是天下正朔，和那个反复无常、叛变如家常便饭的侯景肯定不是一家人。梁武帝也很赞赏萧介的一片忠心，但是却不能听从他的忠告。

（三）圣旨一道

海纳百川、包容万象的梁武帝没有听从众大臣的劝告，他再次表现他菩萨皇帝中的菩萨的一面，释迦牟尼都还割自己的肉喂虎喂鹰，安置一个受苦受难的侯景还有什么理由拒绝？何况，榜样的力量是无穷的，

后边过来投降的不就更多了!于是,他让宦官起草圣旨:着侯景原来的官职依然保持;兼任南豫州牧。

南豫州管着寿阳,梁武帝因为侯景的军队刚刚被打败,不忍心把他调动,就让他在那里好好休整算了。至于南豫州原先的州长鄱阳王萧范,就让他挪个窝,任命为合州刺史,去镇守合肥算了。

看吧,打了败仗,也不一定都很惨,侯景就未受到任何处罚。他还以镇守好南梁边关为名,不断地向梁武帝要钱要粮,梁武帝好人做到底,一一满足了他的要求。

时空论坛

网友:侯景明明写信要求处罚,可梁武帝为何反其道而行之?不合常理呢!

弗洛伊德:这是梁武帝本我的释放,潜意识的声音,原始人的来信。

网友:南梁还是有许多清醒之人,看人挺准的,比如那个萧介和何敬容。

萧介:当然了!敢以敬容残客待,深蒙范叔故人怜。

网友:听说史书上有"藏盾之饮,萧介之文,即席之美也"?

梁武帝:那次我设宴,饮酒赋诗助兴,藏盾赋诗不成,罚酒一斗,一饮而尽,面色不变,言笑自如。萧介落笔成文,文辞尽美,故有此说。

网友:厉害了我的哥!

第三章 我们永远一家人

国和国之间有深不可测的坎,双方的矛盾越多,双方的战事越激烈,两国之间的坎就越深。人和人之间也是这样,有些人天天在一起,或是同学,或是战友,或是同朝为臣,或是同床共枕,但他们之间心理上的鸿沟,丝毫不输于两国之间的深渊。如今的东魏和南梁,如今的高澄和梁武帝,就是这样。但高澄已经在战场上找回了面子,要实现自己下一步的战略目的,就必须迈过这些坎。

(一)没有过不去的坎

高澄如今最憎恨的人就是侯景,虽然收回了十三州的土地,但他要的是叛徒的脑袋,在斩杀了侯景的部分亲属之后,他肯定还没有解恨,但也不能指望慕容绍宗了,那个奴才!竟敢私放仇敌!如今他正在和西魏拼杀,临阵杀将是犯大忌的,得另辟蹊径才行。

经过左右军师的参谋,高澄觉得还是应该和平。是啊,此前和南梁都和平共处了十多年,绝对亲得犹如一家人。就被那个侯景一朝打乱了我们的和平大局,不能让侯景那小子牵着鼻子走,是时候再次和南梁成为一家人了。早在东魏武定五年（547年）四月二十八日，高澄还没有派出讨伐大军，就先派出了散骑常侍李系前往南梁访问，共叙传统友情，通报侯贼丑行。但效果不理想，结果只好兵刃相见。此后，大将军高澄又多次派人送交国书，低声下气地再次请求与南梁通和、友好，一时半会儿没转过弯来的梁武帝，想到已经和高澄撕破了脸皮，还有此前那封气得吐血的檄文在，就一直没有允许。

此路不通就再找一路，肯定没有过不去的坎。高澄于是找来那个被优待的俘虏萧渊明，吃了我家的饭就要长肉给我家看。

高澄：“先王与梁主和睦相处，有十多年了。听说他拜佛的文字中写着，为魏国国主奉佛，同时也提到先王。这是梁主的真情厚意，没想到一朝失信，竟导致如此纷乱。我知道这并不是梁主的本意，一定是侯景煽动罢了。我们应该派遣使者去商讨一下，如果梁主没有忘记旧日两国之间的友好关系，我也不敢违背先王的意愿与梁朝为敌。我会立即遣返留在北方的人，侯景的家属也会同时得到遣返。”

木偶萧渊明按指示派遣侍从夏侯僧辩向梁武帝呈递了当然被高澄审核过的奏书，声称：“勃海王高澄是宽宏大量、十分厚道的长者，如果梁朝再次与东魏恢复关系友好的话，高澄会允许我回到梁朝的。”

梁武帝看到萧渊明的启奏后，流下了眼泪。便与朝中大臣们共同商议此事。宰相朱异早已收到了高澄和萧渊明送来的厚礼，联合一帮御史中丞等人说：“平息敌寇，安息百姓，讲和对于我们来说确实很好。”

只有通事舍人傅岐认为：“高澄为什么要和我们讲和？这一定是他设下的离间计，之所以让贞阳侯萧渊明派来使者，目的是想让侯景自己产生猜疑。侯景的心神不定，心里不安宁，就一定会图谋再次叛乱引起灾祸。

如果您答应与东魏友好往来，就正好堕入了高澄的圈套，中了他的奸计。"

宰相朱异等人固执地主张应该与东魏和好，梁武帝也厌倦了战争，于是便同意了朱异的意见，赐给萧渊明一封信，信上说："知道高澄大将军待你不错，我看了你的奏折，心里感到很宽慰。自当另外派遣使者到魏国，以便重新建立两国之间的和睦友好关系。"

（二）真有过不去的坎

侯景知道目前南梁朝堂上，拥护自己的人不多，出卖自己的人不少，为了防止不明不白地被出卖，就在南梁去东魏的必经之路上设置了几道关卡，一定要让求和的使者过不了这道坎。刚好夏侯僧辩返回东魏，就被关卡捉住了。侯景也不管是朝廷命官，便拘捕了他，一阵乱棍拷打，皮开肉绽的夏侯僧辩只好把一切都告诉了侯景。

侯景于是写了一封回复萧渊明的书信，以梁武帝的口吻告诫萧渊明，让他注重收集东魏的情报动向，要身在曹营心在汉，时时站稳立场云云。

之后让王伟苦口婆心地向梁武帝陈述启奏说："高氏心理十分恶毒，北方人民对他怨恨至极。天遂人愿，高欢终于死去。他的儿子高澄继承了父亲的恶毒，灭亡的时间已经屈指可待。高澄侥幸打胜了涡阳战役的原因，正是上天要让他狂欢，让他飘飘然，促使他恶贯满盈。高澄的行为如果合乎天意，没有心腹大患，又为什么要急急忙忙地捧璧求和呢？还不是因为西魏的军队卡住了他的咽喉，柔然的军队在他的背后步步紧逼，所以他才用甜言蜜语、丰厚的钱财，来换取同我朝之间关系的安定。我听说'一天放纵敌人，就会成为几代人的祸患'，您何必要怜悯高澄这小子，而背弃亿万人民的心愿呢！我私下认为北魏安定强大的时期，莫

过于天监初年，但钟离战役，南梁却将他打得片甲未回。当其强大之时，陛下尚且还讨伐并战胜了它，现在东魏力量薄弱了，您反而顾虑重重与它讲和。我虽然比古人才疏学浅，但是，我的忠心却和他们一样。我知道高澄是忌恨我投奔梁朝，就像忌恨贾季投翟，随会奔秦一样。他请求讲和结成盟国，只是希望除掉他的心腹之患。如果我死了能对国家有益，我万死不辞。只恐怕千百年后，在史册上留下陛下的污点。"

侯景又写信给朱异，言辞恳切，论据充分，并赠给朱异三百两黄金。朱异再次收下了侯景的钱财，当然和从前一样没有把侯景的奏折向梁武帝呈递。

（三）必须过了这道坎

怀着一颗大慈大悲宽宏大量的心，梁武帝派遣使者到东魏，一边拜访慰问高澄，一边祭拜吊唁高欢。当然，使者又被侯景挡住，由于没有搜到信件，理由又光明正大，侯景就不敢硬拦，放行后侯景又让参谋王伟再次掏心掏肺地向梁武帝奏说："我与高氏父子之间的嫌隙和仇恨已经很深，我仰仗您的威灵，期待着报仇雪耻。现在陛下又与高氏修好讲和，让我何处安身呢？请求您让我再次与高澄交战，来显示梁朝的皇威！"

梁武帝写信回答侯景说："我与你之间君臣大义已定，怎会有你打了胜仗就接纳你，打了败仗就抛弃你的道理呢？现在,高澄派遣使者来求和，我也想停止干戈。应该进还是应该退，国家有正常的制度，你只管清静自居就行了，无须费心去考虑这些！"

侯景又向梁武帝启奏说："我现在已贮备了粮草，聚集了士兵，喂饱了战马，锋利了武器，不日便可收复北方。我不能出师无名，所以希望陛下您能为我做主。现在陛下把我放弃在外，南北双方又开始互相沟通，只怕微臣的性命，将难免死在高澄之手。"

梁武帝又写信给侯景说："我是大国之君，怎么可以失信于人呢！我想你深深知道我的这番心意，你不必再启奏了。"意思就是，我们一起，必须把这个难过的坎过了。

时空论坛

网友：才在对战，马上和好，何其快也！

作者：梁武帝其实不想打仗，此前已和平了很多年，这次收留侯景，是他好大喜功目空一切的表现，之后发现心底里还是厌倦了战争。

网友：有点绕呢，坎到底过了没？

网友：侯景就是个叨叨客，反复上奏，好烦哦！

魏收：那是竭泽之鱼的恐惧。

第四章　确实不是一家人

人在什么时候最恐惧？掉在水里即将淹死的时候。那时候你孤立无援，回岸无力，汹涌的波涛一心想把你吞没，你满眼指望的，只是那根救命的稻草。

本来很会游泳的侯景如今废掉了武功，他在南梁这满是惊涛骇浪的长江里苦苦寻求那根救命稻草。想想他的十三州，想想他的百万草民，想想他的十万大军，这些都灰飞烟灭。而今，落毛的凤凰不如鸡，但是生活还要继续，得赶快去寻找那根稻草。

（一）先试探

那些梁武帝的再三保证，侯景也不敢太当真。两国交往，利益优先，为了一颗人头，有什么事做不出来？以前和高欢在战场上出生入死，发过多少誓？可高欢一死，马上就要来索命！

为了试探梁武帝的真实想法，侯景和王伟一参谋，于是假扮一个东魏的使者，拿着假造的一封来自东魏都城邺城的书信，信中写道要用贞阳侯萧渊明交换侯景。梁武帝打算答应这一要求。

通事舍人傅岐说:"侯景穷途末路,才投奔梁朝,舍弃他恐怕不吉祥。况且侯景也身经百战,他怎么肯束手就擒呢!"

宰相朱异及一帮大臣说:"侯景是败军之将,用一个使者就能把他召回来。"

梁武帝听从了宰相朱异的话,给邺城斩钉截铁地回信说:"贞阳旦至,侯景夕返。"

当然这封信马上被侯景看到了。侯景伤心地对左右的人说:"我就知道这个老家伙是个薄情寡义之人!"

王伟对侯景劝说道:"现在,我们等着听候梁国安排也是死,图谋大业也不过一死,希望大王您考虑一下这件事!"于是侯景再次横下心来:造反!

造反要一步步地来,尤其对于只有八百人的侯景来说,条件未成熟时首先要保密。于是将寿阳城内所有的青壮年居民,都招募为军队的士兵,一下子就扩充到八千人。立即决定收取的市场税及田租不再上交朝廷,用作军资。为了笼络军心,激励士气,又将防区内的所有百姓之女,全部赏赐给将士们。一时间寿阳城内人头攒动,军情振奋,大家开始苦练杀敌本领。

(二)广积粮

蒙在鼓里的梁武帝又派遣高级别官员建康令等人到东魏去聘问,正式恢复从前的友好关系。

侯景也不是省油的灯,知道梁武帝的真实想法后,在还没有公开撕破脸之前的黄金时间,就以守卫前线为名,不断地提出要求要钱要粮的要求，好面子的梁武帝都未曾拒绝过他。之后侯景请求梁武帝，要娶王家或谢家的女子为妻。要知道南梁遗传了魏晋的门阀制度，王谢是江南一等一的贵族，那时王谢堂前燕，不入寻常百姓家。

梁武帝说："王和谢门第高贵，你与他们不相配，你可以从朱、张以下的家族中寻访、聘娶。"

侯景心中十分怨恨说："将来，我要让吴人的女儿许配给奴仆！"

他又向梁武帝启奏，要求朝廷赐给他一万匹锦缎，给官兵制作战袍。宰相朱异赶紧和稀泥，建议给侯景一万匹青布。侯景又以武器不精良为理由，向梁武帝启奏请求派来锻造工人，打算再营造一些武器，早已停止思考的梁武帝也一一答应。

（三）找内应

不管是八百人，还是八千人，要造反打到建康，那都是以卵击石。侯景于是又和王伟密谋，觉得最好找一个可靠的内应，他们翻了南梁的干部名册，终于眼前一亮，就是他了！

大梁干部履历表

姓名：萧正德（字公和）

出生时间：504年

籍贯：南兰陵人

出身：南朝梁宗室大臣，梁文帝萧顺之之孙，梁武帝萧衍之侄，初为梁武帝养子，太子萧统出生后，回归本宗。

任职经历：525年授黄门侍郎，兼轻车将军。曾经投奔北魏，次年回朝。532年授信武将军、吴郡太守，迁侍中、抚军将军，封临贺王。

侯景此前暗中探知，临贺王萧正德，无论到哪里都贪婪残暴，不遵守法令，多次受到梁武帝的怪罪。因此萧正德心里对梁武帝十分愤恨。他暗中豢养一批肯为他效忠的敢死之人，储存粮食，积攒财物，希望家里发生意外事变。

侯景知道萧正德的心意。萧正德在北方时与徐思玉是知己，侯景于是便派此时的助手徐思玉给萧正德送去了一封书信。信上说："现在天子年纪已大。奸臣乱国，依我看梁朝没有多少日子就会出现灾祸，遭到失败。大王你本是君位的继承人，中途却被废黜，四海之人都归心于您。侯景虽不聪敏，实在想亲自为您效劳，希望大王您答应百姓的要求，上天可鉴我的诚心！"

萧正德喜形于色地说："侯公的心愿，正好与我相同，这真是天授我也！"

于是给侯景回信说："朝廷中的事，正如你所讲的那样，我有这个打算已很久了。今天，我在朝廷里面，你在朝廷外面，我们相互呼应，一定会成功！事不宜迟，现在正是好时机。"

（四）绝言路

梁武帝既然没有采纳侯景的意见，与东魏友好往来，和睦相亲，这以后，侯景写给梁武帝的奏折态度渐渐不恭傲慢起来。后来他又听说建康令等人出使东魏，心里反叛的念头就更强烈了。那个整天无所事事的元贞，知道侯景对梁朝有异心，多次向侯景请求返回朝廷。侯景对元贞说："黄河北边的事虽然没有成功，长江以南又何必担心会失掉呢，何不稍稍忍耐一下！"元贞听后十分恐惧，终于在有天夜里找个机会逃回了建康城，把这些事都告诉了梁武帝。梁武帝任命元贞为始兴内史，也没有再追问侯景这些事。

鄱阳王萧范秘密启奏梁武帝，告诉他侯景要密谋反叛。当时，梁武帝把有关边境方面的事全都委托给了朱异，边境有什么动静都直通朱异。朱异对萧范本来就有很大成见，仗着自己皇室血统，既不主动来亲近，也不暗地里送礼，朱异安排个事情，招呼个人事，他还爱理不理！现在他急吼吼地一天三封信，朱异当然认为萧范所说的一点道理都没有。梁武帝于是让朱异给萧范回信说："侯景孤单一人，境况危险才寄身于我们。这好像是刚出生的婴儿要仰仗人的乳汁来哺育一样。由此看来，他怎么能反叛呢！"

萧范再次向梁武帝陈述了侯景谋反的具体事实，之后哀求说："如果不早些把他消灭，就会给江南的百姓带来灾祸。"

朱异代替梁武帝轻蔑地回答说："朝廷对这件事自有处置，你不必再过多忧虑此事了。"

萧范还是不甘心，又请求梁武帝动用自己合肥的军队去讨伐侯景，

梁武帝听从朱异的意见，就当然没有同意。朱异对萧范的使者说："鄱阳王安的什么心，竟不允许朝廷养一个食客！"从此以后，萧范给梁武帝的奏表，朱异便不再为他呈递梁武帝，有时自己也难得看了。

侯景邀北司州刺史一同反叛梁朝，刺史拘捕了侯景的信使，并把这件事报告了朝廷。朱异说："侯景的反叛军队只有几百人，能有什么作为！"梁武帝命令把侯景的信使送到建康的监狱里，不久，又释放了他。侯景更加肆无忌惮，向梁武帝启奏说："如果我的事是事实，我应该受到国家法律的制裁。如果我能承蒙你的关照和详察，请您杀掉北司州刺史！"

侯景又启奏说："高澄为人十分狡猾，怎么可以完全相信他的话！陛下听信了他的谎言，力求与他和好，我在私下里对这件事也感到很可笑。我怎敢冒粉身碎骨的危险，投身我的仇人高澄呢，请求您将长江西部的一块地区，划归我控制。如果您不答应我—这要求，我就统率兵马，来到长江之南，杀向闽、越地区。这样，不仅朝廷蒙受耻辱，也会使王公大臣们顾不上吃饭。"

梁武帝让朱异替他向侯景的信使回复说："比如一个贫寒家庭，蓄着十个、五个食客，还要让他们满意，我就只有你一个食客，还招致你说出这些愤慨的话，这也是我的过失啊！"这之后，梁武帝对侯景的赏赐就更多了，赏给他许多鲜艳华美的彩帛及钱币，信使往来不断，道路相望。

（五）清君侧

已准备充分的侯景在寿阳反叛。他以杀掉宰相朱异等三人为借口，以清君侧的名义，反叛梁朝。朱异等人由于为人奸诈、善于花言巧语阿谀奉承，骄奢削淫逸而又贪婪，欺骗梁武帝、玩弄权术，被当时的人所痛恨，因此侯景以此为借口起兵叛乱。徐驎、周石珍掌管市场，商人对其极为畏惧，此二人做事十分苛刻，老百姓都非常憎恨，朱异与他们的关系尤其亲昵，世人俗称"三蠹"。因此，侯景以清君侧为号召，和其他历代的反叛者一样，还很能引起老百姓的共鸣。

时空论坛

网友：梁武帝开始信誓旦旦，怎么突然就变卦了？

侯景：还好我崛起于最低阶层，深知政客们的保证，不可信赖。

网友：那个朱异太不像话，拿人钱财，替人消灾，朴素的道理都不懂！

网友：有钱就是任性。

胡三省：他两眼只看到黄金，没有看到灾祸，并且他认为根本就没有灾祸。

网友：那么多人上奏侯景谋反，事实确凿，萧衍怎么就不信呢？

作者：最开始侯景认为和南梁是一家人；之后南梁有大臣认为侯景和南梁不是一家人；之后高澄认为东魏和南梁应该成为一家人；之后侯景认为他和南梁确实不是一家人。

第四卷

清君侧

彼奸逆之炽盛,久游魂而放命。大则有鲸有鲵,小则为枭为獍。负其牛羊之力,肆其水草之性;非玉烛之能调,岂璇玑之可正。值天下之无为,尚有欲于羁縻。饮其琉璃之酒,赏其虎豹之皮;见胡柯于大夏,识鸟卵于条枝。豺牙密厉,虺毒潜吹。轻九鼎而欲问,闻三川而遂窥。

——《哀江南赋》节选 庾信

第一章 诛朱异

　　什么叫奸臣？很简单，就是指有弄权误国、贪赃枉法、结党营私、闭塞贤路、里通外国、揣摩圣意、阴谋政变等行为之臣，如庆父、赵高、梁冀、董卓之流。也很复杂，一是由谁来定的问题，一些大臣老百姓都早已认定是奸臣，可皇帝却是信任得很，否则也不可能许多奸臣都是权臣，皇帝时刻也离不开。二是时间检验的问题，真理也不一定都掌握在多数人手中，当时朝野群情激愤众口喊杀的奸臣，经过云遮雾绕层层谜团后，那人却可能最是忠贞的。这次来势汹汹的侯景就是高举杀奸臣的旗帜，弄清楚朱异的忠奸，于人于己都十分重要。

（一）马屁必须拍

　　其实朱异也是很有才能的。他21岁那年，经推荐受到梁武帝的召见，向梁武帝讲述了《孝经》和《周易》后，梁武帝很高兴对左右说："朱异实异。"梁武帝对《五经》也很爱好，而且相当精通。共同的兴趣爱好，使这对君臣很快就建立起了相当密切的关系。不久，梁武帝任命朱异担任中书通事舍人，成为事实上的宰相。梁武帝对朱异的宠信，几十年丝毫不衰,到后来,甚至唯朱异之言是听,把朝政也交给他处理了。"异代掌机密,其军旅谋谟,方镇改换,朝仪国典,诏诰敕书,并典掌之。"当然,最紧要的,是要和在文学上具有极高造诣的梁武帝对得上话。一天,他们一起郊游,梁武帝即兴作诗一首:

江南弄

众花杂色满上林。

舒芳耀绿垂轻阴。

连手蹀躞舞春心。

舞春心。

临岁腴。

中人望。

独踟蹰。

朱异马上应景和诗一首:

田饮引

卜田宇兮京之阳,面清洛兮背修邙。

属风林之萧瑟,值寒野之苍茫。

鹍纷纷而聚散,鸿冥冥而远翔。

酒沈兮俱发,云沸兮波扬。

岂味薄于东鲁,鄙密甜于南湘。

于是客有不速,朋自远方。

> 临清池而涤器，辟山牖而飞觞。
>
> 促膝兮道故，久要不兮忘。
>
> 间谈希夷之理，或赋连翩之章。

又有一次，站在建康城楼，望着滔滔长江水，梁武帝诗兴大发，挥毫立就：

河中之水歌

> 河中之水向东流，洛阳女儿名莫愁。
>
> 莫愁十三能织绮，十四采桑南陌头。
>
> 十五嫁为卢家妇，十六生儿字阿侯。
>
> 卢家兰室桂为梁，中有郁金苏合香。
>
> 头上金钗十二行，足下丝履五文章。
>
> 珊瑚挂镜烂生光，平头奴子擎履箱。
>
> 人生富贵何所望，恨不嫁与东家王。

这得有准备！朱异假装想了想，念出此前秘藏的诗：

还东田宅赠朋离诗

> 应生背芒说，石子河阳文。虽有遨游美，终非沮溺群。
>
> 日余今卜筑，兼以隔嚣纷。池入东陂水，窗引北岩云。
>
> 槿篱集田鹭，茅檐带野芬。原隰何逶迤，山泽共氤氲。
>
> 苍苍松树合，耿耿樵路分。朝兴候崖晚，暮坐极林曛。

凭高眺虹霓，临下瞰耕耘。岂直娱衰暮，兼得慰殷勤。

怀劳犹未殚，独有望夫君。

虽然不太对题，但本来就不能盖过老大的风头，要让领导经常给你找到一些小错误最好。

除了爱好相投兴趣一致外，朱异还深刻理解梁武帝的为人。对自己的"骨肉"，一向是十分"恩爱"的。为了"骨肉恩爱"，他可以放任他的兄弟子侄对老百姓吸膏吮血、巧取豪夺。只要是梁武帝的"骨肉"，就是临阵脱逃，甚至投敌，也是不办罪的。比如他的兄弟萧宏临阵脱逃，就没有办罪；侄子萧正德投敌后又逃回来，梁武帝也只是哭着教训了一番，就给他恢复了爵位。还有他的儿子萧综在前线指挥作战，临阵向魏军投降，不惜冒称自己是被萧衍所杀的齐东昏侯萧宝卷的亲生子，为此北魏还给萧综许配了寿阳公主，封徐州刺史。梁武帝在一阵惊骇之后，绝了他的属籍，但不久，这个逆子还是被饶恕了。梁武帝"溺爱"自己的兄弟子侄，朱异是十分清楚的。和东魏言和，萧渊明就可以被放回来，他固执己见，坚持同意和谈，显然是为了讨好梁武帝。只要能博得皇帝的好感，朱异是会把皇帝的家事放在国事之上来考虑和处理的。梁武帝果然采纳了他的意见，朱异的马屁又一次拍成功了。

（二）礼物必须收

当宰相开支太大了！

如今什么都要钱，诸多开支还不能报销，而工资只有可怜的那么一点点，在奢侈攀比成风的南梁，不想办法搞点收入，那就只能与丐帮为伍了。其实办法也不用自己想，如今只要有权，自然就能吸引各路钱财疯狂投奔。于是他"贪财冒贿，广受馈遗"；"四方饷馈，曾无推拒，财货充积，产与巨富相埒"。他生活奢侈，穷奢极欲，起宅东陂，穷乎美丽；"其中有台池玩好，每暇日与宾客游焉"。他"好饮食，极滋味声色之娱，子鹅鱼鳅不辍于口，虽朝谒，从车中必赍饴饵"。然而"性吝啬，未尝有散施，厨下珍羞恒腐烂，每月常弃十数车，虽诸子别房也不分赡"。

侯景此次高举杀奸臣的旗号，有一半也是朱异所逼。从当东魏的河南王开始，侯景就开始给朱异送礼。是啊，虽然是东魏的地盘，是高欢派出的心腹，但要在无险可守的河南站稳脚跟，光靠战场上的一味拼杀也不行，自己的力量也会越拼越少的，有时还得靠两手抓，东西魏在和柔然、突厥打仗的同时，也时不时地送上金钱、公主，就是这个道理。投降南梁后，那更是有什么奇珍异宝，都首先送给宰相朱异，为的是请他在梁武帝面前美言几句。但是这个可恶的朱异，他是礼照收，事不办，从一开始就吃定侯景了，以致信息不对称，决策不对路，终于将才造反的侯景再次逼反。

（三）官威必须耍

当然当了那么大的官，肯定就要摆摆威风，讲讲排场。朱异和宾客好友在城外的家中喝酒取乐至黄昏，要回台城又怕城门关了，"乃引其卤簿自宅至城，使捉城门停留管龠，既而声势所驱，薰灼内外"。

他为人也十分骄踞，连世家大族王公贵戚都不放在眼里。有人劝他不要采取这种态度，他说："我是寒士，好不容易达到现在的地位，我如果不轻视他们，他们反会看不起我。"他为了固宠，对那些竞争对手，则采取排挤打击、玩弄阴谋的手段逼其离位。如中大通年间，有一个叫徐摛的人，很得梁武帝欢心，"帝甚加欢异，更被亲狎、宠遇日隆"。朱异便不高兴了，觉得徐摛对自己的威胁很大，是一个潜在竞争对手，不把他赶走，自己的地位就难以保住。他对自己的亲信说："徐叟出入两宫，渐来见逼，我须早为之所"。他于是找准一个机会，对梁武帝说："徐摛年纪大了，又生性爱好山水，他想到一个风景优美的地方去做郡守，以颐养天年。"梁武帝以为徐摛真是这样想的，乃召摛曰："新安大好山水，任昉等并经为之，卿为我临此郡。"把徐摛弄到地方上做官去了，朱异才心安。

他居权要三十多年，威震内外，"在朝莫不侧目，虽皇太子亦不能平"。他不但在生前官运亨通，"历官自员外常侍至侍中，四官皆珥貂（帽子上插貂尾为饰）；自右卫率至领军，四职并驱卤簿（外出有仪仗队开路），近代未之有也"。他死后，在梁武帝已觉察到了他的为人的情况下，梁武帝仍悼惜不已，"诏赠尚书右仆射"。本来宰相是不能作为赠品送人的，但因梁武帝听说朱异平生的抱负就是想做宰相，为了满足朱异这一愿望，梁武帝于是破例诏赠他尚书右仆射。从这件事可以看出，梁武帝被朱异吹拍迷惑的程度有多深！

（四）奸臣必须杀

"清君侧"的口号快速传到建康，朱异也感觉到四周如芒刺背、杀气腾腾。为人耿直的傅岐与朱异私交还不错，就劝告朱异说："你掌握朝政大权，得到的荣誉和受到的宠幸如此之多，近来传闻都是些污秽狼藉之事。如果让圣明的君主发现以后明白过来，你能免于罪责吗！"朱异回

答说:"外面对我的诽谤和玷污,我很久以前就知道了,如果我心里没有惭愧,又何必忧虑别人讲些什么呢!"傅岐事后对别人说:"朱异快要完了,他仗着自己能巴结奉承来求得欢心,肆意为自己狡辩,拒绝别人的劝告,他听到灾难要降临而不怕,知道自己的罪恶,却不思改悔,上天要惩罚他,他如何还能活得长!"

当然,建康老百姓的心理,是一百个乐意要清君侧杀朱异的,但他们没有表决权,也不敢表达。朝堂上一众大臣虽然眼光异常,虽然苦朱异久矣,但在梁武帝未表态之前,谁也不敢说出来。梁武帝倒是淡定得很,对待朱异没什么两样,反正他早已认定,要排朝堂上奸臣的顺序的话,众大臣数完,倒数第一的才是朱异。看来,诛朱异也只是侯景一厢情愿罢了。

时空论坛

网友:这首《江南弄》没读懂呢!

苏轼:小子,《江南弄》共七首,在中国文学史上有重要地位,这是词体的起源,是为适应新的音乐形式(即佛曲或胡吹旧曲)而刻意求变的结果。

诺贝尔:地位这么重要,应该颁个诺贝尔文学奖!

网友:看来当奸臣也不容易,必须要有很好的文采才行。

朱异:小子,一天光上网打游戏玩手机,可有理想?

网友:跟你一样,子鹅鱼鳅,珥貂锦衣,吃得好,穿得好。

朱异:理想应该更高尚些!

网友:那就,吃得更好,穿得更好!

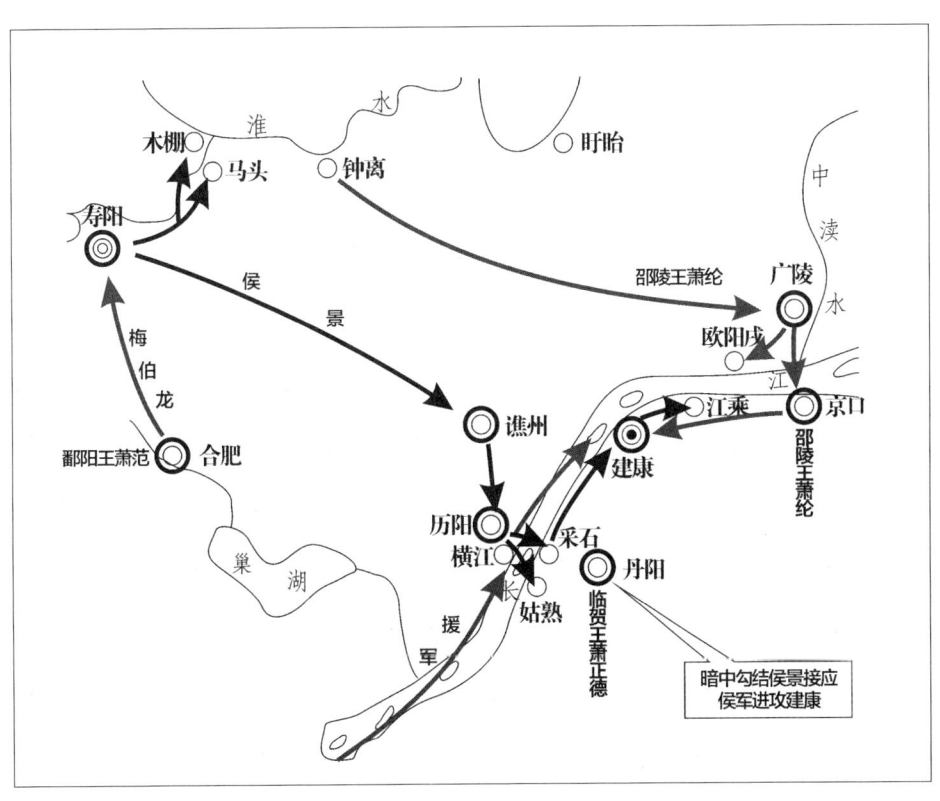

第二章 走单骑

八百人对战五十万人，结果会如何？当然不会有任何悬念，五十万人的口水都会将八百人淹死。走投无路的侯景所面对的现实就是，南梁至少有五十万大军，要造反真的不可能。但侯景也就是个普通人，和芸芸众生一样，什么远大理想，什么宏伟目标，什么美好蓝图，什么远景规划，统统滚一边去吧！他现在只想要的是——活着！那些宁为玉碎不为瓦全的高尚情操，历来只为少数冰清玉洁者所拥有。侯景可是最普通最现实的一员，经历无数血雨腥风的他知道，即使再小的夹缝，也有一丝阳光透过来，当然可以努力求生；生活就是要把不可能变成可能，把可能变成无限可能。这个成王败寇的世界很残酷很现实，侯景一直告诉自己，哪怕遍体鳞伤，也要活得漂亮。

（一）四面包围

梁武帝早就看不起侯景了。还是河南王，苦心经营河南十多年，占有十三州之富，拥有百万民之巨，率军十多万之众，结果几仗下来，就被慕容绍宗那小子追得无立锥之地了！实践是检验真理的唯一标准，这侯景就是个扶不起的阿斗，真正的草包一个，所以以后侯景上的奏折他都懒得理了。要不是还有那个真切的梦境在，有那个虚幻的榜样在，有那些此前的承诺在，梁武帝早将他收拾了。现在，他还真的自不量力，居然就造反了！

八月十四日，梁武帝听到侯景真的反了，不以为意地笑着说："这个人能干出什么！我顺便折一根木条就能鞭死他。"梁武帝于是下令悬赏，能杀掉侯景的人，封为三千户公，并授予州刺史之职。之后，心心念念地去礼佛去了。

朝臣们都知道，如今梁武帝的崇佛早就变成了佞佛，哪怕才派萧渊明出去丢了十万大军，哪怕侯景正在造反，哪怕那个胶州的李贲造反早已登上了皇位，也没有什么力量能阻挡他礼佛的步伐。隆重地礼了两天佛，十六日，梁武帝记起还有侯景造反这档子事，于是漫不经心地上朝，开始游刃有余地下诏，任命合州刺史鄱阳王萧范为南道都督，北徐州刺史封山侯萧正表为北道都督，司州刺史柳仲礼为西道都督，通直散骑常侍裴之高为东道都督，侍中开府仪同三司、邵陵王萧纶持节监督各路军队以讨伐侯景。这些州都围绕在寿阳四周，都拥有重兵，给你来个东南西北四面包围，谅你侯景也插翅难飞！

（二）直捣黄龙

南梁打不赢如狼似虎的有十万众的"百保鲜卑"，但收拾侯景的可怜的八百人还不在话下。面对东南西北铁桶似的包围，越来越小的夹缝如何寻求生存之道？

毫无意外，侯景再次找来王伟商量。这个王伟确实不简单，北齐文

林馆记载：

伟学通《周易》，雅高辞采，仕魏为行台郎。景叛后，高澄以书招之，伟为景报澄书，其文甚美。澄览书曰："谁所作也？"左右称伟之文。澄曰："才如此，何由不早使知邪？"伟既协景谋谟，其表、启、书、檄，皆为其所制，军政方略，皆伟创谋也。

虽然战事日紧，王伟看起来却胸有成竹，那天倒有闲情作了一首诗：

在渭阳赋诗

平明听战鼓，薄暮叙存亡。

楚汉方龙斗，秦关陈未央。

侯景可是心急火燎，没工夫听他吟诗："如今四面将围，以城内八百众敌之，先生以为如何？"

王伟："苦守寿阳，终将灭亡。"

侯景："北边高澄那小子，肯定容不下我；那黑獭宇文泰可是势利眼，肯定更不会收留！"

王伟："君之活路，还是在南方。"

侯景："战鼓声日近，守城是死，突围往何方？"

王伟："将军如今没有本钱和包围之军打消耗战，何不棋行险着？"

侯景："愿闻其详！"

王伟："不入虎穴，焉得虎子？兵在外，建康一定空虚。"

侯景："先生让我直捣建康？"

王伟："兵贵神速，悄无声息，且有内应。只有这步是活棋。"

既然生存的裂缝已经找到，于是，梁武帝的四个方面的包围军还未到达，八月十八日，侯景就派兵虚张声势地先往寿阳西攻马头，又派部将宋子仙大张旗鼓地攻寿阳东的木栅，生擒戍主。九月二十五日，侯景命他的表弟、中军大都督守寿阳，让自己的心腹八百人陆续出城，到一个偏僻的地方汇合，自己声称狩猎，带领左右骨干，悄悄溜出了寿阳城。

（三）兵不血刃

寿阳和皇城建康其实挺远的，中间有许多重要关口。如合肥，如北徐州，如东城，如南谯州，这样的关隘还有许多，如今都已整兵戒严；最重要的关口是长江，"滚滚长江东流水，浪花淘尽英雄"，似曹操那样的英雄败走长江的还有很多很多。侯景按照王伟的指点，到郊外和八百壮士汇合，开始招兵买马，那一带的青壮年全部充军。按照约定，到十月二日，大将军任约带领四千人陆续出城前来汇合。十月三日，侯景扬言前往攻取合肥，鄱阳王萧范带领三万人连忙半路赶回州城固守，在合肥耐心地等待侯景前来自取灭亡。

两点之间什么最短？当然是直线，这点不用老师教侯景都知道。合肥太远，不在寿阳去建康的直线上，谯州才在。侯景听说谯州兵多粮丰，城坚池固，攻城肯定不易，正在苦苦思索攻城的法子，突然城门大开，谯州助防董绍先就跪于脚下投降了侯景。还吃惊地张着大嘴的侯景，像做梦一样赶紧领军入城，立即拘捕了谯州州长丰城侯萧泰。

原来萧泰是鄱阳王萧范的弟弟。他以前曾担任中书舍人，花费了大量钱财贿赂朱异等达官贵人，被破格提拔为谯州刺史。到了谯州，他最大的兴趣，就是整天被大轿抬着到处看稀奇，于是到处征发民夫，用二十人为他抬着丈八大轿，由十位美女手持障尘蔽日的芭蕉扇，以及华盖雨伞等器物。不论是高门士族还是庶族奴婢，如果谁耻于给他抬轿打扇这些事，就会遭到木棍的加重毒打。谁多送钱财给他，就可以免除劳役。加上深不见底的搜刮，谯城的人们都希望天下大乱，现在，救苦救难的菩萨终于来了，那还等什么呢？

意外地占领谯城，连侯景都有点不敢太相信，但这也给他巨大的勇气和信心。现在直线走了一半，打到长江边除了一些不用担心的小城戍所外，还有一场大仗绕不开，那就是长江北岸的历阳郡。

在谯州休整了三天，一边招兵买马，一边屯粮收税。这时侯景既然是救世主，那就要有个神的样子，一时军令整齐，秋毫无犯，不拿群众一针一线。之后赶紧急行军，十月二十日，侯景向历阳太守庄铁的军队发动了进攻。确实侯景的新兵很多，老兵一时还舍不得用，一时还没想出攻城的计策，那前一波攻城的有些连兵器都没拿的新兵还没蹽到城门，没想到庄铁就高举白旗，率领全城军民隆重地投降了！

才投降肯定要争取立功，庄铁一边跪地给侯景敬酒，一边给侯景献计："国家连续安定许多年了，人们都已不习惯作战，听说大王您起兵，朝廷内外都感到很震惊和害怕。大王应该乘机迅速逼近建康，那样，不经过流血打仗就能取得成功。如果让朝廷渐渐有所防备，朝廷内外也稍稍安定一些，只要派遣一千名瘦弱的士兵守卫采石，大王纵有百万精锐，也不能成功。"

侯景心头一笑："英雄所见略同！"

侯景于是留下少量部队守卫历阳，让庄铁担任向导，带领军队迅速来到了长江边。宽阔的波涛奔涌的长江对面，就是采石了！

时空论坛

网友：真看不懂，侯景都还没真正打着仗，就攻到了长江边，运气太好了！

杜牧：呜呼！灭六国者，六国也，非秦也。族秦者，秦也，非天下也。……秦人不暇自哀，而后人哀之；后人哀之而不鉴之，亦使后人而复哀后人也。

网友：直捣黄龙，王伟参谋得太好了！

网友：导航再好，给的是方向；导师再好，给的是引领；平台再好，给的是机会。关键还在于自己的行动！

网友：两点之间直线最短，我们初中几何才知道呢！

祖冲之：那时他们正在打仗，我已经计算出了圆周率，精确到了第七位小数，他们当然已经知道直线最短的道理了。

第三章 战采石

梁武帝及南梁的王公大臣还没回过神来,侯景已经攻到长江对岸了,建康的气氛骤然紧张。是啊,从寿阳到谯州到历阳,相距六百里,中间那么多城池关卡,横亘着二十万军队,就是二十万头猪放在那里,侯景也不可能那么顺当啊,只二十五天的时间,他就饮马长江了,梁武帝差点就在金碧辉煌的众菩萨面前晕过去了。

(一)不过江

长江天险,险要必争之地不过数四:位于今安徽和县的历阳,江苏扬州境内的广陵,江苏镇江的京口和安徽马鞍山市境内的采石。而采石和京口是长江最要害之处,此二处江面束狭,分别位于建康东西两侧,为建康的东西大门。采石江对面为历阳,京口对面为广陵,此四个要津均为拱卫首都建康的重地。其实早在侯景扬言攻合肥的时候,梁武帝就采取了措施。十月十三日,梁武帝下诏,派宁远将军王质率军队三千人,进驻采石,负责整个长江的防务。王质是梁武帝的外甥,曾任太子洗马、东宫领直。即是和皇帝、太子的关系都很铁。前不久随萧渊明的十万大军上前线,侥幸从慕容绍宗手中逃脱而没有成为俘虏,好歹是上过战场见过真阵仗的,这也算是梁武帝手中的拔尖人才了。

防卫长江的官员相继依次把侯景反叛的近事启奏给了梁武帝。梁武帝向都官尚书羊侃寻问讨伐侯景的计策。

羊侃:"应加派两千人马快速占据采石,并命令附近的邵陵王萧纶袭击、夺取寿阳,让侯景不能前进,退又失去巢穴。这些乌合之众,自然也就土崩瓦解了。"

众大臣高声说:"是的是的!"

朱异:"长江天险,侯景一定没有渡江的打算。"

众大臣你看看我我看看你,赶紧又低声附和:"那是那是!"

要论有决断的那还是梁武帝:"宰相所言极是!侯景怎么能过江呢?散朝。"

羊侃流泪哭喊:"梁朝的败亡就在眼前了!"

(二)先换将

侯景到长江北边的第二天,十月二十一日,梁武帝经过一夜的思考,做出重要决定,任命临贺王萧正德为平北将军、都督京师诸军事,把军队驻扎在丹杨郡。

萧正德一想,这不是天助我也?赶紧派心腹过江,给侯景通报情况,并派遣了几十艘大船,欺骗别人说这些船是运芦苇用来保护皇城的,而暗中却准备用来载侯景的军队过江。侯景将要渡江时,最大的担心是王质将军在采石死守。采石是长江南岸最重要的军事据点,沿江而建,居高临下,没有大型战舰的侯景,要想用步兵攻破采石,那是比登天还难。

和左右以及王伟商议一夜，均苦无良策。

天还没亮，派去观察监视南岸王质将军动向的间谍急报：采石军队神奇撤离，空无一人了！目瞪口呆的众将军当然不信，以为间谍是虚报战功，让他们去南岸采石城下，采来那棵千年榕树的树枝回来才能相信。一炷香的工夫，间谍果真采来了树枝。都还没做好准备的侯景慌忙下令，全体将士登船过江！

原来，都督京师诸军事的萧正德，当然知道守采石的王质还是有些本事的，率领的兵士也是战斗力很强，怕那侯景一时半会儿攻不下来，沿河两岸众州长的大军一合围，那就美梦泡汤了。于是怂恿临川太守陈昕向梁武帝启奏说："采石急需重兵把守，王质的水军力量薄弱，恐怕不能顶事。"这些年梁武帝一直是一个很随和的人，他年轻时从一个小小的基层干部做起，顺风顺水地做到了领军大将军，之后再把皇帝赶下台，基本没遇到什么挫折。坐上龙椅后，北边两个强邻一直相互厮打，并偶尔和更北边的更彪悍的柔然、突厥拼命，没有心情顾及南方，于是萧衍只偶尔和北边打了几仗，便开启了和平的大门。后来一心向佛、志得意满的梁武帝，心性随和，率性而为，他左右的王公大臣有什么想法，他一般都不愿思考便满口答应。这时面对临川太守陈昕的奏报，也是想都没想就点头了，于是马上任命陈昕为云旗将军，代替王质守卫采石，征调王质任丹杨尹。

由萧正德亲自督办的调令时限紧急，派来采石的调令官在前催促带路，王质一时半会也还摸不着头脑，不知梁武帝葫芦里到底卖的什么药，虽然敌军就在江对面，侯景的眉毛胡子都能看得清，这一帝国的至关要害之地随时可能被敌军前来占领，但圣命难违，只好一步一回头地率队离开了采石。而本应前来接防的陈昕呢，却被临贺王萧正德临时留下商量城防大事，受宠若惊地和临贺王一起懒洋洋地躺在乌衣巷的豪华歌楼里，吟诗喝酒弄风情，一时就没顾着带队去采石就任，他的那些手下兵士本就万般难舍离开京城，也在兵营里浅杯豪饮，一起今朝有酒今朝醉了。一时间大敌当前，采石城竟然鸦雀无声，空无一兵，再次上演了"空城计"，可惜只有空城而无计，当年吓跑了司马懿，现在惊呆了侯景。

（三）快过江

十月二十二日，侯景大军从横江横渡长江，还是萧正德想得周到，早早地就准备好了船只。基本没受到像样的阻击，刚开始有一批战舰自发前来拦击，领头的是低级军官校尉江子一，还未分出胜负，一些南梁的战舰就向长江北岸逃走了。原来江子一只是校尉，无指挥和管辖权，其他校尉的家住在长江以北，不知道侯景大军一过，他们的老婆孩子还在不？要赶紧回去保小家，孤船单舰的六十高龄的江子一只好撤回南岸，抓紧去建康报信。之后，侯景在不设防的空城采石城轻松登陆。

采石旁边是姑孰城，这历来是重兵屯集之地，主要是协助防守采石城，防守长江天险，长期驻扎有兵士五千。在采石城万一失守后作为制约敌军进军京城建康的重头码，攻不下姑孰肯定就去不了建康。侯景来不及休整，分几路人马袭击城坚墙厚的姑孰城，只半天工夫就抓住了淮南太守文成侯萧宁。

这天夜里，京城建康终于闻到了越来越重的死亡的味道，长江南岸满地惊慌，建康开始实行戒严。

时空论坛

网友： 侯景都打出旗号"清君侧"了，怎么皇帝还那么相信朱异呢？

萧衍： 凡是敌人反对的，我们就要拥护！

网友： 空城计是什么？

诸葛亮： 那是我的首创，吓跑了司马懿。

祖珽： 虽然我眼睛瞎了，后来我也成功用过。

陈昕： 不好意思，都是喝酒闹的。那时流行"酒逢知己饮，诗向会人吟"。

网友： 现在也流行。

网友： 我也是醉了！

网友： 江子一，名字好有特点！

庾信： 还有忠烈江子四、江子五，我在《哀江南赋》中写了，"济阳忠壮，身参末将；兄弟三人，义声俱唱。主辱臣死，名存身丧；狄人归元，三军凄怆。"

司马光： 尚书右丞江子四经常上书，对梁武帝的荒谬行为进行规劝，后来还因为耿直而被免职。

第四章　占外城

侯景已经过江,江南几乎一马平川。其实建康为南方六朝首都,其山川形胜,气象雄伟,西、北有长江天险,西有石头城为其捍御,南有秦淮河川为阻,东有钟山、北有幕府诸山环卫,进可以战,退足以守。但侯景几乎没费什么力气,就翻过几道山,连克几重险,大敌当前,兵临城下,当老大的该做什么?

当然是身先士卒,带头守城,敢担当,挑重担。但是好像历史上大都不是这样,你看北齐,北周一打过去,皇帝高纬马上就撂挑子走人了,让8岁的儿子坐上了龙椅。现在坐在建康城龙椅上84岁的萧衍也面临这道考题,他要怎么作答?

(一) 十月二十二日

许多事情确实是那样,皇帝不急太监急。现在是皇帝不急太子急,毕竟未来江山是属于他的。一听说敌军已过江,马上就到城下了,太子便心急火燎地身穿戎装进入皇宫见梁武帝,领受梁武帝的指示。

太子:"启奏父皇,贼敌立至,可有良策?"

皇帝:"哦,此乃尔务,勿问我。"

太子萧纲打了一个激灵,脑袋快速转动,这不是典型的推卸责任吗?在那高高在上的龙椅上坐了46年,熬死了萧正德,熬死了萧统,从来都是大权独揽,什么时候守城就变成我的事了?唉,那也没办法,只好硬着头皮顶上去了。太子于是进驻中书省,指挥布置军事事务。首先是任命守城将领,各司其职最重要。

其实太子萧纲此前一直过着优游的幸福生活,前些年梁武帝也不太理事了,朝政大事都是让太子代劳,此前在如何对待侯景的大事上,在太子与皇帝意见相左时,一般都是以太子的意见为准。但萧纲著书还可以,带头写宫体诗还可以,让他在大乱面前遣将布兵,差之远矣。

太子一看现在最重要的是朱雀门,贼敌最有可能从这里进攻,再看站在下面一排排瑟瑟发抖的身影,不觉悲从心头起,怒自胆边生。再一看临贺王临阵不慌,似乎信心很足,于是下令,临贺王萧正德驻兵把守朱雀门,宁国公萧大临驻守新亭,大府卿韦黯率众兵驻守六个城门、修缮皇宫的城墙,为一旦遭受敌人进攻做好准备。

这时韦黯汇报前期部署的招募新兵的工作,韦黯说:"如今建康城内人们情绪惶惶不安,纷纷举家外逃,没有人应募出征。"

萧正德:"区区草寇,不足挂齿,我的军士就足以平寇!"

萧纲:"危难时刻方显英雄本色,大家一定要向临贺王学习,奋勇守城,拼死杀敌!"

当然,你开你的会,我进我的军。占领采石后,侯景水也顾不上喝一口,率领军队飞奔到达了慈湖。建康全城都非常惊恐,御街上人们互相抢夺掳掠,街道已不能通行。鉴于人手紧张,太子听从了羊侃的建议,赦免了东西冶、尚方钱署以及建康城拘押的囚犯,让他们脱掉囚衣,换上军装,为国立功赎罪的机会到了!

同时,太子又感到哪里有点不太对头,这么多年他对萧正德太了解了,如今萧正德是都督京师诸军事,率领大部军队守最重要的朱雀门。于是太子又下令,任命扬州刺史宣城王萧大器为都督城内诸军事,一个主外城,一个守内城,这样心里更踏实一些,毕竟萧大器是自己的儿子,也是未来的太子。同时,看这贼侯景嚣张的气焰,万一外城守不住呢,也要提前做好守内城的准备。看这从寒山堰撤退下来的羊侃,每每临阵不乱,上次和东魏对战也毫不胆怯,思路战局还很有章法,于是任命他担任军师将军,负责随时提出参谋意见,并全力辅助萧大器。

羊侃这期间有条不紊地做着战时准备工作。一是在戒严的情况下保持秩序。百姓听说侯景的军队来到,争相逃入城里,官员与百姓混杂在一起,不再有秩序。羊侃于是布置防守计划,每处都安排皇室成员来监督,尽最大努力疏导混乱的人群。二是加强对武器库房的管理。这时许多值守的军士都逃跑了,城内的军队官兵争相进入武器库,自己拿兵器和盔甲,掌管武器库的人不能禁止,羊侃下令斩杀了带头哄抢的几个人,才制止了这种混乱。三是发布安民告示。梁朝建立后四十多年来,国内一直平安无事,在职的公卿及士大夫都很少见到兵器和铠甲。现在,叛贼突然来到,形势紧迫,官员与百姓都很震惊。于是羊侃让秘书监起草和抄写若干份安民告示,在城内到处张贴,很好地起到了稳定民心的作用。

此时,建康朝廷中的老将已经没有了,后来晋升的青年将领都正在外面征战或防守边境,军队的指挥权,完全由有能力的羊侃一人决定。太子也听从羊侃的建议,对内城的防守未雨绸缪,任命南浦侯萧推守卫东府，西丰公萧大春守卫石头城，轻车长史谢禧、始兴太守元贞守卫白下，韦黯与右卫将军柳津等人分别守卫宫城的各个城门以及朝廷的殿堂。同时梁武帝也豪爽起来，破天荒地把各官署仓库里贮藏的钱财聚集起来，集中在德阳堂，用来补充军需。

（二）十月二十三日

一天的工夫，侯景的军队推进神速，又从慈湖到达了板桥，这里已经能看到皇宫的金檐斗拱了。毕竟是京城，破船烂了三千钉，为了探听一下建康城里的虚实，侯景派遣徐思玉前去拜见梁武帝。

梁武帝早就想息事宁人了，一直想不明白，他对侯景恩重如山，在他最落难走投无路的时候收留了他，在他失去一切光棍一个的时候仍然收留了他，还给他封了一大堆官送了一大堆钱粮，还为此搭上了十万南梁将士的命。哎，细账就不算了！可他为何就忘恩负义翻脸不认人呢？听说侯景派人来了，赶紧要问问心里话。

梁武帝："朕待河南王以大义，奈何河南王信谗言？"

徐思玉："侯景不义，我也不齿，欲投诚建功于陛下，需单独向陛下报告情况。"

梁武帝要屏退左右，旁边舍人说："徐思玉从叛贼那里来，真假难以推测，怎么可以让他单独留在殿堂之上！"

朱异："让他留下。徐思玉难道是刺客吗！"

于是梁武帝只留下朱异。徐思玉拿出了侯景的启奏，上面写道："朱异等人玩弄权术，我请求带兵入朝，除掉皇帝身边的坏人。"

朱异瞬间感到脸上火辣辣的，恨不得有个地缝钻进去，看着梁武帝折射过来的眼光，一时胆战心惊，羞愧难当。侯景在启奏中请求梁武帝派一名懂得事理的舍人出来，详细记录侯景要说的事并且分辨是非。梁武帝于是派中书舍人贺季、主书郭宝亮带着慰劳的圣旨，以及大量的金银钱财，跟随徐思玉到板桥慰劳侯景。侯景面向北方承接了诏书。

贺季："你现在的举动到底想干什么？"

侯景："想当皇帝！"

王伟："呃，我们要清君侧，清君侧，清君侧！重要的事说三遍！"

侯景："对对对，朱异等人贪赃枉法搞乱了国家，我们是要除掉奸臣的。"

侯景嘴快一时说漏了嘴，于是便扣留了贺季，将"清君侧"的远大理想给站在外边的郭宝亮重新说了一遍，打发他返回皇宫复命。

（三）十月二十四日

又一天工夫，侯景扫清建康城外围，率军来到朱雀门浮桥的南面。太子鉴于已对临贺王萧正德起疑，便改命他把守偏僻一点的宣阳门，再命东宫学士新野人庾信把守朱雀门。那天的战斗情况，司马光都有特写镜头：

啃甘蔗的庾信。庾信是响当当的文人，"毛杆子"很在行，梁武帝的许多圣旨、表、启、书、檄，都是出自他手，后来的《哀江南赋》更是闻名古今。但要让他弄"枪杆子"，确实勉为其难，但临阵挂帅，也是没办法的事。这时他领命率宫城文武三千余人，在朱雀桥北扎营。庾信是位啃甘蔗高手，他啃甘蔗和别人不一样：喜欢倒着啃，就是从甘蔗的末尾啃起，直到蔗头为止。这让当时的人感觉很奇怪，其实，他们不知道，这种啃法前人早就试过了。东晋画家顾恺之"每吃甘蔗，必从尾到头"，顾恺之还给这种啃法取了个名字，叫"渐入佳境"。侯景军队已近朱雀门，都戴着黑铁面具，怪吓人的！庾信率军守卫，手拿甘蔗而不是武器。这不能怪庾信，实在是这根甘蔗太美味了，同时更多的也是为了压压惊，镇镇那颗颤抖的心。庾信狠狠地咬了一口，正闭着眼品味，突然，侯景军乱箭齐发，一支箭就射在他旁边的门柱上乱颤，庾信吓得魂飞魄散，扔下甘蔗逃走了。

做内应的萧正德。萧正德统率皇宫中的三千多名文武官员在浮桥北面安营扎寨。太子令断开浮桥以延阻侯景部队的锋芒。萧正德反驳说："百姓看到浮桥断开，一定会非常惊恐，应该暂且先安抚百姓的情绪。"一会儿，侯景的部队开始通过浮桥。太子派另外的南梁武士手忙脚乱地断开浮桥，刚除掉了一艘大船，看到侯景的士兵戴着铁面具狂奔过来了，于是全都后退。南塘游军沈子睦，是萧正德的同党，趁机修复闭合了浮桥，让侯景渡河。萧正德率领他的人马在张侯桥迎接侯景，他们在马上相互作揖。进入宣阳门后，萧正德面向后宫叩拜，哽咽流泪，跟随侯景一起渡过秦淮河。侯景部队的士兵都穿青色战袍，萧正德部队的士兵都穿红色战袍，战袍里子是青绿色的。与侯景部队会合后，萧正德就命令他的士兵全部将战袍衬里朝外反过来穿，正式成为一家人。当然，这也是他们开始约定的内容之一。

来增援的王质。看到朱雀门可能守不住，太子立即派遣王质率领三千精兵去增援庾信。那个在采石没打成仗的王质，这几天一直遭到众大臣的攻击和诟骂，本来是下定决心誓死杀敌挽回颜面的，军队到了领军府，刚遭遇到侯景的军队，王质还没有摆开阵势就吓破了胆一溜烟逃走了。

守城众生相。西丰公萧大春未见敌踪影就放弃了石头城,逃奔京口;之后派津主彭文粲守石头城,还未接仗,彭文粲就率石头城军民投降了侯景,侯景便派遣他的仪同三司于子悦守卫石头城。谢禧、元贞等人也放弃了白下逃走。于是,拱卫建康最关键的几个小城相继失陷。

外城全部失陷,内城的人十分恐惧,一众王公大臣纷纷准备举手投降。站在内城高高的城墙上的观战众人,看到那侯景的部队,简直就是狼入羊群,羊再多也不顶事。紧要关头,领头羊最重要,军师大将军羊侃也不再一一请示,即刻高声宣称,得到了一封射进来的书信:"邵陵王和西昌侯的援兵五万人已经到达附近,大家加紧防守内城"。并将安民告示到处张贴,十多万内城百姓这才稍稍安定下来。

时空论坛

网友：第一个太子萧正德，后来又有第一任太子。是不是写错了？

萧衍：那个逆子萧正德是过继的，36岁时萧统才出生，就将萧正德退还本宗了，不想他却生出异心！

网友：侯景心直口快！

王伟：不该说的一定不能说，差点儿坏了大事！

网友：庾信好可爱，上战场还在啃甘蔗。

网友：压力山大，那是掩饰恐惧的道具。

网友：前边唱空城计好像就有王质，这次逃跑又有他！

作者：王质本质上也是文人，曾做秘书郎。此次吓破了胆逃跑后，于是削发为僧，藏匿于人间。

网友：你良心痛不痛？

第五卷
攻内城（上）

护军慷慨，忠能死节，三世为将，终于此灭。济阳忠壮，身参末将，兄弟三人，义声俱唱。主辱臣死，名存身丧。敌人归元，三军凄怆。尚书多算，守备是长。云梯可拒，地道能防。有齐将之闭壁，无燕师之卧墙。大事去矣，人之云亡！

——《哀江南赋》节选　庾信

第一章　有了新指挥

世界上唯一不变的是变化。这些天梁武帝孤单地坐在龙椅上，终于想明白了这个道理。这些年来，他都笃信稳定，自己稳稳当当地在龙椅上坐了这么多年，儿孙及直系血脉也舒舒服服地躺平享受好多年，王公大臣奢华风雅地谈诗论酒，佛家僧尼仙风道骨地传经弘法，市井百姓风平浪静地耕田种地，和平之风一直吹拂着大地，表面上洞庭湖风平浪静，实际上却隐藏着惊涛骇浪。尤其是建康外城的争夺，看似自己掌握着千军万马，却都各自为政，争相逃跑，怎一个乱字了得！于是梁武帝终于决定改变，将内城的守卫大权全部授予羊侃。

（一）速战速决

自八月十日造反以来，侯景简直就是顺风顺水，连他自己做梦都没有想到。连像样的仗都没有打过，就已经占领了京城外城。也难怪侯景包围台城的时候，嘲笑手下无人的萧衍："城中非无菜，但无酱（将）尔！"当然，侯景头脑还是很清晰的，建康的天然屏障在长江，不在外城，建康外城也无险可守。但内城就不一样了，经过多年的建造，建康内城十分坚固,而且城内有十多万居民,两万多士兵,粮食等物资储备丰富,在哪方面他都不占优势。如果打成持久战,外边勤王的部队会雪崩般地涌来,那肯定吃不了兜着走。目前最要紧的,还是速战速决。

那就先攻心。侯景也看到了内城的坚固,最好能让他们内部出问题。这次大老远来攻打建康,是为什么来着?哦,想起来了,是"清君侧"。想那朱异权势熏天,依附者众,那就从分化朱异和梁武帝的关系开始。十月二十五日,侯景让士兵列队围绕在台城周围,他的战旗都是黑色。他叫人向城内射去了书信,信上说:"朱异等人专权,作威作福,我被他所陷害,他想杀掉我。如果陛下您杀掉朱异等人,那么我就收兵回北方。"梁武帝问太子:"有这样的事吗?"太子回答说:"有"。梁武帝于是就要斩杀朱异。太子对梁武帝说:"侯景这个叛贼只是以杀朱异等人为借口罢了,今天您即使杀掉了朱异,对当前的紧急情况也无济于事,只会被后人耻笑,等到平定侯景之后再来杀掉他也不晚!"梁武帝于是才没有杀掉朱异。

那就再放火。侯景将台城包围起来后,各处一齐攻城。他们敲着战鼓,吹起了口哨,喧嚣的声音震撼了大地。侯景叫人放火烧大司马以及东华门、西华门等。大将军羊侃沉着冷静,见招拆招,立即派人在门上凿出一些洞,用水灌入其中去浇灭火焰。再派直将军率领几名士兵翻过宫墙到外面去洒水,过了很久火才被浇灭。很受感动的太子亲自捧着银子,前去犒赏那些勇敢杀敌的战士。

那就再砍门。城墙太厚,软肋应该在城门!很会打仗的侯景又让人用长柄斧子猛砍东掖门,门快要被砍开了,早有准备的羊侃,派人在门扇上凿出小孔,用槊向外猛刺,顷刻就杀死了一大片,砍门的士兵也不

敢靠前了。

那就再封赏。当然还是很有战果的,经过一天的猛攻,侯景占领了公车府,萧正德占领了左卫府,宋子仙占领了东宫,范桃棒占领了同泰寺。于是侯景开始封赏,战场上生龙活虎的小伙子最缺什么?当然是美女,恰好萧纲的东宫里有六百名歌女、宫女、舞女等各色侍女,平时能侍候太子,姿色当然也是一等一的,侯景挑了几个留下,剩下的顺手就分给了他手下的官兵。

(二)化为灰烬

东宫靠近台城,到了夜晚,侯景故意在东宫摆设盛大酒宴,奏起嘹亮的音乐。那些心腹大将搂着刚分得的美女,侯景则让几个太子的侧妃陪坐,一起猜拳行令,饮酒作乐,有个妃子稍有不从,被侯景手起刀落砍了脑袋。这一极度侮辱的场景让城墙上的太子看得胆战心惊,于是也不再心痛他苦心收藏的书籍,让台城的军士向城外各建筑射带火的箭。不一会儿,东宫、乘黄厩、士林馆、同泰寺以及太府寺等全部燃起了熊熊大火,台殿以及殿内收藏的三万多册图书全部化为灰烬,那些寺内的古老经书,许多还来自天竺等外邦,也一并化为乌有。

南梁收藏图书天下皆知。这与梁武帝的文学造诣有关,萧衍小时候就很聪明,而且喜欢读书,博学多才,尤其在文学方面很有天赋,被称为"竟陵八友"。他崇儒兴学,下诏制礼作乐,提倡儒术。亲撰《周易讲疏》《春秋答问》《孔子正言》等书,一生著述上千卷,大半属于儒学,皆与六经有关。他经常亲临国子学讲经,并主持策试。在史学方面,萧衍不满《汉书》等断代史的写法,主持编撰了六百卷的《通史》,被认为"此一时代中史学之盛,于焉可见"。萧衍的诗赋文才,也有过人之处,按其内容、题材可大致分为言情、谈禅悟道、宴游赠答和咏物诗。在他的影响和提倡下,梁朝文化事业的发展达到了东晋以来最繁荣的阶段。萧衍对音乐也颇有研究,创制了许多新歌,丰富了中国传统器乐的表现能力。萧衍很喜欢绘画,尤善画花鸟与走兽。萧衍在书法上也有很深的造诣,对王羲之、王献之书法艺术的特点和成就,都提出了独特的看法,留下了《草书状》等四部书法理论著作。

其实南梁时的"四萧",与前三国时期曹操家的"三曹"并称。"四萧"除梁武帝萧衍外,还有萧统、萧纲、萧绎。萧统即昭明太子,夙慧,五岁遍读《五经》。既长,明于庶事。信佛能文,遍览众经,东宫藏书三万卷。引纳才士,商榷古今,恒以文章著述,一时文风大盛。编有《文选》,以"事出于沉思,义归乎翰藻"为标准,选录各体诗文,为最早的诗文总集,另有《昭明太子集》。萧纲,幼好诗文,为太子时,结交文人徐摛、庾肩吾等,以轻艳文辞描述宫廷生活,时称"宫体诗",辑有《梁简文帝集》。萧绎,幼盲一目,好读书,工书善画,所作诗赋轻艳绮靡,与兄纲相仿。著作颇多,有《金楼子》及《梁元帝集》等辑本。

在萧家皇室的倡导下,南梁呈现出文化上的鼎盛时期,中国古代的各种书稿、孤本,都经过收集整理,建康是处处书香,时时墨迹。但是在战争面前,萧纲太子还是选择了焚书。是啊,人都活不了了,还要书干吗?坑灰未烬山东乱,刘项原来不读书,还是烧了吧!

这次焚书,只是小试牛刀。西魏恭帝二年(555年)正月十日晚,南梁又发生了一场中国文化史上空前的浩劫。被西魏大军围困在江陵内城的萧绎,将宫中收藏的十四万卷图书全部焚毁。至此,南梁帝国的

十八万册珍贵图书，全部化为灰烬。

南梁图书的价值，从它们的来历就能完全了解。秦始皇焚书坑儒以后，规定以吏为师，禁止百姓收藏图书。学者逃亡山林，连有的儒家经典也没有能保存下来，只能靠口头传播，造成很多错乱和遗漏，《书经》就出现了两种版本，《诗经》有三种，齐地流传的《论语》与鲁地也不同，《春秋》有数家之多，以致"左氏""公羊""谷梁"解读《春秋》的三传就互相打架，其他的典籍更混乱。汉武帝设置了太史公作为专门机构，收藏全国献上的图书，司马谈、司马迁父子才写成了一百三十篇的《史记》。后来刘向、刘歆父子，将帝国好不容易收集的三万三千零九十卷书分为七类，编成《七略》。王莽覆灭时，皇宫中图书又被部分焚烧。东汉光武帝、明帝、章帝都很重视学术文化，令傅毅、班固等依照《七略》分类整理，编成了《汉书·艺文志》。董卓大乱时一些书籍又被焚。魏国建立后又开始收集图书，共收集二万九千九百四十五卷，但八王之乱和永嘉之乱后皇家图书荡然无存。东晋在南方立国后，又陆续收集了一些，但对照原来的《七略》目录，只剩三千零一十四卷。此后随着永嘉南渡，北方的遗书逐渐流到江南，四三一年秘书监谢灵运编成《四部目录》，已著录了六万四千五百八十二卷。到南齐末年，战火延烧到藏书的秘阁，图书又受到很大损失。梁初秘书监整理图书，不计佛经仅存二万三千一百六卷。由于梁武帝重视文化，收集到的公私藏书十万卷，此次外城被焚后，被焚三万多卷，还剩有藏书七万卷，后来萧绎将其全部运回江陵，他的藏书达到了前所未有的十四万卷。当时由于北方长期战乱，加上东西魏不注重文化教育，图书散失更加严重，西魏藏书只有八千卷，东魏只有五千卷。

萧绎将十四万卷书付之一炬，从数量上说，这些书占当时整个华夏存世书籍的百分之九十。从质量上说，他所毁的是历代积累起来的精华，许多都是孤本（要到一百年后的唐朝才发明雕版印刷术，书籍才能大量印刷），《金楼子·聚书》载："又聚得《周易》《尚书》《周官》《仪礼》《礼记》《毛诗》《春秋》……各一部，合六百三十四卷，悉在一巾箱中，书极精细"，质量自然远在民间所藏或后世皇家抄本之上。一次主动焚毁十四万卷书的记录，在中国历史上更是绝无仅有，在世界史上也属罕见。许多孤本，我们无法再见；太多古经，从此不再流传；大家精言，掺和凡尘杂音；精妙技艺，确与子孙绝缘。

583年，隋文帝接受了秘书监牛弘的建议，派人到各地搜访异书，规定原书可在抄录或使用后归还，并且每卷发给一匹绢的奖赏，因此收获很大。经过数年的努力，藏书也才达到三万余卷，仅为南梁藏书的六分之一。后来隋炀帝在保存古籍方面确实做了一件大好事，他汇集人力财力，下令将秘阁的三万卷书抄了五十份副本，否则隋末唐初的战祸，不知又有多少孤本会消失！

萧绎被俘后曾被问到焚书的原因，回答是："读书万卷，犹有今日，故焚之。"这固然说明他至死也不了解亡国的真正原因，或者知道了而不愿承认，但也证明了他一生爱书、爱读书，由极度的爱突变为极端的恨，要让这些书成为他的替罪羊或殉葬品。萧绎焚书后，又把所佩宝剑在柱上砍折，自叹："文武之道，今夜尽矣！"在他眼中，十四万册书与一把宝剑一样，不过是他的私产，有用时用之，无用时毁之，何罪之有？西魏军攻破江陵，萧绎被俘，在幽逼江陵的最后日子里，他曾求酒而饮，作下《幽逼诗》四首，算是他的最后疯语。

南风且绝唱，西陵最可悲。
今日还蒿里，终非封禅时。

人世逢百六，天道异贞恒。
何言异蝼蚁，一旦损鲲鹏。

松风侵晓哀，霜雾当夜来。
寂寥千载后，谁畏轩辕台。

夜长无岁月，安知秋与春，
原陵五树杏，空得动耕人。

（三）以子相挟

二十七日天刚亮，酒足饭饱的侯景又开始攻城。首先改用技术战。侯景让人制作了几百个木驴，也就是巨大盾牌，数人躲藏在盾牌下快速向皇城下移动，成功地挡住了城上倾泻而下的箭矢。眼看如蝗的战士攻到了城下，大将军羊侃赶紧让将士们向木驴投掷巨石，一一将它们击碎。侯景于是又赶制了一种尖颈的木驴，石头也无法将它砸破，羊侃也赶紧让人制作了一种像雉尾形状的火炬，点上火一起投向木驴，很快木驴就全部被烧掉了。侯景于是又制造了一种攀登城墙的高楼战车，高十多丈，想用它居高临下向城里射箭。羊侃观察了一会儿说："战车太高，地上的壕沟土很虚，战车行动一定会倒下，我们可以躺平观赏。"等到战车一动，果然全部倒下了，还压死了一些士兵。

侯景反复攻城都没有成功，死亡、受伤的士兵又很多，于是只好来个笨办法，决定采用困字诀，派士兵在台城外再修筑起一条长长的土墙围子，以此来隔断皇城内外。

修土墙的同时，不甘心的侯景又向梁武帝启奏，请求杀掉朱异等人。这时羊侃看出侯景的黔驴技穷，于是也向城外射出赏格，上面写道："有能把侯景首级送来的，就把侯景的爵位授予他，并赏赐一亿万钱、一万匹布、一万匹绢。"

这时处境尴尬的朱异，察觉出内城的气氛对自己越来越不利，皇帝和太子对自己正眼也不瞧，都有随时斩杀自己的态度了，众大臣更是横眉冷对，平时身边的人早已无踪无影，弄不好马上就会小命不保，于是就想先混出城去，再找个机会逃跑。于是耍个小心思说要带兵攻打侯景，当然先要征询羊侃的意见。羊侃一眼就看穿了意图，斩钉截铁地说："不可以。现在，如果派出少量人马，不能攻破贼兵，只会白白挫伤自己的锐气；如果派出的人马很多，一旦失利，城门狭窄、浮桥又小，一定会导致重大伤亡！"朱异当然不听从羊侃的劝告，目前自己还是宰相，于是带领一千多人出去与侯景的军队作战，还没交锋，就被侯景军队凶悍气势吓了回来，在争着过桥时掉进水中淹死的人有半数以上，当然逃跑的机会更是没有。

休息思考了两天，侯景看出来了，要攻破内城，必须先攻下羊侃。

大梁干部履历表

姓名： 羊侃（字祖忻）

出生时间： 496 年

籍贯： 泰山郡梁父县

出身： 东汉南阳太守羊续后代，北魏平北将军羊祉的儿子。

任职经历： 早年效力于北魏，曾随萧宝夤平定秦州之乱，累迁征东将军、泰山太守，受封钜平县侯。武泰元年，率军叛魏，孤身南归梁朝，历任徐青冀兖四州刺史。多次随军北伐，累迁侍中、太子左卫率、司徒左长史、都官尚书，册封高昌县侯。

特长： 颇通文史，精通战法，膂力过人，能用六石强弓。

侯景颇为吃惊，真不知道南梁还能冒出羊侃这样能文能武的奇才。对于羊侃，侯景只有久远模糊的印象，当年在北魏做官的羊侃反感北魏越来越深厚的鲜卑化氛围，执意回归南方，追求正朔，于是率三万精兵袭击北魏边城，在兖州周围修筑了十几座城堡进行围困，并向梁朝请降。北魏命高欢等率军数十万征讨羊侃，羊侃被重重围困，营中箭矢用尽，梁朝援军却迟迟不到，后来羊侃趁夜突围，经过一天一夜才逃出北魏国境，到达南梁。

身边的王伟还给侯景讲了几个羊侃的轶事：当时还在北魏为官时，羊侃曾在兖州尧庙的墙壁上行走，竟然能直上四丈高，左右横行七步。泗桥上有几个石人，长有八尺，粗有十围，羊侃抓住它们互相撞击，能将它们打得粉碎。有次魏帝曾经对羊侃道："郎官们都说你是老虎，但我不知道你是不是披着虎皮的羊？你能学个老虎的样子让我看看吗？"羊侃便伏在地上，用手挖掘殿上的硬地，直挖到一指多深。到南梁后，有次梁武帝曾在乐游苑大宴群臣。当时少府新造一支两刃槊，长二丈四尺，粗一尺三寸，梁武帝便让羊侃骑着皇帝的骏马紫骝试槊。羊侃执槊上马，左右击刺，武艺十分精妙，围观的人甚至纷纷爬到树上以便观赏。梁武帝道："这棵树肯定要因羊侍中而折断。"后来这树果因不能承受重量而折断，人们便把这把槊称为折树槊。

"有了有了！"侯景兴高采烈眉飞色舞地说，正在讲故事的王伟忙问什么有了？

"你马上带人去全城搜捕，把羊侃的家人抓来！"

心领神会的王伟带队而去，当晚就抓来了他的儿子羊鹍和小女儿。侯景大喜，这不是天助我也？第二天一早就带到了城墙下面，利刃架在羊鹍的脖子上，威胁羊侃说："只要大将军出城，保你全家活命。"

羊侃："我羊氏豁出整个宗族报效君主尚不够，怎么会在乎儿子，希望你早点杀掉！"

侯景："你我本都在北朝为臣，现在又同在南朝，愿与兄同打天下，荡平江淮，平分江山！"

嗖的一箭从城上射来，代替羊侃作答。

侯景："给你两天时间考虑，否则你的女儿就与我做妾了！"

嗖嗖嗖，如雨的愤怒的箭射了过来。

几天以后，还是无计可施的侯景又把羊鹍押来威胁。羊侃对儿子说："我还以为你早就死了，怎么还活着呢！"于是拉弓搭箭射向儿子。侯景慌忙把羊鹍押回来。侯景也算一条汉子，因羊侃是个忠义之人，最终没有杀掉他儿子，而是让羊鹍跟着自己做些军务，服侍在自己左右。当然在战场上打不赢羊侃，在他美貌的女儿身上占些便宜，才能除却心头的恶气，于是强占了羊侃的女儿。

时空论坛

网友：羊侃确实有才能呢？最开始为何不用他？

网友：朋友圈不对，姓羊不姓萧。

网友：羊侃能直上四丈高，轻功高手在这里！

作者：生活往往比小说更精彩。

孔子：书乃世间珍品，何故一焚再焚？

秦始皇：儒道墨名法众说纷纭，搞乱人心，统一思想很重要！

魏征：口诵六经，心通百氏，有仲尼之学，有公旦之才，适足以益其骄矜，增其祸患，何补金陵之覆没，何救江陵之灭亡哉！

王夫之：得纤曲而忘大义，迷影迹而失微言，徒添大惑之资！

萧绎：此乃私人藏书！

第二章 有了新皇帝

每月初一都是皇帝敬神的日子,为的是开局布新。这个时候,梁武帝一般都是去同泰寺,一边向众菩萨拜佛焚香,祈福好运;一边亲升法座,开讲涅槃;一边高坐在众菩萨中间,接受帝国高僧们的顶礼膜拜,享受菩萨皇帝的那份至高无上的荣誉。这个月则不一样,时局大变,不远处的同泰寺还余烟未尽,三年前梁武帝到同泰寺进香,并讲解《三慧经》,大赦,当夜同泰寺遭遇失火。梁武帝认为,这是妖魔劫数,应该扩大诵经范围。于是下诏:"道高一尺,魔高一丈;每逢推行善事,定有孽障横生。我们要大兴土木,建造比先前摧毁的更高大的佛塔。"于是拨出帝国府藏大半,进行更大规模的修缮,至今还未建造完工,不承想前几天那些叛贼又点起一把火,直烧了三天三夜。梁武帝心痛,不是心痛帝国的财富,反正都是他的奴仆们应该上交的,而是心痛繁荣昌盛的佛教事业。

(一)拜新神

大敌当前,当然也应该祭拜,梁武帝对那些高高在上的菩萨观音很生气,说好的佛法无边呢?说好的保佑平安呢?倒是那个从不拜佛的侯景，似乎更能得到他们的保护，难道这就叫"信则有，不信则无"？转过头来拜文圣君孔子？可能也不对，这些年来南梁朝堂上到处都是摇笔杆子的，天天都在拜孔子，结果文盲侯景一来，倒从不听你讲"子曰诗云"，只和你比拳头大小。这时羊侃似乎看出了梁武帝的心意，建议说，我们现在应该去祭拜战神蚩尤。

看来敬神还是应该兼容并包，不能偏废。在梁武帝的印象里，可从来不知道建康城有这尊神的身影。在羊侃的指引下，众宦官在内城一座不起眼的小庙里好不容易找到了蚩尤的塑像，从那厚厚的尘土上面，就可以看出他在帝国的神仙当中，一直都是坐冷板凳的。这些年来可能也从没有人敬献过香火，一时被请到金碧辉煌的皇宫大殿，不知道他还适应不适应。十一月初一，梁武帝临时抱蚩脚，让人杀死一匹白马，率领群臣在太极殿前，以最高的礼节，正式隆重地祭奠战神蚩尤。

拜神归拜神，仗还是要一刀一枪地打的。既然祭拜了战神蚩尤，梁武帝就想找个英雄好汉杀出城去，以激励士气。刚好前不久末将江子一战败回到了内城，梁武帝责怪他。江子一向梁武帝叩拜谢罪说："我以身许国，常担心不能为国尽忠而死，现在，随我一起在江中奋战的其他将领都逃离而去，我一个人怎么能迎战侯景！如果侯景竟能攻打到这儿来的话，我发誓会粉身碎骨以赎前罪，我不死在皇宫前面，也会死在皇宫后面。"十一月十八日，梁武帝应江子一的启奏，同意他与弟弟尚书左丞江子四、东宫主帅江子五一起，率领一百多人打开承明门出战贼兵。江子一带领人马一直抵达侯景的军营，有点惊恐的贼兵一时按兵不敢动。江子一高呼："叛贼侯景，快快出来送死！"这些天还没受到主动挑战的侯景也非常吃惊，派出两千骑兵出来应战，从两面夹击江子一。江子一奋勇向前，挥槊杀敌；随同江子一的士卒畏战不敢前。江家三兄弟孤身奋战，奋勇杀敌，连杀数十人，终于寡不敌众，江子一被敌人砍下了肩膀，最终力战而死。后边的江子四、江子五说："我们和哥哥一起出来，有什么脸面独自回去呢？"于是，他们俩继续奋勇杀敌，江子四被敌人的长矛穿透了胸膛而死，江子五被刺伤了颈项而死。

江家三兄弟都年少时好学，有志向，操行好，因家里穷困缺少给养，所以一生吃素。他们的姑父就是宰相朱异，平时宾客满门，权势无边，但江家三兄弟志行清高，一直看不惯那奸臣的嘴脸，从不进姑父的门。站在城楼上看着江家三兄弟以身殉国，梁武帝及一众王公大臣十分悲伤。后来南梁追赠江子一为侍中，谥号义子；江子四为黄门侍郎，谥号毅子；江子五中书侍郎，谥号烈子。

（二）立新帝

今天也是侯景开局布新的日子。既然内城一时半会儿硬攻不下，那就先打其他的仗，比如政治仗。先前不是好像答应过要让谁当皇帝吗？我们已经用围墙把内城封死了，就当他们不存在，让里边的人自生自灭吧。可天下不能一日无主，自己坐上去可能还不是时候，那就先把菩萨竖起来，代替了那个老菩萨再说。于是内城祭拜战神蚩尤的同时，外城的仪贤堂也隆重地吹拉弹唱，由投降过来的一众王公大臣排列两旁，举行开天辟地的登基仪式。当然这个皇帝也姓萧，还是以前的太子，当然就能服众，从此就有令箭无数，可以用来号令天下。

临贺王萧正德多年的心愿终于达成了，望着高高在上的龙椅，他激动万分，多少人为此抛头颅洒热血，还不是就为了一个座位？虽然这个座位还有点有名无实,自己还是一个傀儡,但这就够了,他要的,就是坐在上面的感觉,是这个名分,是在史书上与帝王同列。以前一直徘徊在龙椅周围,千辛万苦争取不到,看来还得靠抢。

一朝权在手,便把令来行。坐在龙椅上的萧正德开始下诏:"二十年代以来,奸佞小人扰乱朝政,皇上长期患病,国家危难将至。河南王侯景,离开自己的封邑来到朝廷,扶持我继承了皇位,如今实行大赦,改年号为'正平'。"

为了江山永固,萧正德马上立自己的长子萧见理为皇太子,将来好接自己的班。任命侯景为丞相,统揽一切。为了感激侯景,就把自己如花似玉的女儿嫁给了侯景,现在他是最大的官了,嫁给他也门当户对。侯景一想,萧正德得名,自己得实惠,也算各得其所。

为了让南梁各种势力死心,侯景让人到处声称梁武帝已经去世,新皇帝已经即位,各州各府要安定团结,维护大局,稳定第一,不信谣不传谣,就连内城的人也以为侯景的话是真的。为了稳定人心,传播真相,鼓舞斗志,初五,羊侃陪同梁武帝巡视全城,到处亮相挥手。巡幸到大司马门时,城上的守军听到看到皇帝来到,都喧噪起来,有些军士流下了眼泪,这时内城的军心民心才稍稍安定。

(三)展新貌

侯景是以替天行道、救苦救难的名义,打着"清君侧"的旗帜来到建康的,最开始他的军队确实也比较守纪律,不抢不占不扰民。沿途百姓及建康居民,看到的都是一个军容严整的军队,逐渐破除了南梁朝堂散布的侯景鲜卑外族、如狼似虎的凶恶形象。

侯景刚到建康时，以为很快就能攻克建康，所以当初他的军队号令严格，仪容整齐，士兵们不敢侵扰、陵暴百姓。等到多次攻打建康城都没有攻克时，人心开始离散、沮丧。侯景担心救援建康的军队从四面八方汇集到这里，迟早会有溃退的一天。另外，由于石头城备用粮仓的粮食已经吃完了，军队缺乏食物。看来，好形象顶个屁用，鲜美的外衣也不能当饭吃。再说自己本来就是个混混，突然要自己鲜衣锦服，谨言慎行，强装几天可以，装久了自己都会得毛病！于是侯景决定展示新貌，当然也是恢复自己的本来面貌——如狼似虎、烧杀奸劫！

打击的对象当然要从王谢等高门大户开始。姓萧的虽然很富很傻甜，但他们是王族，号召力很强，目前旗号还是清君侧，况且新皇帝还暂时姓萧，对他们还是以拉拢为主。对于其他高门大户，那就只能抢光、杀光、烧光。想当初，侯景孤寂一人在南梁，想和王谢家族通婚，居然朝堂上下都觉得是个大笑话！门阀怎么了？基层群众怎么了？现在，凡是王谢等大户人家的女人，侯景都将其赏赐给原先最底层的奴仆、现在最效忠的战士为妻，让他们获得一步登天的满足感；凡是大户人家的青壮年劳动力，一律锁拿到战时工地作苦役，让他们获得直堕地狱的失落感，直到很快死去埋作地基；凡是高门大院里老弱病残的，一律一刀了断，让他们也节约点粮食以补充军用。之后是抢劫，那些侯景手下的战士，以前可是身份最卑微的奴仆，有些本就在这些大院里做牛做马，现在端着刀提着矛来到金碧辉煌的高门大户，当然不同于刘姥姥进了大观园，没有心思观赏风景，第一目标是奔黄金珍宝而去，这些战士就特别熟悉路径。这样一批批士兵把一座院子洗劫几遍之后，后边再来的士兵确实一无所获了，于是恼羞成怒，纷纷点起大火，让这些雕梁画栋、碧瓦朱檐全部化为灰烬。当然，王谢的堂前燕，也随他们的女主人无可奈何地飞走了。

建康城经过半个世纪经营，人烟辏集，经济阜盛，人口大约有一百四十万，是数一数二的超级城市。然而越是繁荣美好，此时在叛军野蛮而残忍的摧残之下越显得悲剧。高门大户毕竟有限，潘多拉的魔盒一旦打开，要关闭就很困难，"三光"的做法很快转向建康城的所有百姓，城内外百姓被大肆杀戮，尸体堆积如山。石头城先前贮积的粮米也被吃尽，建康米价飞涨，百姓无计生存，甚至发生了人吃人的惨剧，饿死的人几乎达到原有人口的一半。

过了几天，沿城巡视几次的侯景认为东府比较好下手，于是分兵两千攻打东府。建康城系三国时孙吴所建，东晋时扩建，宋齐两代皆建都于此，到梁朝时扩建得更为完备。其城分内外三层，最外层系大城，周围二十华里，共十二个城门；中层系宫城，又称台城，共六个城门，周围六华里多；最内层就是皇帝的居所。外城的十二个城门系南齐时增建，但城垣不很完善，城门与间断的城墙构成稀疏的防卫体系。台城城防设施较为完备，可供战守之用。

建康城的外围还有东府、白下、石头城三个小城，白下、石头城此前已被侯景轻松占领。东府位于建康城西安门外青溪桥东，南临秦淮河，始建于东晋，自刘裕后，凡是加领扬州刺史的大官，都领兵镇守东府，是屏卫建康东面的要地，现在是南浦侯萧推负责守卫。萧推一贯比较悲催，他曾历任淮南、晋陵、吴郡三地太守，每到一处，当地便发生旱灾，以至于老百姓送绰号"旱母"。好在这位"旱母"还比较有气节，他率守军死守东府不降，拒战三日，叛军硬是攻不下来。东府城位置关键，与台城互为犄角，时刻威胁着侯景的侧后。侯景不敢轻视，便率军亲自来攻，双方攻战激烈，叛军用百尺楼车进攻东府，撞毁城头雉堞。由于东府城防守工事完善，侯景急切之间也奈何不了萧推。

关键时刻，少不了带路党给叛军帮忙。萧纲长子宣城郡王萧大器的部下许伯众，负责东北方向城楼的防守，利益算计之下，他倒戈投降，招引叛军上城。侯景大军一拥而入，全歼萧推守军，"旱母"将军被杀于城内。侯景逼令城中文武裸身而出，率兵持长刀夹城门，城内人出来一个杀一个，死者达三千多人。侯景到台城下耀武扬威地宣称，不投降的下场就是死。

初八，侯景开始在城东、城西修建两座土山，预计让土山高过台城，内城就不攻自破了。当然修土山有的是劳动力，那些建康的老百姓一天光当观众，也不为新朝廷做些贡献！于是驱赶能抓到的百姓去劳动，不论以前身份高贵或低贱，都乱棒追打。十天的时间，抓来的人数达到几万。在修山时那些疲惫不堪、瘦弱生病的人就被杀掉，填入土山中，百姓的哭喊嚎叫声惊天动地。

为了对抗城外不断加高的土山，羊侃决定在内城相应的位置也建造土山。王公大臣都亲自背土，手握簸箕与铁锹挖土装土，在土山上筑起了几层芙蓉高楼。楼有四丈高，用彩帛和毳布装饰起来。朝廷又招募了两千名敢死队，给他们穿上厚厚的战袍和铠甲，以佛祖的名义称之为"僧腾客"，把他们分配在东土山和西土山上，日夜不停地与侯景的军队交战。这时，赶上大雨滂沱，城内的土山崩溃了，贼兵趁此机会，从高处往城内垂吊士兵。羊侃率领南梁的士兵与贼兵浴血奋战，但也没有能拦住敌人。于是羊侃命令部队投掷火把，形成一道火墙以切断贼兵的来路，接着在城内筑起新的城墙，侯景的军队才无法攻进来。

献城投降的历阳郡郡长庄铁，一直跟在侯景的屁股后面献计献策，这时看到内城坚固，担心侯景不能攻克皇城，到时南梁秋后算账，他可是第一个会被灭族的，还是先算小账要紧。便找个机会悄悄离开侯景，同手下几个心腹一起奔回历阳。他的脑袋还是挺够用的，知道历阳如今是侯景的人在驻守，于是先派手下人给驻守将军送了封信说："侯王已经被官兵杀死，朝廷派我回来镇守历阳。"驻守将军看到信后大惊失色，赶紧抢劫一翻，再带领兄弟们逃奔寿阳去了。庄铁不费吹灰之力就占据并进入历阳城，但小算盘打得叮当响的他捉摸着，现在不但与南梁是死敌，和侯景也结下了梁子，他们不管哪个获胜，都没有我的好下场，这个历阳郡长肯定还是当不稳。于是他也再把历阳挖地三尺抢劫一番，带着母亲及家人一起逃往寻阳。

时空论坛

网友：萧正德，为啥那么想当皇帝？

网友：不同价值观的殊途同归，这个职业就是很多价值观的终极目标，是实现终极目标的超级捷径。你想想，全国的资源任你调配，全国的财富任你取用，全国的人民任你驱遣，这是怎样的一幅美好画面！

沙弥：庙里还有蚩尤？我咋从来没见过？

惠能：菩提本无树，明镜亦非台；本来无一物，何处惹尘埃。

网友：江南可是鱼米之乡，都人吃人了，好可怜！

第三章　有了新战士

当然最初的战争还是很文明很有仪式感的。春秋时期的战争，并不是以杀戮为目的，"苟能制侵陵，岂在多杀伤？"那个时期打仗，人们都会事先文明地约架，也就是下战书，约定时间地点。这个地点必须是在两国交界的野外，双方出动的人数也要一样，并且战书的用词得谦虚恭敬。对于送战书的使者，还必须得设宴款待，宴会上还得有奏乐和赋诗，使者作为客人也要答谢。

时间约好之后，双方就开始集结部队，参加打架的人不能是平民和奴隶，而必须是成年贵族男子，也就是"士"，所以又叫战士。到了打仗这一天，所有的战士都要站在战车上，一字排开，跟对方战车对齐。开打之后双方战车只能跟自己正对面的战车打，不能跑偏了打别的战车。而且只能打车不能打人，要是把人打伤了还得停下来让他去疗伤。取得战争胜利的方式并不是把敌人全部杀光，而是把对方的战车全部毁坏。打输的人在撤退的时候，胜利的一方是不会追击的，想追也可以，但是只准追五十步。

看看后面的战争，我们只能无地自容。后来战争的战略目的，美其名曰"消灭有生力量"，说白了就是杀戮，杀得敌方越多越好，那个战神白起，光长平一战就活埋已投降的赵国士兵四十万，将人的凶恶一面完全显现，天上的神仙也在瑟瑟发抖。

（一）榜样的力量是无穷的

现在侯景也面临着相同的问题，应该大量消灭对方有生力量。内城里有士兵两万多人，有百姓十万多人，能把他们全部消灭最好。当然灭敌一千，自损八百，这种拉锯消耗战，不但耗钱耗粮还更耗人，得不断有人补充才行。当然侯景也在思考，现在什么样的人最适合当战士？并且愿意当战士？反正现在侯景在南梁，名声不佳，高门大户恨死了他，就连一般的百姓，也是对他怒目而视。把这些人弄去做苦力还可以，旁边有拿刀拿枪的军士监守。但当战士不一样，如果他们自己内心不愿意，把他们武装起来，阵前一造反，那不是自取灭亡吗？

有了，哪里有压迫，哪里就有反抗，充足的兵源就应该来自那些受压迫的阶层里。平时看到的南梁，是富足的三吴，是诗意的江南，是佛风的浸润，是王谢的奢华。但平时没看到的，是大量的人们失去土地，失去资源，失去自由，成为王公大臣及高门大户及寺庙的奴仆，这些奴仆生活在最下层，他们发出痛苦的声音，既不优雅，也不艺术，有身份的人当然听不到。但是从基层一路走来的侯景是听到了的，于是他开始寻找他的新士兵。

在来建康的路上，侯景就下达招募令，对那些早年从北方来南方避难而成为奴仆的人，他有天生的亲近感，这些人也愿意来当兵，给侯景出死力。此前南梁在与北朝的数次交战中，所获战俘，一般都没为奴婢，数量相当巨大。慢慢地侯景就摸出了道道，现在就专门招那些身为奴仆的人，并且免除他们的奴仆身份，让他们成为自由的平民。侯景决定树立榜样，他将南梁宰相朱异的奴仆任命为很大的官——仪同三司，享受太尉、司徒、司空同等的一品待遇，并把朱异家的资产都赏赐给了他。榜样的力量是无穷的，这个奴仆骑着高头大马，戴着乌纱高帽，穿着花边锦袍，在城墙下仰头大骂朱异："好你个奸臣孙子朱异，你做了五十年的官，才只作到中领军，我刚投降侯王，就已经担任仪同了。"这样一来，三天之内，数以千计的奴仆都争抢着出城投奔了侯景。其实这些奴隶或囚徒最初南梁也很想使用，梁武帝命令直从监俞景茂"敕二冶、尚方、钱署罪人及建康廷尉诸囚，欲押令入城以勉防捍"，但是这些罪隶囚徒不仅没有听从皇上的命令，反而进行了暴动，放火烧毁工房诸冶，一时散走，绝大部分投奔到了侯景的军营。侯景都给予他们丰厚的赏赐，并把他们分配在自己的军队中。这些奴仆人人感激侯景的大恩，愿意为他拼死效力。从此以后，南梁各地的奴仆及受苦受难的民众，要么投奔了侯景，要么就是在来投奔的路上。

正是如此，就神奇地出现了"被梁甲而寇王城，驱梁人而围天阙，势如破竹，易若转圜，万里靡沸，四方瓦解"的局面；"奴婢一旦免之为良，固已踊跃，况又资之以金帛，安得不为景致死乎？"当侯景并不势众的军队逼近建康时，就神奇地出现了"户口徒众，不见死战之士，宠遇虽多，鲜有报恩之人"。太子萧纲亲自募军，数日竟"莫有应募者！"人心向背，一目了然。

（二）漂亮的言辞是必需的

打仗的间隙，还是可以打打口水仗的。倍感压力闲来无事的朱异，又让人送给侯景一封信，向侯景陈述了当前的祸福利害，苦口婆心地劝他撤军。侯景给朱异回了信，而且是公开信，让城中的官兵都知道。

信中说："梁朝最近几年来，一直奸臣当权，搜刮平民，以满足他们的嗜好和欲望。如果你们认为不是这样，请你们来看看这些：今天国家的园林、王公贵族的住宅、僧侣尼姑的寺塔！还有那些在位的官员，他们妻妾成群，随从和仆人达几千人，他们既不耕作，又不织布，穿的却是锦绣衣服，吃的是珍贵食物。如果他们不掠夺百姓，从哪儿会得到这些东西呢？我之所以来到都城，旨在杀掉掌权的奸佞之人，并不是想推翻国家。现在城中的人指望四方的援兵，我看这些王侯、诸将，他们的心意只在于保全自己，谁会竭尽全力战斗到死，与我争夺胜负呢！长江天险，连曹操、曹丕都感叹无能为力，我却脚踏一根芦苇轻易渡过，扫除尘雾，重见光明。如果不是上天保佑，百姓协助，怎会如此！希望各位三思而行，自求吉祥。"

既然写信，一封是写，两封也是写，索性再给以前的老庄家去游说游说，看看邺城的家人到底还在不在，能不能侥幸救出来。于是侯景又向东魏孝静帝启奏说："我进攻并已夺取了寿春，想暂时停下来休息一下。但萧衍知道他的气数已尽，自己辞掉了皇帝的宝座；我的军队没有进入梁都，他就已舍身同泰寺了。上月二十九日，我军来到建康。天下未平，战事暂停。谈起故乡，人马都很依恋。不久，我就要整顿队伍，回到北方朝拜皇上。我的母亲和弟弟，很早就听人说被杀害了，最近收到皇上的诏书，才知道母亲和弟弟还在人间。这是因为陛下待人宽厚、仁慈，高大将军念我旧恩，我能力弱劣，不知道该如何报答！今天特地送去奏折，想接我的母亲及家人，希望圣上大发慈悲，释放他们。"

东魏孝静帝还在感动中没来得及反应，就听到高澄三声冷笑！不提醒倒还搞忘了，现在正好需要节目佐酒！也不用征求孝静帝意见，高澄立即下令，把侯景的妻子和所有的儿子悉数绑来，就在朝堂的宴会上剥了脸皮，投进沸油大锅中炸死。侯景的几个女儿全部收入宫中为伎为奴，3岁以下的儿子全部阉割（一年后高澄弟弟高洋即位为文宣帝，有一晚梦见有猕猴坐在他的御床上，醒来大吃一惊，一想到"猴""侯"同音，于是把侯景的几个被阉割的幼子全部下了油锅），侯景留在北方的百十号家人都斩首灭族。

不但如此，高澄又传令给慕容绍宗，让他腾出手去夺取寿阳，占了侯景最初的根据地。侯景知道后那个气啊，却也毫无办法，谁让自己打不过人家呢，那只好安心欺负南梁以报心头之恨了。

（三）果断的决策是重要的

那个唱空城计的临川太守陈昕，后来也被侯景抓获了。那天侯景找来陈昕一起畅饮套近乎，侯景觉得，临川太守还有许多将领兵士，就想任用陈昕，让他聚集部曲来为其效力。陈昕可还不糊涂，各种推托不答应。侯景便派他的仪同三司范桃棒把陈昕关押起来。

陈昕打仗不行，口才还是很好的，便大谈天下大势、仁义忠孝等等，趁机劝说范桃棒，让他率自己的部下袭击王伟、宋子仙并杀掉他们，然后到建康城去投降。范桃棒还是有些儒家的忠孝思想，他最崇拜的英雄就是二十年前的"白袍将军陈庆之",南梁的陈庆之可以说是打遍天下无敌手,和北边强敌经历四十七战,平定三十二城,所向无前。这个陈昕,刚好就是陈庆之的儿子!加上范桃棒本就不太满意侯景,于是听从了陈昕的劝说,制订了详细计划,在夜深人静时暗中将陈昕用绳子缒到建康城内去通风报信,商定内外夹攻侯景细则。

梁武帝知道这一情况后非常高兴,下令赐给范桃棒免死银券,同时下旨:"事情成功的那天,封范桃棒为河南王,立即拥有侯景的人马,并且赐给金银、绢帛以及歌伎等!"

但太子认为,有陈昕逃跑和投降的前车之鉴,担心陈昕欺骗梁武帝,对此事犹豫不决。

梁武帝很生气:"接受对方投降是常理之中的事,你为什么突然又疑神疑鬼的!"

羊侃:"依常理推断,范桃棒投降梁朝一定不会有假。范桃棒投降后,叛贼侯景一定会惊慌,乘此机会攻击他,可以大败叛贼。"

萧纲:"我们坚守城池,等候外面的援兵,援兵到来后,叛贼何愁不平!这才是万全之策。现在如果打开城门接纳范桃棒,而范桃棒的情况,怎么会那么容易就能知道!万一情况发生变故,后悔莫及;事关江山社稷,必须再仔细地考虑。"

羊侃:"战场瞬息万变,什么事都可以一试,殿下若以国家危机为重,就应该抓住机遇接纳范桃棒;如果您犹豫不决,机会稍纵即逝。"

太子始终不能下定决心,而如今的梁武帝更像是一个精神领袖,决策权早已转移到了萧纲手里。知道症结所在的范桃棒第二晚又派陈昕启奏说:"现在,我只率领我的部下五百人前来,如果到达城门时,我们会全部自动脱下铠甲，请朝廷开门接纳我们。城门打开之际，我会想方设法抓获侯景一并送进城来。"

原来范桃棒设定了详细的计划，准备到时请侯景到他军营视察，宴饮之际出其不意将其擒拿，之后迅速逃入内城。萧纲看到范桃棒很恳切地要求进城，就更加怀疑他。羊侃捶胸感叹道："失去这次机会，国家没救了！"

这样前前后后几天工夫，本不严密的墙就透风了，范桃棒被他的部下告发，侯景秘密逮捕了范桃棒并把他砍去四肢杀掉。

陈昕认为这样的好事，城内一定答应，且不知道范桃棒已经被杀，仍按照原定日期向城内射一封书信说："范桃棒暂且轻装率领几十人先进入建康。"到了约定的日子，侯景带领一帮武士突然出现，他们都把铠甲穿在里面，外边着轻装，准备来个将计就计，让陈昕带领这些人混入建康城。陈昕关键时刻还是有气节的，不肯答应，誓死不从，愤怒的侯景当即把他杀掉。

（四）死亡的意义是不同的

人固有一死，或重于泰山，或轻于鸿毛。

城外新世界，太子死了！

这个太子是才当上皇帝的萧正德之嫡长子，正在春风得意马蹄疾。想来长江后浪推前浪,虽然未来的世界才是属于后浪的,但现在就可以浪,可以疯狂,可以及时行乐,怎么可能会延迟满足？这些天他负责镇守东府，现在兵荒马乱，行乐也无处去，半夜听到外边乱糟糟的，起来一看是一群混混在大街上抢劫。萧见理一想，抢劫可是很有乐趣的事，他老子就

经常带他到处抢劫,帮他培养起了"兴趣爱好"。他义不容辞地加入了抢劫行列,当然一般的物品他也看不上,他主要是去抢人,抢那大富人家的女儿。突然,一支飞箭射来,太子应声倒地,死了!

听到新太子就这么惨死了,萧正德痛苦地大哭一场!

听说新太子就那么快死了,侯景豪爽地大笑三声!

在近两个月的时间里,羊侃"见招拆招",与侯景大战七个回合,将所有危机一一化解。由于羊侃指挥得力,应对得法,叛军用尽各种方法,台城始终巍然屹立。随着时间的推移,梁朝各地勤王大军都逐渐赶到建康附近,侯景叛军缺少后勤供应,士气逐渐下跌,即使是抢掠烧杀也不能维持其高昂的战斗状态了。梁朝似乎马上就要转危为安,但是……

城内旧世界,总指挥羊侃死了!

此前一天,无计可施的侯景,带着十分崇敬的心情,派军师向羊侃喊话道:"侯王远道前来问候天子,为何闭门拦阻不让他进去?羊尚书是国家大臣,应该禀奏朝廷。"

羊侃:"侯将军归附以来,朝廷给予很大信任和期望,又有什么苦恼,使他忽然起兵,一叛再叛,这岂是臣子所为?我不能听信你的花言巧语,开门揖盗。"

军师:"你我都是北方将军,同为元室重臣,何不弃暗投明,追求元室正朔?"

羊侃:"一叛再叛,反复无常,此乃小人,何谈正朔?"

军师:"我们在北方久仰将军风采,希望您能脱去戎服,让我们看一看。"

羊侃便摘下头盔,威风凛凛地站立城墙。城外侯景的将士瞻望许久,啧啧称奇，惊为天人。

可是，这也是将军伟大的谢幕。七日一早，羊侃睡在椅子上，已经没有了呼吸。他确实是累死了，虽然才54岁，但这两个月里，他几乎没有睡觉，既要出谋划策，又要身先士卒；既要朝堂议事，又要战场杀敌；既要确保台城安全，又要思谋南梁大局；既要坚定上层信心，又要鼓动基层团结。既无谋士参谋，又无将领可将；既无高官可封，又无厚禄可赏。但他越是艰难越向前，断不可为而为之，将伟大的人格高耸于天地之间。他的死，对南梁可真是个晴天霹雳，在大家的印象里，最可能在围城之战中先累死的应该是年近九旬的梁武帝，谁也不会想到"胆力俱壮"的武将羊侃会先死。羊侃死后，城中无一人能主军，不仅军队的指挥乱了套，连城内民心都开始浮动起来，太子萧纲也完全乱了阵脚。

羊侃的赤胆忠心以及过硬的军事才能，在梁末是不多见的，他以出色的表现令梁朝君臣百姓折服，甚至连叛军都被他的气节征服。

看到羊侃操劳地离去了，梁武帝痛苦地大哭三天！

几天后听说羊侃离去了，侯景又豪爽地大笑三声！

时空论坛

网友：以前打仗那么文明？

白起：战争不是请客吃饭，四十万张嘴要吃饭，哪里有？

网友：新太子那么高贵的身份，怎么还去抢劫？

网友：天下万物都是萧家的，他是去"拿"，早习惯了。

梁武帝：我对得起羊侃，追赠他为侍中、护军将军。

网友：人都死了，追赠有什么用！

姚思廉（唐初史学家）：羊侃竭忠奉国……可谓志等松筠，心均铁石，古之殉节，斯其谓乎！

网友：人家范桃棒言辞越恳切，太子就越怀疑，好奇怪！

网友："狼来了"的故事听多了。

柏杨：怀疑是一种最顽强的毒药，很难消除。

网友：一朝权在手，便把令来行。行的令肯定要与以前的不同才显得高明。

第六卷

缓勤王（上）

  申子奋发，勇气咆勃。实总元戎，身先士卒。胄落鱼门，兵填马窟。屡犯通中，频遭刮骨。功业天柱，身名埋没。或以隼翼鷃披，虎威狐假。沾渍锋镝，脂膏原野。兵弱虏强，城孤气寡。闻鹤唳而心惊，听胡笳而泪下。拒神亭而亡戟，临横江而弃马。崩于钜鹿之沙，碎于长平之瓦。

——《哀江南赋》节选　庾信

第一章 勤不勤王，真是个问题

射人先箭马，擒贼先擒王。战场上的理论诗人都懂，可能否实施又是另外一回事。几乎所有的战场上，王都处于核心，被重重保护，要擒王又谈何容易？侯景从燥热的太阳下率领八百裸身的将兵造反，直到大雪纷飞率领近十万身穿棉衣的战士攻打台城，历尽千山万水，费尽千辛万苦，时局千变万化，克服千难万险，都还没有抓到那个奄奄一息的老头子，看来诗人的理论和现实是有巨大差距的。

（一）我呼唤

梁武帝每天站在城楼上，看着浩荡的长江，望眼欲穿，盼望着勤王大军的到来，他对众王来救他是深信不疑的。这些年来，他以博大的胸怀，去爱自己家人，爱文武百官，爱佛释僧道，爱天下子民，爱世间万物。现在皇帝菩萨蒙难，大家肯定应该风驰电掣前来救援的。

他对兄弟充满无限的爱。他有兄弟九人，均封王，一律做高官，掌大权，贪腐也没问题。即使民怨沸腾，也只用家法处置，暂时去掉官职，避避风头，过后还是高官厚禄。他的六弟临川王萧宏，将兵出征，一朝兵溃，单骑逃回，什么事没有。过了一年,继续做高官,掌兵权。这个萧宏,是个财迷,有库房上百间,平时封得密不透风。因此,有人告发,说库房里都是武器。这回萧衍有点怕了,借故前去勘查,发现里面净是钱财,每一百万做一堆,能有三亿多。绢帛堆得到处都是。看过之后,萧衍根本没打算治他巨额财产来源不明罪,反倒夸奖这个兄弟会过日子。萧宏被爱得不行,行为越来越过分,拥美女无数的同时,还与皇帝的女儿萧玉姚乱伦,一起商量夺权,准备在半路行刺。这件事被皇帝知道后,公主自裁了,萧衍流着泪对萧宏说,他不打算学周公诛兄弟管叔,也不学汉文帝诛兄弟淮南王。那么怎么办呢,也就罢免萧宏的官职了事,当然后来又恢复了他的官职。

他对子女给予本能的爱。他有儿子八人,当然也都封王。萧综是萧衍的次子,其母吴淑媛原是东昏侯的妃子,跟了萧衍后,仅七个月就生下了萧综,应该是东昏侯的儿子。虽然大家都心知肚明,但萧综并没有受歧视,萧衍依然封他为王,还提为将军。后来,梁和北魏在边境发生冲突,萧衍让萧综领兵,督率各军作战。但萧综却直接投奔了北魏,并做了梁奸,导致重镇徐州失陷,兵士死伤惨重,北魏很高兴,授予高官厚禄。萧综还改名为萧缵,并表示为东昏侯服丧服三年。萧衍听后非常生气,不但撤销了给他的封号,还把吴淑媛废成庶人。后来,萧衍听说萧综有回来的意思,就让吴淑媛给他送去小时候的衣服。不久吴淑媛病逝,萧衍又起了恻隐之心,下诏恢复萧综的封号,给吴淑媛加了谥号为"敬"。

他对女人播撒知心的爱。萧衍是一个性情中人。在丁忧期间,他遇到农家少女谢采练,倾倒于她的容貌、风华和琴技,并与她有了一场纯粹的精神之恋。但他与发妻有终生不能娶妾的约定在先,故而一直到谢采练为他忧郁而死,他也未向心上人表白他的爱恋,空把一腔心事付瑶琴。

后来，他又遇到了少女丁令光，这次，他不想再让悲情故事重演，于是不顾一切地将她娶进家门，从而引起发妻郗徽与小妾的"醋战"，并直接导致发妻跳井而死，他悲痛忏悔地为超度郗氏而作《梁皇宝忏》，至今都是中国水陆法会中重要的佛教仪轨。由是他对发妻歉疚终世，还吟诗一首：

> 谁言生离久，适意与君别。
> 衣上芳犹在，握里书未灭。
> 腰中双绮带，梦为同心结。
> 常恐所思露，瑶华未忍折。

他对百姓施舍真诚的爱。萧衍是一个罕见俭朴的人，以至到了不可理喻的程度。身为皇帝，他的衣服、蚊帐、被褥、帽子之类补丁摞补丁。不是重大宴会他决不喝酒，即使喝也不超三杯。他的皇宫里，一床、一桌、四壁书籍而已。他中年后即素食，50岁后不近女色。他勤于政事，每天五更即起床办公，常常饭都顾不上吃。宗庙祭祀不用牛羊，只用面粉塑形取代"牺牲"。每当有人犯了死罪，武帝都会为他哭泣，哭得连鼻涕都流下来。他利用皇权，宽恕了很多重罪，经常进行大赦。

他对万物包含无限的爱。佛教倡导慈悲为怀，主张素食，反对杀生。梁武帝笃信之："从今日起，不听闻弟子食肉；若受檀越信施之时，应观是食如子肉想……夫食肉者断大慈种。""众生所以不可杀生，凡一众生，具八万户虫，经亦说有八十亿户虫，若断一众生命，即是断八万户虫命。"从此他自己带头吃素。其实，世界上其他地方的佛教徒都没有吃素一说，神州大地上的僧尼吃素，完全由梁武帝下旨开始。

他用一颗慈悲之心，普度众生。这样的皇帝菩萨被围困于恶魔之中，当然众生应该赴汤蹈火，赶紧营救！

（二）我赞成

最先举手赞成勤王的是他的痴儿子萧纶。因为痴，所以单纯，当然就切实感受到了父亲的那份亲情呼唤。父亲被围困了，那还等什么呢？

梁武帝的第六子萧纶，精神有点毛病，做刺史不仅暴虐，而且搜刮民财不遗余力，也干出好些令人哭笑不得的事。看人出丧，哭得哀伤，他非要把孝子的丧服扒下来，自己穿上学孝子哀号。萧衍因罪免了他的官，他就找一个干瘦的老头，穿上龙袍，扮作他的爹爹，按在上座，自己在下面磕头诉说自己如何无罪，然后把老头拖下来，龙袍剥下，用鞭子抽打。都折腾到这个地步了，也就是被暂时处罚一下，过后王爷还是王爷，刺史还是刺史。前不久萧武帝还封了他侍中、开府仪同三司、邵陵王、持节监督各路军队，以讨伐侯景。

在南徐州任刺史的萧纶也还是听话，让他指挥讨伐侯景，他就带领军队赶忙往寿阳赶，好不容易走到了寿阳隔壁的钟离，听说侯景已经从采石渡过了长江，萧纶便日夜兼程，回军建康救援朝廷。渡过长江时，船到了江中心却刮起风来，落入水里淹死的人马有十分之一二。于是，萧纶便率领宁远将军西丰公萧大春、新涂公萧大成、永安侯萧确、安南侯萧骏、前谯州刺史赵伯超、武州刺史萧弄璋等人及三万步骑兵从京口向西进军。

侯景知道这一天迟早要来，于是将目前的战略重点从攻占台城转移到与勤王军作战上来，派遣军队来到江乘阻击萧纶的军队。赵伯超对萧纶说:"如果从黄城的大路上去,一定会与敌人相遇,我们不如径直进军钟山,突然占领广莫门,出其不意出现在敌人面前,建康城之围一定会解除。"萧纶采纳了赵伯超的建议,但夜间行军,迷失了道路,多走了二十多里地。十一月二十三日早上,在蒋山安营扎寨。侯景见敌军势大,十分惊恐,把他所掠夺来的珍宝和美女全部运送到石头城,准备好了船只想逃走。同时又分兵三路攻打萧纶,萧纶的军队还是很有战斗力的,同时又是为了救皇帝,人人愿意出死力,半天工夫就打败了侯景。这时,山峰上还有寒冷的积雪,萧纶便把军队带到了爱敬寺。侯景收拢败军,安置在覆舟山北面。

二十八日,萧纶进军到了玄武湖畔,与侯景面对面摆开战阵。到了黄昏,侯景提出明天再交战,萧纶答应。安南侯萧骏看到侯景退兵,不经请示就率军追赶,战场经验丰富的侯景立即回军痛击,本是纸老虎的萧骏一接仗便败逃,奔向萧纶的军营。赵伯超看见前边战败,马上就带领军队逃跑,侯景乘胜追击,梁军全部溃败。萧纶收集了将近一千残兵,逃进了天保寺。侯景步步紧追,放火焚烧天保寺。萧纶再逃,士兵们踩着冰雪前进,有很多人冻坏了脚。侯景把萧纶的物资全部收缴,活捉了西丰公萧大春、安前司马庄丘慧和主帅霍俊等人返回。

二十九日,侯景把他所抓获的俘虏和斩杀的首级、铠甲、武器以及萧大春等人带到建康城下向城内展示,并让人对城里人说:"邵陵王已经被乱兵杀死!"霍俊大声向城内呼喊:"邵陵王只是遇到了小小的挫折,他已经率领全部军队返回京口。城中的士兵只要坚守城池,援军很快就会到来。"侯景让人堵住他的嘴,但认为霍俊是位义士,便释放了他;但新皇帝萧正德认为霍俊罪大恶极,半路上派人把他斩杀。

（三）我反对

最先举手反对勤王的是他的侄子萧正表！世界上没有无缘无故的爱，也没有无缘无故的恨，如今他的亲哥哥萧正德当了侯景的皇帝，看看即将到来的更加远大的前程，当梁武帝征召他前往勤王时，萧正表用脚投票表示反对，推托说船只和粮草还没收集起来，不肯派兵相助。反对的好处来了，新皇帝的新圣旨马上送达，任命萧正表为南兖州刺史，封他为南郡王。

当时萧正表镇守钟离，封王后肯定要立功哇，于是在欧阳设立栅栏以阻断增援朝廷的军队。他率领一万人马，表面上声称是进兵援救建康，实际上想要偷袭广陵。他写了封密信引诱广陵县令刘询，让他烧毁广陵城作为内应。刘询把此事告诉了南兖州刺史南康王萧会理。十二月，萧会理派遣刘询率领步兵、骑兵一千人夜间偷袭萧正表，把萧正表的军队打得一败涂地，萧正表只身逃回钟离。刘询收集了萧正表残兵和粮食武器，把它们交给了萧会理，并和他一起率领军队去救援建康城。

这下就很悲摧了！这边造了梁武帝的反，肯定已经回不去。那边为新主子既没立下战功，还丧师失地，侯景可不是好糊弄的！何况这个新主子的前途如何一时半会儿也看不清楚！此处不留爷自有留爷处，已投降一回就不怕再投降第二回，反正也没有良心过不去这一说。这时东魏也在南梁的边境上大军紧逼，那肯定要全部夺回十三州哇，那肯定还要适当加点利息哇，那肯定还要看看有没有更大的油水可捞哇！萧正表算盘打了几天几夜，终于算清楚了利益最大的所在，五四九年正月，萧正表送子为人质，据州内附东魏。东魏当然也要树立榜样，命徐州刺史高归彦前往接应。事成后他入朝邺都，封兰陵郡开国公、吴郡王，食邑五千户。很快就又加封侍中、车骑将军、特进、太子太保、开府仪同三司，赏赐丰厚。高枕无忧地享受了一年，东魏武定八年（550年）正月萧正表去世，享年42岁，东魏谥号昭烈，葬于邺城之西。

（四）我弃权

除了少数举手赞同和举手反对的之外，那些坐在后排陪会的外姓武将当然不敢表态。如今各地方诸侯的一把手都是姓萧，不姓萧的再有能力也只能为副手，坐在前三排的老大没表态之前，坐后排的副手哪个敢擅自表态？

前三排的是黑压压的一群萧姓之王，他们肯定都答应勤王。是啊，父亲和太子被敌军包围，怎么可能不救援呢？不救援，是会在史书上留下千古骂名的。可是现在是各家有各家的难处，各王有各王的想法。

问题出在前三排，根子还在主席台。坐在主席台上的萧绎，是梁武帝的第七子。如今梁武帝的嫡长子萧统已去世18年；二儿子萧综似非亲生，后流亡东魏，也已去世18年；现太子萧纲为第三子，又和老皇帝一起被困台城；老四萧绩，20年前已去世；老五萧续，两年前在任上去世；老六就是那个疯子萧纶，头脑简单就根本不用担心，他急匆匆地去救援也不顶什么事；倒是老八萧纪，任益州刺史，远在蜀地，听说还很有政绩，倒是一个有力的竞争对手，应该多派斥候去盯着。

萧绎对自己的兄弟梳理了一遍，对台下一片沉默纷纷弃权的结果很是满意。虽然脸上露出痛苦的表情，心里的窃喜还是看得见的。如今他出镇荆州，任荆州刺史、使持节、都督荆雍湘司郢宁梁南北秦九州诸军事、镇西将军。侯景之乱才开始时，梁武帝就遣人至荆州宣读密诏，让其火速勤王。萧绎如今手握十多万强兵，正是春风得意之时。

侯景自八月初公开造反，萧绎就满脸兴奋，终于有机会从书房走出去了，终于可以露脸了。开始派出各路斥候，探听八方军情消息，盘算最佳救援时间。是啊，兵者，国之大事也，时机把握最重要，不是一个快字就可以解决的。

侯景攻下建康外城后，萧绎知道应该做点什么了，表明态度也很重要，于是宣布全国实行戒严。他叫人写了檄文及手令，檄文是拿给侯景及史家看的，当然是义正词严，告诉天下人，他将担当大任，救苦救难于水火。手令是给帝国各州的，着重强调了统一指挥的重要性，其中严厉要求湘州刺史河东王萧誉、雍州刺史岳阳王萧詧、江州刺史当阳公萧大心等人，让他们派遣军队，全部听候他的调令。

是的，如今萧绎最放不下心的就是这三人。前两人是嫡长子萧统的儿子，手里各领一州，统领两万兵。在那群迂腐的儒家眼里，太子去世后，皇家的继承权当然该在嫡长子的后人中寻找，因与太子有隙，梁武帝忐忑不安犹豫不决地将太子之位交给第三子，从此嫌隙的种子恣意生长。如今风云变幻，长子一家似乎等来了机会，天下又有了归心之势，所以防范的重点就在这两州，首先应该夺取他们的兵权，不得让他们坐大。最后一人是现太子萧纲的儿子，他现在最着急，急切要打到建康，与侯景拼命，这也是萧绎最不能容忍的。大局面前，统一指挥最重要，当然不能自行其是，破坏他的谋略与大局。

十八天后，萧绎终于派出第一批将士，遣司马、天门太守等人率领军队从江陵出发东下。都说千里江陵一日还，从江陵到建康，顺风顺水，一天即到，萧绎派遣的人马，可只是虚张声势，游走江湖的，只是让大家来看看哪里有机会，哪时有机会的，肯定不在于与侯景打仗。当然与他早晚要打，现在还不是时候。

三十五天后，萧绎收回前一波派出去的人马，再派遣他的长子萧方等率领一万步骑兵，从公安出发前往建康；萧绎一直不太放心他的长子，不但因为与他母亲徐妃的关系处得不太好，而且萧方等擅长骑马射箭，每次与敌人交战，都亲自冒着箭林石雨杀敌，以为节义而死为己任。所以这次专门交代，只探敌情，保持距离，不准轻易接敌。同时又派遣竟陵太守王僧辩率领一万水军，从汉川出发，用船运载粮食顺水东下，与萧方等遥相呼应。

就这样，梁武帝和太子天天站在建康的城楼上，在凛冽的寒风中左等右等，只看到那个有点疯癫的英雄萧纶杀过一阵，之后长江上孤帆远影风平浪静，偶尔有一队队战舰驶过来驶过去，但都是和平通航，航行自由，没有任何希望和奇迹在天边出现。

时空论坛

网友：那个赵伯超，就像敌人的卧底，前一次慕容绍宗攻击时，也是他带头逃跑引发兵溃的！

网友：本是文人，奈何领兵？

网友：梁武帝对他兄弟子侄太宽大了，又造反，又投敌，又贪腐，还乱伦……可都没事！

商鞅：一国之内，要"不别亲疏，不殊贵贱，一断于法"，要"君臣上下贵贱皆从法"，要"法不阿贵，绳不挠曲"，要"刑过不避大臣，赏善不遗匹夫。"否则，国破也！

网友：看不出萧纶有点疯癫呢，行令打仗还是很有章法的。

网友：头几仗还可以，侯景都打算逃跑了！

网友：他倒是正常人，其他观望的子侄才是疯子。

网友：那个萧绎，救兵如救火，在于一个快字，还磨叽啥？

诸葛亮：嘘，别急，他在下一盘大棋！

第二章 安内攘外，真是个问题

作为皇帝的第七子，他该怎么做人做事？

在老百姓看来，作为皇帝的儿子，一生锦衣玉食，出将入相，好不威风！可身在皇家，尤其是母亲阮修容最初只是萧衍宫中的一名采女，没有强有力的庇护，皇宫看似一团和气、亲亲爱人，实际上时时有坑、步步惊心，说话做事都要处处小心。哲人说："没有一个人能够长生不老，也没有一件东西可以长存。"但在中国，我们一直相信有某些东西可以超越生命而永垂不朽，具体说来有"三不朽"：立德、立功、立言。头两项"立德"与"立功"，作为皇帝的第七子，肯定是不容易办到的，特别是"立德"，萧绎也承认："德者非所企及。"所以他选择了走捷径，欲以"立言"令自己身后留名。这便是他宁可抛却夜夜笙歌、醉生梦死的贵族生活，也要劳神费力著书立说的动机所在。

（一）先立言

萧绎自小就继承了这个文学世家的种种优点，6岁的时候，便留下了生平第一首诗：

> 池平生已合，林花发稍稠。
>
> 风入花枝动，日映水光浮。

也许是因为文学基因好，不知道从什么时候开始，萧绎的头脑中便牢牢地形成了一个绝对不同于普通贵族子弟的想法：著书立说，以成一家之言——这大概是萧绎一生中除了皇位之外最大的奋斗目标，或者说，在争夺皇位的目标还不明朗之前，著书才是他最初的梦想，期望以"立言"不朽：

> 窃念臧文仲既殁，其言立于世，曹子桓云："立德著书，可以不朽。"杜元凯言："德者非所企及，立言或可庶几。"

他也确实做到了，后来惶惶巨著《金楼子》横空出世，这是他本人一字一句撰写出来的。

萧绎在日记中也描述了自己发奋读书的用功劲儿：我从十二岁开始，就经常读书到天亮，当时又患了疥疮，两个手肘都因为看书给撑烂了，十四岁以后，眼睛又有毛病，只好叫左右念给我听，一天二十卷的内容，如此风雨无阻地坚持了三十几年，没有一天停歇。

这种说法绝非萧绎的自吹自擂，大儒颜之推的《颜氏家训》可以证明。颜之推年少时曾亲眼所见萧绎的这种用功劲头，晚来回忆的时候仍然感叹不已：作为皇子的萧绎，以童稚年少的弱小年纪，都能勤学如此，我们这些贫寒出身的人怎能不向其学习呢？

"谁将声震人间，必会长久缄默。"著书成功，撒播自己的思想流传后世，自然能够"声震人间"，但在登上皇位之前的四十多年苦心研读，奋发著书，就是萧绎忍受寂寞，长久缄默之时。他自比孔子、司马迁，"周公没五百年有孔子，孔子没五百年有太史公。五百年运，余何敢让焉？"

当其他贵族子弟尽情享受人生之乐，纵情声色之娱时，萧绎却忍受住了巨大的寂寥，苦心孤诣，躲在某个安静的角落遍览经史子集，奋笔疾书，以期早早成就一番文化史上的功业。一度，萧绎被其他的贵族子弟目为不可理喻的怪物。

他的努力没有白费，大作终于出炉：《金楼子》一本传世，足以令其声震人间，响彻百世了——事实上《金楼子》还仅仅只是萧大才子众多著作中的小小一本而已，他的所有著作可谓汗牛充栋，多达六百七十七卷，包括《孝德传》三十卷、《忠臣传》三十卷、《丹阳尹传》十卷、《注汉书》一百五十卷、《周易讲疏》十卷、《内典博要》一百卷、《连山》三十卷、《洞林》三卷，还包括《补阙子》《老子讲疏》《全德志》《怀旧志》《荆南志》《江州记》等多卷。

除去作为文学家、诗人、学者之外，他的书法、绘画也成就颇高，他的《番客入朝图》《职贡图》至今在中国画史上占据重要地位。此外，他还是围棋高手，写了好几本棋谱研究；他是姓氏学家，也是玄学研究高手；他甚至还写了一本兵书《玉韬》。更叫人吃惊的是，南朝士大夫们对骑马十分反感，认为那是野蛮人才做的事情，萧绎却不辞辛苦花费大量时间在养马的研究上面，并且写了一部研究马的专著，叫作《相马经》，里面的研究成果据说超出了相马专家伯乐的水准。他对一些为正直之士所不齿的旁门左道学问也十分感兴趣，甚至能够自己给自己算命，也能

通过观察星相知道天下大势,他的才华以及学问简直无人能及、无所不包。从他的《采莲赋》,就可以看出他的文学功底:

采莲赋

紫茎分文波,红莲分芰荷。绿房分翠盖,素实分黄螺。

于是妖童媛女,荡舟心许,鹢首徐回,兼传羽杯。櫂将移而藻挂,船欲动而萍开。尔其纤腰束素,迁延顾步。夏始春余,叶嫩花初。恐沾裳而浅笑,畏倾船而敛裾,故以水溅兰桡,芦侵罗袴。菊泽未反,梧台迥见,荇湿沾衫,菱长绕钏。泛柏舟而容与,歌采莲于江渚。

歌曰:"碧玉小家女,来嫁汝南王。莲花乱脸色,荷叶杂衣香。因持荐君子,愿袭芙蓉裳。"

(二)不立德

伴随高才情的,却是萧绎虚伪下作的品格。

萧绎的姑父王琳生了九个儿子,个个神采飞扬、人中龙凤,萧绎嫉妒这些表兄弟抢了自己的风头,于是故意将自己一个出身低贱的小舅子改名为王琳,以便在口头上占这些表兄弟的便宜。中国文化中向来有"避讳"这一传统,晚辈直呼长辈的名字被视作严重缺乏教养之举,萧绎此举堪称龌龊。

萧绎最喜欢在各种场合标榜自己慕高名而不好声色,但事实上,所谓的"不好声色",完全是假的。当初萧绎当荆州刺史时,行宫宫女李桃儿,因才貌出众,吸引了萧绎。后来萧绎被调回建康,由其五哥萧续接任,萧绎便带李桃儿同行,当时禁令森严,萧续据实报告。梁武帝大怒,惊吓万分的萧绎便向太子萧纲哭诉，太子从中调解，萧续不肯，萧绎大为恐惧，只好把李桃儿送回荆州。从此两兄弟连书信都不往来。547年听到萧续逝世的消息，萧绎一进家门，高兴得一跳而起，木屐都被摔破，后来还私下派人去寻回了李桃儿。

萧绎的"不好声色"，从他的诗中也可以看出端倪。他的诗文文风婉丽多情，题材不是"妾怨回文"就是"君思出塞"，完全是活色生香的宫体诗，非好声色者不可能写得出来。看看他的《闺怨诗》：

荡子从游宦，思妾守房栊，
尘镜朝朝掩，寒衾夜夜空。
若非新有悦，何事久西东。
知人相忆否，泪尽梦啼中。

才情极高，又是声色之徒，时人都当他风流才子！虽然拥有至高无上的出身和超然卓绝的才情，萧绎的一切天资都令人艳羡，但是，他仍然有无法摆脱的烦恼，这些烦恼总的说来有三大项：

一恼名节不树。天天发愁写出来的书还不够卓越，不能令其流芳百世。

二恼生理缺陷。风流多情的萧大才子一只眼看不见。这个生理缺陷给萧绎造成极大的心理负担，他性格之中阴暗的一面多源自这个缺陷！

南北朝是一个重视文化修养与容貌气质的时代，甚至可以借助容貌仪表之美而慑服众人，受到社会的普遍尊重与推崇。百年前刘义庆的《世说新语》还特别设立《容止》篇，专门记载南北朝对外貌与举止的追求与标准。虽然萧绎才华横溢，但身患残疾，体弱多病，自然无法被看成贤士，甚至还会成为众人的笑柄。加上梁武帝的众多儿女皆美风仪、善属文，萧绎的形象就更是鸡立鹤群，从而形成了他的深厚的自卑心态。

某日，萧绎雅兴大发，便约了一干文人泛舟江上，一边饮酒作乐，一边饱览江上美景。时临秋日，江上景色甚美，一诗人引用楚辞中的一句诗来表达此刻的心情："今日可谓'帝子降于北渚'。"不料萧绎脸色突变，厉声道："你是想说'目渺渺而愁予'吧！"终生不再与这诗人为伍。原来楚辞里"帝子降于北渚"和"目渺渺而愁予"两句是连在一起的，而当时眼睛瞎掉的说法就是"目眇"。

萧绎的六哥萧纶曾作诗恶搞七弟的独眼："湘东有一病，非哑复非聋。相思下只泪，望贞有全功。"萧绎当时不敢对哥哥有过激反应，但仇不是不报，只时间未到。如今萧纶刚被侯景打败，即刻就成了萧绎穷追猛打的目标之一，后来追得他在南梁无法立足，被西魏斩首，萧绎也拒绝给他收尸。当然侯景的军师王伟也拿他独眼的事情作檄文讽刺，结果王伟兵败后被处以极刑，拔出了王伟的舌头钉在木板上。

那时领导也要有自画像的，以供到处张贴，树立权威，引人尊敬。许多著名的画师也为其画像，不知道他的忌讳，被杀者数十人。有一画师机敏，为他画了一张射箭的肖像，因为掩盖了瞎目，被赏金数万。

三恼夫妻不睦。萧绎正妻叫徐昭佩，夫妻俩的关系一直紧张不睦，原因可能是多方面的，但徐妃长相"无容质"恐怕是主要因素。徐昭佩在长久的闺房寂寞之后，渐渐变得喜欢借酒浇愁，每次萧绎到她房间来，她都会喝得酩酊大醉，结果，萧绎自然是对她越来越厌恶。

徐昭佩的闺门之怨可以理解，不甘寂寞的她最终选择了反抗。萧绎极其忌讳自己的生理缺陷，徐妃偏要抓住这点大加嘲讽，每次萧绎来，她都化半面妆，用意再明显不过：讽刺萧绎一只眼。萧绎见此景象，必然大怒而出。转眼芳华已逝，徐娘终于扯开最后一块道德的遮羞布，先是与荆州后堂瑶光寺的智远和尚私通，接着又看上暨季江。暨季江尽情地享受风流徐娘带给他的快乐后不禁感叹："柏直狗虽老犹能猎，萧溧阳马虽老犹骏，徐娘虽老犹尚多情。"于是，"徐娘半老，犹尚多情"的典故就此流传开来。

都道徐昭佩太硬朗，但史达祖的《夜合花》里，道出了作为女子的柔弱："柳锁莺魂，花翻蝶梦，自知愁染潘郎。轻衫未揽，犹将泪点偷藏。念前事，怯流光。早春窥、酥雨池塘。向消凝里，梅开半面，情满徐妆"——她也有过单纯美好。此后不久，李商隐也作诗一首：

南 朝

地险悠悠天险长，金陵王气应瑶光。

休夸此地分天下，只得徐妃半面妆。

（三）快立功

"立言"的事情已经结束，"立德"不在选项之中，"立功"本已无望，无奈大任天降，就赶紧收起书本，拿起武器，随时准备战斗。

那个侯景当然是全帝国的敌人，应该大力剿灭，当然现在还不是时候，什么时候合适萧绎心中有数。现在需要的是"攘外必先安内"，将那些不听话的有异心的王先安好，之后才好心无旁骛对付侯景。

首先是要把嫡长子一家安抚好。548年，梁武帝任命萧誉之兄河东王萧誉为湘州刺史，调湘州刺史张缵到雍州任刺史，取代萧誉。不愿意挪地方的张缵就与这二王都有了纠葛，刚好萧绎又与张缵相识，于是刻意交好，隆重结交，封官许愿，暗授机宜。开始时大元帅萧绎下令，统一各州的军队，并叫张缵去三州接收兵权，在萧誉处碰了个软钉子没有成功。张缵连夜坐小船逃跑，想到雍州去，又担心萧詧拒绝入境。在张缵不断向萧绎挑拨，欲将萧詧兄弟置于死地之时，被岳阳王萧詧找了个机会杀掉。萧绎一看人死再也没有利用价值，早就眼红张缵那个藏书家的古本了，赶忙命令查抄其家，得图书两万余卷，并"连还斋"等珍宝财物，悉充私库。

萧绎在兄弟之中排行第七，且其母出身侍女，身份低微，法理上现实上他都没有继承皇位的可能。但他趁着外敌侯景作乱的机会，以其坐镇的荆州为基地，大力扩充武装，并运用各种借口阻拦其他州郡的萧姓王爷勤王。在老皇帝多次发出勤王的圣旨时，萧绎慢吞吞地赶路，在建康的半路驻足不前，保持观望。

有一位远房亲属萧贲对萧绎的行为十分愤慨，但又不敢明确表达，借着一次与萧绎下棋的机会突然冒出一句："大王都无下意。"当萧绎还未派一兵一卒与外贼侯景交战便打算退兵之时，萧贲又激愤地跳出来："大王带着十万之众，未见贼而退，奈何？"不久之后，萧贲便因一个小小的借口被萧绎砍去脑袋！日后萧绎忆起这件事，仍然心头难平，于是将萧贲的尸体挖出来，"追戮其尸"，并在各种史料中对萧贲极尽侮辱。

当然"巡回演出"还是要继续的。收回第二波军队后，萧绎又率领三万名精锐士兵从江陵出发，这回让他的次子绥宁侯萧方诸留守江陵。不明就里的谘议参军等人多次向萧绎上书请求留下，深明大义的萧绎当然不同意，演好"立功"的大戏不是那么容易的，有时必须走上前台。

时空论坛

网友：没看懂呢，那个张缵是萧绎的小喽啰，小喽啰被杀不给报仇，为啥反而抄他的家？

网友：卿本无罪，怀璧其罪。两万本书就是原罪。

网友：《金楼子》是啥东西？

淮南子：《金楼子》一般是采用札记、随感的形式，或前引名言成句，后加自己的看法；或借题发挥以阐发自己的思想；或记述史实以劝诫子女；基本上是由萧绎一人撰写而成。

网友：徐娘半老，她还是很有个性的！

作者：她被逼令自杀，投井而死。萧绎还写了很有文采的《荡妇秋思赋》：荡子之别十年，倡妇之居自怜。登楼一望，惟见远树含烟；平原如此，不知道路几千？天与水兮相逼，山与云兮共色。山则苍苍入汉，水则涓涓不测。谁复堪见鸟飞，悲鸣只翼？秋何月而不清，月何秋而不明。况乃倡楼荡妇，对此伤情。于时露萎庭蕙，霜封阶砌；坐视带长，转看腰细。重以秋水文波，秋云似罗。日黯黯而将暮,风骚骚而渡河。妾怨回文之锦,君悲出塞之歌。相思相望,路远如何？鬓飘蓬而渐乱,心怀愁而转叹。愁索翠眉敛，啼多红粉漫。已矣哉！秋风起兮秋叶飞，春花落兮春日晖。春日迟迟犹可至，客子行行终不归。

第三章 谁当领导，真是个问题

后排座位上的小伙伴看着萧家众王在那里你推我让，你来我往，或者互相提防相互打群架，或者到长江划划船张张帆意思意思，就是没有勤王的意思，像样的仗就只轻描淡写地打过一两次，他们也就确实看不惯了，建康台城里被围的可是我们的皇帝呢，率土之滨，莫非王臣，我们做着皇帝封赏的官，怎么能不管皇帝呢？当然也有"天下自有德者居之"这么一说，但左看右看那个侯景，上看下看那个萧正德，都不像是个"有德者"，还不如那个梁武帝坐在上面心里踏实。兄弟们，萧姓不急外姓急，别指望了，我们还是上吧！

（一）现在不喝酒

梁武帝等了那么久也没看到众王来救他，不觉大失所望，也看出了问题所在。东方不亮西方亮，于是开始征调非萧姓官吏前来勤王，首先看到衡州刺史韦粲还比较有能力，便提升其为散骑常侍，任命都督长沙人欧阳为监州事。当韦粲回到庐陵时，听说侯景已拿下谯州，韦粲马上整顿部下，率领五千精锐士兵，加速赶路前去援救。

部队来到豫章，听说侯景已经出了横江，韦粲便到内史刘孝仪那里与他商议。刘孝仪说："如果情况真的是这样的话，皇上应该有命令传达下来。怎么可以轻信别人说的话，轻率地行动起来自相惊扰呢！或许事情并不是这样。"这时刘孝仪设置了酒宴，韦粲听完他的话勃然大怒，把酒杯摔在地上说："叛贼已经渡过了长江，就要逼近皇宫了。水上、陆地的交通已全部被阻断，朝廷怎么会有空闲向我们通报情况呢？假如朝廷无法发出命令，难道我们自己能够安心么！韦粲今天哪儿有情绪饮酒！"于是，骑着马飞奔出去布置军务。

将要出发时，正赶上江州刺史当阳公萧大心派使者前来邀请韦粲。韦粲于是骑着快马前去会见萧大心。他对萧大心说："长江上游的藩镇、江州离京城最近，殿下按情理来说，应该行动在前面。但您是中流砥柱，身负重任，应做后应，不能没有主将。现在，我们应该暂且虚张声势，移军镇守湓城，派遣你的副将随我一同去，就足够了。"萧大心同意了他的建议，便派遣副将率领两千人马跟随韦粲。十二月二十三日，韦粲到达南洲，他的表弟司州刺史柳仲礼也率领一万多步骑兵到了横江。韦粲于是把粮食、武器提供给柳仲礼，并且把自己的金银、绢帛散发给柳仲礼的士兵用作奖赏。

这天晚上，鄱阳王萧范派遣他的长子与西豫州刺史裴之高、建安太守等人各自率军救援建康，军队驻扎在蔡州，等待长江上游的各路人马。萧范让裴之高统领长江右边援军的军务。侯景把住在秦淮河南岸的居民全部赶到了秦淮河北岸，烧毁了他们的房屋和庄稼，沿河大街以西的居民、房产、财物全部被清除掉了。

（二）现在不排辈

十二月三十日，西豫州刺史裴之高自张公洲派出船只把柳仲礼的军队渡过江。夜里，韦粲、柳仲礼以及宣猛将军李孝钦、前司州刺史羊鸦仁、南陵太守陈文彻等人的军队会合在一起，驻扎在新林的王游苑，共有勤王军十万，加上后来不断加入的，共有将士超五十万，沿建康和长江层层排开，声势浩大，气势高涨，号称百万。

人再多，没有统一号令肯定就是一盘散沙，就会各自为政，肯定就会打败仗，当务之急是选总司令。于是在圆桌会议上，韦粲提议推举柳仲礼担任大都督。

其实韦粲的提议是比较靠谱的，这个柳仲礼，曾辅佐太子萧纲镇守襄阳，授雍州长史，还曾侥幸打败了与高欢宇文泰齐名的北魏名将贺拔胜。但裴之高自认为年龄和官位比别人高，耻于居柳仲礼之下，一时沉默不语，韦粲的提议很久没有决定下来。当然还有一层原因不好在台面上说，韦粲和柳仲礼都是太子的人，而裴之高却长期与萧绎走得近，虽是圆桌会议，各类山头都是看得见的。于是韦粲高声对众人说："今天我们共赴国难，为了铲除叛贼。我之所以推举柳司州，只是因为他长期守卫边疆，以前曾让侯景害怕。况且他的人马精锐，没有人能超过他。如果论地位、资格，柳仲礼在我下面，如果论年龄大小，他也比我年少。只是为国家考虑才这样做，大家不要再争论了。现在的形势，贵在将领团结。如果人心不统一，大事就完了。裴公是朝廷中的有德望的老臣，怎么能夹带个人情感，败坏国家大计呢！"

之后，韦粲一个人乘船来到裴之高的军营，与他喝酒长谈，又语重心长地开导裴之高:"现在,皇上和太子危在旦夕,狡诈的敌人罪恶滔天,做臣子的应该齐心协力,怎么能自相矛盾,裴豫州一定要与大家离心异志的话,刀锋就要有所指了,想来萧绎大王也会这么认为。"裴之高知道自己势单力薄,只得流下眼泪向韦粲谢罪,于是大家推举柳仲礼为大都督。

于是柳大都督开始安排军务,首先派宣城内史率领三万人沿着秦淮河竖立栅栏,建立防御阵地。侯景一看敌军势大,赶快收缩战场,缩小营地,在河北岸也竖立一排栅栏。

柳大都督又派裴之高与他的弟弟裴之横率一万水军驻扎在张公洲。侯景也听到过世家大族裴之高的名声,当然就故技重施,把裴之高的弟弟、侄子、儿子、孙子关押起来,临河水摆开了战阵,把裴之高的亲属锁在一起押在队列前面,将鼎镬、刀锯放在他们身后,然后对裴之高说:"裴公如果不投降,今天就把他们煮了。"裴之高把神射手召来,让他们射向敌军和自己的儿子,射了几次,都没有射中。

侯景率领一万名步兵骑兵在后渚向援军挑战,大都督柳仲礼想带兵出去攻打,韦粲劝他说:"天色已晚,我军又很疲劳,不能应战。"柳仲礼于是坚守营垒战,侯景也领兵退回。

当晚,柳仲礼进入韦粲的军营,部署各路军队,准备第二天与侯景的军队决战。各个将领均有要把守的地方,柳仲礼命令韦粲屯驻在青塘。由于青塘处于通往石头城的道路正中,叛贼一定会争夺此地,地位非常重要。柳仲礼对韦粲说:"青塘是战略要地,非得老兄你去不可。如果你担心兵力少的话,我会再派军队协助你。"于是,派遣直将军率领两千人协助韦粲。

（三）现在不交战

爆竹声中一岁除，春风送暖入屠苏。东魏武定七年（549年）正月初一，一贯繁华热闹的建康城破天荒地没有爆竹声，没有锣鼓声，没有欢歌笑语，没有舞狮耍龙。在朦胧的清晨里，有的只是恐怖，是破坏，是烧杀，是死亡。

这一天大雾笼罩。一大早，按昨晚的安排，大都督柳仲礼将建康城西南的新亭军营，迁往秦淮河浮桥南边的大桁。韦粲的军队赶往战略要地建康城东南的青塘，为玄武湖水南下注入秦淮河处，由于准备不足，缺少向导，在阡陌交纵的建康郊外的路上迷失了方向，等到达时，已经过了半夜。军营外围扎下的栅栏还没来得及合拢，侯景的斥候就已经望见，闻声而动的侯景迅速率领精锐部队前来攻打。韦粲派军主进行迎击，又命令偏将带领水军从后面截击。但多年不打仗的偏将心里害怕不敢前进，乱了章法的军主同样遭到了失败。侯景军当真是势如破竹，乘胜攻进韦粲的军营，韦粲身边的下属都拉韦粲躲避，但视死如归的韦粲一动不动，大声命令子弟奋力战斗，最后他与儿子韦尼以及三个弟弟韦助、韦警、韦构，还有堂弟韦昂一起战死，同时死去的亲戚共有几百人。后来侯景将韦粲首级投入内城以示警告，梁武帝流泪说："社稷所寄，惟在韦公，如何不幸，先死行阵。"于是诏赠护军将军，追谥忠贞。

战斗开始时，大都督柳仲礼正在吃饭。其实柳仲礼也很难，尤其是万事开头难，外边乱哄哄的将士倒是很多，可是都各有各的圈子，互相谁也不听谁的，现在名义上他是老大，但要那些平时坐镇一方的刺史听他的，那是比登天还难；要那些手眼通天目中无人的萧姓王爷听他的，那更是难上加难。尤其是盟誓的会才开,各大军头回去传达会议精神那肯定又要很长的时间,能把会议精神贯彻到位的只能听天由命了。这时各将领都已散去不在身边,大都督能支配的兵力也有限,一听表哥韦粲家族已接敌,大都督马上扔下筷子,穿上盔甲,提起近百斤重的方天画戟,率领他身边仅有的一百来名下属骑马赶去救援,在青塘和侯景展开激战,将侯景的部队打得大败,斩敌人首级数百,淹死在秦淮河的达一千多人。

好久没练手了,没想到一上场还是武功高强!兴奋的大都督于是奋勇追击,柳仲礼的槊尖眼看就要扎到侯景,正在兴奋之时,侯景的手下将领支伯仁赶来救急,斜刺里挥刀砍中了柳仲礼的肩膀,一时血流如注,方天画戟掉入水中,所骑战马也陷入泥淖。支伯仁所率领的如狼的士兵的长矛集中向他刺去,一时身上多处被刺中,稍后面的梁军骑兵将领郭山石率众赶到,一阵奋勇砍杀,支伯仁力屈不支逃走。

一众将领也不敢追击,赶紧抬着奄奄一息的大都督回营。大都督营帐里的那些诗友们六神无主,如蚁的参谋们互相埋怨,众多的美女们花容失色。就连那一众军医也手忙脚乱,他们虽然名为军医,都好多年没有医治过战士了,平时都是给阿猫阿狗贴个膏药治个感冒什么的,这时突然要给遍体鳞伤浑身是血的最高首领做手术,那份惊愕,那份迷茫,简直六神无主。还好有个曾经上过战场的老军医会稽郡人惠骍,缓过神来后开始镇定指挥,清伤口,拔箭头,并亲自吸吮伤口的脓,直吸到鲜血流出,终于保住了一命。柳仲礼病情反复了半个月,最后侥幸过了鬼门关。

从此,侯景不敢再渡河到南岸,方天画戟的槊尖刺痛还时时感觉得到。而大都督柳仲礼也失去了原来的气势,他索性就这样躺在床上思考人生,不再思索勤王事宜了。

时空论坛

网友：神射手怎么都射不中人质？那还叫神射手？

郭靖：我都看出来了，都是射的人情箭！

网友：韦粲真是好样的，全家都光荣了！

梁武帝：我毕生推崇忠孝，可惜忠孝之人太少！

网友：上梁不正下梁歪，中梁不正塌下来？

网友：柳公，开始打赢了的，别怕挫折，继续打！

柳仲礼：算了算了，保命要紧。

网友：看来将领很重要。

第七卷
攻内城(下)

于是桂林颠覆,长洲麋鹿。溃溃沸腾,茫茫墋黩。天地离阻,神人惨酷。晋郑靡依,鲁卫不睦。竞动天关,争回地轴。探雀鷇而未饱,待熊蹯而讵熟?乃有车侧郭门,筋悬庙屋。鬼同曹社之谋,人有秦庭之哭。

——《哀江南赋》节选 庾信

第一章　我们和解吧

战争进入胶着状态，最考验的是战略战术。对于侯景来说，目前情况万分危急，内城久攻不下，外边勤王军越来越多，他已处于腹背受敌的被动状态。对于梁武帝来说，能上城楼防守的士兵已不到一万，最关键的是内城唯一能打仗的总指挥羊侃已死；外城是什么情况也不得而知，一切都还在被动挨打的局面。那就开始第二个回合的较量吧！

（一）攻城是第一位的

十二月初七，羊侃死的那一天，侯景继续加大攻城力度。这些天他让工匠们又造巨型攻城器，并把这些器具陈列在城楼前，高耸的战车高达几丈，一辆车有20个车轮。

十一日，反正闲来无事，侯景也已经知道羊侃死了，觉得这也是一个很好的机会，对内城的战力更加瞧不上眼，于是继续加大攻势，从四面八方向皇城发动进攻，用蛤蟆车运土填平战壕。

十六日，侯景用载有火种的车烧皇城东南楼。材官吴景心灵手巧，他指挥工匠在皇城里面快速再建起一座楼。大火刚灭，新建的楼就神奇地立在他们的眼前，侯景军都认为这是神助。侯景趁大火烧起来的时候，偷偷派人从下面凿城挖洞。城将要崩塌时，城内的人才发觉。吴景让人们在城内修造了迂回曲折的城墙，它的形状好似半圆形的月亮，刚好代替倒塌的城墙。同时，众军士向敌人扔掷火把，焚烧了他们的进攻器具，侯景军这才退兵。

几天后，侯景修筑的土山逐渐逼近皇城城楼。这时候太子詹事柳津接替了羊侃的总指挥职务。虽然他确实没打过仗，但有谋略有胆识，更是城外勤王军大都督柳仲礼的父亲。他马上命令士兵挖地道来掏空土山下面的土。城外的土山崩塌了，山四周的敌人几乎全被压死。柳津又让人在城内修筑了一座飞桥，飞桥悬空笼罩在两座土山上。侯景的人马一见有座飞桥远远地伸出，一片混乱，争着逃走了。城里的人又向城外投掷雉尾火炬，东土山的楼和栅栏全部被烧尽，敌人的尸体积压在城下。于是，侯景放弃了土山，并把攻城器具烧毁。

（二）保命是第一位的

在激烈的战斗中，双方都谋划了策略。内城的太子萧纲最信任他的太子洗马元孟恭，平时看他讲武论兵也还头头是道，于是让他开城门主动出击，以振内城士气。那个元孟恭，浩浩荡荡率领一千人马从大司马门出去，马上吓得战战兢兢，连马都坐不稳。还未曾接敌，元孟恭索性爬下马来，与随从人员跪在地上，双手过头，投降了侯景，吓得守门将士赶紧关门，萧纲也只能口吐鲜血。

那个材官将军宋嶷，见材官吴景受到重用，非常生气。他以前是吴景的上级，现在不征求意见就破格提拔重用，而且还成了自己的上级的上级，是可忍孰不可忍？干脆偷偷出城投降了侯景，并出主意说可以引玄武湖水来淹灌台城，侯景给他一百士兵让他实施，这些沟渠以前也是他负责建设和管理的，那是太熟悉不过了。一会儿工夫，洪水巨浪就淹没了宫门。

当然，如今新当了皇帝，萧正德也想露几手让别人看看。虽然皇帝是九五之尊，不能亲冒箭矢到前线拼命，但自己的心腹还是有的，培养他们担当大任也非常重要。于是他叫来自己的记室顾野王，给他叮嘱一番，叫他阵前立功，也好青云直上。这个吴郡人顾野王带领两千军士，立即驾船到了江心，投奔了勤王大军，拉起了讨伐侯景的大旗，萧正德也只能吐血。

正月初四，被众人所忘掉的宰相朱异，在万众盼望中，在内外城敌友军一致憎恨中，轰轰烈烈地去世了。侯景也确实把他忘了，想当初，朱异地位崇高，一人之下，万人之上，侯景就一直给他送礼。之后造反，需要拉大旗作虎皮，只好借他的名字一用。如今清君侧的旗帜早已放到一边，那朱异在内城也默默无闻地躲在一角，当前万事扰心，有他不多无他不少的人就不用损耗精力了。内城的人也确实把他忘了，这场通天灾祸因他而降，他以往的坏事也被一一揭露，可谓名声扫地，人人喊杀。以前是梁武帝保他，太子及一众大臣要杀他，之后是好不容易梁武帝起了杀心，偏偏太子及一些大臣又要保他。看来这年头，杀一个奸臣确实太难。朱异在内城人人异样的目光中艰难地躲到一角，他愤恨，他不满，他怪世人的抛弃，他怪皇上的绝情。后来渐渐发病，于初四去世。本来王公大臣以为会重重惩罚他，甚至可能灭族，至少也应该把头砍下来送给侯景，他不是一直要清君侧吗？这样能够侥幸熄灭战火也好！哪知梁武帝对朱异的死还感到十分痛惜，特地追封他为尚书右仆射，打破了尚书官不能作为追封的铁则。大臣们只好再死一道心，知道进谏也是白搭。

（三）信息是第一位的

对于目前的南梁来说，信息沟通是最重要的。外边勤王军来没来，来了多少，哪些来了，都需要知晓，之后才能做出决定，形成合力。外边勤王军也是这样，内城情况如何，皇帝在否，尚能饭否，还有兵否，这些也急于知道。而侯景要做的，就是要努力断绝双方的信息交换。此时的东魏西魏，都已经建立起快捷的军鸽传信系统，而南梁经历了太久的和平，拜佛写诗都还搞不赢，没有人操心养鸽子的事，现在内外城断绝人来人往，也就没有了信息交流。

正月十三日，新来乍到的高州刺史李迁仕、天门太守樊文皎率领一万多名援兵努力攻到了城下，当真是初生牛犊不怕虎，幸好也还没有接受江中心那个柳大都督的管束。朝廷很久没看到自己人在城下了，一时群情激奋，很想和援军之间建立书信往来。内城有一位叫羊车儿的人出了一个主意，做了一只纸鸢，在上面系上长绳，将敕令写在里头，顺风放出去，希望它能到达援军中的任何一支部队里。为了保证成功，纸鸢上还题上这样几个字："如果得到纸鸢后把它送给援军，将赏一百两银子。"皇太子亲自走到太极殿的前面，乘着西北风放出纸鸢，侯景军见了觉得奇怪，以为这是一种能以诅咒制服人的巫术用品，就把它射了下来。后来，内城放出更多的纸鸢，援军终于收到了皇帝的圣旨。

援军这边也在招募能进入都城呈送文书的人，鄱阳王嫡长子身边的下属李朗主动请求，愿当一回黄盖，让主人先打自己一顿鞭子，然后假装得罪了上司，叛逃到侯景军那里，因此得到机会进入城中。城中的军民这才知道援军已经聚集在周围，有几十万之多，全城上下高兴得又是擂鼓又是呐喊。梁武帝高兴地任命李朗为直将军，赏赐他金银后又派他出城。李朗沿着钟山的后面，晚上行走白天潜伏，几天之后才到达援军的营垒，将皇帝的圣旨带回。

（四）吃饭是第一位的

打仗打的就是后勤，所谓兵马未动，粮草先行。当初，台城关闭城门的时候，公卿们将粮食问题记挂在心上，男的、女的；尊贵的、低贱的都出来背米，一共得到四十万斛粮食，同时还收集了各个府第贮藏的钱和帛达五十万亿，它们全都集中在德阳堂，使用一年两年都不成问题。毕竟，建康作为多年的都城，作为江南的首府，名声可不是盖的。

但是当初外城破得突然，又没有应急预案可供参照，他们都只顾得着拿最主要的物品，并没有储备柴火、牲口草料，以及鱼、盐等。现在才发现，原来战争所需要的物资，那是包罗万象，缺一不可。到了此时，只好拆除尚书省的建筑作木柴；拿掉垫席，磨碎了以后喂马；垫席用光了，又用米饭喂马。士兵们没有肉吃之后，有的人都煮甲衣上的皮革，烤老鼠，捕捉鸟雀来吃。皇室的厨房里有一种干的海苔，味道又酸又咸，不得已拿出来分给战士。军人们在皇宫与各省的办公地点之间杀马，煮的马肉中还夹杂着人肉，吃得军士们许多得病。侯景"又置毒于水窦，于是稍行肿满之疾，城中疫死者太半。"

饥饿是不分彼此的，侯景的部队就更饥饿，四处搜寻掠夺没有取得什么收获。倒是东府城里有不少大米，可以供应部队整整一年，可是去那里的路现在被援军切断了。在这种情况下，侯景又听说荆州萧绎的主力部队将要赶到，听说南梁最精锐最整齐的队伍就是荆州军，心里非常害怕。于是又和参谋王伟商量。

侯景："将军以为如何？"

王伟："现在看来，台城不可能迅速攻克，对方的援军力量日益强大，而我们的部队还缺少粮食。"

侯景："不如我们趁势未稳退走寿阳？"

王伟："将军已犯下灭族大罪，后退只有死亡。"

侯景："攻又不得，退也不能，奈何？"

王伟："一个字，和！"

侯景惊奇："怎么个和法？"

王伟："如果我们假装向他们求和的话，以梁武帝和太子的性格，一定答应。这样可以缓解外围逼近的势头，同时东城的大米，足够让我们吃一年。趁着求和的时候，把大米运进石头城，援军一定不敢行动，然后我们使将士与战马都得到休息，修理好战斗器械，看到对方懈怠下来再攻击他们，一下子就可以夺取台城。"

侯景大喜，接受了他的建议，又和王伟讨论了若干细节。有时战略很重要，但要实现战略必须要有战术的细节。

二月十二日，侯景派遣手下的将领任约、于子悦来到台城下面，恭敬地递上文书求和，请皇上允许他去恢复原先镇守的失地，同时派太子的嫡长子、宣城王萧大器出城当和平的人质。皇太子考虑到城里已穷困不堪，他也没有能力来打赢这场持久战了，打仗本也不是他的特长和爱好，就将此事禀报给梁武帝，请他答应侯景的要求。

梁武帝愤怒说:"跟侯景和好,还不如死!"

皇太子再三请求:"侯景围困逼迫我们已经很久,我们的援军又相互推诿不投入战斗,应该暂且答应与侯景媾和,以后再作其他打算。"

梁武帝犹豫了很久才说:"你自己考虑吧,不要让人讥笑千载。"

中领军傅岐态度坚决地争辩:"哪有叛贼兴兵包围宫殿,而我们转过头来跟他们媾和的道理!侯景现在的这一行动是想让援军撤走而已。戎狄侯景人面兽心,绝对不能相信。况且宣城王是皇上的直系后裔,地位重要,国家的命运维系在他的身上,怎么可以叫他去当人质!"

但是太子求和心切,当堂一切答应。于是叫秘书监准备笔墨,连下四道圣旨:

第一道:答应侯景的全部请求,即日起开启和平之道。

第二道:同意割让长江西面四个州的请求,并任命侯景为大丞相,统管江西四个州诸军事,仍照旧担任豫州牧、河南王之职。

第三道:任命萧大器的弟弟、石城公萧大款为侍中,派他去侯景那做人质。

第四道:善于用兵的人不必以刀兵定胜负,止与戈两字合而为"武"。命令各路援军一律不得再前进,原地待命。

一纸合约即将开启了一个新时代,这么重要的事得有神仙见证才显得正式庄重。正月十三日,梁武帝在西华门外设立神坛,派遣仆射王克、上甲侯萧韶、吏部郎萧瑳,会同侯景的将领于子悦、任约、王伟一同登上神坛订立盟约。之后由压轴的太子詹事柳津来到西华门外,侯景则来到栅门外,两人遥遥相对,双方再屠宰牲畜,口中含血,订立盟誓。

他俩庄严地宣布,一个和平的新时代来临了。

时空论坛

网友：那些纸鸢，飞起还好耍呢！

作者：那是有专利的，现在的风筝就起源于此。

网友：啊，看到了吃人肉呢！是不是真的？

马尔萨斯：世界人口按几何级数增长，而生活资源只能按算术级数增长，所以不可避免地要导致饥馑、战争和疾病；历史上很多地方都有过吃人的现象。

网友：那个材官很可笑，手下兄弟升官，应该是件好事哈！

吏部郎：小子，越级跃升会引起人神共愤的。

第二章 吃饭要紧啦

天下暂时和平了，这只是万里长征的第一步。对于梁武帝来说，下一个目标是赶紧打发那个反贼侯景回到长江对岸去，当然是滚得越远越好，之后再说以后的目标，肯定包括报仇雪恨，恢复河山。对于侯景来说，下一个小目标是运米，解决将士们的吃饭问题，当然这个目标得偷偷进行，不能让南梁的庸人发现了才好。

（一）早请示晚汇报

盟约订立以后，侯景长时间地不解除原来的包围，却天天事无巨细地向内城请示汇报。这些奏章反正也是王伟写的，那些谋略和细节反正也在王伟的肚子里，侯景只是负责盖上河南王的大印即可。

对于皇帝一再催促解除对台城的包围，奏章说"没有船只，不能立即出发。"又说："害怕那些屯驻在秦淮河南岸的援军追击我们。"又说："叫石城公返回台城，要宣城王出来相送。"提的要求越来越多，丝毫没有离去的意思。皇太子明知他说的都是假话，却还是不停地笼络他，万一奇迹发生了呢。

二月十四日，前南兖州刺史、南康王萧会理，前青冀二州刺史、湘潭侯萧退等率领三万军马来到马洲。侯景担心他们从白下攻打过来，又向梁武帝呈交奏折说，"请让驻扎在北面马洲的部队聚集起来，回到南岸去，如果不这样的话，就会妨碍我们渡过长江。"皇太子便命他们将部队从白下城转移到江潭苑。

十六日，侯景启奏梁武帝说："刚才我接到一封来自西岸的信，上面说高澄已经取得了寿阳、钟离这两地方，我现在没有地方可以立足，请求皇上将广陵和谯州借给我，等我夺取了寿阳，马上奉还。"又说："援军既然在南岸，我军必须在京口渡江。"对这些要求，皇太子全都答应。

二十四日，侯景又递上奏折说："永安侯萧确，频繁地隔着栅栏骂我说：'皇上同你订立盟约是他自己的事，我反正终究要打败你。'我乞求皇上叫永安侯入城，我将立即指挥部队上路返回北方。"于是梁武帝派遣吏部尚书张绾去召回萧确。

这个萧确，是萧纶的儿子，他随父亲率军赴援，在钟山与侯景的部队打了一仗，虽然梁军败北，但萧确斩杀无数，他的彪悍和顽强给侯景留下了深刻的印象。在外如雄鹰，入城笼中雀，这么能打仗的将军肯定不能让他留在外边。侯景于是得寸进尺，要朝廷把他最忌惮的萧确召入城中。

二十五日，梁武帝任命萧确为广州刺史。萧确屡次启奏梁武帝，坚决推辞，不进台城，但是太子不答应。

邵陵王萧纶流着眼泪对萧确说："台城已经被围困很久，皇上的处境危险，让人忧虑，作为臣下和儿子的心情，就跟沸水与大火差不多，所以我们想暂且与侯景订立盟约，打发他离开。以后再作其他打算。这一

决定已经做出,怎么能够抗拒与违反?"

萧确:"侯景虽然说要撤离,但又不解除长长的包围圈,他的意图由此可见。现在皇上叫我进城,对现在的局势能有什么好处呀?"

一谋士说:"皇上的圣旨叫你这么做,你哪能推辞?"

萧确的主意还是不动摇,萧纶非常愤怒,对赵伯超说:"你替我把他杀了,提着他的头颅进城!"

那个屡次在前线带头逃跑的赵伯超,在战场上还没有机会用过刀,这次挥起腰刀斜眼看着萧确,大义凛然地说:"我本人认识君侯您,可是手中的刀却不认识你。"

萧确知道,在一群愚昧的战友中,只能执行与他们的水平相称的决定。就只好自动入瓮,流着眼泪进入台城。

(二)这封官那许愿

二月十七日,梁朝大赦天下。

对于梁武帝来说,是应该让天下人知道,朕回来了!那么富贵的江南,完美无瑕,金瓯无缺,如今经过北贼的惊扰,也不知道残破得怎么样了。现好歹有了和平协议,就告诉天下人,让百姓喘口气,待从头,收拾旧山河,朝天阙。

对于侯景来说,是应该让天下人知道,改朝换代了。那么腐朽的王朝,贪得无厌,哀鸿遍野,如今经过自己的反抗,肯定会还大家一个最美的江南。借着一纸协议,让战斗的士兵擦亮武器,休整喘气,待从头,攻下旧山河,朝天阙。

对于老百姓来说,大赦没有任何实际意义。那些被各级官府关押的罪犯，早就让他们充军去了前线，现在各监牢里是空无一人，根本就无人可赦。江南各地是亡死大半，又逃亡大半，现在是十室九空。该恨谁呢？他们一天日出而作，通宵达旦，交够皇帝的，交上州府的，给出胥吏的，还上债务的，留下搜刮的，剩下就是自己的。结果是什么也没有剩下，反而欠下一大笔债务，辛辛苦苦一整年，一夜回到饥荒前。敢恨谁呢？侯贼一来，烧杀抢掠，横征暴敛，老百姓敢怒不敢言；州府兵一到，巧取豪夺，坑蒙拐骗，老百姓不敢怒不敢言。其实江南的老百姓是最好的老百姓，他们不需要什么好皇帝，不需要什么天下正朔，不需要什么真理正气，不需要什么青天大老爷，不需要你争我夺，不需要什么大赦天下，他们老老实实地下田干活，该交的钱粮一分不少，只求留给他们一条生路，让他们踏踏实实地活下去，就是百年盛世了！

大赦天下之后，封官许愿是必须的节目。十五日，梁武帝看到了天边的希望，又开始论功行赏了，任命邵陵王萧纶为司空，鄱阳王萧范为征北将军。那个江中心的大都督没看到动静，应该赶快封个大官，于是封柳仲礼为侍中、尚书右仆射。

看看梁武帝的诏书，已经将南豫、西豫、合、光四州赏给侯景，并封他为豫州牧。这时，侯景出发时的据点寿阳已被东魏占据，建康一时半会儿也没攻下来，侯景就像一个失去家庭的男人一样，心里空落落的。这下好了，终于又有了五州的地盘，侯景当然也不甘人后，抓紧着手建立江北防线，以备攻不下建康时可以退守江北。于是拿起萧正德的玉玺，任命于子悦、任约、傅士哲三人为仪同三司，夏侯譒为豫州刺史，夏侯威生为晋州刺史，裴之悌为合州刺史，董绍先为东徐州刺史，徐思玉为北徐州刺史。

那个夏侯谯,和夏侯威生一起,在侯景军到姑孰时降侯景。他们夏侯家历来是豫州豪强,其父夏侯详本是南梁开国功臣,起家豫州主簿,迁新汲县令,"治有异绩,善于吏事",历任中领军、南郡太守,参与军国大事,累官散骑常侍、车骑将军、湘州刺史,受封丰城县公,操守廉洁,勤于政事,颇著声名。后来姓萧的太多,都要到处封赏,夏侯家就只能靠边站。英雄豪杰当然不服,侯景要经略江北,当然就要依靠当地豪强,于是双方一拍即合,夏侯谯干脆去掉夏字,只留侯字,自称侯谯,坚称自己是侯景的远房侄儿,于是就顺利地当上了豫州刺史,夏侯威生也被任命为晋州刺史。同样,裴氏也是寿阳、合肥一带的豪强,虽然裴之高等都加入了勤王大军,但裴之悌也被侯景封为合州刺史,让其共同经略江北。夏侯、裴氏都是江淮之地的名门望族,有他们强有力的支持,侯景在江北的舆论就轰轰烈烈地造起来了!

最神奇的是,经过双方的不断沟通,双方共同封赏了一个人的官职:侯景的新朝廷任命王伟为散骑常侍;梁武帝任命王伟为侍中。

(三)明撤军暗运米

趁着和平协议签署的间隙,趁着侯贼即将解围撤离的间隙,也该改善一下生活质量了。梁武帝平时经常吃蔬菜,随着台城被包围的时间一长,皇帝专用厨房里的蔬菜都吃光了,他就开始吃鸡蛋。可是后来鸡蛋也没有了,梁武帝就只能喝一些米粥。没有菜,皇帝的日子怎么过?

还是那个萧纶有孝心,趁着使者能够与台城取得短时间联系的机会,呈送给梁武帝几百个鸡蛋,外加一些蔬菜,梁武帝一边亲手料理,一边哽咽抽泣。是啊,萧家以忠孝为首,以忠孝贯名的专著都出了上百卷,那么多儿子，那么多孙子，平时对他们那么呵护，怎么现在吃个菜都那么困难，难道不著书不立说的萧纶更有孝心？

外边的侯景，一边天天上奏折玩花招，将皇帝及一众大臣的注意力引到五花八门的奏折内容上，今天因为这个不能撤军，明天满足了那个条件就解围，就让他们挖空心思地去思考去答复好了；另一边扎扎实实开始他的暗度陈仓：修整武器，抢运大米。

侯景从寿阳出发时只有八百人，装备就更少，现在发展到十万人，部分是梁朝各军队投降过来的，他们一般都自带武器；绝大多数是招募来的最下层的奴仆，大部分是以前南北战争时，抓获的北方战士及其后代。他们一直被赏赐给南方有功之士为奴，在南方他们肯定手无寸铁，后来经过一些战争，"没有箭没有刀敌人给我们造"，但也是杯水车薪。之后侯景让工匠连夜赶造，当然赶出来的武器既不锋利更谈不上精美，有时连个人都砍不死。现在正好趁这个机会，集中精力专门修缮铠甲与兵器，把刀磨锋厉，以备即将到来的大战做好砍人的准备。

这时萧绎的精锐荆州军也来凑热闹，他们前后一起有四万人，每天只观望游行，不参与任何作战，侯景也闹不明白他葫芦里到底卖的什么药。他们船坚兵盛，号令整齐，也不与那个柳仲礼大都督接洽合伙，正好驻扎在侯景想去运米的要道上。侯景要对付的敌人太多，也就不敢贸然再多增加一个劲敌。正在无计可施之际，斥候来报，萧绎的队伍已经撤离了！

原来，和平协议签署后，梁武帝就有一道圣旨，命令各路援军一律不得再前进，萧绎对协议大失所望，他以为心中那道深藏的希望就要熄灭了，于是心灰意冷地准备回师江陵。一个参谋对他说："侯景以臣子的身份带兵攻打皇宫，现在他如果放下武器，那么等不到渡江，一个小孩就能杀掉他，所以他必定包藏祸心准备攻城。大王您拥有十万大军，还没看见叛贼就撤退，这是为什么？"萧绎顺手就把那个多嘴的参谋干掉了！本来现在也不是来和侯景打仗的，时机还没有到来，于是借参谋的血祭了江，就撤军了。

别提侯景有多高兴了！他命令所有能动员的力量，全部到东府，只一天的工夫，就将大米全部运进了石头城。

如今的侯景，粮草充足，兵器锋利，还有什么能阻挡他前进的脚步？

时空论坛

网友：赵伯超说"我认识你，我手中的刀却不认识你。"他脸皮怎么那么厚？

司马光：古往今来，内战内行外战外行的人多着呢！

网友：抢运大米这么明显的意图，内城及勤王军怎么都没识破？

萧绎：看见大米了，就是专门放在那里，好让他们接着打。

网友：交够皇帝的，交上州府的，给出胥吏的，还上债务的，留下搜刮的，剩下就是自己的，结果是什么都没剩下。老百姓好惨！

网友：敌我阵营均封王伟为大官，真是个奇迹！

网友：无论哪边输了，都会掉脑袋，脚踏两只船从来都没好结果。

第三章 毁约时间到

协议是什么？当然是两个以上的实体，一致同意从事某项活动。我们是礼仪之邦，遵从仁义礼智信，最讲究诚信为本，协议一达成，当然是"君子一言，驷马难追。"如今的梁武帝，就是遵守协议的典范，和平协议上有的要遵守，没有的创造条件也要遵守，为的就是让那个侯贼快点履行协议，撤围离开。可那侯景，大字不识几个，他那少字的字典里从来没有诚信二字，只有计谋、欺诈、利害、自己等，如今他稳坐军中，顺手看了看那张废纸，是时候撕毁了！

（一）十大罪状

修整兵器、运送大米等事情办完之后，王伟听说萧绎的主力部队已经撤退，其他援军的人数虽多，号百万之师，但是相互不统一，互相不买账，这些天也是偃旗息鼓，不见动静。于是就劝侯景道："大王您以臣子的身份发动兵变，包围皇宫，逼迫污辱妃嫔，毁坏弄脏宗庙，犯下的罪行之多，就是拔掉大王您的头发来数也数不够。今天弄到这种地步，您还想平平安安地待在一个地方吗？背弃盟约而取得胜利这类事情，自古以来就很多，希望您暂且观察事态的发展。"

新皇帝萧正德才在龙椅上坐了没多久，瘾还没过足，当然更愿意到内城的宽大龙椅上去坐坐。并且，天无二日，山无二虎，他肯定还想更名副其实些。看到侯景这些天都在准备撤离，那更是心急如焚，胆战心惊，可又不敢去侯景耳边唠叨。并不都是大臣怕皇帝，有时皇帝也特别怕大臣的。趁王伟劝说的良机，也赶紧对侯景说："大功眼看就要告成，怎么可以放弃呢？"

侯景蔑视了一眼萧正德，对王伟说："那有劳先生，再出一篇檄文！"

于是，侯景上书梁武帝，痛陈梁武帝的十大罪状，反正此前有慕容绍宗写的范文在：

且曰："臣方事睽违，所以冒陈谠直。陛下崇饰虚诞，恶闻实录，以祆怪为嘉祯，以天谴为无咎。敷演六艺，排摈前儒，王莽之法也。以铁为货，轻重无常，公孙之制也。烂羊镌印，朝章鄙杂，更始、赵伦之化也。豫章以所血雏，邵陵以父存而冠布，石虎之风也。修建浮图，百度糜费，使四民饥馁，笮融、姚兴之代也。"又言："建康宫室崇侈，陛下唯与主书参断万机，政以贿成，诸阉豪盛，众僧殷实。皇太子珠玉是好，酒色是耽，吐言止于轻薄，赋咏不出《桑中》；邵陵所在残破；湘东群下贪纵；南康、定襄之属，皆如沐猴而冠耳。亲为孙侄，位则藩屏，臣到百日，谁肯勤王！此而灵长，未之有也。昔鬻拳兵谏，王卒改善，今日之举，复奚罪乎！伏愿陛下大惩大戒，放谗纳忠，使臣无再举之忧，陛下无婴城之辱，则万姓幸甚！"

梁武帝阅读这份文书,又羞惭又愤怒,又痛苦又失望。先念十声"阿弥陀佛"以平复心态,之后和群臣商议。

梁武帝:"这份奏折,是什么意思?"

柳津:"那个侯贼,当初就不应该和他订盟!"

太子:"这些话以前罪臣贺琛也上书过,不足为恼。"

梁武帝:"说好的解围撤军呢?"

太子:"我们还是再等等,再派些使者,携带金银歌女,去侯景大营慰问慰问?"

柳津:"启奏皇上,此乃宣战檄文,非同儿戏,恐那侯贼,不日就将攻城了!"

梁武帝:"可有良策?"

柳津:"我们在外的勤王军,有雄师百万,只要陛下信念如磐,消灭侯景,只争朝夕!"

梁武帝憎恨地斜了一眼太子,巍颤颤地走了。

三月初一,梁武帝下令在太极殿前设立祭坛,禀告天地,以侯景违背盟约为由,举起烽火擂鼓呐喊,动员王公大臣和内城将士,与侯景继续展开殊死战斗。

(二)百万雄师

三月二日,梁武帝率领太子及王公大臣去内城各处视察。当初,城门关闭的时候,城里有男男女女十几万人,披盔戴甲的将士有两万多人;被围困的时间一长,大多数人身体浮肿,气喘吁吁,十人中有八九个死亡,现在能登上城墙的不满四千人,他们都瘦弱不堪。城里的道路到处横躺着尸体，无法掩埋，腐烂后的尸体流出的汁液积满了沟渠。看到惨不忍睹的现状，梁武帝悲从中来，几次晕倒。在这样的时刻，一行人都将希望寄托在外面的百万援军身上。

当晚，梁武帝派出几路斥候，要求外边的勤王军头目明日一早到指定地点领命。这时的大都督柳仲礼，本是一员猛将，过去在边疆一带任职，虽然不断战斗，遇到的对手，都不是够水准的角色。而侯景却是第一流的强敌，连名将慕容绍宗、斛律光都震惊恐惧。于是，叶公好龙，真龙上场，青塘泥沼之中，大都督被长矛乱刺，使他终于省悟，这才是真正的战斗，下一次可能无法逃生，于是心胆俱裂。

超过一个人所能承担的能力，会摧毁他原有的优点。大都督面对自认为必败的噩运，只有用傲慢凶狠的态度来掩饰内心的羞愧，希望给将士们一个印象，他不出击侯景，不是因为他害怕，而是因为他不屑！自从死里逃生后，柳仲礼就在大都督营帐里，大门不出二门不迈，成天聚集起歌舞伎女，终日设酒宴和一帮志同道合者寻欢作乐，一些将领天天去向他请战，他都一律不准。

那个邵陵王萧纶是皇帝的第六子，目前就他官大了，按说还是柳大都督的顶头上司，但萧纶最开始猛冲一阵后，清楚自己不是侯景的对手，再疯下去可能就真的没命了，索性也做起了缩头乌龟，从此躲在大都督后面一言不发。

这天按照约定，梁武帝带领柳津等大臣登上一处隐蔽的城楼，勤王的一众将领也登船来到江边的城墙下，于是开始了隔空喊话。

梁武帝："众将听令，如今台城危急，尔等务必同心协力，奋勇向前，早日破贼！"

一阵江风吹过，众将似乎没听到，面无表情。

太子马上又对邵陵王萧纶道："您的父亲就在这里，您的哥哥就在这里，萧姓血肉成千上万的宗亲都在这里，你们有百万雄师，快来解救！"

一阵江风又吹过，萧纶似乎也没听到，表情木讷。

梁武帝最在意他的第七子萧绎，拥兵二十万众，兵多将广，又都督九州之重任，最先勤王的指令也是下给他的。他所著的《金楼子》多次在朝堂上宣讲，里面通篇浸润着忠孝、爱悌、父子等名句，很令梁武帝感动和欣赏。但怎么不见萧绎及将领的任何踪影？这令梁武帝太失望了！

看众人无动于衷，嫡长孙萧大器又对萧纶说："台城面临的危险已经如此严重，但是都督却还不去救援，如果万一真的发生了料想不到的事，那么殿下您还有什么脸面在这个世界上立身？现在你们可以把百万大军分成三路，即使采取人海战术，从四面八方攻打叛贼，也一定可以取胜。"

一阵江风再吹过，萧纶及众将领似乎还是没有听见。

柳津亲了亲嗓子，对儿子大都督柳仲礼高喊："你的君王与父亲正在受难，而你却不能竭尽全力救援，百世以后，人们将会把你说成什么人？"

一阵江风还吹过，柳仲礼当然也没有听见。

城楼上的一行人你望望我，我望望你，目瞪口呆，万分惊讶，他们的皇帝、太子、老爹、亲人近在咫尺，马上就要受炼狱，就要下地狱，可那群受了孔子千年忠孝教诲、满口仁义道德的儿孙，却如此的面无表情无动于衷，真是令天地惊愕。

梁武帝伤心地问柳津："可有他策？"

柳津："陛下您有萧绎萧纶这样的儿子，我有柳仲礼这样的儿子，他们不忠又不孝，叛贼怎能平定呢？天意如此！"

（三）九九奏折

这些天要论哪个最辛苦，劳动模范的桂冠非王伟莫属。他要不断地给侯景出谋划策，而且还要将有些想法付诸文字，也就是要不断地向内城那位皇帝上奏折。给皇帝的奏折可不得了，那要通古博今，引经据典，旁征博引，咬文嚼字，要被送入皇家档案馆，经受千古的历史检验。算下来，这已经是第九十九份奏折了！当然，可能这也是最后一份了。

这份奏折非常重要。当天侯景和王伟密谋，准备向台城发起总攻，决定还是采用老计策，明上奏折，暗整军备。于是，王伟就又挖空心思地来编造理由了。

理由当然还是求和，这个是内城最梦寐以求的，最能打动梁武帝的心。第二天，侯景又派于悦手拿奏折到内城向梁武帝求和。心烦意乱的梁武帝和太子当然还是有些心动，但反复上当也不是办法，于是派御史中丞沈浚来到侯景处观察详情。

穿着棉袄的侯景当然并没有离去的意思，他对沈浚说："现在天气正是炎热的时候，我们的部队无法行动，请让我们暂且留在都城立功效力。"

江南的三月，烟雨迷蒙，乍暖还寒，哪里有炎热的天气？还是那反贼心慌意乱，口不择言！一路看到侯景的军营，军威整齐，一派大战前的繁忙景象，哪里有半点卷铺盖走人的场景？沈浚愤怒地谴责起侯景，从盘古开天说到菩萨落地，从儒家忠孝说到天下苍生，简直是谆谆教导，一时间滔滔不绝。这当然是当兵遇秀才，有理说不来，侯景哑口无言，横刀呵斥沈浚，要将他就地正法。沈浚说道："你忘恩负义，违背盟誓，天地所不容！我沈浚已年过半百，经常担心自己不能死得其所，你何必

要用死来吓唬我？"说着，就面不改色头也不回径直离去。

这样的人侯景都是佩服的，就示意众将士让开一条路放了他。

时空论坛

网友：十大罪状说得还有道理呢，梁老头儿出来认领下？

网友：那么多典故，哪里知道是什么意思，读懂了吗？

萧何：后浪们不要内卷，老头子那些年功劳大了，文章应该先说好的，最后三句提一下缺点就可以了。

网友：好怪异的微信聊天哦，一边口水都聊干了，一边"呵呵"都没回一个，就"聊死"了！

网友：侯景还是可爱，穿着棉袄说"天气正是炎热"！

作者：也怪秘书长王伟，没准备讲稿。

第四章　鬼子进城了

现在侯景的队伍战斗力就像弹簧，敌强他就弱，敌弱他就强。看那内城，现在已经是奄奄一息一推就倒。而江面上声势浩大的号称百万的勤王军，也只是虚张声势，只听到江面上夜夜笙歌，暖风吹得游人醉，哪里还有半点勤王的意思？倒是侯景的部队，他们绝大多数是才解放的奴仆，眼睁睁地看着金碧辉煌的皇宫，如同叫花子见到了金山银山，薄薄的如纸的城墙，怎么能阻挡他们占有的热情？何况侯大将军有旨，先进城者重重有赏，那快去占领皇宫，躺上皇后娘娘的龙床！

（一）江山自我失之

三月十二日，在确认稳定了外围勤王军的情况后，侯景下达了台城总攻令。先前投降的材官，再次带领一队军士，挖开他十分熟悉的皇宫石门前的玄武湖，再引出湖水灌城。同时侯景下令开始从各处攻城，昼夜不停。

邵陵王萧纶的嫡长子萧坚屯驻在太阳门，终日不是赌博就是饮酒，不体恤手下官史与将士的疾苦，他的书佐董勋、熊昙朗等早就恨透了他。

十二日下半夜临近拂晓的时候，董勋、熊昙朗从台城的西北楼投降侯景，并引导侯景的人马攀登上来，永安侯萧确奋力拼搏，杀死一大片先上城的，但上来的人太多，不能打退敌人，就急匆匆地推开宫中的小门启禀梁武帝道："台城已经陷落了。"

梁武帝平静地躺着不动："还可以打一仗吗？"

萧确："已经不行了。"

梁武帝叹了一口气："天下是从我这儿得到的，江山又要从我这儿失去，还有什么可遗憾的呢！"

他于是对萧确说道："你快些离开，告诉你的父亲不要记挂我和太子。"于是便派萧确慰劳在外面的各路援军。

最可怜的是建康内城的老百姓，在130多天的围城战斗中，已经死亡八九万，好不容易活下来的，又被冲进来的如狼似虎的侯景军一阵抢劫杀戮，能侥幸逃出的只是凤毛麟角了。

（二）江山自我得之

十三日上午，收拾完战场，侯景派遣王伟来到文德殿拜见梁武帝，梁武帝下令揭起帘幕，打开房门带王伟进来，王伟跪拜之后，将侯景的第一百份奏折呈交给梁武帝，声称："我们受到一些奸佞的蒙蔽，带领人马进入朝堂，惊动了皇上，现在特地到宫中等候降罪。"梁武帝问道："侯景在什么地方？你可以把他叫来。"

侯景第一次来到威严的太极殿东堂晋见梁武帝，随身带了五百名顶盔戴甲的武士保护自己。侯景在大殿下面跪拜，以额触地，典仪带着他走到三公坐的榻前。

梁武帝神色不变，问侯景道："你在军队里的时间很长，真是劳苦功高呀！"

侯景不敢抬头正视梁武帝，汗水流了一脸。梁武帝又问道："你是哪个州的人，敢到这里来，你的妻儿还在北方吗？"

侯景一时语塞不能回答。任约在旁边代替侯景回答说："臣下侯景的妻儿都被高家屠杀光了，只有我单身一人投靠了陛下您。"

梁武帝："当初你渡江过来的时候有多少人？"

侯景："八百。"

梁武帝："渡江时多少人？"

侯景："八千。"

梁武帝："包围台城时多少人？"

侯景："八万。"

梁武帝："现在多少人？"

侯景："四海之内，皆属于我。"

梁武帝低头沉默，只有悲伤。我佛慈悲，我天天弘佛向善，讲孝布道，怎么就拢不住人心呢？那个什么也没有的贼侯景，为啥人心所向，所向披靡？

后来侯景和王伟讨论："我经常跨上马鞍与敌人对阵，面临刀丛箭雨，心绪平稳如常，一点也不害怕；今天见到萧公，心里竟然不由自主地恐慌起来，何如？"

王伟："皇天在上，帝尊威严，在下者自怵之。"

（三）江山非汝有之

打下台城，最高兴的当数萧正德了。

他这个皇帝终于可以名副其实了，江山就是我的了！总攻前，萧正德与侯景约定：平定台城的那一天，不得保全皇上与太子。等到城门打开时，萧正德率领心腹人马挥刀抢先，一门心思想去杀了梁老头儿和太子。哪知侯景早有准备，派手下重兵把守大门，专将萧正德一行挡在门外。

在侯景拜见完梁武帝和太子后，萧正德马上被侯景一脚踢下龙椅。萧正德被废后，被降封为侍中、大司马，虽然名义上属于宰相职务，但却没有丁点儿权力。与此同时，侯景正式宣布拥戴梁武帝，并恢复使用"太清"年号。至此，萧正德才恍然大悟，自己原来一直被侯景当枪使，江山原来也不是我的！心中的愤怒可想而知。人在屋檐下，不得不低头，不得已，萧正德依依不舍地取下头上的皇冠，戴上侯景新封的乌纱帽，以宰相的身份战战兢兢地进入皇宫晋见梁武帝，一边跪拜一边哭泣，他当然不知道该说什么了。梁武帝说道："你眼泪流个不停，是感叹从龙椅上滚落下来了吧？"

萧正德的眼泪的确不是后悔的泪，而是未达目的而愤怒的泪。他走的路线一直就是离经叛道，从不后悔。当初叛离南梁时，就作诗《咏竹火笼》以明志：

桢干屈曲尽，兰麝氛氲销，
欲知怀炭日，正是履冰朝。

到北魏后他自称是被废的太子。当时南朝宗室萧宝夤已先在北魏，上奏说："哪里有伯父作天子，父亲作扬州刺史，而抛弃骨肉至亲，远投他国？这样的人不如杀死。"北魏对他不加礼遇，萧正德就杀死一个小孩，说是自己的儿子。北魏人虽不再怀疑他，但也未任用。

526年，不受重用的萧正德又千方百计逃回南梁，萧衍流泪责备他后，仍恢复他的封爵，任命他为征虏将军。他恶行不改，经常公开抢劫。当时东府城有萧正德和乐山侯萧正则，潮沟有董暹董世子，南岸有夏侯洪，这四条恶棍，是百姓的大祸害。他们招揽大批亡命之徒，黄昏时在路上杀人，把这叫"打稽"；专门杀人抢劫奸人妻女，官吏也制止不了。驾车的牛马，号称西丰骆马，乐山乌牛。董暹用金帖织成战袄，值钱七百万。后来萧正则因为抢劫，杀害和尚，被流放到岭南而死；夏侯洪被他父亲告发，关押在东冶的监狱里，服刑时死去；董暹因和永阳王妃王氏通奸而被杀。三人被除后，百姓才稍得安宁。但萧正德仍作恶不改，不久授任给事黄门侍郎。

萧正德还与妹长乐公主私通。为掩人耳目，长期拥有，放火烧其宅，将一婢女绑起来加以金玉装饰，诈称公主被烧死。之后正大光明地娶亲妹为"柳夫人"，并生下二子。

暂时理顺了那个假皇帝的事，侯景再来处理老皇帝的事。他把两宫的侍卫都撤掉，放纵将士把皇帝及后妃使用的车辆、服装，还有宫女都抢得一干二净，这些当然是早就答应了将士们的战利品。又将朝上的王侯们捉了送到永福省严加看管，洗心革面以转换观念，派王伟守卫武德殿，于子悦屯驻在太极殿的东堂。

侯景接着又让梁武帝下两道诏书，一是大赦天下；二是鉴于河南王的不世功勋，特加封侯景为都督中外诸军、录尚书事。

坐在建康的大殿上，侯景还是有些云里雾里，一时半会儿对顺风顺水的局面还想不太明白。从起兵到破台城，他先后使用了韬光养晦、投石问路、先发制人、破釜沉舟、金蝉脱壳、声东击西、釜底抽薪、兵不厌诈、里应外合等计谋，和南梁的无计可施形成了鲜明对比。是啊，打仗拼的是体力，但打仗更拼的是脑力！

时空论坛

网友：老头子还是很稳呢！

网友：80多岁了，什么场面没见过？他永远是C位。

网友：就是被欲望套牢了！

网友：他早已没有灵魂，只是具行尸走肉！

第八卷
缓勤王（下）

孙策以天下为三分，众才一旅；项籍用江东之子弟，人惟八千。遂乃分裂山河，宰割天下。岂有百万义师，一朝卷甲，芟夷斩伐，如草木焉？江淮无涯岸之阻，亭壁无藩篱之固。头会箕敛者，合从缔交；锄耰棘矜者，因利乘便。将非江表王气，终于三百年乎！

——《哀江南赋》节选 庾信

哀江南

第一章 就地解散

自正月初一进行了大决战之后,柳大都督就在江心的百尺战舰上躺平,一边乘凉,一边吟诗;一边听戏,一边逗乐;一边推杯换盏,一边左拥右抱,以此平复内心的极度恐惧。他的百万大军聚集在建康外围,就像看稀奇的观众,赏心悦目地看着侯景天天攻打着台城。他们早已忘记了来此地的目的,忘记了为什么出发,要到哪儿去,初心在何方,那些军士只好天天看着长江的波涛,浑身发霉,尽情发呆。

(一)仗还是要打的

正月初三,南康王萧会理与羊鸦仁、赵伯超等人把军营推进到东府城的北面,他们也看出了柳大都督的不作为,还是想救梁武帝于水火。于是私下约定晚上指挥部队渡江,再次与侯景决战。到了拂晓,羊鸦仁等人还未到指定地点,侯景的部队就已发现。没等援军建立营地,侯景便派遣宋子仙前来攻击,赵伯超再一次展现了他的逃跑神功,马上带头望风而逃。逃跑是最能影响军心的,萧会理等人的大部队只能跟着逃跑,遭到惨重的失败,战死以及淹死的达五千人。这时台城还未破,侯景就把这些人的头颅堆到宫门下面,向城里人展示。

相比萧绎的深藏不露,邵陵王萧纶简单得多。自从上次战败后,他也得出了结论,他肯定不是侯景的对手。但就此撤回去也太没面子了,更何况要背上千古骂名?于是他重新聚集逃散的士兵,与东扬州刺史临城公萧大连、新淦公萧大成等人汇合。还是大树底下好乘凉,正月初四,他们在大桁的南面排列起营垒,也推举柳仲礼为大都督。

正月初八,萧绎的嫡长子萧方等以及王僧辩的部队赶到,当然,他们是领命来望风的。之后萧绎派遣全威将军运送二十万石大米来馈赠援军,到达姑孰时,他们听说台城已经陷落,就将大米沉到江中。江中的鱼儿倒是又增肥了不少,那些纷纷饿死的老百姓,当然不值得救援。之后在长江上行军观景的萧绎,听说跟他不和的侄子萧誉、萧詧、萧慥将对他不利,萧绎很害怕,下令凿沉船只,又将大米沉到江底,砍断缆绳,从蛮人地区的陆路上骑马赶回江陵。

援军刚到的时候,建康的老百姓纷纷扶老携幼出来迎接,这才是我们自己的军队,当然要拥护,要支前。可是部队刚刚渡过秦淮河,就放纵将士们抢劫掠夺。老百姓一看,这比侯贼还狠,因此都感到失望。叛贼里面一些人原来打算响应官军,听到这一情况之后,也打消了念头。

正月二十七日,鄱阳王的嫡长子萧嗣、李迁仕、樊文皎率领部队渡过秦淮河,攻打并焚烧了东府前面的栅栏;侯景向后退却。援军的大部队在青溪的东面安营扎寨,李迁仕、樊文皎率领五千名精锐的士兵单独前进,一直深入到敌军营地,每到一个地方,都把敌人打得一败涂地。打到菰首桥东面的时候,宋子仙埋伏的部队袭击了他们,樊文皎战死,李迁仕逃了回去。

（二）降还是要投的

京城沦陷。侯景劫持了梁武帝，以武帝名义下诏令勤王大军就地解散，各回各家。柳仲礼长舒一口气，终于可以卸掉千斤重担了。于是停止了饮酒作乐，开始进入民主讨论程序。他当然不会直接奉诏，而是像模像样地召集诸将："大家说怎么办？"

裴之高："你拥兵百万却导致京城沦陷，这时候还不赶紧和敌军决战洗刷污名？"

李迁仕："侯贼立足未稳，城内不和，况且我们兵多粮足，灭敌不是问题。"

赵伯超："我们不是对手，还是赶紧逃跑！"

萧大连："我们已经失去好多良机，但只要主帅奋勇直前，我们一定可以名垂青史！"

王僧辩："我军只要稍加整顿，一定可以取胜。"

萧纶："全凭将军做主。"

柳仲礼看着他，看看大家，什么话也不说。

如果韦粲这时候还活着，看到自己一力推举的都督在此次平乱中表现如此英勇，战绩如此辉煌，怕也要气死过去，至少他应该没底气把自己当初对裴之高说的话再说一遍了。

柳仲礼拿出了自己的一贯作风：我知道你有理，我没理，我说不过你，你说的我都不反驳，可我就是该干嘛干嘛，你能奈我何？说不出战，那就不出战；说解散，那就解散！

光解散还不够，他还带着弟弟柳敬礼和其他将领羊鸦仁、王僧辩、赵伯超一起向侯景投降了！勤王大军的士兵们都惊呆了，他们原本想的都是拼死一战保卫京城，怎么摊上了这么个统帅！

柳仲礼先拜见侯景，再拜见武帝和父亲柳津。武帝和柳津一个是君，一个是父，他们都曾经无数次希望那个令他们引以为豪的人出现在他们面前，可如今这一幕真的出现了，却是以这样荒诞的方式，所以他们什么心情也没有了。武帝一言不发，柳津则说：你不是我儿子，何必和我相见？

其实柳仲礼还可以拜见一个人，那就是曾任雍州刺史，曾是他老上级的皇太子萧纲，但前提是，他有足够厚的脸皮。

掌握朝政大权后，侯景任命自己为大丞相，以柳仲礼为使持节、大都督，"隶大丞相"，参与军事。

（三）名可以不要的

侯景知道自己只是掌握了朝廷，还得摆平才开始解散的百万大军，摆平地方诸侯，于是对柳仲礼委以重任，让他回到司州，继续当刺史；同时，留用柳敬礼为护军将军，作为人质。柳敬礼其实也算不上什么好人，也是地方一霸，当年襄阳传唱的"柳四郎歌"，讲的就是这位爷平日里贩卖人口的破事。但是在打仗的时候，柳敬礼比他的兄长努力多了，经常冲锋陷阵，颇有威名。

为柳仲礼践行那天，侯景抓着他的手说："天下之事在将军耳。郢州、巴西并以相付。"这两处都是侯景尚未拿下的地区。

他说对了，没有军队的柳仲礼的确还有改变天下的能力，但不是以后，而是当时，因为柳敬礼已经和柳仲礼商量好了，就在这场践行宴上发难，

只要柳敬礼抱住侯景,柳仲礼拔出佩刀一刀下去,不管接下来发生什么,他们兄弟俩在过去的一切罪孽在世人眼中都可以从此一笔勾销了。

当初听到计划,柳仲礼也同意了,他觉得弟弟有想法、有勇气,大概也找回了年轻时的自己。可该他发挥的时候,目睹侯景守卫森严,他再一次失去了杀身成仁的勇气,就像当初拒绝将领们的请战那样,对弟弟充满暗示的目光,他又选择了熟视无睹。英雄和"狗熊"的距离,原来只有那么短啊!当他放过了这最后的成为英雄的机会,耻辱的标签就注定伴随着他的余生了。

(四)降可以再投的

柳仲礼没有回义阳,而是去了江陵,那里有一位令侯景忌惮的大佬,湘东王萧绎。和柳仲礼同行的还有萧绎的老部下王僧辩。请战无果和怒斥柳仲礼的诸将里,有他一个。他将用自己的实际行动教会侯景,什么叫放虎归山。

也许不回义阳直接去江陵本来就是王僧辩劝说的吧,只要柳仲礼辅佐萧绎当上皇帝,他一样可以成为大梁的大功臣,大忠臣。当时萧绎要成就开天辟地的大事业,要外攘侯景内抚众王,正是用人之际,柳仲礼来得正好。萧绎任命柳仲礼为雍州刺史,出镇竟陵,攻打萧詧的治所襄阳。

天高侯景远,忘了侯景吧,忘了老皇帝和老父亲吧,忘了因为侯景而死的韦粲表哥吧,忘了仍然想杀侯景却死于侯景之手如愿成为污点英雄的柳敬礼吧。

最近时时被七叔萧绎所逼，而且还被往死里弄，萧詧也不知为何。那个侯贼才是不共戴天的仇人！这些道理，写下以忠孝贯篇的《金楼子》的七叔不懂？自从得知侯贼到了长江，萧詧兄弟就一门心思整军备战，当然要保卫家乡，保卫长江，保卫江南，保卫全南梁。可是那个七叔却处处掣肘，一会下达不准出动令，一会下达统一指挥令，一会下达收缴军权令……反正就是什么都行，抗战不行。也不是明里说不行，诗人的理由都是冠冕堂皇，反正就是不准出兵。后来忍无可忍的兄弟俩索性"将在外，军令有所不受"。于是，萧绎就来围剿了，处处挨打的萧詧被逼急了，只好请求西魏救援。后面的事情就成了西魏诸将的实体教学现场，惊弓之鸟的柳仲礼和他的军队、城池仿佛被西魏军队画在小黑板上指指点点，一切尽在他们的掌握中。西魏首先攻陷随郡，围攻安陆。曾经连父亲都不顾的柳仲礼这次却无法淡定了，赶紧回军拯救自己的家属，结果被杨忠的两千骑打败。看到亲自带头冲锋的杨忠，不知柳仲礼是否想起了曾经的自己。

柳仲礼又投降了，带着他的弟弟柳子礼，这次投降的是西魏。由于大都督的名头还是比较响亮的，宇文泰待他以客礼。后来他还做了一件真正的好事。宇文泰因遭到南郑守将萧循的坚决抵抗，下令一旦城破，就屠城，结果由于名士刘璠和柳仲礼的苦劝，南郑的十万人头才没有落地。柳仲礼在西魏最后的待遇，是侍中、开府仪同三司、襄阳侯。由于他的见风使舵、巧舌如簧和钻营逐利，他富贵善终了。

时空论坛

网友：柳大都督判若两人，这是怎么啦？大家快来吐槽。

网友：他和侯景确认过眼神！

网友：年轻时已使出洪荒之力，现在感觉身体被掏空。

网友：以前的小胜就是个小甜头，之后南梁的巨额投资就被套路了。

网友：要不要脸，降一投再投！

网友：习惯成自然，他早就要命不要脸了！

柳仲礼：鬼知道我经历了什么！

庾信：侯景之乱，始于朱异，成于仲礼，诚然。

第二章　侯军换防

人生有很多看似不可能，只要你一咬牙坚持，说不定就变成可能了。侯景回顾出发时势单力薄的八百人，行程千里，过百关斩千将，居然就打下了首都建康！萧姓各王都有那么多军队，奈何他们各自为政自相残杀只能力量相互抵消；东魏慕容绍宗和西魏王思政各有重兵在侧，奈何他们耗时一年多争夺颍川只能力量相互抵消；江中倒是有百万雄师，但梁武帝的圣旨一到，百万散兵游勇就走了。攻下都城，遣散勤王军队后，现在侯景急需做的，是将梁武帝的整个江南全端过来，将"萧"的旗帜全部换成"侯"字。只有如此，他的建国大业才能实现，心心念念的龙椅才能坐上去，他所有的冒险才值得。于是他和王伟拿着南梁的地图，指指点点，调兵遣将，将他手下的心腹将领一一外派，来一次帝国军队的大换防。

（一）抚平周边

三月十五日，朝廷颁下诏书，征召原来的镇牧守，可以回到他们过去的任所去。现在侯景手中的人才也不够，以前只顾着打仗，只顾得着活命，哪里能想这么远？现在南梁那么多州郡，自己也没那么多人手可派，就只好不换思想就换人，换了思想不换人。那些多数州郡长官，反正官照当，管他乌纱帽姓什么？

之后派出的换防将领还没成行，就收到了秦郡、阳平、盱眙三郡的降书。这可是个好兆头，有他们带头改换思想，何愁江山不变色？这年头，识时务者为俊杰，侯景又连下三道圣旨，当然也不需要那个梁老头儿点头。他热烈称赞三郡的郡长弃暗投明，并改阳平为北沧州，改秦郡为西兖州，郡长也官升一级成了州长。

一些看起来对自己比较忠诚的萧姓成员也应该任用，他们长期占据高位，现在不给他们一点甜头，真正造起反来，他们的号召力还是很强的。于是侯景任命仪同三司萧邕为南徐州刺史，代替西昌侯萧渊藻镇守京口（今镇江）。京口为南京的重要门户，侯景乱起时，梁武帝大哥之子萧渊藻就忧愤成疾，之后绝食而死。一看那萧邕还比较听话，侯景就让他去暂时镇守了。萧邕首先登上了京口的北固楼，东魏兴和四年（542年）三月，梁武帝最后一次回乡拜陵时，回途中率王公大臣登上著名的北固楼，即兴赋诗一首，这也是梁武帝人生所作的最后一首诗：

登北顾楼诗

歇驾止行警，回舆暂游识，清道巡丘壑，缓步肆登陟。
雁行上差池，羊肠转相逼。历览穷天步，瞩瞩尽地域。
南城连地险，北顾临水侧。深潭下无底，高岸长不测。
旧屿石若构，新洲花如织。

将北固楼改为北顾楼，就体现了梁武帝对北朝疆土的渴望，收留侯景正是他内心希望的表露。一同上楼的太子萧纲也和诗一首：

奉和登北顾楼诗

春陵佳丽地，济水凤凰宫。况此徐方域，川岳迈周沣。
皇情爱历览，游涉拟崆峒。聊驱式道候，无劳襄野童。
雾崖开早日，晴天歇晚虹。去帆入云里，遥星出海中。

萧邕吟唱着他那时的和诗，想着如今的天翻地覆，心里久久不能平静。不久后，萧邕也显示了他的不配合，派人悄悄地和东魏联系，欲以地附魏，不久被侯景发觉，遂被斩。

旁边的晋陵郡怎么没有表明态度？有点恼怒的侯景派遣徐相攻打，军队还未到城下，郡守陆经率领全郡军民投降，陆经也被就地免了职。看，这年头，投降还要趁早。

当然还有一件急事需要处理。这些天建康周边一直臭气熏天，内外城死亡了数十万人，凡是有空地的地方就有死人，有些尸体早已腐烂，有些已经化脓，当然还有许多奄奄一息的病人、饥饿者、体衰者、乞讨者，也一起躺在死人堆里等待死亡或希望。侯景下令焚烧掉这些如山的尸体，当然那些还没有断气的人也都一并烧掉。有钱要用在刀刃上，现在新帝国是千头万绪百废待兴，哪里有空闲的时间、多余的资源去甄别救助？

（二）换防江北

长江北岸地位非常重要，从那边没怎么费力就过江的侯景知道，要拱卫建康，就必须守住江北。于是侯景任命前临江太守董绍先为江北行台，派他带着梁武帝的敕令,前去召请南兖州刺史南康王萧会理让贤。

三月二十七日,董绍先到达广陵,他带的人马不满二百,由于连日赶路,都又累又饿。萧会理拥有三万人马,兵强马壮,原准备有机会再次勤王的。

僚佐们劝萧会理:"侯景已经攻占了京城,如今准备先除去各位藩王,然后再篡夺皇位。如果四面八方都反对他,他立即就会溃败,怎么能把全州的土地交到强盗手里,使他的力量得以壮大呢?我们不如杀掉董绍先,派兵固守我们的地盘,再和东魏联合起来,等待形势发生变化。"

萧会理一向懦弱,让他出头的事当然不敢,立即将全城交给了董绍先,董绍先进城之后,大家都不敢轻举妄动。萧会理的弟萧通理请求先返回建康,对他的姐姐说:"事情既然已经如此,怎么可以让全家被杀光?我以后也想为国家效力,只是不知道天命到底怎样而已。"

董绍先将广陵的文武官员的部曲、铠甲兵器、金银绢帛都接管过来,派萧会理单人匹马回到建康。

(三)强夺吴郡

三月二十八日,侯景派遣于子悦等人率领几百名疲弱的士兵去东方强夺吴郡。

新城县的戍卒主将戴僧逷拥有五千名精锐士兵,他劝太守袁君正道:"贼兵现在缺乏粮食,他们从台中所得到的不够支持十天,如果我们闭关防守,抗拒他们,他们马上就会饿死。"

当地豪强陆映公害怕守城不能取得胜利,自己的资产遭到掠夺,便和其他人一道劝说袁君正去迎候于子悦。袁君正一向怯懦无能,于是就载着米、牛、酒到郊外迎接。于子悦扣押了袁君正,大肆掠夺该城百姓的财产、女子,当然对陆映公的财产也不例外,东部的人都建起城堡抵抗他。

侯景又任命任约为南道行台,镇守姑孰。

四月,湘东王的嫡长子萧方等回到江陵,萧绎假装这才知道建康已经陷落。这时他手里的二十万兵士大都轮番去观过战,但都还未打一仗,实力保存完好。他一直窥探的战略良机,离他越来越近了。于是他抓紧备战,下令砍伐江陵周围七里之内的树木设立栅栏,又挖掘三道壕沟进行防守。

时空论坛

网友: 萧会理,这个名字很熟!

朱异: 东魏慕容绍宗打来,我就建议让他为帅了。

网友: 你的良心不会痛吗?

朱异: 点兵点将,主要看气质。

网友: 就是你带节奏,把南梁带歪了!

萧渊明: 正是,会理懦弱卑怯,平时所乘坐的轻便小轿,都用木板围住,外面再蒙上牛皮,怕被射死。

网友: 你也不是什么好人!

萧渊明: 好歹我还是当过几天皇帝的!

第三章　你争我夺

此时神州分裂为三国，东魏、西魏和南梁，南北之间大抵以淮河为界，东西之间以汾水为界。如今的南梁，里面乱成了一锅粥，那北方的两匹"狼"可不是吃素的，他们早早地就嗅到了血腥的味道，不跑过来分一杯羹也不是他们的性格。那个东魏的慕容绍宗，轻而易举地打败南梁并俘虏统帅萧渊明后，就一直徘徊在边境周围，配合着帝国的外交，在恢复了侯景十三州的同时，伺机夺取淮河长江间的富裕之地。而西魏也是派出了杨忠、王思政等能征善战的大将，除了中意江淮之地外，还一直垂涎南梁的汉中和巴蜀。于是，一场三国杀又开始了！

（一）东魏夺江淮

侯景率领八百人悄悄离开了寿阳，之后又陆续有一些军队跟去，留下孤零零的王显贵守城。在建康打不赢侯景，总得找个出气的地方才行，更何况寿阳是侯景起家的老巢，不剿灭贼窝肯定难解心头之恨。于是鄱阳王萧范派遣他的将领梅伯龙在寿阳攻打王显贵的军队。攻克了外城，接着又攻打内城，没能攻克，便退了回来。萧范肯定不松手，又为他增加了军队，让他再次攻打寿阳。走投无路的王显贵左思右想，投降萧范肯定是死路一条，干脆投降附近的更大的靠山东魏算了，于是率领寿阳军民投降了慕容绍宗。

之后慕容绍宗步步紧逼，在招降了北徐州的萧正表后，东徐州刺史湛海珍、北青州刺史王奉伯率领全城投降，青州刺史明少遐、山阳太守萧邻弃城逃跑，东魏占据了这些地方。

湘潭侯萧退与北兖州刺史、定襄侯萧祇逃出来投奔了东魏。侯景任命萧弄璋为北兖州刺史，该州的百姓组成队伍将他挡在城外；侯景派遣直阁将军羊海统率部队前来相助，羊海却带领自己的人马投降了东魏，东魏于是占据了淮阴。

（二）两强争颍川

这些年一直是北方东西魏两强战争不断，南梁只做看客，侯景之乱打乱了这一模式，东西魏两只嗅觉灵敏的猛兽立刻停止了相互撕咬，东魏将主力用于反击南梁与侯景，对西魏以守为主，东魏咸阳王斛律金、潘乐等固守河阳；西魏也利用此段空隙只对东魏发动了小规模的试探，魏玄攻拔了伏流城和孔城等少量戍所。东西魏难得地目标一致，相互避其锋芒，去争夺南梁的更易到手的大块肥肉。现在东魏一看侯景降南梁的土地全部夺回了，但还有部分落在了西魏手里，那肯定不甘心。东魏武定六年（548年），东魏总司令高岳、行台慕容绍宗、副帅刘丰生等，率步骑兵十万人，攻打西魏王思政据守的颍川。王思政命全城守军降下大旗，收藏战鼓，好像一座空城。高岳仗恃压倒性人数，也不管城里弄什么玄虚，于是四面进攻。王思政挑选精锐战士，打开城门出击，东魏

军败走。高岳改为构筑土山,居高临下日夜不停地猛攻,王思政随机应变,率领敢死队夺取土山,就在土山设置城堡,协助防守。

其实颍川处于侯景所割西魏数州的最前沿,是西魏争夺整个河南的桥头堡,"无山川之固"。大将军高澄当然不能放弃,于是增派兵力前去相助,在通往颍川的道路上不断有东魏的援军行进,一年过去了,还是没有攻克。山鹿忠武公刘丰生想出一个办法,准备学习南梁,在洧水之上建起拦河堰,提高水位灌城,致使该城的许多地方崩塌。高岳将部队分成十几部分,轮流休息与进攻。

王思政亲自在箭石横飞的情况下指挥作战,与士兵一起同甘共苦。城里到处水如泉涌,他们就把锅挂在高处做饭。西魏的太师宇文泰派遣大将军赵贵督率东南各州的部队赶来救援,但是长社以北的地区都成了河泽,部队到达穰城之后便无法继续前进了。

东魏武定七年(549年),东魏派箭术高超的人乘着大舰靠近颍川城发射羽箭,颍川城眼看着就要陷落;慕容绍宗与刘丰生一起来到拦河堰前视察,看见东北方向尘土飞扬,便都到舰上坐下躲避。一会儿暴风刮了起来,远近一片昏黑,缆绳被刮断了,船一直向颍川城如箭般漂去;城上的人用长钩拉住船,羽箭胡乱射出,慕容绍宗跳到水里淹死了。刘丰生浮在水面向土山游去,城上的人将他射死,一同战死的还有东魏大将慕容永珍。战场瞬息万变,没想到城危之时,敌军的最重要统帅及大将被击毙,于是颍川城内锣鼓喧天,载歌载舞,王思政一边按功行赏,一边祝酒打气,号召军民继续努力战斗!

东魏的高岳失去了慕容绍宗等人以后,变得沮丧失去斗志,不敢再进攻长社城。高岳只是名义上的统帅,如今大军出征,东魏的统帅必须姓高，西魏的肯定叫宇文，南梁的当然要姓萧，否则，即使你有天大本事，也只能当二把手。

晋阳霸府对慕容绍宗等三名将帅的突然阵亡也感到震惊。陈元康对大将军高澄说道："大王您自从辅佐皇上执政以来，还没有建立突出的功勋，虽然曾经打败过侯景，但是他本来就不是外贼而是内患。现在颍川快要陷落，希望大王您亲自去建立这一功业。"高澄采纳了这一建议。高澄再率步骑兵共十万人攻打长社城，这次带上了百战名将斛律金作先锋，还亲自督造拦河堰，拦河堰三次决口，高澄大为恼怒，把背土的人以及袋子一齐推下去堵塞缺口。

长社城里没有盐吃，人人痉挛、浮肿，死的人十之八九。大风从西北方刮了起来，把水吹到了城里，城墙被冲坏了。东魏大将军高澄向城里的人宣布："有能够把王大将军王思政活捉送来的人，就封他为侯；如果王大将军身上受伤，那么他的亲属以及他身边的人都得被杀掉。"王思政率领人马占据了东魏人堆起的土山，告诉东魏人："我的力气已经使尽，计策也已经用光，只能以一死来报答国家了。"说着他就仰面朝天大哭起来，拜了两拜，然后准备自刎。都督骆训抢过宝剑说："您常常对我们说：'你们带着我的头颅出去投降，非但能得到富贵，也能使全城的人保全性命。'现在高相国要活人，您死了全城军民都得死！"大家一起上去抓住王思政。高澄派了通直散骑赵彦深来到土山上，送给王思政白羽扇，握住他的手说明自己的意图，又把他拉了下来。高澄没有叫王思政下拜，对他彬彬有礼。

王思政当初进入颍川的时候，手下的将士八千人，等到长社城陷落，剩下三千人，但是他们中间最终没有一个叛变的。高澄把这些将士分散

开来,都安排到遥远的地方,又将颍州改为郑州,给了王思政很高的礼遇。西祭酒卢潜说道:"王思政没能以死来保全气节,有什么值得看重的?"高澄对旁的人说道:"我有了卢潜,如同又得了一个王思政。"

其实忠勇之人会得到包括敌军在内的所有人称赞。高澄当然看重王思政,当初王思政守边境玉壁,高欢怎么攻打都攻不下来。后来王思政又推荐韦孝宽守玉壁,高欢还是没有打下来。尽管这次统帅慕容绍宗被对方斩杀,但这份忠勇永远值得人们尤其是军人的尊崇!

侯景叛梁后,西魏丞相宇文泰害怕东魏又来夺取侯景原来管辖的地方,就派将领们分别把守各城。等到颍川陷落,各城的道路都被隔断,宇文泰便让将领们率领部队撤回。

(三)西魏占汉蜀

宇文泰是明白人,江淮之地离东魏近,如今高澄人才济济,战将如云,不能在他们的有利地区硬拼。当然宇文泰更是聪明人,他看中了更好的地方,那就是与西魏接近的汉中和巴蜀,这些地方离东魏就很远,三百年前诸葛亮就是凭借这里而三分天下的。于是,蚕食旧蜀国就成了下棋高手宇文泰的最新追求了。

其实汉蜀之地以前也是北魏的,当时梁武帝刚刚抢过龙椅,504年到508年,北魏趁乱占据梁州、益州,南梁为夺取该地与北方进行了30年的争夺,终于在北魏分裂后的次年即535年,从西魏手中夺回该地区。之后由于西魏的主要敌人东魏的大军压境,南梁也主动放还西魏的大将贺拔胜、独孤信及其部众,之后和西魏长期保持友好,"稳定"关系遂长期维持。但仇还是要报的,以前未报,那是时间未到,宇文泰一看时间差不多了，550年，西魏趁侯景乱起，派大将军杨忠略地汉东，萧绎求和，魏以石城为封，梁以安陆为界。551年，杨忠攻陷汝南城，汉东之地也并入西魏。

十月，宇文泰遣大将军王雄出子午谷，伐上津（今湖北郧西北）、魏兴（今陕西安康西北）；大将军达奚武将兵三万攻取汉中。梁、秦二州刺史、宜丰侯萧循求援于益州武陵王萧纪，纪遣潼州刺史杨乾运往救。552年春，王雄陷上津、魏兴，以其地置东梁州。四月，杨乾运至剑北，达奚武迎战，大破乾运于白马（今陕西勉县西），达奚武围南郑（汉中郡治），萧循出兵与战，遭伏兵袭击，杀伤殆尽，终因力屈而降。于是，剑北汉中之地亦入于西魏。

553年，梁益州刺史武陵王萧纪自立为帝，引兵东下西陵峡，与江陵守军对峙。萧绎请西魏发兵救援，西魏乃遣尉迟迥自散关伐蜀。七月，武陵王萧纪在峡口兵败身死，巴蜀尽入宇文泰囊中。

至此，由侯景之乱发端，侯景用于投降的十三州重回东魏，江淮间大片富裕之也作为利息尽归东魏，从此长江成了国界，长江边的都城建康成了边境，已经无险可守了。南梁重要的税赋之地汉中和巴蜀归于西魏，久居苦寒之地的宇文泰算是苦尽甘来发了大财，从此粮草充足兵源丰沛，逐渐积蓄起一统天下的资本了。

时空论坛

网友：东魏慕容，怎么就死了？

网友：王思政，是西魏的"乔峰"，强中还有强中手！

网友：绍宗同志，见到过慕容复和王语嫣小姐姐没？

网友：也是醉了，无权无兵，也想复国？慕容绍宗还可以。

网友：慕容复是高富帅，复国主要看气质！

慕容复：我太难了！

第四章　饿死皇帝

帝王之死不比你我小民之死，小民之死微不足道，帝王之死就势如山崩，稍有差池就引起百千万人头落地。所以，帝王死于非命，不仅关系他一个人，也关系百千万人，甚至关系他身家所系的王朝或政权。

其实当皇帝也是一个高危职业，龙椅只有一把，那么多人要来抢来夺，稍不留意就人头落地了。此前约有三分之一的皇帝死于非命。当然，皇帝主要是死于兵灾，死于政变。在人们的印象中，帝王都是高高在上的，吃穿不愁，尊贵无比。但要说身为帝王却被活活饿死，还真令人惊讶！这种事不仅有，侯景造反前已经有六位了。榜上有名的有夏桀、齐桓公、赵武灵王、楚灵王、齐王田建和三国袁术。

有了六位，就不在乎再加一位！

（一）走向死亡

梁武帝虽然表面上被侯景控制，但是他的心里却非常不平。侯景想让宋子仙出任司空，梁武帝说道："三公是要调和阴阳的，怎么可以任用宋子仙这种人？"侯景又请求让他的两位同党出任便殿主帅，梁武帝没有同意。侯景不能强迫梁武帝，心里非常害怕他，皇太子进来，流着眼泪劝告梁武帝，梁武帝说道："谁让你来的！如果国家的神灵还在，还可以恢复；如果不是这样，何必流泪！"侯景派手下的士兵到几个省里值勤，有的人赶着驴马，带着弓刀，在宫廷中出出进进。梁武帝感到奇怪，询问这是怎么回事，直将军周石珍回答说："这是侯丞相的卫兵。"梁武帝听了非常愤怒，斥责周石珍道："是侯景，为什么管他叫丞相？"旁边的人都很害怕。

从此以后梁武帝所提出的要求大多数都不能被满足，饮料与膳食也被减少，在忧虑与气愤中他病倒了。皇太子把小儿子萧大圜托付给了湘东王萧绎，并且将剪下的头发与指甲寄给他。

五月初二，梁武帝躺在净居殿，嘴里发苦，要喝蜂蜜却没人拿来，哀鸣了几声后便死去了，享年86岁。侯景封锁消息秘不发丧，将梁武帝的遗体收殓后移到了昭阳殿，又从永福省接来皇太子，叫他像平常一样入朝。王伟、陈庆都在旁边监视皇太子，皇太子呜咽着泪流满面，不敢发出声音，殿堂外的文武百官都不知道这件事。

（二）走向繁荣

在南朝初年的政坛上，尚有较多的人才，但梁武帝从一个小小的七品官，九年中登上帝位，可谓毫不费力。他打败当时的皇帝萧宝卷时几乎没有遇到任何阻力。在他登上帝位后，又逢北魏衰败，六镇叛乱，对南朝不再构成威胁，所以梁武帝未免自以为天下无人能及。

其实，梁武帝执政的前20多年，正是南梁最繁荣的时期。那时，他积极进取，在淮北夺得北方的青冀、东徐、西豫等州的部分土地，在长江上游趁乱收复益梁地区,其疆界范围东北至青冀二州及海,北至汉北的雍、司诸州,西北达北梁州和西魏以秦岭相隔,南达越南境内的交、爱、德、明诸州。梁武帝刚登基时有州二十一个,经过开疆拓土,当然也有滥置州郡的缘故,到侯景造反前,已有州一百零九个,是后三国中疆域最大的,将和东西魏间的边境线扩展到秦岭和淮河一线。梁初时军力也比较强盛,梁武帝也有一统河山之志,他数次北伐,所看重的著名将领陈庆之轻骑入洛,在军事上取得了一定的成功,并成功抵御了北方的数次南侵,基本维护了边境的稳定。

那时,他任人唯贤,虽处于世族高门,但大力提拔寒门子弟,吸引了不少人才,如沈约、范云等;他推崇儒家,为儒家五礼做注,对儒家学说进行弘扬;他重视文学,在他的任内,正是大梁文学最昌盛的时期,他的太子萧统所著诗歌总集《昭明文选》,与当时的《文心雕龙》《玉台新咏》齐名;他勤勤恳恳,每天早上五更起床批阅奏折,从来不缺朝会;他节俭度日,一天只吃一顿菜羹粗米饭,身穿布衣,帽子一顶戴三年,被子一条两年都不换,不喝酒不吃肉还不听音乐。

他一心崇佛,受北朝法果"现在的皇帝就是现在的如来"思想的影响,在乱世中突破重重困难,创造"皇帝菩萨"新理念,并根据这一新理念进行"佛教国家"之"心灵改革"。最开始大梁"沙门不敬王者",受北朝"皇帝即如来"的影响,以及佛教徒的自觉与菩萨思想的传布,在梁武帝头脑中逐渐形成了"皇帝菩萨"的理念。在他86年生命历程中经历了四个阶段,在大梁进行大量的佛经翻译、编纂整理与注解工作,奠定了深厚的佛学基础,推行"菩萨戒"而建立"皇帝菩萨"地位,推行禁断酒肉改革僧团行为,拾身同泰寺与弘扬阿育王思想,从而形成了"天监之治"与"佛教国家"。

北魏大丞相高欢在一次宫宴时说,"江东复有一吴儿老翁萧衍者,专事衣冠礼乐,中原士大夫望之,以为正朔所在。"确实,那时的南梁,"治定功成,远安迩肃",且"三四十年,斯为盛矣。"那时的南梁,真是:

  东南形胜,三吴都会,钱塘自古繁华。
  烟柳画桥,风帘翠幕,参差十万人家。
  云树绕堤沙,怒涛卷霜雪,天堑无涯。
  市列珠玑,户盈罗绮,竞豪奢。
  重湖叠巘清嘉,有三秋桂子,十里荷花。
  羌管弄晴,菱歌泛夜,嬉嬉钓叟莲娃。
  千骑拥高牙,乘醉听箫鼓,吟赏烟霞。
  异日图将好景,归去凤池夸。

(三)走向反面

让南梁万劫不复的,还是这个在位47年、活了86岁,最后饿死的梁武帝萧衍。

随着执政日久,飘飘然的梁武帝也走向了反面,滑向了深渊。546年,贺琛上书指出梁武帝四条恶政:第一,老百姓的赋税沉重;第二,贵族官僚们生活奢靡、违纪乱法;第三,用人不善,贪官污吏遍布朝廷;第四,徭役过重。

后期梁武帝的唯贤变成了用奸。开始梁武帝也公选任用了一批寒士,但不能坚持,之后就滑落门第轨道,"贵仕素质,皆由门庆,平流进取,坐至公卿。"那个罪魁祸首奸臣朱异,一味迎合武帝,在梁独揽大权三十余年,阿谀奉承唆使武帝接纳叛臣侯景,又"纳金而不通其启",中了高家的反间计,直接导致了侯景的再次叛变。还有武帝的侄子萧正德,由于落选太子而怀恨在心,叛逃北方,由于没得到什么好处,一年后又跑回了建康。神奇的是,萧衍居然没有责骂他,更没有治罪,只是流着眼泪劝诫了一番,最终成为侯景的内应。梁武帝过分娇宠皇室子弟,导致"尾大不掉"。那时,开府仪同三司的异姓官员只有谢朏等四人,而萧姓宗室则有九人,各州老大绝大部分也由皇室成员担任,外姓很难担任刺史。随着萧姓皇室成员越来越多,原有的乌纱帽明显不够,于是梁武帝开始扩展机构,开始南梁有州二十三,郡二百五十二,天监末有州四十五,大通年有州八十六,中大通时有州一百零九,有郡四百零五,疆域扩展不多,州却增加了四倍。同时设定文官九品十八班,武官十品二十四班,其外又有流外七班等等,可还是应付不了。梁武帝晚年的荒政,且对宗室诸王毫不节制,任其胡作非为,称霸一方,遂使得诸王野心勃勃,企图取而代之。

梁武帝的亲善变成了施恶。当然,打天下那阵儿,其实跟众多帝王一样,萧衍也是准备建立万世基业的。他的策略和前不久的晋武帝一样,亲亲爱人,爱自己家人。但凡萧家的兄弟子侄,一律做高官,掌大权,贪腐也没问题,即使民怨沸腾,也只用家法处置,过后还是高官厚禄。其实,帝王家的骨肉亲情,无论怎么讲究,都跳不出两个字——虚伪。把虚伪的道德强调得越是声势浩大,涕泪交加,这道德背后的残忍就越是极端。当时,"萧宏为将则覆三军,为臣则涉大逆,数旬之间,还为三公,王者之法果安在哉?"萧朗"性倨而虐,群下患之",依然以王子封侯。萧昱在家私自造钱，梁武帝下旨让神明菩萨来教导。元襄王萧恭私杀太守，武帝下诏宥之。当时萧姓皇族子孙，几乎都在史书上留下了恶劣的事迹和名声。对皇室无边宽大，但对百姓则是无比苛刻，天监四年冬，第一次北伐洛口战败，五万将士丧生。天监七年第二次北伐，因死伤太多、战事不利而中途停止。普通五年继续北伐，因萧综逃跑而惨败，七万将士丧生。三次北伐，造成南梁壮丁大量减少。天监十三年投入二十万军民修筑浮山堰，两次溃堤死伤大半；中大通二年征发吴郡、吴兴、义兴民丁开河，导致粮食绝收，死伤无数。加上此次萧渊明寒山之败，十万大军损失十之七八。由于政治的极端腐败，人民的极度痛苦，使"国有累卵之忧，俗有土崩之势"，且"人人厌苦，家家思乱"，各地农民起义不断爆发。中大通元年，北兖州有沙门僧疆与蔡伯龙为首的三万余人的起义；中大通二年，有会稽农民起义；中大通五年，有益州江阳人齐苟儿为首的十万余人大起义；大同元年，有鄱阳郡鲜于琮领导的万余人的起义；大同十年，有巴山郡民王勤宗为首的起义和广州人卢子略领导的起义。

梁武帝的勤俭变成了奢靡。后期梁武帝的经济政策尤其是货币政策也出现了差错，"乃议尽罢铜钱，更铸铁钱"，铁容易获得，私人铸钱的现象一哄而起，造成了长时间的通货膨胀，"所在铁钱，遂如丘山，物价腾贵，交易者以车载钱，不复计数"。他还一贯纵容豪门地主搜刮百姓并向皇帝贡献，"献物多者，便云称职，所贡微小，言为弱惰。"太守鱼弘公然曰，我做太守，郡中有四尽，"水中鱼鳖尽，山中獐鹿尽，田中米谷尽，村中民庶尽！"萧正德当刺史的时候，也把原本应当十分富庶的广陵地区百姓搜刮得干干净净，甚至出现"人相食"的悲惨场景。于是有样学样，

多如牛毛的刺史太守把老百姓盘剥得"肌肉略尽、骨髓俱罄"。河东王常侍裴之横"有僮属数百人,于芍陂大营田野,遂致殷实";南阳大地主张孝秀"居于东林寺,有田数十顷";临贺王萧正德"自征虏亭至于方山,悉掠为野"。他们搜刮堆积起巨额财富,"竞相夸豪,积果园山岳,列肴同绮绣",经常"饱食醉酒,忽忽无事,以此终日,以此终年。"他弟弟萧宏的府邸美女上千,每天山珍海味堆满桌,吃不完就扔掉,一个月好几十车的食物被浪费。同时代的上流社会也是精致奢靡,个个活得像是神仙,那个奸臣朱异就经常贪财冒贿,广受馈遗,生活奢侈,穷奢极欲。随着上下奢靡之风盛行,内部加速腐朽,他明明知道很多官员权贵靠不正当手段获得财富,却并不制止,反而驳斥进谏的大臣说,这些都是人家自己赚的钱,奢侈也没什么不对。

梁武帝的依法变成了枉法。萧衍制订了一系列法律制度,但对血亲采取亲亲政策,犯再大的罪也可以宽恕,在此影响下,法制也就不存在了。梁武帝多次下诏减轻或者废除部分法律条例,527年诏"凡散失官物,不问多少,并从原宥。"544年诏"凡天下罪无轻重,已发觉未发觉,讨捕未擒者,皆赦宥之。"其弟萧宏在建康有数十处店铺作抵押贷款的生意,常把借钱人的田宅店铺作抵押品记在债券上,到期不能偿还便把债户赶出去,夺走他们的田宅。建康与浙东一带的百姓不少因此失去生存依靠。豫章王萧综依此撰《钱愚论》,尖锐地讽刺萧宏的贪鄙。萧衍明白萧综的意思,于是用此文来劝诫萧宏,并对萧综说:"天下可写的文章有多少,为什么非要写这个。"萧宏小妾的弟弟吴法寿倚仗萧宏的势力,时常逞凶杀人。一次,遇害家属向官府状告此事,萧衍下诏严讨吴法寿。吴法寿逃入萧宏府中,官府亦无可奈何。对于官员违法乱纪,他"皆曲法申之",

什么过错都可原谅，什么罪孽都能赦免。官员们乐得自由，有的公开杀人抢劫，有的横征暴敛鱼肉百姓。凡此种种，萧衍都看在眼里，也"深知其弊，溺于慈爱，不能禁也"。朝政如此混乱，最倒霉的还是老百姓。

梁武帝的崇佛变成了佞佛。他下诏令全民奉佛，在修建佛塔上可是不遗余力，绝对不怕耗费金钱和人命。他四次到寺庙"舍身为奴"，在寺内只穿法服，除此以外的一切物件，一概摒除。最短的一次是4天，第四次最长，有51天，"四月庚午，群臣以钱一亿万奉赎皇帝菩萨"。在高峰时期，光建康一城就建有爱敬、智度、光宅、开善、同泰等大寺将近五百座，整个大梁有佛寺二千八百多座，僧尼八万二千七百人。所造佛像，有光宅寺的丈八弥陀铜像，爱敬寺的丈八旃檀像、铜像，同泰寺的九层宝塔供奉着十方金像十方银像，结果一次意外被烧毁了，梁武帝就又修建了一个十二层的宝塔。梁武帝佛学造诣很深，经常率僧俗两万人，在重云殿重阁，多次亲自登堂讲授佛经，所举办的斋会，有水陆大斋、盂兰盆斋等，又以僧旻等为家僧，力促佛教传入日本、朝鲜。由于梁武帝的佞佛，"天下咸从风而化""帝溺情内教，朝政纵驰"，大量的寺庙建立，极大地占用了劳动人口和社会财富，加重了社会的经济负担，同时还助长玄谈奢靡之风，更摧残了固有的忠孝仁义等伦理思想。北齐著名文学家魏收在《魏书·岛夷萧衍传》中描述南朝君主：

初，衍崇信佛道，于建业起同泰寺，又于故宅立光宅寺，于钟山立大爱敬寺，兼营长干二寺。皆穷工板巧，殚竭财力，百姓苦之。曾设斋会，自以身施同泰寺为奴，其朝臣三表不许，于是内外百官共敛珍宝而赎之。衍每礼佛，舍其法服，着乾陀袈裟，令其王侯子弟皆受佛诫，有事佛精苦者，辄加以菩萨之号。其臣下奏表上书亦称衍为皇帝菩萨。衍所部刺史郡守，初至官者皆责其上礼献物，多者便云称职，所贡微少，言为弱情。故其牧守，在官皆竞事聚敛，劫剥细民，以自封殖，多妓妾、梁肉、金绮，百姓怨苦，咸不聊生。又发召兵士，皆须锁械，不尔便即逃散。其王侯贵人，奢淫无度，弟兄子侄，侍妾或及千数，至乃回相赠遗。其风俗类丧，纲维不举若此。

后世有帝王也为梁武帝画像总结：

乘其危窃其祚，萧衍道成视刘裕。
宫城围吴兴拒，徒称马袁仍厚遇。
本失正末奚数，定律兴乐曾何助。
特佞佛奉像塑，舍身同泰功德慕。
初祖谒直指处，漆桶弗契乃北去。
祀牺牲代面素，庙不血食语不惧。
饿台城应始悟，荷荷那得金仙护。

梁武帝虽然被侯景围困在台城，但侯景军又被百万勤王大军重重包围。前有坚城固守，后有大军阻截，这是一个"侯景输定了"的毫无悬念的局面，连侯景心里都十分清楚，几次都准备逃跑了。可有狡诈忽悠的侯景，有心系帝位的萧正德，有贪赃纳贿的朱异，加上一群心怀各异猛看热闹的勤王藩镇，配上一个猛将变怂包的大都督柳仲礼，糊涂的皇帝萧衍，纠结优柔的太子萧纲，各路人马里应外合严丝合缝地配合演出，

活生生出现了梁武帝饿死台城的戏剧高潮。有时,不需要导演的生活戏剧更加精彩。

时空论坛

网友:梁老头儿也是月光族,刚一下岗,连颗米都没了,就饿死了?

网友:扎心了,我也是"剁手党"。

网友:史官,是不是听错了,梁老头儿死时发出的两声"荷!荷!",肯定应该是"呵呵"!

高澄:这是对背恩负义的侯景"呵呵"!

高洋:应该是对哗众取宠的萧正德"呵呵"!

高演:一定是对天真软弱的太子"呵呵"!

高湛:可能是对演技出众的萧绎"呵呵"!

高纬:当真是对坑爹的柳仲礼"呵呵"!

高欢:其实那是对萧衍自己的"呵呵",平常宠爱的皇族、士族,到了危难时刻一个比一个"呵呵"!既是嘲笑,也是苦笑。

孔子:更可能是虔诚信徒对佛祖的"呵呵"!

大学教授:"荷荷"实为战场上兵退击鼓复进之时士兵所唱口号,萧衍"再曰荷荷",是表达志在反击的愤恨。

韩愈:饿死台城,国亦寻灭,事佛求福,乃更得祸。由此观之,佛不足信,亦可知矣!

祖琇（宋禅宗史家）：梁武帝绝午后食，至临终斋戒不衰，在恣情丰美享用者视之，近乎饿死耳！

契嵩（北宋明教大师）：梁武帝斋戒修洁，享垂五十年，特出于长寿，此亦佛法助治之验也。

志磐（南宋佛教史家）：梁武帝杀了萧宝卷及其眷属以自立，萧宝卷转世为侯景，此乃因果报应。

网友：萧衍前世杀掉一猴，猴转世侯景寻仇，一报还一报。

王通（隋朝思想家）：读书盛而秦世灭，非仲尼之罪也；虚玄张而晋室乱，非老庄之罪也；斋戒修而梁国亡，非释迦之罪也。

如来：阿弥陀佛，善为善，恶为恶，功是功，过是过，岂能相抵？

第九卷

扩战果

　　沈猜则方逞其欲，藏疾则自矜于己。天下之事没焉，诸侯之心摇矣。既而齐交北绝，秦患西起。况背关而怀楚，异端委而开吴。驱绿林之散卒，拒骊山之叛徒。营军梁溠，蒐乘巴渝。问诸淫昏之鬼，求诸厌劾之符。荆门遭廪延之戮，夏口滥逵泉之诛。蔑因亲以致爱，忍和乐于弯弧。既无谋于肉食，非所望于论都。未深思于五难，先自擅于三端。登阳城而避险，卧砥柱而求安。既言多于忌刻，实志勇而形残。但坐观于时变，本无情于急难。地惟黑子，城犹弹丸。其怨则黩，其盟则寒。

——《哀江南赋》节选　庾信

第一章　萧绎安内

探子回报说："老头子死了！"萧绎知道等待的时机已然成熟，现在终于可以出战了——当然也还不是去打侯景，而是去安内。他审视着巨型军事地图，帝国军队沿长江铺开。他目前驻江陵，控制荆州，都督荆、雍九州诸军事，有精兵十万以上，加上外围军，军力超过二十万。此外还有两大军事势力，一是原平叛元帅、武帝第六子邵陵王萧纶，侯景之乱后他一直傻冲在前，败多胜少，目前所剩军力不多，他联合南平王萧恪、寻阳王萧大心，最后来到郢州驻扎；另一支是武帝第八子武陵王萧纪，驻成都，控制益州，都督益、梁十三州诸军事。听说他已经整兵备战，打着勤王的幌子，即将开赴建康。

这三支军事力量自东以西，构成了主要的藩王势力。在荆州南北，有屯驻长沙的湘州刺史河东王萧誉，以及驻守襄阳的雍州刺史岳阳王萧詧。此二人是亲兄弟，是武帝已故的昭明太子萧统的儿子。在益州和荆州之间的信州驻扎着桂阳王萧慥，他是梁武帝兄长萧懿的孙子。另外建康附近，南兖州广陵郡驻扎着南康王萧会理，会稽郡驻扎着南郡王萧大连，合肥驻扎着鄱阳王萧范。

那就一个一个来，先拿最不听话的人开刀。

（一）攘萧誉

名义上河东、岳阳、桂阳三王，应该归属湘东王萧绎指挥，但三位侄子却不服这位叔叔。当初救援建康时，湘东王萧绎就出工不出力，自己率大军屯驻郢州，只派儿子萧方等和大将王僧辩率军观战。桂阳王萧慥、河东王萧誉在建康城破后，率军各归本镇，桂阳王萧慥率军先回，到江陵等待叔叔湘东王萧绎，准备痛饮一杯，以叙悲情。江陵是萧绎的老巢，哪知萧绎会错了意，以为桂阳王要鸠占鹊巢，急忙回师将其擒拿，二话不说将其斩杀！可怜的萧慥，酒既没喝成，还糊里糊涂地掉了脑袋，这也是南梁宗室诸王自相残杀的开始。

老皇帝既死，侯景任命的皇帝当然不认。之后，在萧绎的策划下，一系列上位的大戏上演：王僧辩等人向萧绎呈上奏书，请他以太尉、都督中外诸军事的身份，秉承皇帝的意志，出任由各位藩王组成的联盟盟主，萧绎当然没有答应；第二天，他们又请他以司空的身份出任盟主，萧绎还是没有同意；这时，上甲侯萧韶从建康逃奔到江陵，萧绎赶紧派心腹一路迎接，一路密语，相谈甚欢，之后萧韶声称他是拿着梁武帝的秘密诏书来征兵的，任命萧绎为侍中、假黄钺、都督中外诸军事、司徒、承制。既然是皇帝的圣旨，当然不能推辞只能接受了。

既然是承制，那就是全权代表皇帝！一朝权在手，便把令来行。帝国目前的第一个敌人是谁？谁说的侯景，站起来走几步？一看下边黑压压一群众将鸦雀无声了，才把令箭飞掷出去——当然是萧誉！当初我派遣使者去督察他的粮食和人马，萧誉竟敢说"各有各的军府，为什么忽

然来督察？"派使者往返了多次，萧誉就是不给粮食与人马，这不是明显造反吗？

其实萧誉兄弟早就有了万丈怒火。是啊，阿爹是嫡长子，是正宗的太子，被欺负冤屈而死。早年太子萧统的母亲丁贵妃去世，悲伤而孝道的太子花重金买了老赵家一块好墓地。另一地主老王也想卖地发财，贿赂第一个奸人宦官俞三副一百万，于是俞三副鼓动口舌于梁武帝，说太子买的那块地风水不利于皇帝，梁武帝就要求退还老赵的地而买下老王的地。不甘心的赵地主聘请的第二个奸人张道士出场了，对太子说老王那块地不利于太子，需要重金"厌伏"（一种巫术，在墓侧长子位埋下"蜡鹅及诸物"，以消除其不利影响）。之后第三位奸人出场，有宫监鲍邈之，前不久失宠于太子，于是密告皇上"太子厌祷！"（当然可以理解为"埋蜡鹅等物诅咒皇上"之意），梁武帝大怒，太子无心得罪了父皇，不久掉水重病，31岁时郁郁而终。一块简单的墓地，在三两个奸人的操弄鼓动下，竟演变成帝国的最重大政治事件，并从此将大梁的政治导向了歧途。德才一流的太子一家因此与皇位无缘，萧誉这怒火还无处发泄，前边又有了反贼侯景的袭扰，这边居然还有盲人的欺负，是可忍孰不可忍？

萧绎的令箭还未落地，世子萧方等抢先一步紧攥手中，立即率领两万精兵，带上老爹任命的新湘州刺史——萧绎心爱的小儿子安南侯萧方矩，护送他去上任。到达麻溪时，萧誉率领七千人马攻击，双方的陆军水军一阵混战，结果骁勇的萧誉以少胜多，萧方等也淹死了！萧方矩收拾剩余的人马侥幸逃回江陵。

旗开不得胜，萧绎来不及悼念嫡长子——反正那是他最痛恨的半老徐娘生的，之后就下令让徐娘跳井自裁了。扔出第二支令箭给他最拿得出手的两员大将：竟陵太守王僧辩、信州刺史鲍泉，让他们马上前往攻打湘州。王僧辩还是有心结，毕竟都姓萧，也不知道是不是老大一时性起，万一将萧誉解决了后来萧绎又后悔了？背锅的可就只能是自己了！于是和鲍泉商量打算稳一稳，等萧绎想明白了再说。就和鲍泉来到江陵向萧绎反映情况，说打算等他竟陵的训练有素的部队全部集中之后再出兵。

军令如山，竟敢提意见？萧绎恼羞成怒，手握剑柄，指着站在第一的王僧辩厉声说："你害怕出兵，抗拒命令，是要采取观望态度？是想和叛贼结成一伙？今天你只有死路一条！"说道拔出佩剑朝王僧辩猛砍，砍中了左大腿和其他一些部位，血流如注，王僧辩昏厥过去，很久才苏醒，接着就被送进了监狱。鲍泉很震惊，当然不敢再发一言。王僧辩的母亲魏夫人流泪徒步奔走，到江陵叩拜萧绎请罪，萧绎当然懒得见她。其时贞惠世子萧方诸很受萧绎宠爱，军国大事多由他管理，魏夫人赶去拜访贞惠世子，向他陈说自己教训儿子无方，泪流满面，泣不成声，大家都很同情她。看到这么多人的劝告求情，萧绎心中的不快才稍解，扔给王僧辩一些止血药，让他在牢中慢慢等死。等到以后大军压境王僧辩被免罪出狱时，魏夫人又狠狠地责备儿子，勉励他好好报效朝廷，其脸色、言辞都相当严肃。魏夫人告诫说："人臣侍奉君主，只有忠心耿耿，光明正直，这不仅能够使自己得以保全，而且可以赐福子孙后代。"

七月十四日，鲍泉单独率领三万人马讨伐湘州。八月十六日，鲍泉的部队驻扎在石椁寺，河东王萧誉进行反击，双方对阵一天，萧誉由于轻敌，以为鲍泉还是那个骄横的嫡长子，一不留神就被包围，萧誉好不容易才苦战逃脱。鲍泉乘胜追击，十八日，萧誉又在长沙的江中小岛橘州匆忙组织抵抗，终因寡不敌众而战败，战死和溺死的有一万多人。萧

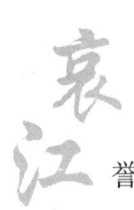

誉只好退进长沙城,鲍泉等将领指挥部队包围了长沙。

一阵紧打慢攻,反复攻打长沙一个月也还是在原地踏步。这一来是大家都是南梁朝臣,前些天还在一起勤王,城里城外的将士都相亲相爱着,都还闹不明白为什么而战呢。打了两个胜仗也可以交差了,本家人打打架出口气也就适可而止了,何况大家都清楚更大的外敌正在远处看热闹呢!更何况萧誉可是很有战略战谋的。萧绎又对鲍泉很是愤怒,就让大牢等死的平南将军王僧辩代替鲍泉为都督,还列举了鲍泉十条罪状,命令舍人与王僧辩同行,准备将罪大恶极的鲍泉斩首。鲍泉听到王僧辩要来的消息,惊愕地说道:"王竟陵能够来帮助我,贼兵就不愁不能平定了。"然后他便掸净席子等待王僧辩。王僧辩可是个讲友情的人,他也与鲍将军同病相怜,就悄悄地让心腹先去和鲍泉咬了耳朵,之后走进屋里,背着鲍泉坐了下来。

王僧辩:"鲍郎,你有罪,有命令叫我把你锁起来,你可不要认为我是有意的。"

舍人两眼怒视地宣读了萧绎命令,什么私情纵敌啊,什么围而不攻啊,十大罪状条条触目惊心。读完后舍人拔剑在手,专等王僧辩下令。

王僧辩将鲍泉锁在床边说:"你可知罪?"

鲍泉当然有许多理由为自己申辩,并且入情入理。请求戴罪立功。

王僧辩于是将舍人叫到一边耳语,什么鲍将军说法也有一定道理啊,什么临阵斩将不吉利啊,反正一通思想工作,就打发舍人回去向老大交差了。鲍信这才捡回一条人命!

其实王僧辩也采取鲍泉那一套,打打停停,慢慢蚕食,何况大家真的还是一家人呢,相煎何太急?万一风云突变呢,谁也不想成为历史的罪人。

那个邵陵王萧纶虽然偶有疯癫，但却是一个耿直人，他总也想不明白那个阴沉的七弟到底在想什么。看到河东王萧誉危急，就想救援，但兵粮不足，于是写信给湘东王萧绎说：

天时、地利，不及人和，况于手足肱支，岂可相害！今社稷危耻，创巨痛深，唯应剖心尝胆，泣血枕戈，其余小忿，或宜容贳。若外难未除，家祸仍构，料今访古，未或不亡。夫征战之理，唯求克胜；至于骨肉之战，愈胜愈酷，捷则非功，败则有丧，劳兵损义，亏失多矣。侯景之军所以未窥江外者，良为藩屏盘固，宗镇强密。弟若陷洞庭，不戢兵刃，雍州疑迫，何以自安，必引进魏军以求形援。弟若不安，家国去矣。必希解湘州之围，存社稷之计。

萧绎当然不会被说动，简单地回信说：是非曲直明摆着，我就不再自陈了。话锋一转，萧绎又开始对萧纶评头品足：你这个人却看不到正义，眼中也没有是非，不仅不劝萧誉开门投降，反倒还劝我放弃进攻！什么也不用说了，你就等着我把湘州攻下吧，我早上进城，晚上就能出兵讨伐侯景逆贼！萧纶收到信，看后扔到案几上，慷慨流涕地说："天下之事，竟然糟到这个地步！湘州如果陷落，我们就快灭亡了！"

王僧辩不停地猛烈进攻长沙，四月初二，攻破城池，抓住了河东王萧誉，按照此前萧绎的交代，让人就地斩杀，并把首级送到江陵。是的，已经死过一次的人了，而且身家性命都在老大手里，讲得了忠，就顾不了义，成全了德，就违抗了礼，有时违心的事也只有无可奈何地去做了。

萧绎拿着这颗人头,喜极而泣。是啊,都说你才是坐龙椅的正统,那能否让你坐上龙椅是梁武帝的事,我的任务是让你去见梁武帝。端详了三天,才让人把首级送回长沙,和身子合在一起安葬。当初,世子萧方等被杀死,临蒸人周铁虎功劳最大,萧誉对他委任恩遇很重,萧绎点名要杀的第二人也是他。王僧辩抓获周铁虎,命令手下杀他。周铁虎大叫:"侯景未灭,为什么杀壮士?"王僧辩觉得有理,也就不管三七二十一,先释放了他,让他回到军帐继续效力。

除去一个心头大患,王僧辩居功至伟,于是萧绎封他为左卫将军,加侍中、镇西长史。同时,任命另一功臣上甲侯萧韶为长沙王,他从建康带来的圣旨当然很重要,就让他代替萧誉的职位了。

(二)攘萧詧

长沙被鲍泉围困时,河东王萧誉向弟弟岳阳王萧詧和六叔萧纶告急。心急火燎的萧詧留下谘议参军守卫襄阳,自己统率两万步兵、两千骑兵,速伐江陵以救湘州。围魏救赵的招数还是挺厉害,萧绎非常害怕,这时身边尽是品诗饮酒的文人名士,就没有一个懂武的人。心急火燎的萧绎像热锅上的蚂蚁,在殿上踱着圈子。当然,萧绎也从没打过仗,对排兵布阵当然一窍不通,好在身边的舍人提醒说,那个王僧辩好像还关在狱中,好在还没有死掉。萧绎这才喜出望外,急派身边的人拿着好酒好菜来到狱中,向还在等死的王僧辩询问对策,王僧辩看到好酒好菜,本以为是最后的告别仪式了,但还是详细地陈述了用兵布防策略。萧绎第二天便赦免了王僧辩,叫他担任城中的都督。九月初三,萧詧挺进到江陵,安置了十三座军营,向守城的部队发起了进攻,取得了小胜。第二天,正好天降大雨，平地上积起四尺深的水，淹没了许多军营，萧詧的部队也开始士气低落。

萧绎继续实施王僧辩的计谋，开始挖墙脚。萧詧的手下，新兴太守杜崱势力较大，兄弟一行九人，拥有部曲将士几万人。萧绎写信一边向杜崱陈述过去的交情，一边展望未来的远景，暗中请他赶来援助。九月十三日，杜崱率领大家族及部属投降了萧绎。其弟杜岸才被萧绎封为北梁州刺史，当然无功不受禄，于是带领五百名骑兵围魏救赵，夜以继日地赶路去袭击萧詧的老巢襄阳。距离襄阳三十里，城里的人就发现了，萧詧的母亲亲自带领众军士登上城墙防守。

但萧詧还是稳不起了，听到襄阳被围，于是连夜撤退，丢弃在水中的粮食、金银、绢帛、铠甲、兵器，数不胜数。萧詧一到襄阳，杜岸马上逃到广平，依附他的哥哥南阳太守去了。萧詧当然不会善罢甘休，派将军薛晖攻打广平，只一阵工夫，薛晖就占领了该城，并俘虏了杜岸，将他送到了襄阳。萧詧拔掉杜岸的舌头，用鞭子抽打他的脸，然后将他杀了。接着萧詧又挖开杜岸祖父和父亲的坟墓，烧掉了他们的遗骸，扔掉了剩下的骨灰，还把死者的头盖骨做成漆碗。

被挖掉祖坟的杜家兄弟当然要报仇。后来平定侯景之乱后，杜岸的哥哥为泄愤报仇，带领部曲来到建康，在皇家陵园找啊找，最后放火焚烧了皇家的安宁陵！奇怪的是，皇陵有人故意纵火，"萧绎不责！"安宁陵是什么？是梁武帝太子萧统之陵墓，是萧誉、萧詧父亲之陵墓，当然也是萧绎大哥的陵墓！有人把死了20年的大哥的陵焚了，杜家兄弟作为萧绎的臣子，萧绎竟不责！可见在萧绎心里，对他大哥有多大的仇恨。其实看他们平时的生活轨迹，没看出任何矛盾，唯一的原因，是他不该

是大哥,不该是名义上的正统,这为他登上最高位置无形中设置了太多障碍。

萧詧与萧绎已成死敌,自己唯一的依靠亲哥哥萧誉又被杀害,和地大兵广的萧绎硬拼无异于以卵击石,挽救自己的方法只有找到同盟或者后台。萧詧环视四周,目前只有西魏是最后的稻草了,就派出使者去向西魏求援,请求充当西魏的附庸。西魏热情响应,大丞相宇文泰看到南边打得那么热闹,前些时出兵占到的一些小便宜,都被东魏高家很快全部抢回去了。那就索性再凑一次热闹,派出使者来到襄阳,萧詧派他的妃子王氏以及他的嫡子萧嶚到西魏当人质。宇文泰便任命骁勇的杨忠——对的,就是杨坚的老爹——为都督三荆等十五州诸军事,镇守穰城,与萧绎派出的前大都督柳仲礼对阵,只几个回合就活捉了大都督,将大军推进至江陵。

此时王僧辩不在身边,萧绎连萧詧这样的菜鸟都打不过,更不要说面对西魏的百炼精兵了。这回轮到萧绎着急了!那边东魏的叛将侯景还在建康虎视眈眈,旁边的小小的萧詧也没收拾住,这边又招惹上了西魏杨忠这头猛虎!不可四面树敌的道理萧绎也懂,那个小子可以降西魏,我为什么不能降?并且我投降的本钱肯定比萧詧那小子的多呀!于是也派舍人去劝说杨忠说:"萧詧目无尊长,竟然进攻叔父,而魏国帮助他,这怎么能使天下归心!"杨忠听了,就停兵于江北,等待大礼的送来。懂事的萧绎派舍人送儿子萧方略为人质以求和,约定"西魏以石城为封疆,梁国以安陆为国界,请求按照附庸关系,送儿子为人质,发展贸易以通有无,永远作为邻邦和睦相处。"看着划进来的大片土地,宇文泰当然就笑纳了。

（三）攘萧纶

那个萧詧在西魏的怀抱中，一时也奈何不得。那就腾出手来，向第三个目标出发。

六哥萧纶是萧绎最痛恨的人，其他杂七杂八的事就不说了，很久以前他疯疯癫癫的居然写诗嘲笑独眼。虽然这点不能原谅，但还有更不能原谅的。建康被围前后，率先率军勤王的萧纶在建康附近和侯景东打西斗，虽然败多胜少，但他屡败屡战，也是众王中唯一出力的人，这名声就很好。建康陷落后，他率部驻扎在三吴地区。后来宋子仙进军三吴，萧纶先逃至鄱阳，后又到达江州，郢州刺史南平王萧恪主动交出郢州，萧纶就驻扎在这里。邵陵王本为武帝任命的平叛元帅，又是除了简文帝外武帝在世的最长子，于是寻阳王、南平王推举邵陵王萧纶为假黄钺、都督中外诸军事，以皇帝的旨意设置百官。什么，一天疯疯癫癫的还想做皇帝，还要都督中外诸军事？这不是明目张胆地造反吗，把我萧绎置于何处？

那就先离间。邵陵王萧纶在郢州，他及他部下的一贯作风是——作威作福，郢州将士官佐没有不怨恨的。萧绎于是悄悄派出使者，要求郢州刺史萧恪斩杀萧纶，事成后取代邵陵王；同时策反郢州谘议参军江仲举。头脑清醒的萧恪对使者说："如果我杀了邵陵王，郢州也许可以宁静，但荆州、益州的宗室兄弟必然内心窃喜。海内如果平定，他们就会以君臣大义责备我。而且最大的逆贼没有杀掉，就骨肉相残，这是自取灭亡之道。你的想法不妥，还是算了吧。"但江仲举却想立大功担大任，历来只能火中取栗、虎穴得子，于是私下安排部署手下的将领们，定好日子就要举事，但是事情泄漏，萧纶把他们统统斩杀。萧恪非常狼狈不安地前往谢罪，萧纶还是比较清醒的："这都是一群小人所为，不是由您策划的。凶党已经消灭，您不必深忧！"

这时基本平定了江左的侯景，派大将任约，进攻萧纶附近的江州。接连的内战耗尽了寻阳王萧大心的军力，任约一战击败萧大心。萧大心投降，献出了江州。

萧纶听说江州失陷，在郢州准备率军抵抗。早已伺机在侧的萧绎突然发兵，派王僧辩等领兵万人，以拒任约为名，攻击郢州。前有任约，后有萧绎，萧纶痛心之至，写了封信给王僧辩，说将军你年前杀害了你宗主的侄子，如今又来攻打你宗主的兄长。以此求取富贵，难道就不怕遭天谴吗？王僧辩无言以对，趁此先停止进攻，把这封信转给了老大萧绎，等待进一步指令。萧绎挥挥手：不要理他！无可奈何的王僧辩只好继续进攻。萧纶痛苦地对部下说："我志在灭贼，没有其他用意。萧绎以为我要和他争皇帝。我若和他交战，将贻笑千载，只能避开。"于是萧纶率军逃到边境汝南，投降北齐。

刚刚坐上东魏孝静帝禅让过来的龙椅的高洋很是高兴，还有南梁亲王投降这等好事？马上封其为梁王。还是萧纶头脑不清醒，他所在的边境汝南此时是西魏所有，宇文泰很是生气，那个神经病萧纶是不是投降投错了方向？他有什么资格率我西魏的领土投降死敌高家？这不大将杨忠刚刚接受了萧绎的投降，军队还在汉江边呢，那就顺道去收拾一下看不清方向的人。萧绎也在旁边使劲，一再贿赂北齐高洋的左右，让北齐断绝了对萧纶的支持，说好的来接应的北齐大军也半途返回了。于是毫无悬念，只一会儿工夫，杨忠斩萧纶于马下。

（四）攘萧纪

当初侯景攻入建康，天下诸侯起兵勤王，萧纪也闻风而动，命世子萧圆照领兵勤王。而且，萧纪还专门嘱咐"要听从萧绎的号令"。但萧绎的想法永远让人琢磨不透，他看着这支部队，觉得他们分明就是萧纪趁机东下扩大地盘的棋子。因此本着消灭一切潜在威胁的原则，硬生生把这支部队堵在了益州。后来萧纪要亲自带兵勤王，萧绎又赶紧写信劝阻："蜀人勇悍，易动难安，弟可镇之，吾自当灭贼。"随后又写信说："地拟孙、刘，各安境界；情深鲁、卫，书信恒通"，意思是我们可以像三国的东吴和蜀汉各守一方，互不干涉；我们兄弟俩感情深厚，应当经常书信相往。

萧纪实力强大，肯定是个巨大的威胁，但萧绎偏就能从不利中发现机遇，从变局中开出新局：他实力强，那我挖一点，不就好了吗？萧纪的二儿子萧圆正此时是西江太守，手中有不少兵马。萧绎于是写信给他，让他领兵东下。到了以后，萧绎马上囚禁萧圆正，整编了他的兵马。

552年，萧纪不甘心南梁的山河破碎，对萧绎祸国殃民的做法无法再容忍，加之手下官员和儿子萧圆照极力鼓动，萧纪就在成都称帝，年号"天正"。同年八月，萧纪统领大军东下，准备攻灭侯景遗毒。萧绎还是那一招，派人请求西魏出兵援助，同意成功后就将蜀地割让给西魏。早就对天府之国垂涎三尺的西魏当然满口答应，遣大将尉迟迥带领大军西进汉中。

为了激励将士们勇往直前，萧纪在出征前将他在蜀地经营多年积攒下来的金银财宝全都拿了出来，命人铸成一斤重的金饼一万个，银饼五万个，每一百个装一箱，共装了金饼一百箱，银饼五百箱。在出征前的誓师大会上，他让人把这些金饼和银饼悬挂起来，慷慨激昂地表态说："人这一辈子，无非就是为了荣华富贵，将来能衣锦还乡，光宗耀祖。现在机会就在眼前，我们要平定乱贼侯景，希望大家发扬一不怕苦二不怕死的精神，勇敢作战，凡立功者，皆有奖励！"那些金饼、银饼像一面面奖牌，闪烁着耀眼的光芒，看得人眼睛都放出光来，将士们被刺激得热血沸腾，群情激昂地要求马上出发。萧纪满意地微笑着，把手中的宝剑一挥，刹那间，千帆竞发，战船把宽阔的长江江面都填满了。

萧绎听到弟弟萧纪出兵的消息，着实吓得不轻。萧纪是梁武帝的第八个儿子，自小勤奋好学，写文章很有文采，全然没有纨绔子弟的轻浮习气，凡事很有主见，深得武帝喜爱。他7岁时就被封为武陵郡王，18岁以前就先后担任过将军、郡守、刺史等官职，是武帝众多的儿子中唯一因为功业而不断得到升迁的。30岁时，萧纪任职益州刺史，统管益、梁等十三州。他的确很有才能，在蜀地励精图治，对外和周边搞好关系，发展贸易，在内鼓励农耕，支持农业生产，蜀地成了名副其实的天府之国。当江南因为连年战乱，以至"人迹罕至，白骨成堆"的时候，益州却因为地理上的封闭性而没有受到丝毫影响，可谓兵精粮足，难怪萧绎对这个八弟要惧怕三分呢。怕归怕，但也不能束手就擒，萧绎迅速采取了两项措施。一是派人封锁瞿塘峡口，不让萧纪战船东下，二是请求西魏加快征伐巴蜀的步伐："求求您，抓紧攻下我们的成都吧！"

战争首先在瞿塘峡口展开，萧绎的部队在峡口南北两岸修筑城堡，运石填江，用铁索将江面横断。萧纪的战舰无法通行，他也命令在大江南北两岸修筑了14个城堡，步步为营，突破铁索阻隔。萧纪还很懂心理学，每次战斗前，都让人把金饼和银饼从箱子里取出来，张挂在桅杆上，宣布立下战功，这东西就是你的了。将士们在金饼的激励下，士气高涨，作战果然十分卖力，几次战斗打下来，都取得了胜利。得胜回营后，大家都盼着能将金饼挂在自己的脖子上，然而萧纪那里却没了动静。

萧纪不是不知道该把金饼发给谁，而是想着这沉甸甸、黄澄澄的宝贝将要易主，心里着实舍不得。所以，仗是打胜了不少，可奖励却一个也没兑现。有胆大的将士要求面见统帅请赏，萧纪听了心慌不已，连忙让侍卫转告说自己身体有恙，正在养病，一概不见。

时间一长，头脑再诚实的人也明白了，萧统帅挂出来的金饼不过是张画饼，让大家过过眼瘾而已，大家顿生受骗上当之感，斗志随之锐减。此时又传来消息说，西魏的军队已拿下汉中，就要打到成都了，将士身为蜀人，家乡失陷，人人思归。萧纪断然拒绝了人们的要求，不过他也看出来了，再向前进攻，多半也是凶多吉少。于是他做出了一个还算明智的选择，派人向萧绎求和。不承想派出的使者也实在瞧不起萧纪的吝啬，向萧绎交了实底，说萧纪人心涣散，一击即溃，千万不要同他讲和。

西魏废帝二年（553年）七月，萧绎命令部队反攻，一举夺取了三个城堡，其余城堡的守军一见，逃亡的逃亡，投降的投降，萧纪的大军转瞬就分崩离析，兵败如山倒。萧绎平定了后方陆纳的叛乱，军队也集结完毕，便给萧纪回了信，即《又与武陵王纪书》，称"兄肥弟瘦，无复相代之期；让枣推梨，长罢欢愉之日"，表示拒绝讲和，彼此的兄弟之情也到此为止了。

游击将军樊猛率军截断了萧纪的退路，用战船连成环形阵，把萧纪的龙船围在核心。这时萧绎派人过来传话："如果让萧纪生还，那就是不成功。"樊猛心领神会，带人跳上龙船，闯进萧纪的卧室，挺长矛直奔萧纪。

萧纪心惊胆战，边绕着床跑，边从床旁的箱子里掏出一袋金饼扔给樊猛，请求说："这袋金饼赠给将军，只求你送我去见见萧绎。"樊猛冷笑着说："天子是你想见就见的吗？这些金饼，只要杀了你，还不都是我的？"说罢，一矛将萧纪刺死在舱板上。

听到萧纪已死，萧绎当然应该悲痛，于是吟诗一首以便记入历史：

遗武陵王诗

回首望荆门，惊浪且雷奔。

四鸟嗟长别，三声悲夜猿。

萧纪的儿子萧圆满见父亲被围，驾船赶来援救，也死于乱刀之下。这时益州全境也被西魏占领。萧纪死后，萧绎还不解恨，除其五子被西魏虏至长安、第三子战死外，另三个儿子均被萧绎幽禁而死。萧绎还开除其族籍，将一种凶恶贪食的野兽饕餮改为其姓。但蜀地老百姓却没有忘记他，萧纪曾在彭山县东三十里操练水军，后人就在该处修建了一座寺庙称为"武陵寺"用以纪念。

萧纪之败，不是输在兵不精、将不勇、粮不足，而是输在了一个常人易犯的小毛病上，那就是吝啬，"舍弃一切，于是拥有世界"深厚的哲学道理他当然不懂。因为舍不得，他的一个个货真价实的金饼，变成了别人眼中一文不值的画饼。他暂时守住了金饼，却失去了人心，失去了江山，失去了全家性命，于是最终失去了世界。当把身外之物当作生命，那这种生命必然是可悲和短暂的。

在人生的历程中，千万不能忽视一些看起来微不足道的小毛病，历史上许多人的大事业,都绊倒在它上面,萧纪的吝啬就是一个明证。

这样,帝国之内,安内的目的已全部达到,能和萧绎抢位子的已经没有了。下一个目标,当然就是叛贼侯景了!

时空论坛

网友: 侯景就在眼前,萧绎为啥总喜欢内卷?

网友: 真是个实打实的杠精。

网友: 他被权欲套牢了,一看有像抢位子的人就抓狂。

萧纶: 伤不起啊,姓萧的都上了他的黑名单。

胡一桂(元朝史学家): 绎之喜怒生杀,皆为己私,曾无一毫为父兄之意焉。先儒直以为梁之乱臣贼子、无父无君之罪斥之,其能逃此谴乎!

赵匡胤: 卧榻之侧,岂容他人鼾睡?

蒋介石: 攘外必先安内!

萧衍: 快躲开,我家神兽来了!

第二章　侯景扩边

本来萧绎是侯景最大的对手,早晚都有一战,这一点他俩都明白,躲是躲不掉的。但两个老大决斗的重头戏一般都是放在最后,这既是江湖的套路,也是最现实的选择,柿子肯定先找软的捏了。本来南梁如此庞大的宗室和地方势力,让侯景甚为忌惮,不得已挟天子以令诸侯。结果看到南梁上游诸王自己先打了起来,喜出望外的侯景也赶忙下手,准备把他的势力圈逐渐扩大,抓紧磨炼新队伍,加紧积累人、财、物,为将来的胜算添砖加瓦。

(一)扶立新帝

那个萧衍老头儿活着的时候,大家都盼望他快点离开这个纷争的世界。但当真他撒手人寰,事情反而复杂了。

侯景心里是五味杂陈。天下不能一日无主,如今哪个去当皇帝?侯景首先是很高兴,如今哪个当皇帝都是自己说了算,这份权力,这份荣耀,那是无与伦比的,终于和曹操、高欢、宇文泰有得一比了。可是侯景也有点懊恼,大家都知道他早就想坐上龙椅了,可看看如今的天下,如今的人心，以及身边谋士的意见，自己坐上去并不合适，那就空有无边的权力，只能望椅兴叹了！

萧正德心里是四海翻腾。屁股离开龙椅已经两个月了，人们常说"水往低处流，人往高处走"，升官当然兴高采烈，降级那是真的太难受了！他现在最痛恨的人就是侯景，要是没有他的鼎力相助，岂有侯景的今天？打下的江山当然有他的最大的功劳。当初的海誓山盟，转眼就成了明日黄花！但他最挂念的人也是侯景，如今老头子走了，是不是可以重新坐回龙椅呢？自己应该也是最合适的人选，以前在龙椅上和侯景合作得那么好，以后当然可以合作得更好！于是想方设法叫来女儿，苦口婆心地教导了一番，让她回去好好讨侯景的欢心，多吹吹枕边风，扶助自己上位。同时把自己的金银财宝搜罗出来，装满几大箱，大部分孝敬侯景，一些送给王伟，之后就在家中等待天大的喜讯了。

萧纲心里是七上八下。虽说入主东宫实属人生之意外，但自己在太子的位子上一坐十八年，板凳都磨穿了，好不容易熬到老头子归西，偏偏斜刺里杀来了侯景，一看他那凶神恶煞的样子，自己不但皇位不保，弄不好连小命都不保。但他也有一丝的希望，也许侯景的出发点就是清君侧，也许侯景并不那么坏，只要自己上位了，君明臣贤的局面还是可以争取的。老头子的棺材已经摆放了二十多天，波云诡谲的局面让人窒息。舍不得孩子套不住狼，于是萧纲计上心来，叫来自己的掌上明珠，南梁最美丽漂亮的14岁的溧阳公主，将其盛装打扮一番，带上西域朝贡过来的两颗夜明珠及自己私藏的一些最好的珍宝，并带上女儿一起去参灵，当然就顺路拜见了侯景。之后让女儿陪坐斟茶，和侯景喝酒聊天。

第二天即五月二十七日，终于下定决心的侯景为梁武帝发丧，将棺材抬到太极殿。这一天，皇太子萧纲也顺利登上了皇位，是为简文帝，大赦天下，侯景出屯朝堂，把士兵派到各处守卫，升重云殿礼佛为盟曰："臣乞自今两无疑贰，臣固不负陛下，陛下亦不得负臣。"

二十八日，简文帝遵从侯景的用人思路，颁下诏书，指明凡是在南朝当奴婢的北方人，都免去他们的奴隶身份，被免的人数以万计；侯景对他们中的有些人还大行提拔，希望能笼络他们。

新帝登基，接下来的是封赏，以期冲淡建康的肃杀气氛。六月初二，任命南康王萧会理为侍中、司空；立宣城王萧大器为皇太子。初八，封皇子萧大心为寻阳王，萧大款为江陵王，萧大临为南海王，萧大连为南郡王，萧大春为安陆王，萧大成为山阳王，萧大封为宜都王。

侯景的将帅也都被封了赏，左右将军都称为行台；有实力来投降归附他的，都称为开府，他所特别亲信看重的称为左右厢公，勇气力量超人的称为库直都督。任命仪同三司郭元建为尚书仆射、北道行台、总江北诸军事，让他镇守新秦。更奇特的是，他又封元罗等十几位元姓人为王，为的是平衡诸王，淡化萧姓，暂遵北边魏室为正朔。

当然侯景也奖惩分明。那个宰相萧正德天天跟部下们发牢骚，悔恨自己当初上了"贼船"。不仅如此，萧正德还心心念念他的龙椅，不久再次图谋造反，密令鄱阳王萧范率军入京，帮助自己复位。没想到萧正德的密令被侯景截获，恼羞成怒的侯景，五月底，新皇帝即位，六月二十九日，将其捕获绞杀。

这些繁杂的程序，真是又费时间又伤精力。好了，是该履行约定了，是该享受一下了，虽然侯景一直在享受，打下建康时也在皇宫里挑了些后妃美女，但那天侯景意外地看到了萧纲带来的溧阳公主，一时觉得惊

为天人，竟得了相思病。本来前些时他看上的美女都是一把抢过来的，现在突然觉得，强扭的瓜不甜，让美女主动献身似乎更有趣味，于是那天硬咽下口水，主动放还了溧阳公主，让萧纲议定良辰吉日。

这边侯景立马就让萧纲坐上了龙椅，萧纲也知道侯景是没有多少耐性的。当天回去就和女儿左说右说，由着他女儿哭闹了三天三夜。溧阳公主是南梁最美丽的公主，从小受尽宠爱，是梁武帝和萧纲的掌中之宝，如今却要嫁给一个瘸子，一个矮子，一个丑陋黑汉，一个粗野莽汉，一个灭掉她国家之人，一个害死她祖父之人，一个杀掉了她众多萧姓血亲之人，少女的尊严放置何处？神圣的爱情归向何方？但是皇宫战战兢兢的女人们你哄我劝，什么大局观、国家观、贞节观……反正五天后侯景霸王硬上弓，终于娶了梨花带雨的溧阳公主，一时非常喜爱。

十一月初四，梁武帝被安葬于修陵，庙号高祖。

年底，长期朝贡的百济派遣使者来到建康进贡，看到城关已经荒废毁坏，同以前大不一样，就在端门前哭了起来；侯景闻讯后大怒，扣留使者，押送到庄严寺，不让他出城。

其实南梁承平日久，挟厚重的文化佛教氛围，对外广交朋友，除和北齐缔结同盟外，还有更北边的柔然共有六次来使，嚈哒四次来使，波斯于533年遣使朝贡；西域的宕昌国、武兴国、邓至国、吐谷浑、龟兹、于阗、白题国、揭盘陀国等均遣使"献方物、索佛经、行敕封"；当然，南梁影响更大的是沿海国家，东北亚的高丽、百济、新罗、倭国多次来朝，梁朝也按照惯例对其国王进行册封；东南亚的林邑、干陀利、扶南、婆利、狼牙修、盘盘国、丹丹国等频繁遣使入梁进贡，双方交流不断扩大；南亚的中天竺国、北天竺国、师子国等也都曾遣使朝贡。

正月初一，按照以前的惯例，大赦天下，改年号为大宝。

三月初一，侯景请皇上宴饮于乐游苑，在帐幕里宴饮三天。简文帝还宫后，侯景与溧阳公主一起占据御床，南面并坐，让群臣文武列坐侍宴。李商隐据此还题诗一首：

> 何处哀筝随急管，樱花永巷垂杨岸。
> 东家老女嫁不售，白日当天三月半。
> 溧阳公主年十四，清明暖后同墙看。
> 归来展转到五更，梁间燕子闻长叹。

三月二十七日，侯景请简文帝巡视西州，简文帝乘坐不加雕漆的素辇，带四百多名侍卫人员。而侯景则率几千名铁甲铮亮的武士，翼卫在左右。简文帝听到丝竹之声，凄然流泪，传命侯景起舞；侯景也请简文帝起舞。酒阑人散，想到还是应该相互吹捧一下，简文帝抱着侯景说："我心里念着丞相。"侯景回答说："陛下如不顾念我，我哪能得到现在的地位！"直到夜色降临才分开。

（二）剪除众王

侯景虽然在建康称王称霸，心想事成，但政令不出都城，外边的诸王和诸州大都不听他的，或采取观望态度。在理顺了朝堂诸事之后，趁着萧绎帮他收拾那几个硬骨头，他在已经"换防"一些州郡后，继续巩固和扩大他的势力范围，为完成最后之统一而奋斗！

首先是巩固周边的地盘。

萧会理的广陵本来已经和平地交给侯景。前广陵太守祖皓，是著名天文学家、数学家祖冲之的孙子。董绍先占据广陵后，人心不服，当地人来嶷游说祖皓说："董绍先为人轻慢而缺乏谋略，人心不附，如果您发兵袭击并歼灭他，这可是壮士应有的义举呀。现在我想召集率领义勇之士，尊奉拥戴您去做这件大事。如果这件事成功了，可以建立齐桓公、晋文公那样的千古勋业；即使他气数未尽，此事未成，也足以表示您是梁室的忠臣。"祖皓说："这正是我的心愿。"于是和来嶷一起策划纠合勇士一百余人，正月二十三日，袭击广陵，斩杀董绍先，占据南兖州，向远近各方发布告示，推举前太子舍人萧勔为刺史，仍与东魏联合。

二月二十五日，侯景急派郭元建带兵攻打南兖州，祖皓环城固守。于是加派侯子鉴率领水军八千人，自率步兵一万人，攻打广陵。打了三天，城破，抓住了祖皓，把他缚住乱箭齐射，箭镞丛集遍体，然后再把他车裂示众。城中民众不分老少都被埋在地里，让士兵来回纵马奔驰，后射而杀之，屠城。侯景任命侯子鉴当南兖州刺史，镇守广陵，之后怒气冲天地赶回建康。

怒气冲天是有道理的，虽然屠了城也还不解气，因为侯景搜到一封萧会理与祖皓的通信！当初侯景召广陵郡南康王萧会理入朝后，侯景还是想笼络他，一再给他升官，最后让他兼任尚书令。但懦弱的萧会理还是觉得良心不安，又反复想举事，此前就给祖皓写信，让其举事，这次趁侯景外出良机，又赶紧和柳敬礼商量。

柳敬礼："举大事必有所资，今无寸兵，安可以动？"

萧会理："湖熟有吾旧兵三千余人，昨来相知，克期响集，听吾日定，便至京师。计贼守兵不过千人耳，若大兵外攻，吾等内应，直取王伟，

事必有成。纵景后归，无能为也。"

柳敬礼："公有此念，当在广陵，良机已过，但仍可一试，我愿力助之！"

这边还在空谈着怎么下决心动手的问题，那边侯景已经返回了建康。这时不再有耐心的侯景，决定改变以前的收买策略，露出残酷狠毒的本性。他为了压制人们的反抗，便在石头城设立巨型大碓。是的，有些人一直有美好的愿望，但看不到机遇，不具备胆识，更抓不住良机。

津津有味看着大碓砸下的侯景，进一步告诫诸将说："以后攻城，一旦攻破栅栏，踏平城市，就杀它个干干净净，使天下人知道我的厉害！"所以他手下的诸将每次战胜，就专门以烧杀抢掠为能事，杀人如刘草芥，以此作为游戏取乐。因此老百姓即使死，也绝不归附他。侯景又禁止人民在一起交头接耳，有违犯的还要株连到他的外族。

侯景提高了警惕，导致不久后永安侯萧确被杀。开始侯景很欣赏萧确的勇敢，经常把他安排在自己的身边。邵陵王萧纶秘密派人叫萧确回去，萧确对来人说："侯景为人轻佻，一夫之勇而已，我想亲手杀掉他，只恨还没有机会。你回去告诉我的父王，叫他不要把我挂在心上。"不久侯景与萧确一同游览钟山，拉弓射鸟，萧确就准备射死侯景，不料弓弦拉断，对准侯景的箭没有能射出去！侯景大怒，立即再将萧确放进大碓里。

接下来是鄱阳王萧范。萧范本是平叛的南道都督，当初派嫡子萧嗣参加了柳仲礼的援军。听闻建康失守后，萧范准备起兵打进建康。当时东魏大军已经将国境线推进到了长江沿岸，准备南下偷袭合肥。无奈之下，萧范将合肥让给东魏，并且以二子萧勤、萧广为人质，邀东魏军一起进攻建康。没想到二子到了邺城后，东魏言而无信，拒绝出兵。当然此时东魏不出兵也是有道理的，那个大丞相高澄，突然之间就被一个厨奴杀死了，高洋还在四处奔波急于接班急于稳定局势，哪里有闲心来管南梁的破事？侯景趁机派兵来攻，萧范无奈投奔江州刺史寻阳王萧大心。

要说寻阳王萧大心，应该是侯景之乱中仅有的一位有大局观的宗王。最初侯景就想染指江州，任命赵威方为豫章太守，结果萧大心没有像萧会理一样束手就擒，而是举兵反抗，活捉了赵威方，把他关在监狱里，成功将侯景击退。鄱阳王萧范失败来投，萧大心将溢城让出。结果萧范进抵溢城后，擅自将晋熙郡占据，更换官吏，使得萧大心这个江州刺史政令所行地区只剩下寻阳一郡。后来萧大心属下庄铁造反，萧范反而帮助庄铁。于是寻阳、鄱阳二王相互攻击。萧范进退失据，交通断绝，率领的军队多有饿死者，于是忧愤不已，背上长出脓疮，一气之下病死了，享年五十二岁。萧范死后，其部将侯瑱与庄铁不合，将庄铁击杀，占据豫章。侯景一看，萧家又内斗了，于是派于庆攻击豫章郡，萧大心、侯瑱投降。其实此时萧大心也不敢怎么抵抗，别人都拿着他老爹皇帝的圣旨，是奉旨进攻，作为萧纲的二儿子，还能怎么抵抗？侯瑱也因为姓侯，获得了侯景的厚待。

在萧大心身上，侯景还下了一番工夫。当时攻破台城，一些大臣及文士都被俘，其中也包括当时颇有声望的诗人庾肩吾。之后看到庾肩吾似乎已归顺，就让他前往江州招降寻阳王萧大心。刚出建康，肩吾就逃到了建昌一带。后来侯景部将宋子仙攻破会稽，专门购得庾肩吾，本来是按照侯景命令要将其斩杀，但宋子仙也有爱才的毛病，谓之曰："昔闻汝能诗，今可即作，若能，当贷汝命！"63岁高龄的庾肩吾操笔便成：

被执作诗一首

发与年俱暮,愁将罪共深。

聊持转风烛,暂映广陵琴。

(三) 攻占三吴

三吴,即"吴郡、吴兴郡、会稽郡"。三国时期,吴国就已经将此处开发为大郡。东晋以来,除了孙恩起义外,几乎没有发生任何战事。从孙恩起义到侯景之乱,也大体涉及江南,很少波及到三吴。土地肥沃的三吴地区经过一百四十余年的和平发展,成为了南朝境内最富庶的州郡。

侯景最初派部将于子悦去攻占吴郡,但士兵却仅有几百人。吴郡新城县的戍主拥有民兵五千,他力劝太守袁君正抵抗于子悦。但吴郡承平日久,当地的豪强们不愿意打仗,胁迫太守袁君正投降。于子悦纵兵抢掠,于是吴郡百姓拥戴萧范的弟弟、文成侯萧宁为郡守,又被宋子仙打败。后来趁着宋子仙出师钱塘,吴郡人陆缉袭杀侯景军队,自立为太守,但是他的残暴甚于侯景军。宋子仙乘机回师,彻底占据吴郡。

攻打吴兴郡的是侯景的中军都督侯子鉴。吴兴军力薄弱,有人劝太守张嵊效仿袁君正,但张嵊誓死不降,一心求死。城破后,侯景见他忠义,想留下他的儿子。张嵊却说:"我才不会向你这个胡虏乞讨恩惠!"侯景一怒之下,将其灭族。

驻守会稽郡的是简文帝之子南郡王萧大连,现在他的位置也很特殊。按说吧,老爹坐在龙椅上,他在会稽镇守,应该是最放心的啊!但是皇帝放心不等于侯景放心,并且侯景派兵打过来,他当然还不敢抵抗!会稽郡自古物产丰富、土地肥沃，战国时期越国以此为根本成为强国。当时会稽郡士兵数万，百姓苦于侯景残暴，都愿为萧大连效力。但萧大连却不敢要大家效力，只敢吃喝玩乐，他的司马留异凶狠残暴，士兵痛恨，可萧大连却对其异常信任。结果在平定吴郡后，十二月初九，宋子仙向会稽发起进攻，萧大连弃城逃跑，留异逃回家乡，很快率其部众投降了宋子仙。萧大连准备逃到鄱阳，留异充当宋子仙的向导，在信安追上了萧大连，将他活捉后押送到建康。简文帝听到这一消息，拉起帷幕躲在里面，用袖子捂住脸哭泣。当然，看在皇帝的面子上，这回皇帝的儿子没有送进那个巨型大碓里。于是三吴地区都被侯景占领，在会稽的公侯们都越过南岭避难而逃。侯景任命留异为东阳太守，但把他的妻儿留下充当人质。

当然，侯景扩边也不是那么顺利，他派任约、于庆等带兵两万攻打那些反抗的梁室诸蕃王和州郡。派遣仪同三司萧来亮镇守宛陵县，宣城太守杨白华将其诱而杀之，之后杨白华进据安吴。侯景派遣于子悦率众攻打安吴，没打下。十二月三十日，侯景派手下的将领攻打宣城，未能成功。鄱阳王世子萧嗣与任约在三章开战，任约败走；萧嗣乘势迁移，镇守三章，建栅栏保境安民，称之为"安乐栅"。

当然"安乐栅"内未必安乐，"自晋氏渡江，三吴最为富庶，贡赋商旅，皆出其地。及侯景乱，掠金帛既尽，乃掠人而食之，或卖于北境，遗民殆尽矣。"这时恰好江南连年闹旱灾、蝗灾，江州、扬州、会稽尤其严重，老百姓流离失所，成群结队逃入山谷之中，江湖之滨，采集草根、树叶、菱角等为食物。饥民所至，这些东西一扫而空，饿死的人横陈田野，比比皆是。富裕人家也没有吃的，一个个饿得鸟面鹄形，穿着罗绮衣裳，

怀里藏着珍珠美玉,俯伏在床帷之间,等待死亡。千里之内,炊烟断绝,人迹罕见,白骨成堆,像丘陇一样。

由此,侨姓门阀士族,南梁主要以"王谢"为主,以南朝过江的太原王氏、河东裴氏和柳氏、泰山羊氏、杜陵杜氏和韦氏等北方著姓附庸之,皆在侯景乱梁中,死亡略尽;江东土著士族,主要是吴四姓和会稽四姓,江东土著豪族附庸之,也在侯景之乱中死亡略尽,退出政局。

时空论坛

司马衷:没有饭吃,何不食肉糜?

网友:就是司马家把江南搞乱了的,你的良心不会痛?

网友:侯景的千斤大碓好吓人哦。

刘邦:打天下易,那贼没聚人才,无法治天下,只好建大碓。

侯景:当初只想跑路,哪晓得后边那么多套路!

网友:一言不合就杀人,知道民心不?

网友:王伟的官宣文章还可以,多弄几个王伟就成了。

王伟:言多必失,一篇檄文就掉了脑袋!

第三章　传檄讨贼

萧绎的消息是非常灵通的，到处都有他的斥候。自去年听到了梁武帝驾崩的消息，一直将消息封锁，因为当时长沙还没打下。过了一年才宣布发丧。萧绎认为天子被贼臣挟制，当然不肯采用萧纲的大宝年号，意思是不承认那个皇帝，还是照旧年号称太清四年。萧绎下令大举讨伐侯景，檄文传遍远近。

（一）孝为先

现在长江中游的大部分势力已经整合到了自己麾下，赢来一片朗朗乾坤之后，萧绎终于宣布国丧，为梁武帝举哀挂孝。于是萧大才子摇身一变，成为萧大孝子。

为了思念老爸，萧绎命人雕刻了一个老皇帝的头像以寄托哀思。这个头像选用香气扑鼻的名贵木料白檀木为原料，置于一座叫百福殿的堂皇大殿内供奉起来，生前被饿死的老皇帝这下可以充分享受"百福"了。据萧绎的说法，这个供奉老皇帝头像的百福殿内设有道场，周围遍插花幡灯烛，每天有上百僧尼对着头像顶礼膜拜，这些人拿着萧绎的皇家供奉，日夜不停地替萧绎为死去的父亲念佛诵经以超度死者。梁武帝一生信佛，这下或可满意了吧。

萧绎紧接着在欲借以流芳百世的《金楼子》"立言篇"中恭谨地写道："言行在于美，不在于多。出一美言美行，而天下从之，或见一恶意丑事，而万民违之，可不慎乎？"

此真圣人之言也！处在万民之上的人，言行必然得谨慎再谨慎，那种隐瞒凶讯骨肉相残的行为怎能让天下人知道！自此以后，萧绎开始了一套几乎令天下人都感动流涕的孝敬行为：每天早晚都要在头像之前，亲手供上新鲜蔬菜和时令水果好生伺候；但凡碰上什么大小事宜，必定先在头像前恭恭敬敬地点上三炷香，三叩九拜之后，竭诚地向白檀木脑袋请示一番，征得梁武帝的同意之后方得执行。

因为担心他的这一片孝心不能够被旁人充分了解，萧绎继续在《金楼子》里声称：他的这些做法，虽然没有哪一本古书曾明文规定过，但他出于一片感天动地的孝子之心，其实自个儿在家里一直是这么坚持做的。而且萧绎谦虚地表示，他之所以对亡父施以如此隆重的礼节，目的仅仅是——"止令朋友知余此心"。

不过恐怕梁武帝地下有灵也不会认同他的孝心："老子在台城被围半年多，每天望眼欲穿，你拥兵最多，最大的孝心是赶紧来救老子！"。萧绎的皇帝梦没持续多久，就以江陵被西魏大军攻下而破灭。城破之日，西魏的鲜卑士兵到处劫掠，死了的梁武帝又被狠狠地糟蹋了一回！

（二）杀无赦

在此之前，侯景已接连害死了梁武帝萧衍、傀儡皇帝萧正德等数十人——不久后名单中还将加入梁简文帝萧纲。侯景接着又找来已故的昭明太子萧统的嫡长孙萧栋充当傀儡皇帝。在侯景败亡后,如何处置萧栋就成了令人头疼的问题,因为在法理上萧栋比萧绎这个七叔爷更具备继承皇位的资格。

当初,王僧辩出发到江陵去的时候就请示萧绎:"平定侯景乱贼后,已继承君位的人康强万福,不知应该奉行什么礼仪?"

萧绎冷冷地回答:"台城六门之内,任你充分发挥兵威。"

王僧辩汗流浃背:"讨伐侯景乱贼的谋略战术,我义不容辞视为己任;至于像成济弑魏君那样的事,请另外推举别人去干。"

湘东王对王僧辩不能全信,就在于有时王僧辩还不能得心应手,有时还要挑三拣四,有些事情还不愿意干!要干的人多着呢,萧绎就秘密地告诉宣猛将军朱买臣,要他届时去简文帝宫中执行特殊任务。待到侯景兵败,简文帝也死了,豫章王萧栋和他的两个弟弟互相搀扶着从密室走出来,正好在路上碰上朱买臣的军队,朱买臣当然也在到处苦苦寻觅他们,真是得来全不费工夫。王师为他们去掉锁链,两个弟弟说:"今天才算免了横死的灾祸了!"萧栋说:"祸与福互为倚伏,变化难知,我还有深深的恐惧!"三月二十三日,朱买臣请他们到船上一块饮酒,当他们埋头狂饮大嚼的时候,一群士兵突然冲了进来,将他们抓起来全扔到水里淹死。

为了争夺这个皇位,萧绎在与及其兄弟子侄大打出手后终于在群雄中胜出,但萧梁王朝也为此付出了巨大的代价:长江以北的土地,几乎全落入北齐手中,上游的川汉、蜀中大片膏腴土地、战略要地也被西魏趁火打劫了;自岭南以南的梁境,则被萧绎远房亲戚萧勃所割据,号令难及；梁朝各地的酋帅则纷纷拥兵自重，持观望态度；百姓则在兵祸中妻离子散家破人亡，登记在册的人口仅仅剩下三万户，和接纳侯景前的百万户，简直不可同日而语。

（三）聚人才

经过一番斩杀，萧绎的收获看来不小。建康城在侯景之乱中遭到沉重打击后，能逃出来的梁人纷纷沿长江上溯来投奔江陵，因为江陵不仅仅是上游重镇，而且远离战火，更重要的是，江陵的主人萧绎一贯还有爱才的"美名"，于是各方人士纷纷汇聚到江陵来。萧绎利用侯景之乱所收获的人才除了王僧辩、陈霸先两员具有统帅之才的名将之外，还有王琳、陆法和、胡僧佑、任约、谢达仁等一干武将。至于萧绎最喜欢的文士，则有：周弘正兄弟、大诗人庾信、大书法家王褒、"晓音乐、习歌舞"的琅邪王冲、王通、王劢、王质兄弟、曾为《千字文》作注的沈众，以及在后世陈朝中颇受重用的沈迥、孔奂等等。一些文士都是历经千难万险才到达江陵的，当时的著名诗人阴铿任故鄣县令，于乱中为侯景军所擒，幸获救逃出，后沿江西上投奔江陵，辗转中曾作诗数首，其中一首《晚出新亭》：

> 大江一浩荡，离悲足几重？
> 潮落犹如盖，云昏不作峰。
> 远戍唯闻鼓，寒山但见松。
> 九十方称半，归途讵有踪。

一朝天子一朝臣，萧绎要以自己为核心建立一套新的人才班底。为了追求人才，萧绎将自己摆到周公的位置上，说自己"一沐三握发，一食再吐哺"。如得到周弘正兄弟，他就对人道："昔日晋武帝平定东吴，喜获二陆（陆云、陆机兄弟）；而今我击破侯景，也获得二周。古今一时，足为联璧之美。"在他写给各类人才的诗作中也经常看到诸如"我求才子，鲠慰良深"之类的恳切之语。但这种爱才之心却包含了十分下作的阴暗心理，如果有人才华高于他，他就心怀妒忌，甚至加以暗害，"如此者甚众，虽骨肉亦遍被其祸"。

从刘之遴被毒死事件可窥见萧绎内心之阴暗！刘之遴，在史书上留有"高才硕学"的美名。他8岁能文，15岁举茂才对策。起家宁朔主簿，辟太学博士；累迁都官尚书、太常卿。他好古爱奇，在荆州收藏各种古器几千种；参校班固《汉书》真本与今本的异同，录其异状数十事；著有《春秋大意》十科、《左氏》十科、《三传同异》十科等；并著有前后文集五十卷。在侯景之乱中，72岁的刘之遴从建康城逃出来投奔萧绎，但萧绎却担心其名气太响会盖过自己，便派人在半路上将他毒死。之后，萧绎不但很卖力地收殓刘之遴的遗体，并且充分发挥其才子本色，书写了一篇文采上佳的墓志铭以表悼念，并为他举办了一场极为风光的葬礼。此举收到极好的效果：死者家属感激涕零，荆州父老交口称赞，更多正在下游遭难的人听说此事后全都视萧绎为礼遇贤达的良主，于是纷纷投奔到萧绎的麾下。这场天崩地裂的大动乱，成了萧绎展现演技的大秀场。

除去新获得的大量人才，他还得到大量他一生都永远不会嫌多的东西——书籍，八万多卷。

萧绎是一个整日以著书为己任的有抱负青年，其人生最大的嗜好便是从各种途径收集图书。当年永嘉南渡，东晋草创，建康朝廷的藏书只有三千多卷。此后两百多年间，南朝虽有战乱，但并不像北方一样狼烟遍地。而且南朝虽然朝代更迭频繁，但以文化正统自居的心态却从未中断，所以在搜集书籍方面，一直都不遗余力，当年刘裕北伐，攻破长安，将苻坚收集到的四千余卷古书也带回了建康。为了收集各类珍本，萧绎甚至不惜劳苦，以皇子身份亲自登门到主人家，派人动手抄写。如此这般几十年积累下来后，萧绎便坐拥四万多卷；前不久攻打众王所得，以及对藏书大家张缵等抄家，就拥书八万多卷了；再加上此番平定侯景之乱，从都城的皇家藏书馆等处得到的另外八万卷，此时萧绎便在两个方面都达到了人生的巅峰：作为官僚集团的成员，他已经站在那个金字塔的顶峰；作为知识分子的一员，他已积累起天下读书人无法仰视的巨额财富——十四万卷图书（除重复版本）。

现在的萧绎，取得了物质和精神的双胜利，还有什么能阻挡他努力向前的步伐！

时空论坛

网友：萧绎，你妈妈喊你回家吃饭了！

网友：他不差钱，走得太远，离经叛道。

网友：集书才是他的刚需。

网友：他表里不一，就会在书中乱忽悠。

第十卷

过把瘾

中宗之夷凶靖乱,大雪冤耻,去代邸而承基,迁唐郊而纂祀。反旧章于司隶,归馀风于正始。沈猜则方逞其欲,藏疾则自矜于己。天下之事没焉,诸侯之心摇矣。既而齐交北绝,秦患西起。况背关而怀楚,异端委而开吴。驱绿林之散卒,拒骊山之叛徒。营军梁溠,蒐乘巴渝。问诸淫昏之鬼,求诸厌劾之符。荆门遭廪延之戮,夏口滥逵泉之诛。

——《哀江南赋》节选 庾信

第一章　宇宙大将军侯景

自从侯景造反以来，最倒霉的就是姓萧的。侯景是造萧家的反，当然以消灭萧姓为目的，从占领建康到攻打各州郡，长江中下游，许多萧姓皇族均死于其手。那个神秘莫测的萧绎，不但不帮自家人，反而开始神助攻，也和侯景一样，以杀萧姓为乐事，这期间也专门找萧姓实力派开刀，长江中上游，许多萧姓皇族均死于其手！终于，目标一致并各自完成了任务的侯景和萧绎相遇了，现在他们的目标仍然一致，那就是向对方证明谁才是最后的老大！

（一）管宇宙才行

二月，刚刚抢过龙椅的正在兴头上的北齐帝高洋，还没来得及下葬他哥哥大丞相高澄，就手舞足蹈地接管了东魏江山，收获了后宫丽人，掌控了帝国权柄，目前最有兴趣做的事就是封赏。一大堆乌纱帽飞出去，当然最金贵的帽子落在了劝进的有功之臣的头上。这还没过足瘾，他觉得还可以有一顶含金量最高的帽子可以封赏，高洋派散骑常侍曹文皎出使江陵，正式任命萧绎为南梁相国，设台省，总百揆，承制行事。为此，萧绎得到了北齐的力挺，此前也得到了西魏的默许，于是开始设置百官，组建朝堂。

当然西魏宇文泰可从不甘于人后，最不甘落于死敌高家之后，一想那个萧绎成了北齐的棋子，那肯定也要势均力敌地插一竿子，就赶紧派遣使者到襄阳，册封萧詧为梁王。于是萧詧也建立台省，设置百官。

如此一来，南梁境内就热闹了，现在至少有了三个朝廷，分别是萧纲、萧詧和萧绎。萧纲是侯景的傀儡，萧詧是西魏的附庸，萧绎的靠山是北齐。相对来说，现在萧绎实力最强，也最为独立自主，萧纲最惨，毫无自主性。

在侯景的词典里，就没有"自主"，但居然有"宇宙"二字！

中国古代，宇宙指的是时间和空间，六合指的是上下和四方。公元550年，很久没进步早已等得不耐烦的侯景，望着那个孤单的龙椅，以及龙椅上那个瑟瑟发抖的皇帝，于是草拟圣旨，将自己进位为相国，封二十郡，为汉王，加殊礼。过几天还是觉得不过瘾，欲望的口子越撕越大。侯景又替皇帝写好圣旨，要将自己加封为——宇宙大将军、都督六合诸军事。写成诏书呈给萧纲，萧纲以前都是不看照准，这回还是很惊奇懵懂："将军里竟有宇宙这样的称号？"

侯景要做的事就是惊天地泣鬼神，他可不管以前有没有，不管依不依制，合不合规。这个官职已经突破了所有人的想象，堪称古往今来管辖范围最广的将军，宇宙里外星人服不服确实不知道，反正眼跟前的东魏西魏是不服的，最不服的当然还有萧绎。如今的萧绎可是兵多将广，于是决定先派个足够份量的——左卫大将军徐文盛，去正式会会宇宙大将军。

（二）不服气不行

既然当了宇宙大将军，当然得把不服气的整服气再说。看着挑战者的履历表，侯景就来气！

大梁干部履历表

姓名：徐文盛（字道茂）

籍贯：彭城人

民族：汉

成分：怀朔镇兵户之家

任职经历：早年随父率千余人自北归梁，未至父死，文盛仍统其众归；稍立功绩，大同末，以为持节，督宁州刺史，后任散骑常侍、左卫将军，督梁、南秦、沙、东益、北巴六州诸军事。

特长：长于水战

这样一个小人物，管理六州巴掌大地方的小将，居然就敢来叫阵？侯景也看出来了，那萧绎确实也无人可派了。于是侯景轻蔑地拿起令箭，让如今无往不胜的任约任大将军，前往讨逆。

一看贼军势大，西魏大统十七年（551年）正月初五，萧绎再加派护军将军尹悦、安东将军杜幼安、巴州刺史王珣率兵两万从江夏赶往武昌，接受徐文盛指挥，共同抵御任约。

三月十一日，徐文盛等攻克武昌，进军芦洲（今湖北鄂州市西北）。

迫于徐文盛的压力，任约向侯景告急。事实证明，在南梁精锐荆州军面前,侯景的军队并不强大。侯景能够做大,完全是南梁宗室互相残杀、萧绎荆州军观望的结果。在建康的侯景坐不住了,他调大将宋子仙援助任约,结果徐文胜勇不可当,再败宋子仙。这下侯景坐不住了,闰三月,留王伟守建康,携带太子萧大器作为人质从建康出发,从石头城到新林,兵船密密麻麻,头尾相连。这一次,侯景是倾巢而出,誓要一举击溃萧绎。

闰三月二十九日,侯景抵达西阳地界,与徐文盛展开对峙,双方在长江两岸修筑营垒。

闰三月三十日,徐文盛率先发动攻击,大破侯景,用箭射中侯景的右丞库狄式和,使他坠水淹死,侯景狼狈逃回兵营。

宇宙大将军侯景毕竟是名将,在北朝刀山火海里搏出的功名。他仔细一琢磨,那徐文盛的水军太强,确实无法正面突破,那就出奇制胜。侯景很快找到了徐文盛的猪队友,那就是镇守江夏的湘东王世子、郢州刺史萧方诸。

萧方诸时15岁,仗着徐文盛就在附近,不再设防,每天以赌博、喝酒为乐。奉命辅佐他的是将军鲍泉,前不久没侍候好主子还差点掉了脑袋,于是他也得出了刻骨铭心的经验,随时要以老大的意志为转移,什么事情都不再做主,常常被萧方诸侮慢轻视,有时还让他伏在床上,拿他当马骑。

江夏是徐文盛的大后方,只要占领江夏,徐文盛没了后勤支援,必败无疑。四月初二,侯景派宋子仙、任约率精骑四百人,从淮内偷袭江夏。

四月初三,狂风暴雨,天色阴沉,江夏城里有人登上土坡望见叛军已到,急忙报告鲍泉:"敌人的骑兵来了!"鲍泉说:"徐文盛的大军就在下游,贼兵哪能飞到这里?可能是王珣手下的士兵回来了。"不一会儿,

跑来告急的人越来越多,鲍泉这才命人关上城门,但门还没关上,宋子仙等人已经冲进城中。

当时,萧方诸正坐在鲍泉肚子上,用五色彩线编结着他的胡子。看到宋子仙后,萧方诸立马跪拜迎接,而鲍泉则躲在床下。宋子仙低头一看,发现鲍泉的白胡子间夹杂着彩线,惊讶不已,到底是个什么鬼?莫不是个老顽童?宋子仙将其抓获送到侯景的大营。

宋子仙奇袭得手后,侯景顺风在长江中流扬帆疾驶,超越徐文盛等人的军队,于四月初四抢先进占江夏。得知江夏沦陷,徐文盛的部众瞬间溃散,其部将王珣、杜幼安等因家在江夏,纷纷向侯景投降。

不怕神对手,就怕猪队友,徐文盛凭借丰富的水战经验先后击败侯景的主力战将任约和宋子仙,却被萧方诸坑得底裤都没了,徐文盛就此一蹶不振。徐文盛妻石氏为侯景所夺,侯景归还其妻,徐文盛心生感激,纵敌入掠。萧绎有所觉察,更愤怒于他的失败,便将徐文盛调回江陵。当然就有人适时向萧绎告发徐文盛贪污,不久徐文盛就被下狱,不久后侯景的得力大将任约被活捉,于是两位阵前反复交手的大将被关在了一起。

徐文盛:"你怎么进来了?"

任约:"反对萧绎而被抓。你呢?"

徐文盛:"支持萧绎而被抓!"

任约:"将军英才,奈何不遇明主!"

徐文盛:"你早点投降,我也不至于落到今天这个地步。"

任约:"我在战场上都没看到你,让我怎么向你投降?"

这时,牢门打开了,凶神恶煞的狱卒一拥而进,任约知道自己将死,和徐文盛相拥道别。可是狱卒们却押着徐文盛出去了,留下惊愕万分的任约。同样以为过几天就会出去的徐文盛也是丈二金刚摸不着头脑,即刻就被推上刑场斩首示众,其妻石氏亦被饮鸩而死。在多疑的萧绎的词典里,根本没有宽容二字。

这期间也有不服宇宙大将军的。当时北齐东徐州刺史行台辛术镇守下邳,十一月,侯景征收租赋进入建康,辛术率军队渡过淮河断其后路,烧掉侯景的粮食百万石,并包围了阳平。侯景派行台郭无建带兵救援,十六日,辛术抢掠了南梁淮河两岸三千余户人家,收获颇丰地回到下邳。同时,北兖州刺史萧邕密谋投降西魏,宇宙大将军顺手就杀了他。

(三) 不让位不行

宇宙大将军又打了胜仗,得以在南梁站稳脚跟,不仅稳固了三吴的统治,还将势力范围延伸至长江中游。而随着地盘的扩大,侯景也变得越来越膨胀,萧纲则越来越难受。

自从萧纲即位以来,侯景对他防卫非常严密,外人根本见不到他,只有武林侯萧谘和仆射王克、舍人殷不害三人,因为身体文弱才得以在他居处进出,萧纲和他们也只能闲谈而已,对于外界情况一概不知。等到萧会理被杀,王克和殷不害害怕惹祸上身,刻意和萧纲保持距离,只有萧谘不离不弃,每天上朝问安,从不停止。侯景对此很生气,派人将萧谘刺杀在广莫门外。

萧纲即位时,侯景曾与他一起登上重云殿,向着佛像发誓道:"从今天起,我们君臣互相不能有猜忌和二心,臣固然不应有负于陛下,陛下也不能有负于臣"。萧会理的密谋泄漏后,侯景怀疑萧纲知情,所以杀死萧谘以示警告。萧纲知道自己命不久矣，指着宫殿对殷不害道："朕将死在这里。"

既要严打敌人，当然更要表彰心腹。十二月初一，侯景对一批改换思想的萧姓人加以封赏，封建安侯萧贲为竟陵王，中宿世子萧子邕为随王，还特别赐姓为"侯"。现在的南梁，以讲究门第为要紧的江南，王谢等高门大姓几乎全被杀光，他们的堂前燕早已飞走，现在是由侯景来品论姓氏的贵贱了，萧姓排在第几不知道，反正侯姓排在第一。

彻底掌控建康后，侯景开始组建忠于自己的班底，对亲信封以高官。西魏大统十七年（551年）二月，侯景以王克为太师，宋子仙为太保，元罗为太傅，郭元建为太尉，张化仁为司徒，任约为司空，王伟为尚书左仆射，索超世为尚书右仆射。为了笼络人心，侯景大量设置三公一级的官，一次任命的人数往往以十人计，而任命为仪同的官员尤其多。他将宋子仙、郭元建、张化仁等视为佐命元勋，王伟、索超世为谋主，于子悦、彭隽掌管军机，陈庆、吕季略、卢晖略、丁和等人为爪牙。

南梁旧人被侯景重用的，有故将军赵伯超、内监严亶以、邵陵王记室伏知命，当然也有前制局监周石珍。对，就是当初侯景"清君侧"写在旗帜上的"三蠹"之一的周石珍。这样的人思想转换很快，当然是个人才，当然不会被"清"掉，可以继续为侯景新朝所用。其他的如王克、元罗以及侍中殷不害、太常周弘正等人，念其名望给予尊位，但不让他们担任重要职务。

当初，侯景攻下建康之后，常常说吴儿生性胆怯软弱，很容易乘其不备就收拾掉，不足为患，所以重要的是收复、平定中原地区，然后当皇帝。侯景娶了简文帝的女儿溧阳公主，很宠爱她，因而妨碍了处理政事。

王伟多次劝谏侯景不要贪恋女色，侯景把这话告诉了溧阳公主，公主很不高兴，口吐恶言。王伟恐怕被她的谗言所害，就极力劝说侯景除去简文帝。等到侯景从巴陵兵败逃回，手下的猛将部分战死了，自己担心活不长，想早日登上皇帝大位。王伟说："自古以来，凡是要夺取别人的政权，必须有废有立，这样既显示我方的威权，又断了对方的民望。"侯景听从了他的建议，让前寿光殿学士谢昊起草诏书："我们梁朝出现皇弟们和皇侄们争夺帝位的自相残杀，星辰的运行也失去正常的秩序，这都是由于我不是正统的继承人，才招来这样的动乱和灾难，理应由我禅位给豫章王萧栋。"又派吕季略把诏书带入宫内，逼着简文帝抄写出来。

八月十七日，侯景派卫尉卿彭隽等人率领士兵进入宫殿，把简文帝废了，改封为晋安王，将其幽禁在永福省，还把他的内侍和卫兵都撤了，派精锐的骑兵把他严密看守起来，并在墙头插上枳、棘一类多刺的树枝。第二天，侯景下达诏书迎立豫章王萧栋。萧栋那时正被关在暗室里，饮食很差，每天吃的是蔬菜薯类。一天，他正与妃子张氏在暗室相连的菜地一起锄葵菜，迎接他即位的辇车突然来了，萧栋大吃一惊，以为日子马上就要到头了，和张氏相拥着不分开，但架不住凶神恶煞的带刀兵士的催促，最后不得已哭着登上了车。

（四）过把瘾才行

由于外边的战事不顺，留给自己快活的日子恐怕不多了，这些天侯景加快了上位的步伐，抓紧将那些姓萧的一一送去见梁武帝。于是相继斩杀了哀太子萧大器、寻阳王萧大心、西阳王萧大钧、建平王萧大球、义安王萧大昕，以及在建康居住的萧姓王侯二十多人。太子萧大器神色端严凝重，在侯景乱党面前从没曲意逢迎过，他的身边人私下里问他为什么要这样，太子说："贼党如果明白事理，不一定就要杀掉我，所以我虽然对他们傲慢轻蔑，乃至呵斥他们，这帮人也不敢说什么。如果杀我的时候到来了，我即使对他们一天跪拜一百次，也没有什么用处。"左右亲信们又问："殿下如今处于困难艰危的境地中，但神色气度显得那么平静轻松，也不比平日差，这是为什么？"太子萧大器说："我自己估计，我一定会死在贼人前头。因为，如果皇叔们能消灭贼党，贼人一定先把我杀了，然后自己再去死；如果贼党没有被消灭，贼人也会杀害我以换取盆贵。既然横竖都是死，我又何必因为人之将死在这儿伤感忧愁呢？"临死时，太子萧大器果然神色泰然不变。他慢慢地说："老早就知道会有这样的结果，我不过感叹它来得太晚了！"刽子手要用较软的衣带绞死他，太子萧大器说："这带子太软，不能让我气绝。"他让刽子手拿系帐幕的绳子来绞死自己。

八月二十一日，战战兢兢的萧栋在侯景阴暗的眼光注射下登上皇位。大赦天下，改换年号为天正。太尉郭元建听到这个消息，从秦郡急忙赶回建康，质问侯景："皇上是先帝的亲生太子，一向没有什么罪过，怎么能随便就废了他！"

侯景："王伟劝我这样做的，他对我说：'早点消除梁室在老百姓中的声望。'我这才听从了他的意见，以便安定天下。"

郭元建："我们现在挟持天子，用他的名义命令诸侯，还总担心不能成功，可是现在无缘无故把简文帝废了，这是自取危亡，有什么安定可言！"

侯景："那我们迎接简文帝回来复位，让萧栋当太孙？"

王伟："废旧帝立新主是国家大事，怎么可以来回改变主意！"

二十四日，侯景又派人在吴郡杀了南海王萧大临，在姑孰杀了南郡王萧大连，在会稽杀了安陆王萧大春，在京口杀了高唐王萧大壮。侯景还把太子萧大器的妃子赐给郭元建。郭元建说："哪里有皇太子的妃子可以充当人家侍妾的道理！"竟不和她见面，随了她去当道姑的意愿。

九月二十五日，新皇帝萧栋追尊昭明太子为昭明皇帝，豫章安王为安皇帝，金华敬妃为敬太皇太后，豫章太妃王氏为皇太后，妃子张氏为皇后。又任命那个寿阳戌主刘神茂为司空。这个刘神茂在侯景陷入绝境时，在寿阳最先给他带路指方向，一路对他摇尾献策，之后一路上升，终于从一个不入流的芝麻官快速上升到一品大员了。

王伟劝说侯景弑简文帝以断绝众人之心，侯景听从了。十月初二夜，王伟和左卫将军彭㑺、王纂献酒给简文帝。

王伟："丞相侯景因为想到陛下心情忧郁已经很久了，特派我们来为陛下祝寿。"

简文帝苦笑："我已经把帝位禅让出去了，怎么还称我为陛下呢？这送来的寿酒，恐怕会命尽于此吧！"

王伟："我俩特地来送您一程。"

于是彭㑺等人拿出带来的弯脖子琵琶弹奏起来，和简文帝尽情痛饮。简文帝知道自己将被杀害，就喝得酩酊大醉说："没想到今天能痛饮取乐到这种程度！"醉倒后就入睡了。王伟退了出来，彭㑺带进一个盛了土的大口袋压在简文帝面上，王纂坐在口袋上，把简文帝活活憋死。王伟把门板卸下来当棺材，把简文帝的尸体搬到城北酒库中小殓和停柩。简文帝萧纲年幼便能"读书十行俱下，九流百氏，经目必记；篇章辞赋，操笔立成。博综儒书，善言玄理。"他开创了"形式上更加讲求声韵、风格上更加追求绮丽"的"宫体诗"体裁，为之后的隋唐诗篇写序定调，著有《昭明太子传》等五百多卷。自从被关在暗室之后，再也没有侍者和纸张，于是他就把字写在墙壁和隔板上，写了几百篇诗文，辞意非常凄惨悲怆。其中一首《愍乱诗》，矛头直指朱异："愍彼阪田，嗟斯氛雾。谋之不藏，塞我王度。"另一首是《悔赋》：

默默不怡，恍若有遗，四壁无寓，三阶寡趣，月露澄晓，风柳悲暮。庭鹤双舞，檐鸟独赴。岸林宗之中，凭南郭之几。玄德之眄聊萦，子安之啸时起。静思悔客，铺究前史，吊古伤今，惊忧叹杞。成败之踪，得失之理。莫不关此。令终由乎谋始，弃夸言于顿丘，重前非于蘧子。迹夫覆车之人，岂止一途而已……

还有一首是《被幽述志诗》，其余的诗作都被王伟让人给铲除掉了，前朝的遗毒当然不可保留。

恍忽烟霞散，飕飂松柏阴。
幽山白杨古，野路黄尘深。
终无千月命，安用九丹金。
阙里长芜没，苍天空照心。

初九，豫章王萧栋加封侯景九锡，汉国设置丞相以下的官职。十一月十九日，登基不到一个月的萧栋把皇位禅让给侯景，侯景在南郊举行登基大典登上皇帝位，之后登上了太极殿，他的党徒好几万人，都欢喜若狂，喧喊不已，争先恐后地趋前朝拜。侯景下令大赦天下，改年号为

大始。侯景封萧栋为淮阴王,把他和他的两个弟弟萧桥、萧璆一起关进密室之中。

王伟启奏建立七庙,侯景问:"什么叫七庙?"

王伟:"天子对自己的祖先要往上祭祀七代。"并请侯景说出他上七代祖先的名讳。

侯景:"上几辈子的祖先名字早不记得了,只记得我父亲名叫标,而且他在朔州,哪能跑到这儿来吃祭饭!"大家都把这当笑话。侯景党徒中有人知道侯景的祖父名叫乙羽周,王伟想想,附会不成,干脆直接想一个新的吧,就给侯景想了个汉朝司徒侯霸这样的祖宗,追尊侯景父亲侯标为元皇帝。

当天侯景登基升坛的时候,有一只兔子在坛前忽然跃起,之后马上消失了。这似乎预示着,新皇帝侯景如兔子的尾巴——长不了。

时空论坛

网友:上溯七辈?早记不得了!

颜之推:以前都有族谱,记得很清楚。现在还有族谱没?

网友:那都弱爆了,现在有大数据,问问搜索引擎就可以了。

侯景:我也是醉了,不早说?

网友:皇帝只能弑不能杀,重要的事情说三遍。

侯景:王伟,过来怼他。

王伟:子曰,天命无常,惟有德者居之。

第二章　平叛大都督僧辩

　　什么是人才？不同时代有不同的标准，不同的领导也有不同的看法。当然"德才兼备"的要求是一致的，其中在"德"的同类项较多，诸如忠孝、仁义、诚信、报恩、守节，一般都是各个时代的相似要求；在"才"的差异化就比较大，有偏爱文学的，有讲究武艺的，有喜欢直谏的，有享受吹捧的，总之是酸甜苦辣各有偏爱，如果你的老大喜欢吃辣，你偏要天天清淡，那你肯定不是他中意的人才。

　　可是不管从哪个方面来看，王僧辩都算是一顶一的人才。在德的方面无可挑剔，跟随萧绎一辈子，鞍前马后，一心一意，任劳任怨，不离不弃，亦步亦趋，那"忠诚"二字既写在脸上也时刻装在心里。在才的方面，虽然以前萧绎一门心思闭门写作，吟诗作画可不是王僧辩的强项，一直以来他都干着磨墨斟酒的工作。可萧绎的舞文弄墨，那是不得已，如今他终于开心地撕掉那些讨厌的教科书，跃马提剑，义无反顾地冲向武林江湖了。这时候的他强调的"人才"，当然就是指来之能战、战无不胜的王僧辩了。

（一）守巴陵

因为眼疾，萧绎在追求文学的同时，开始厌恶武将、军事等一些世俗的事情，最终形成一种"界定偏见"，连以武功见长的王僧辩都只能磨墨斟酒，其他拿刀弄枪的当然更入不了他的法眼。但非常时期，粗鄙的武夫还是得用的，如今真不是个"人才"的徐文盛被关进了监狱，萧绎改换王僧辩为大都督，总领平叛事宜。

王僧辩可不同于徐文盛。徐文盛在军事方面也有许多可圈可点之处，还一度战胜了侯景。但他只知埋头打仗，不会抬头看路，被关进监狱后也不思悔改，反而牢骚满腹。萧绎大怒，便将上次送给鲍泉将军的定罪稿稍加修改，数其十罪，不久徐文盛就被拉出去斩首示众了。王僧辩也坐过监狱，当时萧绎让他去进攻湘州的萧誉，王僧辩确实也没想通打萧誉的道理，也不想在历史上留下污点，就拖拖拉拉了一阵，结果差点掉了脑袋，就被关在监狱里等死。萧绎的"十罪"文稿最初就是为他量身定做的，不承想后来被鲍泉和徐文盛用上了。后来王僧辩想明白了，老大让你干的事，执行力要强啊！一定不能拖拖拉拉，更不能反着来。于是这之后只专心地干两件老大心仪的事，一是埋头打仗，将老大的对手一一消灭掉。当然王僧辩也终于想通了，该姓萧的当老大，但天下也只能容得下一个老大，那么多萧姓人跃跃欲试，天下不大乱才怪。所以在扶老大上位这件事上，不应该有道德绑架，不应该有心理负担。二是苦心劝进。老大的心里头，一门心思想的可是坐上龙椅，但文人脸皮似乎都很薄，加上中国又是礼义之邦，什么东西都讲谦让，越大的事情越要让，不然就被千古文人瞧不起。成全老大的办法只有一条，就是最有身份的官员率领众大臣不断地劝，什么大梁的事业需要您，什么国家离不开您，什么天下不可一日无主，什么只有您是大梁的主心骨……王大都督打仗的间隙，有空就劝，不讲条件不分场合地劝。事后一想，那个徐文盛也是大都督，也打了很多胜仗，但他就是只知道打仗，对萧绎到底想干什么从不关心，难怪这样的人要掉脑袋！萧绎愤怒于徐文盛的失败，便将徐文盛以下将领王琳、裴之横等都交给王僧辩节制。

当时的侯景大军"号二十万，联旗千里，江左以来，水军之盛未有也"。侯景又才打了胜仗，正在得意忘形，觉得那萧绎确实也只那样了，手下的将领都弱爆了。这次拿到王僧辩的档案，还是在心里留下了阴影：

大梁干部履历表

姓名：王僧辩（字君才）

民族：乌丸

出生地：太原祁县

出生时间：504 年

任职经历：梁武帝天监年间随父王神念从北朝投奔南朝，初为湘东王萧绎的左常侍，后历任中兵参军，平南将军、左卫将军等职；因功官至骠骑大将军、尚书令；又代替柳仲礼为竟陵太守，号雄信将军；551 年拜大都督。

特长：智勇兼备，所经战阵，屡获胜利其实到现在为止,与侯景能战上几个回合的南梁将领,基本上都是北方的,都是"永嘉南渡"的。两百年前的永嘉年间,西晋八王之乱后,北方少数民族混战中原,北方士民为躲避战乱,纷纷渡江南下。有的大姓带领宗人部曲数百,数千家相携南下。永嘉五年,匈奴人刘曜,氐族人石勒破洛阳,"中州士女避乱江左者十六七"。之后十六国先后割据北方,仍不断有汉民尤其是高门贵族南徙。为安置北方士民,建康皇室还在南方设立了大量侨州郡县。那羊侃、徐文盛、王僧辩等就均是北方人士。

王僧辩仔细研究了作战形势后给萧绎建议:"贼兵势大,水陆并进,如果他们直扑江陵,是上策。"

萧绎:"侯贼最初就是直捣建康的!这招确实厉害。江陵乃大梁最后根据地,二十万大军及战舰一到,大梁危矣!"

王僧辩:"如今我们可以主动出击,声东击西,要让侯景的江夏成为主战场,形势或可反转。"

萧绎:"将军高明,然侯景岂可听命?"

王僧辩:"我马上在江夏附近找一个我大梁还未陷落的地方,对,这里,就是巴陵!"

萧绎:"巴陵太小,贼兵势大,恐不足以守!"

王僧辩:"机会稍纵即逝,我将快速驻防巴陵。像巴陵这种小城易守难攻,野外也没什么补给,我们打败他们是迟早的事。"

萧绎非常担忧:"侯贼舍弃巴陵,直赴江陵怎么办?"

王僧辩:"虎狼环伺在侧,贼兵岂能他顾?"

萧绎非常高兴。前不久王僧辩曾经作《从军诗》一首请老大指点,写得也不咋样,萧绎确实也没看起。以前都是别人给他和诗,现在兴之

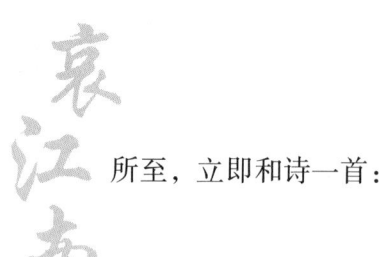

所至,立即和诗一首:

和王僧辩从军诗

宝剑饰龙渊,长虹画彩旃。

山虚和铙管,水净写楼船。

连鸡随火度,燧像带烽然。

洞庭晚风急,潇湘夜月圆。

荀令多文藻,临戎赋雅篇。

随萧绎不离左右的侍从朱超一看老大那么有兴趣,也赶紧和诗一首:

赠王僧辩诗

故人总连率,方舟下汉池。玉节交横映,金铙前后吹。

聚图匡汉业,倾产救韩危。昔时明月夜,荫羽切高枝。

冲天势已远,控地力先疲。各言献捷后,几处泣生离。

于是侍候在侧的史官也马上记入人物档案:

僧辩风格秀举,有文武奇才,而逢兹酷滥,几致陨覆。幸全首领,卒树奇功,事人之道,于斯为得!

王僧辩不敢有丝毫耽误,怀揣老大的仙诗,感念历史的重托,率巴州刺史淳于量、定州刺史杜龛、宜州刺史王琳、郴州刺史裴之横等进驻巴陵，抵御侯景。这位当年在建康被侯景放走的名将，如今即将成为侯景真正的劲敌，也不知侯景的后悔药在哪里。

王僧辩率军到达巴陵，举首四望，这巴陵城（岳阳）实在险峻，有456年文坛领袖颜延之的古诗为证：

> 江汉分楚望，衡巫奠南服。
> 三湘沦洞庭，七泽蔼荆牧。
> 经途延旧轨，登闉访川陆。
> 水国周地险，河山信重复。
> ……

侯景本打算率领二十万将士和千艘战舰开赴江陵，去瓮中捉鳖，却听有众多的敌军来到附近，这年头南梁居然还有人胆敢前来叫板？于是一边琢磨着王僧辩的简历，一边带着溧阳公主率军至巴陵附近的夏首，聚众将召开军事会议。现在军师王伟的重任都是守卫首都建康，不在军前，军事会议就少了谋略和定夺。

宋子仙："如今萧绎分兵各地，江陵空虚，倘若我军合兵一处，直趋江陵，定能一战而就矣。"

任约："直趋江陵虽是好计，但巴陵集有重兵，若王僧辩从后包围，江陵军队出城安营扎寨，前后夹击，如之奈何？"

自侯景到建康后，先后抢得美女成百上千，许多都是出自高门。王伟曾经跟他说，人最幸福的状态是有权有钱有时间。以前的侯景，要么只有权，要么有权有钱。最近看到他的手下都能独当一面了，还有那么多如花似玉的美女在一边凉快，那就索性把时间也挤出来，不再过问政事和战事，天天和美女们厮混。这次也是不得已，听说战事紧急，也就懒心无肠地带着溧阳公主和另外几位心仪的美女一起过来了。这时听了众将所言，也没细想，觉得他们说的都有道理，于是下令：丁和守夏首，作为后方大本营；任约带一万人趋江陵，伺机夺取萧绎老巢；自督宋子仙率重兵攻巴陵。

王僧辩一到巴陵，马上动员一切力量，加强了战备，加固了城防，储备了物资，做好了动员，并让城外老百姓坚壁清野，不能让侯景补充到军粮；然后偃旗息鼓，静若无人，摆出一座空城的样子。侯景到了静悄悄的巴陵城下，并不见一面旗号，又无守城士兵。管他三七二十一，侯景下令全面进攻，就在侯军要爬到城头上时，城中突然杀声四起，冒出无数的人头，箭如雨下，侯景军转眼死了一大片。

于是侯景想攻心为上，各派信使隔空喊话。

侯景："城中是谁把守？"

王僧辩："守将为王将军，何事相问？"

侯景："何不速降？"

王僧辩："但向江陵，此城弹丸小地，不足为碍！"

侯景："丞相要王将军到城楼答话！"

王僧辩："王将军已回江陵。你要攻便攻！"

天渐渐黑下来了。侯景又开始了他的品酒品美女的幸福生活，可是王僧辩却不管这些，令徐嗣徽带本部人马前去扰袭，一旦扰袭成功，立即接应徐嗣徽回城。每晚如此，侯景的幸福也大打折扣，其二十万大军夜夜不能安歇，疲惫异常。

但白天是宇宙大将军的天下,侯景率军出寨围城。王僧辩又是偃旗息鼓,不理不睬,令大部分兵士在城墙下静静休息,只少部分士兵在关键城墙处坚守。侯景还是采取那些老办法,造云梯爬城墙,挖地道陷城楼,放火箭烧城门……这些办法在台城就一一用过,都用时近半年才攻陷台城,认真说来还不是强攻下来的,主要是带路党的功劳。相比起来,侯景的攻城指数在东魏就不怎么样,攻城最能干的是高欢,当初围攻玉壁近两个月,各种方法都用上了,结果还是攻不下来。

和建康的台城相比,巴陵可不一样,一是城高墙厚,易守难攻;二是主帅英勇,有勇有谋;三是同仇敌忾,团结一心。遇到这样的硬茬,侯景也无计可施。

一个月过去了,侯景故伎重演,下令将王珣牵来阵前,要王珣招降其弟王琳。这王珣先前曾被萧绎调往徐文盛军中,后又守夏首,被侯景攻破,做了俘虏。王珣的弟弟王琳此时正是王僧辩的得力副将。

侯景:"王琳听着,我受皇命,讨伐叛逆,如能迷途知返,前事既往不咎,一并官复原职!"

王琳:"叛贼,你的末日不远了!"

侯景:"愿与你兄弟们共富贵。"

王琳弯弓欲射。王珣惭颜却退,侯景大怒,下令继续攻城。但听城中梆子声迭响,旗鼓张皇,矢石如雨般飞下,侯景部众死伤无数。侯景无计破城,只好再次撤退。

翌日,侯景亲自身披甲胄,在城下督战。这甲胄他已好久不穿,都有点不合身了。王僧辩则是宽袍大袖,乘着一顶肩舆优哉地巡城,一会儿对工事指指点点,一会儿对军士鼓劲加油,一会儿拿出萧绎的仙诗来朗诵，一会儿让随行军士鼓吹奏乐，完全一副仙风道骨满不在乎的样子。侯景真是自惭形秽，一下子觉得自己衰老了许多。

最好的防守是进攻，此后，看到侯景的锐气消磨得差不多了，王僧辩决定不再被动挨打，除了晚上出城骚扰外，白天也出其不意地派出小股精锐敢死队，进行精确打击，杀死一片后马上回城。"凡十馀返，皆捷。"

这边侯景攻城不顺利，那边任约进攻江陵也遇到了大麻烦。听说侯景分兵侵扰江陵，不敢大意的王僧辩赶快提议，于是萧绎派出了另外两员大将胡僧祐和陆法和，快马加鞭前往截击。

胡僧祐抱着必死决心，临行前对儿子说：你把屋子开两个大门，一个漆成红色，一个漆成白色。如果我战胜敌人，你们以后就从红门进出，如果我战死沙场，你们就从白门进出。

陆法和长期隐居在江陵百里洲，生活与僧人一样，是当时的一位奇人。侯景刚刚投降梁朝时，陆法和对弟子们说：我们将来要去打侯景，为国效力。

弟子们听不懂："他是降将，为什么要打他？"

侯景围攻建康时，弟子们问："现在去打侯景吗？"

陆法和说："现在去没有用，等到时机成熟了，他自然会败。此时，他带着八百名弟子来投萧绎，请求讨伐叛军。"

接受萧绎的领命，陆、胡合兵一处。这时大都督王僧辩送来信函："贼兵如果水战，那么不要怕他，直接与之对敌。如果陆战，那么你就直抵巴陵，不必与之争锋。"到达赤沙湖（今湖南南县附过）后，和任约军水军相遇，陆法和的战舰本来是逆风行驶，任约水军投掷火炬，先来个火攻，陆法和拿着白羽扇，挥舞两下，口中念念有词，大风立即改向，大火反而烧向任约战舰,一时千帆着火,烧红了湖面,当真是天有不测风云!

任约的士兵们看傻了,纷纷跳水,淹死者十有七八。主帅任约跳水后也被活捉,关进了徐文盛的牢房,以为必死无疑。陆法和说:"施主有福相,你和湘东王有缘,不用担心,说不定将来还有大用处呢。"

侯景原来计划,亲率的这支大军进展顺利的话,很快会与任约那支进攻江陵的军队会师;却不曾想到,事先毫无思想准备,被王僧辩阻挡在这巴陵城下,这一停滞不要紧,计划就全泡汤了。摆在他面前的是一个骑虎难下、进退两难的境地。六月,侯景军中粮尽,又受疾疫影响,陷入困境,战死、病死的占了一大半,看到情况已无可挽回,于是烧营夜退,狼狈逃回建康。王僧辩坚守巴陵近两个月,阻止了侯景大军的西进,沉重打击了其士气,梁军开始由防守转入进攻。王僧辩因功为征东将军、尚书令。

可以说,巴陵之战,是整个侯景之乱的转折点。此战,侯景先后折损几员大将,士气大为受挫,所控制领土再次回缩至江左一带。而湘东王萧绎,这时是春风得意马蹄轻,他依靠保存好实力的精锐的荆州军,让王僧辩沉着调度。此战过后,侯景败亡已经只是时间问题了。

(二)追穷寇

巴陵之战是侯景反梁以来遭遇的最大败仗,并且他的家底在此战中消耗很大,尤其是军心倍受影响。这次强占朝堂,靠的是蛮力,凭的是征服,没有半点仁义道德,毫无一丝礼义廉耻,对于承平日久金瓯无缺的南梁,大家都口服心不服,这点侯景也是知道的。他只有先用武力压服,之后再慢慢文治,以时间换空间,不承想半路来了拦路虎,打还打不赢!

于是侯景撤退后，为阻止梁军东进，将他率领的败军分为几路，在郢城、鲁山、晋熙等要地皆置重兵把守，拱卫首都建康。

其实到现在侯景也没有想明白，南方明明就没有什么人物，他率领八百汉子一苇渡江，就轻松顺利地拿下了首都建康，要是有像样的人才，早就在此前的战斗中出现了。那王僧辩还曾被他俘虏过，也没看出他怎么就是个人才了。其实王僧辩以前一直在萧绎手下，只是一直没机会上战场。他第一次露脸是平定安成郡的叛乱，安成（江西新余）的豪门望族刘敬躬在田里捡到一只金龟，以为自己得到了神的庇佑，得到上天的允诺，于是公然称王造反。起义一开始很顺利，攻下了安成郡、庐陵郡（江西吉安）、豫章郡（江西南昌）等地。萧绎派王僧辩平乱，只一个月的时间，王僧辩擒获刘敬躬。后来王僧辩又镇压了安州地区的蛮人造反。经过几次平叛王僧辩已颇有名气。

侯景夜遁后，本着勇追穷寇、痛打落水狗的原则，王僧辩统众军东下猛追。军队驻扎在郢城，派步兵进攻鲁山。鲁山城守将支化仁，是侯景的骑兵将领，他率领部下拼死抵抗，被王僧辩军打得大败，支化仁只好投降。

王僧辩率诸路大军渡江攻打郢城，占据了罗城。打到金城时，由于侯景部下宋子仙聚兵坚守，未能攻下。宋子仙派其部下时灵护率三千人马，开城门出战，王僧辩大败之，并生俘时灵护，斩首千人。宋子仙等人退守仓门，凭借长江天险固守，王僧辩军多次发起攻击，都没有能够拿下。

侯景听说鲁山已被攻陷，郢城防线中又丢掉了罗城，便率余部加倍赶路，退守建康。宋子仙等感到形势危急，但又无计可施，只好请求以交出郢城为条件，让王僧辩放他们一条生路，去投奔侯景。王僧辩假装答应，还命令部下给他们一百艘船，让他们安下心来。宋子仙认为王僧辩可信，正准备乘船出发，王僧辩命令杜龛率精兵千人，爬上城墙，同时击鼓进军，出其不意直抵仓门。水军主帅宋遥率楼船将士，偷偷地从江中四面合围。宋子仙等且战且逃，到了白杨浦，王僧辩军大败之，生俘宋子仙，并把他押送江陵。

随即，王僧辩率领各路大军进军九水。侯景手下仪同范希荣、卢晖略此时还占领着溢城，等到王僧辩的人马一来，范希荣等便挟制江州刺史弃城逃走。

不到两月，王僧辩即收复了郢州、江州的失地，扭转了梁军战略上不利的局面。萧绎大喜，加封王僧辩为侍中、尚书令、征东大将军，并赐给他鼓吹一部。命令他暂时驻留江州，等到各路兵马齐集了，再选择良机进军。

（三）屡劝进

以前的王僧辩人微言轻，一般都是少说话多办事。自侯景之乱后，他的地位一下子凸显，一不小心就排到了第一，这时候再不说话就不行了，长期待在萧绎身边，他也学到了一些。以前萧绎作了一首诗，画了一幅画，写了一行字，一般是满堂喝彩，和诗的、鼓掌的、敬酒的、献歌的、抛媚眼的、送秋波的，此起彼伏。反正王僧辩也没看出个所以然来，再说那时他都是远远地站在后排，默不作声也没关系。现在他可是站在前排第一个了，他也弄明白了，凡是萧绎的讲话，他都带头鼓掌，诚恳表态：无非是伟大正确，意义深远，要认真贯彻，坚决执行。

之后的王僧辩一边埋头打仗，一边为老大干私活。现在老大最想要啥？当然不是金银财宝，其他武将打了胜仗后，都是一阵抢劫搜刮，再把最好的宝贝献给老大即可，但王僧辩打了胜仗后，第一时间不是寻宝，而是找人——帮老大搜寻人才。台城沦陷时，尚书左侍郎、著名文士沈炯为侯景部将宋子仙所擒，"及子仙为王僧辩所败，僧辩素闻沈炯大名，于军中购得之，酬所获者铁钱十万，送之江陵。"那个太学博士、著名文士许亨，陷入侯景治所，后王僧辩袭郢州，素闻其名，得之送到江陵。还有那个萧纲第二十子萧大圜，是侯景之乱中鲜少幸存的萧氏子孙之一，萧纲被杀时，大圜潜遁获免，之后无所依托，寓居善觉佛寺，王僧辩知道后，"乃给船饩，各往江陵。"

在不断为老大埋头找人的同时，王僧辩也不忘抬头看路。侯景之乱为萧绎夺取帝位提供了良机。王僧辩也深知老大的心思，在平定叛乱的同时，一看准机会，就劝老大勇挑重担，救大梁于水火，因势利导推动萧绎称帝。在打仗的间隙，王僧辩献嘉橘一带二十五子于湘东王，王答之曰："昔文康献橘，十有二子。用今方古，彼有惭色。今景之凶恶既稔，凯歌之声已及，嘉瑞远臻，但增鲠慰。"一枝橘上结有二十五果，那肯定是祥瑞，萧绎要称帝，舆论氛围那是相当重要的！

巴陵之战胜利后，西魏大统十七年（551年）九月，王僧辩收复郢州、江州后，出任江州刺史，为东击侯景做准备。十月，简文帝被侯景所杀，王僧辩上表章，将简文帝去世的消息报告萧绎。之后王僧辩率大将百余人，联名上表劝湘东王萧绎即皇帝位；等到快要出发时，又上了一道表章。虽然其建议没有被采纳，但都得到优厚的酬答。

十一月，侯景在建康自立为帝后，"王僧辩等复上表劝进"，萧绎以"是时巨寇尚存"为由而拒绝，但满意王僧辩的表现，任命其为东讨侯景的

统帅。

西魏废帝元年（552年）三月，攻克建康后，侯景东逃，"己丑，僧辩等上表劝进，且迎都建康。"四月，侯景被杀，武陵王萧纪在成都称帝。五月，王僧辩与南平王萧恪等再次请萧绎即位。

八月，萧纪率大军东下，与萧绎争夺帝位。在这种情况下，王僧辩与四方王公卿士将领不断请求萧绎即位。

八月二十一日，王僧辩等人上表劝萧绎即皇帝位，并建议迎接萧绎来建康建都。萧绎回答说："现在，占据襄阳的短尾妖狐萧詧还没有洗心革面地归降。登基的事，等天下真正太平了，四时和畅、玉烛生辉时再说吧！"

之后，司空南平王萧恪率宗室成员劝萧绎即帝位，萧绎还是不接受，派侍中丰城侯萧泰去拜谒祖先陵墓，重新修复宗庙神社。

那个空置的龙椅放在那里已经很久了，确实怪诱惑人的。从侯景反叛的那一刻起，那虚幻的龙椅就一直在萧绎的心头晃动。现在那么多人来劝说，一直又劝了那么久，可以说于礼于法，都没有任何瑕疵了，都说应当仁不让，都说过度的谦虚就是骄傲，那还等什么呢？十一月十二日，萧绎在江陵称帝，改换年号，大赦天下。这一天，皇帝没有升坐正殿，只是让公卿大臣左右排列一下而已。

十五日，萧绎立王太子萧方矩为皇太子，把他的名字改叫萧元良。皇子萧方智封为晋安王，萧方略封为始安王，已战死的萧方等的儿子萧庄封永嘉王。追尊母亲阮容为文宣皇后。

可以说，王僧辩在为萧绎即位铲除障碍的同时，也在不断制造声势，推动了江陵政权的建立，从而得到萧绎的信任和重用，成为梁末政局中最举足轻重的人物。西魏恭帝元年（554年）三月十八日，梁元帝下达

了热情洋溢的诏书：

使持节、侍中、司徒、尚书令、都督扬南徐东扬三州诸军事、镇卫将军、扬州刺史、永宁郡开国公王僧辩，气度深沉稳重，神采飘逸高远，其言谈举止，文质彬彬，堪称士人楷模。他学贯三教九流，精通各种战略战术，数年之内，东征西讨，王室基业的奠定相当艰难，常常是平安与危险相伴。有鉴于此，提拔王僧辩为中央政权的核心大臣，授予他大将军的军职，把天下大事托付给他，让他为辅佐朝政出谋划策、尽职尽责。特此加封他为太尉、车骑大将军。

萧绎即皇帝位后，因为王僧辩为朝廷立下了汗马功劳，又特加授他为镇卫将军、司徒，并增加班剑二十人，改封号为永宁郡公，食邑五千户。他原先所任侍中、尚书令及所赐给他的鼓吹等待遇，也一律照旧。不久王僧辩的母亲去世，萧绎派侍中监护丧事，策命太夫人为贞敬太夫人，其灵柩即将运回建康时，萧绎派使者到船码头吊祭，并让尚书左仆射王裒写了一篇祭文。礼遇之隆重，一时无出其右。

时空论坛

网友：大家快来围观，扫地僧来了！

网友：打败了宇宙大将军，厉害了我的哥！

网友：南漂，还是有前途的！

王褒：依礼制，大臣不能有鼓吹等乐器享受。

第三章 镇卫大将军霸先

侯景以前认为,和他尚可一战的都是北方人,南方人都太弱,所以败在王僧辩、羊侃手下,他也没觉得丢人。

确实,天地玄黄,五谷杂粮,人分男女,地有四方。其实中国的南方与北方,区别确实很大,成语中关于南北差异的就非常多:南辕北辙、南征北战、南来北往、南下北上等。南方和北方主食不一样,南方人吃米,北方人吃面;米饭不能单吃,得有菜,所以南方的烹调,工夫花在菜上,八大菜系,基本上是南方人大显身手,没北方人多少戏;北方厨师的用武之地在白案,那麦子磨成的粉,可以做出好多花样来,当然看家工夫还是饺子,北方逢年过节都是吃饺子。南方和北方唱法不一样,北方人唱歌,南方人唱曲,称为"北歌南曲";北方人唱的是燕赵悲歌,苍凉激越,声遏行云,气吞万里;南方人唱的是吴越小曲,玲珑剔透,凄婉隽永,韵味无穷。南方和北方睡法不一样,南人睡床,北人睡炕,这叫"南床北炕"。南方和北方出行不一样,南人坐船,北人骑马,这叫"南船北马"。南方和北方指路不一样,南方人指路,以人为坐标,总是说前后左右；北方人指路，以物为参照，总是说东西南北，这叫"南人北物"。南方和北方说话不一样，于是就有了"方言"，就有了"南腔北调"，汉语七大方言，吴、湘、赣、客、粤、闽都是南方方言，属于北方的只有一种，干脆就叫北方方言，品种虽然单一，覆盖面却很大，占据了全国汉语地区四分之三的地盘。这也不奇怪，北方方言是"官话"！就连打架，南方和北方都不一样，南方人喜欢用拳，北方人喜欢用腿，叫"南拳北腿"。

在北方人侯景眼里，北方是真刀真枪，南方是花拳绣腿，北方一言不合上去就是两拳，南方口水说干天黑也不动手。所以一路走来，对南方的将领异常轻视，直到不久后遇到一个地道的南方汉子——陈霸先。

（一）喜逢贵人

在建康坐在龙椅上享受的侯景，虽然看不起南方人，但一直听说有个被萧绎十分看重的，被封为左卫大将军的陈霸先正在赶来的路上，还是索然无味地拿起早已放在龙案上的档案看了看：

大梁干部履历表

姓名：陈霸先（字兴国，小字法生）

出生时间：503 年

民族：汉

籍贯：吴兴长城下若里

出身：颍川陈氏

> **外貌**：身高七尺五寸，额头隆起，手长过膝
>
> **任职经历**：最先在乡为里司，后来做过油库吏，540年任直兵参军，后因功提任西江督护、高要郡守、直阁将军、左卫大将军、督七郡诸军事等职。
>
> **特长**：涉猎史籍，尤喜兵书，通晓纬候、孤虚、遁甲之术，同时练就一身武艺，明达果断

这个土生土长的南方吴兴人，幼时家境贫寒的土鳖，能掀起几尺的浪花？侯景也不把他放在心上，反正更大的敌人王僧辩正在赶来的路上，反正那么多敌人，也不愁多他一个。

陈霸先的一生，就如同他名字一般霸气凛然。这个穷苦人家的孩子，长得人高体壮，熊腰虎背。长兴人喜习武，陈霸先从小也随大人练武。他勤学苦练，习得一身好武艺。在他15岁那年，堂姐被邻村的一个纨绔子弟强抢去，陈霸先黑夜潜入纨绔子弟家门，将他杀死，然后连夜出逃。躲了一段时间后再回到村里，被留守村民们推举为村官里司。后来一路靠着贵人相助，成功登上南朝的权力巅峰。

第一个贵人是萧映。一个偶然的机会，梁武帝的侄子萧映去村里搞调研，作为村长的陈霸先负责接待陪同。萧映和小陈村长谈了几番话，见这个土村长胸有成竹，夸赞道："此人方将远大。"萧老大临走时把陈霸先带回南京，让他做了一名最基层的油库管理员。

人穷的时候，最好有点才华，但没贵人相助，那还是空有才华。萧映是陈霸先第一位贵人，将他从偏远闭塞的乡村带进城，也长了见识。

萧映后来去广州做刺史，已经不再年轻的陈霸先跟去当了个小参军。闲来无事就在广州认识了他第一个心仪的姑娘飞英，现在广州的飞英塔，传说就是陈霸先为他心爱的飞英姑娘建造的。

不久，越南的李贲造反，梁武帝派就近的广州将军卢子雄去平叛，结果被打得灰头土脸。可怜的老卢，被叛军揍得剩了半条命，回家还被愤怒的老板剁了。老部下们愤愤不平，干脆真的通敌造反，直接包围了广州城。萧映也找不到救兵了，那死马当成活马医，连忙通知早已搞忘了的小参军陈霸先：速速回救！

萧映的危局却是陈霸先的好机遇。陈霸先率仅有的三千兵，日夜兼程赶往广州，一战冲散围城的叛军，还活捉叛军副将。这一仗，不但救了贵人的命，还让梁武帝看上了陈霸先，陈霸先也遇到自己第二个贵人。

不久，萧映病死了，陈霸先有些悲痛。如果没有萧老大，自己可能还在老家给寡妇挑水。人活着，事就不能完，545年，梁武帝让他接替广州将军卢子雄未竟的事业，于是陈霸先翻山越岭，到达典澈湖口，与土皇帝李贲的两万大军对峙。由于南梁军本来军力就弱，加上长途跋涉，一时心怀畏惧，不敢前进。于是陈霸先做起了战前动员："……蛮夷军队不过一群乌鸦，容易摧毁消灭，我们应该同生共死，合力出战。"当天夜晚，苏历江江水暴涨，水位增高七丈，汹涌灌入典澈湖中。陈霸先下令全军利用急流，发动攻击，战鼓声和呐喊声跟船舰同时前进。李贲的部众瓦解，再度逃往屈獠洞躲藏。陈霸先在越南血战三年，终于灭了土皇帝李贲，于西魏大统十四年（548年）三月将李贲人头送往建康，之后再灭掉李贲老哥李天宝，进而收复北越全境，从此，他成为南梁夜空最亮的星之一。

然而，他的第二个贵人很快也饿死台城了！没了靠山，穷苦的孩子能干啥？于是也见过了一些世面的陈霸先扳起指头盘算，看看风雨飘摇的朝堂的真龙天子在哪里。这时明眼人一看都能看出，萧绎兵强马壮，那就是寻找中的第三个贵人了。于是先派人暗中汇报，之后就按照萧绎这个老大的密旨行事了。

行事的目标就是讨伐侯景，当然这是旗帜，是宣传口号，其实是按照萧绎的指示，将尽可能多的队伍带到江陵，以壮大老大的实力。此时侯景派人诱劝广州刺史元景仲，他也具有北魏皇室血统，此前侯景将元氏诸人封王，元姓对侯景就比较感激，元思虔、元頵等还成了侯景手下的将军。这次侯景答应要拥戴他为北方皇室继承人，元景仲当然很高兴，立即答应归附侯景。549年，陈霸先传布声讨元景仲的檄文，在广州城四处张贴："元景仲与叛贼勾结，朝廷任命曲阳侯萧勃为广州刺史，现在部队已经屯驻在朝亭。"元景仲的部属们听说之后，赶紧离弃元景仲逃散了。七月初一，走投无路的元景仲上吊自杀。之后陈霸先马不停蹄，继续攻打已投靠侯景的高州刺史兰裕和他弟弟兰青，此前他们已煽动引诱始兴等十郡，一起攻打监衡州事欧阳。陈霸先一出马，便将兰裕等人全都抓获，与广州的叛逆一并押送给萧绎，并迎来定州刺史萧勃镇守广州，萧勃仅委派陈霸先为监始兴郡事。

这就坏大事！也怪陈霸先长期生活在基层，没有什么政治经验，谁镇守广州，可是你一个小小的陈霸先去迎的？还把萧绎这个老大放在眼里不？早请示晚汇报的规矩哪去了？再说了，那个萧勃，就不是和萧绎穿一条裤子的人，他长期和太子萧统一家眉来眼去，萧绎早就把他当成敌人了。陈霸先以为他姓萧，是皇家至亲，那就表对了忠心，拍对了马屁。怒不可遏的萧绎派使者来到广州，悄悄地把陈霸先大骂一顿。

（二）喜遇夫人

这里所说的夫人可不是说陈霸先找到了他的老婆。而是说他终于结识了大名鼎鼎的谯国夫人，壮族的冼英，也称冼夫人。

冼夫人 522 年出生于广东高凉郡山兜丁村，她是南北朝至隋朝时期岭南杰出俚人大首领。她的家族在秦汉时期至南北朝时期已世代为南越俚人首领，统领着南越俚人部落。梁朝时，冼夫人在幼小时就世袭当了大首领（她的家族推行女性世袭首领制度）。冼夫人贤明统率本部落民众，引导他们多做好事、善事。尤其是制止了大哥冼挺恃强侵略掠夺邻近州县的行为，改变了越人部落爱互相攻击的风俗，从而改变了部落之间、部落与官府之间争战不断、"岭表苦之"的混乱局面。冼夫人以其能行军用师、筹略超群、信义卓著而德威遍布，镇服了南越的各个部落。南海沿海地区（包括越南沿海地区）和海南岛共千多个部落归附在她的统领下。其时，冼夫人已是统领"部落数十余万家"的贤明大首领。

528 年，南梁在岭南设置高州、罗州以加强对岭南的管治，之后冼夫人以岭南大首领的身份上书朝廷提出在海南岛设置崖州，梁朝准予。冼夫人将海南岛重新收归国家管理，并在海南岛恢复郡县制。

如此一呼百应的部族首领，当然是各方争取的对象。时任罗州刺史的冯融，知道了正值妙龄的冼夫人的美貌、贤明和才能，全力促成自己的儿子时任高凉太守的冯宝与冼夫人的"汉俚"联姻。岭南地区在冼夫人与冯宝的"南越大首领"和"朝廷地方长官"的双重管治下，"政令有序"，改变了岭南地区梁朝以前官府"号令不行"的局面。

陈霸先要在岭南闯出一番事业，不与地方豪族搞好关系肯定寸步难行，于是"侯景之乱"期间，已平定交趾之乱、被封为直阁将军、封新安子爵的风华正茂的陈霸先在赣石拜访冼夫人，一时万人聚会、载歌载舞。冼夫人和陈霸先走上高台，饮酒摔杯盟誓，正式结成同盟。

此时广州一带许多州长都已暗中投靠侯景，冼夫人一边让丈夫高凉太守冯宝倾全郡的资源支援陈霸先，一边让本族男儿大量从军。后来到建康与王僧辩会师的三万人，以及丰盛的军粮，可以说绝大部分都是冼夫人"赞助"的。

这时高州刺史李迁仕占领大皋口，投靠侯景，派遣主帅杜不虏率主力侵入赣石。太守冯宝听从冼夫人的计谋，舍弃兵多的主帅，直入州府叩拜顶头上司李迁仕，大谈投降宇宙大将军的远景；冼夫人则带领千余人，挑着"礼物"，谈笑风生地去送礼，李迁仕见有下属送礼，当然眉开眼笑不会阻拦，待到栅栏下，冼夫人突然发动攻击，大胜。李迁仕逃跑至宁都苟安，就被早在附近恭候的陈霸先一举拿下。

后来梁、陈朝更替之际，冯宝逝世，岭南地区形势大乱，冼夫人以强大的力量，怀集百越，确保了岭南地区的和平稳定。之后其儿子冯仆，被陈霸先任命为阳春太守。

冼夫人生于最动荡的南北朝，身处最蛮荒的岭南，作为一名女性，她集"忠、爱、志、慈、慧、诚、识、谦、谨、诚"于一身。历经梁、陈、隋三朝十帝，矢志不渝地维护统一、民族团结、保持岭南的安定，民间尊奉她为"岭南圣母""南天圣母"等，至今多地还有她的庙宇，在其出生地山兜还保留着"谯国夫人冼氏墓"。

（三）喜结亲家

不小心拍马屁拍到马脚的陈霸先痛定思痛，觉得还是离开这是非之地，赶快去江陵萧绎老大的周围立功为好。于是郡人侯安都等集结郡中豪杰，以讨伐侯景的名义，各自率领一千多人来归附他。陈霸先派遣主帅杜僧明率两千人到大庾岭上屯驻。

这时立场分明的广州刺史萧勃就派人来制止他："侯景骁勇强悍有力，天下无敌，您只有这么一点人，能对他怎么样呢？你只不过是跟萧家没什么关系的外人，怎么可以明珠暗投呢？"陈霸先终于看清了局势，更加义无反顾地向江陵进发，当时南康的当地豪强蔡路养拉起武装占据了郡城，萧勃就派自己的心腹谭世远出任曲江县令，与蔡路养联合起来，共同遏制陈霸先。西魏大统十六年（550年）正月，陈霸先大军在大庾岭击败蔡路养，乘胜进驻南康，西魏大统十七年（551年）六月沿赣江北下。陈霸先发兵南康时，战局已发生了转变，大都督王僧辩已击败侯景主力，侯景从攻势转为守势。

萧绎还是非常聪明的，现在江陵周边，风头正盛的是王僧辩。虽然王僧辩一直是他的心腹，他也给王大都督戴上了几顶非常尊贵的乌纱帽。但什么事都得讲究平衡、制衡、约束、牵制，不能让一家独大。江陵诸将现在都是王僧辩的部下或心腹，能平衡王僧辩的还没有。这不，从广州来了一个将就的勉强像样的土包子将领，前段时间听说还与冼夫人结盟了，那沿边的番族可是不好对付的。那就让他充当这个角色好了！虽然在平侯景之乱中还未放一枪，萧绎也赶紧授陈霸先为通直散骑常侍、使持节，加封信威将军、豫州刺史，领豫章内史，改封长城县侯。不久

之后又加授散骑常侍、使持节、都督六郡诸军事、军师将军、南江州刺史。不久以后干脆让王僧辩为都督东上诸军事，陈霸先为都督西上诸军事，从此平起平坐。天下终于平衡了，萧绎多疑的心才稍稍放下了一点。

力战侯景的王僧辩的二十万大军从江州出发，直指南梁首都建康，大都督先派南兖州刺史侯瑱率精锐部队，轻舟直捣南陵、鹊头等叛军据点，兵到即克。

春风得意的陈霸先也率三万人马紧赶慢赶，从岭南地区的南江出发，先遣部队五千人，已进到湓口，与大都督相遇。

王僧辩对陈霸先很是陌生，此前与之没有过交集，对他不足挂齿的战绩也偶有所闻。但他从老大萧绎对陈霸先的不断封赏中，读出了明明白白的危机。对于冉冉升起的明星，你除了敬重，别无他途。

当然陈霸先也是很懂事的，先是下足了工夫打听了王大都督的家世，一看他的三儿子王頠还未结婚，刚好自己的女儿也14岁了，于是主动呈上闺女的生辰八字及信物等，愿攀上大都督结为亲家，当然这是于私；于公呢，他也打听到王僧辩军中有点缺粮。是啊，二十万人打了那么久的仗，粮食随时都是最缺的。陈霸先人少，冼夫人赠送的粮食又很多，于是主动送了三十万石粮食给王僧辩作见面礼，王僧辩顺水推舟，一边答应了陈家的婚约，一边接过陈霸先的粮食，一边邀请陈霸先在白茅洲聚会，登坛盟誓，誓曰："臣僧辩与臣霸先协和将帅，同心共契，必诛凶竖，臣僧辩、臣霸先同心共事，不相欺负，若有违戾，明神殛之"。

于是二人升坛饮血酒，共读誓文，都泪流沾襟，言辞慷慨，神色激昂。当然，站在下边的一众大将内心是十分不服气的，登坛盟誓这样的重头戏，哪里轮得到名不见经传的陈姓土包子上台？不论是资历也好，还是战功

也罢,抑或是数人头,都轮不到他。他们也不明白,为啥大都督鬼迷心窍,要让那个半路摘桃子的人上台,还满是尊敬?

时空论坛

网友:霸先草根出场了。

网友:讲讲快速上位的攻略?

网友:要能透视,有贵人。

网友:先确立一个亿的小目标?

网友:小姐姐们,榜样冼夫人来了!

网友:老铁,还有这种操作?

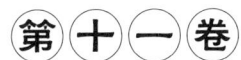

啖其肉

日暮涂远,人间何世!将军一去,大树飘零。壮士不还,寒风萧瑟。荆璧睨柱,受连城而见欺;载书横阶,捧珠盘而不定。钟仪君子,入就南冠之囚;季孙行人,留守西河之馆。申包胥之顿地,碎之以首;蔡威公之泪尽,加之以血。钓台移柳,非玉关之可望;华亭鹤唳,岂河桥之可闻!

——《哀江南赋》节选 庾信

第一章 侯景身灭

一步登天说的是谁?当然是侯景。飞得越高摔得越痛说的是谁?当然还是侯景。侯景从一个孤苦伶仃的最基层小兵做起,好不容易在高欢手下做到方面大员;后来机缘巧合来到南梁,来到建康,成了威武的宇宙大将军,最终坐上了龙椅,达到了人生巅峰,过了把皇帝瘾。都说打天下易坐天下难,侯景也深感同意。天下最难归整的是人心,在龙椅上还没享受多久,人心就散了,就不得不恋恋不舍地离开佳丽如云的后宫,离开金碧辉煌的皇城,离开风云际会的建康,登上一艘破船,在凄风冷雨中,慌不择路地驶向远方。真是命运轮回,人赤条条地来到世界,不管人生有多风光绚丽,最终还得赤条条地离开,一切都是浮云。

(一)建康城破

西魏废帝元年(552年)正月,侯景已经在皇帝的龙椅上坐了一个多月了。前不久侯景攻破了建康,这次王大都督来到建康外围,当然也遵循着侯景的传统进攻路线,再次推演首都建康的攻防战。

二月二十二日,王僧辩等抵达芜湖,侯景守将张黑弃城逃跑。侯景听到消息，很是害怕，心想现在还可以拉拢王僧辩不？那还是死马当成活马医，连忙下了一道圣旨，宣布以前发布的痛陈萧绎、王僧辩罪状的诏书作废，并赦免萧绎、王僧辩的一切罪过，希望他俩悔过自新，为新朝的发展做出贡献。将圣旨在建康大量张贴，并派人送到王大都督军营。对此满营将士都纷纷嘲笑，痴人说梦竟有现实版？

侯子鉴据守姑孰、南洲以抵抗王大都督的军队，侯景派他的党羽史安和等带两千名士兵前去助战。三月初一，侯景发布诏书要亲自到姑孰前线去，又派人告诫侯子鉴说："西边的士兵善于水战，你别和他们在水上争输赢。往年任约吃败仗，就因为和他们拼水战。如果能设法在陆地上和他们打一仗，就一定可以破敌。所以，你只需在岸上安营扎寨，把船只摆在水边等待他们前来就是了。"侯子鉴听了告诫，就舍舟登岸，关闭军营大门，不轻易出来。王僧辩等人在芜湖停兵十几天并不急于前进，侯景党徒大喜，告诉侯景说："西边来的军队害怕我军强大的实力，看样子要逃跑，如不出击，就会让他们溜了。"于是侯景又命令侯子鉴做好水战的准备。

三月初九，王僧辩等抵达姑孰，侯子鉴率领步骑兵一万余人渡过水洲，在岸上挑战，又用战舰千艘载上士兵，船两边各有八十把桨，操桨的人都是越人，来往突袭，快过风电。王僧辩见此情形，就指挥小船退缩，把大舰停泊在两岸。叛军以为王僧辩的水军想退却，争相出来追赶。不料王僧辩便驱动大舰，截断叛军归路，擂鼓大喊，与叛军在江心会战，侯子鉴大败，士兵跳入水里淹死的有几千人。侯子鉴只身一人逃脱，收罗溃散的残兵逃回建康，据守东府。侯景听到侯子鉴大败的消息，大惊失色，泪流满面，拉过被子躺下，过了很久才起来，叹息着说："侯子鉴，

你可把老子给坑了!"

王僧辩留下虎臣将军庄丘慧达镇守姑孰,自己带兵乘胜挺进,历阳戍所的守将出迎而降。三月十二日,王僧辩督率各路水兵抵达张公洲。十三日,乘潮涨进入秦淮河,挺进到禅灵寺前面。侯景召来石头津的首领张宾,让他集中秦淮河的大小船只和出海的巨舰,将其装满石头沉入江里,堵塞住秦淮河口。然后指挥军队凭借秦淮河防线修筑城墙,自石头到朱雀街,十几里长的防线,城墙和守望楼密密相连。

这时陈霸先献计说:"从前柳仲礼几十万大军隔水而坐,屯兵不前,韦粲驻在青溪,也竟然不渡河登岸进攻。这样,贼兵登高眺望,里里外外一览无遗,所以能打败我们的几十万大军。现在我军要包围石头,一定得渡河到北岸去才能合围。诸位将领如果不能抵挡敌军的锋芒,我要求先去北岸扎营立栅。"王大都督一想也好,应该让新人露脸立功。十四日,陈霸先在石头城西面落星山扎营筑栅,其他军队依次接连修了八个城堡,一直延伸到整个石头城西北面,形成包围之势。侯景担心西州退路被截断,亲自率领侯子鉴等也在石头城东北面筑起五个城堡以扼守大路,再让王伟守台城。

在这一败再败的形势下,阵前祭旗当然是必需的。既然皇帝的圣旨不听,那就休怪我不客气了。于是,气急败坏的侯大皇帝拉出早已准备好的祭物,萧绎的儿子萧方诸和前平东将军杜幼安,就在阵前斩杀立威。

三月十九日,王僧辩向招提寺北面进军,侯景率领士兵一万余人,铁甲骑兵八百余骑排列在西州的西边严阵以待。陈霸先说:"我军兵力多,侯贼兵少,应该设法分散贼兵的兵势,达到以强制弱的目的。"于是命令将领们分头到几个地方布置部队。侯景冲击将军王僧志的战阵,王僧志

有意稍稍退却，陈霸先派将军安陆人徐度带领弓箭手两千人横截敌军的后路，一时万箭齐发，侯景的部队惊慌而退。

侯景军退却时，陈霸先和王琳、杜龛等率铁甲骑兵迅速追击，王僧辩指挥大军跟进，侯景的士兵败退下去，缩入营栅固守。侯景手下的仪同三司卢晖略负责守石头城，见大势已去，便打开北门投降，王僧辩长驱直入，占据了石头城。侯景与陈霸先展开了白刃战以决生死，侯景亲率一百多骑兵，扔了长矛，手执短刀，左冲右突地冲击陈霸先的阵脚，但冲击不动。侯景的兵众于是彻底崩溃，陈霸先指挥各路兵马追击败兵，一直追到西明门。

当然，虽然其兵力一泻千里，侯景的战斗力还是有的，也偶尔打了一些胜仗。侯景手下的仪同三司谢答仁在东阳攻打刘神茂。前段时间刘神茂做到了侯景的司空，可他心里还是空落落的。他历来对形势很敏感，觉得侯景已经江河日下，他可不想就在一棵树上吊死，于是请求出兵作战。侯景也正是前线用人的时候，刘神茂在寿阳就是戍主，很有带兵的经验，于是交给他两千兵，让他去镇守战略要地东阳。刘神茂一到东阳，就改弦易辙，马上投降王大都督。侯景大怒，就派正在附近的谢答仁去剿灭。这时王大都督也派程灵洗、张彪都督等率将士去救援，刘神茂想独占战功，好洗刷身上的污点，就不许援救大军进城，自己在下淮扎营。不几个回合，刘神茂就陷入危境，于是刘神茂就再次投降了谢答仁，被押往建康交与侯景。

（二）万众心碎

侯景逃到宫阙下，害怕梁军马上合围，不敢进入台城，把王伟叫来责备说:"你劝我称帝,你看,今天可让你害苦了!"说着举刀欲砍王伟,王伟无言以对,绕着宫阙躲闪。侯景转身要逃跑,王伟抓住他的鞍蹬劝他说:"自古以来哪里有什么叛逆天子!宫中卫士很多,还足够再决一死战,扔下这地方,你将跑到哪儿去安身!"侯景叹息说:"我过去打败贺拔胜,击破葛荣,扬名黄河、朔方,一苇渡江后又平定台城,降服柳仲礼百万大军易如反掌。今天是天要亡我啊!"于是仰头看着石阙,心伤心碎!

当然这口恶气还是要出的,现在最可恶的人是谁?当然是王僧辩。虽然战场上打不赢,但是他的祖宗还在!于是侯景下令,让一千骑兵立即赶到方山东麓,把王僧辩的祖坟给挖了!这还不解气,现在手中最可恶的人是谁?想起前不久被俘获的司空刘神茂还在建康,于是下令准备一口大铡刀,先把刘神茂的脚塞进去。刘神茂大叫饶命,还说与侯景皇帝有恩。想起来了,这不是那个寿阳戍主吗?好家伙,正是你的引路,把老子一步一步地引向了死亡!我给你升那么大的官,让你好好守东阳,你却天生反骨,这样的人更可恨,更该杀。侯景的怨气、烦恼、忧愁,都随着刘神茂的一声声惨叫渐渐平复。

快意恩仇后,侯景用皮袋子把他到建康后生的两个稍大的儿子装好,挂在马鞍后头,就带着心腹百余骑逃跑,想去吴地投奔谢答仁。他前不久才打了胜仗,想必还有一片天地可供周旋。那侯子鉴、王伟、陈庆等心腹大将,因为目标太大,他们也不想再跟着末日皇帝奔向死亡,于是向朱方奔窜。

当晚,最正宗的南梁军队攻入台城,侥幸活下来的老百姓扶老携幼,箪食壶浆以迎王师。令人惊奇的是,大军先放了一把火,烧毁了太极殿

和东西堂，宫殿中的珍宝神器、仪仗羽饰、车辆等大都被抢，其余全被烧得干干净净。趁着大火，王师开始在京城里大肆劫掠，抢夺的办法非常简单实用，那就是将全城男女衣服剥光，并赶出去。那天建康有开天辟地奇怪的景况，最保守的数十万国人，从石头城一直到东城一路裸奔，哭爹喊娘，羞愤难当。然后军士逼着他们用钱赎回衣物，无钱赎的，只有用妻女相抵。一整天，从石头城到东城，秦淮河岸边哭喊之声惊天动地，连台城都被震响。

当然，这些抢劫大都督没有禁止。王僧辩知道，建康的老百姓都被反复抢劫过好多次了，早已一贫如洗不值得一抢。现在家里稍微有点钱财的，要么是侯景的心腹大臣，要么是投降侯景的新贵，他们的财富都是前不久才抢来的，这些人都应该受到惩罚。只管大政方向的大都督，哪知注重细节！

当然，一众军士现在最高兴的就是抢劫了，每天干的都是要命的活，发的薪水少得可怜，还要这扣那扣，以后的日子还怎么过？好不容易攻下一座城，一看老大没开腔，那第一件事就是赶紧发财。抢劫可不管是不是财主，反正有房子都要进去，没珍宝就现钞，没现钞就猪羊，没猪羊就米粮，如果还没有，那就被彻底激怒的士兵放一把火，或是杀几个人，以示惩戒。可怜建康及附近的老百姓，这几年来被抢劫骚扰了一次又一次，能够从夹缝中侥幸活下来的，那真是世界上的最幸运的了！那些来迎接的老百姓望着王师，心伤心碎！

能来迎接王师的老百姓也不多了。建康附近的一些地方纷纷组织起来自保。扶风有一个平民叫鲁悉达，他把乡人纠合起来保卫新蔡，又组织农民努力种田，积蓄粮食。当时江东一带闹饥荒，社会动乱，百姓十有八九饿死，活下来的老百姓扶老携幼去归顺他。鲁悉达对投奔他的人，都分发粮食，救济了很多人，这样就把晋熙等五郡的人民都召集在了他的周围，这五郡的土地也都归他管理了。他还派自己的弟弟带兵跟随王僧辩去讨伐侯景。侯景之乱被平定之后，萧绎任命鲁悉达为北江州刺史。

当然这只是少数，梁武帝末年，建康城的官民在吃、穿、用方面都争相崇尚豪华，储存的粮食不够半年用的，常常要各地运来粮食。自从侯景叛乱以来，道路断了，几个月内，便发展到了人吃人的地步，仍免不了有饿死之人，一百个人里面活下来的不到一二。那些皇亲国戚、豪门大族都自己出来采割野生的稻子和野菜，一时间因饿死而埋在沟壑中的人，数不胜数，望着满地的尸骨，那些幸存下来的老百姓，心伤心碎！

二十日，王僧辩命令侯瑱等率领精锐甲兵五千人追赶侯景。王克、元罗等率领朝中旧臣在道路两旁迎接王僧辩，王僧辩嘲讽地慰劳门楣高贵的王克说："您侍奉夷狄君主可是辛苦了啊！"王克无言以对。王僧辩又问："玉玺印绶在什么地方？"王克呆了好一会才回答说："赵平原给拿走了。"王僧辩说："王氏一家，百代都是公卿士族，今天到你这儿算是完了。"于是王僧辩把简文帝的棺材迎放在朝堂上，率百官按礼仪痛哭跪拜。

随着简文帝的去世，如今南梁萧姓皇族所剩不多了。据后来史官计算，直接被侯景杀害的有萧纲、萧坚等四十人，在对抗侯景的战斗去世的有萧会理、萧确等十人，在战乱中病死的有萧衍、萧藻等四人，在萧姓诸王混战中去世的有萧誉、萧栋等十多人。除了人不在了，城也不在了，这时，放棺材的朝堂是建康城最后一块勉强像样的地方了。东晋以来，建康一直是长江流域的政治、经济、文化和商业中心，"梁都之时，城中二十八万余户，西至石头城，东至倪塘，南至石子岗，北过蒋山，东西南北各四十里。"建康城内有四个市场，商店栉比；在秦淮河沿岸有大市、小市十余处，各地的商品都在此聚集，交易最为繁盛，为六朝金粉之地。只几年时间，一会儿侯景杀进来，一会儿王僧辩杀进去，经过反复几次战乱，"都下户口，百无一二"，一众文武望着满是残垣断壁的建康城，心伤心碎！

（三）侯景身灭

三月二十四日，急急如丧家之犬的侯景逃到晋陵。现在举目四望，他确实不知路在何方了，看到前面有数百乱哄哄的士兵，一问是他的手下田迁及剩下的士兵，于是赶紧将他们收编，如今是能多一人是一人，再一问他们是准备到这个小市镇去抢劫的，真是英雄所见略同，于是侯景亲率队伍，对居民大肆驱掠一番之后，就往东去了吴郡。

谢答仁讨伐抓获刘神茂后，神采奕奕地凯旋回建康准备领赏，军队行至富阳时，听到侯景兵败逃跑的消息，就率领一万人马想从北边出兵去等候侯景，不久也战败被俘。

那个逃跑很快思想转变也很快的赵伯超，在替侯景据守钱塘，一看形势急转直下，这南梁的天是大姑娘的脸，说变就变，他就马上在库房中找出那面"梁"字旗换下城头的崭新的"汉"字旗，并马上阻止以前的老领导侯景的残兵前进。当然，要他出城去抓获侯景立功，他自认为还没有那个能力和胆量。侯景行进到嘉兴，听到赵伯超背叛他的消息，就退回据守吴郡。

四月十二日，侯瑱在松江追上了侯景，这时侯景还有二百条船，兵力数千人。侯瑱发动进攻，打败了侯景残部，抓获了彭隽、田迁、房世贵、蔡寿乐、王伯等将领。就在阵前，侯瑱把罪大恶极的彭隽活活剖腹并斩首。

侯景与身边的亲信几十人乘一只小船逃跑，人多船小，怎么办？侯景看看这个，再看看那个，这些身强力壮的军士都是保护自己的，哪一个也舍不得丢下，再说现在护卫已经很少了，多个人保护就多个活下去的机会！掂量来掂量去，最后还是把装着自己两个儿子的袋子，丢到长江汹涌的波涛中喂鱼了。是啊，目前他们明显是累赘，保护皇帝尚且不易，哪里有能力去保护他们？当年刘备在战场逃命时，几次把儿子丢弃，也是这个道理。小船将要入海时，侯瑱派副将焦僧度乘船追击。

当初，侯景强抢了羊侃的女儿，同时在台城下将刀架在羊侃儿子羊鹍的脖子上，希望能让羊侃投降。后来看到羊侃的女儿端庄漂亮、大家风范，而羊鹍也是老实忠厚，能力也较强，为了讨好他妹妹，便任命羊鹍为库直都督，经常让他跟随左右，当作心腹，对待他很优厚。羊鹍也把仇恨深埋在心底，表面上装得忠心耿耿。这天羊鹍跟着侯景在长江接近大海边逃窜，和侯景所信任的王元礼、谢答仁的弟弟谢葳蕤秘密商议反叛侯景。侯景下海后，想逃回蒙山。四月十八日，侯景白天在船上正在睡觉，羊鹍对船员说："这海中哪里有蒙山，你们别管，只听我调度指挥。"于是就让船直接驶向京口。船行进到胡豆洲时，醒来的侯景发现方向不对，大吃一惊。向岸上的人打听情况，他们说："郭元建还在广陵呢！"侯景听了心中大喜，就准备去投奔郭元建。羊鹍拔刀威胁船员，让他们把船开往京口，并对侯景说："我们为大王出过不少力，现在到了这个地步，终于一事无成，想借借你的头来换点富贵享用。"侯景还没有回答，好几把白晃晃的刀争着砍下来。侯景想跳海，羊鹍封住去路，侯景只好窜入船舱里，用自己的佩刀去撬船的底板，想从船底钻入海中。可惜天无缝，地无缝，船亦无缝，羊鹍用长矛从容地把侯景一矛一矛地刺死。当时侯景的尚书右仆射索超世在另一艘船上，他是侯景的心腹，如不除掉恐生变异，于是羊鹍假传侯景的命令召他前来议事，一上船就把他捆起来杀掉。

接下来的事就简单了，羊鹍指挥船工们把他的尸体送到建康呈送王大都督。王僧辩再把侯景的首级传送到江陵，又砍下他的手，派谢葳蕤送到北齐去，毕竟北齐同南梁一样憎恨侯景。然后把侯景的尸体贴上标签，挂在建康最热闹的市集上示众，那简直是人山人海，万人空巷。

当初温柔漂亮的溧阳公主是南梁的最美丽的公主，从小受尽宠爱，十四岁时却被逼嫁给了侯景。所以溧阳公主在无可奈何强颜欢笑的同时，心底深处却非常痛恨侯景，盼望丈夫早点灭亡！如今果然心想事成。

五月十一日，侯景的首级送到江陵，萧绎命令挂在市上示众三天，之后又用火烤干，并油漆了后交付武库保管，作为南梁永传千秋的战利品和警示品。

十三日，萧绎任命南平王萧恪为扬州刺史，十七日，任命王僧辩为司徒、镇卫将军，封为长宁公。任命陈霸先为征虏将军、开府仪同三司，封为长城县侯。

赵伯超、谢答仁、田迁等人都投降了侯瑱，被押送到建康。王僧辩把侯景亲信房世贵斩首于市，另把王伟、吕季略、周石珍、赵伯超、伏知命等人押送到江陵。

当时王伟在逃跑路上和侯子鉴跑散了，被直渎戍所的守将黄公喜俘获，押到建康。王僧辩审问他："你身为贼党丞相，不能为贼党守节，还想在草野间求条活命吗？"王伟回答："朝代的废兴，这是天命。假使汉帝侯景早听从我的话，当年在这里不放了你，你哪能还有今天！"尚书左丞虞骘过去曾经被王伟羞辱过，趁这机会狠狠地把唾沫吐在他脸上。王伟一动不动地讽刺说："你是个不读书的人，不值得我跟你计较。"

五月十八日，侯景所任命的尚书仆射王伟、左民尚书吕季略、少府周石珍等人被斩首于市。赵伯超、伏知命饿死在监狱之中。王伟在狱中曾献了一首五百字的长诗给萧绎，萧绎爱他的才华，想宽宥他。但是有一大堆文人都妒忌王伟，很怕以后盖过自己的风头，马上有人提示萧绎说："前些日子王伟作了一篇檄文，文采也很好。"萧绎便让人找来欣赏，檄文中写道："项羽眼珠中两个瞳孔，尚且有乌江之败；萧绎只有一只眼睛，怎么能使神州民心归顺！"

当然有能力的武将还是比较幸运的，比如任约和谢答仁。现在正是萧绎需要战将的时期，萧纪正在长江边和他争天下，于是他把任约从监狱里放出来，任命他为晋安王司马，让他协助陆法和抵抗萧纪，并对他说："你本来是该当死罪的，我不杀你，就是为了今天让你戴罪立功。"于是，把宫廷警卫部队也撤销了，把他们发配给任约指挥。同时萧绎答应任约，把庐陵王萧续的女儿嫁给他。同时，萧绎又把谢答仁从监狱里放出来，任命他为步兵校尉，配以士兵，也让他去协助陆法和。

五月二十日，萧绎下令解除戒严。同时下令说："王伟等人既然已经死了，其他的士大夫旧贵族中被逼依附苟且偷生的人，还有勇猛有功勋的豪杰为了免去一死而跟着跑的人，都不再追究了。"

二十八日，梁朝把简文帝埋葬在庄陵，定庙号为太宗。

侯景的二十万将士骨干，基本上都是最底层的奴婢，他们在推翻南梁、打击士族方面出了力，也给江南普通百姓带来沉重灾难，严重破坏了社会经济。奴婢所处的社会地位使他们在政治上缺乏远见，心胸狭隘，且破坏性极强。这些局限性，决定了他们只能帮助侯景摧毁一个腐朽政权，而不能建立、巩固一个新政权。他们极大的破坏力，也加快了侯景的败亡。

时空论坛

网友：侯景死了，宇宙没人管了！

网友：他解放了那么多奴隶。打工人，老大来了！

网友：世界那么大，得有个管宇宙的才行。

高欢：景狡猾多计，反复难知。

庾信：景负其牛羊之力，肆其水草之性。

卢思道：景背恩弃义，狼顾汝颍。

李延寿：景起于边服，备尝艰险，自北而南，多行狡算。

吕思勉：景虽然野蛮粗鲁，在是时北方诸将中，已经算是狡黠的了。

第二章 萧绎心灭

俗话说,当家才知盐米贵。平时埋头读书写作的萧绎,望着云端的龙椅,只知那代表着高贵、尊崇、权威、顶端,心里那是羡慕、渴望、梦想、痴狂。可是真正坐上去了,却发现并不是他所想象的那么舒服安逸。目前麻烦事一大堆,王公大臣们天天围着他请示,这里造反,那里失地,需要他呕心沥血地想办法,一会儿调兵遣将,一会儿运筹帷幄,一会儿看望慰问伤员,一会儿书写修改檄文,哪里有时间快乐享受?至于好事开心事有利可图的事,大臣们自己悄悄享用就可以了。坐在龙椅上的萧绎终于想明白了,位高未必幸福,权重未必快乐!

(一)陆纳把反造

侯景反贼已经灰飞烟灭,那几个姓萧的反贼也已就地正法,攘外安内的战略已成效显著,天下终于应该消停了。但是理想很丰满,现实太骨感,偏偏天下还是不太平,第一个跳出来造反的就是以前名不见经传的陆纳。

其实陆纳造反完全是被萧绎逼出来的。陆纳是王琳的最忠诚的副将。

王琳本来是会稽的兵家子弟，他的姐妹都被送入萧绎的宫中，所以王琳自小在湘东王身边长大。王琳喜欢逞勇力，湘东王让他当将帅。王琳能屈身礼遇才智之士，所得到的赏赐也不拿回家里，全部赏赐给手下。他手下有一万多人马，出身大多是长江、淮河上盗贼，现在都死心塌地地跟着王琳。王琳跟随王僧辩去平定侯景，在巴陵之战以及以后的一系列战役居功至伟。但他的豪爽和不拘小节当然也得罪了萧绎身边的人，那些人现在不敢说大红人王大都督的坏话，但收拾大都督下边的人以示警告还是可以的，于是罗列了王琳大将军的许多污点。生性多疑的萧绎哪里受得了，并不看他姐妹在后宫的情义，于是把以前的"十大罪状"翻出来修改修改，就在宫殿上把湘州刺史王琳抓起来投进监狱，并当场斩杀了他的副将殷晏。

卸磨就杀驴，也是帝王之铁则，王琳怀疑自己会遭祸，就派长史陆纳率领部曲去湘州。走前对陆纳等人说："我要是出不来，你们将要去哪里？"大家都说："跟你一块死。"大家相对而泣。

十月二十七日，萧绎任命王子萧方略为湘州刺史取代王琳，任命廷尉黄罗汉为长史取代陆纳，派黄罗汉和太舟卿张载到巴陵去接管王琳的军队。陆纳和士兵都痛哭流涕，不肯被收编，就把黄罗汉、张载抓了起来，并把张载的肚子剖开，抽出他的肠子系在马脚上，让马绕来绕去奔走，直到肠子拽完气绝而死。又一片片割张载的肉，挖出他的心肝，令众人向着他的尸体拍手跳舞，再把剩下的骨头全烧了。陆纳和将领们带兵袭击湘州，当时刺史萧方略还没有到达，陆纳就占据了湘州。

之后陆纳在渌口袭击并击败衡州刺史丁道贵，把他的部队及粮饷尽行收缴；丁道贵逃奔到零陵。之后营州刺史李洪雅又从零陵率部下出空灵滩，声称是帮助朝廷讨伐陆纳。朝廷摸不透李洪雅的动机，深感焦虑，便派中书舍人罗重欢征王僧辩与骠骑将军宜丰侯萧循一起南征平叛。于是，王僧辩率领杜崱等各路大军，从建康出兵，将部队驻扎在巴陵。这时陆纳等人已占据车轮这个地方，造有两艘巨舰，"衣以牛皮，高十五丈，一曰青龙，一曰白虎，选其骁勇者乘之以战"，并在两岸筑起城堡，大有投鞭断流之势，其兵卒勇猛无比，都是身经百战的精锐。王僧辩命令部下作连城之势威逼叛军。叛军见王僧辩不敢前来交战，便放松了警惕。王僧辩乘其不备，命令各军水陆夹攻，他自己亲自执掌军旗和战鼓，指挥大军的进退。于是各路大军竞相进发，和陆纳军在车轮展开大战，王僧辩与骠骑将军萧循并力苦攻，拿下了敌人两座城堡。陆纳大败，从陆路逃走，回保长沙，把城外的老百姓都驱逼入城，用以抵抗官军，守卫长沙。

王僧辩率领大军追击，命令筑垣墙包围长沙，并要求各军多建栅栏，他自己走出营帐，坐在战壕的土埂上观察敌情。叛军老远望来，认出了王僧辩，知道对方没有什么防备。陆纳的部下吴藏、李贤明等便率精兵千人，打开城门出来偷袭，拿着盾牌一直往前冲，直取王僧辩。当时杜崱、杜龛双双侍卫在王僧辩左右，侍卫的士兵仅百余人，于是二人率兵苦战，李贤明乘着戴有护身铁甲的战马，带领十数骑兵，大声喊叫着冲了上来。艺高人胆大的王僧辩正靠在胡床上休息，在如此紧要关头，他面不改色，冷静地指挥勇士们抵挡，最后还俘虏了李贤明，当即斩首，叛军于是退回城中防守。

其实王琳的底细王僧辩是知道的，在共同的战斗中也结下了深厚的友谊，而陆纳也是忠义之人，他忠心于王琳也没什么不对。包围长沙后，王大都督围而不攻，暗中派出使者与陆纳接洽，陆纳再次重申了他的最简单要求："释放王琳"。于是王僧辩修书一封，快马呈报萧绎，希望化干戈为玉帛。当然需要用兵的地方还很多，萧绎也不想把这事拖久了，于是放出了王琳，让他进入长沙城。王琳一进城，陆纳就投降了，湘州从此被平定。萧绎也恢复了王琳的官职爵位，让他带兵向西去支援峡口。

（二）北齐把地抢

战时最高准则就是丛林法则，真理在羽箭的射程以内，打得赢是大哥，大家比谁的拳头大，没有什么其他道理可讲。如今南梁大乱，不跑过去分一杯羹肯定不行。现在北齐是新主子高洋，他哥哥高澄在时他还一直挂着长长的鼻涕，一脸懵懂，现在他刚把皇帝拉下马，自己坐了上去，当然得显示自己的文治武功。前不久收到了南梁送来的侯景的一双手，高洋拿到父亲高欢及哥哥高澄的墓前焚化。之后一想，虽然北齐收回了侯景的十三州，虽然也正式承认了萧绎的南梁老大的地位，但现在南梁还在混乱中，长江中肯定有许多大鱼可摸，于是派出几路大军，让他们在不破坏外交友谊的前提下，去打打秋风。

三月二十二日，南兖州刺史郭元建献出城池归降，王僧辩派陈霸先带兵去广陵受降。这时正好侯景的爱将侯子鉴渡江逃到广陵，他对郭元建说："我们这些人，是梁朝的宿敌深仇，有什么面目再见到梁朝的主子！不如投奔北方，还可以得到还乡的机会。"于是全都投降了北齐。当陈霸先行军抵达欧阳的时候，北齐行台辛术已经占据了广陵。

侯景兵败时，自己携带着传国玉玺，让他的侍中兼平原太守赵思贤掌管，交代他说："如果我死了，就把它扔到江里去，别让吴儿们又得到它!"赵思贤从京口渡江时,遇到强盗,他的随从慌乱之中把传国玉玺扔在草中。他到达广陵之后,把这事告诉了郭元建。郭元建派人去找了回来,把它交给辛术,辛术再把玉玺送到了邺城呈送给高洋。

四月,北齐高洋再派大都督潘乐与郭元建带兵五万人攻打并占领阳平。之后高洋派郭元建率两万兵众,在合肥大肆陈列舟舰,准备袭击建康,又派遣他的部下邢景远、步大汗萨、东方老等率领部队随后赶来。当时陈霸先镇守建康,得知北齐南侵,飞马报告江陵,梁元帝萧绎当即下令王僧辩进驻姑孰,令豫州刺史侯瑱率精兵三千人在东关筑垣墙,征召吴郡太守张彪、吴兴太守裴之横在东关与侯瑱会合,于是和北齐军队大战,北齐战败。

不甘心的高洋再派潘乐、郭元建率兵包围秦郡。陈霸先命令别将徐度带兵去协防,要求他们固守城池。北齐军队有七万之众,攻打得很猛烈。王僧辩派左卫将军救援,陈霸先也亲自从欧阳赶来会师。双方共十多万将士在士林大战一场,郭元建惨败,南梁斩下北齐首级一万多,俘虏一千多人。郭元建收拾残兵败将向北逃窜。因为双方还在讲究友好,互通信使,所以没有穷追不舍。

北齐政令繁多,赋税很重,长江以北的人民不愿意归属于北齐,一些豪杰之士多次请求王僧辩出兵,王僧辩因为国家正和北齐发展友好关系,每次都没有允许。七月,侨居广陵的朱盛等人,暗中纠集党徒好几千人,准备袭杀北齐刺史温仲邕,派使者向陈霸先求援,要他作外应,并说已经攻下了外城。陈霸先刚渡过长江,朱盛等人的密谋泄露而被诛杀,陈霸先也包围了广陵。

高洋一看南梁现在的兵威还是可以的,再说辛术也非常有能力,最初与高岳等破侯景，擒萧渊明，慕容绍宗阵亡后，高澄派他当东徐州刺史，为淮南经略使。他在两年间经略江淮，获梁二十三州，尽占淮南之地。现在打过长江还有点难度，那就见好就收吧。便派使者向王僧辩、陈霸先讲和说："请贵军撤了包围广陵的人马，我方一定把广陵、历阳两城还给你们。"陈霸先就带兵回京口，江北的人民跟着陈霸先渡江的有一万多人。

之后北齐调回能征善战的辛术回朝当吏部尚书，派散骑常侍谢季卿、曹文皎来南梁祝贺平定侯景之乱的胜利。萧绎也派散骑常侍柳晖为使节回访，而且把平定侯景之乱的情况通报对方，同时派舍人魏彦把这事通报给西魏，两国又重修旧好。

（三）西魏把绎灭

和北齐不同，西魏可是一直雄心勃勃，所图者大。目前，西魏已经应萧绎的请求，占领了萧绎八弟武陵王萧纪的汉中和富饶的巴蜀，以及江淮间的广大地区，此前西魏也已封萧詧作梁王，掌管着巴掌大的荆州不足三百里的狭长地带，这么小的地方也闹腾不出什么大事，何况还派有武装部队协管！当然一梁不容二主，这个不大听话的萧绎，比正统也比不过萧詧，那肯定就在被取缔之列了。

现在萧绎最不放心的也是西魏，西魏废帝二年（553年）十二月初八，元帝再派侍中王琛出使西魏，打听到宇文泰暗地里有夺取江陵的野心，萧绎听到这消息，给西魏的贡品越发多了。西魏恭帝元年（554年）正月二十三日，西魏派侍中宇文仁恕出使梁朝，刚好北齐的使者也到了江陵，元帝对宇文仁恕的接待不如对北齐使者那样隆重，宇文仁恕回国后，把这事告诉了太师宇文泰。

之所以对西魏使者不太友善,是因为缓过神来准备振作一番的萧绎,看着南梁的地图非常憋屈。侯景之乱以来,南梁的州郡有许多被并入西魏,自巴陵以下至建康这一线,治理范围只在长江以南,荆州境内北边到武宁为止,西边到硖口为止,岭南又被萧勃占据着。朝廷诏令所到的地方,不过方圆千里以内,百姓户口登记在簿册上的,还不满三万户。虽然这些地方是当时形势所迫,不得已点头割让给西魏的。比如汉中和巴蜀是萧绎为了灭八弟萧纪的老窝,借此牵扯他的兵力而一再请求西魏去吞并的,巴蜀一失,江陵也就失去了天然屏障。但是此一时彼一时,要振兴南梁,就必须恢复梁武帝时的疆域。于是元帝率性而为,把文学上的傲气写到了外交信笺中,要求西魏使者,按过去梁武帝时的版图来重新划定边境线。

吞进肚子里的肥肉,西魏还愿意吐出来?宇文泰说:"古人说得好,'天意要是想抛弃他,谁能使他兴起呢!'这话说的就是萧绎吧!"

荆州刺史长孙俭过去曾多次陈述进攻梁朝的方略。当初岳阳王梁詧内附时,作为鲜卑人的长孙俭"于厅事列军仪,具戎装,大为鲜卑语,遣人传译以问答,"展示了胜利者对南方士人的轻鄙之态,如今他就是梁詧的军事统帅。宇文泰就把长孙俭征召入朝,向他询问向南进攻的计策,然后又命令他回到荆州,秘密地进行南下攻梁的准备。这时,元帝萧绎觉得应该显示一下文治,就派当时闻名天下的文学家、散骑常侍庾信等到西魏聘问。当然,这一去庾信就再也回不来了,宇文泰也是喜欢文学的,也是爱惜人才的!后来庾信于578年在北周写下了千古传颂的文人范文《哀江南赋》。

经过精心准备,554年,西魏派柱国常山公于谨、中山公宇文护、

大将军杨忠带兵五万人去惩罚那个桀骜不驯的多余的梁王,十月初九从长安出发,先传檄于梁曰:

告梁文武众官:夫作国者,固弗以礼信为本。惟尔今主,往遭侯景逆乱之始,实结我国家以邻援。今总背德,党贼高洋,引厥使人,置之堂宇,傲我王命,扰我边人。我皇帝袭天之意,弗敢以宁,分命众军,奉扬庙略。凡众十万,直指江陵。

长孙俭问于谨说:"假如咱们替萧绎谋划一下,他该怎样抵抗我军才好呢?"

于谨:"如果他能陈兵于汉江、沔水一带,从江陵收拾家当率领臣下全部渡江而下,先径直占据丹杨,这是上策。"

长孙俭:"柱国高明,御敌于边境。"

于谨:"如果他能把江陵外城内的居民全部移往内城,退保固守,把城墙加高,等待援军,这是中策。"

长孙俭:"等待王僧辩等援军,内外夹击!"

于谨:"如果他感到搬动起来很困难,就原地不动防守外城,这可是下策。"

长孙俭:"您估计萧绎会采用哪一种计策?"

于谨:"他只会采用下策。"

长孙俭:"为何?"

于谨:"萧氏据守江南以自保,已经绵延经历了三四十年。正好这段时间里中原地区也处多事之秋,不能够向外扩张。萧氏又因为我国东边有齐国为患，认为我国必不可能分散兵力去进攻他们。而且萧绎这个人懦弱而没有谋略，多疑而少决断，而那些普通平民们又很难忧深虑远，都留恋自己的家园，所以我知道萧绎一定采用下策。"

十月初十，武宁太守宗均飞报："西魏大军将要入侵。"元帝召集公卿大臣商议对策。

领军胡僧佑："西魏和我们梁朝一向友好来往，也没发生过什么不愉快的事情，我想不会向我们发起进攻吧。"

太府卿黄罗汉："前不久才有珍宝朝贡，今年已是第四次了！"

侍中王琛："我曾于去年出使西魏，揣摩宇文泰的神色，很是友好，绝不可能发兵来打我们。"

于是萧绎又派王琛携带大量财宝到西魏去访问。十三日，于谨的队伍抵达荆州附近，梁王萧詧率部属慰问会合。这时已有许多西魏进军的情报送达萧绎，十五日，好为人师已开讲一个月《老子》的萧绎终于停止了讲课，朝廷内外宣布戒严。王琛一边派副手把朝贡品送去长安，一边在江淮间走马观花侦查一阵，派人急报萧绎："边境上很安宁，说西魏要对我们发动进攻，简直是儿戏之言。"元帝听后感到疑惑。十七日，老师又恢复讲解《老子》，文武百官都只好穿着军装听讲。

萧绎对军事的厌恶导致对重要军事情报的不在意，依旧陶醉于自己文学上的成就，忽视了客观事实的存在，为西魏的合围送上了足够的时间。十八日，元帝派主书李膺去建康，征召王僧辩为大都督、荆州刺史，命令陈霸先移兵驻守扬州。不懂军事的萧绎，这时还将王僧辩、陈霸先两员大将部署在长江下游清剿侯景余孽，江陵周围的军防已经形同虚设；因为一点小差错就将功臣王琳、陆法和等变相流放，也不知他是真胸有成竹还是盲目自信，这就和当初刚坐上龙椅的他有模有样地讨论建都之地一样。

当时领军将军胡僧佑等家在江陵的大臣说："建康之地王气已尽，而且和敌虏只隔一条长江，如果有什么不测之灾，后悔就来不及了！况且从古至今，就相传说：'荆州的沙洲满一百时，定会出天子'。现在枝江生出了一个新的沙洲，沙洲已经满一百年了，所以陛下云腾龙飞，乘势而起，正是其应验呀。"

尚书右仆射王褒："现在老百姓还没看见皇上车辆仪仗进入建康，因此以为皇上还是列国诸王之一。希望陛下依从四海黎民的瞩望，回建康定都。"

荆州众臣都说："王褒等是东边的人，当然一心要回东边去，他们的主张恐怕不是什么好主意。"

周弘正："东边的人劝皇上去东边，就说不是好主意；西边的人想去西边，难道倒成了妙策？"

元帝对与会者五百人说："劝我去建康的把左肩膀袒露出来。"结果袒露左肩的人过了一半。

武昌太守朱买臣："建康是我们梁朝的旧都，是帝室祖宗陵墓的所在地。而荆州是边疆军事重镇，不是帝王居住的地方。希望陛下下决心回建康，不要怀疑犹豫，以至将来后悔。我家就住在荆州，难道不愿陛下住在这儿？但这样做恐怕是臣下富贵之计，不是陛下富贵之计了！"

心中早有定论的元帝让术士占卜吉凶，结果不吉利，因此元帝说："那就别去建康了。"

元帝早就认为建康凋蔽残破，而江陵正处于全盛之时。萧绎6岁便封为湘东王，经营江陵多年，培植的势力也在江陵。况江陵景色优美，风光无限，最适合吟诗作赋。如果有人长时间面对他人时展现另一副面孔，那么最后他会分不清到底哪个才是真的。萧绎整天和一群文人雅客吟诗作赋，如此一来，根本分不清楚自己到底是帝王，还是文士。于是建都长江北岸的江陵，而非长江南岸的建康，一道长江天险就失去了。现在，如狼似虎的西魏精兵只要渡过窄窄的汉江，就可以毫无阻挡地来江陵旅行了。

十一月初一，元帝在津阳门外举行大阅兵，西魏军队也轻易渡过汉水，于谨命令宇文护、杨忠率精锐骑兵先占领了江津，切断元帝东逃的道路。

初二，宇文护攻克武宁；元帝骑马出城巡察修筑栏栅，周围共六十多里长。又派领军将军胡僧祐都督城东诸军事，尚书右仆射张绾当他的副将，左仆射王褒都督城西诸军事，四厢领直元景亮当他的副将，王公以下各大臣各有守责。

初四，派太子在城楼上巡视督责，命令居民帮助军队搬运城防用的木头石头。夜里，西魏军队抵达黄华，这里离江陵才四十里路。

初五，魏兵到了梁军的栅栏下。

初六，州刺史裴畿、其弟新兴太守裴机、武昌太守朱买臣、衡阳太守谢答仁等打开枇杷门出战，裴机杀了西魏仪同三司胡文伐。"梁人率步骑开枇杷门出战。初，岭南献二像于梁，至是梁主被之以甲，负之以楼，束刃于鼻，令昆仑驭之以战。杨忠射之，二像反走。"

十五日，军营的栅栏内失火，烧毁了几千家民房和二十五座城楼。元帝亲临烧毁的城楼察看，远望魏军渡江涌来，四顾孤危，不禁长叹。当天晚上，就住在宫外，夜宿百姓家。

十七日，移居到祇洹寺内。于谨下令修筑长久围城用的军营，从此，梁朝信使、诏命无法外传，内外联络被切断了。

十八日，信州刺史徐世谱、晋安王司马任约等在江陵南岸的马头修筑城堡，远远地作为声援。当天晚上，元帝巡视城防，还随口吟诗，群臣纷纷和诗。元帝撕裂绢帛写了一封信，催促王僧辩速发援兵。

二十六日，王褒、胡僧、朱买臣、谢答仁等人开门出城迎战，都大败而归。

二十七日，元帝移居天居寺。

二十九日，移居长沙寺。朱买臣进言："只有杀了宗懔、黄罗汉等当初进言建都江陵的，才可以平息天下的怨恨！"元帝当然不肯。

前不久才从大牢里放出来的王琳，率军攻灭了萧纪，细细算来，他的战功又多又大。生性猜忌的萧绎一看王琳势大，本人也很得军心，手下还有很多死士心腹，于是便将他调到最远的岭南，担任广州刺史。走在半路上的王琳听说西魏大军进犯，立即率军日夜兼程赶到长沙，派长史裴政走小路先把消息报告江陵，被西魏抓获，被推到江陵城下，西魏人向城里喊话说："王僧辩听说台城被围，已经自立为皇帝。王琳孤军力弱，不能再来救援了。"但裴政立即大喊："救援大军正大批赶来了，你们要自奋自励。"

十二月初一，西魏开始总攻，军队从四面八方一齐攻城。城里的守军扛着门板作为盾牌，胡僧佑亲冒箭石，昼夜督战，对勇敢的将士进行鼓励，厉行赏罚，这样大家都拼死抵抗，所向披靡，魏军纷纷溃败死伤，无法前进。不久，胡僧佑被飞箭射死，内外城军民惊慌失措。西魏军队倾巢而出猛攻栅栏，有反叛的人打开西门迎接魏军进城，元帝和太子、王褒、谢答仁、朱买臣等退却到金城自保，派汝南王萧大封，晋熙王萧大圆为人质，到于谨军中去求和。

当魏军刚到的时候，众人认为王僧辩的儿子侍中王顗可以当都督。元帝当然不愿让一家独大，坚决不用，还夺了他的兵权。等到胡僧佑死了，朝中再无大将，不得已才任命他为都督城中诸军事。但是为时已晚，裴畿、裴机、萧峻等都纷纷出城投降了。当时城南已被攻破，但城北诸将还在苦战，一直到天黑，听说全城都陷落了，才纷纷逃散。

伤心欲绝的萧绎躲进东竹殿，想到的第一件事就是命令舍人高善宝焚书，和自己最钟爱的宝贝一起死！

具有讽刺意味的是，印刷技术发明前，文明古国最宝贵的是书籍，但屡遭厄运的也是书籍。前人所称书厄，即指大量书籍亡佚毁损的历史劫难。到萧绎时中国历史上已经发生了"五厄"，而萧绎焚书是其中最大的一厄。当时萧绎聚书繁富，搜集抄写的书籍，经史子集，无所不容，也包括不少医学艺术等，计有八万卷之多。所著《金楼子》卷二有《聚书》篇，就记载有个名叫孔昂的人，为他抄写的书中有《肘后方》。他在《聚书》篇内总结说："吾今年四十六岁，自聚书来四十年，得书八万卷。"加上前不久让王僧辩从建康文德殿搬运过来的八万卷，经过周弘正等十六人整理，以经史子集四部分组，去掉重复的，一共十四万卷，就在今晚，统统化为灰烬。后世为此吐在萧绎身上的口水，足够盛满长江，"未有不恶其不悔不仁而归咎于读书者""元帝所为至死而不悟者也"……

本来想跳进火海与他心爱的书同归于尽的萧绎，还是没有自尽的决心和勇气，苟且偷生的念头又占据了大脑，在熊熊大火中，萧绎让御史中丞王孝祀写投降文告。于谨接到投降书后，提出让太子来当人质，元帝派王褒去送太子。于谨的儿子知道王褒书法很好，就给他纸和笔，请他写字。王褒写字后自署："柱国常山公家奴王褒。"

西魏派两个高个子的壮健胡人押着萧绎游街行走，遇到于谨，胡人牵着元帝，让他跪拜。之后梁王萧詧派铁甲骑兵前后押着元帝入了军营，开始了胜利的审判。

萧詧坐在宽大的龙椅上，惊堂木重重一拍："台下所跪何人，报上名来！"

被迫跪在地上骄傲而羞愧的萧绎当然不愿作答，奈何背上的刀尖越刺越深，不敢跳入火海的人当然也不敢上刀山，只好小声回答："是你七叔萧绎！"

台上惊堂木再重重一拍："还知道是七叔？杀死我兄长萧誉时可知道？杀死我八叔萧纪时可知道？追杀我六叔萧纶时可知道？杀死一众萧家亲王时可知道？可知道你的十恶不赦？"

正在犹豫或者想反抗，但感觉到深入后背的刀尖椎心刺痛的萧绎回答："知道。"

台上惊堂木又重重一拍："我大梁的江山你送北方大半，我大梁的文化典藏你烧毁全部，可知道你的老奸巨猾？"

感觉刀尖又深入了一寸，不敢再犹豫的萧绎立即回答："知道！"

当然台上惊堂木又拍下："当时台城被围，你拥兵自重，不救国难，可知道你的不忠？"

萧绎木讷地说："知道。"

台上惊堂木再次拍下："当初你的父亲被困，之后被饿死，你实力最强却见死不救，可知道你的不孝？"

萧绎只好再说："知道！"

台上萧詧最后重重地拍下惊堂木："台下萧绎，似尔等不忠不孝、大奸大恶之徒，与禽兽何异！押下去候斩！"

十二月十九日，元帝被处死。萧詧派尚书傅准去监刑，用装土的袋子把他压死。其时南朝一直以孝治天下，梁武帝最重要的作品就是《孝思赋》以怀念父母，并为父母建大爱敬寺和大智度寺。萧绎在《金楼子·终制》中要求以《孝经》及《孝子传》陪葬，这当然无人理会。萧詧让人用粗布把尸体缠裹起来，以蒲草织的席子进行收殓，用白茅草牢牢捆住，埋葬在津阳门外。同时把愍怀太子萧元良、始安王萧方略、桂阳王萧大成等一同斩杀。

555 年年初，于谨收萧绎府库中珍宝及宋浑天仪、梁铜晷表、大玉径四尺及诸法物、奇异珍宝，尽俘王褒、王克、宗懔、殷不害等王公大臣，及百姓男女十万口为奴婢，分赏三军，驱归长安，小弱者皆杀之，得免者仅三百余家，路途中人马践踏及冻死者遍地。被俘同行的《颜氏家训》作者颜之推，在《观我生赋》中对北周破江陵描写道：

> 惊北风之复起，惨南歌之不畅。
> 守金城之汤池，转绛宫之玉帐。
> 徒有道而师直，翻无名之不抗。
> 民百万而囚虏，书千两而烟炀，
> 　溥天之下，斯文尽丧。
> 怜婴孺之何辜，矜老疾之无状，
> 夺诸怀而弃草，踏于途而受掠。

冤乘舆之残酷,轸人神之无状,
载下车以黝丧,掯铜棺之薨葬。
云无心以容于,风怀愤而惏恨。
井伯饮牛于秦中,子卿牧羊于海上。
留钏之妻,人衔其断绝;
击磬之子,家缡其悲怆。

此前作为外交使节出使长安的庾信,被爱才的宇文泰留置不放,在西魏破江陵时,其父亲撒手人寰,二子一女在逃亡中夭亡。他悲痛地描写了江陵城破一年后一位被掠妇女的被拘之痛和思乡之情:

怨歌行

家住金陵县前,嫁得长安少年。
回头望乡泪落,不知何处天边?
胡尘几日应尽?汉月何时更圆?
为君能歌此曲,不觉心随断弦。

此前,江陵告急的消息虽然好不容易发布出去了,被流放的王琳也心急如焚,星夜赶路;下游的王僧辩也积极做反击部署,派遣豫州刺史侯瑱率程灵洗为前军,兖州刺史杜僧明率吴明彻为后军入援,但是直到江陵城被攻破,江陵被抢掠一空,这些中流砥柱的将军也没一人赶到。而距离江陵城仅咫尺之遥的陆法和虽主动发兵来救,但就算在这危急存亡的时刻,萧绎依然不放松对他的猜忌,命令已经启程的大军撤回本部。

陆法和失望至极,只好用披挂一身缟素的方式来表达对国家前途的彻底死心。

萧绎一直令一众武将捉摸不透,尤其是他在江陵的反常表现。事后一些大臣认为,萧绎原本因为眼疾而产生自卑与抑郁,后因文学上的成就受众人关注;但随着西魏大军兵临城下,众人的关注也就不再是文学而是军事了,这让萧绎产生了巨大压力与失落感,"负性思维导致抑郁心境",这种心境又进一步激发负面体验、自我责备和抑郁情绪,使得萧绎对战事极为消极。但直接逃跑又有失风度,所以打算只进行一下象征性抵抗,然后逃亡建康,故而最关键时刻还任命王僧辩值守建康,命陈霸先镇守扬州,也是为下步跑路作打算。可惜人算不如天算,西魏最终没有给他任何突围的空间与时间。

经过西魏的洗劫,江陵也成了一座空城,长江流域第三个经济文化中心自此消失。

时空论坛

网友:那个多疑虚伪的"大忽悠",终于光荣了!

网友:孤本图书馆,怎么就忍心烧了呢?

网友:居然不用那些很能打的武将,还有这种操作?

陆法和:他就是天天怕人家抢了他的位置。

王僧辩:我已使出全力,无愧于时代了。

网友:南梁就这么完了?

司马光：还早哦！过几年南梁成了南陈。但还有北周的附庸后梁，萧詧为宣帝，追尊其父萧统为昭明皇帝，庙号高宗；宣帝之后为明帝萧岿，之后为末帝萧琮，小朝廷还维持了33年。

李白：后梁的唯一亮点，是萧岿的女儿嫁与杨广。离奇的萧后战乱中没于宇文化及，再没于窦建德，突厥处罗可汗迎入房庭，大唐李世民迎归于长安，后与杨广合葬于扬州西湖的雷塘。

网友：这么波折，简直是一部精彩的电视剧！

杜甫：萧后的赋可与蔡琰的诗、李清照的词相提并论，为中国古代女性文学三大代表之一，《述志赋》是其代表作。

第三章 南梁国灭

突然之间,江陵的皇帝萧绎就不在了!这可是南梁兵威最盛的时期!那王僧辩,是经过战场检验的百战名将,萧绎把他派得太远,回救已经来不及了!擦干眼泪继续前行,于是王僧辩马上侍奉萧绎的儿子、当时13岁的江州刺史晋安王萧方智在建康即帝位,是为梁敬帝。王僧辩因辅助即位之功劳,按旧制晋封为骠骑大将军、中书监、都督中外诸军事、录尚书事。

(一)搞定老大

现在的南梁,梁武帝的几个儿子都在内战中或自相残杀中死去,加上侯景的围剿、战乱的杀伐,有资历有威望的萧姓皇族已经不存在了。整个南梁最有声望的只有王僧辩,他完全可以追赶潮流学学曹操、高欢、宇文泰,挟天子以令诸侯,但王大都督是一个最讲忠孝的人,只知一门心思辅佐梁室,完全没有非分之想。

当然,他没有,并不代表朝堂上其他人没有。比如,站在第二排的陈霸先,就很有想法。一步登天的陈将军,看到萧姓皇帝似乎已经无药可救，那他大踏步前进的希望就很大，只要攀过第一排王大都督的大山即可。他本是起步于寒苦之家，一路飞快地爬上高坡，现在是滚石上山、中流击水，怎么能停歇？再说即使不小心摔下山去，作为一无所有者，他也只是失去了锁链！于是，陈将军开始了一系列秘密准备。

时间飞快流逝，这期间，北齐从战略考虑，觉得西魏扶持了萧詧为梁王，自己已经吃了亏。554年，北齐就派重兵护送湘潭侯萧退，欲让南梁立为国主，被王僧辩奋力击败。555年，北齐再将那个侯景刚造反时，被慕容绍宗俘获的萧渊明抬了出来，重兵护送他回南梁来当皇帝。王僧辩派兵周旋抵挡了一阵，确实还抵挡不住，加上萧渊明频频来信，言辞恳切，于是和众大臣商量，觉得确实可以接受：一来北齐大兵压境，南梁确实不需要再来一次翻天覆地的大战斗；二来北齐理由充分，萧方智太小，在当前复杂环境下不宜治国；三来萧渊明也是皇室至亲，能力很强，还带着传国玉玺；四来北齐和南梁一直和平相处，是友好邻邦，梁武帝在时就一直要迎接萧渊明回国的……当然理由还有很多，看看龙椅上那个小孩子确实不咋样，众大臣一致同意，换皇帝！

如今王僧辩居住在石头城，都督中外诸军事，掌控首都建康的安全；陈霸先驻扎在附近的京口，王僧辩推心置腹地对待儿女亲家陈霸先，对他信任有加。

西魏恭帝二年（555年）九月二十五日，陈霸先召集心腹部将侯安都、周文育等一起密谋策划。接着部署将士，分赐金银布帛，命令自己弟弟的儿子著作郎陈昙朗留下来镇守京口，掌管州府政事，又派徐度、侯安都率领水军直逼石头，陈霸先自己率领骑兵、步兵从江乘、罗落这条路线去与之会合。当天夜里，各路兵马都出发了，知道这次进军的真正目的的人，只有侯安都等四个将领。

二十七日，侯安都指挥舟舰将奔袭石头，陈霸先勒马不进。侯安都见陈霸先临事犹豫，心中大惊，就追上陈霸先大骂："今天我们造反，事到临头，已经无法挽回了，是生是死必须做出决断，你迟疑不进，留在后头，存的什么念头！如果失败，咱们都得死，留在后头就能免去砍头吗？"陈霸先一惊："侯安都在怪我不下决心，生我的气呢！"于是带兵前进。侯安都到了石头城的北边，扔下船上了岸。石头城北边和山冈高坡相连，城墙不太高峻，侯安都披着盔甲，手握长刀，让手下军人把他抬起来扔到城墙上，众人随着他蜂拥而入，一直进到王僧辩卧室。

陈霸先的队伍也从南门攻入了。王僧辩正在处理军政事务，外面有人说士兵袭击，他当然不信，这周围都是南梁最信任的将士，哪里会有敌人？况且即使有敌人，也要先过亲家陈霸先那一关！过一会儿带刀士兵从里头冒了出来，王僧辩才急忙逃跑，遇到儿子王頠，和他一起冲出门外，率领身边几十人在议事厅前苦战，力竭不敌，跑到南门楼上，向逼过来的陈霸先寻问缘由。陈霸先不予理会，作势要放火烧南门楼，王僧辩和其第三子王頠，毅然下楼束手就擒。

当天夜里，陈霸先把王僧辩父子两人封住嘴，他当然不敢让王大都督讲话，也无法和大都督对话，只能马上就地绞杀。二十八日，陈霸先发布檄文，通告中外，列举王僧辩的十大罪状，用的还是萧绎以前用过的老文稿，第一条理由改动较大，那就是擅自废立。

王僧辩共有九子，陈霸先连夜搜捕，加上已斩杀的第三子，共得六子，全处死，父子七人同瘗一穴，后宣帝陈顼即位时，故吏许亨抗表，以家财造墓改葬。

（二）搞定北齐

把老大搞定了，这只是个开头。王僧辩的资历和地位是在日积月累中、战场拼杀中、宽以待人中、忠君干事中逐渐形成的，如今一个暴发户，扔出暗器杀了老大，马上想坐上老大的位置，那不服者有的是！

首先不服的是北齐。陈将军斩杀王大都督的理由，就是王大都督卖国。卖给谁了？当然是卖给北齐高家。555年二月，萧方智即位；五月，北齐送贞阳侯萧渊明到建康即位；九月底刚刚斩杀了王大都督，十月初二，由威风凛凛的陈老大做主，将坐了四个月冷板凳的萧方智再推上龙椅，大赦天下，改换年号为绍泰，对朝廷内外文武百官都赏赐一级官位；任命贞阳侯萧渊明为司徒，封为建安公，冷板凳总得有人坐。派人通报北齐说："王僧辩阴谋篡位造反，所以杀了他。"虽然，杀王老大的理由是屈从于北齐，但陈霸先"仍请称臣于齐，永为藩国，齐遣行台司马恭与梁人盟于历阳。"

北齐可不是好糊弄的。十一月初二，北齐派兵五千渡过长江占据姑孰，以策应忠心于王大都督的徐嗣徽、任约。之后又派安州刺史翟子崇、楚州刺史刘士荣、淮州刺史柳达摩带兵一万在胡墅运米三万石、马一千匹到石头城支援。十二月初六，陈霸先派侯安都夜袭胡墅，烧掉了北齐一千多艘兵船；仁威将军周铁虎切断了北齐运输补给的道路，抓住了他们的北徐州刺史张领州；北齐军队在仓门和秦淮河之南修建了两座营栅，与陈霸先对抗。

556年三月二十三日，北齐再派仪同三司萧轨、库狄伏连、尧难宗、东方老等人与任约、徐嗣徽联合成大军十万人南下进犯。军队从栅口出

发,直指梁山。陈霸先派主将黄丛率兵迎击,北齐军队退保芜湖。五月,北齐人要召见建安公萧渊明,陈霸先准备欢送,初九,恰好萧渊明背上痈疽发作死去。

这期间双方互有攻守,互有胜败。六月初九,北齐军队攻入玄武湖西北,与南梁军队相对摆开阵势。当时正赶上连日下大雨,平地雨水积有一丈多深,北齐将士白天黑夜或坐或立全都泡在泥水中,脚指头都烂了,做饭得把锅悬挂起来才行。但是皇城和潮沟的北路一带却还干燥,梁朝军队总是能换班作战。当时四方通往都城的道路都堵塞隔断了,粮食也运不进来,建康一带人民东流西散,无法征收粮赋。

十一日,天刚刚放晴,陈霸先好不容易让士兵吃上了荷叶包鸭子米饭。十二日,大决战开始,陈霸先与吴明彻、沈泰等众军头尾一齐冲锋,指挥将士全面出击,猛打猛冲,侯安都又从白下带领一支军队切断了北齐军的后路,北齐军队大败,被杀被俘的有几千人,互相踩踏而死的人不可胜计。梁军追杀败逃的北齐兵,一直追到临沂,俘虏了北齐萧轨、东方老、王敬宝等将帅共四十六人。

其实此时的高洋压根就没正眼瞧一下南梁,他手下的战将如云,咸阳王斛律金、落雕都督斛律光、平原王段韶、兰陵王高长恭等,都是百战名将,但派来江南的,都是排列末座的偏将和南梁的降将,让他们去南梁打打秋风就可以了,这才有陈霸先的胜利。不像西魏,那是下了决心要扫平江陵,派出的将领都是柱国常山公于谨、中山公宇文护、大将军杨忠等身经百战的主力。

北齐的萧轨兵败被俘,齐人请求割地、赔款赎回萧轨及北齐将士,陈霸先不准,并斩杀萧轨,齐人亦在晋阳杀害此前为质的陈霸先侄子陈昙朗。

打败北齐对陈霸先是巨大的鼓舞！这些年来，南梁对北齐的兵威，一直是噤若寒蝉，一个小小的侯景，就已搅得整个南梁天翻地覆。看来，陈霸先的武功，那也不是盖的。十五日，梁朝大赦天下，十六日，解除戒严。

（三）搞定西魏

这边北齐不服，那边西魏肯定也不服啊！雄才大略的宇文泰也是战略家。他们原以为扶持法统最强的萧詧在江陵即位，从此南梁就是西魏的属国了，以后顺手就可以收入囊中。那些萧家大神级的人物都所剩无几了，可是萧詧并不能一呼百应，主要原因还是老大王大都督的立场。是啊，一门心思地跟着萧绎走，杀了萧詧的亲哥萧誉，也将萧詧打得遍地找牙，和梁武帝嫡长子萧统一家算是死对头了，如今要王大都督奉萧詧为正朔，这个玩笑确实开大了，况且萧詧也没有作任何友好一家人的表示。既然王老大不理睬江陵的萧詧，当然一众军头和州长也唯老大马首是瞻了，坐在当年萧绎的龙椅上的萧詧，那是盼星星盼月亮地希望有众人前来叩拜，结果是门可罗雀，无人理睬！

其实萧詧是很有机会转正的。当初于谨率领西魏军队攻陷江陵萧绎后，萧詧谋士尹德毅就劝说梁王，现在魏军的精锐都集中在这儿，我们应该举行盛大宴会，招待西魏一众将士，并提前埋伏武士，在席间将他们全部斩杀。携不世功勋，再去收服民心，安抚百官。而王僧辩及南梁将士，写封信就能招来。那时，上下同心，西魏也不敢乱动，完成这一切大事，就可以穿戴好朝服渡江而下，回建康登上帝位了。但萧詧显然没有这样的雄才大略，偏安一隅才是他应得的份额。

宇文泰再往深里一想，这种状态也好，那个萧詧还是有些能力的，法统地位也强，如果他在南梁声势搞大了，那就成了另一个萧绎，以后还不好控制。倒不如另觅高才，原来南梁的三把手是谁？王琳，那就他了！

是的，譬如一个帮会，老大突然被老二干掉了，现在老二猴急地坐上了老大的交椅，最不服的是谁？当然是老三！于是，宇文泰马上派安州长史钳耳康买为使者出访王琳，希望得到王琳的湘州和郢州，从而和萧詧的荆州和雍州连成一片，将西魏的势力范围延伸至长江以南地区。王琳也派长史席豁到西魏回访，恳求西魏把梁元帝萧绎和愍怀太子萧元良的灵柩送回南方，宇文泰满口答应，并封王琳为大将军、长沙郡公，把他此前为质的妻子儿子送回。长沙王萧韶和上游诸将也都推举王琳为盟主。

其实陈霸先也很想稳住王琳。袭杀王僧辩后，陈霸先试探性地以侍中、司空等很大的官职征王琳入京，有老大的前车之鉴，王琳内心恐慌，拒不应召，而是以梁朝忠臣自居，从北齐接回萧绎之孙萧庄，即帝位于郢州，年号天启，置百官，追谥萧渊明为闵皇帝。从西魏恭帝三年（556年）六月开始，王琳开始向陈霸先发动进攻，凡大小二十余仗。北周孝闵帝元年（557年）十月，陈霸先派大将侯安都等率军包围郢州，王琳乘坐平肩舆，手执钺亲自指挥作战，大败侯安都，将其全部擒获，只杀不服的周铁虎一人。

北周明帝二年（558年）正月，王琳率十万大军东下，抵达溢城，在白水浦练兵。六月，与陈霸先所派侯瑱的水师大战。北周武成元年（559年）三月，王琳派部将袭杀西梁监利太守蔡大有。六月，派巴陵太守任忠率军进击，大破吴明彻军。北周武成二年（560年）二月，王琳率军抵达栅口，与陈霸先军相持一百多天。但天公不作美，西南风刮得又急又猛，王琳军大败。

此次风头正劲的王琳大败，主要原因为三，一是本应该为王琳所用的西南风因陈霸先军绕道其后，反为陈军所用。二是王琳将决战地点选在梁山，此地素来是从长江上游进攻下游之大忌，梁山易守难攻，当年刘宋南郡王刘义宣也是循此路线反叛孝武帝，在此全军溃败。三是北齐、西魏并没有实质性地支援王琳，而是隔岸观火，充当看客。之后，由于西魏的主要敌人是北齐，他们都懒得将精力放到南梁来，以前那么热情，主要是趁乱有油水可捞，现在一看南边局势已然稳定，那还是集中精力消灭主要对手再说。于是，缺少支持的王琳，期间也转而寻求北齐的帮助，北齐也给他封了官职，但实质性的支持也不大，就逐渐偃旗息鼓了。后来王琳镇守寿春，打算图谋江左，不久陈朝平定淮南，斩杀王琳。王僧辩的大儿子王顗一直是王琳的鼎力副将，他们坚定不移的目标就是为王僧辩报仇，听说王琳死了，于是跑到郡城南，登上高冢号哭，一阵悲痛后气绝身亡。

当然，除了老三不服外，也还有众多的不服者，那就是王大都督的铁杆追随者。王老大诚心待人，忠厚仁义，下属都愿意效死力。于是，吴兴的杜龛将军、义兴太守韦载、吴郡太守王僧智、谯秦二州的刺史徐嗣徽及其堂弟徐嗣先、南豫州刺史任约、江州刺史侯瑱、广州刺史萧勃、东扬州刺史张彪、江宁县令陈嗣、黄门侍郎黄朗等先后起兵反击陈霸先，经过数年的时间才被陈霸先一一平息。

（四）搞定南梁

攀登到半山的陈大将军举目四望，如今老大已不在了，他的老三、老四、老五等也作鸟兽散了，那些高门望族也被侯景消灭了，北方的两匹狼只顾互相厮杀，再也没有了挡道者，望着山顶的美好风光，那就滚石上山，一步一个脚印赶紧往上爬。

西魏恭帝二年（555年）十月初五，梁朝加封陈霸先为尚书令，都督中外诸军事，车骑将军，扬、南徐二州刺史。

西魏恭帝三年（556年）正月初三，梁朝任命陈霸先为中书监、司徒、扬州刺史，加进长城公爵位，其他官职、封号保持原样。

九月初一，梁朝改年号为太平元年，实行大赦，任命陈霸先为丞相、录尚书事、镇卫大将军、扬州牧、义兴公。

北周孝闵帝元年（557年）七月二十八日，梁朝提升丞相陈霸先为太傅，加赐黄钺、殊礼，进见赞拜时不用称名。

九月初五，提升丞相为相国，总领朝政，封为陈公，备九锡，陈国设置百官。

十月初三，梁朝给陈公陈霸先进爵为王。

十月初六，梁敬帝把皇位禅让给了陈王。

十月初十，陈霸先在南郊即皇帝位。回到宫廷，颁发大赦天下令，又改换年号为永定，封梁敬帝为江阴王。

至此，一个建国五十五年、历经四帝、拥二十三州三百五十郡、最重文化、笃好佛教的南梁灭亡了。就是这样一个"性猜忍、好杀戮、恒以手刃为戏""狡猾多计、反覆难知"的无赖侯景，挑起了萧梁的战乱，

激化了南梁的内部矛盾，使"五十年中，江表无事"的南梁连年战乱，最终退出了历史舞台。

对于南梁的灭亡，身在长安的庾信也直陈深层次原因：

"天子方删诗书，定礼乐；设重云之讲，开士林之学。谈劫烬之灰飞，辨常星之夜落……宰衡以干戈为儿戏，缙绅以清谈为庙略。……若江陵之中否，乃金陵之祸始。虽借人之外力，实萧墙之内起。"

萧氏父子的博学优雅，让人很难与通常的亡国之君联系起来。然而以博览自夸，以矜行自高，基于这种文化、道德上的优越感，而不能或不屑于解决具体的政治事务，正是梁朝灭亡的原因。这种文化性格，又是梁武帝父子感染南朝"门第风尚"的结果。因此，南梁的悲剧，也正是门第文化的悲剧。

一个抛弃高门豪族、门第文化，以寒族为代表的并首次以自己姓氏为名的崭新的朝代——陈朝来了！

时空论坛

网友：还儿女亲家呢！友谊的小船说翻就翻？

马克思：十倍的利润能让人疯狂，百倍的利润能让人失去理智。

网友：那个啥霸，王老大那么信你，你的良心不会痛吗？

杨坚：成大事者不拘小节。

曹操：宁可天下人负我。

网友：主要看气质，"霸"字就用得好！

梁武帝：和梁相比，西不得蜀汉，北失淮淝，以长江为境，有州四十二，为六朝之最小。

陈霸先：失地之责，真不在我。

第十二卷

叹南梁

若江陵之中否,乃金陵之祸始。虽借人之外力,实萧墙之内起。拨乱之主忽焉,中兴之宗不祀。伯兮叔兮,同见戮于犹子。荆山鹊飞而玉碎,隋岸蛇生而珠死。鬼火乱于平林,殇魂游于新市。梁故丰徙,楚实秦亡。不有所废,其何以昌?有妫之后,将育于姜。输我神器,居为让王。天地之大德曰生,圣人之大宝曰位。用无赖之子弟,举江东而全弃。惜天下之一家,遭东南之反气。以鹑首而赐秦,天何为而此醉?

——《哀江南赋》节选 庾信

第一章 现象：一言难尽

现象和本质对立统一。现象表现于外，可以被人们的感官直接感知；本质深藏于内，只有通过抽象思维才能把握。现象是个别的、具体的、多样的，本质是同类现象中一般的、共同的东西。现象是多变的、易逝的，本质是相对平静和稳定的。"万恶淫为首,论迹不论心,论心世上无完人"，这是强调现象决定本质；"百善孝为先，论心不论迹,论迹贫家无孝子"，这是本质决定现象。对于外行人来说,是现象决定本质；对于内行人来说，是本质决定现象。

在混战的江湖中，要想不被人骗，理想的方法就是尽量成为内行人。但现实生活中，三百六十行，我们顶多熟悉一两行，很多情况下我们都是用外行人的眼光，通过看到的现象去评估事物的本质，而且似侯景一类的骗子会精心包装各种骗局，开发新套路让人防不胜防，所以不光老百姓会上当，州府会上当，宰相也会上当，就连知识丰富、众神眷顾的梁武帝都会被骗。

所以实际操作起来，还是多培养一些常识，用常识去对付各种花言巧语、各种天花乱坠、各种光怪陆离、各种牛鬼蛇神，可能效果会好一些。替梁武帝补写的经验教训是，没有无缘无故的爱，没有毫无牵连的恨，没有从天而降的馅饼，更没有白送十三州的祥瑞。

（一）柳仲礼：突发意外的巨变

有些人，最初似为上天眷顾，一路顺风顺水，春风得意。然而，一旦遇到突如其来的打击，竟至惊慌失措，甚至自此一蹶不振，性情大变，心智错乱。如何才能避免让这些令人扼腕的转变发生在自己身上？

柳仲礼出自河东柳氏，柳氏为南朝一大世族，其祖先均是朝堂功臣。到梁武帝时期，则以柳仲礼为翘楚马首。他镇守襄阳时曾击败过西魏名将贺拔胜，声名大振。侯景谋叛时，他不负朝廷所望，带领雍州、司州兵马，星夜兼程，与各路援军会于建康，危急时刻被推举为大都督，也称得上实至名归。此时的柳仲礼犹如赤壁之战前的周瑜，意气风发，正待与侯景一决雌雄，反而是侯景对其心存畏惮。应当说，形势有利于柳仲礼。

然而不幸的是，转折发生了。青塘一战给柳仲礼留下了巨大心理阴影。经此一战，柳仲礼壮气外衰，不复言战，将士请战，柳一概不准。更令人诧异的是，此一战后，柳仲礼性情大变，神情傲狠，陵蔑将帅，以致援军内部将帅不和，互相猜阻，离心离德，莫有战心。庾信《哀江南赋》中叹"功业夭枉，身名埋没"！

南梁为侯景攻陷，固然有萧绎等宗室诸王各怀心思作壁上观，希望借此危机浑水摸鱼的原因，而柳仲礼身为前线大都督，畏懦不前、拥兵惧战，亦要负很大责任。当时论者以为梁祸"始于朱异，成于仲礼"。

纵观柳仲礼的一生，令人慨叹。他的一生分为截然不同的两段，前半段勇力兼人、胆气过人、战绩骄人，后半段胆怯畏懦、醉生梦死、不复志气，仿佛一下子变成了另一个人。这一切的转折点就发生在青塘之战。按说胜败乃兵家常事，这一战也并非关键之役，何况柳仲礼先胜后败，在与侯景的"单挑"中还胜了一筹，虽说是死里逃生，也没什么大不了。但不幸的是，柳仲礼没有迈过这道坎，从此一蹶不振，完全丧失了斗志。

简单地说，这就叫心理素质不过关、不过硬，往深里探讨，这是一个颇值得思考的现象，即一个人的人生越是一路坦途、顺风顺水，一旦遇到突如其来的打击，则越可能惊慌不已、不知所措；或者当一个人对于一件事情的设想愈完美，计划愈周详，一旦发生意外，事情的进展与设想发生偏差，则愈容易手忙脚乱、不知应对。这些意外、挫折、打击，甚至可能使一个人发生性情大变、心智错乱等令人难以置信的转变。柳仲礼便是这种现象的典型。

披览历史，可以发现，有不少类似柳仲礼这样人生骤然发生诡异转折的事例，都是因为在突降而至的重大事变面前心智错乱、魂飞魄散、不知所以。

孟子曾说："故天将降大任于是人也，必先苦其心志，劳其筋骨，饿其体肤，空乏其身，行拂乱其所为，所以动心忍性，曾益其所不能。"又说："自反而缩，虽千万人，吾往矣。"所谓"知者不惑，仁者不忧，勇者不惧"，从领导者的角度讲，行事之前固然要有详密周全的计划方案，但对于突发事件更要有充足的心理准备，即做好最坏的准备，才不会因为事出仓促而惊慌失对。从普通人的角度看，同样要善于砥砺心志，即使不能做到泰山崩于前而色不改，亦应遇事不乱、临事不惧、沉着应对。一定意义上讲,一个人可以承受多大的挫折,他的人生就能走到多高的层次。因此,增强在重大事件、突发事件、意外事件面前的心理定力与应对力,无疑是值得重视的课题。

(二)湘东王:格局之内的算计

算计就是计算、计划、考虑、打算、估计。为达到自己的目的,设计暗害他人,损害他人利益。自古深情留不住,唯有套路得人心。深情越来越少,套路越来越多,不是我们喜欢套路,而是总被别人套路,所以不得不学习套路。人生不怕做困难的事情,却害怕遇到会算计的人。就像鬼谷子大师所说:自古来人心筹谋,抵不得算计频多,蝇营狗苟遍地走,不得不未雨绸缪。特别会算计的人,往往有这三个特征,一是损人利己,二是怨己怨人,三是瞒心昧己。

回看萧绎的一生,他有一个明显的特征:算计。

但这种算计又很奇特:本来是想争皇位,但却缺乏匡济天下的眼光与胸怀,他的着眼点,从来都只在眼前能看得到的东西上。不管是皇族内部的争斗,还是对王僧辩的愤怒,又或者是留恋于江陵不愿意去建康的纠结……全部都是在一些很具体的事情上打转转。而且心态还不大健康,格局特别小。

所谓格局,就是"对事物的认知范围"。看得有多远,就能走多远,格局就是你的竞争维度。你的竞争在多大的维度上,你的格局就有多大。如果把竞争理解为对稀缺资源的争夺,那么每个人的生活中,每时每刻都在参与竞争。大到完成振兴南梁,小到寺庙供奉,都可以算是竞争。当你的关注点不同的时候,每个竞争在你这里产生的意义,也完全不同。

当你的竞争维度不同，每个竞争中的胜负评定标准，也会随之发生变化。

这些标准的区别在于，你是着眼于长远和未来，还是只看眼前能看得到、数得清的事？而且要知道，小账算得太清楚了，大账就算不准了。在面对一个决策时，会有很多的约束因素，而且一般的情形只会是，小的因素可以看得清清楚楚，大的因素却永远若隐若现。限于学识以及未来的不确定性，人没有可能在一个选择面前，权衡所有因素并选择最优解。在这种时候，如果过分地关注小因素的约束，那么大因素因为没有可以量化的指标，就势必会在决策中被边缘化。

现在南梁时兴送礼，你也打算送老大一份礼，小因素很清楚：花多少铜板。大因素却不那么明显：这份礼物能产生多大的效应？对此，你在事先永远不知道，甚至于收礼的老大也不知道。这时候，你如果纠结于花钱的多少，那么送礼的价值肯定是越小越好，甚至于不送。梁武帝和太子被围台城，"全力营救"这一忠孝的道德成本较高，而自立为王进而为皇这一实际利益远远高于虚幻的道德收益，所以萧绎选择了"不送礼"。但从更大的层面来考虑，这个答案肯定不对。只有抛弃了在细枝末节上的确定性，才能换取在宏观上的选择余地。

从这个角度来理解湘东王萧绎，你就可以很清楚地看出这是一个多么没有格局的人了：天下大乱，他想的从来都不是通过输出秩序来平定战乱，不是从大局着眼先解除建康之围，而只是孜孜不倦地消灭同宗，消灭潜在的竞争对手。从当时情境来看，萧誉、萧詧这两个萧衍的孙子也并不是什么值得一提的角色，他们也没有明确反对湘东王。但反过来，萧绎对这两兄弟的穷追猛打，表面上看，似乎离皇位越来越近了，但实际上却是攻破了自己的营垒，空耗了国力，致使侯景及北方强敌有机可乘，这就明白无误地衬托出了他自己视野狭隘的底色。

由于格局限定,他缺乏识人善断的能力,也缺乏惜才用才的大度,"悖辞曲于僧辩,残虐极于圆正""爪牙重将,心膂谋臣,或顾眄以就拘囚,或一言而及菹醢,朝之君子,相顾憬然"。他过分地着眼于萧氏宗室内部的竞争,过分地强调"攘外先安内"的策略,却忽略了北齐尤其是西魏这个最大的变量。在最后关头,他本有杀身成仁的选择,然而却出城投降,表现出骨子里的软弱性,真是机关算尽太聪明,反误了卿卿性命。

一个人的格局,总是通过竞争来限定的。你跟什么样的人争,就会造就什么样的格局。

(三)王僧辩:忠诚正直的代价

忠诚正直,是儒家倡导的最优秀品质,是小孩子被从小教到大的起码的行为规范。忠诚是一种品质,一种信念,一项根植于内心的冲动,一项不容丝毫改变的气节。但你我皆凡人,作为一种意识,忠诚的根源就在于利益,而不是虚无缥缈的崇拜或其他因素。对信仰不牢之人来说,精神的忠诚需要建立在物质利益的基础上。维持忠诚,物质利益比洗脑宣传或装神弄鬼重要。

王僧辩无疑是忠诚的,他的忠诚不讲任何条件。他的祖先永嘉南渡时来到南方,之后他逐渐成为南方高门贵族的代言人,忠实地践行儒家的忠孝观念,默默无闻地长期跟随萧绎。那时萧绎根本看不出有任何前途,但王僧辩也没什么野心,跟着老大就可以了。后来形势激变,王僧辩的军事才能就展露出来了,虽然那次老大翻脸差点杀了他,且他也没有犯任何错,但他还是默默无闻地忍受了,丝毫不改忠诚。后来萧绎没了,北齐送来萧渊明，如果为自身权益计，那肯定指挥十三岁的孩子更顺手，但他从忠诚于南梁、发展和稳定南梁的大局计，坦然接受了萧渊明，自己退居石头城忠实地履行好守卫首都的义务，从没有"挟天子"的心思。

如果权威的利益与成员的利益高度重合，一荣俱荣，成员自然会像维护、捍卫自己的利益一样，尽心竭力维护、捍卫权威的利益。否则，成员就有可能做出其他更有利于自己的选择。陈霸先也讲忠诚，但无疑夹杂着私心，他的那些贵人对他有恩，他就报恩，就忠诚，当然前提是自己能得利。后来忠诚的对象萧绎不在了，虽然王僧辩也是恩人，还是他名义上的老大，但他精确地计算了利益，就不再讲什么忠诚，决定搬掉老大这座大山。当然，拿来做挡箭牌的，仍然是忠诚的幌子。

任何不忠的表现，都是老大的分配行为与成员的利益对应关系出现了偏差，成员选择忠诚不是最好的选择，选择不忠诚则有更好的选择。当一个老大利益受损，成员利益并不受损，甚至可能有收益的时候，希望这个成员忠于老大，完全不现实。王僧辩所忽视的，就是没有统一意见，统一利益，没有洞悉人心，不知道儒家倡导的忠孝观念，有些人其实根本不在乎。这个世界，一部分人懂得感恩，绝大多数人追求公平，但是所有人都懂得自己的经济地位和社会地位。大多数人不是像王僧辩一样想着改变南梁实现大我，而是改变自身实现小我。他们会支持给予他们更大物质利益的老大。当然，如果自己就能成为那个老大，占有所有的利益，那还有什么犹豫的？

再说正直。正直不是飘忽的云，不是遥远的星，没有那么遥不可及。只要你真心追求，它就在你的身边。可是一旦你选择了它，就要做出牺牲。正直是什么？它大约是真理、原则、秩序的混合，还有人格的倔强与坚韧。

正直意味着舍弃，意味着坚忍，意味着放弃你可能得到或已经拥有的利益或幸福，意味着艰辛困苦，甚至会导致妻离子散，家破人亡。

正直是我们敬仰的美德。但是，社会生活非常复杂，有时非常污浊，尤其在南梁这个混乱的时代。一个人太过正直，完全可能一事无成，乃至付出生命的代价。王僧辩无疑是非常正直的，他觉得正确的，就直说照做，即使知道要触犯老大，在跟班将领鲍泉"不敢言"的情况下，他还是有话直说，最后差点送掉性命。后来选择接受萧渊明，在朝堂上也是分析透彻，直来直去，不含差点私货。他对下属，对众将，都是坦然面对，以己推人，从不防范，不压制，不算计，论功行赏，获得众将的真心拥护。

"竞争一定要有下限"这是说给正直人听的。按照王僧辩和陈霸先的地位差别，即便要上演"权臣篡位"的戏码，也只会是王僧辩唱主角，没有陈霸先什么事。在正常的剧本里，应该是王僧辩意欲篡位，所以陈霸先起兵击败他。然后，才轮到陈霸先控制朝政，沿着前任们的老路走流程。但现实情况却是，竞争一旦启动，就很少能控制在合理的范围。绝大多数时候，都会出现突破下限的事，因为突破下限的诱惑实在是太大了，不正直的人又太多了。迫不及待的后排人，只好省掉中间的长长的剧情，直接干掉老大，干脆利落地上演"权臣篡位"的戏码。

因为过于正直，得罪了邪恶之人，被压制报复，从而陷于困境的，历史上比比皆是，如屈原，如斛律光，王大都督也为此丧命丧家。那么，我们要放弃正直吗？当然不！因为正直是人的美好的天性，如果放弃，那么我们就会堕落成邪恶之人，且不说别人如何看待我们，我们的良心就不能原谅自己。

从社会的角度看，一个社会的和谐、美好程度，与人们对正直的坚守力度有很大关系。人人欣赏正直，坚守正直，那么正直的人的命运就会比较好，社会就比较清正；反之，社会就比较污浊、阴暗。当环境有利于我们表现正直的时候，我们要坚定不移地做正直之人，敢言敢行，促进环境更加公正美好。如果环境不允许，周围全是曲意奉迎之声，全是溜须拍马之徒，那么我们也可以暂时把正直埋在心中，适当圆通一些，以免遭到邪恶的侵害。

观察正直之人的命运，是观察一个社会美好与否的最好的角度之一。

（四）陈霸先：快速上位的诀窍

向前进，向前进！我们从小就一直被激励着。要么就做最好，要么就不做,这是上司的口头禅。正是这些激励,造就了勤劳勇敢的大汉民族。

弓满易折，水满将溢。哲学讲究两分法，一味向前，世界总有尽头；永夺第一，金牌暗藏争端。于是儒家开始讲究中庸，讲究和谐，提倡忠孝礼至信，提倡温良恭俭让，于是大汉民族开始走向平和，走向圆润，走向心境合一，走向和平大同。

但是陈霸先是不读书的，是地地道道的寒族，想读书也没这个条件，父母也死得早，想来家教也就没教到什么，于是思维中就没有什么定势，没有太多约束。没经历过一无所有，怎么知道人情世故？他从小混迹于基层，出身于草莽，底层的酸甜苦辣，民众的所思所想，他是了解得一清二楚。于是，没有约束，总是趋利避害，尽量利益最大化；懂得民情，探知世态炎凉，做到伤害最小化。陈霸先自550年出岭北上，到557年称帝开国，短短七年多，即有天下，这与陈霸先"智以绥物，武以宁乱，英谋独运，人皆莫及"的能力有关。

懂得感恩，才会遇到贵人。受人滴水之恩，当以涌泉之报，这样朴素的道理，越是基层，越是民间，表现得越是充分。最开始的陈霸先也具有朴素的思想，第一个贵人广州刺史萧映，引领他从农村走向了城市，并成为帝国低级官员，他就一门心思跟着萧映，萧映指哪打哪，还救主子于危局。第二个贵人是梁武帝，给了他一些荣誉和职务的提升，在萧衍很快死去后，广州一带的许多地方势力均见风使舵依附于侯景，但并不是方面大员没有多少发言权的陈霸先却抵死不认，非要前往建康向侯景寻仇。第三个贵人是萧绎，给了他更高的地位，他专心听命，一心杀敌，即使萧绎身灭，北齐大军压境时，也坚持要护萧绎之子为皇帝。其实他还有两个贵人，一个是冼夫人，他起家的底子基本上是她送的，在陈霸先为帝后，也没有忘记报恩，对冼夫人进行了高规格的封赏，在历史上冼夫人有现在的神的地位，与陈大皇帝的努力提携是有很大关系的。另一位最重要的贵人就是王僧辩，没有大都督的认可，只三万人的资历尚浅的陈霸先只能在偏将的位置上打打酱油。但是至少表面上和王大都督平起平坐后，陈霸先时时爱动的脑袋就紧锣密鼓地思考了，萧家肯定完了，王老大又没有上进心，自己虽然想上进，前面又还有老大。这时，获得最高权力和忘恩负义就成了二元选择题，在巨大的利益面前，陈霸先肯定选择前者。男人经不起诱惑，尤其是巨大诱惑，陈霸先也是男人！对于一般男人来讲，这是手段残忍的十恶不赦的忘恩负义，必被千古谴责；但史书对帝王都会网开一面，对帝王的各种杀戮都会假装视而不见，有时还会添彩赞美。忠孝仁义那一套，是讲给普通人听的，对于帝王，当然不受这一套说辞的限制。

不带成见，方识各方人才。陈霸先起于最低层，一路拼杀，与各色人等打交道，深刻体会什么是人才。不像朝堂，不像王大都督，不像各类的考试，对什么是人才都有一定的条条框框，许多歪才偏才都被拒之门外。清代学者赵翼就评价说："陈武帝起自寒微，数年有天下，其将帅自侯安都、黄法、胡颖、徐度、杜棱、吴明彻诸人外，其余功臣皆出于仇敌中者。杜僧明、周文育，则起兵围广州，为帝所擒者也。欧阳頠，亦事萧勃，为周文育擒送于帝者也。侯瑱、周铁虎、程灵洗，则王僧辩故将也。鲁悉达、孙玚、周炅、樊毅、樊猛，则王琳故将也。那个杜棱，曾险些被陈霸先亲手绞杀；那个徐度，在西魏攻陷江陵，陈霸先仅存的幼子陈昌被俘，作为陈霸先的心腹将领却冲出重围，自顾自地逃回了建康。这些武将，或临阵擒获，或力屈来降，帝皆释而用之，委以心膂，卒得其力以成偏安之业。其度量恢廓，知人善任，固自有过人者。"

怀揣野心，定能行以致远。乱世中，有能力崛起，但是没有所谓野心的人，注定不能笑到最后，王僧辩就是例子。此前的汉高祖刘邦，魏武帝曹操，晋高祖司马懿、梁武帝萧衍，如果没有野心，肯定也都成不了大事。野心，也可以理解成上进心，远大抱负。陈霸先无疑是有野心的，政治斗争，不是你死就是我活，这没有什么可说的。谋反，是一件大事，不到死在眉睫，谁肯铤而走险？只陈霸先是一个例外，简直找不出他非谋反不可的原因。只五年时间，他从卑微的职务，爬到宰相级的高官，受最高统帅王僧辩的宠爱信任，托付给他把守建康北门的重任。瀑布般倾泻到他身上的，全是日渐增加的荣耀和权力，没有丝毫恐惧与压力。但这种人竟然谋反，这令研究行动政治学的学者张口结舌。大分裂时代，创业帝王即令不是英雄好汉，至少也略具才智，只有陈霸先，不过是一个满怀野心的蛮汉。当然，评论历史人物，尤其是帝王将相，不重过程重结果，主要也不是看人格操守，而是看这个人在历史上有没有起到积极的作用，有没有为国家民族做出贡献，有没有给老百姓带来福祉。司马光就高度评价说："上临戎制胜，英谋独运，而为政务崇宽简，非军旅急务，不轻调发。性俭素，常膳不过数品，私宴用瓦器、蚌盘，肴核充事而已；后宫无金翠之饰，不设女乐。"归有光也曾感叹："恭俭勤劳，志度弘远，江左诸帝，号为最贤。赫然陈祖，大业光灿。寂寞沛乡，吾兹感叹。"

第二章 人事：两败俱伤

天时不如地利，地利不如人和。南梁前期风调雨顺，政通人和；到后期，矛盾尖锐，政务颓废，核心问题就是人的问题，是用人的问题，是如何对待人的问题，是依靠什么人的问题。

人事问题是天大的问题。南梁的人事问题，尖锐地凸显在四个方面：一是信人还是信神，梁武帝既想做人间老大，又想做佛界菩萨，天长日久导致信条混乱，规矩混乱，从而人事混乱。二是立长还是立亲，儒家对皇权继承有一套严格的礼义规范，那就是嫡长子制，作为以儒治国的南梁，梁武帝开始是过继了侄子萧正德为太子，之后立嫡长子萧统为太子，因太子母亲坟墓的选择而见隙，导致太子中年过世，此后梁武帝不立嫡长孙，而是立更加亲近的第三子萧纲为太子，从而造成萧家众多的奢念。三是亲近还是亲远，按说皇帝应该爱天下子民，一碗水端平，但梁武帝奉行的亲亲政策，是对自己的血亲无限呵护，犯再大的罪都可以容忍，对其他人，虽然也求佛赦免，但最终没了规矩，没了底线，没了方圆。四是用高还是用低，按说高门大户总是少数，永嘉南渡也已很多年，但梁武帝坚守魏晋南北朝以来的门第观念,"只问出身,不管才能",而广大下层百姓也没有上升的阶梯,延续了阶层固化,才有那么多受苦受难的奴役义无反顾地投身于侯景。

(一)萧衍:欲望之路

萧衍是实在不知道自己该当皇帝,还是该追求长生不老,还是去修炼成佛。这确实是个很难的选择,当皇帝固然很好,一言九鼎,威风八面,富有天下,权倾寰宇,但人生苦短,好时光转瞬即逝,到头来不过是黄土一堆。所以最好长生不老,最开始梁武帝是信道教的,因为道教号称能炼仙丹,从天监四年到天监六年,命陶弘景三次开炉炼丹,都以失败告终。到了与梁武帝约定的期限后仍然没有成功,逼得陶弘景乔装悄悄离开茅山避祸。既然仙丹不得,那还是投身佛门好,如果不小心把自己弄成佛,关于寿比南山、福如东海、权倾天下等所有问题都可以统统搞定。为此,萧衍在《会三教诗》中也说,"少时学周孔,中复观道书,晚年开释卷"。

当然,把人炼成佛很困难,风险比天还大,弄不好就会鸡飞蛋打。萧衍绝对睿智,面对这个两难选择,他采取了两全其美的办法,那就是这也要,那也要——既要当皇帝,又想要长生不老,还要争取成佛,都要顾及,都不能耽搁,后来他的"皇帝菩萨"的理论就是这么得出的。称帝后的萧衍表现不俗,废除前朝旧法,制作礼乐,整治吏治,在公车府设信箱以方面百姓上书言事;他立孔庙,设国子学,还经常派出官员,"周省四方,观政听谣,访贤举滞",开初的南梁呈现兴盛之像。舍道教而事佛教前,他也留了一手,他不能完全肯定佛法无边的说教,于是预

先储备好道教的"三大丹",以防万一佛法失效时,还有仙丹可供选择,这总比连"暂得升天"的机会都没得要好。之后,他认真地实践佛家戒律,吃素,不喝酒,甚至"日止一食",穿着朴素,不听音乐,不近女色。这些非常严苛的节制,正是他无边欲望的切实体现。

萧衍无边的欲望体现在什么都想要。身为皇帝,享受今日之轩冕;却想富贵永远,长生不老;还要出家当和尚,享受明日的涅槃;帝王应该虚己受人,他却养成了好胜的资本;国君应该赏罚严明,他却亲情泛滥,宽和严的分寸不知道怎么掌握,加上佛家的慈悲,导致有罪不诛的放任。这些矛盾现象的本质,是梁武帝的角色冲突。这种多面角色,在现实中如何转换和化解?暂时没有找到办法的梁武帝,只剩下虚伪和昏聩,用虚伪来伪装自己,然后用昏聩来麻痹自己。

萧衍确实虚伪。萧衍并不是一个岩穴隐居之士,他生于官宦人家,追求功名利禄,而且心机颇深。他怀恨于父亲萧顺之死得冤屈,不惜暗助萧齐宗室疏属萧鸾夺位。齐明帝萧鸾死后,他夺得江山,杀尽萧鸾一系,却善待萧道成嫡系子孙,还假惺惺地说,齐梁禅代,江山并非从你家夺得。可见其阴险与虚伪。

他天天高谈佛理,高扬皇帝菩萨理论,但是,对于长生不老却无限向往。陶弘景出走后,又让邓郁为他炼丹;天监十一年,当陶弘景回归茅山时,梁武帝建"朱阳馆"以为炼丹新址,陶弘景以病相辞,梁武帝称其"诏不从",执意让陶弘景炼丹,无可奈何的陶弘景只好再次开炉,到普通五年,终于炼成九转丹,炼丹活动前后长达20年,伴随着梁武帝的弘佛事业一起前进。《酉阳杂俎》卷三就记载了当时整个大梁朝堂上佛道杂陈的现象:

魏使陆操至梁,梁王坐小舆,使再拜,遣中书舍人殷炅宣旨劳问。至重云殿、引升殿,梁主着菩萨衣,北面;太子已下皆菩萨衣,侍卫如法。操西向以次立,其人悉西厢东面。一道人赞礼,佛词凡有三卷,其赞第三卷中,称为魏主、魏相高,并南北二境士女。礼佛讫,台使与其群臣俱再拜矣。

他天天高谈佛理,不惜舍身寺院为奴,但是,对于红尘世界却无限眷恋。昭明太子萧统本来已经为其生母丁贵嫔找到一块墓地,宦官俞三副受人贿赂,硬是劝梁武帝让太子购买另外一块地,说这块墓地对皇上比较吉利,"上年老多忌",于是下令太子换了墓地。葬礼完毕,有道士说:"此地不利长子。"于是,太子命人把蜡鹅之类的东西埋于墓侧长子位,以为"厌胜"。这件事被秘密举报到梁武帝那里,说有人"为太子厌祷"。梁武帝派人去调查,果然挖到蜡鹅等物,十分震怒,想彻底追究,因为大臣极谏而止,只是诛杀了出主意的道士。可是,太子却从此背上了黑锅,"终身惭愤,不能自明",郁郁而终。按照常理,太子亡故,应该立皇太孙为嗣,梁武帝也曾征萧统的长子、南徐州刺史、华容公萧欢至建康,欲立以为嗣,但是,心中一直记恨着这件事,犹豫了许久,还是让萧欢还镇,另立萧纲为皇太子。"朝野多以为不顺。"自西周以降,儒家为了彻底"定分止争",规定了嫡长子在宗法体制里享有无可争议的继承权,是为"大宗",如今"小宗"上位,点亮了其他"小宗"潜藏的希望,萧绎当然也感觉到了,于是纷争当然也来了。

萧衍的阴暗心理,在太子问题上表现得淋漓尽致。核心是太子比较有能力，威望比较高，且居太子之位太久，这就对他无限眷恋的帝位产生了威逼，只能对权力挑战者下狠手。反观萧衍，称帝后对兄弟颇为倚重，尤其是对六弟萧宏简直是纵容，之所以容忍其胡作非为，甚至萧宏有谋逆嫌疑也不深究，是因为他知道萧宏是一个十足的愚人，对帝位没有任何挑战。

萧衍确实昏聩。佛教的苦空严重地影响到他的施政行为。《隋书》记云，"梁武暮年，不以政事为意，君臣唯讲佛经、谈玄而已。朝纲紊乱，令不行，言不从之咎也。"《资治通鉴》也说："上年老，厌于万机。又专精佛戒，每断重罪，则终日不怿；或谋反逆，事觉，亦泣而宥之。由是王侯益横，或白昼杀人于都街，或暮夜公行剽劫，有罪亡命者，匿于王家，有司不敢搜捕。上深知其弊，溺于慈爱，不能禁也。"

对此，胡三省有一段深刻的评论：平心考察梁武帝一生，"自襄阳举兵以至下建康，犹曰事关家国，伐罪救民。洛口之败，死者凡几何人？浮山之役，死者凡几何人？寒山之败，死者又几何人？其间争城以战，杀人盈城，争地以战，杀人盈野，南北之人交相为死者，不可以数计也。至于侯景之乱，东极吴、会，西抵江、郢，死于兵、死于饥者，自典午南渡之后，未始见也。驱无辜之人而就死地，不惟儒、道之所不许，乃佛教之罪人。而断一重罪，乃终日不怿，吾谁欺，欺天乎！"胡三省把萧衍佛家慈悲的伪善面目，揭露无遗！

唐朝史家魏徵对萧衍的评价被收入唐人所编《梁书》中。他一方面承认萧衍"允文允武，多艺多才"，肯定他收合义旅、讨伐独夫的雄才大略；肯定他执政几十年来，大修文教，阐扬儒业，声震寰宇，泽流遐裔，"魏、晋以来，未有若斯之盛"。肯定了其在文教上的成就。但是，魏徵同时指出其"慕名好事,崇尚浮华,抑扬孔、墨,流连释、老"的虚妄行为。魏徵更严厉地指斥萧衍:"或经夜不寝,或终日不食,非弘道以利物,惟饰智以惊愚。"是糊弄民众的愚人之举。"且心未遗荣,虚厕苍头之伍;高谈脱屣,终恋黄屋之尊。"明明心有虚荣,却与奴仆为伍;高谈虚空,始终留恋着帝王尊位。魏徵奚落他,"夫人之大欲,在乎饮食男女,至于轩冕殿堂,非有切身之急。高祖屏除嗜欲,眷恋轩冕,得其所难而滞于所易,可谓神有所不达,智有所不通矣"。难道这不是愚蠢昏聩吗?著名学者钱锺书于此评论云:"魏徵论曰:高祖'屏除嗜欲,眷恋轩冕',八字如老吏断案。"是深切洞察萧衍人性的诛心之论。

虚伪与昏聩,在梁武帝晚年身体精力不济时更加突出,"惑于听受,权在奸佞,储后百辟,莫得尽言。险躁之心,暮年愈甚。见利而动,愎谏违卜,开门揖盗,弃好即仇,衅起萧墙,祸成戎羯,身殒非命,灾被亿兆,衣冠毙锋镝之下,老幼粉戎马之足"。梁武帝作为开国皇帝,执政数十年,却得如此悲惨下场,"自古以安为危,既成而败,颠覆之速,书契所未闻也"。魏徵的批判,今天看来,仍然是十分犀利、恰当的。

(二)侯景:活着之路

"人之所以活着,人之只好活着"这一句话道出了人活着的无奈和悲哀。关于偶然和必然、命运与意志、生与死、理性与情感、价值与非价值,在这里都变成无意义。人活着就是活着,只是为活着本身而活着,而不是为活着之外的任何事物而活着。至于活着的目标、路线、途径、意义等等,在上帝的眼里,犹如我们看到一群忙碌的蚂蚁,什么团结一致,什么共建家园,什么保家护巢,统统毫无意义。

对中国的老百姓而言,"活着"充满了丰富内涵,它的力量不是来自于喊叫,也不是来自于进攻,而是忍受,去忍受生命赋予我们的责任,去忍受现实给予我们的幸福和苦难、无聊和平庸。"一切都忍了吧,为了活着!"

其实侯景的想法也一直是这样,也很简单,那就是"活着"。当初兵荒马乱吃不饱穿不暖,确实活不下去了,不得已卖命从军吃军粮。他从小不拘小节,善骑射,骁勇好斗,因此被选为了怀朔镇兵,后因公被提升为功曹史。

侯景入仕没多久,魏末北方大乱,各路诸侯纷纷崛起,侯景因为实力弱小,为了活着,就率本部兵马,投奔了当时实力强大的尔朱荣,被任命为先锋。刚开始侯景只会勇猛冲锋,根本不懂兵法,后来在尔朱荣部将慕容绍宗的指点下,慢慢成为一位智勇双全的大将。

没过多久其主子尔朱荣很快就被魏将高欢消灭了。走投无路的侯景,只能通过以前同为怀朔镇兵的旧谊,攀附上了实力非常强大的高欢。高欢觉得侯景是个难得的大将之才,通过不断的战场考验,就封侯景为定州刺史,统治河南地区。

高欢一死,侯景又活不下去了!那个乳臭未干的小子高澄,确实是一心要侯景的命的。当然侯景也没读过书,什么从一而终,什么君要臣死臣不得不死这些道理也不懂,他懂的就是要活着,条件许可的活,就是要活得更好。现在既然高澄要索命,那肯定不能束手就擒,造反就是唯一选项了。

通过几番周折,好不容易在萧衍这里过了几天好日子,可是国际局势风云变幻,侯景眼看又活不成了,于是苦口婆心、三番五次地给梁武帝呈报奏折，发表见解，展露心声，可是朝堂上多的是翻手为云覆手为雨，"贞阳旦至，侯景夕返"，刚刚做出保证的梁武帝也不把给侯景的承诺当回事，侯景当然不愿意被遣送回北齐送死，只好又无可奈何地干起老本行——造反！

在南梁造反，侯景本来已是穷途末路，他只是希望多活几天而已，于是抢劫财物、杀光门阀、抢夺美女……只想着最后的疯狂。哪知事业越做越大，看似庞然大物的南梁其实不堪一击，一支八百人的队伍竟然大老远地打到了首都，攻破了台城，俘获了朝廷，饿死了皇帝。看来活着不是问题了，那就想要活得更好，于是对自己、对手下，加官晋爵，封妻荫子，最后自己还坐上龙椅，站到了人生巅峰！

人是要有理想的，并且还应该树立远大理想。但什么才是远大，可是各抒己见了，中国老百姓，尤其是分裂时代、战乱时代的老百姓，他们的理想一般都是"活着"，这时候"活着"才是最高理想。因为要"活着"，陈胜吴广喊出了"王侯将相宁有种乎"的口号，绿林赤眉喊出了"刘氏复起，李氏复辅"的口号，黄巾军喊出了"苍天已死，黄天当立；岁在甲子，天下大吉"的口号。正是他们想要活着，才把那些让他们活不下去的朝堂和皇帝，一一推翻在地，再踏上一只脚！

是啊，"活着"这一最低理想是不容践踏的！

（三）朱异：奸臣之路

社会的问题永远是人的问题，只有把人性剖析清楚，社会问题才能明明白白。所谓奸臣，应当是有大能而无德的人，没有能力的人当不了奸臣，有德行没有能力的人也当不了奸臣，既有能力又有德行的人常常

是不为朝堂所容的。概括起来就是，忠臣易做奸臣难当！

奸臣难当，在于皇帝难侍候。世界上最难侍候的是谁？孔子曰，唯女子与小人难养矣！但和侍候皇帝比起来，那都不是事。皇帝有几个特点，一是权力无边。天下都是他的，天下人更是他的，他想杀谁就杀谁，没有理由，没有征兆，历史上即使非常软弱的皇帝，也会杀几个人练练手，那些出名的屠夫皇帝，比如北齐的高洋，那是要天天杀人，变着各种花样杀人，连身边最有才能的宰相杨愔、战场上屡建奇功的斛律金，他都多次动刀砍杀，以此取乐。梁武帝比较仁慈，但他还是很有脾气的，一生也杀过很多人。朱异是近臣，天天陪在皇帝身边，出错的概率就比较大，被杀的可能性就更大了。二是欲望无穷。为啥你我平凡人没啥欲望？那是限制太多，资源太少。而皇帝这一职业的缺点就是没有任何限制，天下所有资源都是他的。面临如此境遇，那隐藏的各种欲望都会展露无遗，尤其是一些坏脾气，也会被无限放大。北齐高家淫乐与杀戮，北周宇文赟遍选天下美女，梁武帝对直系血亲的无限宽容放纵，都是这一心理的充分体现。奸臣作为近臣，都要从心底里认同并参与实施，稍有怨言，就会触犯龙鳞。三是怪僻很多。每个人都有爱好，这是优点，当今职场上，没有爱好与特长的，都很难上岗了。皇帝当然也有爱好，但发展到极端，就成了怪僻。历史上的皇帝，有是木匠的，有成酒仙的，有当诗人的，有变痴呆的，北齐的高洋就喝酒成瘾，梁武帝也拜佛成痴。朱异要当好当稳近臣，也要从心底里崇佛向佛，和萧衍步调一致才行。

奸臣难当，在于自身有大能。皇帝都是要么有大欲，要么有怪癖，要么特长和爱好相当多的人，作为近臣，光溜须拍马、能言善辩那是不够的，你还得和皇帝的才能相匹配。梁武帝的文学水平相当高，"四萧"

的文学地位直逼"三曹",你要在这样的老大身边长期待下去,没有和老大旗鼓相当的真才实学,那是不可能的。作为近臣的朱异,很早就展露了出众的才华,因勤奋治学被当时的大伽沈约、明山宾等人赏识推荐。他博学多识,遍治《五经》,尤精《礼》《易》,精通多种技艺,在诗歌、经史和围棋等方面都有一定建树,"朱异实异"就是梁武帝对他的评价。这些爱好,与梁武帝的博杂而精深的爱好具有最大的同类项,他俩一起谈古论今,舞文弄墨,和唱对弈,可以说是找到了知己。540年,朱异在仪贤堂奉敕讲述梁武帝《老子义》,朝士及道俗听众达千余人,成为一时盛事,朱异因此深得朝野道俗的宠信。奸臣们的能力确实很强,他们和忠臣的区别只在于方向不同罢了。

奸臣难当,重点在于能办事。侍候好皇帝并成为皇帝的知己,这已经很难了,如果你认为奸臣就这点本事就可以了,那是你不在其位不懂其政。对于奸臣来说,侍候好皇帝只是当稳奸臣的一小步。作为近臣和奸臣,一般很受皇帝信任,同时皇帝也不太想管事,于是朝堂上大小事务,都由奸臣来出谋划策或直接处理。所以处理不了朝堂上的军国事务,想当奸臣也不可能。

后期由于梁武帝年岁较高,同时又热衷于佛教事务,军国大事一并交由朱异处理,"当时方镇换置、朝仪国典、诏诰敕书等政务军机十分繁重,而朱异属辞落笔,机敏练达,应对自如"。

奸臣难当,关键在于能迎合。忠臣与奸臣最大的区别,就是忠臣以国家为重,心里的底线。奸臣唯皇帝马首是瞻,只一味迎合。朱异能成为萧衍的心腹长久不衰,靠的不是聪明练达,而是对萧衍心事的揣摩与迎合。老年皇帝的问题一般出在哪?在于进取心的消退,在于对情感因素的过于看重，更在于能被别人猜得到自己的心思。长期在萧衍身边，朱异对梁武帝的心思把握得恰如其分，分毫不差，在一系列的决策中，朱异和一众大臣的区别，是并不会以南梁的长远利益来参谋，那样也吃力不讨好，而是看看老头子的面色即可。每次朱异的参谋，刚好就是老头子心里想要的结果，于是奸臣越来越受宠，越来越重要。具体到接纳侯景之事，在朱异看来，侯景无非就是一个带地来降的叛将。别的大臣难以权衡的地方，在于接受侯景带来的好处与交恶东魏带来的坏处之间不好取舍，而且如果接受了侯景，还要评估他真心投靠的可信度，但这些通通都不在朱异的考虑范围内。赞同萧衍——才是他身为宠臣唯一关心的事。朱异总能满足萧衍内心深处的关心和隐忧，或是春秋大梦，或是柔软亲情，或是怕事烦神。但是，于国家安危，朱异却毫不关注。

奸臣难当，核心在于能背锅。皇帝有天大的欲望，梁武帝就一边想当人间的统治者，一边想成为佛界的菩萨。对于皇帝来说，和一个没有道德瑕疵、过于正直的忠臣相处，是一件非常有压力的事情。忠臣固执地坚持原则，坚守底线，一会儿进谏，一会儿上奏，虽是忠言确实逆耳，很有脾气的皇帝也就龙颜大怒，梁武帝对贺琛的四条进谏就大批特批。奸臣就能够讨皇帝的欢心，皇帝想要做的事情，想要得到的东西，尤其是那些不符合春秋大义的事，忠臣都会敬而远之，只有奸臣有能力也愿意去办到，虽然有时冒天下之大不韪，奸臣也义无反顾。当朝和后世唾骂的，当然都是奸臣之奸，至于幕后故事，大都睁一只眼闭一只眼。想当初梁武帝的南柯一梦，满朝王公大臣的重点都在专心解梦上，只有朱异在猜想皇帝的心思，并按照梁武帝所思所想来完成解梦，从而再次背锅。是否迎接萧渊明回南梁之事也是一样，只有朱异最清楚梁武帝的亲亲政

策,清楚老大对亲情的无原则,"贞阳旦至,侯景夕返"的决策也就似乎在朱异的鼓动下做出了,这也成为侯景反梁的导火索,这个锅朱异还是背了!

在侯景"清君侧"已包围台城,王公大臣一致憎恨朱异的情况下,朱异去世,梁武帝还破天荒地给予他宰相的敕封。

(四)萧绎:虚伪之路

虚伪是人的一种性格特征,产生于个人利益或欲望和社会规则所发生的冲突。其心理原因是对社会规则的惧怕和胆怯,害怕与群体规则公开冲突时,自己会受到伤害。当这种冲突来临时,在行动或者语言上隐藏自己的利益或欲望,尽力表现出无私清白的样子,以短期或者长期避免这种伤害。隐藏得浅些的,能立刻被识破的,虚伪的程度就浅些,反之就深些,就是"极端"虚伪。我们常说的表里不一、口是心非、敷衍塞责、谎话连篇,都是虚伪的现实表现。

萧绎就是极端虚伪的典型。"才子皇帝,表里不一",是历代史书对他的一句总评。他的一生算不上太曲折,前四十年作为皇子养尊处优,待在华屋高墙之内,除了读书、著作、写诗、作画,没有在史书上留下太多痕迹。但在人生的最末期,他借助"侯景之乱"的机遇走上历史前台,登基为帝,却做出很多遭后人诟病的最虚伪的举动。

在萧绎这个人身上,光看他的文学作品,你会被深深误导。这个人身上有着复杂的性格,甚至可以说是双重人格,为人与为文,差了何止十万八千里。他是中国古代历史上头一号的伪君子,比起王莽之流,其作风更残忍,手段更下作,伪善的面孔更叫人恶心反胃。

他号称有情义。常在著作之中满纸宣扬圣贤情义之道,在现实中却对兄弟子侄残忍加害。在发兵讨伐侯景的过程中,因为猜忌,先后杀掉了弟弟桂阳王萧慥、侄子萧誉,并袭击兄长萧纶、八弟萧纪,杀害孙子辈的萧栋;武陵王萧纪派儿子萧圆照援助萧绎,而萧绎将其阻挡在白帝城;另一个侄子萧圆正率领部下接受他的部署,他却将其囚禁在岳阳。萧绎纵容最大的敌人侯景,却残害自己的兄弟骨肉。江陵城破后,一座著名的监狱被打开,里面一群特殊的人得以重见天日——这些人都是同萧绎争夺皇位失败的兄弟子侄们及其后代,有数十位之多,他们的状况极其惨不忍睹:满身刑伤,肌肉腐烂,脓血交流!见此惨状,西魏军主帅都忍不住怒斥萧绎,而萧绎无以为应!

他号称守孝道。亲自编纂一本《孝德传》,号召全天下人都要遵从孝道,在另一本著作《金楼子》中更是将父亲梁武帝萧衍与上古几位贤君虞舜、夏禹、周文王等并列,说这四人是万年以来难得一出的好君主;国难发生之时,却坐视父亲遭受劫难一直按兵不动,一直到确信当皇帝的父亲已经死了之后才出兵平叛,但仍故意隐瞒父亲死讯达一年之久,直到他本人有机会登上皇位,才装模作样地为父亲发丧,并且为父亲雕了一个名贵的白檀木头像,早晚都要焚香跪拜,大小事都要恭恭敬敬地禀报一番。

他号称仁爱。死囚犯临被处死都会觉得于心不忍,特允许死囚的爱人在临刑前来探望。但在江陵之难发生时,有人建议将两千死囚释放出来充军帮助守城,他不但不允许,反而命令将这些人全部用木棍活活打死。这项命令还没来得及实施,江陵就被攻破了,两千囚犯幸而没有沐浴到他泽被天下的"仁义"光辉而得以幸存下来。

他号称惜才。常以圣人周公自比,不遗余力地招贤士才,却嫉妒真正有才之人。侯景之乱，"高才硕学"的刘之遴远道而来投奔他，他嫉妒刘之遴的声名，暗中派人将其毒死在半路上，随后再亲自撰写祭文极力表达哀痛之情，并送上许多陪葬品为其风光隆重地举办了葬礼。

他号称爱书。在收集天下之书上也做了巨大努力，还延请了多人长时间地为他抄书。在西魏攻破江陵时，面对天下至宝的十四万卷图书，他竟然下令焚毁！中国历史上令人震惊的文化破坏事件就此诞生了！萧绎，这个在历史成败排行榜上被挤到失败者行列的优秀作家，从此也被钉在了历史的耻辱柱上！一生著作等身的萧绎，时至今日只剩下一本《金楼子》残部和少量的诗词曲赋文章，最大的原因也许就是他自己放的这把火。

命运的审判虽然来得晚了一点，但终究没有放过任何一个人。萧绎被魏军交给其侄儿萧詧处置。萧詧对这位叔父没有任何手下留情，百般羞辱，尽情发泄其愤恨。萧绎的最后归宿，是一个覆压全身的上千斤重大土袋。这个披挂着虚伪外表的才子皇帝，至此，结束了甚不光彩的一生！

总之，萧绎作为一名文士，他非常成功——将整个南朝文学推向新的高度。作为一个帝王，他非常失败——在为政上过于感性，导致其身死国灭。作为一个汉人，他非常丑恶——烧掉了历史早期的最珍贵的十四万册图书，许多文化传承就此失传！

其实人都有虚伪的一面，在社会中要想生存，有时候必须要在某种场合虚与委蛇，该高呼英明时还是要高呼，任何时候都实话实说是比较难以生存的。但物极必反，把虚伪做到极致，就让人恶心，让人反感，让人背离。

第三章 大势：三国归隋

历史车轮滚滚向前，顺之者昌，逆之者亡。侯景身灭后仅过了30年，天下终于到了"分久必合"的时刻了。是啊，从220年曹丕逼迫汉献帝让位，从此天下大乱，历经魏晋南北朝，三十余个大小王朝交替兴灭，各路英雄好汉粉墨登场，至今已经360年了。这是天下混乱的时代，是英雄辈出的时代，是诡计多端的时代，更是百姓最苦的时代。老百姓难得有一天吃饱的日子，难得有一天安稳的日子，为了活下去，老百姓只有一个愿意，那就是：让那些捣蛋的王朝，灭亡吧！

（一）北齐灭了

576年，北周武帝宇文邕决定北连突厥，南和陈朝，并乘陈攻占北齐淮南地之机，发起攻灭北齐的战争。此次战争历时三年，较大的战役有河阴之战、平阳之战。

十月，宇文邕进攻北齐，以宇文盛、宇文亮、杨坚为右三军，宇文俭、窦泰、丘崇为左三军，宇文宪、宇文纯为前军，宇文邕亲自率领诸军进至汾曲，分派诸将各自据守要地，阻击北齐援军，派辛韶率步骑五千守蒲津关，保障后方安全，命内史王谊督诸军攻平阳城。二十五日，北齐后主高纬亲率十万大军自晋阳南下救援平阳。宇文邕亲自平阳城下督战，北齐将侯子钦、刺史崔景嵩投降；二十七日，北周将段文振率数十人入城，俘北齐守将尉相贵及甲士八千人，北周军占领平阳。同时，宇文宪攻占洪洞、永安二城。十一月，北齐援军已进平阳，宇文邕为避其锋锐，以梁士彦为晋州刺史，率精兵万人守平阳；自率大军撤退到玉璧一带，使宇文宪领兵六万驻扎，自还长安。北齐援军至平阳，昼夜围攻，梁士彦顽强守御。十二月，宇文邕知平阳紧急，先使宇文宪率所部趋平阳，随后亲至，集诸军八万，东西列阵二十余里，与北齐军对峙。北齐军围平阳时，恐北周援军突至，于城南挖掘沟堑，经乔山至汾水。北周军至即与北齐军对峙于沟堑南北两侧，周军渡沟堑进攻，齐军抵御，战斗一天未决胜负。齐后主听从幸臣意见，命令齐军填沟堑而进，此举正合周武帝之意，遂率军迎战，战斗十分激烈。齐后主携冯小怜和幸臣穆提婆观战，见齐军东翼稍退，便认为齐军已经战败，不听劝阻，赶紧后退，北齐军因而大败，死伤者万余人，军资甲仗丢弃如山。

高纬战败后，退至晋阳。周武帝率军乘胜追击。北齐高阿那肱率军一万镇守高壁。宇文邕率军至高壁，高阿那肱望风而逃。十二月，宇文邕与宇文宪在介休会师。逼降北齐守将韩建业后，向晋阳和北朔州急进。高纬欲奔突厥，随员多散，乃回奔邺城。宇文邕亲率诸军攻破晋阳，疾趋邺城。高纬退至邺城后，禅位于八岁的皇太子高恒，自当太上皇。

北周建德六年（577年）正月，高恒从邺城出逃济州。宇文邕围攻邺城，焚烧西门，北齐军战败。高纬率百骑东走，以慕容三藏守邺宫。北周军攻入邺城，北齐王公以下官员皆降。高恒在济州遣人持玺绂至瀛州，禅位于任城王高湝，与高纬等再逃青州，宇文邕派尉迟勤追击高纬和高恒至青州，齐将高阿那肱降，高纬、高恒率十余骑仓促南逃，欲奔陈朝。在南邓树被周军俘获。二月，周军攻下信都，俘北齐任成王高湝，广宁王高孝珩等。随后，周武帝遣军平定各地反抗势力，北齐灭亡。

（二）北周灭了

北周大象二年（580年）五月十一日，北周宣帝宇文赟病死。周静帝宇文衍年幼，左丞相杨坚专权。杨坚为预防北周宗室生变，稳固其统治权力，以千金公主将嫁于突厥为辞，诏赵、陈、越、代、滕五王入朝；因尉迟迥（宇文泰外甥）位望素重，恐有异图，遂以会葬宣帝为名，诏使其子尉迟惇召尉迟迥入朝；并以韦孝宽为相州总管赴邺取代尉迟迥。六月，尉迟迥恐杨坚专权对北周不利，公开起兵反对杨坚。七月，青州总管尉迟勤（迥弟之子）从迥反杨。迥所统相、卫、黎、沼等地；同时质其子于江南陈朝，以请援；并派人出使并州，欲招降上柱国、总管李穆，遭到拒绝。

这时，杨坚挟幼帝以号令中外。结好并州李穆，送千金公主与突厥和亲，以消除北方之患；加强洛阳守御，作为进讨尉迟迥的战略基地；并令计部中大夫杨尚希先发精兵三千人镇守潼关，防其偷袭。同月十日，杨坚调发关中兵，令韦孝宽为行军元帅，陇西公李询为元帅长史，郕公梁士彦、乐安公元谐、化政公宇文忻、濮阳公宇文述、武乡公崔弘度、清河公杨素等为总管，率军讨伐尉迟迥。随后，韦孝宽分兵进击关东各地降附尉迟迥的势力，彻底平定了尉迟迥之乱。战中，郧州总管司马消难、益州总管王谦先后举兵响应尉迟迥，反对杨坚。杨坚适时命柱国王谊、

梁睿各为行军元帅，分别率军攻讨，均获胜利。同时，北周宗室诸王数次伺机欲除杨坚，杨坚均予果断处置，粉碎其夺权图谋。

此战，杨坚在控制北周诸王、加强中央统治的同时，和亲北方突厥，争取并州李穆，以巩固其左翼，并威胁敌军侧背，又乘叛军初起，相互配合尚不密切之机，以一部兵力东击梁、曹、城、金各地，解除右翼威胁，并掩护主力行动，造成战略上有利态势，掌握了战争主动权。主力进攻时，置途中敌之坚固据点于不顾，急寻敌军主力决战；沁水战胜后，又直趋邺城，消灭叛乱中心，终于迅速平定叛乱，在军事上为其代周建隋奠定了基础。

581年，杨坚代北周，改国号隋，北周灭亡。

（三）南陈灭了

陈朝建立时已经出现南朝转弱、北朝转强的局面。557年陈朝刚建立时就面临北方政权的入侵，形势十分危急。陈霸先带领军队一举击败北齐，形势有所好转。三年后陈霸先病逝，其侄陈文帝陈蒨即位，陈蒨大力革除南梁奢侈之风，使南陈朝治稍为安定。566年陈蒨死，遗诏太子陈伯宗继位，于次年被文帝弟陈宣帝陈顼所废。陈顼即位后，继续实行陈蒨时轻徭薄赋之策，使江南经济逐渐恢复。

陈朝在政治及经济上算是南朝四个朝代中相当富强的时代，但在军事上却已难以与北方抗衡，至宣帝陈顼在位时试图结好北周，夹击北齐。572年，周陈互派使者。同年，陈顼命吴明彻统兵十万攻北齐，占领淮、阴、泗诸城。577年，北周灭北齐。翌年，周陈在吕梁展开激战，陈败周胜，吴明彻被俘，淮南之地得而复失，江北州郡尽为北周所有。

582年，陈顼病死，太子陈叔宝继位，是为陈后主。后主不问政事，荒于酒色，陈朝政治已江河日下。北方的隋文帝杨坚积极准备灭陈。588年，杨坚命其子杨广等统军攻陈，至次年攻陷建康，南陈灭亡。

王僧辩的次子王颁，武功极强，是个孝子，他随平陈大军英勇奋战，灭了陈国之后，矢志报先父之仇。陈霸先已死多年，他不解其恨，将陈霸先的帝陵掘坟焚尸，其骨灰令一千多名兵士掺水喝下，当然自己先喝了一大碗，是效仿当年伍子胥为父报仇，掘楚平王鞭尸的典故，乃孝子义士之举。回隋后，王颁向隋文帝负荆请罪，但是杨坚却感念王颁之孝道，且其行为符合春秋大义，"朕以义平陈，王颁所为，亦孝义之道也，朕何忍罪之！"，不但不怪罪他，反而凭其功劳，加封为柱国，赐绢五千段。

（四）隋朝来了

北周、北齐、南陈之间除了不间断的战争杀伐外，三国也进行了较为密集的出使与交流，但交聘的内容、目的不尽相同。北周与南陈主要是互致友好以及就"伐齐"达成战略同盟；北周与北齐交聘，北周比较主动，希望借外交来麻痹北齐警惕心，为本国的"伐齐"争取时间，而北齐也未能察觉北周在"商榷礼仪"下的深层次目的，并最终为此付出了灭国的高昂代价；北齐与南陈交聘，主要是进行学术、礼仪方面的探讨，不曾涉及政治层面的交涉。

北周大定元年（581年）二月，北周静帝禅让帝位于杨坚，北周覆亡。杨坚定国号为"隋"，定都大兴城。随后南下灭陈朝，统一中国，终于结束了360年的分裂局面。605年，隋炀帝即位后，令宇文恺营建东都洛阳，第二年颁布诏书迁都洛阳。隋朝是中国历史上承南北朝下启唐朝的大一统王朝。

隋文帝在位年间，社会民生富庶，人民安居乐业，政治安定，开创了开皇之治的繁荣局面。隋炀帝在位时期，修建了贯通南北的大运河，但因过度消耗国力，引发隋末民变和贵族叛变。618年隋朝灭亡，享国38年，之后中国历史终于进入了大唐盛世。

杨坚的胜利首先在于北周在三国中的胜利。当初六镇之兵，高欢得其五，宇文泰仅拥一镇，而南梁正朔相承，有文化优势。为了整治吏治，宇文泰将贪赃者放宽到满绢三十匹才处大辟死罪，这比《梁律》的满十匹处死和北齐的"赃满一匹者死"都要宽松，但这是为了更好地执行法律，而南梁和北齐的法律条款最后都成了摆设。由此宇文泰"取塞外野蛮精悍之血，注入中原文化颓废之躯，旧染既除，新机重启，扩大恢张，遂能别创空前之世局。"

隋朝一统江山后，北周、北齐、南陈三地的文士终于相聚了。那天一群文士游长安城内旅游胜地昆明池，均唱和作诗《秋日游昆明池》。初来乍到来自南陈的江总：

灵沼萧条望，游人意绪多。终南云影落，渭北雨声过。蝉噪金堤柳，鹭饮石鲸波。珠来照似月，织处写成河。此时临水叹，非复采莲歌。

已来长安十多年的北齐诗人薛道衡：

灞陵因静退，灵沼暂徘徊。新船木兰楫，旧宇豫章材。荷心宜露泫，竹径重风来。鱼潜疑刻石，沙暗似沉灰。琴逢鹤欲舞，酒遇菊花开。羁

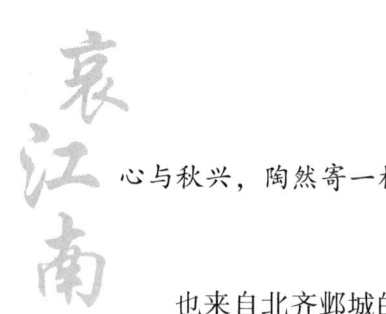

心与秋兴,陶然寄一杯。

也来自北齐邺城的元行恭:

旅客伤羁远,樽酒慰登临。池鲸隐旧石,岸菊聚新金。阵低云色近,行高雁影深。欹荷泻圆露,卧柳横清阴。衣共秋风冷,心学古灰沉。还似无人处,幽兰入雅琴。

江总于陈朝灭亡后由江左入北,薛、元二人来自北齐邺下,于北周灭北齐后西进长安。在此背景下,三首诗中都贯穿着诗人远离故国身处异地的羁旅之心,但因个体差异,三首诗在情绪表达上也存在着细微的不同。

从南陈过来的文士虞世基,很受隋炀帝的器重,专典机密,参掌朝政。612年从征高丽,采用南梁"四萧"开创的宫体诗模式,与大将杨素和诗《出塞》:

穷秋塞草腓,塞外胡尘飞。徵兵广武至,候骑阴山归。庙堂千里策,将军百战威。辕门临玉帐,大旆指金微。摧枯无勍敌,应变有先机。衔枚压晓阵,卷甲解朝围。瀚海波澜静,王庭氛雾晞。鼓鼙严朔气,原野曀寒晖。勋庸震边服,歌吹入京畿。待拜长平坂,鸣驺入礼闱。

虞世基一改南朝"其内容多是宫廷生活及男女私情,形式上则追求辞藻靡丽"的宫体诗特点，完成了一次伟大的尝试。他以雄健的笔力搭配精巧的构思，让人看到江左文人已经能够去除"体气卑弱"的弊病，彰显大气昂扬的时代气质，这种艺术上的突破正是宫体诗逐渐走向唐诗的重要一步。唐代诗人对虞世基的这首诗颇为青睐，如高适"大漠穷秋塞草腓"（《燕歌行》）直接取用了虞诗"穷秋塞草腓"一句；王昌龄"青海长云暗雪山"（《从军行七首》其四）、杨炯"雪暗凋旗画"（《从军行》）化用了"雪暗天山道"一句；李白"欲渡黄河冰塞川"（《行路难》其一）化用了"冰塞交河源"一句；岑参"风掣红旗冻不翻"（《白雪歌送武判官归京》）化用了"霜旗冻不翻"一句；王昌龄"大漠风尘日色昏"（《从军行七首》其五）化用了"日落风尘昏"一句。这些诗句如此高频率地出现在唐人诗句中，正可以说明虞世基的关塞诗与唐诗气质颇为符合，也说明了大气圆融的唐诗在隋朝已经出现先期萌动。

第四章 趣闻：四方笑谈

一壶浊酒喜相逢，古今多少事，都付笑谈中。作为南北朝后期的后三国时代，大家秉承魏晋的玄谈之风，弘扬东晋的门阀制度，吸着五石散，喝着金樽酒，比着阔，露着富。与今日相隔久远，一些当时被认可的习俗，现在看来就是笑柄，一些当时的传统，现在也早已亡失。我们还是怀揣尊重，端着小板凳，嗑着大瓜子，细细品味侯景造反前后的生活片段，更能感悟其辛酸。

（一）梁武帝的逸闻轶事

下棋的赌注。到溉是南梁官员、学者、文学家，也是萧衍的最佳棋友。梁武帝有段时间对围棋的喜爱已经达到了痴迷的程度，以至于写了一篇洋洋洒洒五百多字的《围棋赋》。萧衍常常找到溉陪他下围棋。他们每次下棋，都是从晚上开始，一直要持续到第二天早晨方才结束。有一次下棋下到下半夜的时候，到溉忍不住哈欠连连，只能坐着打起瞌睡来，梁武帝随口两句诗同他开起了玩笑，"状若丧家狗，又似悬风槌"。过了不多会，这盘棋就下完了。两人稍事休息了一会，又重新开始了下一盘的棋局。这时萧衍下赌，如果萧衍赢了，赌注就是到溉院子池塘里的那块瘦透漏皱的礌石，再加上那部秘不示人的孤本《礼记》；如果到溉赢了，则准许他在下棋过程中躺下睡觉。拿什么做赌注，当然也是皇帝说了算。到溉是一个不一般的人，明白了高祖皇帝的用意后，打起了十二万分的精神，再也没有打过一次瞌睡。尽管双方的棋子纠缠在一起，黑白混杂难分难舍，但这只是表面的现象，到溉知道这局棋他是万万不能赢的。到溉输了围棋后，虽然心有不甘，但又不敢耍赖，在磨磨蹭蹭地拖了几天后，就将这块罕见的高达一丈六尺的礌石，从家中的池塘里起了出来，选了一个良辰吉日，移置到了高祖皇帝的皇家园林华林园里的宴殿前。当时的人们仍把这块礌石称作为"到公石"。

武将的文采。由于萧衍雅好诗文，大臣们纷纷效仿，甚至连赳赳武夫也能偶尔吟出几句好诗来。507年，梁将曹景宗和韦睿在钟离之战大败魏军。班师回朝后，萧衍在华光殿设宴庆功。宴饮中，君臣连句赋诗。鉴于曹景宗不善诗文，负责安排诗韵的尚书左仆射沈约便没有分给他诗韵。曹景宗深感不平，坚决要求步韵赋诗。萧衍对曹景宗这种不甘人后的性格早有了解，于是安慰并解围说："将军是一位出众的人才，何必在乎作一首诗呢！"当时曹景宗已经有一些醉意，就乘酒兴再三固请。萧衍不愿再扫他的兴，便命沈约分给他诗韵。这时诗韵差不多已经分完，只剩下"竞""病"二字。在这种局限之下要按韵赋诗是很困难的。可是曹景宗只是稍微想了一会儿，便提笔赋出一首诗："去时女儿悲，归来笳鼓竞。借问行路人，何如霍去病。"诗写得自然流畅，而且非常切合眼前凯旋庆功的实际。此诗一出，语惊四座，文人们自叹弗如，连萧衍也感叹不已，特命史官记入国史。

错杀的和尚。萧衍对围棋如醉如痴，也有因此误事的时候。他晚年崇佛，有一个名叫榼头师的和尚，颇得他敬重。一天，萧衍下敕召榼头师觐见，但当榼头师入宫的时候，萧衍正在和人下棋，要杀死对方的棋子，便随口说道："杀掉！"左右侍从将此话理解错了，以为萧衍要杀掉榼头师，便不由分说，将榼头师推出斩首。下完棋，萧衍下令召见榼头师，左右侍从回答说："刚才陛下叫人把他推出去杀了，我已经把他杀死了。"萧衍听罢，叹息道："榼头师临死时，有没有说什么？"左右侍从说："榼头师说：'贫道没有罪，以前刚做和尚的时候，用铁锹铲地，错误地断送了一条蚯蚓的小命，皇帝当时是那个蚯蚓，现在就得到了这样的报应啊。'"萧衍听后为之流泪，追悔莫及。

（二）孝静帝的谋反帽子

谋反，主体说的是谁？当然三岁小孩都明白，说的是臣民谋皇帝的反，比如侯景，开始谋东魏的反，之后谋南梁的反。各种朝代更替，即使是太平年代，都有谋反者的身影。但不管怎么说，谋反的主体都不可能是皇帝，这是常识。但天下之大，无奇不有。就在侯景造反的期间，就发生了皇帝造反的奇葩案例。

在皇帝——权力——大臣的政治格局中，权力就像是一台天平的指针。指针偏左，可能会出现独裁皇帝；指针偏右，多半要产生傀儡皇帝。因为有命无运、有名无实、有位无权，所以，傀儡皇帝大都被权臣搞得很郁闷，很狼狈。在历代傀儡皇帝中，被人挟持的有之，被人废黜的有之，被人幽禁的有之，被人砍头的有之；但是，被人当众警告，当众臭骂，当众殴打，甚至被人当众指责"谋反"的，恐怕也只有东魏的孝静帝了。

高欢去世后,高澄承袭父职,继续把持着东魏朝政。高澄简直就是蛮夫,就是野兽。在高澄看来,东魏的江山是高家打下来的,皇帝也应该姓高。高澄的目的,就是要取而代之,自己当皇帝。为了控制孝静帝,高澄提拔心腹崔季舒当黄门侍郎,监视孝静帝的一举一动,并随时汇报。后来"侯景之乱",高澄收回十三州,还攻陷了南梁不少城池,孝静帝被迫封高澄为"相国,封齐王,赞拜不名,入朝不趋,剑履上殿"。有了功勋,有了高位,高澄的篡逆之心更加膨胀,对孝静帝的欺辱、羞辱和侮辱也变得肆无忌惮。"帝尝猎于邺东,驰逐如飞,监卫都督乌那罗受工伐从后呼曰:'天子勿走马,大将军嗔!'澄尝侍饮酒,举大觞属帝曰:'臣澄劝陛下酒。'帝不胜忿,曰:'自古无不亡之国,朕亦何用此生为!'澄怒曰:'朕,朕,狗脚朕!'使崔季舒殴帝三拳,奋衣而出。"

马骑快了,就要受到警告;敬酒不吃,就要挨骂遭打。拓跋家当年的雄姿,拓跋宏昔日的风采,随着北魏皇权的旁落,如今已是荡然无存。但是,孝静帝绝不是懦夫。尽管他身为傀儡,尽管他无力抗争,但"自古无不亡之国,朕亦何用此生为!"的这句话,就足以看出孝静帝秉持着宁肯亡国,也不接受小人摆布的决心和勇气。"韩亡子房奋,秦帝鲁连耻。本自江海人,忠义感君子。"此时此境,孝静帝咏颂谢灵运的这首诗,不仅仅是受辱后的自我解嘲,同时也是反击前的振臂高呼。不在屈辱中沉默,就在屈辱中爆发!

侍讲大臣荀济,显然从皇帝的咏诗中听出了孝静帝的心声,于是与元瑾、刘思逸等人密谋讨伐高澄,以解皇帝之危。由于朝中尽是高澄的耳目,他们便选择了"地道战术",即在皇宫日夜挖掘秘密通道通往高澄之府,之后派刺客出其不意从地道出来将高澄斩杀。可是,守门军官听到地下有响声，便上报了高澄，荀济等人事泄被抓。

"陛下为什么要谋反？"高澄带兵入宫，逼问孝静帝："我们父子两代为国忠心耿耿，有什么地方对不起陛下呢？"孝静帝义正词严地说："自古以来，只听说臣子反叛君王，没听说君王反叛臣子。你自己要谋反，又何必指责我呢！杀了你，社稷就会安定！不杀，国家就会灭亡。我已将生死置之度外，想弑君叛逆，看你的时间！"高澄被孝静帝驳斥得哑口无言，愤怒地杀了一个嫔妃之后磕头谢罪，并连夜摆酒慰问皇帝。

从此，中国历史上终于有了皇帝谋反一说。

（三）太上皇的潇洒人生

中国的太上皇，是中国皇权政治的特产，辞书对"太上皇"的解释是皇帝的父亲，现代政治术语的解释是由"一线"退居到"二线"的皇帝。如此具有诱惑力，引无数英雄竞折腰，本应从生坐到死的皇帝宝座，有什么人愿意禅让给自己的儿子甚至其他不相干的人，而自己"下岗"去"退居二线"呢？这其中一定有或迫不得已，或如之奈何，或享乐第一，或虽退居幕后仍可指手画脚等各不相同的原因。

历史上第一个称为太上皇的是秦庄襄王，但他这个"太上皇"却是在死后二十六年追尊的；第一个出现的"正牌"太上皇是晋惠帝司马衷，也就是历史上有名的"白痴"皇帝。

侯景之乱前后，后三国的太上皇现象就特别多。首先是北齐，高湛、高纬父子俩，可谓是不顾国家安危，一心专事行乐，把享受放到第一的"太上皇"。

高湛是北齐的第四任皇帝，史称武成帝。高湛生性好玩，佞臣和士开公然劝他不必为政事劳心费神，应当趁年轻及时行乐，"一日取乐，可敌千年"，此言正中下怀。可是，当时的外部环境又很不利于行乐，北周联合突厥屡屡向北齐发动攻击，干戈不息，委实恼人。于是高湛听从祖珽的建议，干脆把皇位传给了才9岁的太子高纬，自称"太上皇"，专职行乐玩耍去了。

高纬，史称后主，其玩心比乃父更甚，正所谓"一代更比一代强"。尽管此时北周日益强大，虎视眈眈，志在吞齐；江南陈国亦随时准备趁火打劫，可高纬仍然在当他的"无愁天子"，还自编自弹自唱《无愁》曲。当周兵一路冲杀过来，围攻齐都邺城时，"无愁天子"愁眉苦脸，无计可施，唯一能想出的法子是向老爸学习，自己去当太上皇，把皇位让给年仅八岁的儿子高恒。国难当头，一推了之，唯有"无愁天子"才能想出如此荒唐的"高招"。而且，这样的做法，为后来的昏庸天子开了一个大大的坏头。事实上，高纬的太上皇只做了一个月，便当了俘虏，接着又被砍了头。看来，又要当天子，又想推卸责任的事，是做不得的。

侯景之乱时，南梁的萧衍其实也是太上皇。这时他年岁太高，力有不逮，而太子萧纲已44岁，于是梁武帝将一并政务大事交由太子处理，只是没有宣布自己做"太上皇"的圣旨。在侯景谋反，包围建康并围攻台城时，好多犹豫不决的圣旨，许多助纣为虐的决定，均是出自太子的指令，即使在梁武帝明显反对的情况下，这些指令也被一一落实，为侯景起到了神助攻的作用。可见萧衍的太上皇身份是确凿的。

当然一贯有样学样的北周也就出现了太上皇。北周宣帝宇文赟，却是因沉湎于淫秽而当太上皇的。当正值年富力强的北周武帝宇文邕，在完成统一北方大业，准备向南发展的时候，不幸驾崩，年仅36岁。而更年轻的太子宇文赟即位,是为北周宣帝。这个年轻的皇帝,当父皇辞世,还在大行丧礼期间,他不但面无悲戚之色,还睁着一双色眼,挑选曾经服侍过先皇的宫女。并遍选天下美女,充实后宫。为了一心一意淫乐,只做了不到一年皇帝的宇文赟,便效法北齐的行乐父子太上皇,把皇位禅让给了年幼的太子宇文衍(后改衍为阐),自己当起了天元皇帝,即太上皇。之后更是以淫乐为要务,整日沉湎于声色之中,常酗酒宣淫于后宫,十天半月不出来。结果太上皇也只当了一年多,便暴卒于天德殿,时年22岁。

由于宇文赟的折腾,他死后不到一年,由孤儿寡母掌国的北周,便被随王杨坚不费兵刀、轻而易举地夺了去,更国号为隋。

(四)梁武帝的取名艺术

中华姓氏的起源,直溯到大约五千多年伏羲氏时期。"姓者,统其祖考之所自出;氏者,别其子孙之所自分。"反正,姓是祖先所定,不能变动。有很多姓氏是很有趣或略显奇特的,例如有姓牛、马、鱼的,有姓冷、温的,复姓里有令狐、司马、欧阳、西门等。

姓不能变,可以出彩的是名。商代是采用天干取名法。相传,上古时代有十个太阳,分别叫作甲、乙、丙、丁、戊、己、庚、辛、壬、癸。每天会有一个太阳升起,十天称为一旬。这十个太阳就叫作天干。所以商朝皇室使用天干取名的方式,实际上就是以出生日期取名的方式。这种取名方法的发明者是商汤,因此也在商代使用频率最高,例如商汤的儿子出生在丙日,便叫作外丙。

到了周朝,则是放飞自我取名法。那时人们的取名方法变得不拘一格,最具代表性的就是"后稷"了。后稷被称为周族的始祖，后稷姓姬，名弃，因为后稷的母亲姜原在一开始是打算丢弃他的，丢弃几次也没有丢掉，于是便抱回去把他养大，取名后稷。

萧衍是文化人，当然要给子孙取出好名字。当时生存不易，一般人家给孩子取名，都是阿猫阿狗，但特别注重文学的萧家，给小孩子取名那是特别讲究。梁武帝有八个儿子，都是以丝绕旁作名，如萧统、萧纲、萧绎；萧统太子有五个儿子，都是以言字底为名，如萧誉、萧詧；现太子萧纲有二十子十一女，儿子都是以大为名，如萧大器、萧大心、萧大款；萧绎有十一个儿子，都以方为名，如萧方等、萧方诸，萧方圆。反观当时的北齐北周，取的名字那就差远了。高欢的字为贺六浑，宇文泰的字为黑獭，简直不忍卒读。后来这一学问被没有多少学问的明太祖朱元璋学去，他以前叫朱重八，就经常吃过没文化的亏，于是模仿梁武帝专门制订了儿孙取名的制度，规定哪一代子孙必须以哪个偏旁为名，并不准重名。两百年来，朱元璋的子孙快速繁衍到一百万以上，创造了世界人口增长的奇迹（当然他只得了第二名，其后代子孙大多被起义军所斩杀；据说第一名是成吉思汗，如今全世界有他血统的子孙三千万）。由于后代太多，取到金字旁时，现成的字确实不够用，只能学学仓颉临时造字，那镭、铯、钚、铀就造出来了，算来比居里夫人的发现还早许多年。

当然，历史上也有许多雷人的名字。战国时卫国人有个叫"徐夫人"的，荆轲刺秦时所用的那一把匕首，就是徐夫人锻造的，上面涂满了剧毒。乍一听以为是一位姓徐的女生，实际上人家可是个货真价实男人！侯景之乱前的南朝司州刺史鲁爽，字女生。据说鲁爽战斗力十足，"少有武艺，精于骑射，号万人敌"，不知道当时大将军鲁爽横刀立马，驰骋在敌军阵前,会不会大吼一声"不要逃走,我是女生!"

取名是一门学会,千万不能马虎。为人父母者,也应该学习梁武帝和朱元璋,翻翻诗经尚书,背背唐诗宋词,让孩子的名字充满诗意,不在文明古国的名号下垫底。

(五)男皇后的离奇人生

红颜薄命,并不是形容女人的专用词。在历史上有很多比女人还美的男人,他们的美让男人心动,让女人嫉妒。也正因为如此,他们成了被世人批判的对象,最终红颜薄命。

韩子高,本名蛮子,出身贫寒。16岁那年,正逢侯景之乱,韩子高和父亲在建康避乱。时逢乱世,所到之处皆是乱兵,很多侯景的士兵在大街上公然强抢美女,韩子高一次在街上便被当兵的认为是美女,给抢了回去,结果定睛一看,才发现是一个男人。士兵想要杀了他,但因为他长得实在太美,下不了手,最后还是把他给放了。冯梦龙在《情史》中就容易其"容貌艳丽、纤妍洁白、螓首膏发、自然蛾眉"。

战乱平息后,韩子高在淮渚想随同军队一起回乡,无意中遇到了陈蒨。陈蒨是陈霸先的侄子,时任吴兴太守,长相也极为英俊。陈蒨见到韩子高,瞬间被他吸引,于是上前询问:"你可愿与我共享富贵?"韩子高见来人眉目清秀,心神一动,当即答应。陈蒨觉得蛮子这个名字既俗气又难听,完全不配他,将其改名为子高。

当然还有一段传说和插曲,当时王僧辩和陈霸先已经结成了儿女亲家。由于陈家丁忧还没有正式过门,陈霸先的女儿在陈蒨家里看上了韩子高,王家知道这个事情之后,就跟陈家解除了婚约。

之后，陈蒨和子高二人的感情自不必说，比夫妻还要亲密。为此，陈蒨许诺："如果他日我当了皇帝，定封你为后，你我二人共享江山！"陈蒨脾气不好，生气时周围的人都不敢劝，唯有韩子高敢上前进言。而陈蒨见到他之后，就会怒气全消。韩子高虽有刻意讨好之嫌，但他倒也并非无能之辈。

自跟从陈蒨之后，韩子高一直努力学习十八般武艺。最终学得一身本领，史载其勇武善战，足智多谋，处事果断，是个难得的将帅之才。正因为如此，韩子高战功卓著，跟随陈蒨出生入死。陈蒨也在韩子高的帮助下，559年登上皇位，是为陈文帝，为南朝难得一见的有为之君，史称"天嘉之治"。封韩子高为右军将军，后来又升他为通直散骑常侍，晋爵为伯。

陈蒨本想兑现当初的承诺：封韩子高为皇后。但皇帝要封一个男人为皇后，着实震惊了朝野，因遭众人反对，只好放弃。陈文帝虽然未能兑现当初的诺言，但这并不影响他和韩子高之间的感情。只可惜，不久陈文帝旧病复发，身体每况愈下。陈文帝病重期间，其他人都不愿意见，只愿见韩子高。韩子高每日为他端汤送药，希望他能快些好起来。但天不遂人愿，陈文帝的病越来越重，566年最终离他而去，时年45岁。

陈文帝病死后，陈伯宗即位，陈顼辅政。陈伯宗是文帝的长子（共有十三子），在位不到三年便被废去。当时陈顼（文帝弟弟）一直有篡位之心，见韩子高手握重兵，以谋反罪将他处死。那一年，韩子高30岁。

回首往事，浩瀚如烟。他初见他，心神荡漾。他初见他，心动如蝶。他陪他看日出日落,他陪他打下江山。夺得江山,他却不能为后，只能为臣。世上有一种东西叫作遗憾，隔在他与他之间，流转千年。

（六）徐孝克的卖妻养母

梁武帝的朝堂上，有一个孝子叫徐孝克，他比较有才能，为官清廉，乐善好施，这样的人朱异当然看不上，一直都是打杂跑腿的闲差。当然徐孝克也是个世族大地主，本来生活也还富裕，可是侯景一造反，他在京郊的房产被烧，家财被抢，奴婢被放，后来建康的家里也被抢了好几次，家底就全完了。没有了积蓄，家里就经常有了上顿没下顿。偏偏徐孝克还是出了名的孝子，所以遇到侯景或者萧纲宴请朝中近臣时，他也不管有无他的名额，都努力争取跑去蹭饭，一般是尽量不吃，或少吃，然后将宫廷上节约的食物欢天喜地带回家给他老妈吃。

但这也不是长久之计，毕竟宫宴不是天天都有，他也不是每次都能混进去。断了生活来源，怕饿死自己的老妈，作为一个男人不自己去想办法，而是做出了一件绝情的事——要把自己的老婆卖给别人为妾。要知道，徐孝克的老婆臧氏，可是名门之后，是南梁大名鼎鼎的领军将军臧盾的女儿。

这臧氏也够不幸，作为名门千金嫁给徐孝克已经倒了八辈子霉，一顿好的都没吃上，一听说男人还要将自己卖了，当然不愿意，声泪俱下地说愿意和徐孝克一起努力共渡难关，宁愿自己去当乞丐讨饭，也不会饿着徐孝克的老娘。但是，最终徐孝克还是将自己老婆卖给了垂涎臧氏姿色的侯景的部将孔景行。之前侯景攻入台城，到处抢钱抢物抢人，徐孝克把老婆藏得较好，侥幸没有被抢走，如他一样的基层官员，好多人的老婆女儿都被侯景的部下抢了。现在终于又恢复了秩序，正是侯景他多金的部将耀武扬威的时候。徐孝克也想了，女人如衣服，和母亲的命相比，算不了什么，而那个孔景行想穿，还只买不抢，而且愿意出高价买，这对衣服本身也是一件好事。

徐孝克没做人事，但还算专款专用，把用卖老婆换回来的粮食和金钱全部用来赡养母亲，他自己一分钱没享受。那他咋生活呢？南梁什么群体生活最有保障？当然是当和尚，如今朝廷没有了，官也没有了，老婆也没有了，于是就跑到附近的庙里当了和尚。别以为他是去念佛忏悔，才不是呢，他是看重当和尚能在寺庙里吃上免费伙食，而且还能靠平时出去乞讨化缘弄点吃食给他老妈。

更让人惊讶的是，臧氏被自己男人卖了，给别人做小妾，居然还无怨无悔。为啥呢，徐孝克有文化，做思想政治工作比较厉害，拿着几本书对她说，一切都是为了尽孝，这是美德。所以，臧氏也就能忍辱负重，还常常偷偷摸摸在将军府搞点钱物接济徐孝克母子。

只几年工夫，坐上皇位的侯景就战败了，孔景行也战死了，孔家树倒猢狲散，已经当了和尚的徐孝克闻讯，就急匆匆找到臧氏，拿着书再一番思想政治工作，再诉诉相思之情，臧氏又感动得泪眼婆娑。于是，徐孝克和尚也不当了，抱着自己卖了的老婆回家了。

奇葩的是，徐孝克卖自己的老婆，在南梁还没有被人耻笑，反而为他挣来一个孝子的称号。他也凭借着这个美誉，后来进入陈霸先的陈国官员队伍，被陈后主陈叔宝在祯明初年，封为尚书、散骑常侍。后来隋朝建立，在隋文帝开皇十年，隋文帝听到了大孝子徐孝克的事迹后，召令他到尚书都堂讲《金刚般若经》，封赏为国子博士。后侍东宫讲《礼传》。隋文帝开皇十九年，徐孝克死于73岁。

其实，徐孝克卖老婆也是身不由己，他倒并不是想为自己博得一个什么美好的名声，而是那时的南梁饿殍遍地、尸横遍野，作为朝堂上的一个中层官员，尚且养活不了家人，更何况老百姓？为了养活老妈，也为了让老婆有活路，那确实是山穷水尽的选择。相似场景，类似决定，广泛存在于南梁走投无路的大小官员间，存在于江南一穷二白的广大百姓间，什么卖儿卖女，什么易子而食，早已成为常态。在生存面前，知识分子那点薄面，有时不要也罢！

参考文献

[1] 司马光. 资治通鉴 [M]. 北京：中华书局, 2012.

[2] 司马光, 柏杨. 资治通鉴 (柏杨白话版)[M]. 太原：北岳文艺出版社, 2006.

[3] 姚思廉. 梁书 [M]. 北京：中华书局, 2020.

[4] 李延寿. 南史 [M]. 北京：中华书局, 2016.

[5] 魏收. 魏书 [M]. 北京：中华书局, 2016.

[6] 庾信. 哀江南赋序 [M]. 北京：中华书局, 2020.

[7] 杜志强. 侯景之乱——几则史料辨析 [J]. 文史哲, 2015, 6: 112-116.

[8] 李玉峰. 三国典略考 [D]. 长春：吉林大学, 2005.

[9] 陈良. 宇宙大将军侯景的皇帝梦 [J]. 文史天地, 2015, 1: 58-61.

[10] 冯鑫. 北魏分裂初期梁与东魏的军事冲突述论 [J]. 平顶山学院学报, 2020, 35(4): 62-68.

[11] 李琪. 被饿死的和尚皇帝 [J]. 朝花夕拾, 2017, 5: 17-18.

[12] 车海峰. 从崛起到背叛——侯景壮大与离叛东魏历史原因探究 [J]. 哈尔滨学院学报, 2016, 37(3): 86-90.

[13] 赵梦迪. 东晋南朝晚渡北人——上层群体研究 [D]. 沈阳：辽宁大学, 2020.

[14] 曲利丽. 风流皇帝萧衍 [J]. 文史知识, 2014, 11: 33-40.

[15] 胡晓明. 侯景之乱——南京历史上一场原可避免的浩劫 [J]. 唯实,

2015: 81-83.

[16] 熊琴. 侯景之乱对阴铿诗歌创作的影响[J]. 古代士人研究, 2014: 34-37.

[17] 冯鑫. 侯景之乱前梁与西魏和战关系考论[J]. 唐山师范学院学报. 2020,42(4):74-81.

[18] 张慧. 侯景之乱与南朝梁末政局研究[D]. 太原: 山西大学, 2020.

[19] 拯救梦想. 皇帝的神秘光环[J]. 漫谈, 2013, 1: 69.

[20] 张国刚. 皇帝菩萨: 梁武帝的多面人生[J]. 月读, 2017,2017(4):19-30.

[21] 尹雪华. 江南天子皆词客——梁元帝萧绎之评价[J]. 黄河科技大学学报, 2015,17(6):81-84.

[22] 贾忠波. 金瓯无缺十室九空[J]. 作文与考试, 2018(Z2): 171-173.

[23] 武明慧. 梁末入北贰臣及其文学创作研究[D]. 西安: 陕西师范大学, 2019.

[24] 赵立波. 梁武帝不恋龙袍恋袈裟[J]. 文史博览, 2014(4):38-39.

[25] 田丹丹. 梁武帝萧衍的自我书写[D]. 上海: 复旦大学, 2014.

[26] 朱叶俊. 两魏周齐河南之争[D]. 南京: 南京大学, 2011.

[27] 朱子彦. 论陈霸先的功业与历史地位[J]. 历史教学问题, 2014(5): 35-40.

[28] 张晓庆. 论侯景之乱与庾信生平创作[J]. 河南科技学院学报, 2020, 40(9):48-54.

[29] 何森. 论后三国时期的军事格局[D]. 上海: 华东师范大学, 2011.

[30] 熊琴. 论南北朝后期江左文学生态的变化[D]. 芜湖: 安徽师范大

学,2016.

[31] 来琳玲.南北朝流寓士人探微[D].南京:南京师范大学,2006.

[32] 刘婷婷.南北朝时期周齐梁的边境关系及军事斗争[D].太原:山西大学,2010.

[33] 刘继宪.南北朝自然灾害统计与初步研究[D].郑州:郑州大学,2006.

[34] 刘秀.南朝陈时期的南北关系研究[D].天津:天津师范大学,2019.

[35] 张栋梁.南朝废帝研究[D].桂林:广西师范大学,2020.

[36] 靳怀堾.秦淮河水冷,战事几回伤[J].中国三峡,2016,11:40-43.

[37] 袁刚.柔然历史若干问题研究[D].呼和浩特:内蒙古大学,2019.

[38] 张宇阳.入梁之元魏皇族研究[D].扬州:扬州大学,2017.

[39] 桂斌.试论侯景乱梁时军粮供应对其战略的影响[J].黑龙江史志.2015, 1: 47.

[40] 李虹.试论南北朝时儒释道的走向[D].太原:山西大学,2006.

[41] 祝娟.试析侯景何以能乱梁[J].乐山师范学院学报,2013,28(1):115-118.

[42] 程涛.王琳与南朝后期政局[D].上海:上海社会科学院,2015.

[43] 冉晓虹.魏晋南北朝时期南人北上的历史考察[D].太原:山西大学,2006.

[44] 谭书龙.魏晋南北朝水军研究[D].芜湖:安徽师范大学,2006.

[45] 尚清华.西魏北周经略蜀地研究三题[D].扬州:扬州大学,2020.

[46] 吴昌叶.萧氏后梁研究[D].扬州:扬州大学,2010.

[47] 顾农.萧统及其后裔之沉浮哀思[J].扬州文化研究论丛, 2018,2: 158-169.

[48] 张鸣. 萧衍的亲亲策略[J]. 悦读, 2015, 6: 66.

[49] 蒋家平. 萧正德之死[N]. 中国科学报, 2014, 11, 28.

[50] 李磊. 萧梁时期东亚政权间交际网络的建立与崩坏[J]. 魏晋南北朝隋唐史资料, 2020,(41):94–108.

[51] 李浩搏. 宣城郡与梁末陈初的军事地理格局——以侯景之乱和陈霸先王琳之争为中心[J]. 长江文史论丛, 2019: 23–43.

[52] 张茹. 英武与荒诞：梁武帝萧衍统治得失之鉴[J]. 领导科学, 2016(3): 52–54.